Die Drittwirkung internationaler Gerichtsstandsvereinbarungen nach EuGVÜ/EuGVO und LugÜ

Europäische Hochschulschriften

Publications Universitaires Européennes
European University Studies

Reihe II
Rechtswissenschaft

Série II Series II
Droit
Law

Bd./Vol. 4438

PETER LANG
Frankfurt am Main · Berlin · Bern · Bruxelles · New York · Oxford · Wien

Julia Jungermann

Die Drittwirkung internationaler Gerichtsstandsvereinbarungen nach EuGVÜ/EuGVO und LugÜ

PETER LANG
Europäischer Verlag der Wissenschaften

Bibliografische Information Der Deutschen Bibliothek
Die Deutsche Bibliothek verzeichnet diese Publikation in der Deutschen Nationalbibliografie; detaillierte bibliografische Daten sind im Internet über <http://dnb.ddb.de> abrufbar.

Zugl.: Bonn, Univ., Diss., 2006

D 5
ISSN 0531-7312
ISBN 3-631-55313-7

www.peterlang.de

Meinen Eltern
und Frank

Vorwort

Die vorliegende Arbeit wurde im Wintersemester 2005/2006 von der Juristischen Fakultät der Rheinischen Friedrich-Wilhelms-Universität Bonn als Dissertation angenommen. Für die Druckfassung wurden Literatur und Rechtsprechung größtenteils bis Mai 2006 berücksichtigt.

Mein besonderer Dank gilt Herrn Prof. Dr. Roth, der diese Arbeit betreute. Er hat bereits während meines Studiums mein Interesse für das Internationale Privat- und Zivilprozessrecht geweckt und mithin den Anstoß für diese Arbeit gegeben. Während meiner Mitarbeit an seinem Lehrstuhl gab er mir hinreichend Raum, mich mit der vorliegenden Thematik auseinanderzusetzen. Zudem danke ich Herrn Prof. Dr. Schilken für das sehr zügig erstellte Zweitgutachten.

Den Mitarbeitern des Lehrstuhls für Internationales Privatrecht und Rechtsvergleichung danke ich für fruchtbare Diskussionen und Anregungen, den Sekretärinnen, insbesondere Frau Heber, für praktische Hilfe in jeder Beziehung.

Weiterhin möchte ich meiner Schwester Katrin sowie Frau Rechtsanwältin Silja Siebmann für das Lesen und Korrigieren dieser Arbeit danken. Sie haben mir mit wertvollen Tipps in sprachlicher und inhaltlicher Hinsicht sehr geholfen. Bedanken möchte ich mich auch bei meinen Eltern, die mir das Studium ermöglicht und mich immer ermutigt haben. Durch sie ist diese Arbeit überhaupt erst möglich worden. Meinem Mann Frank gilt mein größter Dank. Er hat mich in jeder Phase der Bearbeitung mit viel Liebe und Geduld unterstützt, hat meine Arbeit gelesen, korrigiert und mit mir diskutiert. Er hat mir auch bei der Formatierung geholfen. Für all das danke ich ihm wirklich sehr. Ihm und meinen Eltern ist daher diese Arbeit gewidmet.

Kurzverzeichnis

Inhaltverzeichnis

Abkürzungsverzeichnis

a.A.	anderer Ansicht
ABGB	Allgemeines Bürgerliches Gesetzbuch Österreichs
ABl.EG	Amtsblatt der Europäischen Gemeiinschaften
A.C.	Appeal Cases
a.F.	alter Fassung
African Journal of Int. and Comp. Law	African Journal of International and Comparative Law
AG	Amtsgericht
A.G.	Aktiengesellschaft
AGB	Allgemeine Geschäftsbedingung(en)
AktG	Aktiengesetz
All E.R.	All England Law Reports
Alt.	Alternative
Anm.	Anmerkung
Art.	Artikel
AuslPflVG	Ausländerpflichtversicherungsgesetz
BayObLG	Bayerisches Oberlandesgericht
BB	Betriebs-Berater
B.C.L.C.	Butterworths Company Law Cases
Bd.	Band
BGB	Bürgerliches Gesetzbuch
BGH	Bundesgerichtshof
B.V.	Besloten Venootshap met beperkte aansprakelijkheid
bzw.	beziehungsweise
Ch.com.	Chambre commerciale
C.A.	Court of Appeal
C.D.	Civil Division
Ch. D.	Chancery Division
CISG	Wiener UN-Übereinkommen über Verträge über den internationalen Warenkauf
C.L.C.	Commercial Law Cases
C.L.J.	The Cambridge Law Journal
C.L.P.	Current Legal Problems
C.M.L.Rev.	Common Market Law Review
Com. Ct.	Commercial Court
D.	Recueil Le Dalloz
DB	Der Betrieb
ders.	derselbe
D.M.F.	Le Droit Maritime français
Dir.Comm.Int.	Diritto del Commercio Internazionale
DWiR	Deutsche Zeitschrift für Wirtschaftsrecht
EFTA	Europäische Freihandelsassoziation

EG	Europäische Gemeinschaft
EGBGB	Einführungsgesetz zum Bürgerlichen Gesetzbuch
Einl.	Einleitung
E.L.Rev.	European Law Review
Europ.Trans.L.	European Transport Law
EuGH	Europäischer Gerichtshof
EuGVO	Verordnung (EG) Nr. 44/2001 des Rates über die gerichtliche Zuständigkeit und die Anerkennung und Vollstreckung von Entscheidungen in Zivil- und Handelssachen
EuGVÜ	Brüsseler EWG-Übereinkommen über die gerichtliche Zuständigkeit und die Vollstreckung gerichtlicher Entscheidungen in Zivil- und Handelssachen
EuZW	Europäische Zeitschrift für Wirtschaftsrecht
EVÜ	Römisches EWG-Übereinkommen über das auf vertragliche Schuldverhältnisse anzuwendende Recht
EWG	Europäische Wirtschaftsgemeinschaft
EWiR	Entscheidungen zum Wirtschaftsrecht
f.	folgender
ff.	folgende
GesRZ	Der Gesellschafter – Zeitschrift für Gesellschaftsrecht
GmbHG	Gesetz betreffend die Gesellschaften mit beschränkter Haftung
GRURInt	Gewerblicher Rechtsschutz und Urheberrecht Internationaler Teil
Hdb.	Handbuch
HGB	Handelsgesetzbuch
h.M.	Herrschende Meinung
HK	Hong Kong
H.L.	House of Lords
Hs.	Halbsatz
I.L.Pr.	International Litigation Procedure
Inf. Rap.	Informations Rapides
insb.	insbesondere
IntGesR	Internationales Gesellschaftsrecht
IPRax	Praxis des internationalen Privat- und Verfahrensrechts
IPRspr.	Die deutsche Rechtsprechung auf dem Gebiete des Internationalen Privatrechts
i.V.m.	in Verbindung mit
IZVR	Internationales Zivilverfahrensrecht
JA	Juristische Arbeitsblätter
JBl	Juristische Blätter
J.Bus.L.	Journal of business law
J.D.I.	Journal du droit international
JIntArb	Journal of International Arbitration
JR	Juristische Rundschau

JZ	Juristenzeitung
Kap.	Kapitel
K.C.L.J.	The King´s College Law Journal
KOM	Kommission
KonkTreuh	Konkurs-, Treuhand- und Schiedsgerichtswesen (Zeitschrift für alle Fragen des Konkurs-, Vergleichs- und Treuhandwesens sowie der Zwangsversteigerung und –verwaltung)
Krit.	Kritisch(e/er)
Law Q.R.	Law Quarterly Review
LG	Landgericht
Lloyd´s MCLQ	Lloyd´s Martime and Commercial Law Quarterly
Lloyd´s Rep.	Lloyd´s Law Reports
LugÜ	Luganer Übereinkommen über die gerichtliche Zuständigkeit und die Vollstreckung gerichtlicher Entscheidungen in Zivil- und Handelssachen
MDR	Monatsschrift für Deutsches Recht
Mod.L.Rev.	The Modern Law Review
MünchKomm	Münchener Kommentar
NILR	Netherlands International Law Review
N.J.	Nederlandse Jurisprudentie
NJW	Neue Juristische Wochenschrift
NJW-RR	Neue Juristische Wochenschrift - Rechtsprechungsreport
NZV	Neue Zeitschrift für Verkehrsrecht
OLG	Oberlandesgericht
P.C.	Privy Council
PflVG	Pflichtversicherungsgesetz
Plc	Public company limited by shares
Q.B.	Queen`s Bench Division
RabelsZ	Rabels Zeitschrift für ausländisches und internationales Privatrecht
Rev.arb.	Revue de l´Arbitrage
Rev.crit.dr.internat.privé	Revue critique de droit international privé
Riv.dir.int.priv.proc.	Rivista di diritto internazionale privato e processuale
Rev.dr.comm.belge	Revue de droit commercial belge
RIW	Recht der Internationalen Wirtschaft
Rn.	Randnummer/n
Rs.	Rechtssache
S.	Seite/n
S.A.	Société anonyme
S.a.r.l.	Société a responsabilité
Slg.	Sammlung
S.L.T.	The Scots Law Times
SpA	Società per azioni
StVG	Straßenverkehrsgesetz
Trib.comm.	Tribunal de Commerce (de)

Trib.gr.inst.	Tribunal de grande instance (de)
u.a.	und andere
US	United States (of America)
VersR	Versicherungsrecht
VersRAI	Versicherungsrecht Auslandsbeilage
Vgl.	Vergleiche
VVG	Versicherungsvertragsgesetz
WarnRspr.	Warneyers Jahrbuch der Entscheidungen: Rechtsprechung des RG auf dem Gebiet des Zivilrechts
WiB	Wirtschaftsrechtliche Beratung
WL	Westlaw
W.L.R.	The Weekly Law Reports
WM	Wertpapiermitteilung
WuB	Entscheidungssammlung zum Wirtschafts- und Bankrecht
Yb.Com.Arb.	Yearbook Commercial Arbitration
z.B.	Zum Beispiel
ZEuP	Zeitschrift für Europäisches Privatrecht
ZfRV	Zeitschrift für Rechtsvergleichung
ZHR	Zeitschrift für das gesamte Handelsrecht und Wirtschaftsrecht
ZIP	Zeitschrift für Wirtschaftsrecht und Insolvenzpraxis
ZPO	Zivilprozessordnung
ZZP	Zeitschrift für Zivilprozess
ZZPInt.	Zeitschrift für Zivilprozess International

Einführung

Gerichtsstandsklauseln in Verträgen sind weit verbreitet. Die Parteien können durch sie die Zuständigkeit eines oder mehrerer Gerichte bestimmen, so dass für sie vorhersehbar ist, vor welchem Gericht sie klagen müssen oder verklagt werden. Eine Gerichtsstandsvereinbarung ist folglich ein wichtiges Mittel, um Rechtssicherheit im Hinblick auf die Zuständigkeit der Gerichte zu schaffen. Zudem besteht für die Parteien die Möglichkeit, die Zuständigkeit eines oder mehrerer Gerichte zu bestimmen, die bei Streitigkeiten zwischen den Parteien – aus welchen Gründen auch immer – für diese besonders geeignet erscheint.

Eine Zuständigkeitsvereinbarung ist für die Parteien insbesondere bei internationalen Sachverhalten von Bedeutung. So macht es durchaus einen Unterschied, ob eine Partei, die in Deutschland ihren Sitz hat, in Schweden klagen muss, wo sich der Sitz der gegnerischen Partei befindet, oder aber die österreichischen Gerichte für eine solche Klage aufgrund einer zwischen ihnen getroffenen Gerichtsstandsvereinbarung zuständig sind. Die normierte Zuständigkeit kann – wie das Beispiel zeigt – Probleme mit sich bringen. So kann das Prozessrecht des Staates, in dem sich das zuständige Gericht befindet, für die klagende Partei völlig unbekannt sein oder sich von dem Recht des Staates, in dem die klagende Partei ihren Wohnsitz hat, inhaltlich gravierend unterscheiden, so dass kompetente Rechtsberater gefunden werden müssen. Des Weiteren können Sprachprobleme auftreten. Handelt es sich um ein Gericht, das sich in großer Distanz zu dem Sitzstaat der Partei befindet, so entstehen zudem Anreise- und Aufenthaltskosten. Diesen Problemen können die Parteien zumindest teilweise aus dem Wege gehen, indem sie sich auf die Zuständigkeit eines Gerichts oder mehrerer Gerichte einigen. Sie können damit die Zuständigkeit den individuellen Umständen ihrer Beziehung anpassen und aufgrund der Vorhersehbarkeit der Zuständigkeit Vorkehrungen treffen, um die dargestellten Probleme zu vermeiden. So besteht die Möglichkeit, dass die Parteien vor der Vereinbarung des Gerichtsstandes die prozessuale Rechtslage – sowie das internationale Privatrecht – analysieren bzw. sich mit Rechtskundigen beraten. Darüber hinaus können sie darauf achten, dass Sprachprobleme vermieden werden. Die Wahl eines Gerichts in einem Staat, in dem die Gerichtssprache Englisch oder Französisch ist, wird daher häufig von Vorteil sein.

Haben sich die Parteien schließlich auf die Zuständigkeit eines oder mehrerer Gerichte bei Streitigkeiten im Hinblick auf ein bestimmtes Rechtsverhältnis, Rechte und/oder Pflichten hieraus geeinigt, besteht ein Interesse ihrerseits, dass dieses Gericht oder diese Gerichte immer hinsichtlich der genannten Streitigkeiten zuständig sind. Fraglich ist jedoch, was geschieht, wenn ein von den Parteien verschiedener Dritter das Recht einer Partei beispielsweise durch Abtretung erwirbt, und dieses gegenüber der anderen Partei klageweise geltend macht. Muss er an dem vereinbarten Gerichtsstand klagen? Oder folgt die Zuständigkeit aus den normierten Regelungen? Die Interessen der Parteien des Vertrages sprechen dafür, dass das vereinbarte Gericht zuständig sein soll. Zu beachten sind jedoch auch die Interessen des Dritten. Dieser hat möglicherweise bei Erwerb des Rechts, das er nun geltend macht, die durch die Parteien getroffene Zuständigkeitsvereinbarung gar nicht gekannt. Selbst wenn er diese jedoch gekannt hat, müsste er unabhängig von seinem Willen an dem vereinbarten Gerichtsstand klagen. Dies erscheint problematisch im Hinblick auf die Autonomie des Dritten.

Andererseits könnte ein Interesse des Dritten gegeben sein, vor dem vereinbarten Gericht zu klagen. Möglicherweise setzt sich aber die Partei, gegenüber der das Recht geltend gemacht wird, zur Wehr, weil sie davon ausgegangen ist, dass die vereinbarte Zuständigkeit nur im Verhältnis der Parteien untereinander gelten soll. Wird der Partei dadurch eine Wirkung der Gerichtsstandsvereinbarung aufgedrängt, so dass ihre Autonomie beeinträchtigt ist?

Anders könnte die Situation zu beurteilen sein, in der die Parteien eine Zuständigkeitsvereinbarung für den Fall treffen, dass der Dritte ein Recht, das dieser aufgrund einer gesetzlichen Regelung oder aber einer Abrede der Parteien erhält, gegen eine der Parteien geltend macht. Es besteht ein Interesse der Parteien daran, dass die vereinbarte Zuständigkeit bei Rechtsstreitigkeiten mit dem Dritten gilt. Allerdings wird hierbei wiederum die Autonomie des Dritten gefährdet. Dies könnte sich jedoch ändern, wenn der Dritte nicht vor dem vereinbarten Gericht klagen muss, sondern klagen kann. Zudem könnte zwischen der Konstellation, in der der Dritte als Kläger auftritt, und derjenigen, in der er verklagt wird, zu unterscheiden sein.

Es wird deutlich, dass sich bezüglich der Wirkung von Gerichtsstandsvereinbarungen im Hinblick auf Dritte eine Vielzahl von Fragen stellen. Dabei scheint jeder Einzelfall neue Probleme mit sich zu bringen. Das Ziel dieser Arbeit ist jedoch nicht die reine Betrachtung von Einzelfällen. Vielmehr soll versucht werden, zu einer Entwicklung von allgemeinen Grundsätzen zu gelangen, die vorgeben, ob und unter welchen Voraussetzungen Gerichtsstandsvereinbarungen im Anwendungsbereich des EuGVÜ/LugÜ bzw. der EuGVO Wirkung gegenüber einem Dritten entfalten. Dafür bedarf es zunächst im 1. Teil der Arbeit der Erörterung der Grundlagen, so die Definition des „Dritten“ und „der Parteien der Gerichtsstandsvereinbarung“ sowie einer kurzen Bestandsaufnahme. Im Anschluss daran soll im 2. Teil der Arbeit ein Aufriss der Problematik und die Entwicklung einer Lösung erfolgen. Schließlich werden im 3. Teil die gewonnen Ergebnisse anhand einzelner Fallkonstellationen überprüft.

1. Teil: Grundlagen

A. „Dritte" und „Parteien" hinsichtlich internationaler Gerichtsstandsvereinbarungen

Zunächst gilt es zu fragen, wer „Dritter" und wer „Partei" hinsichtlich einer internationalen Gerichtsstandsvereinbarung ist, sowie welche subjektive Wirkung eine solche Vereinbarung grundsätzlich entfaltet.

I. Regelungen internationaler Gerichtsstandsvereinbarungen

Hierzu bedarf es einer Klärung, welche Regelungen vor deutschen Gerichten zur Anwendung kommen, und in welchem Verhältnis diese zueinander stehen.

Eine internationale Gerichtsstandsvereinbarung ist nach den Übereinkommen gemäß Art. 17 LugÜ, Art. 17 EuGVÜ bzw. nach der europäischen Verordnung gemäß Art. 23 EuGVO oder aber nach innerstaatlichem Recht zu beurteilen. Nach deutschem innerstaatlichen Recht kommen §§ 38, 40 ZPO in Betracht.

1. Art. 17 LugÜ / Art. 17 EuGVÜ / Art. 23 EuGVO

Die Möglichkeit der Vereinbarung eines Gerichtsstandes ist in Art. 17 EuGVÜ/LugÜ bzw. Art. 23 EuGVO geregelt. Die Beurteilung einer internationalen Gerichtsstandsvereinbarung kann somit nach den Übereinkommen oder aber der Verordnung erfolgen.

Das EuGVÜ wurde, wie in der Präambel von 1968 deutlich wird, als Ausführung des Art. 220 des Vertrages zur Gründung der EWG, dem heutigen Art. 293 des Vertrages zur Gründung der EG, verstanden. Es wurde mehrfach neu gefasst und galt schließlich in der Fassung des vierten Beitrittsübereinkommens vom 29. November 1996, im Verhältnis zu Belgien allerdings in der Fassung des dritten Beitrittsübereinkommens. Bezüglich der Auslegung des EuGVÜ vereinbarten die Vertragsparteien in einem Protokoll vom 3. Juni 1971, das in der Fassung vom 26. Mai 1989 gilt, die Befugnis des EuGH. Durch den EG-Vertrag von Amsterdam wurde mit Art. 61 lit. c i.V.m. Art. 65 – diese bestehen im Vertrag von Nizza[1] in leicht veränderter Fassung fort – der Bereich der justitiellen Zusammenarbeit in Zivilsachen in die unmittelbare Zuständigkeit der EG überführt. Auf dieser Grundlage – ausdrücklich benannt in der Präambel und Erwägungsgrund (3) – wurde die EuGVO erlassen[2], die nun grundsätzlich an die Stelle des EuGVÜ getreten ist[3]. Gemäß Art. 69 EG gelten Art. 61 ff. EG allerdings nicht in Irland, Dänemark und dem Vereinigten Königreich. Sowohl Irland als auch das Vereinigte Königreich haben sich für ein sogenanntes „opt-in" entschieden. Dänemark hingegen hat dies nicht getan, so dass hinsichtlich Dänemarks weiter-

---

[1] ABl.EG 2001 Nr. C 80/1 ff.

[2] Zweifelnd, ob die EuGVO tatsächlich auf Art. 61 lit. c i.V.m. Art. 65 EG gestützt werden kann: *Schack*, Internationales Zivilverfahrensrecht, Rn. 106 b.; *Basedow*, C.M.L.Rev. (37) 2000, 687, 698 f.; *Schack*, EuZP 1999, 805, 807 f.

[3] Beachte Art. 299 EG; dazu *Rauscher/Staudinger*, Einl. Brüssel I-VO, Rn. 24 i.V.m. Rn. 13 ff.

Dänemark hingegen hat dies nicht getan, so dass hinsichtlich Dänemarks weiterhin das EuGVÜ gilt[4]. Art. 68 i.V.m. Art. 234 EG spricht dem EuGH die Befugnis zur Auslegung der EuGVO zu. Im Hinblick auf inhaltsgleiche Regelungen kann daher für die EuGVO auf die Rechtsprechung zu dem EuGVÜ verwiesen werden[5].

Das LugÜ vom 16. September 1988 trat ursprünglich in Bezug auf die EFTA-Staaten Finnland, Island, Norwegen, Österreich, Schweden und die Schweiz in Kraft. Liechtenstein kam 1991 hinzu, Polen unterzeichnete das LugÜ im Jahr 2000[6]. Der Beitritt Ungarns sowie der Tschechischen Republik steht bevor[7]. Finnland, Österreich und Schweden wurden Mitgliedsstaaten der EG und traten auch dem EuGVÜ bei, so dass heute – ebenso wie für die am 1. Mai 2004 beigetretenen Staaten – die EuGVO gilt. Das Verhältnis zwischen EuGVÜ und LugÜ ist in Art. 54 lit. b LugÜ geregelt. Hinsichtlich der EuGVO ist die Verweisung auf das EuGVÜ gemäß Art. 68 Abs. 2 EuGVO auf die EuGVO gerichtet. Eine einheitliche Auslegungsinstanz wurde nicht vereinbart[8], so dass die Gefahr unterschiedlicher Auslegungen im Hinblick auf das EuGVÜ sowie das LugÜ bestand. Allerdings existiert das Protokoll Nr. 2 zum LugÜ über die einheitliche Auslegung des Übereinkommens. Schon in der Präambel wird deutlich, dass es das Ziel der Vertragsparteien war, eine möglichst einheitliche Auslegung der in beiden Übereinkommen identischen Bestimmungen anzunehmen[9]. Grundsätzlich kann daher die Auslegung des EuGVÜ durch den EuGH zur Auslegung des LugÜ herangezogen werden, es sei denn, es handelt sich um Besonderheiten, die sich aus der Kompetenz des EuGH und dem gemeinschaftsbezogenen Charakter des EuGVÜ ergeben[10]. Dies gilt nun auch bezüglich der Rechtsprechung zur EuGVO[11]. Eine Anpassung des LugÜ im Hinblick auf die EuGVO steht noch aus[12].

2. §§ 38, 40 ZPO

Die ZPO trifft in §§ 38, 40 ZPO Regelungen hinsichtlich Gerichtsstandsvereinbarungen. Sie beziehen sich nicht nur auf die örtliche, sondern auch auf die internationale Zu-

---

4 Vgl. auch Erwägungsgründe (20) und (22) f. der EuGVO.

5 Vgl. dazu auch *Schack*, Internationales Zivilverfahrensrecht, Rn. 106 c f., der auf die inhaltlichen Abweichungen hinweist.

6 Dazu *Jayme/Kohler*, IPRax 2001, 501, 509 f.

7 Zum Beitritt Ungarns: *Vékás*, IPRax 2002, 142 ff.; zum Beitritt der Tschechischen Republik: *Jayme/Kohler*, IPRax 2001, 501, 510.

8 Vgl. zu den Gründen *Jenard/Möller*-Bericht, ABl.EG 1990 Nr. C 189/57, Rn. 110; Editorial Comments, C.M.L.Rev. (26) 1989, 341 ff.

9 Das EuGVÜ und das LugÜ laufen weitgehend parallel. Daher wird das LugÜ auch hinsichtlich des EuGVÜ als „Parallelabkommen" bezeichnet: Vgl. *Jenard/Möller*-Bericht, ABl.EG 1990 Nr. C 189/57, Rn. 1; *Kropholler*, Einl., Rn. 59; *Wieczorek/Schütze/Hausmann*, Anh II § 40, Rn. 5.

10 Vgl. *Kohler*, Ein internationales Zivilverfahrensrecht für Gesamteuropa, 11, 17 ff. Zu dieser Problematik auch *Schmidt-Parzefall*, Die Auslegung des Parallelübereinkommens von Lugano, 57 ff.; *Jayme/Kohler*, IPRax 1992, 346, 356.

11 Vgl. *Geimer*, IZPR, Rn. 247 c; *Kropholler*, Einl., Rn. 59, Rn. 71.

12 Dazu *Linke*, Internationales Zivilprozessrecht, Rn. 120; *Schack*, Internationales Zivilprozessrecht, Rn. 110; *Kropholler*, Einl., Rn. 2; vgl. *Jayme/Kohler*, IPRax 1999, 401, 404; *dies.*, IPRax 2001, 501, 509.

ständigkeit. Dies folgt aus dem Grundsatz der Doppelfunktionalität der örtlichen Zuständigkeitsnormen[13].

§ 38 Abs. 2 ZPO regelt ausdrücklich den Fall der internationalen Gerichtsstandsvereinbarung. Hat eine der Vertragsparteien keinen allgemeinen Gerichtsstand im Inland, so können auch Rechtssubjekte, die nicht solche im Sinne von § 38 Abs. 1 ZPO sind, eine Gerichtsstandsvereinbarung treffen. Diese muss allerdings schriftlich oder mündlich mit schriftlicher Bestätigung geschlossen werden. Fraglich ist, ob die Erfordernisse gemäß § 38 Abs. 2 ZPO auch für die Rechtssubjekte im Sinne von Abs. 1 gelten. Kaufleute, juristische Personen des öffentlichen Rechts oder öffentlich-rechtliches Sondervermögen können gemäß § 38 Abs. 1 ZPO grundsätzlich Vereinbarungen des Gerichtsstandes ausdrücklich oder stillschweigend treffen. Allerdings wird vertreten[14], dass sie im Falle einer internationalen Gerichtsstandsvereinbarung ebenso den Anforderungen gemäß § 38 Abs. 2 ZPO genügen müssten. Zwar ist der Wortlaut des § 38 Abs. 2 ZPO *„kann ferner vereinbart werden"* allein nicht völlig eindeutig[15], jedoch zeigt die Entstehungsgeschichte, dass gemäß § 38 Abs. 2 ZPO eine Erweiterung des prorogationsfähigen Personenkreises stattfinden sollte. Auch eine systematische Betrachtung unterstreicht dieses Ergebnis, denn Abs. 2 und Abs. 3 verdeutlichen mit den Begriffen *„ferner"* und *„im übrigen"*, dass die einzelnen Absätze verschiedene und selbständige Zulässigkeitsvoraussetzungen enthalten[16]. Das gewichtigste Argument gegen die Anwendung der Formerfordernisse gemäß § 38 Abs. 2 ZPO folgt aus dem Sinn und Zweck des § 38 Abs. 1 ZPO. Die dort genannten Rechtssubjekte sollen Gerichtsstandsvereinbarungen treffen können, die besondere Formvoraussetzungen nicht erfüllen müssen. Dies erklärt sich zum einen daraus, dass im schnelllebigen Handelsverkehr besondere Formerfordernisse hinderlich sind[17]. Zum anderen bedarf der in Abs. 1 ZPO genannte Personenkreis keines besonderen Schutzes durch die Einhaltung einer besonderen Form, da die ihm angehörenden Personen die nötige Geschäftserfahrenheit aufweisen[18]. Daher müssen sie im Falle der internationalen Gerichtsstandsvereinbarung die Anforderungen gemäß § 38 Abs. 2 ZPO nicht einhalten[19]. Infolgedessen

---

13 Vgl. *BGHZ* 59, 23, 29; 94, 156, 157; 115, 90, 91; *BGH*, NJW 1979, 1104; BGH, IPRax 1987, 168, 169; *BGH*, IPRax 1997, 434, 435; *Kropholler*, Hdb. IZVR I, Kap. III, Rn. 495; *Linke*, Internationales Zivilverfahrensrecht, Rn. 115; *Schack*, Internationales Zivilverfahrensrecht, Rn. 236, 435.

14 Vgl. *OLG Nürnberg*, NJW 1985, 1296 f.; *Kim*, Internationale Gerichtsstandsvereinbarungen, 85 ff.; *Sandrock/Jung/Sandrock*, Hdb. der Internationalen Vertragsgestaltung, E Rn. 30; *Zöller/Vollkommer*, § 38, Rn. 25. Der *BGH*, IPRax 1990, 41, 42 hat in einem Fall, in dem der Kläger ein österreichischer Kaufmann und die Beklagte eine Aktiengesellschaft österreichischen Rechts waren, § 38 Abs. 2 ZPO geprüft. Es scheint aber als habe der BGH der Diskussion lediglich aus dem Weg gehen wollen, in dem er darauf verwies, dass jedenfalls auch die Formerfordernisse gemäß § 38 Abs. 2 ZPO erfüllt seien. So auch *Schack*, IPRax 1990, 19, 20, Fn. 21. Anders interpretiert die Entscheidung *Kim*, Internationale Gerichtsstandsvereinbarungen, 88.

15 So aber *Prinzing*, IPRax 1990, 83, 84, der den Begriff *„ferner"* als eindeutig auf den prorogationsbefugten Personenkreis bezogen ansieht.

16 Vgl. *Schack*, Internationales Zivilverfahrensrecht, Rn. 438.

17 Vgl. BT-Drs. 7/1384, S. 4.

18 BT-Drs. 7/1384, S. 4; *Schack*, Internationales Zivilverfahrensrecht, Rn. 438; *Prinzing*, IPRax 1990, 83, 84.

19 So im Ergebnis auch *Samtleben*, NJW 1974, 1590, 1594 f., der es allerdings für sinnvoll erach-

gilt im Falle internationaler Gerichtsstandsvereinbarungen für Kaufleute[20], für juristische Personen des öffentlichen Rechts und für öffentlich-rechtliches Sondervermögen die Regelung des § 38 Abs. 1 ZPO, für die übrigen Rechtssubjekte hingegen § 38 Abs. 2 ZPO. In allen weiteren Fällen ist auf § 38 Abs. 3 ZPO zurückzugreifen, wonach eine Gerichtsstandsvereinbarung nur zulässig ist, wenn sie ausdrücklich und schriftlich nach dem Entstehen der Streitigkeit (Nr. 1) oder für den Fall geschlossen wird, dass die im Klageweg in Anspruch zu nehmende Partei nach Vertragsschluss ihren Wohnsitz oder gewöhnlichen Aufenthaltsort aus dem Geltungsbereich der ZPO verlegt oder ihr Wohnsitz oder gewöhnlicher Aufenthalt im Zeitpunkt der Klageerhebung nicht bekannt ist (Nr. 2)[21]. Zu beachten sind bezüglich der Vereinbarung eines Gerichtsstandes die allgemeinen Schranken gemäß § 40 ZPO.

3. Verhältnis von Art. 17 EuGVÜ / Art. 17 LugÜ / Art. 23 EuGVO zu §§ 38, 40 ZPO

Da sowohl Art. 17 EuGVÜ/LugÜ bzw. Art. 23 EuGVO als auch §§ 38, 40 ZPO Vorschriften hinsichtlich internationaler Gerichtsstandsvereinbarungen darstellen, ist zu klären, in welchem Verhältnis die Regelungen in den Übereinkommen bzw. der Verordnung zu den Normen der ZPO stehen.

Zum EuGVÜ wurde vereinzelt vertreten, dass § 38 Abs. 1 ZPO gegenüber Art. 17 EuGVÜ vorrangig sei, wenn beide Parteien unter den in § 38 Abs. 1 ZPO erwähnten Personenkreis fallen[22]. Zum Teil wurde auch die Beschränkung des § 38 Abs. 2 S. 3 ZPO als „im europäischen Bereich" geltend angesehen[23]. Dem ist jedoch zu entgegnen, dass dem EuGVÜ gegenüber nationalen Vorschriften ein Vorrang einzuräumen ist[24], auch wenn man das EuGVÜ nicht als Gemeinschaftsrecht ansieht[25]. Dieser Vorrang lässt sich aus den Grundsätzen „lex posterior derogat legi priori" sowie „lex posterior

---

tet hätte, § 38 Abs. 1 ZPO auf den innerstaatlichen Rechtsverkehr zu beschränken.

20 Die Kaufmannseigenschaft beurteilt sich dabei immer nach der lex fori, vgl. *Kropholler*, Hdb. IZVR I, Kap. III, Rn. 500; *Schack*, Internationales Zivilverfahrensrecht, Rn. 439; *ders.*, IPRax 1990, 19, 20, Fn. 21; a.A. *Hagenguth*, Die Anknüpfung der Kaufmannseigenschaft, 356: das Recht, das am Ort der Niederlassung gilt.

21 Zur Zulässigkeit von Zuständigkeitsvereinbarungen bei Beteiligung von Nichtkaufleuten: *Schilken*, FS Musielak (2004), 435 ff.

22 *Wirth*, NJW 1978, 460, 461.

23 *Jakobs*, Vorprozessuale Vereinbarungen, 109. *Baumgärtl*, FS Kegel, 285, 297 f. will die Vorschrift des § 38 Abs. 2 S. 3 ZPO nur auf diejenigen Gerichtsstandsvereinbarungen anwenden, die Versicherungs- und Abzahlungsgeschäfte unter Nichtvollkaufleuten betreffen.

24 So auch der *EuGH* im Urteil vom 13. November 1979, Rs. 25/79, Slg. 1979, 3423, Rn. 5 *(Sanicentral)*; Urteil vom 15. November 1983, Rs. 288/82, Slg. 1983, 3663, Rn. 10 ff. *(Duijnstee)*; *BGHZ* 82, 110, 114 f.; *BGH*, NJW 1980, 2022, 2023; vgl. auch *OLG München*, IPRspr. 1981, Nr. 155; *OLG Karlsruhe*, IPRspr. 1981, Nr. 171; *OLG Saarbrücken*, NJW 1992, 987; *BayObLG*, BB 2001, 1498; *BayObLG*, NJW-RR 2002, 359; *Kim*, Internationale Gerichtsstandsvereinbarungen, 88 f.; *Wieczorek/Schütze/Hausmann*, § 38, Rn. 44; *Roth*, ZZP 93 (1980), 156, 160 f. Vgl. auch die umfassende Kritik zu den dargestellten Ansichten bei *Jung*, Vereinbarungen, 139 ff.

25 Zur Diskussion, ob Übereinkommen zwischen EG-Staaten Gemeinschaftsrecht darstellen: *Schwartz*, FS Grewe (1981), 551 ff.; *Kropholler* (6. Auflage), Einl., Rn. 12.

generalis non derogat legi priori speciali" herleiten[26]. Das EuGVÜ enthält eine Regelung für Gerichtsstandsvereinbarungen aller Rechtssubjekte. Zudem bestimmt sie Beschränkungen solcher Vereinbarungen. Damit gilt sie diesbezüglich als abschließend. Erst recht ist ein Vorrang der EuGVO vor national-autonomem Recht anzunehmen, da es sich bei ihr um sekundäres Gemeinschaftsrecht handelt[27]. Somit ist eine Anwendung von § 38 Abs. 1 ZPO bzw. § 38 Abs. 2 S. 3 ZPO im Anwendungsbereich der EuGVO abzulehnen. Vielmehr muss von einem Vorrang von Art. 17 EuGVÜ/LugÜ bzw. Art. 23 EuGVO gegenüber § 38 ZPO ausgegangen werden. Die Reichweite der Regelung der Gerichtsstandsvereinbarung in den Übereinkommen bzw. der Verordnung wird allerdings im Verlaufe der Arbeit noch unter anderen Aspekten zu diskutieren sein[28].

II. „Dritte" in Abgrenzung zu „Parteien" der Gerichtsstandsvereinbarung

Bevor die Problematik der Drittwirkung von Gerichtsstandsvereinbarungen einer Lösung zugeführt werden kann, muss der Begriff des „Dritten" definiert werden. Dies soll in Abgrenzung zu den „Parteien" der Gerichtsstandsvereinbarung geschehen[29]. Die Begrifflichkeit ist in Literatur und Rechtsprechung häufig nicht eindeutig. So scheint oftmals – auch ohne Hinweis auf eine Beurteilung nach der lex causae – bei der Benennung des „Dritten" bzw. der „Partei" die materielle Rechtslage zugrunde gelegt zu werden[30].

Für eine Abgrenzung ausschließlich zwischen „Dritten" und „Parteien" im Hinblick auf die Gerichtsstandsvereinbarung spricht vor allem, dass dadurch eine klare Unterscheidung möglich wird, die insbesondere für die Ermittlung der subjektiven Wirkungen der Vereinbarung hilfreich ist[31]. Ist demnach eine Person nicht „Partei der Gerichtsstandsvereinbarung", so muss sie als „Dritter" bezeichnet werden. Zu fragen ist demnach, wer „Partei der Gerichtsstandsvereinbarung" ist. In Art. 17 EuGVÜ/LugÜ bzw. Art. 23 EuGVO wird der Begriff der „Parteien" mehrfach verwendet. Ob es sich dabei um die „Parteien der Gerichtsstandsvereinbarung" handelt, wird noch zu erörtern

---

26 Vgl. *Jung*, Vereinbarungen, 129; *Kropholler* (6. Auflage), Einl, Rn. 12 f.

27 *Oppermann*, Europarecht, § 24, Rn. 38, § 18, Rn. 58. Vgl. auch *Kropholler*, Einl, Rn. 19; Art. 23, Rn. 16. Der Vorrang von Gemeinschaftsrecht gegenüber national-autonomem Recht ist anerkannt; grundlegend: *EuGH* Urteil vom 15. Juli 1964, Rs. 6/64, Slg. 1964, 1253, insb. Rn. 3 *(Costa)*;

28 Vgl. 2. Teil C. I.

29 Vgl. dazu auch (allerdings ohne große Ausführungen): *Kropholler*, Art. 23, Rn. 63 f.; *Gebauer*, IPRax 2001, 471; *Koch*, IPRax 1993, 19, 20 f. Vgl. auch *Morse*, African Journal of Int. and Comp. Law 1989, 551, 563, der von *„parties to the original agreement"* und *„non-party"* spricht.

30 Vgl. *EuGH* Urteil vom 14. Juli 1983, Rs. 201/82, Slg. 1983, 2503, Rn. 15 *(Gerling)*; Erklärungen der Kommission, Urteil vom 14. Juli 1983, Rs. 201/82, Slg. 1983, 2503, 2509 *(Gerling)*; *Verheul*, NILR 1987, 99, 105. So wohl auch *Geimer*, IZPR, Rn. 1723, 1731, der begrifflich nicht nur danach unterscheidet, ob jemand Dritter oder Partei ist, sondern auch noch den Rechtsnachfolger abgrenzt, der somit weder als Partei noch als Dritter angesehen werden soll.

31 Zudem sind die beiden Begriffe ohne große Schwierigkeiten zu übersetzen, so dass kaum Missverständnisse aufgrund der Verwendung unterschiedlicher Sprachen entstehen dürften: So zum Beispiel „third person/party" und „contracting party" im Englischen; "tiers" und „partie contractante" im Französischen; „terzo" und „parte/contraente" im Italienischen.

sein[32]. Zu beachten ist an dieser Stelle, dass hier allein nach der „Partei der Gerichtsstandsvereinbarung“ gefragt ist, unabhängig von der Begrifflichkeit in Art. 17 EuGVÜ/LugÜ bzw. Art. 23 EuGVO.

1. Beurteilung nach übereinkommens- bzw. gemeinschaftsautonomem oder national-autonomem Recht

Die Bestimmung der „Partei der Gerichtsstandsvereinbarung“ betrifft grundsätzlich die Frage danach, zwischen wem die Gerichtsstandsvereinbarung gemäß Art. 17 EuGVÜ/LugÜ bzw. Art. 23 EuGVO zustande gekommen ist[33]. Problematisch ist aber, welches Recht auf das Zustandekommen einer solchen Gerichtsstandsvereinbarung anzuwenden ist. Überwiegende Einigkeit besteht darin, dass Art. 17 EuGVÜ/LugÜ bzw. Art. 23 EuGVO hinsichtlich der Formvorschriften eine abschließende Regelung enthält[34]. Die Frage, nach welchem Recht sich das Zustandekommen der Vereinbarung richtet, wird demgegenüber unterschiedlich beantwortet.

a) Lösungsansätze

In Betracht kommt dabei einerseits eine Beurteilung nach autonomem Recht, also vertragsautonomem hinsichtlich des EuGVÜ/LugÜ bzw. gemeinschaftsautonomem Recht in Bezug auf die EuGVO. Andererseits könnte national-autonomes Recht, also vom nationalen Gesetzgeber erlassenes Recht – wie auch immer dies zu ermitteln ist – zugrunde zu legen sein.

aa) Zustandekommen der Gerichtsstandsvereinbarung nach national-autonomem Recht

Sowohl in der Literatur[35] als auch in der Rechtsprechung[36] wird Art. 17 EuGVÜ/LugÜ bzw. Art. 23 EuGVO bisweilen als eine Vorschrift angesehen, die ausschließlich die

---

32 Vgl. 2. Teil A. III. 2. a) aa).

33 Vgl. *Mankowski*, Seerechtliche Vertragsverhältnisse, 245 f., der allerdings bei der Bestimmung der „Partei der Gerichtsstandsvereinbarung“ auf Maßstäbe des anwendbaren materiellen Vertragsrechts zurückgreifen will. Zudem werden seine Untersuchungen von der Frage geleitet, wer die Parteien eines Konnossementsverhältnisses sind, so dass seine Überlegungen auch schuldrechtliche Fragen berühren. Vgl. darüber hinaus hinsichtlich der Problematik der Parteistellung in Bezug auf schuldrechtliche Vereinbarungen: *BGH*, RIW 1994, 878, 879; *Mankowski*, IPRax 1991, 305, 306; *ders.*, TranspR 1991, 253, 256.

34 *Generalanwalt Slynn*, Schlussanträge vom 21. März 1984, Rs. 71/83, Slg. 1984, 2437, 2438 *(Tilly Russ)*; *Gaudemet-Tallon*, Internationale Zuständigkeit und Urteilsanerkennung, 117, 125; *Kropholler*, Art. 23, Rn. 30; *Kröll*, ZZP 113 (2000), 135, 136, 140; *Rauscher*, ZZP 104 (1991), 271, 277. Kritisch hingegen: *Baumgärtl*, FS Kegel (1977), 285, 297 f., dessen Ansicht allerdings bereits aufgrund des Vorrangs des EuGVÜ/LugÜ bzw. der EuGVO abzulehnen ist, vgl. dazu oben 1. Teil A. I. 3. Für eine ausschließliche Beurteilung der Formerfordernisse gemäß Art. 17 EuGVÜ spricht sich auch der *EuGH*, Urteil vom 24. Juni 1981, Rs. 150/80, Slg. 1981, 1671, Rn. 24 *(Elefanten Schuh)* aus, der richtigerweise zum einen auf die Rechtssicherheit, zum anderen darauf hinweist, dass Artikel I Absatz 2 des dem Übereinkommen beigefügten Protokolls ausdrücklich besondere Formerfordernisse benennt, so dass Art. 17 EuGVÜ als abschließend zu verstehen ist. Siehe auch die rechtsvergleichende Analyse der Form internationaler Gerichtsstandsvereinbarungen von *Heiss*, ZfRV 2000, 202 ff.

35 So wohl *Staehelin*, Gerichtsstandsvereinbarungen, 159 ff., 137 ff.; in diesem Sinne auch *Briggs*, Lloyd's MCLQ 1992, 150, 155; *Grunsky*, RIW 1977, 1, 6 f.; *Meilicke*, DWiR 1992, 206, 207.

Form und Zulässigkeit sowie die Wirkungen der Gerichtsstandsvereinbarung regelt. Alle Fragen, die darüber hinausgehen, müssten folglich nach national-autonomem Recht beantwortet werden, wobei das zur Anwendung berufene nationale Recht noch zu ermitteln wäre[37]. Die Frage, zwischen wem die Vereinbarung zustande gekommen ist, die weder die Zulässigkeit noch die Form und auch nicht die Wirkung von Gerichtsstandsvereinbarungen betrifft, wäre demnach nach national-autonomem Recht zu beantworten.

bb) Zustandekommen der Gerichtsstandsvereinbarung nach vertrags- bzw. gemeinschaftsautonomem Recht

Andererseits wird vertreten, dass das Übereinkommen bzw. die Verordnung selbst das Zustandekommen der Gerichtsstandsvereinbarung regelt[38]. Legt man eine autonome Beurteilung zugrunde, so wäre gemäß Art. 17 EuGVÜ/LugÜ bzw. Art. 23 EuGVO zu bestimmen, zwischen wem die Vereinbarung zustande gekommen ist.

Allerdings wird Art. 17 EuGVÜ/LugÜ bzw. Art. 23 EuGVO nach überwiegender Ansicht nicht für jede Frage im Zusammenhang mit dem Zustandekommen der Vereinbarung herangezogen. Wo die Grenzen diesbezüglich zu ziehen sind, wird unterschiedlich beurteilt.

(1) Bei Verbundenheit der Gerichtsstandsvereinbarung mit dem materiellen Vertrag: National-autonomes Recht

Im Jahre 1981 sah die Regierung des Vereinigten Königreichs Belgien[39] eine Abhängigkeit der Gerichtsstandsvereinbarung von dem Hauptvertrag. Ihrer Ansicht nach steht die Gültigkeit der Gerichtsstandsvereinbarung im Zusammenhang mit derjenigen des Hauptvertrages, wenn die Gerichtsstandsvereinbarung ein untrennbarer Teil des Vertrages ist. Die Gültigkeit der Zuständigkeitsvereinbarung müsse folglich nach dem Recht, das aufgrund der Kollisionsnormen des angerufenen Gerichts zur Anwendung gelangt, bewertet werden. Anders sei dies allerdings in dem Fall zu beurteilen, in dem es sich bei der Gerichtsstandsvereinbarung offensichtlich um eine gesonderte Verein-

---

36 *OLG Düsseldorf*, RIW 1990, 577, 579; *OLG Saarbrücken*, NJW 1992, 987.

37 Für die lex causae: *OLG Düsseldorf*, RIW 1990, 579; *OLG Saarbrücken*, NJW 1992, 987; *Staehelin*, Gerichtsstandsvereinbarungen, 149 ff.; *Meilicke*, DWiR 1992, 206, 207; für die lex fori hingegen: *Cour d'appel de Paris*, Rev.crit.dr.internat.privé (80) 1991, 605 ff.

38 Vgl. *BGH*, EuZW 1996, 473 f.; *OLG Köln*, NJW-RR 1998, 1350 f.; *Collins*, Dicey and Morris, Rn. 12-091; *Jayme*, Europäisches Kollisionsrecht, 33, 35 f.; *ders.*, Narrative Normen, 26 f.; *Stöve*, Gerichtsstandsvereinbarungen nach Handelsbrauch, 12 ff.; *Geimer/Schütze*, Art. 23, Rn. 15, 75; *Kropholler*, Art. 23, Rn. 23; *Staudinger/Hausmann*, Anhang II zu Art. 27-37 EGBGB, Rn. 180; *Wieczorek/Schütze/Hausmann*, Anh I § 40, Rn. 12; *Adolphsen*, ZZPInt 4 (1999), 243, 247; *Bork*, ZHR 157 (1993), 48, 51; *Geimer*, EWiR 1988, 471, 472; *ders.*, IPRax 1991, 31, 34; *ders.*, EuZW 1992, 158; *Koch*, IPRax 1997, 405, 406; *Kohler*, IPRax 1983, 265, 268; *Kröll*, EWiR 1999, 645, 646; *Vachek*, WiB 1997, 157, 158. Vgl. auch *Jiménez Blanco*, El contrato internactional a favor de tercero, 108.

39 *Regierung des Vereinigten Königreichs*, Urteil vom 24. Juni 1981, Rs. 150/80, Slg. 1981, 1671, 1680 f. *(Elefanten Schuh)*. Für eine Abhängigkeit vom Grundvertrag in dem Fall, dass die Gerichtsstandsvereinbarung als dessen Bestandteil bestehen soll: *Karré-Abermann*, ZEuP 1994, 142, 146 f., die allerdings verlangt, dass die nationalen Wirksamkeitsvoraussetzungen neben den internationalen Erfordernissen der Gerichtsstandsvereinbarung erfüllt sind.

barung handelt. Zwar spricht die Regierung des Vereinigten Königreichs von der „Gültigkeit“ der Gerichtsstandsvereinbarung, jedoch scheint sie damit auch das „Zustandekommen“ der Gerichtsstandsvereinbarung erfassen zu wollen. Ist demnach die Gerichtsstandsklausel als ein untrennbarer Teil des Hauptvertrages anzusehen, müsste die Frage des Zustandekommens der Vereinbarung und damit der „Parteien“ nach dem Recht beurteilt werden, das aufgrund der Kollisionsnormen des angerufenen Gerichts, zur Anwendung gelangt.

(2) Differenzierung zwischen den Alternativen gemäß Art. 17 Abs. 1 S. 2 EuGVÜ/LugÜ bzw. Art. 23 Abs. 1 S. 3 EuGVO

Andere differenzieren zwischen den einzelnen Alternativen gemäß Art. 17 Abs. 1 S. 2 EuGVÜ/LugÜ bzw. Art. 23 Abs. 1 S. 3 EuGVO. So will *Saenger*[40] bei einer schriftlich sowie mündlich mit schriftlicher Bestätigung geschlossenen Vereinbarung die lex causae hinsichtlich des Zustandekommens der Gerichtsstandsvereinbarung heranziehen. Bei einer den Gepflogenheiten der Parteien entsprechenden Vereinbarung und auch bei einer Gerichtsstandsvereinbarung, die im internationalen Handel in einer Form im Sinne von lit. c geschlossen wurde, sei hingegen auf übereinkommens- bzw. gemeinschaftsautonomes Recht zurückzugreifen. Ähnlich sieht dies auch *Hüßtege*[41], der allerdings im Falle der Vereinbarung gemäß Art. 17 Abs. 1 S. 2 lit. a und b EuGVÜ/LugÜ bzw. Art. 23 Abs. 1 S. 3 lit. a, b EuGVO die lex fori, und nur bei einer Vereinbarung gemäß Art. 17 Abs. 1 S. 2 lit. c EuGVÜ/LugÜ bzw. Art. 23 Abs. 1 S. 3 lit. c EuGVO übereinkommens- bzw. gemeinschaftsautonomes Recht anwenden möchte. Demnach wäre die Frage, zwischen wem die Gerichtsstandsvereinbarung zustande gekommen ist, je nach Art der Vereinbarung, entweder nach national-autonomem oder nach übereinkommens- bzw. gemeinschaftsautonomem Recht zu beurteilen.

(3) Wenn Art. 17 EuGVÜ/LugÜ bzw. Art. 23 EuGVO keine Regelung des Problems enthält: National-autonomes Recht

Vielfach[42] wird danach unterschieden, ob Art. 17 EuGVÜ/LugÜ bzw. Art. 23 EuGVO eine Regelung des Problems hinsichtlich des Zustandekommens vorsieht oder aber nicht. Kann aus Art. 17 EuGVÜ/LugÜ bzw. Art. 23 EuGVO eine Regelung entnommen werden, so müsse dieses auch übereinkommens- bzw. gemeinschaftsautonom gelöst werden. Ist eine Regelung jedoch nicht ersichtlich, so sei ein Rückgriff auf das national-autonome Recht[43] erforderlich.

---

40 *Saenger*, ZZP 110 (1997), 477, 483 f.; *ders.*, ZEuP 2000, 656, 666 ff.

41 *Thomas/Putzo/Hüßtege*, Art. 23, Rn. 4.

42 *LG Essen*, RIW 1992, 227, 228; *Killias*, Die Gerichtsstandsvereinbarung nach dem Lugano-Übereinkommen, 32 ff.; so wohl auch *Kim*, Internationale Gerichtsstandsvereinbarungen, 76 ff.; *Sandrock/Jung/Sandrock*, Hdb. der Internationalen Vertragsgestaltung, E, Rn. 123; *Geimer/Schütze*, Art. 23, Rn. 75 ff.; *Dietze/Schnichels*, EuZW 1994, 366, 370; *Haß*, IPRax 2000, 494; *Koch*, IPRax 1993, 19, 21; *Kohler*, IPRax 1983, 265, 268; *ders.*, IPRax 1991, 299, 300 f.; *Kröll*, ZZP 113 (2000), 135, 140 ff.; so auch *Kubis*, IPRax 1999, 10, 11 f.; *Rauscher*, ZZP 104 (1991), 271, 278 ff., der autonomes Recht für die Elemente der Vereinbarung anwenden will, die unlösbar mit der in Art. 17 EuGVÜ geregelten Form verbunden sind; *Roth*, ZZP 93 (1980), 156, 163; *Schmidt*, RIW 1992, 173, 175.

43 Für die lex causae: *Grunsky*, RIW 1977, 1, 6 f.; *Kröll*, ZZP 113 (2000), 135, 147 f.; *Rauscher*, ZZP 104 (1991), 271, 282 f.; für die lex fori hingegen: *Kim*, Internationale Gerichtsstandsvereinbarun-

Geht man davon aus, dass die Frage, zwischen wem eine Vereinbarung zustande kommt, durch Art. 17 EuGVÜ/LugÜ bzw. Art. 23 EuGVO keine Regelung erfahren hat[44], so müsste zur Beantwortung dieser Frage das anzuwendende national-autonome Recht ermittelt werden. Vertritt man jedoch, dass Art. 17 EuGVÜ/LugÜ bzw. Art. 23 EuGVO eine Regelung hinsichtlich dieser Frage trifft, ist die Problematik nach übereinkommens- bzw. gemeinschaftsautonomem Recht zu lösen[45].

b) Bewertung der Lösungsansätze

Es bedarf folglich einer Auseinandersetzung mit den vorgestellten Lösungsansätzen.

aa) Analyse der EuGH-Rechtsprechung

Der EuGH[46] hat für die Auslegung der Begriffe im EuGVÜ betont, dass weder der Auslegung nach national-autonomem noch der Auslegung nach übereinkommens- bzw. gemeinschaftsautonomem Recht ein Vorrang gebühren soll. Freilich ist nicht zu verkennen, dass der EuGH zu einer gemeinschaftsrechtlichen Auslegung und Qualifikation neigt, wobei er in seinen Entscheidungen immer wieder darauf hinweist, dass bei der Auslegung des Übereinkommens sowohl seinem Regelungsgehalt als auch seinen Zielsetzungen sowie seinem Zusammenhang mit dem Vertrag Rechnung getragen werden müsse.

In ständiger Rechtsprechung hat der EuGH[47] betont, dass Gerichtsstandsvereinbarungen eine *„tatsächliche Willenseinigung"* voraussetzen, was zeigt, dass Art. 17

gen, 82.

44 Vgl. hierzu *Mankowski*, Seerechtliche Vertragsverhältnisse, 245 f.; *Jayme/Kohler*, IPRax 1992, 346, 353 f.; *Mankowski*, IPRax 1996, 427, 430 f.

45 Vgl. *Gebauer*, IPRax 2001, 471.

46 *EuGH* Urteil vom 6. Oktober 1976, Rs. 12/76, Slg. 1976, 1473, 1485 *(Tessili)*; *EuGH* Urteil vom 10. März 1992, Rs. C-214/89, Slg. 1992, I-1745, Rn. 12 *(Powell Duffryn)*.

Vgl. zur übereinkommensautonomen Auslegung insbesondere *EuGH* Urteil vom 10. März 1992, Rs. C-214/89, Slg. 1992, I-1745, Rn. 12 *(Powell Duffryn)*; *EuGH* Urteil vom 17. Juni 1992, Rs. C-26/91, Slg. 1992, I-3967, Rn. 18 *(Jakob Handte)*; *EuGH* Urteil vom 19. Mai 1998, Rs. C-351/96, Slg. 1998, I-3075, Rn. 16 *(Drouot)*; *EuGH* Urteil vom 27. Oktober 1998, Rs. C-51/97, Slg. 1998, I-6511, Rn. 15 *(Réunion européenne)*; *EuGH* Urteil vom 27. Februar 2002, Rs. C-237/00, Slg. 2002, I-2013, Rn. 60 *(Weber)*; *EuGH* Urteil vom 11. Juli 2002, Rs. C-96/00, Slg. 2002, I-6367, Rn. 37 *(Gabriel)*; *EuGH* Urteil vom 17. September 2002, Rs. C-334/00, Slg. 2002, I-7357, Rn. 19 f. *(Tacconi)*; *EuGH* Urteil vom 1. Oktober 2002, Rs. C-167/00, Slg. 2002, I-8111, Rn. 35 *(Henkel)*; *EuGH* Urteil vom 14. November 2002, Rs. C-271/00, Slg. 2002, I-10489, Rn. 28 *(Gemeente)*; *EuGH* Urteil vom 15. Mai 2003, Rs. C-266/01, Slg. 2003, I-4867, Rn. 20 *(Préservatrice)*; *EuGH* Urteil vom 15. Januar 2004, Rs. C-433/01, Slg. 2004, I-981, Rn. 24 *(Blijdenstein)*; *EuGH* Urteil vom 5. Februar 2004, Rs. C-265/02, Slg. 2004, I-1543, Rn. 22 *(Frahuil)*.

47 Vgl. *EuGH* Urteil vom 14. Dezember 1976, Rs. 24/76, Slg. 1976, 1831, Rn. 7 *(Estasis Salotti)*; *EuGH* Urteil vom 14. Dezember 1976, Rs. 25/76, Slg. 1976, 1851, Rn. 6 *(Segoura)*; *EuGH* Urteil vom 6. Mai 1980, Rs. 784/79, Slg. 1980, 1517, Rn. 5 *(Porta-Leasing)*, in denen der EuGH hinsichtlich des EuGVÜ (1968) eine Willenseinigung zwischen den Parteien fordert, *„die klar und deutlich zum Ausdruck gekommen ist"*; *EuGH* Urteil vom 24. Juni 1981, Rs. 150/80, Slg. 1981, 1671, Rn. 24 *(Elefanten Schuh)*. Auch in dem Urteil des *EuGH* vom 20.2.1997, Rs. C-106/95, Slg. 1997, I-911, Rn. 15 *(MSG)* wird dies noch betont, aber in den nächsten Randnoten weist der EuGH darauf hin, dass eine Erleichterung nicht nur der Form aufgrund des ersten Beitrittsübereinkommens erfolgt sei, so dass die Willenseinigung vermutet werde; in diesem Sinne auch *EuGH* Urteil vom 16. März 1999, Rs. C-159/97,

EuGVÜ bzw. Art. 23 EuGVO sehr wohl Anforderungen an das Zustandekommen der Gerichtsstandsvereinbarung stellt.

Zweifel an der autonomen Auslegung lässt hingegen das Urteil „*Iveco Fiat*"[48] aufkommen. In dieser Entscheidung hat der EuGH zwar ebenfalls betont, dass es einer Einigung bedürfe, die klar und deutlich zum Ausdruck gekommen sein muss. Das Formerfordernis solle gewährleisten, dass die Einigung zwischen den Parteien tatsächlich feststeht[49]. Allerdings nahm der EuGH für den Fall, dass die Gerichtsstandsvereinbarung schriftlich getroffen wurde, eine Verlängerung der in einem schuldrechtlichen Vertrag enthaltenen Gerichtsstandsklausel an, soweit das *anwendbare Recht* die Verlängerung des ursprünglichen Vertrags ohne Einhaltung der dafür ausdrücklich vorgesehenen Schriftform vorsieht. Lässt das anwendbare Recht dies nicht zu, so sei zu prüfen, ob die Voraussetzungen des Art. 17 EuGVÜ eingehalten wurden. Seltsam erscheint, dass Art. 17 EuGVÜ nur insoweit herangezogen werden sollte, als das für den Hauptvertrag maßgebende Recht den Fortbestand dieses Vertrages nicht ermöglichte. Zudem ist nicht ersichtlich, warum eine Unterscheidung zwischen dem Zustandekommen und der Verlängerung einer Gerichtsstandsvereinbarung bezüglich der Anwendung von nationalem oder übereinkommens- bzw. gemeinschaftsautonomem Recht gemacht werden soll[50]. Dieses Urteil bildet insofern jedoch eine Ausnahme zu den vorherigen und weiteren Entscheidungen des EuGH[51]. Es ist wohl vor dem Hintergrund zu betrachten, dass das EuGVÜ in der damaligen Fassung lediglich eine schriftliche Gerichtsstandsvereinbarung oder eine solche mit schriftlicher Bestätigung als möglich erachtete. Es scheint, als habe der EuGH diese Voraussetzungen im internationalen Handelsverkehr als zu eng empfunden und daher einen Ausweg im nationalen Recht gesucht.

Mit der Entscheidung „*Powell Duffryn*"[52] hat der EuGH explizit zum Ausdruck gebracht, dass er die Frage untersuchen will, „ob der Begriff der „Gerichtsstandsvereinbarung" im Sinne des Artikels 17 des Übereinkommens autonom auszulegen ist oder

---

Slg. 1999, I-1597, Rn. 19 f. *(Castelletti)*; vgl. zudem *EuGH* Urteil vom 9. November 2000, Rs. C-387/98, Slg. 2000, I-9337, Rn. 13 *(Coreck)*.

48 *EuGH* Urteil vom 11. November 1986, Rs. 313/85, Slg. 1986, 3353, Rn. 7 ff. *(Iveco Fiat)*.

49 *EuGH* Urteil vom 11. November 1986, Rs. 313/85, Slg. 1986, 3353, Rn. 5 *(Iveco Fiat)*.

50 Kritisch zu dieser Entscheidung auch *Geimer*, EWiR 1988, 471, 472 ; *Jayme*, IPRax 1989, 361 f. Im Sinne des EuGH hingegen *Rauscher*, ZZP 104 (1991), 271, 281 f.

51 Vgl. *EuGH* Urteil vom 14. Dezember 1976, Rs. 24/76, Slg. 1976, 1831, Rn. 7 *(Estasis Salotti)*; *EuGH* Urteil vom 14. Dezember 1976, Rs. 25/76, Slg. 1976, 1851, Rn. 6 *(Segoura)*; *EuGH* Urteil vom 6. Mai 1980, Rs. 784/79, Slg. 1980, 1517, Rn. 5 *(Porta-Leasing)*, in denen der EuGH hinsichtlich des EuGVÜ (1968) eine Willenseinigung zwischen den Parteien fordert, „*die klar und deutlich zum Ausdruck gekommen ist*"; *EuGH* Urteil vom 24. Juni 1981, Rs. 150/80, Slg. 1981, 1671, Rn. 24 *(Elefanten Schuh)*. Auch in dem Urteil des *EuGH* vom 20.2.1997, Rs. C-106/95, Slg. 1997, I-911, Rn. 15 *(MSG)* wird dies noch betont, aber in den nächsten Randnoten weist der EuGH darauf hin, dass eine Erleichterung nicht nur der Form aufgrund des ersten Beitrittsübereinkommens erfolgt sei, so dass die Willenseinigung vermutet werde; in diesem Sinne auch *EuGH* Urteil vom 16. März 1999, Rs. C-159/97, Slg. 1999, I-1597, Rn. 19 f. *(Castelletti)*; vgl. zudem *EuGH* Urteil vom 9. November 2000, Rs. C-387/98, Slg. 2000, I-9337, Rn. 13 *(Coreck)*.

52 *EuGH* Urteil vom 10. März 1992, Rs. C-214/89, Slg. 1992, I-1745 *(Powell Duffryn)*.

ob er als Verweisung auf das innerstaatliche Recht des einen oder anderen beteiligten Staates zu verstehen ist“[53]. Um den Zielen und der Systematik des Übereinkommens zu genügen, und um die Einheitlichkeit und Gleichheit der Rechte und Pflichten der Vertragsstaaten und betroffenen Personen sicherzustellen, ordnete er den Begriff der Gerichtsstandsvereinbarung autonom ein[54]. Der EuGH erwähnte bei der Beantwortung der ersten Frage die erforderliche Übereinstimmung der gefassten Beschlüsse der Gesellschaftsorgane mit dem anwendbaren nationalen Recht und der Satzung[55]. Daraus kann jedoch nicht gefolgert werden, dass er hinsichtlich des Zustandekommens der Gerichtsstandsvereinbarung auf nationales Recht verweist[56]. Eine solche Interpretation der Entscheidung würde gerade den vom EuGH erwähnten Zielen, der Systematik sowie der Sicherstellung einheitlicher und gleicher Rechte und Pflichten widersprechen. Vielmehr nimmt der EuGH eine Differenzierung vor: Das Zustandekommen der Gerichtsstandsvereinbarung soll nach übereinkommens- bzw. gemeinschaftsautonomem Recht zu beurteilen sein. Soweit jedoch der Beschluss der Gesellschafter fraglich erscheint, sind Antworten diesbezüglich im nationalen Recht zu suchen. Diese Differenzierung macht deutlich, dass der EuGH eine Lösung der Problematik des Zustandekommens der Gerichtsstandsvereinbarung dem EuGVÜ/LugÜ bzw. der EuGVO entnehmen will. Er sieht dies somit grundsätzlich – anders als Fragen, die den Satzungsbeschluss betreffen – als darin geregelt an[57].

Karré-Abermann[58] interpretierte die Entscheidung des EuGH hingegen in dem Sinne, dass, wenn die Gerichtsstandsvereinbarung zwingender Teil eines Vertrags- oder Klauselwerks ist, das nationale Recht zur Anwendung gelange. Problematisch ist im Hinblick auf diese Ansicht jedoch bereits die Beantwortung der Frage, wann eine Gerichtsstandsvereinbarung zwingender Teil eines Vertrags- oder Klauselwerks ist. Diesbezüglich können verschiedene Gerichte zu unterschiedlichen Ansichten kommen[59], so dass eine solche Betrachtung insbesondere Rechtssicherheit vermissen lässt. Dass die Rechtssicherheit, die das Übereinkommen bzw. die Verordnung bezweckt, bei der Annahme der Abhängigkeit der Gerichtsstandsvereinbarung vom Hauptvertrag gefährdet würde, zeigt sich auch bei Betrachtung von Kläger, Beklagtem sowie dem angerufenen Gericht. Geschützt werden sollen die in der Gemeinschaft niedergelassenen Personen, indem sowohl der Kläger als auch der Beklagte ohne Schwierigkeiten feststellen können sollen, vor welchem Gericht sie klagen bzw. verklagt werden können. Des Weiteren muss das angerufene Gericht in der Lage sein, ohne eine vorherige – möglicher-

---

[53] *EuGH* Urteil vom 10. März 1992, Rs. C-214/89, Slg. 1992, I-1745, Rn. 11 *(Powell Duffryn)*.

[54] *EuGH* Urteil vom 10. März 1992, Rs. C-214/89, Slg. 1992, I-1745, Rn. 13 f. *(Powell Duffryn)*.

[55] *EuGH* Urteil vom 10. März 1993, Rs. C-214/89, Slg. 1992, I-1745, Rn. 19, 21 *(Powell Duffryn)*.

[56] So aber *Staehelin*, Gerichtsstandsvereinbarungen, 166 f.; *Gottwald*, FS Henckel (1995), 295, 302 f.; *Meilicke*, DWiR 1992, 206, 207.

[57] Im Ergebnis auch *Collins*, Dicey and Morris, Rn. 12-091, 12-096; *Kropholler*, Art. 23, Rn. 23; *Bork*, ZHR 157 (1993), 48, 51; *Dietze/Schnichels*, EuZW 1994, 366, 370; *Koch*, IPRax 1993, 19, 21.

[58] *Karré-Abermann*, ZEuP 1994, 142, 147.

[59] Vgl. *Generalanwalt Slynn*, Schlussanträge vom 20. Mai 1981, Rs. 150/80, Slg. 1981, 1690, 1698 *(Elefanten Schuh)* zur Frage der „Abtrennbarkeit“ vom Hauptvertrag, die durch die *Regierung des Vereinigten Königreichs*, Urteil vom 24. Juni 1981, Rs. 150/80, Slg. 1981, 1671, 1680 f. *(Elefanten Schuh)* in dem Fall *Elefanten Schuh* aufgeworfen wurde.

weise sehr komplizierte – Sachprüfung über die eigene Zuständigkeit zu entscheiden. Das ist aber nur vorstellbar, wenn dem Übereinkommen bzw. der Verordnung eine möglichst große Reichweite zukommt. Während die Übereinkommen bzw. die Verordnung Regelungen für die Gerichtsstandsvereinbarung treffen, die die Zuständigkeit eines Gerichts festlegen sollen, gilt für den Hauptvertrag das nach dem internationalen Privatrecht zu ermittelnde Vertragsstatut. Diese Differenzierung dient der Rechtsklarheit und -sicherheit[60]. Folglich muss die Gerichtsstandsvereinbarung unabhängig vom Hauptvertrag beurteilt werden[61]. Aus diesem Grund kann auch das Argument *Mankowskis*[62], es sei widersprüchlich, die Frage der Parteien hinsichtlich der Gerichtsstandsvereinbarung anders zu beurteilen als in Bezug auf den Hauptvertrag, nicht überzeugen.

Der EuGH geht demnach grundsätzlich von einer Anwendung übereinkommens- bzw. gemeinschaftsautonomen Rechts im Hinblick auf das Zustandekommen der Gerichtsstandsvereinbarung aus. Es wird jedoch auch deutlich, dass das EuGVÜ/LugÜ bzw. die EuGVO keine allumfassende Regelung bietet[63]. Soweit dem EuGVÜ/LugÜ bzw. der EuGVO eine solche Regelung aufgrund einer Auslegung des Art. 17 EuGVÜ/LugÜ bzw. Art. 23 EuGVO nicht entnommen werden kann, muss auf nationales Recht zurückgegriffen werden[64].

bb) Auslegung des Art. 17 EuGVÜ/LugÜ bzw. Art. 23 EuGVO

Betrachtet man den Wortlaut der Überschrift des sechsten bzw. – nach der EuGVO – siebten Abschnitts *„Vereinbarung über die Zuständigkeit"*, so deutet dieser darauf hin, dass in dem bezeichneten Abschnitt auch das Zustandekommen der Vereinbarung geregelt wird[65]. Der Bericht von *Jenard* unterstreicht ein solches Ergebnis. Er weist darauf hin, dass

> „Gerichtstandsklauseln nur berücksichtigt [werden], wenn sie vereinbart sind, d.h. zwischen den Parteien muss das Einverständnis hergestellt sein"[66].

Somit scheint er davon auszugehen, dass Art. 17 EuGVÜ/LugÜ bzw. Art. 23 EuGVO das Zustandekommen der Vereinbarung prinzipiell regelt[67]. Allerdings konkretisiert der Wortlaut des Art. 17 EuGVÜ/LugÜ bzw. Art. 23 EuGVO eine solche Vereinbarung nur in formeller Hinsicht[68].

Neben der Analyse des Wortlauts des Art. 17 EuGVÜ/LugÜ bzw. Art. 23 EuGVO ist auch die historische, systematische und teleologische Interpretation vorzunehmen.

---

60 Zum Verhältnis einer Gerichtsstandsvereinbarung zum Hauptvertrag, vgl. auch 2. Teil B. IV. 4. a) aa). Siehe auch *EuGH* Urteil vom 3. Juli 1997, Rs. C-269/95, Slg. 1997, I-3767, Rn. 22 ff. *(Benincasa)*.

61 Vgl. die Ausführungen des *EuGH* im Urteil vom 3. Juli 1997, Rs. C-269/95, Slg. 1997 I, 3767, Rn. 21 ff. *(Benincasa)*.

62 *Mankowski*, IPRax 1996, 427, 430 f.

63 Vgl. Art. 14 ff. CISG, die Regelungen zum Abschluss des Vertrages vorsehen.

64 Vgl. *EuGH* Urteil vom 10. März 1992, Rs. C-214/89, Slg. 1992, I-1745 *(Powell Duffryn)*.

65 *Stöve*, Gerichtsstandsvereinbarungen nach Handelsbrauch, 14.

66 *Jenard*-Bericht, ABl.EG 1979 Nr. C 59/66, zu Art. 17.

67 So auch *Generalanwalt Lèger*, Schlussanträge vom 22. September 1998, Rs. C-159/97, Slg. 1999, 1597, Rn. 59 *(Castelletti)*; *Stöve*, Gerichtsstandsvereinbarungen nach Handelsbrauch, 18.

68 Vgl. auch *Staehelin*, Gerichtsstandsvereinbarungen, 161.

Die Betrachtung der Berichte kann bei der Auslegung hilfreich sein. So verweisen *Cruz*, *Real* und *Jenard* in ihrem Bericht[69] auf den *Jenard/Möller*-Bericht[70] zum LugÜ, in dem es heißt, dass Art. 17 LugÜ

> „hauptsächlich auf die Formerfordernisse abstellt, denen Gerichtsstandsvereinbarungen entsprechen müssen. Die Frage, ob eine Gerichtsstandsvereinbarung rechtswirksam getroffen wurde (beispielsweise Einigungsmängel), muss durch das anzuwendende Recht geregelt werden“[71].

Dies zeigt, dass sich die Formerfordernisse aus dem Übereinkommen ergeben. Hinsichtlich übriger Wirksamkeitsfragen – so beispielsweise „Einigungsmängeln“ – soll nationales Recht zur Anwendung gelangen. Der Bericht betont, dass Art. 17 LugÜ *„hauptsächlich“*, also nicht ausschließlich, auf die Formerfordernisse abstellt. Neben den Formerfordernissen könnte daher auch das Zustandekommen der Gerichtsstandsvereinbarung geregelt sein. Hinsichtlich der Voraussetzungen von Zuständigkeitsvereinbarungen ist zwischen den Anwendungsvoraussetzungen[72] im Sinne von Art. 17 Abs. 1 EuGVÜ/LugÜ bzw. Art. 23 Abs. 1 EuGVO (*„Parteien, von denen mindestens eine ihren Wohnsitz in dem Hoheitsgebiet eines Vertragsstaats hat“*; *„ein Gericht oder die Gerichte eines Vertragsstaats“*), den Zulässigkeitsvoraussetzungen[73] (vor allem dem Bestimmtheitsgrundsatz) sowie den Formerfordernissen und der Vereinbarung zu unterscheiden. Wenn aber im *Jenard/Möller*-Bericht im Zusammenhang mit der Form darauf hingewiesen wird, dass das Übereinkommen auf dessen Erfordernisse „hauptsächlich“ Bezug nimmt, so deutet dies insbesondere im Hinblick auf den Zusammenhang zwischen Form und Vereinbarung[74] darauf hin, dass das Übereinkommen neben den Formerfordernissen ebenfalls die Vereinbarung erfasst[75]. „Einigungsmängel“, womit wohl hauptsächlich die Fälle des Auseinanderfallens von objektiv Gewolltem und subjektivem Willen gemeint sind, haben nach diesem Bericht keine Regelung in dem Übereinkommen erfahren. Sie sind demnach nach nationalem Recht zu beurteilen[76].

Auch der Systematik der Übereinkommen bzw. der Verordnung kann gewichtige Bedeutung bei der Beantwortung der gestellten Frage zukommen. Art. 5 EuGVÜ wird vom EuGH hinsichtlich des Begriffs *„Vertrag oder Ansprüche aus einem Vertrag“*[77] sowie in Bezug auf andere Begriffe[78] übereinkommensautonom interpretiert[79]. Zwar

---

69 *Cruz/Real/Jenard*-Bericht, ABl.EG 1990, Nr. 189/35, Rn. 26.

70 *Jenard/Möller*-Bericht, ABl.EG 1990 Nr. C 189, Rn. 55.

71 *Jenard/Möller*-Bericht, ABl.EG 1990 Nr. C 189, Rn. 55.

72 Dazu auch 2. Teil C. I.

73 Siehe 2. Teil C. II.

74 Vgl. hierzu auch 2. Teil B. IV. 4. b) bb) (3) (e).

75 Vgl. auch *Stöve*, Gerichtsstandsvereinbarungen nach Handelsbrauch, 19; a.A. hierzu jedoch *Staehelin*, Gerichtsstandsvereinbarungen, 161 f.

76 Siehe auch *Kropholler*, Art. 23, Rn. 28; *Rauscher/Mankowski*, Art. 23, Rn. 41; *Kröll*, ZZP 113 (2000), 135, 147 f.; *Kubis*, IPRax 1999, 10, 12.

77 *EuGH* Urteil vom 22. März 1983, Rs. 34/82, Slg. 1983, 897, Rn. 9 *(Peters)*.

78 Vgl. hierzu das Urteil des *EuGH* vom 27. September 1988, Rs. 189/87, Slg. 1988, 5565, Rn. 14 ff. *(Kafelis)*, in dem der Begriff der unerlaubten Handlung autonom interpretiert wurde. Siehe auch *EuGH* Urteil vom 22. November 1978, Rs. 33/78, Slg. 1978, 2183 *(Somafer)* bezüglich der Wendung *„Betrieb einer Zweigniederlassung, einer Agentur oder einer sonstigen Niederlassung“* in Art. 5 Nr. 5 EuGVÜ; *EuGH* Urteil vom 19. Mai 1998, Rs. C-351/96, Slg. 1998, I-3075, Rn. 16 *(Drouot)* zu den in

enthält Art. 5 EuGVÜ/LugÜ bzw. Art. 5 EuGVO keine Regelung über ein Zustandekommen eines solchen Vertrages, jedoch wird dieser Begriff übereinkommens- bzw. gemeinschaftsautonom qualifiziert. Der EuGH hat bereits in mehreren Entscheidungen für das Vorliegen eines vertraglichen Rechtsverhältnises gefordert, dass eine Partei gegenüber einer anderen freiwillig Verpflichtungen eingegangen ist. Parallel dazu sollte auch das Zustandekommen der Gerichtsstandsvereinbarung übereinkommens- bzw. gemeinschaftsautonom beurteilt werden.

Allerdings wird demgegenüber darauf hingewiesen, dass die Gerichtsstandsvereinbarung in einem eigenständigen Abschnitt geregelt sei, und die Zuständigkeit in Art. 17 EuGVÜ/LugÜ bzw. Art. 23 EuGVO im Gegensatz zu sonstigen Zuständigkeitsvorschriften nicht direkt aufgrund der normierten Regelung, sondern erst durch die Vereinbarung der Parteien begründet werde. Daher könnte man bezweifeln, ob die für Art. 5 EuGVÜ getroffene Entscheidung überhaupt auf Art. 17 EuGVÜ/LugÜ bzw. Art. 23 EuGVO übertragbar ist[80].

Es soll nicht verschwiegen werden, dass Unterschiede zwischen den Zuständigkeitsvorschriften bestehen. Aber der Gedanke, auf dem die Entscheidungen für eine autonome Auslegung basieren – sowohl für die Vertrags-/Mitgliedsstaaten als auch für die betroffenen Personen so weit wie möglich gleiche und einheitliche Rechte und Pflichten zu schaffen[81] -, ist sehr wohl auch bei der Beantwortung der Frage des Zustandekommens der Gerichtsstandsvereinbarung zu beachten[82].

Weiterhin wird darauf hingewiesen, dass Art. 17 EuGVÜ/LugÜ bzw. Art. 23 EuGVO nicht nur eine Regelung im Hinblick auf die Formerforderungen enthalte, sondern vielmehr auch Fragen des Zustandekommens regele, da ein enger Zusammenhang zwischen der Form und der Vereinbarung bestehe. Dieser enge Zusammenhang spreche dafür, beide Aspekte gleich zu behandeln[83]. Das Verhältnis zwischen Einigung und

---

Art. 21 EuGVÜ verwendeten Begriffen zur Umschreibung der Rechtshängigkeit; *EuGH* Urteil vom 27. Oktober 1998, Rs. C-51/97, Slg. 1998, I-6511, Rn. 15 *(Réunion européenne)* zu Art. 5 Nr. 1 EuGVÜ; *EuGH* Urteil vom 27. Februar 2002, Rs. C-37/00, Slg. 2002, I-2013, Rn. 60 *(Weber)* zu dem Begriff des *„Arbeitsvertrags"* in Art. 5 Nr. 1 EuGVÜ; *EuGH* Urteil vom 11. Juli 2002, Rs. C-96/00, Slg. 2002, I-6367, Rn. 37 *(Gabriel)* zu Art. 13 EuGVÜ; *EuGH* Urteil vom 17. September 2002, Rs. C-334/00, Slg. 2002, I-7357, Rn. 19 f. *(Tacconi)* sowie *EuGH* Urteil vom 1. Oktober 2002, Rs. C-167/00, Slg. 2002, I-8111, Rn. 35 *(Henkel)* zu Art. 5 Nr. 1, Nr. 3 EuGVÜ; *EuGH* Urteil vom 15. Mai 2003, Rs. C-266/01, Slg. 2003, I-4867, Rn. 20 *(Préservatrice)* im Hinblick auf die Wendung *„Zivil- und Handelssachen"* in Art. 1 EuGVÜ; *EuGH* Urteil vom 15. Januar 2004, Rs. C-433/01, Slg. 2004, I-981, Rn. 24 *(Blijdenstein)* zu Art. 5 Nr. 2 EuGVÜ; *EuGH* Urteil vom 5. Februar 2004, Rs. C-265/02, Slg. 2004, I-1543, Rn. 22 *(Frahuil)*; *EuGH* Urteil vom 20. Januar 2005, Rs. C-27/02, Slg. 2005, I-481, insb. Rn. 33 *(Engler)* zu Art. 5 Nr. 1 EuGVÜ.

79 *EuGH* Urteil vom 17. Juni 1992, Rs. C-26/91, Slg. 1992, I-3967, Rn. 15 *(Jakob Handte)*; *EuGH* Urteil vom 27. Oktober 1998, Rs. C-51/97, Slg. 1998, I-6511, Rn. 17 *(Réunion européenne)*; *EuGH* Urteil vom 17. September 2002, Rs. C-334/00, Slg. 2002, I-7357, Rn. 23 *(Tacconi)*

80 Vgl. *Staehelin*, Gerichtsstandsvereinbarungen, 162 f.

81 *EuGH* Urteil vom 22. März 1983, Rs. 34/82, Slg. 1983, 897, Rn. 9 *(Peters)*.

82 Vgl. auch *EuGH* Urteil vom 10. März 1992, Rs. C-214/89, Slg. 1992, I-1745, Rn. 13 f. *(Powell Duffryn)*; *Kropholler*, Art. 5, Rn. 5; *Staudinger/Hausmann*, Anhang II zu Art. 27-37 EGBGB, Rn. 180.

83 *Kröll*, ZZP 113 (2000), 135, 144.

Form ist umstritten. Während überwiegend[84] vertreten wird, dass die Form von der Einigung zu unterscheiden ist, sehen andere[85] die Form als Tatbestandsmerkmal der Willenseinigung an, so dass Willenseinigung und Form nicht trennbar seien. Aber selbst von den Vertretern der ersten Ansicht werden die unlösbaren Zusammenhänge zwischen Einigung und Form betont. Aus diesem engen Zusammenhang zwischen Form und Einigung ist zu folgern, dass Art. 17 EuGVÜ/LugÜ bzw. Art. 23 EuGVO auch das Zustandekommen der Gerichtsstandsvereinbarung grundsätzlich regelt, da es primärer Zweck der Form ist – dies hat der EuGH[86] immer wieder betont – die Willenseinigung sicherzustellen und zu verhindern, dass Gerichtsstandsklauseln unbemerkt Bestandteil des Vertrages werden[87]. Die Formvoraussetzungen sind daher mit dem Erfordernis der Willenseinigung untrennbar verwoben[88]. Eine strenge Trennung zwischen Form und Willenseinigung ist somit praktisch nicht möglich[89].

Der *Schlosser*-Bericht[90] könnte jedoch zu dem Schluss verleiten, dass Art. 17 EuGVÜ/LugÜ bzw. Art. 23 EuGVO nur die Form der Vereinbarung regelt, da sich im *Schlosser*-Bericht hinsichtlich der neu eingeführten Formalternative folgende Aussage findet:

> „Es handelt sich aber, wie ausdrücklich betont sei, nur um eine Erleichterung von Formerfordernissen".

Schlosser weist aber auch darauf hin, dass an dieser Stelle seiner Ausführungen kein

> „Kommentar dazu veranlasst wäre, ob andere Willenseinigungsprobleme als die Formfrage nach anwendbarem nationalen Recht oder nach einheitlichen EWG-Grundsätzen zu beurteilen sind".

Es wird somit deutlich, dass der *Schlosser*-Bericht gerade keine Feststellung hinsichtlich des Zustandekommens der Vereinbarung oder im Hinblick auf Willensmängel treffen möchte.

Insbesondere aufgrund der durch das erste Beitrittsübereinkommen eingefügten Alternative hinsichtlich des internationalen Handelsverkehrs wird deutlich, dass es sich in Art. 17 EuGVÜ/LugÜ bzw. Art. 23 EuGVO nicht um eine bloße Regelung der Form, sondern auch der Vereinbarung handelt, da auch eine Erleichterung im Hinblick auf die Vereinbarung bezweckt wird[91]. Eine Aufspaltung in der Weise, dass sich die

---

84 *Geimer/Schütze*, Art. 23, Rn. 101; *Kröll*, ZZP 113 (2000), 135, 143.

85 Vgl. hierzu die ausführliche Darstellung von *Kim*, Internationale Gerichtsstandsvereinbarungen, 46 ff.

86 *EuGH* Urteil vom 14. Dezember 1976, Rs. 24/76, Slg. 1976, 1821, Rn. 7 *(Estasis Salotti)*; *EuGH* Urteil vom 14. Dezember 1976, Rs. 25/76, Slg. 1976, 1851, Rn. 6 *(Segoura)*; vgl. auch *EuGH* Urteil vom 14. Juli 1983, Rs. 201/82, Slg. 1983, 2503, Rn. 13 *(Gerling)*; *EuGH* Urteil vom 19. Juni 1984, Rs. 71/83, Slg. 1984, 2417, Rn. 14 *(Tilly Russ)*; *EuGH* Urteil vom 11. Juli 1985, Rs. 221/84, Slg. 1985, 2704, Rn. 13 *(Berghoefer)*; *EuGH* Urteil vom 11. November 1986, Rs. 313/85, Slg. 1986, 3353, Rn. 6 *(Iveco Fiat)*.

87 Vgl. *BGH*, NJW 1996, 1819; *Jenard*-Bericht, ABl.EG 1979 Nr. C 59/66, zu Art. 17; *Killias*, Die Gerichtsstandsvereinbarungen nach dem Lugano-Übereinkommen, 200; *Kröll*, ZZP 113 (2000), 135, 144 f.

88 Siehe zu dieser Problematik auch 2. Teil B. IV. 4. b) bb) (3) (e).

89 *Killias*, Die Gerichtsstandsvereinbarungen nach dem Lugano-Übereinkommen, 200.

90 *Schlosser*-Bericht, ABl.EG 1979 Nr. C 59/71, Rn. 179.

91 Vgl. *Adolphsen*, ZZPInt. 4 (1999), 243, 248; in diesem Sinne auch *Holl*, RIW 1997, 418; *Karré-*

Form nach übereinkommens- bzw. gemeinschaftsautonomem Recht, die Vereinbarung hingegen nach nationalem Recht richtet, würde überdies zu schwierigen Abgrenzungsproblemen führen. So zeigt sich insbesondere hinsichtlich der Diskussion um die Bedeutung des Schweigens, dass regelmäßig nicht nur die Form, sondern auch die Vereinbarung betroffen ist[92]. Es wird infolgedessen deutlich, dass eine klare Aufspaltung zwischen Form und Vereinbarung nicht möglich ist. Demnach ist *Huber*[93] beizupflichten, der darauf hinweist, dass die aufeinander abgestimmten Lösungen des Handelsbrauchs sinnwidrig auseinander gerissen würden.

Der Begriff *„Form"*, der in Art. 17 Abs. 1 S. 2 lit. c EuGVÜ/LugÜ bzw. Art. 23 Abs. 1 S. 3 lit. c EuGVO verwendet wird, ist in allen Sprachfassungen zu finden[94]. Die Verwendung dieses Begriffs kann jedoch damit in Zusammenhang stehen, dass er im natürlichen Sprachgebrauch häufig als Oberbegriff für die Art und Weise einer bestimmten tatsächlichen Handlung benutzt wird, und damit vorliegend möglicherweise untechnisch zu verstehen ist[95]. Zudem sollte die Änderung im Wege des ersten Beitrittsübereinkommens insbesondere die restriktive ältere Rechtsprechung des EuGH[96] korrigieren[97], die das Schweigen auf ein kaufmännisches Bestätigungsschreiben sowie die Einbeziehung von Gerichtsstandsklauseln in Allgemeine Geschäftsbedingungen betraf. Demnach bezog sich die Änderung eindeutig auf das Tatbestandsmerkmal der Vereinbarung[98]. Da es aber nicht einleuchtet, dass lediglich hinsichtlich dieser Alternative das Zustandekommen der Gerichtsstandsvereinbarung eine Regelung erfahren hat – dagegen spricht schon das Erfordernis der einheitlichen Auslegung – muss das Zustandekommen der Gerichtsstandsvereinbarung grundsätzlich als von Art. 17 EuGVÜ/LugÜ bzw. Art. 23 EuGVO geregelt angesehen werden.

Zu diesem Ergebnis gelangt man auch bei der Betrachtung der Zielsetzung des Übereinkommens bzw. der Verordnung. So wird sowohl in der Präambel des EuGVÜ als auch des LugÜ darauf hingewiesen, dass die Übereinkommen erlassen wurden

> „in dem Bestreben, innerhalb der Gemeinschaft den Rechtsschutz der dort ansässigen Personen zu verstärken; in der Erwägung, dass es zu diesem Zweck geboten ist, die internationale Zuständigkeit ihrer Gerichte festzulegen".

Die EuGVO verweist insbesondere in Erwägungsgrund (1) auf das Ziel der Gemeinschaft

> „einen Raum der Freiheit, Sicherheit und Rechts, in dem der freie Personenverkehr gewährleistet ist, zu erhalten und weiterzuentwickeln. Zum schrittweisen Aufbau dieses Raums hat die Gemeinschaft unter anderem im Bereich der justiziellen Zusammenarbeit in Zivilsachen die für das reibungslose Funktionieren des Binnenmarkts erforderlichen Maßnahmen zu erlassen". Er-

---

Abermann, ZEuP 1994, 142, 145 f.; *Saenger*, ZZP 110 (1997), 477, 488.

92 Vgl. *Adolphsen*, ZZPInt. 4 (1999), 243, 247; *Kröll*, ZZP 113 (2000), 135, 136, 145; *Roth*, ZZP 93 (1980), 156, 162.

93 Vgl. *Huber*, ZZPInt. 2 (1997), 168, 170 f.

94 Vgl. *„in a form"*; *„sous une forme"*.

95 *Stöve*, Gerichtsstandsvereinbarungen nach Handelsbrauch, 15.

96 Vgl. *EuGH* Urteil vom 14. Dezember 1976, Rs. 25/76, Slg. 1976, 1851 *(Segoura)*.

97 So auch *Schlosser*-Bericht, ABl.EG 1979 Nr. C 59/71, Rn. 179.

98 *Kropholler*, Art. 23, Rn. 27; vgl. *Adolphsen*, ZZPInt. 4 (1999), 243, 248; *Roth*, ZZP 93 (1980), 156, 162.

wägungsgrund (2) betont, dass die „Unterschiede zwischen bestimmten einzelstaatlichen Vorschriften über die gerichtliche Zuständigkeit und die Anerkennung von Entscheidungen" dazu führen, dass „das reibungslose Funktionieren des Binnenmarktes" erschwert werde. Folglich sei es notwendig „Bestimmungen zu erlassen, um die Vorschriften über die internationale Zuständigkeit in Zivil- und Handelssachen zu vereinheitlichen und die Formalitäten im Hinblick auf eine rasche und unkomplizierte Anerkennung und Vollstreckung von Entscheidungen aus den durch diese Verordnung gebundenen Mitgliedsstaaten zu vereinfachen".

Das Ziel ist damit primär eine gemeinsame Zuständigkeitsordnung für die Vertrags-/Mitgliedsstaaten und damit die Schaffung eines einheitlichen Rechtszustandes für alle von den Übereinkommen bzw. der Verordnung betroffenen Personen[99]. Daher muss eine divergierende Anwendung des Übereinkommens verhindert und eine klare und für alle Vertragsstaaten/Mitgliedsstaaten einheitliche Auslegung geschaffen werden[100]. Die Gefahr einer divergierenden Anwendung entstünde bei einem Rückgriff auf nationales Recht, weil dann jede Rechtsordnung die Begriffe entsprechend ihrem Rechtsverständnis definieren würde[101]. Zudem erhöht eine übereinkommens- bzw. gemeinschaftsautonome Auslegung die Voraussehbarkeit und somit die Rechtssicherheit. Schließlich beugt sie auch dem forum-shopping vor, bei dem rechtliche Unterschiede zwischen den Vertrags-/Mitgliedsstaaten ausgenutzt werden[102]. Die von dem EuGVÜ/LugÜ bzw. der EuGVO verfolgten Ziele sind nur zu verwirklichen, wenn zumindest die Grundvoraussetzungen der wirksamen Vereinbarung von den Übereinkommen bzw. der Verordnung selbst geregelt werden[103]. Dem kann auch nicht entgegnet werden, dass es bei einer autonomen Beurteilung des Zustandekommens der Gerichtsstandsvereinbarung zu Konflikten mit dem nationalen Recht komme, denn dann wäre die gesamte Rechtsvereinheitlichung hinfällig. Allerdings wird von den Befürwortern einer Beurteilung nach nationalem Recht vorgebracht, dass es nicht zu einer divergierenden Auslegung in den Vertrags-/Mitgliedsstaaten komme, da aufgrund des EVÜ bzw. des EGBGB oder aber aufgrund der CISG eine einheitliche Beurteilung der Problematik möglich sei[104]. Die Bundesrepublik Deutschland hat jedoch bei der Zustimmung zu dem EVÜ erklärt, dass die Art. 1-21 EVÜ innerstaatlich keine unmittelbare Anwendung finden. Stattdessen sind diese mit redaktionellen Änderungen in das EGBGB aufgenommen worden. Eine divergierende Auslegung ist daher keineswegs

---

99 Vgl. *Koch*, IPRax 1993, 19, 20.

100 Eine einheitliche Auslegung forderte bereits *Generalanwalt Caporti*, Schlussanträge vom 24. Oktober 1979, Rs. 25/79, Slg. 1979, 3431, 3435 *(Sanicentral)*; *Generalanwalt Tesauro*, Schlussanträge vom 20. November 1991, Rs. C-214/89, Slg. 1992, I-1756, Rn. 3 *(Powell Duffryn)*; vgl. ebenso *Jayme/Kohler*, IPRax 1992, 346, 353; *Kohler*; IPRax 1983, 265, 268.

101 *Stöve*, Gerichtsstandsvereinbarungen nach Handelsbrauch, 16.

102 *Killias*, Die Gerichtsstandsvereinbarungen nach dem Lugano-Übereinkommen, 33 f.

103 *Stöve*, Gerichtsstandsvereinbarungen nach Handelsbrauch, 20; in diesem Sinne auch Koch, IPRax 1997, 405, 406.

104 Vgl. *Gottwald*, FS Henckel (1995), 295, 301, der die Anwendung des EGBGB und der CISG in Erwägung zieht. Nach der Ansicht von *Reithmann/Martiny/Martiny*, Internationales Vertragsrecht, Rn. 192 verbietet die Ausschlussklausel gemäß Art. 1 Abs. 2 lit. d EVÜ nicht, dass die Gerichtsstandsvereinbarung als materieller Vertrag anzusehen ist und damit auf die Kollisionsnormen für Schuldverhältnisse zurückgegriffen werden kann. *Sandrock*, RIW 1986, 841, 845 f. sieht die Anwendung der Art. 27 ff. EGBGB trotz der Geltung des Art. 1 Abs. 2 lit. d EVÜ nicht als ausgeschlossen an.

unmöglich. Zudem wird in Art. 1 Abs. 2 lit. d EVÜ eine Anwendung auf Schieds- und Gerichtsstandsvereinbarungen ausgeschlossen[105]. Diese Regelung wurde zwar nicht in das EGBGB übernommen, dennoch hat der BGH die Frage, ob das EGBGB auf Gerichtsstandsvereinbarungen anwendbar ist, ausdrücklich offen gelassen[106]. Daher ist die Gefahr divergierender Beurteilungen der Gerichtsstandsvereinbarung nicht gebannt.

Es wird deutlich, dass das Zustandekommen der Gerichtsstandsvereinbarung grundsätzlich übereinkommens- bzw. gemeinschaftsautonom zu beurteilen ist. Allerdings stellt der in Art. 17 EuGVÜ/LugÜ bzw. Art. 23 EuGVO aufgeführte Begriff der *„Vereinbarung"* lediglich einen übereinkommens- bzw. gemeinschaftsautonomen Rahmen[107] dar[108]. Dem national-autonomen Recht kommt folglich insoweit ergänzende Funktion zu, als dem EuGVÜ/LugÜ bzw. der EuGVO keine Regelung der einzelnen Fragen zu entnehmen ist, also zur Ausfüllung dieses vorgegebenen Rahmens. So ist aus Art. 17 EuGVÜ/LugÜ bzw. Art. 23 EuGVO nicht ersichtlich, wie Fragen der Stellvertretung, der Geschäftsfähigkeit sowie der Willensmängel beantwortet werden sollen. Auf übereinkommens- bzw. gemeinschaftsautonomer Ebene haben diese Probleme keine Regelung erfahren. Insoweit ist auf nationales Recht zurückzugreifen.

Dass die Problematik, wer Partei der Gerichtsstandsvereinbarung ist, keine autonome Regelung erfahren hat, so dass dem nationalen Recht ergänzende Funktion diesbezüglich zukommt, erscheint fernliegend. Schließlich ist nach der hier vertretenen Auffassung das Zustandekommen der Gerichtsstandsvereinbarung grundsätzlich überein-

---

105 Derzeit wird diskutiert, ob das EVÜ auch auf Gerichtsstands- und Schiedsklauseln Anwendung finden soll, soweit sie nicht bereits durch Übereinkommen oder Verordnungen geregelt sind: Grünbuch KOM (2002) 654, S. 25. Allerdings ist meiner Ansicht diesbezüglich zu bedenken, dass Art. 17 EuGVÜ bzw. Art. 23 EuGVO nicht an Bedeutung verlieren darf, in dem alle Fragen nach dem neu zu schaffenden europäischen Rechtsinstrument zu beurteilen sind. Lediglich die Probleme, die in dem EuGVÜ/der EuGVO keine Regelung erfahren haben, beispielsweise in Bezug auf die Geschäftsfähigkeit oder aber Irrtümer hinsichtlich der Vereinbarung, könnten demnach dem neuen Rechtsinstrument unterzuordnen sein. Dies ist jedoch nur dann sinnvoll, wenn dieses für alle Mitgliedsstaaten unmittelbar in gleicher Weise gilt. Vgl. hierzu *Gottwald*, FS Henckel, 295, 308 f, der sich für eine Aufhebung des Art. 1 Abs. 2 lit. d EVÜ ausspricht. Eine Anwendung des nationalen Rechts ablehnend auch *Jayme*, Narrative Normen, 26 f., der aus Art. 1 Abs. 2 lit. d EVÜ heraus lesen will, dass dieser die Gerichtsstandsvereinbarung prozessrechtlich qualifiziere.

106 *BGH*, NJW 1989, 1431, 1432. Allerdings wurden die Art. 27 ff. EGBGB in der Rechtsprechung auch schon herangezogen: *OLG München*, IPRax 1991, 46, 48 f. Da gemäß Art. 36 EGBGB bei der Auslegung und Anwendung der für vertragliche Schuldverhältnisse geltenden Vorschriften dieses Kapitels zu berücksichtigen ist, dass die ihnen zugrunde liegenden Regelungen des EVÜ in den Vertragsstaaten einheitlich ausgelegt und angewandt werden sollen, ist zumindest eine direkt Anwendung dieser Vorschriften auf Gerichtsstands- und Schiedsklauseln abzulehnen; vgl. *Staudinger/Magnus*, Art. 37 EGBGB, Rn. 8, Rn. 13.

107 *Kropholler*, Art. 23, Rn. 25 spricht in diesem Zusammenhang von *„Mindestanforderungen"* und meint damit wohl dasselbe.

108 Vgl. *EuGH* Urteil vom 10. März 1992, Rs. C-214/89, Slg. 1992, I-1745 *(Powell Duffryn)*: Die Voraussetzungen für das wirksame Zustandekommen einer Satzung bestimmen sich nach nationalem Recht, wohingegen die Erfordernisse für die Einigung über den Gerichtsstand sich aus dem übereinkommens- bzw. gemeinschaftsautonomen Recht ergeben.

Zur Reichweite insbesondere im Hinblick auf den engen Zusammenhang zwischen Form und Vereinbarung vgl. 2. Teil B. IV. 4. b) bb) (3) (e); *Kropholler*, Art. 23, Rn. 25.

kommens- bzw. gemeinschaftsautonom zu bestimmen[109]. Die Frage nach den Parteien der Gerichtsstandsvereinbarung befasst sich jedoch gerade damit, zwischen wem eine solche Vereinbarung zustande gekommen ist. Es besteht folglich eine übereinkommens- bzw. gemeinschaftsautonome Regelung, so dass auf das nationale Recht nicht zurückgegriffen werden muss. Infolgedessen ist die Problematik, wer als Partei der Zuständigkeitsvereinbarung anzusehen ist, gemäß Art. 17 EuGVÜ/LugÜ bzw. Art. 23 EuGVO zu lösen.

2. Fälle der Stellvertretung

Auch die Fälle der Stellvertretung können nach den bereits dargestellten Grundsätzen behandelt werden.

Zwischen wem eine Gerichtsstandsvereinbarung zustande kommt, richtet sich prinzipiell nach übereinkommens- bzw. gemeinschaftsautonomen Recht[110]. Im Hinblick auf das Zustandekommen einer Gerichtsstandsvereinbarung in den Fällen der Stellvertretung kann nichts anderes gelten. Insofern ist auf die dargelegten Argumentation zu verweisen. Ob der Handelnde oder der Hintermann Partei der Vereinbarung werden soll, ergibt sich aus der Auslegung des Verhaltens der Beteiligten, die übereinkommens- bzw. gemeinschaftsautonomen Grundsätzen folgt[111].

Demgegenüber sind die Voraussetzungen der Stellvertretung, so beispielsweise hinsichtlich der Bevollmächtigung, nach nationalem Recht[112] zu beurteilen, da das autonome Recht eine Regelung insoweit nicht enthält.

3. Ergebnis

Wer „Partei" der Gerichtsstandsvereinbarung ist, hängt demnach grundsätzlich davon ab, zwischen wem eine kongruente Willenseinigung[113] im Hinblick auf den Gerichts-

---

109 Vgl. auch in diesem Sinne *Kropholler*, Art. 23, Rn. 28; *Kohler*, IPRax 1983, 265, 268; *Kröll*, ZZP 113 (2000), 135, 147; *Rauscher*, ZZP 104 (1991), 271, 279; vgl. auch *Wieczorek/Schütze/Hausmann*, Anh I § 40, Rn. 12.

110 Vgl. 1. Teil A. II. 1.

111 Grundsätzlich dazu bereits oben 1. Teil A. II. 1. In diesem Sinne zu Art. 17 Abs. 1 S. 2 lit. c EuGVÜ/LugÜ bzw. Art. 23 Abs. 1 S. 3 lit. c EuGVO auch *LG Essen*, RIW 1992, 227, 230; *Reithmann/Martiny/Hausmann*, Internationales Vertragsrecht, Rn. 3037; *Rauscher/Mankowski*, Art. 23 Brüssel-VO, Rn. 34, nach deren Auffassung das Wissen des Vertreters dem Vertretenen nach Maßgabe des zur Anwendung kommenden nationalen Rechts zugerechnet werden soll.

112 Umstritten ist, ob die lex fori – so *Kim*, Internationale Gerichtsstandsvereinbarungen, 81 f. – oder das durch die lex causae – *Kropholler*, Art. 23, Rn. 28; *Kröll*, ZZP 113 (2000), 135, 147 f. Zur Diskussion, welches Statut Anwendung finden soll, vgl. *Fischer*, Verkehrsschutz, 275 ff.; *Reithmann/Martiny/Hausmann*, Internationales Vertragsrecht, Rn. 2427 ff. – zur Anwendung berufene Recht gelten soll.

113 Für das Zustandekommen der Vereinbarung ist die Einhaltung der Formerfordernisse grundsätzlich nicht notwendig. Sie wird erst bei den Wirkungen relevant, die dieser Gerichtsstandsvereinbarung zukommen sollen, da nur eine wirksam zustande gekommene Zuständigkeitsvereinbarung Wirkungen entfalten kann (vgl. zur Form als Wirksamkeitserfordernis 2. Teil A. III. 2. c) aa) (2), Fn. 261, 262). Aufgrund der engen Verknüpfung von Form und Vereinbarung spielen allerdings auch die Formerfordernisse eine Rolle bei der Ermittlung des Zustandekommens einer Zuständigkeitsvereinbarung. So lässt die Einhaltung der Formvoraussetzung gemäß Art. 17 Abs. 1 S. 2 lit. b, c EuGVÜ/LugÜ bzw. Art. 23 Abs. 1 S. 3 lit. b, c EuGVO vermuten, dass eine Vereinbarung der Zuständigkeit zustande ge-

stand zustande gekommen ist[114], wobei darauf zu achten ist, dass auch multipolare Vereinbarungen – also zwischen mehr als zwei Parteigruppen – zulässig sind[115]. Ob der Handelnde oder der Hintermann in den Fällen der Stellvertretung Partei der Vereinbarung werden soll, folgt aus der Auslegung des Verhaltens der Beteiligten, die sich nach übereinkommens- bzw. gemeinschaftsautonomen Recht richtet.

Im Umkehrschluss dazu sind „Dritte“ folglich all diejenigen, die nicht als solche Personen anzusehen sind.

III. Grundsätzliche subjektive Wirkung

Somit bleibt die Frage zu klären, wem gegenüber eine Gerichtsstandsvereinbarung wirkt. Als Rechtssubjekte, denen gegenüber die Vereinbarung des Gerichtsstandes Wirkung entfalten kann, kommen die Parteien, aber auch Dritte in Betracht. Zu beachten ist dabei, dass die Vereinbarung wirksam zustande gekommen sein muss, damit dieser überhaupt Wirkung zukommen kann[116].

1. Wirkungen gegenüber den Parteien der Gerichtsstandsvereinbarung

Die Gerichtsstandsvereinbarung könnte gegenüber den Parteien Wirkungen entfalten. Auch bezüglich der Beurteilung der Wirkungen gegenüber den Parteien der Gerichtsstandsvereinbarung ist die Frage aufzuwerfen, ob übereinkommens- bzw. gemeinschaftsautonomes Recht oder national-autonomes Recht heranzuziehen ist. Allgemein anerkannt ist zwar, dass die Wirkungen der Gerichtsstandsvereinbarung nach dem EuGVÜ/LugÜ bzw. der EuGVO zu bestimmen sind[117]. Jedoch wird damit regelmäßig nur auf die objektiven Wirkungen der Vereinbarung Bezug genommen, nicht aber ohne Weiteres auch auf die subjektiven Wirkungen. Nach der hier vertretenen Ansicht kommt grundsätzlich übereinkommens- bzw. gemeinschaftsautonomes Recht zur Anwendung, soweit dies eine Regelung enthält. Art. 17 EuGVÜ/LugÜ bzw. Art. 23 EuGVO ist zu entnehmen, dass Parteien an eine Vereinbarung, die den Anforderungen gemäß Art. 17 EuGVÜ/LugÜ bzw. Art. 23 EuGVO entspricht, und die sie selber getroffen haben, regelmäßig – soweit dies ihrem Willen entspricht – gebunden sein sollen. Es besteht demnach eine Regelung, so dass dem national-autonomen Recht insoweit keine ergänzende Funktion zukommt und damit Art. 17 EuGVÜ/LugÜ bzw. Art. 23 EuGVO diesbezüglich heranzuziehen ist[118]. Auch in den Fällen der Stellvertretung ist das übereinkommens- bzw. das gemeinschaftsautonome Recht ausschlaggebend. Ob die Wirkungen der Vereinbarung den Vertretenen oder den Vertreter treffen sollen,

---

kommen ist, vgl. auch 2. Teil B. IV. 4. b) bb) (3) (e).

114 Vgl. auch *Kohler*, IPRax 1983, 265, 268.

115 *Geimer*, IZPR, Rn. 1723, Fn. 1065; vgl. auch *Geimer/Schütze/Auer*, 540.383 f., Art. 23, Rn. 38.

116 In diesem Sinne auch noch einmal ausdrücklich zu einer Gerichtsstandsvereinbarung, die Wirkung zu Lasten eines Dritten entfalten soll: 2. Teil B. VI. 1.

117 *OLG Saarbrücken*, NJW 1992, 987 f.; *Gaudemet-Tallon*, Internationale Zuständigkeit und Urteilsanerkennung, 117, 125; *Wieczorek/Schütze/Hausmann*, Anh I § 40, Rn. 12; *Kröll*, ZZP 113 (2000), 135, 136, 140; *Rauscher*, ZZP 104 (1991), 271, 278.

118 Im Ergebnis ebenso *Kropholler*, Art. 23, Rn. 28; *Rauscher*, IPRax 1992, 143, 145.

ist eine Frage der Auslegung. Diese richtet sich nach übereinkommen- bzw. gemeinschaftsautonomen Grundsätzen.

Daraus folgt, dass die wirksam zustande gekommene Gerichtsstandsvereinbarung, die den Anforderungen gemäß Art. 17 EuGVÜ/LugÜ bzw. Art. 23 EuGVO entspricht, für die Parteien bindend ist[119]. Zu beachten ist jedoch, dass Art. 17 EuGVÜ/LugÜ bzw. Art. 23 EuGVO der Parteiautonomie hinreichend Raum gewähren will[120]. Daher kommit eine Bindung nur in Betracht, soweit der Wille überhaupt darauf gerichtet war, eine solche für die Parteien herbeizuführen. Es ist folglich immer eine Auslegung der Vereinbarung erforderlich[121].

2. Wirkungen gegenüber Dritten

Weiterhin könnten aber auch Dritte an die Zuständigkeitsvereinbarung im Sinne von Art. 17 EuGVÜ/LugÜ bzw. Art. 23 EuGVO gebunden sein. Nicht anders als bei einem schuldrechtlichen Vertrag[122] gilt, dass der Vereinbarung grundsätzlich nur eine relative Wirkung zukommt[123]. Die prinzipielle Relativität von Vereinbarungen liegt den europäischen Rechtsordnungen zugrunde[124] und gilt damit auch auf europäischer Ebene. Ob Ausnahmen zu diesem Grundsatz möglich sind, und ob eine Drittwirkung dann nach Art. 17 EuGVÜ/LugÜ bzw. Art. 23 EuGVO oder nach national-autonomem Recht zu beurteilen ist, wird im Folgenden zu untersuchen sein[125].

IV. Ergebnis

Eine Gerichtsstandsvereinbarung im Sinne von Art. 17 EuGVÜ/LugÜ bzw. Art. 23 EuGVO bindet daher im Ergebnis grundsätzlich nur die Parteien, also die Personen, zwischen denen eine Willenseinigung in Bezug auf den Gerichtsstand zustande gekommen ist, oder die wirksam vertreten wurden.

---

119 So auch *Generalanwalt Lèger*, Schlussanträge vom 22. September 1998, Rs. C-159/97, Slg. 1999, 1600, Rn. 72 f. *(Castelletti)*; *Geimer*, IZPR, Rn. 1723; *Kropholler*, Art. 23, Rn. 63.

120 *EuGH* Urteil vom 9. November 1978, Rs. 23/78, Slg. 1978, 2133, Rn. 5 *(Meeth)*; *Staudinger/Hausmann*, Anhang II zu Art. 27-37 EGBGB, Rn. 164.

121 Zur Auslegung einer Gerichtsstandsvereinbarung gemäß Art. 17 EuGVÜ/LugÜ bzw. Art. 23 EuGVO: *EuGH* Urteil vom 10. März 1992, Rs. C-214/89, Slg. 1992, I-1745, Rn. 37 *(Powell Duffryn)*; *EuGH* Urteil vom 3. Juli 1997, Rs. C-269/95, Slg. 1997, I-3767, Rn. 31 *(Benincasa)*; *Kropholler*, Art. 23, Rn. 69; *Schlosser*, Art. 23, Rn. 43a. Siehe auch 3. Teil D.

122 Vgl. hierzu nach deutschem Recht: *Larenz*, AT, § 23, Rn. 115 ff.; MünchKomm/*Kramer*, Einleitung zu Bd. 2, Rn. 15.

123 Vgl. *Generalanwalt Lèger*, Schlussanträge vom 22. September 1998, Rs. C-159/97, Slg. 1999, 1600, Rn. 72 f. *(Castelletti)*; *Geimer*, IZPR, Rn. 1723; *Kim*, Gerichtsstandsvereinbarungen nach Handelsbrauch, 179; *Geimer/Schütze*, Art. 23, Rn. 198; *Kropholler*, Art. 23, Rn. 63. Dies gilt auch bei Schiedsvereinbarungen, vgl. *Ahrens*, Die subjektive Reichweite internationaler Schiedsvereinbarungen, 44; *Schlosser*, Das Recht der internationalen privaten Schiedsgerichtsbarkeit, Rn. 424.

124 Einige Rechtsordnungen benennen sie ausdrücklich wie z.B. die französische in Art. 1165 Code Civil. Andere implizieren sie, vgl. die deutsche Rechtsordnung gemäß §§ 241 Abs. 1, 311 Abs. 1, 328, 333 BGB; die englische Rechtsordnung mit der „doctrine of privity of contract“, vgl. hierzu *Zweigert/Kötz*, Rechtsvergleichung, 463 f. Siehe auch die rechtsvergleichende Betrachtung 2. Teil B. III. 1.

125 Siehe 2. Teil.

B. Bestandsaufnahme

Die Problematik der Drittwirkung von Gerichtsstandsvereinbarungen im Sinne von Art. 17 EuGVÜ/LugÜ bzw. Art. 23 EuGVO wird in einer Reihe von Entscheidungen sowohl durch den EuGH als auch durch nationale Gerichte erörtert. Diese Entscheidungen sind von grundlegender Bedeutung für die Diskussion und Beantwortung der Frage, ob eine Zuständigkeitsvereinbarung gegenüber einem Dritten Wirkung entfalten kann.

I. Rechtsprechung des EuGH

Der EuGH hatte sich mehrfach mit der subjektiven Wirkung von Gerichtsstandsvereinbarungen auseinanderzusetzen, wobei unterschiedliche Fassungen des EuGVÜ seinen Entscheidungen zugrundelagen.

1. Wirkung einer begünstigenden Gerichtsstandsklausel in einem Versicherungsvertrag: „Gerling“[126]

Im Fall *„Gerling Konzern Speziale Kreditversicherungs-A.G. ./. Amministrazione del tesoro dello Stato“* wurde die Wirkung einer Gerichtsstandsvereinbarung, die zwischen dem Versicherer und dem Versicherungsnehmer geschlossen worden war, für den Versicherten basierend auf Art. 17 EuGVÜ in seiner Ursprungsfassung von 1968 erörtert. Hiernach musste die Zuständigkeitsvereinbarung *„schriftlich oder mündlich mit schriftlicher Bestätigung“* erfolgen.

a) Sachverhalt und Verfahren

Es handelte sich bei diesem Fall um das Ersuchen einer Vorabentscheidung, vorgelegt von der Corte Suprema di Cassazione gemäß dem Protokoll vom 3. Juni 1971 betreffend das Übereinkommen vom 27. September 1968 über die gerichtliche Zuständigkeit und die Vollstreckung gerichtlicher Entscheidungen in Zivil- und Handelssachen.

Dem lag folgender Sachverhalt zugrunde: In dem am 15. Januar 1959 in Genf geschlossenen Zollübereinkommen über den internationalen Warentransport[127] ist geregelt, dass Straßenfahrzeuge, die ein „Carnet TIR“ haben und von der Abgangszollstelle verschlossen worden sind, bei der Überquerung der Transitgrenzen von der Kontrollbeschau sowie der Entrichtung oder Hinterlegung von Eingangs- oder Ausgangsabgaben befreit sind. Bei einem „Carnet TIR“ handelt es sich um ein besonderes Dokument, das von einem ermächtigten und der International Road Transport Union (IRU) angehörenden nationalen Verband des Staates, von dem der Transport ausgeht, ausgestellt wird. Die nationalen Verbände entrichten die fälligen Abgaben, Nebenkosten für Transporte und Geldstrafen. Zu diesem Zweck stellen sie eine Bürgschaft. Die IRU hat als Versicherungsnehmerin mit einem Versichererpool, dem auch die Gerling Konzern Speziale Kreditversicherungs-A.G. angehörte, einen Vertrag zu ihren Gunsten und zugleich zu Gunsten der einzelnen nationalen Verbände abgeschlossen, so dass

---

[126] *EuGH* Urteil vom 14. Juli 1983, Rs. 201/82, Slg. 1983, 2503 *(Gerling)*.

[127] Vgl. Anhang I.

die nationalen Verbände als Versicherte abgesichert waren. Dieser Vertrag sah in Artikel 8 vor, dass

> „en cas de différend entre le Pool et l'une des organisations nationales, ces dernières auront le droit de réclamer une procédure devant le Tribunal compétent du pays où elles ont leur siège pour l'application du droit de ce pays“[128].

In Italien war das Ente Autotrasporti Merci (EAM; Anstalt für Güterkraftverkehr) zum entscheidungserheblichen Zeitpunkt der der IRU angehörende Verband. Nach dessen Liquidation führte das Ministero del tesoro (Schatzminsterium) dessen Tätigkeit fort. Es stellte sich heraus, dass Transporte, die nach TIR-Regelung durchgeführt worden waren, gegen das italienische Recht verstießen, so dass Abgaben entrichtet werden mussten. Die italienische Zollverwaltung verlangte daraufhin von dem Ministero del tesoro die Entrichtung von Geldstrafen, Abgaben und Nebenkosten für diese Transporte in Höhe von 812.134.310 Lire. Dies führte dazu, dass das Ministero del tesoro die Versicherer vor dem Tribunale Roma auf Zahlung dieses Betrages verklagte. Die Beklagte rügte die Zuständigkeit und verteidigte sich hilfsweise in der Sache. Schließlich stellte sie einen Antrag auf Vorabentscheidung an die Vereinigten Zivilsenate der Corte di Cassazione.

b) Vorlagefrage

Die Vereinigten Zivilsenate der Corte di Cassazione hatten daraufhin das Verfahren ausgesetzt und dem Gerichtshof – neben einer weiteren – folgende Frage vorgelegt:

> „Vermag im Falle eines Vertrages, der von den Vertragsparteien ordnungsgemäß unterzeichnet und von einer von ihnen für sich selbst und zugunsten Dritter geschlossen worden ist, die in diesem Vertrag enthaltene Klausel über eine abweichende gerichtliche Zuständigkeit für Prozesse, die von diesen begünstigten Dritten geführt werden können, auch zugunsten dieser Dritten das Schriftformerfordernis des Artikels 17 des Brüsseler Übereinkommens vom 27. September 1968 über die gerichtliche Zuständigkeit und die Vollstreckung gerichtlicher Entscheidungen in Zivil- und Handelssachen (zu) erfüllen?“.

c) Schlussanträge des Generalanwalts

Generalanwalt *Mancini* schlug dem EuGH in seinen Schlussanträgen folgende Antwort auf die gestellte Frage vor:

> „Artikel 17 Abs. 1 des Brüsseler Übereinkommens vom 27. September 1968 über die gerichtliche Zuständigkeit und die Vollstreckung gerichtlicher Entscheidungen in Zivil- und Handelssachen ist dahin gehend auszulegen, dass sich im Falle eines Vertrages, der von einer der Vertragsparteien für sich selbst und zugunsten Dritter geschlossen worden ist und der eine Klausel über eine abweichende gerichtliche Zuständigkeit für Prozesse enthält, die von diesen Dritten geführt werden können, diese Dritten auf die Geltung dieser Klausel berufen können, sofern die Vertragsparteien sie schriftlich vereinbart oder ihr schriftlich zugestimmt haben“[129].

d) Entscheidung des EuGH

Der EuGH folgte den Schlussanträgen des Generalanwalts. Er sah in der Vorlagefrage der Corte Suprema di Cassazione im wesentlichen die Problematik angesprochen, ob

---

128 „bei Rechtsstreitigkeiten zwischen dem (Versicherer-)Pool und einem der nationalen Verbände, diese berechtigt sind, das zuständige Gericht des Landes, in dem sie ihren Sitz haben, zum Zweck der Anwendung des Rechts dieses Landes anzurufen.“

129 *Generalanwalt Mancini*, Schlussanträge vom 8. Juni 1983, Rs. 201/82, Slg. 1983, 2519, 2520, 2524 *(Gerling)*.

Art. 17 EuGVÜ dahingehend ausgelegt werden kann, dass ein Versicherter, der zwar Begünstigter eines zwischen dem Versicherer und dem Versicherungsnehmer geschlossenen Versicherungsvertrages ist, jedoch an diesem nicht beteiligt war, sich auf eine zu seinen Gunsten vereinbarte Gerichtsstandsklausel berufen kann[130]. Gemäß Art. 17 Abs. 1 EuGVÜ (1968) ist erforderlich, dass der Gerichtsstand durch eine schriftliche oder durch eine mündliche, schriftlich bestätigte Vereinbarung bestimmt wird. Zweck der Schriftform sei, dass die Einigung über den Gerichtsstand klar und deutlich zum Ausdruck komme und tatsächlich feststehe[131]. Daher müsse ein Begünstigter, der an der Einigung nicht beteiligt war, dem Schriftformerfordernis nicht nachkommen, wenn er sich auf die zu seinen Gunsten vereinbarte Gerichtsstandsklausel berufen will[132]. Auch die Vorschriften über die Zuständigkeit für Versicherungssachen unterstützten dieses Auslegungsergebnis. So stehe der Schutz des Versicherten, der oftmals vorformulierte Verträge hinnehmen müsse und häufig der wirtschaftlich Schwächere sei, im Vordergrund[133]. Gemäß Art. 12 Nr. 2 EuGVÜ kann von den Vorschriften über die Zuständigkeit für Versicherungssachen abgewichen werden, wenn sie dem Versicherungsnehmer, Versicherten oder Begünstigten die Befugnis einräumt, andere als die in diesem Abschnitt angeführten Gerichte anzurufen. Dies zeige, dass es möglich sei, Gerichtsstandsvereinbarungen nicht nur zugunsten des Versicherungsnehmers als Vertragspartei, sondern auch zu Gunsten eines Dritten zu treffen[134]. Es wäre eine zusätzliche Erschwernis für den Dritten, wenn er das Formerfordernis einhalten müsste, da der Versicherer formgemäß seine Zustimmung zum Ausdruck gebracht habe[135]. Folglich lautete die Antwort des EuGH auf die vorgelegte Frage:

> „Artikel 17 Absatz 1 des Übereinkommens vom 27. September 1968 über die gerichtliche Zuständigkeit und die Vollstreckung gerichtlicher Entscheidungen in Zivil- und Handelssachen ist dahin gehend auszulegen, dass sich im Falle eines Versicherungsvertrages zwischen einem Versicherer und einem Versicherungsnehmer, der von letzterem sowohl für sich selbst als auch zugunsten an dem Vertrag nicht beteiligter Dritter geschlossen worden ist und der eine Gerichtsstandsklausel für Prozesse enthält, die von diesen Dritten geführt werden können, diese Dritten [sich] selbst dann auf diese Gerichtsstandsklausel berufen können, wenn sie ihr zwar nicht ausdrücklich durch ihre Unterschrift zugestimmt haben, aber das Schriftformerfordernis des Artikels 17 des Übereinkommens im Verhältnis zwischen dem Versicherer und dem Versicherungsnehmer eingehalten worden und die Zustimmung des Versicherers zu der genannten Klausel klar zum Ausdruck gekommen ist“[136].

2. Wirkung einer Gerichtsstandsklausel in einem Konnossement

Auf die Entscheidung *„Gerling“* folgten drei Urteile des EuGH, die Gerichtsstandsklauseln in Konnossementen betrafen, zum einen die Entscheidung *„Partenreederei*

---

130 *EuGH* Urteil vom 14. Juli 1983, Rs. 201/82, Slg. 1983, 2503, Rn. 10 *(Gerling)*.

131 *EuGH* Urteil vom 14. Juli 1983, Rs. 201/82, Slg. 1983, 2503, Rn. 13 *(Gerling)*; vgl. Urteil vom 14. Dezember 1976, Rs. 24/76, Slg. 1976, Rn. 7 *(Estasis Salotti)*; *EuGH* Urteil vom 14. Dezember 1976, Rs. 25/76, Slg. 1976, 1851, Rn. 6 *(Segoura)*.

132 *EuGH* Urteil vom 14. Juli 1983, Rs. 201/82, Slg. 1983, 2503, Rn. 14 *(Gerling)*.

133 *EuGH* Urteil vom 14. Juli 1983, Rs. 201/82, Slg. 1983, 2503, Rn. 16 f. *(Gerling)*.

134 *EuGH* Urteil vom 14. Juli 1983, Rs. 201/82, Slg. 1983, 2503, Rn. 18 *(Gerling)*.

135 *EuGH* Urteil vom 14. Juli 1983, Rs. 201/82, Slg. 1983, 2503, Rn. 19 *(Gerling)*.

136 *EuGH* Urteil vom 14. Juli 1983, Rs. 201/82, Slg. 1983, 2503 *(Gerling)*.

ms. Tilly Russ und Ernest Russ ./. N.V. Haven- und Vervoerbedrijf Nova und NV Goeminne Hout " im Jahr 1984, zum anderen „*Castelletti Spedizioni InternazionaliSpA ./. Hugo Trumpy SpA* " von 1999 und schließlich „*Coreck Maritime GmbH ./. Handelsveem B.V. u.a.* "im Jahr 2000.

a) „Tilly Russ"[137]

Die Entscheidung „*Partenreederei ms. Tilly Russ und Ernest Russ ./. N.V. Haven- und Vervoerbedrijf Nova und NV Goeminne Hout* " betraf die Gültigkeit einer Gerichtsstandsklausel in Konnossementen sowohl zwischen den ursprünglichen Vertragsparteien als auch im Hinblick auf den Konnossementsempfänger.

aa) Sachverhalt und Verfahren

Der Belgische Hof van Cassatie ersuchte den EuGH im vorliegenden Fall um Vorabentscheidung gemäß dem Protokoll vom 3. Juni 1971 betreffend die Auslegung des Übereinkommens vom 27. September 1968 über die gerichtliche Zuständigkeit und die Vollstreckung gerichtlicher Entscheidungen in Zivil- und Handelssachen.

Die belgische Aktiengesellschaft Goeminne Hout hatte von einer amerikanischen Firma Partien Holz gekauft. Die deutsche Partenreederei ms. Tilly Russ und Ernest Russ sollte diese Partien Holz von Toronto nach Antwerpen verschiffen. Im Namen der Europe Canada Lakes Line Ernest Russ North America Inc. wurde von deren amerikanischen Agenten Konnossemente ausgestellt. Darin wurde die Goeminne Hout als „Notify Party" und die ms. Tilly Russ als „Exporting Carrier" bezeichnet. Auf der Rückseite der Konnossemente befand sich folgende Gerichtsstandsklausel:

> „Any dispute arising under this bill of lading shall be decided by the Hamburg Courts"[138].

Bei der Löschung der Ladung in Antwerpen wurden die Verpackungen von zwei der Partien beschädigt, und es fehlten ein Dutzend Bretter. Daraufhin verklagte die Goeminne Hout und die von ihr beauftragte Aktiengesellschaft Haven und Vervoerbedrijf Nova die ms. Tilly Russ und Ernest Russ vor der Rechtsbank van Koophandel des Gerichtsbezirks Antwerpen auf Schadensersatz in Höhe von 304 US-Dollar. Die ms. Tilly Russ und Ernest Russ rügten mit Hinweis auf die Gerichtsstandsklauseln die internationale Zuständigkeit. Das angerufene Gericht befand sich jedoch für zuständig und gab der Klage statt. Diese Entscheidung wurde auch vom Hof van Beröp Antwerpen bestätigt, so dass die ms. Tilly Russ und Ernest Russ Kassationsbeschwerde erhob.

bb) Vorlagefragen

Der Belgische Hof van Cassatie legte dem EuGH daraufhin folgende Frage vor:

> „Kann unter Berücksichtigung der insoweit allgemein geltenden Handelsbräuche das dem Befrachter vom Verfrachter ausgestellte Konnossement als eine 'schriftliche Vereinbarung' oder 'schriftlich bestätigte Vereinbarung' zwischen den Parteien im Sinne von Artikel 17 des Übereinkommens vom 27. September 1968 über die gerichtliche Zuständigkeit und die Vollstreckung gerichtlicher Entscheidungen in Zivil- und Handelssachen angesehen werden, und, wenn ja, gilt dies auch im Verhältnis zum Drittinhaber des Konnossements?".

---

137 *EuGH* Urteil vom 19. Juni 1984, Rs. 71/83, Slg. 1984, 2417 *(Tilly Russ)*.

138 „Jeder Rechtsstreit im Zusammenhang mit dem vorliegenden Konnossement soll von den Gerichten in Hamburg entschieden werden."

cc) Schlussanträge des Generalanwalts

Generalanwalt *Slynn* schlug folgende Beantwortung des zweiten Teils der Vorlagefrage vor:

> „Der Inhaber eines derartigen Konnossements kann der Gerichtsstandsklausel unterliegen, wenn er ausdrücklich schriftlich oder in einer schriftlichen eine mündliche Vereinbarung bestätigenden Erklärung eingewilligt hat, dass er der Klausel unterliege, oder wenn der Drittinhaber nach dem für die Übertragung des Konnossements geltenden Recht alle Rechte und Pflichten des Befrachters aus dem Konnossement übernimmt und diese im Verhältnis zwischen dem Befrachter und Verfrachter eine schriftliche oder eine schriftlich bestätigte, mündliche Vereinbarung im Sinne von Artikel 17 darstellt; dies gilt in beiden Fällen so lange, wie der Rechtsstreit zwischen dem Verfrachter und dem Drittinhaber des Konnossements in den Anwendungsbereich der Gerichtsstandsklausel fällt“[139].

dd) Entscheidung des EuGH

Der EuGH verwies bei der Beantwortung des zweiten Teils der Frage insbesondere auf die Zielsetzung des Art. 17 EuGVÜ. So betonte er, dass es Ziel des Art. 17 EuGVÜ sei, zu verhindern, dass Gerichtsstandsklauseln unbemerkt in Vertragsverhältnisse eingeführt werden[140]. Daher könne es nicht sein, dass der Drittinhaber bei Erwerb des Konnossements mehr Rechte erhalte als der Befrachter hatte. Die Gerichtsstandsklausel müsse, auch wenn er ihr nicht zugestimmt habe, somit ihm gegenüber wirken[141]. Dies gelte allerdings nur, soweit die Gerichtsstandsvereinbarung im Verhältnis zwischen dem Befrachter und dem Verfrachter gemäß Art. 17 EuGVÜ gültig, und der Drittinhaber nach dem anwendbaren nationalen Recht mit dem Erwerb des Konnossements in die Rechte und Pflichten des Befrachters eingetreten ist[142]. Der EuGH gab damit folgende Antwort auf den zweiten Teil der vorgelegten Frage:

> „Im Verhältnis zwischen dem Verfrachter und dem Drittinhaber ist dem Artikel 17 des Übereinkommens genügt, wenn die Gerichtsstandsklausel zwischen dem Befrachter und dem Verfrachter gültig ist und der Drittinhaber nach dem anwendbaren nationalen Recht mit dem Erwerb des Konnossements in die Rechte und Pflichten des Befrachters eingetreten ist“143.

b) „Castelletti“[144]

In der Entscheidung *"Trasporti Castelletti Spedizioni Internazionali SpA ./. Hugo Trumpy SpA"* setzte sich die Rechtsprechung des EuGH zu der Wirkung einer Gerichtsstandsklausel in einem Konnossement bezüglich des Konnossementsempfängers im Rahmen des ersten Beitrittsübereinkommens von 1978 fort. Nach dessen Art. 17 Abs. 1 EuGVÜ muss eine Gerichtsstandsvereinbarung

> „schriftlich oder mündlich mit schriftlicher Bestätigung oder im internationalen Handelsverkehr in einer Form geschlossen werden, die den internationalen Handelsbräuchen entspricht, die den Parteien bekannt sind oder die als ihnen bekannt angesehen werden müssen“.

---

139 *Generalanwalt Slynn*, Schlussanträge vom 21. März 1984, Rs. 71/83, Slg. 1984, 2437, 2444 f. *(Tilly Russ)*.

140 *EuGH* Urteil vom 19. Juni 1984, Rs. 71/83, Slg. 1984, 2417, Rn. 24 *(Tilly Russ)*.

141 *EuGH* Urteil vom 19. Juni 1984, Rs. 71/83, Slg. 1984, 2417, Rn. 25 *(Tilly Russ)*.

142 *EuGH* Urteil vom 19. Juni 1984, Rs. 71/83, Slg. 1984, 2417, Rn. 24 *(Tilly Russ)*.

143 *EuGH* Urteil vom 19. Juni 1984, Rs. 71/83, Slg. 1984, 2417 *(Tilly Russ)*.

144 *EuGH* Urteil vom 16. März 1999, Rs. C-159/97, Slg. 1999, 1597 *(Castelletti)*.

aa) Sachverhalt und Verfahren

Mit Beschluss vom 24. Oktober 1996 ersuchte die Corte Suprema di Cassazione den EuGH gemäß dem Protokoll vom 3. Juni 1971 betreffend die Auslegung des Übereinkommens vom 27. September 1968 über die gerichtliche Zuständigkeit und die Vollstreckung gerichtlicher Entscheidungen in Zivil- und Handelssachen den Gerichtshof um Vorabentscheidung.

Dem lag folgender Sachverhalt zugrunde: Mehrere Partien Obst sollten von verschiedenen argentinischen Befrachtern auf einem von der Reederei Lauritzen Reefers A/S mit Sitz in Kopenhagen betriebenen Schiff nach Savona in Italien transportiert und dort an Trasporti Castelletti Spedizioni Internazionali SpA ausgeliefert werden. Dazu waren 22 Konnossemente am 14.3.1987 in Buenos Aires ausgestellt worden. Diese enthielten folgende Klausel:

> „The contract evidenced by this Bill of Lading shall be governed by English Law and any disputes thereunder shall be determined in England by the High Court of Justice in London according to English Law to the exclusion of the Courts of any other country“[145].

Bei der Löschung der Waren kam es zu Schwierigkeiten, woraufhin Trasporti Castelletti Spedizioni Internazionali SpA die Hugo Trumpy SpA als Reedereikonsignator des Schiffes und des dänischen Befrachters mit Sitz in Genua vor dem Tribunale Genua auf Zahlung von Schadensersatz und Zinsen verklagte. Die Hugo Trumpy SpA erhob jedoch mit Hinweis auf die Gerichtsstandsklausel in den Konnossementen die Einrede der Unzuständigkeit des angerufenen Gerichts. Das Tribunale Genua gab der Einrede im Urteil vom 14.11.1985 statt, das durch die Corte d'appello Genua bestätigt wurde. Daraufhin legte Trasporti Castelletti Spedizioni Internazionali SpA Kassationsbeschwerde ein. Die Corte Suprema di Cassazione setzten das Verfahren aus und legten dem EuGH gleich 14 Fragen[146] zur Vorabentscheidung vor.

bb) Vorlagefragen

Interessant für die zu diskutierende Problematik ist vor allem die 13. Frage, die die Bestimmung des Rechtssubjekts, dem der Handelsbrauch bekannt ist oder hätte bekannt sein müssen, betrifft:

> „Muss es sich dabei um den ursprünglichen Befrachter handeln, auch wenn er einem Nichtvertragsstaat (wie im vorliegenden Fall Argentinien) angehört, oder kann es sich auch um den Indossatar des Konnossements handeln, der einem Vertragsstaat (im vorliegenden Fall Italien) angehört?“.

cc) Schlussanträge des Generalanwalts

Die Antwort, die Generalanwalt *Léger* im Hinblick auf diese Frage vorschlug, lautete:

> „Der genannte Artikel 17 ist dahin auszulegen, dass eine Gerichtsstandsklausel den Parteien, die nach dem anwendbaren nationalen Recht bei Erwerb des Konnossements in die Rechte und

---

145 „Der durch das vorliegende Konnossement nachgewiesene Vertrag richtet sich nach englichem Recht. Rechtsstreitigkeiten im Zusammenhang mit dem Vertrag werden in England durch den High Court of Justice in London nach englischem Recht unter Ausschluss der Gerichte sämtlicher anderer Länder entschieden.“

146 *Generalanwalt Léger*, Schlussanträge vom 22. September 1998, Rs. C-159/97, Slg. 1999, 1600, Rn. 17 ff. *(Castelletti)* ist Recht zu geben, wenn er darauf hinweist, dass die Bedeutung der Vorlagefragen für die Entscheidung des Ausgangsverfahrens teilweise nicht erkennbar ist.

Pflichten der ursprünglichen Parteien eingetreten sind, entgegengehalten werden kann, sofern diese Klausel im Verhältnis zwischen den ursprünglichen Parteien wirksam ist. Die Wirksamkeit der Klausel setzt die Einigung der Parteien voraus. Diese wird vermutet, wenn die Aufnahme einer solchen Klausel in einer Form erfolgt, die den Handelsbräuchen in dem betreffenden Geschäftszweig des internationalen Handelsverkehrs entspricht, die diesen Parteien bekannt sind oder die als ihnen bekannt angesehen werden müssen“[147].

dd) Entscheidung des EuGH

Der EuGH folgte den Schlussanträgen des Generalanwalts. Dabei verweist er auf das Urteil *„Tilly Russ“*[148]. Weil sich nach dieser Entscheidung die Wirksamkeit der Klausel im Hinblick auf Art. 17 EuGVÜ im Verhältnis zwischen den ursprünglichen Parteien zu beurteilen habe, müsse auch die Kenntnis des Handelsbrauchs bei diesen geprüft werden[149]. Daher beantwortete der EuGH die 13. Vorlagefrage wie folgt:

„Art. 17 Absatz 1 Satz 2 dritter Fall des Übereinkommens vom 27. September 1968 ist folgendermassen auszulegen: ... Die Kenntnis des Handelsbrauchs ist bei den ursprünglichen Parteien der Gerichtsstandsvereinbarung zu prüfen“[150].

c) „Coreck“[151]

Die dritte Entscheidung des EuGH, die die Wirkung einer Gerichtsstandsklausel in einem Konnossement gegenüber dem Konnossementsempfänger betraf, war *„Coreck Martime GmbH ./. Handelsveem BV u.a.“* Sie basierte auf der Auslegung des Art. 17 Abs. 1 EuGVÜ in der Fassung des dritten Beitrittsübereinkommens von 1989. Eine Gerichtsstandsvereinbarung muss nach dieser Regelung *„a) schriftlich oder mündlich mit schriftlicher Bestätigung, b) in einer Form, welche den Gepflogenheiten entspricht, die zwischen den Parteien entstanden sind, oder c) im internationalen Handel in einer Form, die einem Handelsbrauch entspricht, den die Parteien kannten oder kennen mussten und den Parteien von Verträgen dieser Art in dem betreffenden Geschäftszweig allgemein kennen und regelmäßig beachten“* geschlossen werden.

aa) Sachverhalt und Verfahren

Der Gerichtshof vom Hoge Raad der Nederlanden hat den EuGH auf der Grundlage des Protokolls vom 3. Juni 1971 um Vorabentscheidung betreffend die Auslegung des Art. 17 Abs. 1 des Übereinkommens vom 27. September 1968 über die gerichtliche Zuständigkeit und die Vollstreckung gerichtlicher Entscheidungen in Zivil- und Handelssachen in der Fassung des Übereinkommens vom 26. Mai 1989 ersucht. Der Sachverhalt im Ausgangsverfahren war folgender:

Mehrere Partien Erdnusskerne wurden 1991 von China in die Niederlande befördert. Dies geschah mit einem der Savryba, einer Gesellschaft russischen Rechts mit Sitz in Russland, gehörenden Schiff. Die Coreck Maritime GmbH, die mit dem Absender der Waren Frachtverträge abgeschlossen hatte, war Zeitcharterer des Schiffes.

---

[147] *Generalanwalt Léger*, Schlussanträge vom 22. September 1998, Rs. C-159/97, Slg. 1999, 1600, Rn. 160 *(Castelletti)*.

[148] *EuGH* Urteil vom 19. Juni 1984, Rs. 71/83, Slg. 1984, 2417 *(Tilly Russ)*.

[149] *EuGH* Urteil vom 16. März 1999, Rs. C-159/97, Slg. 1999, 1597, Rn. 41 f. *(Castelletti)*.

[150] *EuGH* Urteil vom 16. März 1999, Rs. C-159/97, Slg. 1999, 1597, Rn. 3 *(Castelletti)*.

[151] *EuGH* Urteil vom 9. November 2000, Rs. C-387/98, Slg. 2000, I-9337 *(Coreck)*.

Sie stellte auch die Konnossemente aus, die Klauseln hinsichtlich des Gerichtsstandes sowie in Bezug auf die Identität des Befrachters enthielten:

„3. Gerichtsstand: Rechtsstreitigkeiten, die aus diesem Konnossement entstehen, sind in dem Land zu entscheiden, in dem der Verfrachter seinen Hauptsitz hat, und das Recht dieses Landes findet Anwendung, sofern in diesen Bedingungen nichts anderes bestimmt ist. (...) 17. Identität des Verfrachters: Der in diesem Konnossement verkörperte Vertrag ist zwischen dem Händler und dem Eigentümer des in diesem Papier benannten Schiffes (oder dessen Vertreter) geschlossen, und daher wird vereinbart, dass nur der genannte Schiffseigentümer für Schäden oder Verluste aufgrund einer Verletzung oder Nichterfüllung einer Verpflichtung aus dem Frachtvertrag haftet, unabhängig davon, ob diese im Zusammenhang mit der Seetüchtigkeit des Schiffes steht. Wird ungeachtet des Vorstehenden gerichtlich entschieden, dass ein anderer Verfrachter und/oder Verwahrer der aufgrund dieser Bedingungen verschifften Ware ist, so gelten alle Haftungsbeschränkungen und -befreiungen nach dem Gesetz oder nach diesem Konnossement für diesen anderen. Ferner wird kraft Vereinbarung davon ausgegangen, dass die Reederei, Gesellschaft oder Agentur, die dieses Konnossement im Namen des Auftraggebers ausgeführt hat, da sie nicht Hauptbeteiligte des Geschäftes ist, keiner Haftung aus dem Frachtvertrag unterliegt, und zwar weder als Frachtführer noch als Verwahrer der Güter".

Auf der Vorderseite befand sich der Aufdruck: *„Coreck Maitime G.m.b.H. Hamburg"*. Mit der Begründung, an den Waren seien während der Beförderung Schäden entstanden, klagten 1993 die Handelsveem B.V. als Konnossementsinhaberin, die V. Berg and Sons Ltd. sowie die Man Producten Rotterdam B.V. als Eigentümerinnen der Waren, sowie The Peoples Insurance Company of China als Versicherer auf Zahlung von einer Million US-Dollar Schadensersatz und Zinsen gegen Coreck Maritime GmbH und Sevryba vor der Rechtsbank Rotterdam. Coreck Maritime GmbH rügte die internationale Zuständigkeit des angerufenen Gerichts und verwies zur Begründung auf die Gerichtsstandsklausel in den Konnossementen. Die Rechtsbank Rotterdam aber bejahte die Zuständigkeit, woraufhin die Coreck Maritime GmbH Berufung einlegte. Der Gerichtshof den Haag bestätigte allerdings 1997 das Urteil der Rechtsbank Rotterdam. Coreck Maritime GmbH legte Kassationsbeschwerde bei dem Hoge Raad der Nederlande ein, der daraufhin den EuGH um Vorabentscheidung ersuchte.

bb) Vorlagefragen

Der Hoge Raad legte vier Fragen vor, von denen insbesondere die letzten drei für die zu erörternde Problematik von Bedeutung waren:

„2. Regelt Artikel 17 EuGVÜ auch in Ansehung von Drittinhabern von Konnossementen die Gültigkeit einer Vereinbarung, die als zuständiges Gericht für Rechtsstreitigkeiten „aus diesem Konnossement" (under this bill of lading) das Gericht des Ortes bezeichnet, an dem der Verfrachter seinen „Hauptsitz" (principal place of business) hat, und die in ein Konnossement aufgenommen wurde, das auch eine sogenannte Identity-of-Carrier-Klausel (Klausel über die Identität des Verfrachters) enthält und das für Beförderungen ausgestellt wurde, bei denen

a) der Absender und einer der möglichen Frachtführer nicht in einem der Vertragsstaaten niedergelassen sind, während

b) der zweite mögliche Verfrachter zwar eine Niederlassung in einem der Vertragsstaaten hat, es jedoch nicht feststeht, ob sich sein „Hauptsitz" in diesem Staat oder in einem anderen, nicht zu den Vertragsstaaten gehörenden Staat befindet?

3. Falls die zweite Frage bejaht wird:

a) Führt der Umstand, dass die Gerichtsstandsklausel im Konnossement zwischen Verfrachter und Absender als gültig zu betrachten ist, dazu, dass die Klausel auch in Ansehung jedes Drittinhabers des Konnossements gültig ist, oder ist das nur bei einem Drittinhaber des Konnosse-

ments der Fall, der bei Erhalt des Konnossements nach dem anwendbaren nationalen Recht Rechtsnachfolger des Absenders geworden ist?
b) Können dann – unterstellt, dass die in das Konnossement aufgenommene Gerichtsstandsvereinbarung zwischen dem Verfrachter und dem Absender als gültig zu betrachten ist –, für die Beantwortung der Frage, ob die Vereinbarung gegenüber einem Drittinhaber eines Konnossements gültig ist, neben dem Inhalt des Konnossements auch besondere Umstände des Falles wie die besondere Kenntnis des betroffenen Drittinhabers eines Konnossements oder dessen lang andauernde Beziehung zum Verfrachter eine Rolle spielen, und wenn ja, kann dann von dem Drittinhaber eines Konnossements verlangt werden, dass er sich, wenn der Inhalt des Konnossements ihn nur unzureichende Klarheit über die Gültigkeit der Vereinbarung verschafft, über die besonderen Umstände des Falles informiert?
4. Falls die Frage 3a im letztgenannten Sinn zu beantworten ist, nach welchem Recht ist dann zu entscheiden, ob der Drittinhaber eines Konnossements bei dessen Erhalt Rechtsnachfolger des Absenders geworden ist, und was muss gelten, wenn im betreffenden nationalen Recht weder gesetzlich noch in der Rechtsprechung die Frage beantwortet wird, ob der Drittinhaber des Konnossements bei dessen Erhalt Rechtsnachfolger des Absenders wird?".

cc) Schlussanträge des Generalanwalts

Generalanwalt *Alber* schlug dem Gerichtshof folgende Antworten auf die vorgelegten Fragen vor:

„2. Den Anforderungen des Artikels 17 des Brüsseler Übereinkommens ist genügt, wenn mindestens eine der ursprünglichen Parteien, die sich über die Gerichtsstandsklausel geeinigt haben, ihren Sitz in einem Vertragsstaat hat. Dabei ist es Sache des nationalen Gerichts zu entscheiden, wer die ursprünglichen Vertragsparteien sind und wo sich ihr Sitz befindet. Es ist in diesem Zusammenhang nicht notwendig, dass sich der Hauptsitz des Unternehmens in einem Vertragsstaat befindet.
Wurde jedoch der Hauptsitz als Ort des zuständigen Gerichts vereinbart und liegt dieser nicht in einem Vertragsstaat, so ist die zweite Voraussetzung des Artikels 17 EuGVÜ, wonach ein Gericht eines Vertragsstaats über die Rechtsstreitigkeiten entscheiden soll, nicht erfüllt.
3. Ein Drittinhaber eines Konnossements ist dann an eine darin enthaltene Gerichtsstandsklausel gebunden, wenn diese Klausel gültig ist und er nach dem anwendbaren nationalen Recht in die Rechte und Pflichten des Befrachters eingetreten ist. Ist er nicht Rechtsnachfolger des Befrachters geworden, so kann ihm die Gerichtsstandsklausel nicht entgegengehalten werden, es sei denn, er hat ihr zugestimmt. Besondere Kenntnisse bzw. lang andauernde geschäftliche Beziehungen zum Verfrachter reichen nicht dafür aus, eine (stillschweigende) Zustimmung zu vermuten.
4. Die Frage, nach welchem nationalen Recht zu beurteilen ist, ob der Drittinhaber des Konnossements Rechtsnachfolger geworden ist, ist vom nationalen Richter zu entscheiden. Gleiches gilt für die Frage, welches Recht Anwendung findet, wenn im nationalen Recht nicht geregelt ist, ob der Drittinhaber Rechtsnachfolger des Befrachters wird"[152].

dd) Entscheidung des EuGH

Bezüglich der zweiten Frage, die die Anwendungsvoraussetzungen gemäß Art. 17 Abs. 1 EuGVÜ betraf, betonte der EuGH die in dieser Vorschrift aufgestellten Voraussetzungen, dass mindestens eine der Vertragsparteien ihren Wohnsitz im Hoheitsgebiet eines Vertragsstaats haben sowie als zuständiges Gericht ein Gericht oder die Gerichte eines Vertragsstaats bezeichnet werden müsse. Der Sitz der Gesellschaft sei gemäß

---

[152] *Generalanwalt Alber*, Schlussanträge vom 23. März 2000, Rs. C-387, Slg. 2000, I-9340, Rn. 76 *(Coreck)*.

Art. 53 Abs. 1 EuGVÜ zu ermitteln. Bezüglich der zweiten Voraussetzung sei anzumerken, dass Art. 17 EuGVÜ nicht zur Anwendung gelange, wenn als zuständiges Gericht ein Gericht eines Drittstaates bezeichnet werde. Da die Wirksamkeit einer Gerichtsstandsvereinbarung nach ständiger Rechtsprechung zwischen den Parteien des ursprünglichen Vertrages zu beurteilen sei, gelte dies auch im Hinblick auf die Anwendungsvoraussetzungen[153].

Bei der Beantwortung der dritten Frage erfolgt ein Verweis auf die Urteile *„Tilly Russ"*[154] sowie *„Castelletti"*[155]. Aus diesen folgert der EuGH, dass sich nach dem anwendbaren nationalen Recht bestimme, ob der Dritte in die Rechte und Pflichten einer der ursprünglichen Parteien eingetreten sei. Ist der Dritte in die Rechte und Pflichten eingetreten, so brauche eine Zustimmung des Dritten nicht mehr geprüft zu werden, da der Erwerb des Konnossements dem Empfänger nicht mehr Rechte verleihen könne, als der Befrachter hatte. Ist jedoch kein Eintritt in die Rechte und Pflichten erfolgt, sei zu prüfen, ob der Konnossementsempfänger der ihm entgegengehaltenen Gerichtsstandsklausel zugestimmt habe[156].

Die Beantwortung der vierten Frage, nach welchem nationalen Recht die Rechte und Pflichten des Drittinhabers eines Konnossements zu bestimmen sind, stehe in keinem Zusammenhang mit der Auslegung des Übereinkommens und falle ebenso wie die Frage, wie eine möglicherweise bestehende Lücke im nationalen Recht zu schließen sei, in die Zuständigkeit des nationalen Gerichts, das die Vorschriften seines internationalen Privatrechts anzuwenden habe[157]. Folglich antwortet der EuGH auf diese Vorlagefragen:

> „Artikel 17 Absatz 1 (...) ist folgendermaßen auszulegen:
>
> ... 2. Er findet nur dann Anwendung, wenn mindestens eine der Parteien des ursprünglichen Vertrages ihren Wohnsitz im Hoheitsgebiet eines Vertragsstaats hat und die Parteien vereinbart haben, ihre Rechtsstreitigkeiten vor einem Gericht oder den Gerichten eines Vertragsstaats auszutragen.
>
> 3. Eine Gerichtsstandsklausel, die zwischen einem Verfrachter und einem Befrachter vereinbart und in ein Konnossement eingefügt wurde, ist gegenüber dem Drittinhaber des Konnossements wirksam, wenn dieser mit Erwerb des Konnossements nach dem anwendbaren nationalen Recht in die Rechte und Pflichten des Befrachters eingetreten ist. Ist das nicht der Fall, so ist im Hinblick auf die Erfordernisse des Artikels 17 Absatz 1 des geänderten Übereinkommens zu prüfen, ob er der Klausel zugestimmt hat"[158].

3. Wirkung einer Gerichtsstandsklausel in einer Satzung: „Powell Duffryn"[159]

In *„Powell Duffryn plc ./. Wolfgang Petereit"* wurde problematisiert, ob eine Gerichtsstandsklausel in einer Satzung gegenüber allen Gesellschaftern einer Aktiengesellschaft Wirkung entfaltet.

---

153 *EuGH* Urteil vom 9. November 2000, Rs. C-387/98, Slg. 2000, I-9337, Rn. 16 ff. *(Coreck)*.

154 *EuGH* Urteil vom 19. Juni 1984, Rs. 71/83, Slg. 1984, 2417 *(Tilly Russ)*.

155 *EuGH* Urteil vom 16. März 1999, Rs. C-159/97, Slg. 1999, 1597 *(Castelletti)*.

156 *EuGH* Urteil vom 9. November 2000, Rs. C-387/98, Slg. 2000, I-9337, Rn. 22 ff. *(Coreck)*.

157 *EuGH* Urteil vom 9. November 2000, Rs. C-387/98, Slg. 2000, I-9337, Rn. 28 ff. *(Coreck)*.

158 *EuGH* Urteil vom 9. November 2000, Rs. C-387/98, Slg. 2000, I-9337 *(Coreck)*.

159 Vgl. *EuGH* Urteil vom 10. März 1992, Rs. C-214/89, Slg. 1992, I-1745 *(Powell Duffryn)*.

a) Sachverhalt und Verfahren

Das Oberlandesgericht Koblenz hat dem Gerichtshof mehrere Fragen bezüglich der Auslegung des Art. 17 EuGVÜ in der Fassung des ersten Beitrittsübereinkommens von 1978 zur Vorabentscheidung gemäß dem Protokoll vom 3. Juni 1971 betreffend die Auslegung des Übereinkommens vom 27. September 1968 über die gerichtliche Zuständigkeit und die Vollstreckung gerichtlicher Entscheidungen in Zivil- und Handelssachen vorgelegt. Diese betrafen folgenden Fall:

Die englische Gesellschaft Powell Duffryn plc erwarb bei einer Kapitalerhöhung der deutschen Kapitalgesellschaft IBH-Holding A.G. im September und Oktober 1979 Aktien. Am 28.7.1980 fand eine Hauptversammlung der IBH-Holding A.G. statt, an der die Powell Duffryn plc teilnahm. Dabei wurde eine Neufassung der Satzung beschlossen, deren § 4 nun lautete:

> „Durch Zeichnung oder Erwerb von Aktien oder Zwischenscheinen unterwirft sich der Aktionär für alle Streitigkeiten mit der Gesellschaft oder deren Organen dem Gerichtsstand der Gesellschaft".

Im Juni 1981 und April 1982 erwarb die Powell Duffryn plc bei einer Kapitalerhöhung der IBH-Holding A.G. erneut Aktien. Dividendenzahlungen an die englische Gesellschaft erfolgten im September 1981 und April 1982. Schließlich wurde im Dezember 1983 das Konkursverfahren über das Vermögen der IBH-Holding A.G. eröffnet und Wolfgang Petereit als Konkursverwalter eingesetzt. Dieser erhob vor dem Landgericht Mainz gegen die Powell Duffryn plc Klage mit der Begründung, die Beklagte sei ihren Bareinzahlungsverpflichtungen aus den Kapitalerhöhungen nicht nachgekommen, da sie unzulässige verschleierte Sacheinlagen geleistet habe. Zudem forderte er die Rückzahlung der ausgezahlten Dividenden. Daraufhin rügte die Beklagte die Zuständigkeit des LG Mainz. Das Gericht erklärte sich allerdings gestützt auf § 4 der Satzung kraft Zwischenurteils für zuständig. Sodann legte die Powell Duffryn plc Berufung beim OLG Koblenz ein.

b) Vorlagefragen

Das OLG Koblenz legte dem EuGH folgende Fragen zur Vorabentscheidung vor:

> „1) Stellt die in einer Satzung einer Aktiengesellschaft enthaltene Regelung, aufgrund deren sich der Aktionär durch Zeichnung oder Erwerb von Aktien für alle Streitigkeiten mit der Gesellschaft oder deren Organen dem ordentlichen Gerichtsstand der Gesellschaft unterwirft, die Vereinbarung eines Gerichtsstandes zwischen dem Aktionär und der Gesellschaft im Sinne von Artikel 17 EuGVÜ dar?
>
> 2) Falls die Frage zu 1) bejaht wird:
>
> a) Wahrt die Zeichnung und Übernahme von Aktien anlässlich der Kapitalerhöhung einer Aktiengesellschaft durch schriftliche Zeichnungserklärung das Schriftformerfordernis des Artikels 17 Absatz 1 EuGVÜ im Hinblick auf eine in der Satzung der Gesellschaft enthaltene Gerichtsstandsklausel?".

c) Schlussanträge des Generalanwalts

Bezüglich dieser Fragen schlug Generalanwalt Tesauro die nachfolgenden Antworten vor:

> „1) Eine in der Satzung einer Aktiengesellschaft enthaltene Gerichtsstandsklausel nach der sich der Aktionär für alle Streitigkeiten mit der Gesellschaft oder deren Organen dem ordentlichen Gerichtsstand der Gesellschaft unterwirft, stellt für alle Gesellschafter eine wirksame Vereinbarung über die Zuständigkeit im Sinne des Artikels 17 des Übereinkommens dar, wenn sie gemäß

den geltenden nationalen Vorschriften über die Willensbildung der Gesellschaft zustande gekommen ist.
2) Dem Erfordernis der hinreichenden Bestimmtheit des Rechtsverhältnisses aus dem künftige Rechtsstreitigkeiten entspringen, im Sinne von Artikel 17 ist genügt, wenn § 4 der Satzung dahin ausgelegt wird, dass er alle Rechtsstreitigkeiten zwischen dem Aktionär und der Gesellschaft über die gegenseitigen gesellschaftsrechtlichen Bindungen erfasst.
3) Die Auslegung der Gerichtsstandsklausel zu dem Zweck, festzustellen, welche Rechtsstreitigkeiten in ihren Anwendungsbereich fallen, ist Sache des vorlegenden Gerichts“[160].

d) Entscheidung des EuGH

Bei der Beantwortung der ersten Frage musste sich der EuGH damit beschäftigen, ob eine in der Satzung einer Aktiengesellschaft enthaltene Gerichtsstandsklausel als eine zwischen der Gesellschaft und ihren Aktionären getroffene Vereinbarung im Sinne von Art. 17 EuGVÜ anzusehen ist[161]. Diesbezüglich verwies der EuGH auf die unterschiedlichen Beurteilungen in den Rechtsordnungen der Vertragsstaaten, die Satzungen als vertraglich, teilweise aber auch als normativ oder aber als eigene Art („sui generis“) qualifizieren[162]. Folglich müsse entschieden werden, ob eine übereinkommensautonome oder eine nationale Auslegung des Begriffs „Gerichtsstandsvereinbarung“ zu erfolgen habe. Da diesem Begriff entscheidende Bedeutung im Hinblick auf die Begründung einer von den allgemeinen Regeln abweichenden ausschließlichen Zuständigkeit zukomme, sowie Ziel des Übereinkommens sei, sicherzustellen, dass gleiche und einheitliche Rechte und Pflichten in den Vertragsstaaten gelten, sei dieser Begriff übereinkommensautonom auszulegen[163].

Problematisch sei nun, ob die Satzung, die die Gerichtsstandsklausel beinhaltet, als Vereinbarung im Sinne von Art. 17 EuGVÜ anzusehen ist. Dafür spreche, dass zwischen den Aktionären ein gemeinsames Interesse bezüglich der Verfolgung eines gemeinsamen Zwecks bestehe. Zur Erreichung dieses Zwecks bedürfe es besonderer Pflichten und Rechte der Aktionäre gegenüber den anderen Aktionären sowie den Gesellschaftsorganen. Diese Rechte und Pflichten werden in der Satzung festgelegt, so dass die Bindung der Aktionäre untereinander mit denjenigen vergleichbar sei, die zwischen Vertragsparteien bestehen[164]. Daher binde die Vereinbarung die Aktionäre. Dies geschehe auch unabhängig davon, ob die Aktionäre gegen die Annahme der Klausel gestimmt oder erst nach Annahme dieser Klausel Aktionäre geworden seien. Schließlich erkläre der Aktionär sich, in dem er Aktionär wird, damit einverstanden, dass die Satzung für ihn gelten solle, auch wenn er einige ihrer Bestimmungen ablehne. Dies gebiete schon der Grundsatz der Rechtssicherheit[165].

---

160 *Generalanwalt Tesauro*, Schlussanträge vom 20. November 1991, Rs. C-214/89, Slg. 1992, I-1756, 1758 *(Powell Duffryn)*.
161 Vgl. *EuGH* Urteil vom 10. März 1992, Rs. C-214/89, Slg. 1992, I-1745, Rn. 7 *(Powell Duffryn)*.
162 *EuGH* Urteil vom 10. März 1992, Rs. C-214/89, Slg. 1992, I-1745, Rn. 10 *(Powell Duffryn)*.
163 *EuGH* Urteil vom 10. März 1992, Rs. C-214/89, Slg. 1992, I-1745, Rn. 11 ff. *(Powell Duffryn)*.
164 *EuGH* Urteil vom 10. März 1992, Rs. C-214/89, Slg. 1992, I-1745, Rn. 16 *(Powell Duffryn)*.
165 Vgl. *EuGH* Urteil vom 10. März 1992, Rs. C-214/89, Slg. 1992, I-1745, Rn. 17 ff. *(Powell Duffryn)*.

Der erste Teil der zweiten Frage erfasste vor allem die Problematik, unter welchen Bedingungen eine in der Satzung enthaltene Gerichtsstandsklausel den Formerfordernissen des Art. 17 Abs. 1 EuGVÜ genügt[166].

Zweck des Formerfordernisses sei die Feststellung der Einigung zwischen den Parteien[167]. Der EuGH sieht allerdings einen Unterschied zwischen dem Verhältnis der Aktionäre zur Satzung und dem Verhältnis der Partei eines Kaufvertrags zu allgemeinen Verkaufsbedingungen. So sei zu beachten, dass die Aktionäre einen gemeinsamen Zweck verfolgten und damit gemeinsame Interessen verträten[168]. In allen Rechtsordnungen der Vertragsstaaten bedürfe die Satzung der Schriftform. Darüber hinaus sei sie die grundlegende Regelung für das Verhältnis von Aktionär und Gesellschaft, wobei jeder, der Aktionär einer Gesellschaft wird, wisse bzw. wissen müsse, dass eine solche existiert und er an sie sowie mögliche Änderungen gebunden ist[169]. Somit sei folgende Antwort auf die erste sowie den ersten Teil der zweiten Frage zu geben:

> „Eine in der Satzung einer Aktiengesellschaft enthaltene und in Übereinstimmung mit dem anwendbaren nationalen Recht und der Satzung selbst zustande gekommene Gerichtsstandsklausel, nach der ein bestimmtes Gericht eines Vertragsstaats über Rechtsstreitigkeiten zwischen der Gesellschaft und ihren Aktionären entscheiden soll, stellt eine Gerichtsstandsvereinbarung im Sinne des Artikels 17 des Brüsseler Übereinkommens dar.

Die Formerfordernisse des Artikels 17 sind unabhängig von der Art und Weise des Erwerbs der Aktien in bezug auf jeden Aktionär als erfüllt anzusehen, wenn die Gerichtsstandsklausel in der Satzung der Gesellschaft enthalten ist und diese an einem dem Aktionär zugänglichen Ort hinterlegt oder in einem öffentlichen Register enthalten ist"[170].

4. Wirkung einer belastenden Gerichtsstandsklausel in einem Versicherungsvertrag: „Société financière et industrielle du Peloux"[171]

In dem Fall *„Société financière et industrielle du Peloux"* befasste sich der EuGH mit der Wirkung einer Gerichtsstandsklausel in einem Versicherungsvertrag zu Lasten des Versicherten.

a) Sachverhalt und Verfahren

Die Frage, ob eine Gerichtsstandsklausel zu Lasten des Versicherten Wirkung entfaltet, hat der Cour d'appel Grenoble dem EuGH innerhalb eines Vorabentscheidungsersuchens bezüglich der Auslegung des Art. 12 Nr. 3 EuGVÜ in der Fassung des 4. Bei-

---

166 Vgl. *EuGH* Urteil vom 10. März 1992, Rs. C-214/89, Slg. 1992, I-1745, Rn. 22 *(Powell Duffryn)*.

167 Vgl. auch *EuGH* Urteil vom 14. Dezember 1976, Rs. 24/76, Slg. 1976, 1831, Rn. 7 *(Estasis Salotti)*; *EuGH* Urteil vom 14. Dezember 1976, Rs. 25/76, Slg. 1976, 1851, Rn. 6 *(Segoura)*.

168 *EuGH* Urteil vom 10. März 1992, Rs. C-214/89, Slg. 1992, S. I-1745, Rn. 24 f. *(Powell Duffryn)*.

169 *EuGH* Urteil vom 10. März 1992, Rs. C-214/89, Slg. 1992, I-1745, Rn. 24 ff. *(Powell Duffryn)*.

170 *EuGH* Urteil vom 10. März 1992, Rs. C-214/89, Slg. 1992, I-1745 *(Powell Duffryn)*.

171 *EuGH* Urteil vom 12.Mai 2005, Rs. C-112/03, Slg. 2005, I-3707 *(Société financière et industrielle du Peloux)*.

trittsübereinkommens von 1996 vorgelegt[172]. Das Verfahren beruhte auf folgendem Sachverhalt:

Die Calland Réalisations SARL errichtete 1990 für die Établissements Bernard Laiterie du Chatelard, eine Gesellschaft französischen Rechts, eine Käseproduktionseinheit. Dabei verwendete die Calland Platten, die von der SFIP hergestellt waren. Diese Platten waren fehlerhaft. Die Kosten für die Wiederherstellung wurden auf etwa 610.000 Euro geschätzt. Die SFIP war zum Zeitpunkt der Arbeiten bei mehreren vor- oder nachrangigen französischen Versicherern versichert. Darüber hinaus war sie als Tochtergesellschaft der Recticel SA, einer Gesellschaft belgischen Rechts, bei mehreren nachrangigen belgischen Versicherern im Rahmen eines von der Recticel SA abgeschlossenen Konzernversicherungsvertrages versichert. Dieser Versicherungsvertrag enthielt die Klausel:

> „Für Streitigkeiten aus dem vorliegenden Vertrag unterwirft sich die Gesellschaft der Gerichtsbarkeit am Sitz des Versicherungsnehmers".

Die Laiterie du Chatelard klagte bei einem französischen Gericht gegen die Calland Réalisations SARL, die Versicherer der Calland, die SFIP sowie die Herstellerhaftpflichtversicherer und Schadensversicherer der SFIP. Die SFIP erhob daraufhin Klage bei diesem Gericht gegen die nachrangigen belgischen Versicherer, die Mitversicherer im Rahmen des Konzernversicherungsvertrags waren. Diese machten die örtliche Unzuständigkeit des französischen Gerichts geltend und beriefen sich auf die Gerichtsstandsklausel des Konzernversicherungsvertrages. Das französische Gericht verwies die SFIP an das Tribunal de première instance Brüssel, am Ort des Sitzes der Recticel, der Unterzeichnerin des Konzernversicherungsvertrages. Die SFIP legte beim vorlegenden Gericht ein Rechtsmittel wegen der Zuständigkeit ein.

b) Vorlagefrage

Der Cour d'appel Grenoble hat folgende Vorlagefrage formuliert:

> „Ist ein Versicherter, der Begünstigter eines Versicherungsvertrags ist, der zu seinen Gunsten zwischen einem Versicherungsnehmer (Unterzeichner) und einem Versicherer abgeschlossen wurde, die beide ihren Sitz in demselben Mitgliedstaat haben, an eine Klausel gebunden, mit der die Gerichte dieses Staates für zuständig erklärt werden, wenn er dieser Klausel nicht persönlich zugestimmt hat, der Schaden in einem anderen Mitgliedstaat eingetreten ist und er vor den Gerichten dieses anderen Mitgliedstaats auch Klage gegen dort ansässige Versicherer erhoben hat?".

c) Schlussanträge des Generalanwalts

Der Generalanwalt *Tizzano* hat dies in seinen Schlussanträgen verneint. Er schlug dem Gerichtshof vor, folgende Antwort auf die gestellte Frage zu geben:

> „Eine Gerichtsstandsklausel gemäß Artikel 12 Nummer 3 des Brüsseler Übereinkommens kann einem versicherten Dritten, der in einem anderen Mitgliedstaat als der Versicherer und der Versicherungsnehmer ansässig ist, nicht entgegengehalten werden."[173].

---

172 *EuGH*, Rs. C-112/03, Slg. 2005, I-3707 *(Société financière et industrielle du Peloux)*.

173 *Generalanwalt Tizzano*, Schlussanträge vom 16. Dezember 2004, Rs. C-112/03, Slg. 2005, I-3707, Rn. 101 *(Société financière et industrielle du Peloux)*.

d) Entscheidung des EuGH

Der EuGH folgte dem Vorschlag des Generalanwalts und lehnte eine Wirkung zu Lasten des Versicherten insoweit ab. Er begründete dies mit dem Schutzgedanken, der den Bestimmungen des 3. Abschnitts innerhalb des Titels II des EuGVÜ zugrunde liege. Die Bestimmungen dieses Abschnitts enthielten das erkennbare Bestreben, den Versicherten zu schützen, der meist mit einem vorformulierten, in seinen Einzelheiten nicht mehr verhandelbaren Vertrag konfrontiert werde und in aller Regel der wirtschaftlich Schwächere sei[174]. Dies komme auch in der Beschränkung der Parteiautonomie hinsichtlich der Zuständigkeitsvereinbarung in Art. 12 EuGVÜ zum Ausdruck. Eine Zuständigkeitsvereinbarung nach Art. 12 Nr. 3 EuGVÜ sei nur möglich, weil sie nicht geeignet sei, dem Versicherungsnehmer als der schwächeren Partei einen angemessenen Schutz vorzuenthalten. Zwar verliere der Versicherungsnehmer die Möglichkeit, das Gericht des Ortes, an dem das schädigende Ereignis eingetreten ist, anzurufen, er könne aber weiterhin bei den Gerichten an seinem Wohnsitz Klage erheben. Die Parteiautonomie gehe jedoch nicht so weit, dass der Versicherungsnehmer auf die Zuständigkeit der Gerichte an seinem Wohnsitz verzichten könne[175].

Vor diesem Hintergrund sei eine Wirkung zu Lasten eines Versicherten, der seinen Wohnsitz in einem anderen Vertragsstaat als der Versicherungsnehmer und der Versicherer hat, abzulehnen. Der Versicherter müsse wie der Versicherungsnehmer als wirtschaftlich Schwächerer geschützt werden. Somit könne ihm eine auf Art. 12 Nr. 3 EuGVÜ gestützte Gerichtsstandsklausel nur dann entgegengehalten werden, wenn sie das Ziel, den wirtschaftlich Schwächerern zu schützen, nicht beeinträchtige. Dies sei jedoch vorliegend der Fall, denn dem Versicherten würde zum einen die Möglichkeit genommen, das Gericht des Ortes, an dem das schädigende Ereignis eingetreten ist, oder die Gerichte an seinem eigenen Wohnsitz anzurufen, indem er verpflichtet würde, seine Ansprüche gegen den Versicherer vor den Gerichten in dessen Wohnsitzstaat geltend zu machen. Zum anderen könne der Versicherer die Gerichte seines eigenen Wohnsitzstaats anrufen, um den begünstigten Versicherten zu verklagen[176]. Demnach sei die Vorlagefrage folgendermaßen zu beantworten:

> „Eine Gerichtsstandsklausel, die nach Artikel 12 Nummer 3 des Übereinkommens vom 27. September 1968 über die gerichtliche Zuständigkeit und die Vollstreckung gerichtlicher Entscheidungen in Zivil- und Handelssachen in der durch das Übereinkommen vom 9. Oktober 1978 über den Beitritt des Königreichs Dänemark, Irlands und des Vereinigten Königreichs Großbritannien und Nordirland, das Übereinkommen vom 25. Oktober 1982 über den Beitritt der Hellenischen Republik, das Übereinkommen vom 26. Mai 1989 über den Beitritt des Königreichs Spanien und der Portugiesischen Republik und das Übereinkommen vom 29. November 1996 über den Beitritt der Republik Österreich, der Republik Finnland und des Königreichs Schweden geänderten Fassung vereinbart worden ist, kann dem aus dem Versicherungsvertrag begünstigten Versicherten, der dieser Klausel nicht ausdrücklich zugestimmt hat und seinen Sitz in ei-

---

174 *EuGH* Urteil vom 12. Mai 2005, Rs. C-112/03, Slg. 2005, I-3707, Rn. 30 *(Société financière et industrielle du Peloux)*.

175 *EuGH* Urteil vom 12. Mai 2005, Rs. C-112/03, Slg. 2005, I-3707, Rn. 31 ff. *(Société financière et industrielle du Peloux)*.

176 *EuGH* Urteil vom 12. Mai 2005, Rs. C-112/03,Slg. 2005, I-3707, Rn. 34 ff. *(Société financière et industrielle du Peloux)*.

nem anderen Vertragsstaat als der Versicherungsnehmer und der Versicherer hat, nicht entgegengehalten werden"[177].

II. Rechtsprechung der nationalen Gerichte

Auch die nationalen Gerichte haben bereits über Sachverhalte, die die Wirkung von Gerichtsstandsvereinbarungen im Sinne von Art. 17 EuGVÜ/LugÜ bzw. Art. 23 EuGVO gegenüber Dritten betreffen, entschieden. Die folgende Darstellung erhebt nicht den Anspruch der Vollständigkeit. Vielmehr soll gezeigt werden, in welchen Fällen das Problem der Drittwirkung von Gerichtsstandsvereinbarungen auftauchen kann, und wie nationale Gerichte dieses lösen.

1. Wirkung einer Gerichtsstandsvereinbarung bei Vertretung: OLG Saarbrücken[178]

Das OLG Saarbrücken hatte zu entscheiden, zwischen wem eine Gerichtsstandsvereinbarung bei Tätigkeit einer Hilfsperson zustande kommt, und darauf aufbauend, wem gegenüber sie eine solche Wirkung entfaltet.

a) Sachverhalt und Verfahren

Die Klägerin, eine Lieferantin von Ladeneinrichtungen mit Sitz im Saarland, erhob vor dem LG Saarbrücken Klage auf Zahlung des Restbetrages aus Lieferung und Montage einer Ladeneinrichtung gegen eine natürliche Person mit Wohnsitz in Mulhouse (Frankreich). Das LG Saarbrücken erklärte sich mit Hinweis auf eine Gerichtsstandsvereinbarung zwischen der Klägerin und der Beklagten in einem Zwischenurteil für zuständig. Hiergegen richtet sich die Berufung der Beklagten.

Die Beklagte hatte ein Auftragsformular der Klägerin unterschrieben, auf dessen Rückseite Verkaufs- und Lieferbedingungen abgedruckt waren. Diese enthielten unter anderen folgende Klauseln:

> „Nr. VI-II 6b: das für S zuständige Gericht soll zuständig sein, wenn der Käufer seinen allgemeinen Gerichtsstand im Ausland hat; Nr. VIII 7: es soll deutsches Recht auf den Vertrag Anwendung finden".

Als Bestellerin wurde die „B.E." eingetragen, ein Geschäft in Frankreich. Inhaberin der „B.E." war nach dem Handelsregisterauszug die „H.-B.E. S.a.r.l.", eine juristische Person französischen Rechts. Fraglich war insbesondere, ob die Gerichtsstandsklausel gegenüber der Beklagten Wirkung entfaltet.

b) Entscheidung des OLG

Nach Ansicht des OLG Saarbrücken war keine Zuständigkeit des LG Saarbrücken gemäß Art. 17 EuGVÜ begründet. Ausgangspunkt der Argumentation war die Feststellung, dass sich das Zustandekommen einer Gerichtsstandsvereinbarung gemäß Art. 17 EuGVÜ nach nationalem Recht richte. Das nach dem Internationalen Privatrecht des angerufenen Gerichts zur Anwendung berufene Recht sei im vorliegenden Fall deutsches Recht. Werde dies zugrunde gelegt, so habe die Beklagte ein unternehmens-

---

177 *EuGH* Urteil vom 12. Mai 2005, Rs. C-112/03, Slg. 2005, I-3707 *(Société financière et industrielle du Peloux)*.

178 *OLG Saarbrücken*, NJW 1992, 987 f.

bezogenes Geschäft als Vertreterin getätigt, bezüglich dessen sie Vertretungsmacht besessen habe. Die Gerichtsstandsvereinbarung entfalte daher nicht ihr gegenüber Wirkung, sondern gegenüber der Inhaberin des Geschäfts, der „H.-B.E. S.a.r.l.“. Die Frage, ob die Beklagten aus Rechtsschein haften müsse, sei in diesem Zusammenhang nicht von Bedeutung, da dies die Beklagte nicht zur Vertragspartei mache. Folglich entfalte die Gerichtsstandsklausel gegenüber der Beklagten keine Wirkung.

2. Wirkung einer Gerichtsstandsklausel in einem Vertrag zwischen zwei Gesellschaften bei Insolvenz einer Partei: Court of Appeal[179]

Zu diskutieren war in diesem dem Court of Appeal vorliegenden Fall zum einen, ob die Gerichtsstandsklausel in dem Rahmenvertrag, den die Muttergesellschaft unterschrieben hatte, Wirkung auch gegenüber der Tochtergesellschaft entfalten konnte. Zum anderen widmete sich das Gericht insbesondere der Beantwortung der Frage, ob eine Gerichtsstandsvereinbarung, die eine Gesellschaft abgeschlossen hat, nach Eintritt der Insolvenz auch gegenüber den Insolvenzverwaltern wirkt.

a) Sachverhalt und Verfahren

Leyland DAF Ltd. produzierte Motorfahrzeuge. Da sie keine eigenen Transportmöglichkeiten besaß, nutzte sie seit Februar 1991 den Service von Edcrest Ltd. Es war zu diesem Zwecke ein Rahmenvertrag geschlossen worden, der sowohl von der Muttergesellschaft der Leyland DAF Ltd., der niederländischen Doorne's Bedrikjswagenfabriek DAF B.V., sowie von Leyland DAF Ltd. selber, aber auch von der Muttergesellschaft der Edcrest Ltd., GM de Rooy & Zonen International Transport Bedrijf Eindhoven B.V., unterzeichnet worden war. Mr. de Rooy, der die GM de Rooy & Zonen International Transport Bedrijf Eindhoven B.V. vertrat, unterschrieb auch unter der Rubrik „for approval“ im Namen von Edcrest Ltd. Dieser Rahmenvertrag enthielt eine Rechtswahl- und eine Gerichtsstandsklausel:

> „This Agreement shall be governed by and construed in accordance with the laws of the Netherlands. All disputes and differences between the Parties arising out of or in connection with this Agreement shall ultimately be referred to and resolved by the court of justice of Hertogenbosch, the Netherlands"[180].

Leyland DAF Ltd. wurde im Februar 1993 insolvent und es wurden die Insolvenzverwalter Talbot und McKillop eingesetzt. Die Produktion von Motorfahrzeugen erfolgte weiterhin. Aufgrund des Transports durch Edcrest Ltd. hatte diese Motorfahrzeuge der Leyland DAF Ltd. in einem Gesamtwert von 24 Millionen Pfund in ihrem Besitz. Die Insolvenzverwalter erhoben Anspruch auf Zahlung oder Herausgabe der Fahrzeuge. Edcrest Ltd. hingegen berief sich auf ein ihr zustehendes Zurückbehaltungsrecht, das sie geltend machen könne, da sie noch einen Anspruch auf Zahlung der Transporte habe.

---

[179] Re *Leyland DAF Ltd.* [1994] 1 B.C.L.C. 264 ff. (Ch. D.).

[180] „Diese Vereinbarung soll dem Recht der Niederlande unterliegen. Alle Streitigkeiten und Auseinandersetzungen zwischen den Parteien, die aus oder im Zusammenhang mit dieser Vereinbarung entstehen, sollen schließlich vor das Gericht von Hertogenbosch in den Niederanden gebracht werden.“

Am 16. Februar 1993 stellten die Insolvenzverwalter im eigenen Namen gestützt auf s. 234 (2) Insolvency Act 1986[181] einen Antrag vor Gericht. Sie wollten erreichen, dass ihnen Zutritt zum Besitz der Edcrest Ltd. verschafft wird und sie die Fahrzeuge entfernen können. Dem gegenüber beantragte Edcrest Ltd. eine Anordnung des Gerichts, dass das Verfahren eingestellt werden soll, da das Gericht aufgrund der Gerichtsstandsklausel in dem Rahmenvertrag nicht zuständig sei.

b) Entscheidung des Court of Appeal

Zunächst untersuchte der Court of Appeal die Rechtsstellung der Edcrest Ltd. im Hinblick auf die Wirkung der im Rahmenvertrag enthaltenen Gerichtsstandsklausel. Nach Ansicht des Gerichts sei auch Edcrest Ltd. in die vertraglichen Beziehungen des Rahmenvertrages mit einbezogen. Nur eine solche Betrachtungsweise entspreche den Interessen der Beteiligten, denn der Rahmenvertrag sollte die gesamte Aufbewahrung und alle Transporte für Leyland DAF Ltd. erfassen, auch soweit diese von der Tochtergesellschaft der GM de Rooy & Zonen International Transport Bedrijf Eindhoven B.V. ausgeführt werden. Dabei stellten die Beteiligten sich zudem vor, dass Edcrest Ltd. sowohl die Aufbewahrung als auch die Transporte innerhalb des United Kingdom übernehmen sollte. Schließlich sei darauf hinzuweisen, dass de Rooy im Namen von Edcrest Ltd. die Zustimmung zu den vertraglichen Bedingungen erklärt hat, so dass den Erfordernissen gemäß Art. 17 EuGVÜ genüge getan sei und demnach auch die Gerichtsstandsklausel im Rahmenvertrag gegenüber Edcrest Ltd. Wirkung entfalte[182].

Weiterhin problematisch war die Rechtsstellung der Insolvenzverwalter im Hinblick auf die Gerichtsstandsklausel in dem Rahmenvertrag, da sie in keiner Weise an der Vereinbarung beteiligt waren. S. 234 Insolvency Act räumt ihnen die Möglichkeit ein, den Anspruch auf Herausgabe des Eigentums der Gesellschaft im eigenen Namen geltend zu machen. Diesbezüglich wurde allerdings darauf hingewiesen, dass es sich bei der Regelung um eine prozessuale Bestimmung handele, sie habe jedoch keine Wirkung im Hinblick auf die substantiellen Rechte der Parteien. Anspruchsinhaber sei weiterhin Leyland DAF Ltd. als Eigentümerin der Fahrzeuge. Würden die Insolvenzverwalter den Anspruch im Namen der Gesellschaft geltend machen, käme Art. 17 EuGVÜ zur Anwendung. Dies könne nicht anders sein, wenn der Insolvenzverwalter den Anspruch im eigenen Namen gestützt auf s. 234 Insolvency Act geltend macht. Das Gericht weist darauf hin, dass es widersprüchlich sei, vor Ernennung der Insolvenzverwalter Art. 17 EuGVÜ anzuwenden, nach der Ernennung hingegen nicht. Die Ernennung der Insolvenzverwalter dürfe nicht automatisch auch die Gerichtsstandsklausel und deren Wirkungen bestimmen. Diese Entscheidung laufe auch konform mit dem „*Tilly Russ*"-Urteil[183] des EuGH, wobei im vorliegenden Fall die Gesellschaft – Partei bezüglich der Gerichtsstandsklausel im Rahmenvertrag – sogar Anspruchsinhaberin war[184].

---

181 Vgl. Anhang II.

182 Re *Leyland DAF Ltd.* [1994] 1 B.C.L.C. 264, 268 f. (C.A. (Ch. D.)).

183 *EuGH* Urteil vom 19. Juni 1984, Rs. 71/83, Slg. 1984, 2417 *(Tilly Russ)*.

184 Re *Leyland DAF Ltd.* [1994] 1 B.C.L.C. 264, 269 ff. (C.A. (Ch D)).

Folglich entschied der Court of Appeal, dass Edcrest Ltd. an die Gerichtsstandsklausel in der Rahmenvereinbarung gebunden sei, soweit den Erfordernissen von Art. 17 EuGVÜ, Teil des englischen Rechts kraft s. 2 des Civil Jurisdicition and Judgments Act 1982[185], genügt ist. Des Weiteren unterscheide sich die Rechtsstellung der Insolvenzverwalter nicht von derjenigen der Leyland DAF Ltd. Sie seien infolgedessen an die Bestimmungen des Rahmenvertrages und damit an die Gerichtsstandsklausel gebunden, so dass die englischen Gerichte als international unzuständig angesehen werden müssten.

3. Wirkung einer Gerichtsstandsklausel in einem Versicherungsvertrag: Cour d'appel Aix-en-Provence[186]

Die Cour d'appel Aix-en-Provence hatte sich vornehmlich mit der Frage zu beschäftigen, ob eine ausschließliche Gerichtsstandsvereinbarung auch gegenüber dem Versicherten Wirkung entfalten kann.

a) Sachverhalt und Verfahren

Im Mai 1993 beförderte die A-Gesellschaft (Liberia) Tropenhölzer im Wert von 153.187,10 US-Dollar von Sinoe (Liberia) nach Sète (Frankreich). Das Schiff, auf dem die Hölzer transportiert wurden, hatte die CTS-Gesellschaft (Department Grasse) gechartert. Diese schloss mit der Y-Versicherungsgesellschaft (Hamburg) über einen Versicherungsmakler und einen Assekuradeur (beide Hamburg) einen Gütertransportversicherungsvertrag auf Grundlage der Allgemeinen Deutschen Seeversicherungs-Bedingungen (ADS). § 127 ADS trifft folgende Regelung hinsichtlich des Gerichtsstandes:

> „Für die Entscheidung von Streitigkeiten, die aus dem Versicherungsverhältnis entstehen, ist ausschließlich das Gericht zuständig, bei dem der Versicherer seinen allgemeinen Gerichtsstand hat. Ist jedoch der Vertrag durch einen Vertreter des Versicherers von einer gewerblichen Niederlassung aus geschlossen, die der Versicherer oder der Vertreter an einem zu Bezirke des bezeichneten Gerichts nicht gehörenden Orte hatte, so ist auch das Gericht dieses Ortes zuständig".

Die Ladung wurde scheinbar beschädigt, so dass die A-Gesellschaft am 4.7.1994 vor dem Tribunal de commerce de Nice gegen die CTS-Gesellschaft sowie gegen die Y-Versicherungsgesellschaft klagte, da sie den Sitz der CTS-Gesellschaft in dem Zuständigkeitsbereich dieses Gerichts vermutete. Das Tribunal erklärte sich mit Hinweis auf Art. 42 Nouveau Code de Procédure civile[187] und Art. 12 Nr. 5 EuGVÜ für unzuständig und verwies auf die Zuständigkeit der Hamburger Gerichte. Hiergegen erhob die A-Gesellschaft am 18.7.1994 Einspruch mit der Begründung, die Verfahren gegen Befrachter und Versicherer seien unteilbar. Zudem komme liberianisches Recht zur Anwendung, so dass dem EuGVÜ in diesem Fall keine Bedeutung beizumessen sei. Darüber hinaus handele es sich bei der Gütertransportversicherung um eine Versicherung für „Rechnung, wen es angeht" und somit um einen Vertrag zu Gunsten Dritter. Zu

---

185 Vgl. Anhang III.

186 Nicht im Original veröffentlichte Entscheidung; siehe *Cour d'appel Aix-en-Provence*, VersRAI 1995, 57 f.; vgl. auch *Mankowski*, IPRax 1996, 427 ff.

187 Vgl. Anhang IV.

Gunsten des Bezugsberechtigten werde demnach ein direkter und autonomer Rechtsanspruch begründet. Da der Bezugsberechtigte aber nicht in die Rechte und Pflichten des Versicherungsnehmers eintrete, entfalte die Gerichtsstandsklausel ihm gegenüber keinerlei Wirkung[188].

b) Entscheidung der Cour d´appel

Die Cour d´appel bestätigte die Entscheidung des Tribunal de commerce de Nice im Hinblick auf die Feststellung dessen Unzuständigkeit. Dabei ging er davon aus, dass es sich um eine Warentransportversicherung „für Rechnung, wen es angeht" unter ausdrücklicher Bezugnahme auf die ADS (Allgemeine Deutsche Seeversicherungs-Bedingungen) handele, so dass die Zuständigkeit an dem Ort, an dem das Zertifikat ausgestellt wurde oder an dem Ort, an dem sich der Sitz des Versicherers befindet, begründet wurde. Dies war vorliegend in beiden Alternativen Hamburg. Die Gerichtsstandsklausel war nach Ansicht der Cour d´appel zwischen Versicherungsnehmer und Versicherer auch wirksam gemäß Art. 17 EuGVÜ vereinbart worden. Dass eine solche Vereinbarung eines Gerichtsstandes im Hinblick auf Versicherungssachen möglich war, folge aus Art. 12 Nr. 5 i.V.m. Art. 12 a EuGVÜ, da der Versicherungsvertrag alle Schäden an Gütern abdecke, die während eines mit einem Seeschiff stattgefundenen Transports entstanden sind.

Der Drittbegünstigte, der einen eigenen Anspruch aus dem Versicherungsvertrag erhalte, sei in Bezug auf dessen gerichtlicher Geltendmachung an den im Versicherungsvertrag festgelegten Gerichtsstand gebunden. Der Verpflichtung an dem durch den Versicherungsnehmer und den Versicherer vereinbarten Gerichtsstand zu klagen, komme hinsichtlich des vorteilhaften Direktanspruchs nur eine beschränkte Tragweite zu. Infolgedessen bestätigte die Cour d´appel die Unzuständigkeit des Tribunal de commerce, ließ den Einspruch aber dennoch zu, da es dem Richter nur erlaubt sei, die Parteien zu verweisen, anderweitig ihr Recht zu suchen, jedoch nicht, den ausländische Gerichtsstand zu benennen[189].

4. Wirkung einer Gerichtsstandsvereinbarung bei Vertragsketten: Cour de cassation[190]

In der Entscheidung „*Soc. Rémi Claeys aluminium ./. Soc. Sermit et Soc. Roubon*" hatte die Cour de cassation darüber zu befinden, ob eine Gerichtsstandsvereinbarung zwischen einem Hersteller und einem Erstkäufer auch gegenüber dem Endkäufer Wirkung entfaltet.

a) Sachverhalt und Verfahren

Die Soc. Sermit (Belgien) schloss mit der Man `x Lev. einen Kaufvertrag über Metallteile, die für Sattelschlepper-Anhänger benutzt werden konnten. Dieser Vertrag enthielt eine Klausel, in der die belgischen Gerichte als ausschließlich zuständig bezeichnet wurden. Die Man `x Lev. verkaufte die Metallteile weiter an die Soc. Roubon (Frankreich), die solche Sattelschlepper-Anhänger herstellte und dabei die von der

188 Siehe bei Mankowski, IPRax 1996, 427.
189 *Cour d'appel Aix-en-Provence*, VersRAI 1995, 57, 58.
190 *Cour de cassation*, Rev.crit.dr.internat.privé (89) 2000, 224 ff.

Soc. Sermit fabrizierten Teile verwendete. Einen solchen Anhänger kaufte nun die Soc. Rémi Claeys aluminium (Frankreich). Nach einem Unfall mit dem Anhänger stellte sich jedoch heraus, dass dieser mit Mängeln behaftet war, die offenbar auf die eingebauten Metallteile zurückzuführen waren.

Daraufhin erhob die Soc. Rémi Clays aluminium Klage auf Ersatz des Schadens sowohl gegen die Soc. Roubon als auch die Soc. Sermit vor dem Tribunal de commerce d'Aix-en-Provence, woraufhin die Soc. Sermit den Einwand der mangelnden Zuständigkeit des angerufenen Gerichts geltend machte. Dabei berief diese sich auf die zwischen ihr und der Man 'x Lev. vereinbarte Gerichtsstandsklausel, nach der allein die Gerichte Belgiens zuständig sein sollten. Dieser Einwand der Soc. Sermit wurde in drei Instanzen verworfen. Schließlich hatte sich die Cour de cassation mit dieser Frage zu beschäftigen.

b) Entscheidung der Cour de cassation

Die Cour de cassation kam zu dem Schluss, dass sich ein Fabrikant, der eine Gerichtsstandsvereinbarung mit dem Erstkäufer getroffen hat, gegenüber dem Endkäufer nicht auf diese berufen kann. Begründet wurde dies insbesondere mit einer vom EuGH gefällten Entscheidung[191], in der der Direktanspruch des Endkäufers nicht als vertraglicher Anspruch im Sinne von Art. 5 Nr. 1 EuGVÜ qualifiziert wurde. Nach der Ansicht des EuGH handelt es sich bei den Vorschriften über die besondere und ausschließliche Zuständigkeit um Ausnahmeregelungen zu dem in Art. 2 Abs. 1 EuGVÜ formulierten Grundsatz. Daher könne eine solche Zuständigkeit auch nur in den vom Übereinkommen vorgesehenen Fälle angenommen werden, wobei die autonom zu bestimmenden Begriffe *"Vertrag und Ansprüche aus einem Vertrag"* so auszulegen seien, dass für einen normal informierten Beklagten die Möglichkeit bestehe, vorauszusehen, vor welchem Gericht – neben den Gerichten desjenigen Staates, in dem er seinen Wohnsitz hat – er verklagt werden könne. Wenn aber keine freiwillig eingegangenen Verpflichtungen zwischen den Parteien bestünden, könnten auch vertragliche Ansprüche im Sinne von Art. 5 Nr. 1 EuGVÜ nicht vorliegen. Eine andere Sichtweise wäre auch für den normal informierten Beklagten nicht vorhersehbar und liefe der Rechtssicherheit zuwider[192].

Aus dieser Entscheidung folgerte die Cour de cassation, dass sich der Hersteller, soweit der Anspruch des Endkäufers gegen ihn nicht als vertraglicher Anspruch zu qualifizieren ist, nicht auf eine Gerichtsstandsklausel aus dem von ihm und dem Erstkäufer geschlossenen Vertrag berufen könne[193].

---

[191] *EuGH* Urteil vom 17. Juni 1992, Rs. C-26/91, Slg. 1992, I-3967 *(Jakob Handte)*.

[192] *EuGH* Urteil vom 17. Juni 1992, Rs. C-26/91, Slg. 1992, I-3967, Rn. 18 *(Jakob Handte)*.

[193] *Cour de cassation*, Rev.crit.dr.internat.privé (89) 2000, 224, 225 f.

5. Wirkung einer Gerichtsstandsklausel in einem Vertrag bei Ausstellen einer Verpflichtungserklärung zur Zahlung gegenüber der Bank des Vertragspartners: Commercial Court[194]

In der Entscheidung „Glencore International A.G. ./. Metro Trading International Inc. and Singapore Petroleum Co. And Banque Trad-Crédit Lyonnais (France) S.A. (Third Party); Metro Trading International Inc. ./. Itochu Petroleum Co. Pte. Ltd. and Banque Trad-Crédit Lyonnais (France) S.A. (Third Party)" hatte sich der Commercial Court mit einer Vielzahl von Fragen auseinanderzusetzen. Von besonderem Interesse im Hinblick auf die Thematik dieser Arbeit ist die Frage, ob der Übertragungsempfänger im Falle der Übertragung eines Kaufpreisanspruchs an eine Gerichtsstandsklausel aus diesem Vertrag gebunden ist.

a) Sachverhalt und Verfahren

Folgender Sachverhalt lag der Entscheidung zugrunde: Metro Trading International Inc. (Metro) war als Öl-Händlerin tätig. Sie schloss im Oktober 1997 mit der Itochu Petroleum Co. Pte Ltd. (Itochu) einen Kaufvertrag über Öl. Im Januar 1998 erfolgte ein weiterer Vertragsabschluss über den Kauf von Öl mit der Singapore Petroleum Company (Singapore). Man einigte sich in beiden Fällen darauf, dass das Öl per Schiff verfrachtet werden sollte. Beide Kaufverträge enthielten eine Klausel zur Begründung der Zuständigkeit englischer Gerichte. Es wurden zudem Konnossemente an die Order der von M genannten Bank – der Banque Trad-Credit Lyonnais (Bank) – ausgestellt. Darüber hinaus gaben sowohl die Itochu als auch die Singapore Verpflichtungserklärungen hinsichtlich des Kaufes und der Zahlung des Öls für die Bank aus, die die Handelsgeschäfte von Metro finanzierte. Zuvor hatte die Bank eine solche Verpflichtungserklärung auf Rechnung von Metro in Übereinstimmung mit den Bedingungen des jeweiligen Kaufvertrages gefordert.

Glencore International A.G. (Glencore), die Metro Ölprodukte zu deren Lagerung geliefert hatte, klagte in England auf Aushändigung von Ölprodukten und Schadensersatz wegen widerrechtlicher Aneignung sowie Vertragsbruch gegen Metro, die kurz darauf in Liquidation ging. Eingesetzt wurden Liquidatoren, die folgend im Namen von Metro handelten. Auch die Bank verklagte Metro sowie Itochu und Singapore auf Zahlung des geschuldeten Betrages im Hinblick auf die Kaufverträge. Diese Klagen erhob die Bank allerdings vor dem Tribunal de commerce de Paris. Daraufhin verband Glencore Itochu und Singapore als Beklagte zu ihrer Klage gegen Metro, deren Liquidatoren im Namen von Metro vor englischen Gerichten einen Zahlungsanspruch aufgrund des Kaufvertrages gegen Itochu geltend machten. Schließlich wurden zwei Streitverkündungsverfahren eingeleitet. Das eine erfolgte auf Initiative von Itochu gegen die Bank bezüglich der Klagen von Metro sowie von Glencore. Itochu beabsichtigte eine Erklärung zu erlangen, dass die Bank kraft der Gerichtsentscheidungen in

---

[194] *Glencore International A.G. ./. Metro Trading International Inc. and Singapore Petroleum Co. and Banque Trad-Crédit Lyonnais (France) S.A. (Third Party); Metro Trading International Inc. ./. Itochu Petroleum Co. Pte. Ltd. and Banque Trad-Crédit Lyonnais (France) S.A. (Third Party)* [2000] 2 Lloyd's Rep. 631 (Q.B. (Com. Ct)).

diesen Prozessen gebunden ist. Das andere Streitverkündungsverfahren ging auf Singapore zurück und richtete sich gegen Metro sowie gegen Glencore in der Klage der Bank gegen Singapore.

Zu untersuchen waren durch das Gericht die Anträge der Bank, der Itochu sowie der Singapore. Letztere hatte einen Antrag auf Aussetzung der Verfahren gegen sich innerhalb der Klage von Glencore gestellt, um dem Tribunal de commerce de Paris eine Entscheidung zu ermöglichen. Dabei stützte sie sich auf Art. 21 EuGVÜ. Die Bank hingegen beantragte, das Streitverkündungsverfahren der Itochu gegen sich in den Klagen von Metro sowie von Glencore zu Gunsten des Tribunal de commerce de Paris gemäß Art. 21 EuGVÜ auszusetzen. Itochu schließlich erhob im Hinblick auf Art. 17 EuGVÜ den Einwand der Unzuständigkeit des französischen Gerichts, da die Bank an die Gerichtsstandsklausel aus dem Kaufvertrag gebunden sei. Darüber hinaus beantragte sie für den Fall des erfolgreichen Antrags durch die Bank, zu Gunsten des französischen Gerichts die Aussetzung der Verfahren von Metro und Glencore gegen sich[195].

b) Entscheidung des Commercial Court

Von Bedeutung ist für die Problematik der Drittwirkung von Gerichtsstandsvereinbarungen vor allem die Frage, ob die Bank an die im Kaufvertrag enthaltene Gerichtsstandsklausel gebunden war.

Dazu musste zunächst die Rechtsstellung der Bank hinsichtlich der Vertragsvereinbarungen zwischen Metro und Itochu geklärt werden. Aufgrund der zu ermittelnden Tatsachen kam das Gericht zu dem Ergebnis, dass die Vereinbarung zwischen Metro und Itochu sowie die Zahlungsübernahme der Itochu gegenüber der Bank nicht unabhängig voneinander zu betrachten waren. Vielmehr leite die Bank ein Recht auf den Kaufpreis von Metro ab[196]. Es drängt sich somit die Frage auf, ob die Bank aufgrund ihrer Rechtsstellung als Übertragungsempfängerin an die Gerichtsstandsklausel in dem Kaufvertrag zwischen Itochu und Metro gebunden war. Diesbezüglich wies das Gericht darauf hin, dass Art. 17 EuGVÜ ausdrücklich keine Regelung enthalte, ob eine Person, die ein materielles Recht von einer der Parteien der Gerichtsstandsvereinbarungen ableitet, an diese gebunden sei. Dies könne auch nicht überraschen, da im Hinblick auf Art. 17 EuGVÜ grundsätzlich davon ausgegangen werde, dass die Parteien des Rechtsstreits auch die Parteien der Gerichtsstandsvereinbarung seien. Als *„Parteien"* im Sinne von Art. 17 Abs. 1 S. 1 EuGVÜ würden die Parteien der ursprünglichen Vereinbarung bezeichnet, die die Voraussetzungen erfüllen müssten. Ob der Erwerber eines übertragenen Rechts die Gerichtsstandsklausel ignorieren kann, hänge davon ab, ob er sich so behandeln lassen müsse, als habe er der Klausel zugestimmt. Diesbezüg-

---

195 Vgl. hierzu *Glencore International A.G. ./. Metro Trading International Inc. and Singapore Petroleum Co. and Banque Trad-Crédit Lyonnais (France) S.A. (Third Party); Metro Trading International Inc. ./. Itochu Petroleum Co. Pte. Ltd. and Banque Trad-Crédit Lyonnais (France) S.A. (Third Party)* [2000] 2 Lloyd's Rep. 631 (Q.B. (Com. Ct)).

196 *Glencore International A.G. ./. Metro Trading International Inc. and Singapore Petroleum Co. and Banque Trad-Crédit Lyonnais (France) S.A. (Third Party); Metro Trading International Inc. ./. Itochu Petroleum Co. Pte. Ltd. and Banque Trad-Crédit Lyonnais (France) S.A. (Third Party)* [2000] 2 Lloyd's Rep. 631, 642 ff. (Q.B. (Com. Ct.)).

lich verweist das Gericht auf die „*Gerling*"-Entscheidung[197] des EuGH. In dieser habe es sich allerdings bei dem Dritten um eine Person gehandelt, der ein selbständiges materielles Recht aus dem Vertrag zugekommen sei, wohingegen im vorliegenden Fall ein abgeleitetes materielles Recht bestehe. Somit erscheine das „*Tilly Russ*"- Urteil[198] passender. Grundsätzliche Regel sei, dass ein Erwerber eines obligatorischen Anspruchs unter englischem Recht nicht besser gestellt sein könne als der Übertragende, so dass der Anspruch zusammen mit allen Restriktionen übertragen werde, die diesem anhängen, einschließlich einer ausschließlichen Gerichtsstandsklausel. Dies stimme mit der Rechtsprechung des EuGH überein, wobei dieser sich in der zuletzt genannten Entscheidung mit der Übertragung von Rechten und Pflichten beschäftigt habe. Ein Empfänger von Rechten – aber nicht von Verpflichtungen – werde immer als Kläger auftreten, so dass sein Recht, an seinem Wohnsitz verklagt zu werden, das ihm das EuGVÜ zubillige, durch eine Gerichtsstandsklausel nicht berührt werden könne. Derjenige hingegen, dem gegenüber er sein Recht geltend mache, habe zugestimmt, in dem gewählten Gerichtsstand verklagt zu werden und sich folglich mit einer solchen Beeinträchtigung seines Rechts einverstanden erklärt.

Das Gericht verwies im Hinblick auf die Problematik der Drittwirkung von Gerichtsstandsvereinbarungen darüber hinaus auf die Entscheidung „*Firswood Ltd. ./. Petra Bank*"[199]. In diesem Verfahren hatte sich der Court of Appeal mit der Frage auseinanderzusetzen, ob die Klage des Übertragungsempfängers gegenüber dem Garanten in den Anwendungsbereich des EuGVÜ fiel. Dieser – es handelte sich um die Jordanien Bank – hatte mit dem ursprünglichen Gläubiger (Schweiz) im Jahr 1987 eine Garantie hinsichtlich der Schuld des Hauptschuldners (Schweiz) vereinbart, die eine Gerichtsstandsklausel zu Gunsten englischer Gerichte enthielt. 1990 ging der Garant jedoch in Liquidation. Der ursprüngliche Gläubiger übertrug im Dezember 1992 alle Rechte gegen den Schuldner und den Garanten auf eine Bank (England), die am 5.3.1993 Klage gegen den Garanten erhob. Zwar bestätigte der Court of Appeal, dass das EuGVÜ gemäß Art. 1 Abs. 2 Nr. 2 EuGVÜ nicht zur Anwendung komme, weil die Klage direkt aus der Liquidation folge und unmittelbar mit dem Verfahren bezüglich der Vermögensliquidation verbunden sei. Dennoch hat das Gericht die Frage der Wirkung der Gerichtsstandsklausel in der Garantie gegenüber der Bank als Übertragungsempfänger der Rechte gegen den Garanten erörtert. Auch der Court of Appeal verwies dabei auf die EuGH-Entscheidungen „*Gerling*" und „*Tilly Russ*". Seiner Ansicht nach sei eine Wirkung der Gerichtsstandsklausel im Hinblick auf die Bank zu bejahen. Er führt dafür folgende Gründe an: Zum einen könnten die Parteien der Garantie so angesehen werden, als hätten sie eine Übertragung erwartet, zum anderen sei bei Betrachtung der Interessen des Garanten festzustellen, dass es für ihn ohne Bedeutung sei, ob der Übertragungsempfänger oder Übertragende klage, da die vereinbarten Gerichte zuständig seien. Schließlich habe der Übertragungsempfänger auch Kenntnis

---

197 *EuGH* Urteil vom 14. Juli 1983, Rs. 201/82, Slg. 1983, 2503 *(Gerling)*.
198 *EuGH* Urteil vom 19. Juni 1984, Rs. 71/83, Slg. 1984, 2417 *(Tilly Russ)*.
199 *Firswood Ltd. ./. Petra Bank* [1996] C.L.C. 608 ff. (C.A. (C. D.)).

von der Gerichtsstandsklausel gehabt, die klar und eindeutig in der Garantie dargelegt worden sei[200].

Die Problematik der Kenntnis des Übertragungsempfängers von der Gerichtsstandsklausel wurde vom Commerical Court aufgegriffen und diskutiert. Der EuGH sei in seiner Entscheidung *„Tilly Russ"* auf das Erfordernis der Kenntnis der Gerichtsstandsklausel nicht eingegangen. Auf eine solche könne es vorliegend auch nicht ankommen. Vielmehr wirke die Gerichtsstandsklausel gegenüber dem Übertragungsempfänger gerade aufgrund der Übertragung des Anspruchs auf den Kaufpreis[201].

6. Wirkung einer Gerichtsstandsklausel in einem Vertrag bei Abtretung einer Forderung aus diesem Vertrag: BayObLG[202]

Das BayObLG hatte darüber zu befinden, welches Gericht für die Klage eines Zessionars gegenüber dem Schuldner des Anspruchs zuständig war.

a) Sachverhalt und Verfahren

Auszugehen war dabei von folgendem Sachverhalt: Die P-Bank hatte mit dem Beklagten (Österreich) einen Leasingvertrag über einen PKW abgeschlossen. Dieser Vertrag enthielt auch eine Gerichtsstandsklausel, nach der das AG F diesbezüglich ausschließlich zuständig sein sollte. Die P-Bank trat ihre Forderung aus dem Leasingvertrag an die Klägerin (Deutschland) ab, die am 20. September 2000 Klage auf Zahlung von 6317, 64 DM gegenüber der Beklagten vor dem AG M erhob. Letztere rügte die Unzuständigkeit des angerufenen Gerichts, woraufhin am 28.12.2000 der Beschluss des AG M erging, das Verfahren an das AG F zu verweisen. Das AG F lehnte mit Beschluss vom 20.2.2001 die Übernahme des Verfahrens allerdings ab. Es kam somit zur Vorlage über das OLG M an das BayOblG zur Bestimmung des zuständigen Gerichts gemäß § 36 Abs. 1 Nr. 6, Abs. 2 ZPO.

b) Entscheidung des BayObLG

Das BayObLG befand das AG F für zuständig. Es begründete seine Entscheidung mit einem Verweis auf Art. 17 EuGVÜ, dessen Voraussetzungen vorlägen. Bezüglich der Parteien des Rechtsstreits prüfte es die Anwendungsvoraussetzungen. Das Gericht kam zu dem Ergebnis, dass der Kläger seinen Sitz in Deutschland, der Beklagte den Sitz in Österreich habe, und folglich die Anwendungsvoraussetzungen des Art. 17 EuGVÜ erfüllt seien. Im Hinblick auf die weiteren Erfordernisse gemäß Art. 17 EuGVÜ betrachtete es die Parteien des Leasingvertrages und sah die Schriftlichkeit in dieser Beziehung gewahrt. Der Kläger sei als Rechtsnachfolger an die Gerichtsstandsklausel gebunden[203].

---

200 *Firswood Ltd. ./. Petra Bank* [1996] C.L.C. 608, 614 ff. (C.A. (C. D.)).

201 *Glencore International A.G. ./. Metro Trading International Inc. and Singapore Petroleum Co. and Banque Trad-Crédit Lyonnais (France) S.A. (Third Party); Metro Trading International Inc. ./. Itochu Petroleum Co. Pte. Ltd. and Banque Trad-Crédit Lyonnais (France) S.A. (Third Party)* [2000] 2 Lloyd's Rep. 631, 644 ff. (Q.B. (Com. Ct.)).

202 *BayObLG*, NJW-RR 2002, 359.

203 *BayObLG*, NJW-RR 2002, 359.

III. Zusammenfassung

Zusammenfassend lässt sich feststellen, dass der EuGH bislang nur in Einzelfällen über die Frage der Drittwirkung entschieden hat. Viele denkbare Fallkonstellationen wurden noch nicht erörtert. Darüber hinaus erscheinen die Entscheidungen oftmals nicht eindeutig und klar formuliert. Vielmehr bleiben Fragen im Hinblick auf die Interpretation der Urteile.

Dies führt auch zu Unsicherheiten der nationalen Gerichte, und damit zu unterschiedlichen Entscheidungen. So werden Zusammenhänge und Unterschiede zwischen den Urteilen des EuGH verschieden gedeutet. Es besteht nicht einmal Einigkeit darüber, ob nationales oder übereinkommens- bzw. gemeinschaftsautonomes Recht Anwendung findet. Auch die Frage, im Hinblick auf wen die Voraussetzungen gemäß Art. 17 EuGVÜ/LugÜ bzw. Art. 23 EuGVO zu prüfen sind, wird unterschiedlich beantwortet. Zudem erscheint den nationalen Gerichten nicht klar, wer Partei und wer Dritter in Bezug auf die Gerichtsstandsvereinbarung ist. Darüber hinaus ist die Übertragung der EuGH-Entscheidungen auf andere Fallkonstellationen mit Unsicherheiten verbunden. Dies alles birgt die Gefahr differierender Entscheidungen, die jedoch im Hinblick auf die Ziele der Übereinkommen bzw. der Verordnung gerade vermieden werden sollen. Daher ist erforderlich, den Gerichten `Richtlinien` an die Hand zu geben, um ihnen Unsicherheiten hinsichtlich der Frage der Drittwirkung im Anwendungsbereich der Übereinkommen bzw. der Verordnung zu ersparen und für eine Einheitlichkeit der Entscheidungen zu sorgen[204].

[204] Zur Frage der Drittwirkung im Rahmen des deutschen autonomen Rechts gemäß §§ 38, 40 ZPO vgl. 2. Teil B. III. 1. a).

2. Teil: Problemaufriss und Entwicklung einer Lösung

Mit Blick auf die dargestellten Entscheidungen wird deutlich, dass der Grundsatz der Relativität der Gerichtsstandsvereinbarung unter bestimmten Umständen durchbrochen werden kann. Es kommt demnach eine Wirkung dieser Vereinbarung zu Gunsten oder aber zu Lasten des Dritten in Betracht. In diesem Teil der Arbeit soll die Problematik der Drittwirkung dargestellt und einer Lösung zugeführt werden.

A. Die Gerichtsstandsvereinbarung mit Wirkung zu Gunsten des Dritten

Zunächst gilt es, die Problematik der Wirkung zu Gunsten des Dritten zu erörtern. Dabei ist zu klären, wie Gerichtsstandsvereinbarungen mit begünstigender Wirkung zu charakterisieren sind[205] und welche Problematik eine Gerichtsstandsvereinbarung mit Wirkung zu Gunsten eines Dritten mit sich bringt[206]. Im Anschluss daran ist eine Lösung der dargestellten Problematik durch Auslegung zu entwickeln, wobei darzulegen sein wird, welches Recht diesbezüglich zur Anwendung gelangt[207].

I. Gerichtsstandsvereinbarung mit begünstigender Wirkung für eine Partei

Die Übereinkommen bzw. die Verordnung regeln zwar nicht ausdrücklich, wann eine den Dritten begünstigende Gerichtsstandsvereinbarung vorliegt. Allerdings sieht Art. 17 Abs. 4 EuGVÜ/LugÜ die Möglichkeit vor, eine Gerichtsstandsvereinbarung zu Gunsten einer Partei zu treffen, wodurch diese Partei das Recht behält, jedes andere Gericht anzurufen, das aufgrund des Übereinkommens zuständig ist. Somit bedeutet eine Zuständigkeitsvereinbarung zu Gunsten einer Partei, dass diese einen oder mehrere zusätzliche Gerichtsstände zu den gesetzlich bestimmten hinzu erhält. Die Begrifflichkeit hat sich auch mit der Schaffung der EuGVO nicht verändert[208] und kann ebenso im Hinblick auf den Dritten verwendet werden. Infolgedessen kommen vorliegend Zuständigkeitsvereinbarungen in Betracht, die dem Dritten die Möglichkeit einräumen, einen zusätzlichen konkurrierenden Gerichtsstand neben den in den Übereinkommen bzw. der Verordnung normierten Gerichtsständen anzurufen[209]. Dabei ist einerseits an eine Zuständigkeitsvereinbarung zu denken, die sowohl dem Dritten als auch der Partei der Vereinbarung einen zusätzlichen konkurrierenden Gerichtsstand einräumt. Zum anderen ist denkbar, dass eine Zuständigkeitsvereinbarung einen zusätzlichen konkur-

---

205 2. Teil A. I.

206 2. Teil A. III.

207 2. Teil A. III.

208 Dazu Kropholler, Art. 23, Rn. 93; Rauscher/Mankowski, Art. 23 Brüssel I-VO, Rn. 60 mit dem Hinweis auf Art. 23 Abs. 1 S. 2 EuGVO.

209 In diesem Sinne auch *Geimer*, NJW 1985, 533. Folglich sind Vereinbarungen, die dem Dritten mehrere konkurrierende Gerichtsstände zubilligen, jedoch darüber hinaus die normierten Gerichtsstände ausschließen, nicht als Gerichtsstandsvereinbarung, die eine Wirkung zu Gunsten eines Dritten entfalten sollen, anzusehen. Vgl. zu letzterem im Hinblick auf Art. 17 Abs. 4 EuGVÜ/LugÜ auch *Kohler*, IPRax 1986, 340, 344 f., dem bezüglich der Kritik zur Regelung des Art. 17 Abs. 4 EuGVÜ/LugÜ zuzustimmen ist.

rierenden Gerichtsstand nur für den Dritten vorsieht. Fraglich ist, wann eine solche Vereinbarung vorliegt. Dies ist durch Auslegung der Gerichtsstandsvereinbarung zu ermitteln, welche Sache des nationalen Gerichts ist, vor dem sie geltend gemacht wird[210].

Zunächst ist zu ermitteln, „ob" die Gerichtsstandsvereinbarung überhaupt eine Wirkung gegenüber dem Dritten entfalten soll. Dies ist abzulehnen, soweit die Vereinbarung auf die ursprünglichen Parteien beschränkt sein soll – so beispielsweise, wenn diese Vereinbarung auf höchst persönlichen Motiven fußt –, da den Parteien keine Vereinbarung mit einer Drittwirkung aufgedrängt werden darf[211]. Darüber hinaus bedarf es der Klärung, welche Wirkung die Vereinbarung gegenüber dem Dritten entfalten soll.

Art. 17 Abs. 1 EuGVÜ/LugÜ bzw. Art. 23 Abs. 1 EuGVO geht von der Grundkonstellation aus, dass einer Gerichtsstandsvereinbarung ausschließliche Wirkung im Hinblick auf die Parteien zukommen soll[212]. Allerdings können die Parteien auch vereinbaren, dass ein zusätzlicher konkurrierender Gerichtsstand zu den normierten Gerichtsständen für eine oder für alle Parteien bestehen soll[213].

Unproblematisch ist eine Gerichtsstandsvereinbarung zu Gunsten des Dritten anzunehmen, wenn die Parteien ausdrücklich darüber übereingekommen sind, dass dem Dritten ein zusätzlicher konkurrierender Gerichtsstand neben den normierten Gerichtsständen eingeräumt werden soll. Ist eine solche ausdrückliche Vereinbarung nicht gegeben, stellt sich die Frage, ob und unter welchen Voraussetzungen eine Gerichtsstandsvereinbarung mit Wirkung zu Gunsten des Dritten vorliegt.

---

210 Vgl. zur Auslegung von Gerichtsstandsvereinbarungen *EuGH* Urteil vom 10. März 1992, Rs. C-214/89, Slg. 1992, I-1745, Rn. 31 *(Powell Duffryn)*; *EuGH* im Urteil vom 3. Juli 1997, Rs. C-269/95, Slg. 1997 I, 3767, Rn. 31 *(Francesco Benincasa)*; *Kropholler*, Art. 23, Rn. 69; *Schlosser*, Art. 23, Rn. 43a.

211 Vgl. auch *Killias*, Die Gerichtsstandsvereinbarungen nach dem Lugano-Übereinkommen, 244; *Reiser*, Gerichtsstandsvereinbarungen 1989, 149; *Geimer/Schütze*, Internationale Urteilsanerkennung I/1., 928 im Hinblick auf den Rechtsnachfolger. Dies gilt allerdings auch in anderen Fällen des Erwerbs von Rechten und/oder Pflichten, da es der Autonomie der Parteien zuwiderliefe, eine Drittwirkung gegen ihren Willen zuzulassen.

212 Vgl. dazu *EuGH* Urteil vom 17. Januar 1980, Rs. 56/79, Slg. 1980, 89, Rn. 4 *(Zelger)*; *BGH*, IPRax 1999, 246; *Jayme/Haack*, IPRax 1985, 323; *Kohler*, IPRax 1986, 340, 341; auch KOM (1999) 348 endg. zu Art. 23.

213 Dies folgt bereits aus dem Grundsatz der Vertragsautonomie; dazu: *EuGH* Urteil vom 9. November 1978, Rs. 23/78, Slg. 1978, 2133, Rn. 5 *(Meeth)*. Art. 23 Abs. 1 S. 2 EuGVO trifft nun eine Regelung für diese Fälle, wohingegen Art. 17 Abs. 4 (Abs. 3 (1968)) EuGVÜ/LugÜ ausdrücklich lediglich den Fall der Vereinbarung mit Wirkung zu Gunsten einer Partei erfasste. Vgl. zur EuGVO: *Nagel*, Internationales Zivilprozessrecht, § 3, Rn. 146; *Kropholler*, Art. 23, Rn. 92; *Schlosser*, Art. 23, Rn. 33; zum EuGVÜ/LugÜ: *Kurz ./. Stella MusicalveranstaltungsGmbH* [1992] 1 All ER 630, 637 ff. (Ch. D.); *Gamlestaden Plc. ./. Casa de Suecia S.A. and Hans Thulin* [1994] 1 Lloyd's Rep. 433, 441 (Q.B. (Com. Ct.)); *Nagel*, Internationales Zivilprozessrecht, § 3, Rn. 146; *Kropholler* (6. Auflage), Art. 17, Rn. 96, 98; *Staudinger/Hausmann*, Anhang II zu Art 27-37 EGBGB, Rn. 219; *Ebert-Weidenfeller*, RIW 1992, 141 f.

Hinsichtlich Art. 17 Abs. 4 EuGVÜ[214]/LugÜ, der den Fall der Gerichtsstandsvereinbarung mit Wirkung zu Gunsten einer Partei betrifft, wird vertreten, dass zur Feststellung einer Vereinbarung, durch die für eine Partei ein zusätzlicher konkurrierender Gerichtsstand geschaffen wird, bereits objektive Umstände ausreichten[215]. Diese Ansicht basiert auf dem Gedanken, dass es sich bei Art. 17 Abs. 1 EuGVÜ/LugÜ um einen Sonderfall der Zuständigkeitsregelungen handele, von dem Abs. 4 EuGVÜ/LugÜ eine Ausnahme zulasse. Dieser kehre damit zu den normierten Gerichtsständen gemäß Art. 2 ff. EuGVÜ/LugÜ zurück und müsse folglich extensiv ausgelegt werden. Eine solche Sichtweise ist jedoch insbesondere mit Blick auf den Regelungszweck zu verwerfen. Art. 17 EuGVÜ ermöglicht den Parteien, die Zuständigkeit zu bestimmen. Diese Regelung geht somit vom Grundsatz der Parteiautonomie aus, der auch im Hinblick auf Abs. 4 zu respektieren ist. Eine objektive Beurteilung würde den Belangen der Beteiligten nicht gerecht. Schließlich kann die Vereinbarung auf eine Vielzahl von Beweggründen zurückzuführen sein[216].

Weiterhin schaffen die Parteien durch die Vereinbarung einer ausschließlichen Zuständigkeit die von ihnen bezweckte Rechtssicherheit, da eindeutig ist, wo eine internationale Zuständigkeit begründet wird[217]. Die Vereinbarung eines für eine Partei zusätzlichen konkurrierenden Gerichtsstandes gemäß Art. 17 Abs. 4 EuGVÜ/LugÜ beeinträchtigt diese. Zwar verbietet das EuGVÜ/LugÜ eine solche Vereinbarung nicht, jedoch muss es sich dabei um eine Ausnahme handeln, die nicht bereits dann als gegeben angesehen werden darf, wenn objektive Umstände wie die Vereinbarung einer Zuständigkeit am Wohnsitz einer Partei vorliegen. Maßgebend ist folglich der klar und deutlich zu Tage tretende Parteiwille[218]. Dies gilt auch im Hinblick auf die EuGVO. Zwar wurde Art. 17 Abs. 4 EuGVÜ nicht in die EuGVO übernommen, doch werden derartige Vereinbarungen unproblematisch gemäß Art. 23 Abs. 1 S. 2 EuGVO erfasst[219].

---

214 In der Ursprungsfassung des EuGVÜ von 1968 handelte es sich um Art. 17 Abs. 3 EuGVÜ.

215 *LG Nürnberg-Fürth*, IPRspr. 1975, Nr. 140; *LG Gießen*, IPRax 1984, 160; *LG Bonn*, IPRax 1983, 243; *OLG Saarbrücken*, RiW 1984, 478, 479. Vgl. auch *OLG München*, RIW 1999, 621.

216 Vgl. hierzu *EuGH* Urteil vom 24. Juni 1986, Rs. 22/85, Slg. 1986, 1951 *(Anterist)*; dazu auch die Abschlussentscheidung *BGH*, IPRax 1987, 107 f.; *Killias*, Die Gerichtsstandsvereinbarungen nach dem Lugano-Übereinkommen, 223 ff.; *Vischer/Huber/Oser*, Internationales Vertragsrecht, Rn. 1332 f.; MünchKommEGBGB/*Martiny*, vor Art. 27, Rn. 88; MünchKommZPO/*Gottwald*, Art. 17, Rn. 65 ff.; *Geimer*, EWiR 1985, 167 f.; im Ergebnis auch *Gottwald*, IPRax 1987, 81 f.; *Tosi/Hesse*, RIW 1984, 480 f.

217 Dazu auch *Killias*, Die Gerichtsstandsvereinbarungen nach dem Lugano-Übereinkommen, 224; *Kohler*, IPRax 1986, 340, 341 f.; *Schwarz*, IPRax 1987, 291 f.

218 Ebenso *OLG Koblenz*, IPRax 1987, 308, 311; *BGH*, IPRax 1999, 246 f.; *Staudinger/Hausmann*, Anhang II zu Art. 27-37 EGBGB, Rn. 221; *Schulze*, IPRax 1999, 229, 231; vgl. aber auch die Anmerkung bei *Morse*, African Journal of Int. and Comp. Law 1989, 551, 580 f.

219 Vgl. *Kropholler*, Art. 23, Rn. 93; *Staudinger/Hausmann*, Anhang II zu Art. 27-37 EGBGB, Rn. 221; *Schoibl*, JBl 2003, 149, 165. Art. 17 Abs. 4 bzw. Abs. 3 EuGVÜ/LugÜ wurde oftmals als „missglückt" bezeichnet, da solche Vereinbarungen bereits gemäß Art. 17 Abs. 1 EuGVÜ/LugÜ möglich seien, vgl. *Killias*, Die Gerichtsstandsvereinbarungen nach dem Lugano-Übereinkommen, 226 f.; *Kohler*, IPRax 1986, 340, 343. Dieser Ansicht hat der europäische Gesetzgeber nun Recht gegeben, vgl. KOM (1999) 348 endg. zu Art. 23.

Diese Gedanken sind auf den Fall der Gerichtsstandsvereinbarung mit Wirkung zu Gunsten des Dritten übertragbar, denn auch im Hinblick auf eine solche Vereinbarung gilt es Rücksicht auf die Autonomie der Parteien zu nehmen. Für eine solche Betrachtungsweise spricht auch die Rechtssicherheit, die durch eine Gerichtsstandsvereinbarung hinsichtlich der Zuständigkeit geschaffen werden soll. Um diese zu wahren, ist grundsätzlich von der Vereinbarung einer ausschließlichen Zuständigkeit auszugehen. Erst wenn der Wille der Parteien klar und deutlich zum Ausdruck kommt, dass ein zusätzlicher konkurrierender Gerichtsstand geschaffen werden soll, wird den Interessen der Parteien hinreichend Rechnung getragen. Aus den vorausgegangenen Überlegungen folgt somit, dass eine den Dritten begünstigende Vereinbarung nur anzunehmen ist, falls ein entsprechender Parteiwille eindeutig zum Ausdruck kommt[220].

Infolgedessen ist eine Gerichtsstandsvereinbarung mit Wirkung zu Gunsten des Dritten lediglich möglich, wenn die Parteien entweder ausdrücklich vereinbart haben, dass der Dritte das Recht erhalten soll, einen zusätzlichen konkurrierenden Gerichtsstand neben den in den Übereinkommen bzw. der Verordnung normierten Gerichtsständen anzurufen, oder wenn dies aus ihrem Willen in anderer Weise klar und deutlich hervorgeht.

II. Problematik

Liegt eine Gerichtsstandsvereinbarung vor, die nach dem Willen der Parteien dieser Vereinbarung Wirkung zu Gunsten des Dritten entfalten soll, so stellt sich die Frage, ob diese auch eine solche Wirkung entfalten kann. Dies ist problematisch, da der Dritte, dem gegenüber die Gerichtsstandsvereinbarung wirken soll, gerade nicht die Voraussetzungen im Sinne von Art. 17 EuGVÜ/LugÜ bzw. Art. 23 EuGVO als Partei erfüllt hat. Gemäß Art. 17 Abs. 1 EuGVÜ/LugÜ bzw. Art. 23 Abs. 1 EuGVO ist aber die Vereinbarung der Parteien, dass ein Gericht oder die Gerichte eines Vertragsstaats über eine bereits entstandene Rechtsstreitigkeit oder über eine künftige aus einem bestimmten Rechtsverhältnis entspringende Rechtsstreitigkeit entscheiden sollen, erforderlich. Eine solche Gerichtsstandsvereinbarung hat dabei schriftlich oder mündlich mit schriftlicher Bestätigung, oder in einer Form, welche den Gepflogenheiten entspricht, die zwischen den Parteien entstanden sind, oder im internationalen Handel in einer Form, die einem Handelsbrauch entspricht, den die Parteien kannten oder kennen mussten und den Parteien von Verträgen dieser Art in dem betreffenden Geschäftszweig allgemein kennen und regelmäßig beachten, zu erfolgen.

III. Lösung der Problematik

Im Folgenden soll diese Problematik einer Lösung zugeführt werden.

---

220 *Kim*, Internationale Gerichtsstandsvereinbarungen, 176; vgl. auch *Geimer/Schütze*, Art. 23, Rn. 166; *Kropholler*, Art. 23, Rn. 92.

1. Anwendung übereinkommens- bzw. gemeinschaftsautonomen Rechts

Es bedarf der Klärung, ob übereinkommens- bzw. gemeinschaftsautonomes Recht oder aber national-autonomes Recht zur Beantwortung der Frage nach der Wirkung zu Gunsten eines Dritten in Betracht kommt.

In der Entscheidung „*Gerling*"[221] hatte der EuGH über die Wirkung einer Gerichtsstandsvereinbarung, die zwischen einem Versicherungsnehmer und einem Versicherer innerhalb eines Versicherungsvertrages geschlossen wurde, zu Gunsten eines an dem Vertrag nicht beteiligten Dritten zu befinden. Er problematisierte die Anwendung des übereinkommensautonomen Rechts nicht und legte das Übereinkommen nach seiner Systematik und den mit ihm verfolgten Ziele aus, „*um seine volle Wirksamkeit zu gewährleisten*"[222].
In der Literatur fand die Anwendung übereinkommensautonomen Rechts zur Beantwortung der Frage, ob eine Gerichtsstandsvereinbarung zu Gunsten eines Dritten wirken kann, keine besondere Beachtung. Die Rechtsprechung des EuGH wurde insgesamt befürwortet[223]. Auch der *Kerameus*-Bericht[224] repetiert die Rechtsprechung des EuGH ohne eine Erörterung der vorliegenden Frage.

Im Hinblick auf eine Wirkung, die zu Gunsten des Dritten erfolgt, besteht somit Einigkeit in Rechtsprechung und Literatur. In diesem Fall soll das übereinkommens- bzw. gemeinschaftsautonome Recht zur Anwendung gelangen.

Dem ist zuzustimmen. Wie der Gerichtshof bereits erwähnte, sind die Übereinkommen bzw. die Verordnung nach der Systematik und den mit ihnen verfolgten Zielen auszulegen, um die volle Wirksamkeit zu gewährleisten. Dem EuGVÜ sowie dem LugÜ liegt der Gedanke zugrunde, eine Vereinheitlichung im Hinblick auf die Zuständigkeiten sowie die gegenseitige Anerkennung und Vollstreckung von Entscheidungen zu schaffen, um den Rechtsschutz der innerhalb der Gemeinschaft ansässigen Personen zu verstärken[225]. Dieses Bestreben zeigt sich auch in der Präambel der EuGVO, in der insbesondere das bezweckte reibungslose Funktionieren des Binnenmarktes betont wird[226].

Weiterhin ist zu beachten, dass es sich um eine Gerichtsstandsvereinbarung handelt, die in den Anwendungsbereich des EuGVÜ/LugÜ bzw. der EuGVO fällt, so dass die Gerichtsstandsvereinbarung grundsätzlich nach Art. 17 EuGVÜ/LugÜ bzw. Art. 23 EuGVO zu beurteilen ist. Bei einer solchen Vereinbarung, die zu Gunsten eines Dritten wirken soll, ist Gegenstand der Betrachtung allein die Wirkung der Gerichts-

---

221 *EuGH* Urteil vom 14. Juli 1983, Rs. 201/82, Slg. 1983, 2503 *(Gerling)*.

222 *EuGH* Urteil vom 14. Juli 1983, Rs. 201/82, Slg. 1983, 2503, Rn. 11 *(Gerling)*.

223 Vgl. *Geimer*, IZPR, Rn. 1730; *Killias*, Die Gerichtsstandsvereinbarungen nach dem Lugano-Übereinkommen, 245 ff.; *Nagel*, Internationales Zivilprozessrecht, § 3, Rn. 152; *Rauscher*, IPRax 1992, 143, 145 f.

224 *Kerameus*-Bericht, Rn. 63.

225 Vgl. Präambel des EuGVÜ und des LugÜ; dazu Ausführungen innerhalb der Diskussion unter: 1. Teil A. II. 1. b).

226 Siehe insbesondere Erwägungsgrund (2).

standsvereinbarung, nicht auch das materielle Recht[227]. Die Wirkungen einer solchen Vereinbarung müssen sich nach den Übereinkommen bzw. der Verordnung richten. Es ist in diesem Falle kein Grund dafür vorhanden, die Wirkung hinsichtlich der Parteien nach übereinkommens- bzw. gemeinschaftsautonomem Recht[228], jedoch die Wirkung im Hinblick auf Dritte nach national-autonomem Recht zu beurteilen. Dies würde zu einer Aufspaltung der subjektiven Wirkungen führen, was nicht verständlich wäre.

Daher sprechen die entscheidenden Argumente für eine Anwendung der Übereinkommen bzw. der Verordnung. Im Weiteren ist zu erörtern, zu welchem Ergebnis eine übereinkommens- bzw. gemeinschaftsautonome Auslegung führt.

2. Auslegung des EuGVÜ/LugÜ bzw. der EuGVO

Die Auslegung des EuGVÜ/LugÜ bzw. der EuGVO ist insbesondere im Hinblick auf den Wortlaut sowie den Sinn und Zweck vorzunehmen.

a) Wortlaut des Art. 17 EuGVÜ/LugÜ bzw. Art. 23 EuGVO

Zunächst gilt es den Wortlaut des Art. 17 EuGVÜ/LugÜ bzw. Art. 23 EuGVO zu analysieren, der die Vereinbarung über die Zuständigkeit regelt.

aa) Art. 17 Abs. 1 EuGVÜ/LugÜ bzw. Art. 23 Abs. 1, 2 EuGVO

Gegen eine Wirkung der Gerichtsstandsvereinbarung zu Gunsten Dritter könnte sprechen, dass gemäß Art. 17 Abs. 1 EuGVÜ/LugÜ bzw. Art. 23 Abs. 1, 2 EuGVO bestimmte Anforderungen an solche Vereinbarungen zu stellen sind. Da diese strikt eingehalten werden müssen, könnte es für eine den Dritten begünstigende Wirkung erforderlich sein, dass auch er den Erfordernissen genügt[229]. Aus dem Wortlaut dieser Regelung wird allerdings nicht deutlich, ob die Anforderungen auch im Hinblick auf Dritte gelten. Gemäß Art. 17 Abs. 1 EuGVÜ/LugÜ bzw. Art. 23 Abs. 1, 2 EuGVO ist erforderlich, dass *„die Parteien"* durch eine Vereinbarung, die den vorgegebenen Erfordernissen entsprechen muss, bestimmt haben, dass ein Gericht oder die Gerichte eines Vertrags-/Mitgliedsstaats über eine Rechtsstreitigkeit entscheiden sollen. Als *„Parteien"* die unmittelbar an dem Vertrag Beteiligten zu bezeichnen,

> „d.h. die Personen, die gemeinsam den Vertrag zustande gebracht haben, die eine, in dem sie den Anstoß zur Begründung einer Verpflichtung gegenüber dem Dritten gab, und die andere, in dem sie diese Verpflichtung übernahm"[230],

ist verfehlt. Vielmehr sind die Parteien des Rechtsstreits gemeint. Dies ergibt sich bereits daraus, dass *„mindestens eine ihren Wohnsitz im Hoheitsgebiet"* eines Vertrags-/Mitgliedsstaats haben muss. Gewollt war demnach, dass es nicht wie in Art. 2 ff. EuGVÜ/LugÜ/EuGVO auf den Wohnsitz des Beklagten ankommen sollte, sondern dass sowohl der Wohnsitz des Beklagten als auch der des Klägers über die Anwen-

---

227 Anders bei der Wirkung zu Lasten eines Dritten, wo eine gesamte Betrachtung von materiellem Recht und der Wirkung der Gerichtsstandsvereinbarung zu erfolgen hat, vgl. 2. Teil B., insbesondere 2. Teil B. IV. 4. a) aa) (2).

228 Siehe dazu bereits 1. Teil A. III. 1.

229 *Gerling Konzern Speziale Kreditversicherungs-AG*, Urteil vom 14. Juli 1983, Rs. 201/82, Slg. 1983, 2503, 2512 *(Gerling)*; vgl. auch *Hübner*, IPRax 1984, 237, 238.

230 *Generalanwalt Mancini*, Schlussanträge vom 8. Juni 1983, Rs. 201/82, Slg. 1983, 2519, 2520, 2522 *(Gerling)*; vgl. dazu auch *Kaye*, Civil Jurisdiction and Enforcement, 1065.

dung des Art. 17 Abs. 1 EuGVÜ/LugÜ bzw. Art. 23 Abs. 1 EuGVO entscheiden kann[231]. Folglich ist mit dem Begriff der *„Parteien"* der Kläger sowie der Beklagter gemeint, so dass auf die Parteien des Rechtsstreits abzustellen ist. Für dieses Ergebnis spricht ebenfalls, dass ein anderer Sinn in einem Übereinkommen bzw. einer Verordnung, die eine prozessuale Materie behandelt, abträglich wäre. Des Weiteren ist es sinnvoll, wenn eine Gerichtsstandsvereinbarung für beide möglichen Prozesskonstellationen einheitlich nach Art. 17 EuGVÜ/LugÜ bzw. Art. 23 EuGVO beurteilt wird[232]. Allerdings geht Art. 17 EuGVÜ/LugÜ bzw. Art. 23 EuGVO davon aus, dass die Parteien des Rechtsstreits zugleich die Parteien der Gerichtsstandsvereinbarung sind. Der Dritte wird zwar regelmäßig Partei des Rechtsstreits, jedoch nicht Partei der Gerichtsstandsvereinbarung sein. Dennoch kann die Zuständigkeitsvereinbarung ihm gegenüber möglicherweise Wirkung entfalten. Dies lässt der Wortlaut von Art. 17 EuGVÜ/LugÜ bzw. Art. 23 EuGVO weder ausdrücklich zu, noch schließt er es explizit aus[233].

bb) Art. 17 Abs. 4 EuGVÜ/LugÜ bzw. Art. 23 Abs. 1 S. 2 EuGVO

Gemäß Art. 17 Abs. 4 EuGVÜ/LugÜ kann eine Gerichtsstandsvereinbarung zu Gunsten *„einer der Parteien"* getroffen werden, so dass diese das Recht behält, jedes andere Gericht anzurufen, das aufgrund dieses Übereinkommens zuständig ist. Da jedenfalls innerhalb des Art. 17 EuGVÜ/LugÜ die verwendeten Begriffe einheitlich zu bestimmen sind, ist als eine *„Partei"* im Sinne von Art. 17 Abs. 4 EuGVÜ/LugÜ eine Partei des Rechtsstreits anzusehen[234]. Grundsätzlich ist eine Partei des Rechtsstreits zugleich Partei der Gerichtsstandsvereinbarung. Davon geht auch Art. 17 Abs. 4 EuGVÜ/LugÜ aus[235]. Was unter einer „Gerichtsstandsvereinbarung" zu verstehen ist, folgt aus Art. 17 Abs. 1 EuGVÜ/LugÜ. Somit müssen die Parteien der Gerichtsstandsvereinbarungen, wenn diese zu Gunsten einer Partei des Rechtsstreits getroffen wird, den Anforderungen gemäß Art. 17 Abs. 1 EuGVÜ/LugÜ genügen. Sind die Parteien des Rechtsstreits zugleich Parteien der Gerichtsstandsvereinbarung, so ist es erforderlich, dass auch die Partei des Rechtsstreits zu deren Gunsten die Vereinbarung erfolgt, den Anforderungen nachkommt. Ob die Zuständigkeitsvereinbarung auch für die Partei des Rechtsstreits, zu deren Gunsten sie getroffen wird, Wirkung entfaltet, ohne dass diese Partei der Gerichtsstandsvereinbarung ist, wird gemäß Art. 17 Abs. 4 EuGVÜ/LugÜ nicht deutlich.

Zu einem anderen Ergebnis führt auch nicht die Regelung gemäß Art. 23 Abs. 1 S. 2 EuGVO. Diese bestimmt lediglich, dass *„die Parteien"* etwas anderes als die aus-

---

231 Vgl. *Geimer/Schütze*, Art. 23, Rn. 16.

232 *Schack*, Internationales Zivilverfahrensrecht, Rn. 463; *Kropholler*, Art. 23, Rn. 1 ; vgl. auch *Gothot/Holleaux*, La Convention de Bruxelles, Rn. 186 ; im Ergebnis ebenso *Kim*, Internationale Gerichtsstandsvereinbarungen, 179; *Hof van beroep Antwerpen*, Rechtsprechungsübersicht (1979) Folge 3, Nr. 107.

233 So aber wohl *Hof van beroep Antwerpen*, Rechtsprechungsübersicht (1979) Folge 3, Nr. 107.

234 Vgl. die Ausführungen 2. Teil B. III. 1.

235 Vgl. hierzu auch die Kommentarliteratur: *Kropholler* (6. Auflage), Art. 17, Rn. 101 f.; *Staudinger/Hausmann*, Anhang II zu Art. 27-37 EGBGB, Rn. 221, die immer auf den Fall Bezug nimmt, dass die Parteien der Gerichtsstandsvereinbarung mit den Parteien des Rechtsstreits identisch sind.

schließliche Zuständigkeit vereinbaren können. Aufgrund der einheitlichen Auslegung der Begrifflichkeiten in Art. 23 EuGVO, handelt es sich auch hier um die Parteien des Rechtsstreits, die die Gerichtsstandsvereinbarung treffen, und damit den Anforderungen im Sinne von Art. 23 Abs. 1, 2 EuGVO nachzukommen haben. Daher erfasst Art. 23 Abs. 1 S. 2 EuGVO ausdrücklich ebenfalls nicht den Fall, dass die Parteien des Rechtsstreits nicht mit den Parteien der Gerichtsstandsvereinbarung identisch sind.

cc) Art. 17 Abs. 2 EuGVÜ/LugÜ bzw. Art. 23 Abs. 4 EuGVO

Gemäß Art. 17 Abs. 2 EuGVÜ/LugÜ bzw. Art. 23 Abs. 4 EuGVO gilt, dass, soweit in schriftlich niedergelegten „trust“[236]-Bedingungen bestimmt ist, dass über Klagen gegen einen Begründer, „trustee“ oder Begünstigten eines „trust“ ein Gericht oder die Gerichte eines Vertragsstaats entscheiden sollen, dieses Gericht bzw. diese Gerichte ausschließlich zuständig sind, wenn es sich um Beziehungen zwischen diesen Personen oder ihre Rechte oder Pflichten im Rahmen des „trust“ handelt. Die Regelung wurde aufgrund des Beitritts von Irland und dem Vereinigten Königreich im Wege des ersten Beitrittsübereinkommens von 1978 notwendig, da gemäß Art. 17 der Ursprungsfassung des EuGVÜ die Begründung eines Gerichtsstandes nur durch Vereinbarung erfolgen konnte. Die Begründung eines „trust“, dessen Bedingungen eine Gerichtsstandsklausel enthalten können, ist aber auch einseitig möglich. Daher bedürfte es einer Sonderregelung, um solchen Klauseln zur Wirkung zu verhelfen[237]. Erfolgt eine einseitige Begründung eines „trust“ und enthalten die Bedingungen eine Gerichtsstandsklausel, so ist ein Zustandekommen weder im Hinblick auf den „trustee“ noch auf den „beneficiary“ gegeben, so dass beide als Dritte bezüglich der Gerichtsstandsklausel anzusehen sind. Allerdings begründet Art. 17 Abs. 2 EuGVÜ/LugÜ bzw. Art. 23 Abs. 4 EuGVO ausdrücklich eine ausschließliche Zuständigkeit. Eine solche ausschließliche Zuständigkeit gibt einem Dritten jedoch keinen zusätzlichen konkurrie-

---

236 Das Rechtsinstitut des „trust“ beruht auf dem Grundgedanken, dass jemand („settlor“) einen bestimmten Vermögensgegenstand auf einen Treuhänder („trustee“) überträgt, damit dieser den Vermögensgegenstand zu Gunsten einer dritten Person („beneficiary“) verwaltet. Vgl. zur Natur und zur Begründung des „trust“ *Geimer/Schütze*, Internationale Urteilsanerkennung I/1., 763 f.; *Halsbury's* Laws of England, vol. 48, Para 501 ff.; *Wittuhn*, Das internationale Privatrecht des trust, S. 1 ff.; *Zweigert/Kötz*, Rechtsvergleichung, 465; vgl. auch *Hayton*, K.C.L.J. 1998, 48 ff. Zur historischen Entwicklung darüber hinaus *Parker*, Oakley: The modern law of trust, 1 ff.; *Penner*, The Law of trust, 1 ff.; *Zweigert/Kötz*, Rechtsvergleichung, 185. Umstritten ist, ob das Institut des „trust“ autonom zu qualifizieren ist, vgl. *Geimer/Schütze*, Internationale Urteilsanerkennung I/1., 768 f.; *Geimer/Schütze/Auer*, 540.177 f., Art. 5, Rn. 198; *Schlosser*, Art. 5, Rn. 25.

237 Vgl. hierzu *Schlosser*, ABl.EG 1979 Nr. C 59/71, Rn. 178. Es bestand die Befürchtung, dass Gerichte in Vertrags-/Mitgliedsstaaten, die den „trust“ nicht kennen, einer in den Bedingungen enthaltenen Gerichtsstandsklausel keinerlei Beachtung schenken; vgl. dazu auch *Anton*, Civil Jurisdiction in Scotland, Rn. 7.27. Somit wurde eine Sonderregelung hinsichtlich der Gerichtsstandsklausel in „trust“-Bedingungen – allerdings nur mit Wirkung für das Innenverhältnis, vgl. *Conrad*, Qualifikationsfragen des trust, 310 f., der in seiner Argumentation insbesondere darauf verweist, dass eine Gerichtsstandsbestimmung zu Lasten außenstehender Dritter mit den entsprechenden vertraglichen Regeln der Mitgliedsstaaten nicht zu vereinbaren sei; dazu auch *Gaudemet-Tallon*, Les Conventions, Rn. 158; *Killias*, Die Gerichtsstandsvereinbarungen nach dem Lugano-Übereinkommen, 213; *Geimer/Schütze/Auer*, 540.387, Art. 23, Rn. 52; *Kropholler*, Art. 23, Rn. 29 – geschaffen.

renden Gerichtsstand, so dass Art. 17 Abs. 2 EuGVÜ/LugÜ bzw. Art. 23 Abs. 4 EuGVO explizit keinen Fall der Wirkung zu Gunsten eines Dritten erfasst.

b) Sinn und Zweck des Art. 17 Abs. 2 EuGVÜ/LugÜ bzw. Art. 23 Abs. 4 EuGVO

Möglicherweise kann jedoch eine Ermittlung von Sinn und Zweck des Art. 17 Abs. 2 EuGVÜ/LugÜ bzw. Art. 23 Abs. 4 EuGVO für die Lösung der Problematik förderlich sein. Die mit den Übereinkommen bzw. der Verordnung verfolgten Ziele sind von besonderer Bedeutung für deren Auslegung[238].

Zwar wird nach dem Wortlaut dieser Regelung eine ausdrückliche Zuständigkeit begründet. Es bleibt allerdings zu überlegen, wie die Fälle zu behandeln sind – und dies scheinen die überwiegenden zu sein[239] –, in denen die „trust"-Bedingungen die Festlegung eines zusätzlichen konkurrierenden Gerichtsstands enthalten. Möglicherweise ist in jedem Fall einer Gerichtsstandsklausel in „trust"-Bedingungen eine ausschließliche Wirkung anzunehmen, da Art. 17 Abs. 2 EuGVÜ/LugÜ bzw. Art. 23 Abs. 4 EuGVO eine abschließende Regelung für alle in „trust"-Bedingungen enthaltenen Gerichtsstandsklauseln darstellen könnte. Dafür spricht vor allem der englische Wortlaut der Vorschrift:

> „The court ... on which a trust instrument has conferred jurisdiction shall have exclusive jurisdiction in any proceedings ...".

Denkbar ist jedoch, dass sich dies allein auf die Fälle bezieht, in denen auch der Wille darauf gerichtet ist, eine ausschließliche Zuständigkeit und nicht einen zusätzlichen konkurrierenden Gerichtsstand zu begründen. Allerdings trifft Art. 17 Abs. 2 EuGVÜ/LugÜ bzw. Art. 23 Abs. 4 EuGVO keine Unterscheidung im Hinblick auf den Willen des „trust"-Begründers. Vielmehr werden dem Wortlaut nach alle Gerichtsstandsklauseln in „trust"-Bedingungen erfasst, unabhängig davon, ob das bestimmte Gericht ausschließlich zuständig sein soll, oder aber lediglich ein zusätzlicher konkurrierender Gerichtsstand bestimmt wird.

Einer Gerichtsstandsklausel, die nach dem Willen des „trust"-Begründers einen zusätzlichen konkurrierenden Gerichtsstand festlegen soll, eine ausschließliche Wirkung zuzusprechen, verstößt aber gegen den Grundsatz der Parteiautonomie, da die Wirkung gegen den Willen aufgedrängt würde. Es ist nicht einzusehen, warum dies bei einer in „trust"-Bedingungen enthaltenen Gerichtsstandsklausel zulässig sein soll. Vielmehr war bezüglich des ersten Beitrittsübereinkommens daran gedacht worden, eine durch Vereinbarung zustande gekommene und eine in „trust"-Bedingungen enthaltene Gerichtsstandsklausel gleichzustellen[240]. Daher muss auch der in Art. 17 Abs. 4 EuG-

---

[238] Vgl. *EuGH* Urteil vom 14. Juli 1983, Rs. 201/82, Slg. 1983, 2503, Rn. 11 *(Gerling)*; siehe auch *EuGH* Urteil vom 6. Oktober 1976, Rs. 14/76, Slg. 1976, 1497, Rn. 8 *(Bloos)*; *EuGH* Urteil vom 8. Dezember 1987, Rs. 144/86, Slg. 1987, 4861, Rn. 8 f. *(Gubisch)*; vgl. darüber hinaus *Killias*, Die Gerichtsstandsvereinbarungen nach dem Lugano-Übereinkommen, insb. S. 36 f.; *Kropholler*, Art. 23, Rn. 42 ff.; *ders.*, Aufbruch nach Europa, 590 ff.; *Martiny*, RabelsZ 45 (1981), 427, 437.

[239] *Park/Cromie*, International Commercial Litigation, 13.

[240] Dazu *Schlosser*, ABl.EG 1979 Nr. C 59/71, Rn. 178; *Anton*, Civil Jurisdiction in Scotland, Rn. 7.27; *Moloney*, The Brussels Convention on Jurisdiction and Enforcement of Foreign Judgments, 50; *Reithmann/Martiny/Hausmann*, Internationales Vertragsrecht, Rn. 2991; *Geimer/Schütze/Auer*,

VÜ/LugÜ bzw. Art. 23 Abs. 1 S. 2 EuGVO erkennbare Grundsatz der Parteiautonomie für eine Gerichtsstandsklausel gelten, die in „trust“-Bedingungen enthalten ist, auch wenn Art. 17 Abs. 4 EuGVÜ/LugÜ bzw. Art. 23 Abs. 1 S. 2 EuGVO diesen Fall nicht ausdrücklich erwähnt[241]. Infolgedessen ist eine begünstigende Wirkung einer in „trust“-Bedingungen enthaltenen Gerichtsstandsklausel im Hinblick auf denjenigen möglich, der an der Begründung des „trust“, in dessen Bedingungen die Klausel enthalten ist, nicht beteiligt war.

Allerdings kann daraus kein allgemeiner Grundsatz hinsichtlich der Wirkung einer Gerichtsstandsvereinbarung zu Gunsten eines Dritten entwickelt werden. Diese Vorschrift erfasst lediglich den Sonderfall der Gerichtsstandsklausel in „trust“-Bedingungen, soweit sie das Innenverhältnis zwischen „trustee“, „settlor“ und „beneficiary“ betrifft[242]. Daher entspricht es nicht dem Sinn und Zweck der Regelung, aus dieser allgemeine Prinzipien für die Wirkung zu Gunsten eines Dritten zu entwickeln. Es handelt sich vielmehr um einen Sonderfall der Drittwirkung.

c) Sinn und Zweck des Art. 12 Nr. 2 EuGVÜ/LugÜ bzw. Art. 13 Nr. 2 EuGVO i.V.m. Art. 17 Abs. 1 EuGVÜ/LugÜ bzw. Art. 23 Abs. 1, 2 EuGVO; Art. 17 Abs. 4 EuGVÜ/LugÜ bzw. Art. 23 Abs. 1 S. 2 EuGVO

Im Zusammenhang mit Art. 17 Abs. 1 EuGVÜ/LugÜ bzw. Art. 23 Abs. 1, 2 EuGVO sowie Art. 17 Abs. 4 EuGVÜ/LugÜ bzw. Art. 23 Abs. 1 S. 2 EuGVO ist ein besonderes Augenmerk auf Art. 12 Nr. 2 EuGVÜ/LugÜ bzw. Art. 13 Nr. 2 EuGVO zu richten, da letzterer Gerichtsstandsvereinbarungen zulässt, wenn *„sie dem Versicherungsnehmer, Versicherten oder Begünstigten die Befugnis einräumt, andere als die in diesem [dritten] Abschnitt angeführten Gerichte anzurufen“*.

Damit besteht möglicherweise ein normierter Fall der Gerichtsstandsvereinbarung mit Wirkung zu Gunsten eines Dritten. Zwar sieht Art. 12 Nr. 2 EuGVÜ/LugÜ bzw. Art. 13 Nr. 2 EuGVO vor, dass eine *„andere“* Zuständigkeit durch die Vereinbarung eingeräumt wird. Allerdings soll dem Versicherten bzw. Begünstigten gerade eine „Befugnis“ eingeräumt und keine Verpflichtung auferlegt werden. Somit kann nicht der Fall gemeint sein, dass der Vereinbarung eine ausschließliche Wirkung zukommt, die für den Versicherten bzw. Begünstigten vorteilhaft ist, sondern ein zusätzlicher Gerichtsstand für diesen begründet wird[243].

Darüber, wer Versicherungsnehmer, Versicherter oder Begünstigter sein soll, enthält das EuGVÜ/LugÜ bzw. die EuGVO keinerlei Regelung, so dass sich die genannten Rechtssubjekte nicht nach übereinkommens- bzw. gemeinschaftsautonomem Recht

540.387, Art. 23, Rn. 52; *Kropholler*, Art. 23, Rn. 68; *Wieczorek/Schütze/Hausmann*, Anh I § 40, Art. 17, Rn. 59.

241 Ebenso *Killias*, Die Gerichtsstandsvereinbarungen nach dem Lugano-Übereinkommen, 213, Fn. 246 für das LugÜ. Vgl. aber auch *Gaudemet-Tallon*, Les Conventions, Rn. 158, insb. Fn. 83.

242 Vgl. *Schlosser*, Abl.EG 1979 Nr. C 59/71, Rn. 109 ff.; *Moloney*, The Brussels Convention on Jurisdiction and Enforcement of Foreign Judgments, 50.

243 So auch *Fricke*, VersR 1997, 399, 403. Vgl. aber auch *Collins*, Dicey and Morris, Rn. 11-313: *„the effect of Article 12 (2) is that an exclusive jurisdiction clause will always be effective for the benefit of a policyholder, insured or beneficiary;“*.

bestimmen[244]. Vielmehr folgt dies unmittelbar aus dem Versicherungsvertrag, so dass diese Subjekte sich nach dem nach der lex causae zu ermittelnden Recht beurteilen[245].

Die Vorschriften über die Zuständigkeit für Versicherungssachen bezwecken – entsprechend den Regelungen bezüglich der Zuständigkeit für Verbrauchersachen[246] (früher: Abzahlungsgeschäften)[247] – den Schutz der wirtschaftlich schwach und rechtlich unerfahrenen Rechtssubjekte[248]. Dabei soll nicht nur der Versicherungsnehmer als Partner des Versicherungsvertrages, sondern auch sonstige schwache Personen, die rechtlich mit dem Versicherungsvertrag in Berührung kommen, vor möglichen Vorteilen des Versicherers im Prozess, der wirtschaftliche und rechtliche Überlegenheit ausstrahlt, geschützt werden[249]. So kann der Versicherer gemäß Art. 11 Abs. 1 EuGVÜ/LugÜ bzw. Art. 12 Abs. 1 EuGVO nur vor den Gerichten des Vertrags-/Mitgliedsstaats klagen, in dessen Hoheitsgebiet der Beklagte seinen Wohnsitz hat, ganz gleich, ob dieser Versicherungsnehmer, Versicherter oder Begünstigter ist. Der Versicherer kann gemäß Art. 8 Abs. 1 Nr. 2 EuGVÜ/LugÜ zudem vor dem Gericht des Bezirks verklagt werden, in dem der Versicherungsnehmer seinen Wohnsitz hat. Nach dem EuGVÜ/LugÜ wurde eine Zuständigkeit am Wohnsitz des Versicherungsnehmers, jedoch nicht am Wohnsitz des Begünstigten oder Versicherten begründet. Es wurde diesbezüglich darauf hingewiesen, dass der Versicherer mit dem Versicherungsnehmer kontrahiere. Dessen Wohnsitz sei für den Versicherer bekannt oder müsse ihm bekannt sein. Wo jedoch der Versicherte oder der Begünstigte ihren Wohnsitz haben, sei für den Versicherer nicht überschaubar. Daher könne es dem Versicherer als Beklagten nicht zugemutet werden, dass ein Gerichtsstand am Wohnsitz des Versicherten oder

244 Bezüglich Art. 11 Abs. 1 EuGVÜ/LugÜ bzw. Art. 12 Abs. 1 EuGVO wird vertreten, dass die erwähnten Rechtssubjekte nicht abschließend seien, vgl. *Geimer/Schütze/Auer*, 540.232, Art. 8, Rn. 27; *Wieczorek/Schütze/Hausmann*, Anh I, § 40, vor Art. 7, Rn. 11. Dennoch ist zu beachten, dass eine klare terminologische Unterscheidung zwischen dem *„Versicherten"* und dem *„Begünstigten"* vorzunehmen ist. Der Versicherte wird durch den Versicherungsvertrag zwar regelmäßig begünstigt, so dass er als *„Begünstigter"* gelten könnte. Jedoch ist er dem Begriff des *„Versicherten"* zuzuordnen, den die Übereinkommen bzw. die Verordnung bewusst neben dem Begriff des *„Begünstigten"* verwendet.

245 *Geimer/Schütze*, Internationale Urteilsanerkennung I/1., 401; *Geimer*, RIW 1980, 305, 306 f. Zur Anknüpfung des Versicherungsvertrages ausführlich: *Roth*, Internationales Versicherungsvertragsrecht; MünchKommEGBGB/*Martiny*, Art. 37, Rn. 55 ff.; vgl. auch *Mankowski*, IPRax 1996, 427, 427 f.

246 *Geimer/Schütze*, Urteilsanerkennung I/1., 396 hält Sonderregelungen für die Zuständigkeit im Hinblick auf Versicherungssachen nicht für erforderlich. Dem ist jedoch zu entgegnen, dass nur durch eine Sonderregelung den versicherungsspezifischen Problemen Rechnung getragen werden kann.

247 Vgl. dazu *EuGH* Urteil vom 21. Juni 1978, Rs. 150/77, Slg. 1978, 1431 *(Bertrand)*.

248 *Generalanwalt Mancini*, Schlussanträge vom 8. Juni 1983, Rs. 201/82, Slg. 1983, 2519, 2520, 2522 *(Gerling)*; vgl. auch *Kommission*, Urteil vom 14. Juli 1983, Rs. 201/82, Slg. 1983, 2503, 2507 f. *(Gerling)*; *Killias*, Die Gerichtsstandsvereinbarungen nach dem Lugano-Übereinkommen, 245 f.; *Reithmann/Martiny/Hausmann*, Internationales Vertragsrecht, Rn. 3075; MünchKommZPO/*Gottwald*, Art. 7, Rn. 2; *Wieczorek/Schütze/Hausmann*, Art. 17, Rn. 57; *Gaudemet-Tallon*, Rev.crit.dr.internat. privé (73) 1984, 146; *Hartley*, E.L.Rev. (8) 1983, 262, 264 f.; siehe auch Erwägungsgrund (13) EuGVO.

249 Vgl. *Fricke*, VersR 1997, 399, 402.

Begünstigten besteht[250]. Gemäß Art. 9 Abs. 1 lit. b EuGVO kann der Versicherer auch vor dem Gericht des Ortes verklagt werden, an dem der Versicherte oder Begünstigte seinen Wohnsitz hat. Die Wertung des EuGVÜ/LugÜ wurde demnach nicht übernommen. Entscheidend war vielmehr der Schutz der schwächeren Prozesspartei, die sowohl Versicherter, Begünstigter oder auch Versicherungsnehmer sein kann[251]. Weiterhin sind Ausnahmen von den in Art. 7 ff. EuGVÜ/LugÜ bzw. Art. 8 ff. EuGVO geregelten Zuständigkeiten durch Vereinbarungen nur in den besonderen Fällen des Art. 12 EuGVÜ/LugÜ bzw. Art. 13 EuGVO möglich. Dass einer Gerichtsstandsvereinbarung nur dann rechtliche Wirkung zukommt, wenn sie Art. 12 EuGVÜ/LugÜ bzw. Art. 13 EuGVO entspricht, stellt Art. 17 Abs. 3 EuGVÜ/LugÜ bzw. Art. 23 Abs. 5 EuGVO[252] klar. Gemäß Art. 12 Nr. 2 EuGVÜ/LugÜ bzw. Art. 13 Nr. 2 EuGVO ist die Vereinbarung eines zusätzlichen konkurrierenden Gerichtsstands für den Versicherungsnehmer, Versicherten oder Begünstigten möglich. Wenn aber bereits eine Drittwirkung zu Gunsten einer besonders schutzbedürftigen Person in Betracht kommt, so muss eine Gerichtsstandsvereinbarung zu Gunsten eines Dritten außerhalb des Regelungsbereichs für Versicherungssachen doch erst recht möglich sein.

aa) Wirkung der Gerichtsstandsvereinbarung gegenüber dem Versicherten/Begünstigten als Partei

Um allerdings allgemein gültige Schlüsse aus der Regelung gemäß Art. 12 Nr. 2 auf die Wirkung einer Gerichtsstandsvereinbarung zu Gunsten eines Dritten ziehen zu können, darf diese gegenüber dem Versicherten bzw. Begünstigten nicht bereits Wirkung entfalten, weil er Partei der Gerichtsstandsvereinbarung ist. Dies wäre aber der Fall, wenn er am Zustandekommen der Vereinbarung bezüglich des Gerichtsstandes, die den Anforderungen gemäß Art. 17 EuGVÜ/LugÜ bzw. Art. 23 EuGVO entspricht, beteiligt war[253], oder aber der Versicherungsnehmer diesen vertreten hat[254].

---

250 *Jenard*-Bericht, ABl.EG 1979 Nr. C 59/66, zu Art. 8. Vgl. darüber hinaus: *BGH*, IPRspr. 1979, Nr. 198; *Collins*, Dicey and Morris, Rn. 11-306; *Geimer/Schütze*, Internationale Urteilsanerkennung I/1., 417; Heiss, Versicherungsrecht in Europa, 105, 138; *Wieczorek/Schütze/Hausmann*, Anh I § 40, Art. 9, Rn. 3. Allerdings wurden Überlegungen angestellt, ob eine Ausdehnung des Art. 8 Abs. 1 EuGVÜ/LugÜ auch auf den Begünstigten oder Versicherten erfolgen sollte, vgl. *Hübner*, IPRax 1984, 237, 238. *Heiss*, Versicherungsrecht in Europa, 105, 138 wollte bei Voraussehbarkeit des Wohnsitzes des Versicherten an diesem – nach u.s.-amerikanischem Vorbild, vgl. Guardian Royal Exchange Assur. Ltd. ./. English China Clays 815 S.W.2d 223, 227 (Tex. 1991) - eine Zuständigkeit begründen.

251 KOM (1999) 348 endg., zu Art. 9; *Kropholler*, Art. 9, Rn. 1 f. Allerdings wird von *Fricke*, VersR 1999, 1055, 1058 f. auf die Problematik hingewiesen, dass bei so genannten Gruppenversicherungsverträgen, bei denen Versicherungsnehmer beispielsweise ein international tätiges Unternehmen, Versicherte dessen Arbeitnehmer sind, bei Klagen der Versicherten gegen den Versicherer viele Gerichtsstände in verschiedenen Mitgliedsstaaten bestehen. Daher sollen Gruppenversicherungsverträge seiner Ansicht nach nicht von der Ausweitung gemäß Art. 9 Abs. 1 lit. b EuGVO erfasst werden.

252 Vgl. auch Erwägungsgrund (14) EuGVO.

253 Siehe dazu bereits 1. Teil A. III. 2. a). Im Folgenden: 2. Teil A. III. 2. c) aa) (2).

254 Zur Frage der Stellvertretung: 1. Teil A. II. 2. Im Folgenden dazu: 2. Teil A. III. 2. c) aa) (3).

(1) Geltung der Bestimmungen des Art. 17 EuGVÜ/LugÜ bzw. Art. 23 EuGVO für Gerichtsstandsvereinbarungen in Versicherungssachen

Vorab ist jedoch zu überlegen, ob die Erfordernisse des Art. 17 EuGVÜ/LugÜ bzw. Art. 23 EuGVO auch bei Gerichtsstandsvereinbarungen, die in Fällen von Versicherungssachen getroffen werden, erfüllt sein müssen. Art. 12 EuGVÜ/LugÜ bzw. Art. 13 EuGVO verweist nicht ausdrücklich auf die Voraussetzungen im Sinne von Art. 17 EuGVÜ/LugÜ bzw. Art. 23 EuGVO, er stellt aber auch keine eigenen Formerfordernisse auf[255]. Daher vertritt *Diamond*[256], dass es eine vernünftige Lösung sei, für die Gerichtsstandsvereinbarungen in Versicherungssachen keine besonderen Formerfordernisse zu verlangen. Allerdings könne das Gericht, um sicher zu stellen, dass eine Vereinbarung zwischen den Parteien über einen Gerichtsstand tatsächlich besteht, die gleiche Prüfung wie bei Art. 17 EuGVÜ vornehmen.

Schlosser[257] hat in seinem Bericht bezüglich der Gerichtsstandsvereinbarungen im Hinblick auf Verbrauchersachen gemäß Art. 15 EuGVÜ darauf hingewiesen, dass die Form der Gerichtsstandsvereinbarungen in Art. 12 EuGVÜ nicht geregelt sei und sich diese daher an Art. 17 EuGVÜ messen lassen müsse. Sowohl bei Art. 15 EuGVÜ/LugÜ bzw. Art. 17 EuGVO als auch bei Art. 12 EuGVÜ/LugÜ bzw. Art. 13 EuGVO steht der Schutz schwacher Teilnehmer am Rechtsverkehr im Vordergrund. Während in Verbrauchersachen der Verbraucher geschützt werden soll, gilt der Schutz in Versicherungssachen dem Versicherungsnehmer, Versicherten, Begünstigten oder dem Geschädigten. Auch in ihrem Wortlaut und ihrer Systematik laufen beide Vorschriften parallel, so dass nicht ersichtlich ist, warum die Formerfordernisse im Sinne von Art. 17 EuGVÜ/LugÜ bzw. Art. 23 EuGVO nur bei Gerichtsstandsvereinbarungen bezüglich Verbrauchersachen gelten sollen[258].

Die Form im Sinne von Art. 17 Abs. 1 EuGVÜ/LugÜ bzw. Art. 23 Abs. 1 EuGVO soll sicherstellen, dass die Parteien sich tatsächlich geeinigt haben und eine Gerichtsstandsklausel nicht unbemerkt Bestandteil des Vertrages wird[259]. Dieses Bedürfnis besteht ebenso bei Zuständigkeitsvereinbarungen, die im Hinblick auf Verbrauchersachen oder Versicherungssachen getroffen werden. Daher muss diesen Erfordernissen auch in Bezug auf Gerichtsstandsvereinbarungen, die in Fällen von Versicherungssachen gemäß Art. 12 EuGVÜ/LugÜ bzw. Art. 13 EuGVO erfolgen, nachgekommen

---

[255] Vgl. auch *Diamond*, Internationale Zuständigkeit und Urteilsanerkennung, 129, 137.

[256] *Diamond*, Internationale Zuständigkeit und Urteilsanerkennung, 129, 137.

[257] *Schlosser*-Bericht, ABl.EG 1979 Nr. C 59/71, Rn. 161a.

[258] So verweist Schlosser aufgrund der Parallelität der Vorschriften bezüglich der in Art. 12 Nr. 3 EuGVÜ vorgenommenen Änderungen auf die Ausführungen zu den Verbrauchersachen, vgl. *Schlosser*-Bericht, ABl.EG 1979, C 59/71, Nr. 152 a.

[259] *EuGH* Urteil vom 14. Dezember 1976, Rs. 24/76, Slg. 1976, 1821, Rn. 7 *(Estasis Salotti)*; *EuGH* Urteil vom 14. Dezember 1976, Rs. 25/76, Slg. 1976, 1851, Rn. 6 *(Segoura)*; vgl. auch *EuGH* Urteil vom 14. Juli 1983, Rs. 201/82, Slg. 1983, 2503, Rn. 13 *(Gerling)*; *EuGH* Urteil vom 19. Juni 1984, Rs. 71/83, Slg. 1984, 2417, Rn. 14 *(Tilly Russ)*; *EuGH* Urteil vom 11. Juli 1985, Rs. 221/84, Slg. 1985, 2704, Rn. 13 *(Berghoefer)*; *EuGH* Urteil vom 11. November 1986, Rs. 313/85, Slg. 1986, 3353, Rn. 6 *(Iveco Fiat)*. Vgl. auch *BGH*, NJW 1996, 1819; *Jenard*-Bericht, ABl.EG 1979 Nr. C 59/66, zu Art. 17; *Killias*, Die Gerichtsstandsvereinbarungen nach dem Lugano-Übereinkommen, 200; *Kröll*, ZZP 113 (2000), 135, 144 f.

werden. Schließlich ist zu beachten, dass gemäß Art. 17 Abs. 3 EuGVÜ/LugÜ bzw. Art. 23 Abs. 5 EuGVO Gerichtsstandsvereinbarungen keine rechtliche Wirkung haben, wenn sie der Vorschrift des Art. 12 EuGVÜ/LugÜ bzw. Art. 13 EuGVO zuwiderlaufen. Unter Gerichtsstandsvereinbarungen können jedoch nur solche im Sinne von Art. 17 Abs. 1 EuGVÜ/LugÜ bzw. Art. 23 Abs. 1, 2 EuGVO gemeint sein.

Kaye[260] weist allerdings auf Probleme und Widersprüche hin, die sich bei einer Anwendung der Bestimmungen des Art. 17 EuGVÜ ergeben können. So kollidiere Art. 12 Nr. 2 EuGVÜ mit einer möglichen ausschließlichen Zuständigkeit gemäß Art. 17 Abs. 1 EuGVÜ. Es ist offensichtlich, dass die Bestimmungen des Art. 17 EuGVÜ/LugÜ bzw. Art. 23 EuGVO nur insoweit zur Anwendung kommen, als keine Modifikation durch Art. 12 EuGVÜ/LugÜ bzw. Art. 13 EuGVO erfolgt. Hinsichtlich des formgerechten Zustandekommens der Gerichtsstandsvereinbarung trifft Art. 12 EuGVÜ/LugÜ bzw. Art. 13 EuGVO keine Modifikation, so dass diesbezüglich die Erfordernisse des Art. 17 EuGVÜ/LugÜ bzw. Art. 23 EuGVO zur Anwendung gelangen[261].

(2) Vorliegen der Voraussetzungen der formgerechten Gerichtsstandsvereinbarung im Hinblick auf den Versicherten/Begünstigten

Da Versicherer und Versicherungsnehmer regelmäßig eine wirksame Vereinbarung hinsichtlich eines Gerichtsstandes treffen, könnte der Versicherte/Begünstigte Partei einer multipolaren Vereinbarung zwischen diesem, dem Versicherungsnehmer und dem Versicherer geworden sein, so dass sie ihm gegenüber Wirkung entfaltet. Erforderlich wäre demnach, dass auch im Hinblick auf den Versicherten/Begünstigten eine formgerechte Gerichtsstandsvereinbarung im Sinne von Art. 17 EuGVÜ/LugÜ bzw. Art. 23 EuGVO[262] vorliegt. Der Form kommt dabei nicht nur Beweisfunktion zu. Vielmehr entfaltet die Zuständigkeitsvereinbarung nur dann Wirkung, wenn sie auch

---

260 *Kaye*, Civil Jurisdiction and Enforcement, 817.

261 Vgl. *Collins*, Dicey and Morris, Rn. 11-312; *Reithmann/Martiny/Hausmann*, Internationales Vertragsrecht, Rn. 3055; *Geimer/Schütze/Auer*, 540.267, Art. 13, Rn. 3; MünchKommZPO/*Gottwald*, Art. 12, Rn. 1; *Staudinger/Hausmann*, Anhang II zu Art. 27-37 EGBGB, Rn. 214; *Wieczorek/Schütze/Hausmann*, Anh I § 40, Art. 12, Rn. 2, 4; *Hartley*, E.L.Rev. (8) 1983, 262, 264.

262 Zu der Frage, welchen Anforderungen eine Gerichtsstandsvereinbarung in AGB genügen muss: §§ 305 ff. BGB – sowohl Einbeziehungs- als auch Inhaltskontrolle – finden unmittelbar keine Anwendung, da durch die Übereinkommen bzw. die Verordnung eine Einheitlichkeit des Rechts bezweckt wird, vgl. Schlussanträge des *Generalanwalts Lenz* vom 8. März 1994, Rs. C-288/92, Slg. 1994, I-2915, Rn. 125 f. *(Custom Made)*; *BGH*, NJW 1996, 1819 f.; *Jung*, Vereinbarungen, 153 f.; *Kropholler*, Art. 23, Rn. 19; *Schlosser*, Art. 23, Rn. 31; *Ulmer/Erich/Brandner/Hensen/Schmidt*, Anh. § 2, Rn. 26; *Grüter*, DB 1978, 381, 384; *Kubis*, IPRax 1999, 10, 12; *Saenger*, EuZP 2000, 656, 668. Allerdings wird bezüglich der EG-Klauselrichtlinie vom 5.4.1993, ABl.EG 1993 Nr. L 95/29 diskutiert, ob bei Gerichtsstandsklauseln in Verbraucherverträgen gemäß Art. 17, 13-15 EuGVÜ/LugÜ bzw. Art. 23, 15-17 EuGVO das durch die Richtlinie eingeführte und in nationales Recht umgesetzte Schutzsystem anzuwenden ist; vgl. *Leible*, RIW 2001, 422, 429 ff., der die Rechtsprechung des *EuGH* in dem Urteil vom 27. Juni 2000, Rs. C-240/98 bis C-244/98, Slg. 2000, I-4941 *(Océano Grupo)* auch auf Gerichtsstandsvereinbarungen, die in den Anwendungsbereich des EuGVÜ/LugÜ bzw. der EuGVO fallen, übertragen will; so auch *Micklitz/Rott*, EuZW 2001, 325, 332. Dagegen: *Kropholler*, Art. 23, Rn. 20; *Borges*, RIW 2000, 933, 936 ff.; vgl. auch *Stuyck*, C.M.L.Rev. (38) 2001, 719, 729 f. *Pfeiffer*, FS Schütze (1999), 671, 679 ff. spricht sich für eine „*harmonische Auslegung der Richtlinie mit Art. 13-15 EuGVÜ/LugÜ*" aus.

den Formerfordernissen gemäß Art. 17 Abs. 1 EuGVÜ/LugÜ bzw. Art. 23 Abs. 1, 2 EuGVO entspricht[263]. Dafür spricht sowohl der Wortlaut von Art. 17 Abs. 1 EuGVÜ/LugÜ bzw. Art. 23 Abs. 1, 2 EuGVO als auch der Zweck der Regelung[264].

(a) Schriftliche Vereinbarung

Grundsätzlich gilt, dass eine schriftliche Vereinbarung im Sinne von Art. 17 Abs. 1 EuGVÜ vorliegt, wenn jede Vertragspartei ihre Erklärung schriftlich abgegeben hat[265]. Einer einheitlichen Vertragsurkunde bedarf es dabei nicht[266]. Entscheidend ist, dass der Inhalt der Erklärungen sowie die Identität der erklärenden Personen ersichtlich sind[267]. Sinnvoll ist es daher, für die Ersichtlichkeit der Identität eine Unterschrift zu verlangen. Soweit diese Identität allerdings feststeht, bedarf es einer Unterschrift nicht[268]. Fraglich ist darüber hinaus, ob die Einigung ausdrücklich erfolgen muss[269]. Von Seiten des Versicherten/Begünstigten ist jedoch keinerlei – weder ausdrückliche noch kon-

---

263 So wohl auch *EuGH* Urteil vom 14. Dezember 1976, Rs. 24/76, Slg. 1976, 1831 *(Estasis Salotti)*; *EuGH* Urteil vom 14. Dezember 1976, Rs. 25/76, Slg. 1976, 1851 *(Segoura)*; *OLG Düsseldorf*, IPRax 1999, 3841; *Geimer/Schütze*, Art. 23, Rn. 102; *Bülow*, RabelsZ (29) 1965, 463, 493; *Haß*, IPRax 2000, 494, 495, der darauf hinweist, dass insbesondere die Gerichte von zeitraubenden Beweisaufnahmen zum Vorliegen einer mündlichen Willenseinigung verschont werden sollen; *Hau*, IPRax 1999, 24, Fn. 4; a.A. *Hoffmann*, RIW 1973, 57, 62 f. bezüglich der mündlichen Vereinbarung mit schriftlicher Bestätigung. Kritisch hierzu auch *Kröll*, IPRax 2002, 113, 115 f., der in Anbetracht der grundsätzlichen Bedeutung von Gerichtsstandsvereinbarungen für den internationalen Wirtschaftsverkehr und der Interessenlage bei Vertragsschluss, eine Gerichtsstandsklausel bei bestehender Einigung nicht an einem Mangel der Formerfordernisse scheitern lassen will.

264 Zwar lässt der Jenard-Bericht diese Frage offen, um jedoch zu verhindern, dass den Formerfordernisse in einigen Vertrags-/Mitgliedsstaaten lediglich Beweisfunktion zukommt, in anderen hingegen diese als Voraussetzung für die Wirksamkeit gefordert werden, bedarf es einer vertrags- bzw. übereinkommensautonomen Beurteilung, vgl. *Reithmann/Martiny/Hausmann*, Internationales Vertragsrecht, Rn. 2994; *Kropholler*, Art. 23, Rn. 32. Weiterhin ist auf die Wechselbezüglichkeit von Einigung und Form hinzuweisen, vgl. *Kim*, Internationale Gerichtsstandsvereinbarungen, 49 f. Siehe zum Zweck der Formerfordernisse auch 2. Teil B. IV. 4.

265 *Reithmann/Martiny/Hausmann*, Internationales Vertragsrecht, Rn. 2999; *Kropholler*, Art. 23, Rn. 33; *Staudinger/Hausmann*, Anhang II zu Art. 27-37 EGBGB, Rn. 192; *Thomas/Putzo/Hüßtege*, Art. 23, Rn. 8.

266 Vgl. *BGH*, JR 1995, 456, 457; *BGH*, NJW 2001, 1731; *HansOLG*, IPRax 1997, 419, 420; *Baumgärtl*, FS Kegel (1977), 285, 302; *Stöve*, Gerichtsstandsvereinbarungen nach Handelsbrauch, 115; *Dörner*, JR 1995, 456; anders wohl *OLG München*, RIW 1981, 848 f.

267 *Staehelin*, Gerichtsstandsvereinbarungen, 50.

268 *Staehelin*, Gerichtsstandsvereinbarungen, 50; *Geimer/Schütze*, Art. 23, Rn. 105; *Staudinger/Hausmann*, Anhang II zu Art. 27-37 EGBGB, Rn. 192; *Thomas/Putzo/Hüßtege*, Art. 17, Rn. 8.

269 Nach überwiegender Ansicht ist es im Hinblick auf das wirksame Zustandekommen der Gerichtsstandsvereinbarung entbehrlich, dass die Zuständigkeitsvereinbarung in beiden Erklärungen explizit zum Ausdruck kommt. Ist in einem schriftlichen Angebot eine Gerichtsstandsklausel unmissverständlich enthalten, so genügt eine pauschale Annahme dieses Angebots. Vgl. dazu: *Jung*, Vereinbarungen, 152; *Moloney*, The Brussels Convention on Jurisdiction and Enforcement of Foreign Judgments, 35, 44; *Staehelin*, Gerichtsstandsvereinbarungen, 51 f. Besonderheiten gelten gemäß Art. I Abs. 2 Protokoll zum EuGVÜ/Protokoll Nr. 1 zum LugÜ jedoch für Parteien mit Wohnsitz in Luxemburg bzw. gemäß Art. 63 Abs. 2 EuGVO – sechs Jahre ab Inkrafttreten der Verordnung – in den Fällen, in denen sich der Bestimmungsort für die Lieferung beweglicher Sachen oder die Erbringung von Dienstleistungen nach Absatz 1 in Luxemburg befindet.

kludente – schriftliche Erklärung bezüglich eines Gerichtsstandes erfolgt, so dass eine schriftliche Vereinbarung zwischen dem Versicherungsnehmer, dem Versicherer sowie dem Versicherten bzw. Begünstigten nicht vorliegt. Dies gilt auch im Hinblick auf die elektronische Übermittlung gemäß Art. 23 Abs. 2 EuGVO, die die Schriftform substituiert[270].

(b) Mündliche Vereinbarung mit schriftlicher Bestätigung

Eine mündliche Vereinbarung mit schriftlicher Bestätigung im Sinne von Art. 17 Abs. 1 EuGVÜ liegt vor, wenn eine Einigung über den Gerichtsstand erzielt worden ist, die anschließend schriftlich von einer der Parteien innerhalb angemessener Frist[271] bestätigt wurde[272]. Die Bestätigung muss ihrem Inhalt nach der mündlichen Einigung entsprechen[273]. Für die schriftliche Bestätigung gelten dieselben Regeln wie für die schriftliche Vereinbarung[274]. Problematisch ist hierbei zum einen, welche Partei die Bestätigung vorgenommen haben muss[275], zum anderen, ob eine schriftliche Bestätigung, die erstmals eine Gerichtsstandsklausel enthält, wirkungslos ist, falls keine schriftliche Annahme durch die andere Partei erfolgt[276]. Diese Probleme können jedoch vorliegend ungelöst bleiben, da einerseits keine mündliche Einigung zwischen Versichertem, Versicherungsnehmer und Versicherer ersichtlich ist, und andererseits weder durch den Versicherer eine schriftliche Bestätigung erfolgt ist, noch der Versicherte oder der Versicherungsnehmer eine mögliche mündliche Einigung zwischen ihnen über eine Gerichtsstandsklausel schriftlich bestätigt hat.

---

270 Vgl. KOM (1999) 348 endg., zu Art. 23, wo diesbezüglich auf die E-commerce-Richtlinie 2000/31/EG verwiesen wird (ABl.EG 2000 Nr. L 178/1).

271 Zum zeitlichen Kriterium *Staehelin*, Gerichtsstandsvereinbarungen, 52; *Geimer/Schütze*, Art. 23, Rn. 110; *Staudinger/Hausmann*, Anhang II zu Art. 27-37 EGBGB, Rn. 199; *Hau*, IPRax 1999, 24 f.

272 Vgl. *Schockweiler*, Internationale Zuständigkeit und Urteilsanerkennung, 107, 111 f.; *Thomas/Putzo/Hüßtege*, Art. 23, Rn. 9; *Haß*, IPRax 2000, 494, 495.

273 *Kropholler*, Art. 23, Rn. 44; *Staudinger/Hausmann*, Anhang II zu Art. 27-37 EGBGB, Rn. 199.

274 Vgl. *Staehelin*, Gerichtsstandsvereinbarungen, 52; *Kropholler*, Art. 23, Rn. 46; *Staudinger/Hausmann*, Anhang II zu Art. 27-37 EGBGB, Rn. 199.

275 *EuGH* Urteil vom 11. Juli 1985, Rs. 221/84, Slg. 1985, 2405, Rn. 14 f. *(Berghoefer)*. Vgl. auch zu dieser Problematik: *OLG Celle*, IPRax 1985, 284, 286, 262 m. krit. Anm. von *Tebbens*; *Gothot/Holleaux*, La Convention de Bruxelles, Rn. 173 ; *Jung*, Vereinbarungen, 161; *Geimer/Schütze*, Art. 23, Rn. 111 f; *Kropholler*, Art. 23, Rn. 47 f. ; *Thomas/Putzo/Hüßtege*, Art. 17, Rn. 9; *Müller*, RIW 1977, 163, 165. Zu beachten ist Art. I Abs. 2 Protokoll zum EuGVÜ/Protokoll Nr. 1 zum LugÜ für Parteien mit Wohnsitz in Luxemburg bzw. gemäß Art. 63 Abs. 2 EuGVO – sechs Jahre ab Inkrafttreten der Verordnung – in den Fällen, in denen sich der Bestimmungsort für die Lieferung beweglicher Sachen oder die Erbringung von Dienstleistungen nach Absatz 1 in Luxemburg befindet. Erforderlich ist, dass diese Personen die Gerichtsstandsvereinbarung – gemäß Art. I Abs. 2 Protokoll zum EuGVÜ/Protokoll Nr. 1 zum LugÜ – ausdrücklich und besonders bzw. – gemäß Art. 63 Abs. 2 EuGVO – schriftlich oder mündlich mit schriftlicher Bestätigung im Sinne von Art. 23 Abs. 1 lit. a EuGVO angenommen hat

276 *Thomas/Putzo/Hüßtege*, Art. 23, Rn. 9. Vgl. zu dieser Problematik auch *Haß*, IPRax 2000, 494, 495 bezüglich *LG Berlin*, IPRax 2000, 526 f.

(c) Vereinbarung kraft Parteigepflogenheit

Seit dem dritten Beitrittsübereinkommen zum EuGVÜ von 1989 bzw. dem LugÜ von 1988 kann eine Gerichtsstandsvereinbarung in einer Form erfolgen, welche den Gepflogenheiten entspricht, die zwischen den Parteien entstanden sind[277]. Als Gepflogenheiten werden Verhaltensweisen verstanden, die nicht allgemein wie ein Handelsbrauch, sondern nur zwischen den Parteien regelmäßig beachtet werden, wobei sie nicht auf Geschäfts- oder Handelsbeziehungen beschränkt sind[278]. Demnach bedarf es einer gewissen Dauer und Übung, und damit einer laufenden Gechäftsbeziehung, so dass eine Partei auf eine bestimmte Form als zwischen den Parteien üblich vertrauen darf[279]. Jedoch waren lediglich der Versicherungsnehmer und der Versicherer Geschäftspartner, so dass es auch nur zwischen ihnen zu einer laufenden Geschäftsbeziehung gekommen sein kann. Zwischen dem Versicherten, in seiner vom Versicherungsnehmer zu unterscheidenden Stellung, und dem Versicherer sowie dem Versicherungsnehmer ist folglich eine Gerichtsstandsvereinbarung kraft Gepflogenheit nicht gegeben.

(d) Vereinbarung kraft Handelsbrauchs

Im Rahmen des ersten Beitrittsübereinkommens von 1978 wurde auf Drängen des Vereinigten Königreichs[280] in Anlehnung an Art. 9 Abs. 2 CISG[281] eine weitere Variante aufgenommen, die durch das dritte Beitrittsübereinkommen von 1989 ergänzt wurde[282], wonach eine Vereinbarung im internationalen Handel in einer Form, die einem Handelsbrauch entspricht, den die Parteien kannten oder kennen mussten und den Parteien von Verträgen dieser Art in dem betreffenden Geschäftszweig allgemein kennen und regelmäßig beachten, erfolgen kann. Problematisch ist vor allem, was unter einem

---

277 Die Rechtsprechung des EuGH sollte damit auf eine klare gesetzliche Grundlage gestellt werden, vgl. *EuGH* Urteil vom 14.12.1976, Rs. 25/76, Slg. 1976, 1851, insb. Rn. 11 *(Segoura)*; *EuGH* Urteil vom 19. Juni 1984, Rs. 71/83, Slg. 1984, 2417, insb. Rn. 18 *(Tilly Russ)*. Vgl. dazu *Cruz/Real/Jenard*-Bericht, ABl.EG 1990 Nr. C 189/35, Rn. 26.

278 *Trunk*, Die Erweiterung des EuGVÜ-Systems, 47; *Geimer/Schütze*, Art. 23, Rn. 118.

279 Vgl. *OLG Celle*, IPRax 1985, 284, 286 f.; *OLG Köln*, RIW 1988, 555, 556 f. noch zur Fassung von 1978; *Kropholler*, Art. 23, Rn. 50; *Staudinger/Hausmann*, Anhang II zu Art. 27-37 EGBGB, Rn. 200; vgl. auch *Tebbens*, IPRax 1985, 262, 263 f. Zu der ähnlichen Regelung gemäß Art. 9 Abs. 1 CISG: *von Schlechtriem/Schwenzer/Schmidt-Kessel*, Art. 9, Rn. 8; *Herber/Czerwenka*, Art. 9, Rn. 3; *Staudinger/Magnus*, Art. 9, Rn. 13. Der Begriff der „Gepflogenheit" ist dem anglo-amerikanischen Recht entlehnt, dazu *Staehelin*, Gerichtsstandsvereinbarungen, 54.

280 Dabei wurde insbesondere im Hinblick auf die Rechtssprechung des *EuGH* in dem Urteil vom 14. Dezember 1976, Rs. 24/76, Slg. 1976, 1851 *(Segoura)* angemerkt, dass die Interpretation des EuGH den Gepflogenheiten und Bedürfnissen des internationalen Handels nicht gerecht würden, vgl. *Schlosser*-Bericht, ABl.EG 1979 Nr. C 59/71, Rn. 179; *Collins*, Dicey and Morris, Rn. 12-099.

281 Vgl. *Jenard/Möller*-Bericht, ABl.EG 1990 Nr. C 189/57, Rn. 58; *Trunk*, Die Erweiterung des EuGVÜ-Systems, 49; *Kropholler*, Art. 23, Rn. 51.

282 Das Erfordernis der Branchenüblichkeit, also der Kenntnis und Beachtung in dem betreffenden Geschäftszweig, wird von *Saenger*, ZEuP 2000, 656, 671 für nicht sehr hilfreich für die Konkretisierung betrachtet. Insgesamt kritisch zu der eingefügten Variante: *Gaudemet-Tallon*, Internationale Zuständigkeit und Urteilsanerkennung, 117, 122; *Killias*, Die Gerichtsstandsvereinbarungen nach dem Lugano-Übereinkommen, 193.

„Handelsbrauch" zu verstehen ist[283]. Unabhängig von dieser Frage bedarf es in jedem Falle eines Verhaltens der Parteien, dass einem Handelsbrauch in dem betroffenen Geschäftsbereich entspricht[284]. Ein Verhalten des Versicherten/Begünstigten könnte man allenfalls in seinem „Nichtstun" erblicken. Zwar wird heute überwiegend vertreten, dass ein Schweigen des Empfängers eines Bestätigungsschreibens einem Handelsbrauch entspricht[285], allerdings bedarf es dazu zumindest einer Erklärung diesem gegenüber. Gegenüber dem Versicherten/Begünstigten wird jedoch im Regelfall keinerlei Erklärung erfolgt sein. Darüber hinaus ist fraglich, ob das „Nichtstun" nach Empfang einer Erklärung einem Handelsbrauch entspräche, so dass eine Vereinbarung des Gerichtsstandes im Sinne von Art. 17 EuGVÜ/LugÜ bzw. Art. 23 EuGVO anzunehmen wäre. Somit ist eine Gerichtsstandsvereinbarung kraft Handelsbrauchs im Hinblick auf den Versicherten/Begünstigten als Partei dieser Vereinbarung abzulehnen.

(e) Ergebnis

Der Versicherte/Begünstigte ist daher an dem Zustandekommen einer wirksamen Gerichtsstandsvereinbarung nicht beteiligt.

(3) Handeln des Versicherungsnehmers in Vertretung des Versicherten/Begünstigten

Möglich wäre allerdings, dass der Versicherte/Begünstigte Partei der Gerichtsstandsvereinbarung durch ein Handeln des Versicherungsnehmers in Vertretung des Versicherten/Begünstigten geworden ist. Wie bereits dargelegt[286], ist für die Beantwortung der Frage, ob der Hintermann oder der Handelnde Partei der Vereinbarung werden soll, die Auslegung des Verhaltens der Beteiligten ausschlaggebend. Diese folgt den Grundsätzen des übereinkommens- bzw. gemeinschaftsautonomen Rechts.

Der Versicherungsnehmer vermittelt dem Versicherten/Begünstigten weder subjektiv noch objektiv aufgrund einer in der ein oder anderen Weise erfolgten Anweisung, Beauftragung oder Ermächtigung eine Teilnahme am geschäftlichen Verkehr. Vielmehr handelt es sich um einen Vertrag, den er sowohl subjektiv als auch objektiv für sich selbst abschließt[287]. Es ist offensichtlich, dass dies ebenso bezüglich einer in dem

---

283 Vgl. *Staehelin*, Gerichtsstandsvereinbarungen, 63 ff.; *Trunk*, Die Erweiterung des EuGVÜ-Systems, 48 f.; MünchKommEGBGB/*Martiny*, vor Art. 27, Rn. 84; *Thomas/Putzo/Hüßtege*, Art. 23, Rn. 12; *Girsberger*, IPRax 2000, 87, 89; *Huber*, ZZPInt. 2 (1997), 168, 172; vgl. insb. *EuGH* Urteil vom 20. Februar 1997, Rs. C-106/95, Slg. 1996, I-911, Rn. 13 ff. *(MSG)*; *EuGH* Urteil vom 16. März 1999, Rs. C-159/97, Slg. 1999, I-1597, Rn. 17 ff. *(Castelletti)*; vgl. dazu auch 2. Teil B. II. 1. b) ee) (2) (b) (dd).

284 Vgl. hierzu *EuGH* Urteil vom 16. März 1999, Rs. C-159/97, Slg. 1999, I-1597, Rn. 27 *(Castelletti)*; *Stöve*, Gerichtsstandsvereinbarungen nach Handelsbrauch, 70.

285 *EuGH* Urteil vom 20. Februar 1997, Rs. C-106/95, Slg. 1996, I-911, Rn. 13 ff. *(MSG)*; vgl. auch *BGH*, NJW 1994, 2700, 2701; *HansOLG*, IPRax 1997, 419, 420; *Haymann*, The Lugano and San Sebastian Conventions, 33, 43; *Killias*, Die Gerichtsstandsvereinbarungen nach dem Lugano-Übereinkommen, 184 ff.; *Kropholler*, Art. 23, Rn. 61; *Thomas/Putzo/Hüßtege*, Art. 23, Rn. 13; *Kubis*, IPRax 1999, 10, 12; kritisch demgegenüber *Schmidt*, RIW 1992, 173, 178 f.

286 Siehe 1. Teil A. II. 1., 2.

287 Vgl. auch *Jenard*-Bericht, ABl.EG 1979 Nr. C 59/66, zu Art. 8. Dazu auch *Regierung der Italienischen Republik*, Urteil vom 14. Juli 1983, Rs. 201/82, Slg. 1983, 2503, 2511 *(Gerling)*; *Generalanwalt Mancini*, Schlussanträge vom 8. Juni 1983, Rs. 201/82, Slg. 1983, 2519, 2520 *(Gerling)*. Zum

Versicherungsvertrag enthaltenen Gerichtsstandsklausel gilt, so dass der Versicherungsnehmer die Gerichtsstandsvereinbarung nicht in Vertretung für den Versicherten/Begünstigten getroffen hat[288].

(4) Ergebnis

Demnach ist der Versicherte bzw. Begünstigte nicht als Partei einer Gerichtsstandsvereinbarung im Sinne von Art. 17 EuGVÜ/LugÜ bzw. Art. 23 EuGVO an diese gebunden.

bb) Wirkung der Gerichtsstandsvereinbarung gegenüber dem Versicherten/Begünstigten als Dritten

Der Wortlaut des Art. 12 Nr. 2 EuGVÜ/LugÜ bzw. Art. 13 Nr. 2 EuGVO gibt keine Antwort auf die Frage, ob auch der Versicherte/Begünstigte die Erfordernisse im Sinne von Art. 17 EuGVÜ/LugÜ bzw. Art. 23 EuGVO einzuhalten hat, damit die Zuständigkeitsvereinbarung ihm gegenüber Wirkung entfaltet[289]. Zwar hat der Versicherte/Begünstigte diese Voraussetzungen nicht als Partei der Vereinbarung erfüllt[290]. Es könnte jedoch erforderlich sein, dass er dennoch die Anforderungen gemäß Art. 17 Abs. 1 EuGVÜ/LugÜ bzw. Art. 23 Abs. 1, 2 EuGVO als Dritter im Hinblick auf die zwischen den Parteien zustande gekommene Gerichtsstandsvereinbarung zu erfüllen hat, indem er in der in Art. 17 Abs. 1 EuGVÜ/LugÜ bzw. Art. 23 Abs. 1, 2 EuGVO vorgeschriebenen Form zustimmen muss. Art. 12 Nr. 2 EuGVÜ/LugÜ bzw. Art. 13 Nr. 2 EuGVO stellt lediglich klar, dass eine Gerichtsstandsvereinbarung gegenüber einem Versicherten bzw. Begünstigten Wirkung zu seinen Gunsten entfalten kann.

Folglich sind Sinn und Zweck der Formanforderungen, die an Gerichtsstandsvereinbarungen gestellt werden, zu analysieren, um ermitteln zu können, ob die Anforderungen durch den Dritten zu erfüllen sind. In einer Vielzahl von Entscheidungen hat der EuGH darauf hingewiesen, dass die Formerfordernisse in Art. 17 Abs. 1 EuGVÜ/LugÜ bzw. Art. 23 Abs. 1 EuGVO dazu dienen, Gewissheit darüber zu schaffen, dass eine Willenseinigung tatsächlich feststeht[291]. Die Formvoraussetzungen sollen folglich dafür sorgen, dass keiner Partei eine Gerichtsstandsvereinbarung aufgedrängt wird, oder aber eine solche unbemerkt Bestandteil des Vertrages wird. Insbesondere

---

deutschen Recht: *Hofmann*, Privatversicherungsrecht, Rn. 31. Dafür spricht auch die Vermutung gemäß § 74 Abs. 2 VVG.

288 Vgl. zu den Sonderproblemen bei der Vertretung 3. Teil D. IV.

289 Siehe dazu: *Regierung der Italienischen Republik*, Urteil vom 14. Juli 1983, Rs. 201/82, Slg. 1983, 2503, 2511 *(Gerling)*; *Generalanwalt Mancini*, Schlussanträge vom 8. Juni 1983, Rs. 201/82, Slg. 1983, 2519, 2522 f. *(Gerling)*.

290 Vgl. oben 2. Teil A. III. 2. c) aa).

291 Vgl. *EuGH* Urteil vom 14. Dezember 1976, Rs. 24/76, Slg. 1976, 1821, Rn. 7 *(Estasis Salotti)*; *EuGH* Urteil vom 14. Dezember 1976, Rs. 25/76, Slg. 1976, 1851, Rn. 6 *(Segoura)*; vgl. auch *EuGH* Urteil vom 14. Juli 1983, Rs. 201/82, Slg. 1983, 2503, Rn. 13 *(Gerling)*; *EuGH* Urteil vom 19. Juni 1984, Rs. 71/83, Slg. 1984, 2417, Rn. 14 *(Tilly Russ)*; *EuGH* Urteil vom 11. Juli 1985, Rs. 221/84, Slg. 1985, 2704, Rn. 13 *(Berghoefer)*; *EuGH* Urteil vom 11. November 1986, Rs. 313/85, Slg. 1986, 3353, Rn. 6 *(Iveco Fiat)*. Vgl. auch *Generalanwalt Mancini*, Schlussanträge vom 8. Juni 1983, Rs. 201/82, Slg. 1983, 2519, 2520, 2521 *(Gerling)*.

der Schutz der schwächeren Partei steht daher im Vordergrund[292]. Insoweit tritt die Schutzfunktion der Formanforderungen zu Tage[293]. Zum anderen dienen die Formerfordernisse dazu, dass das Vorliegen einer Gerichtsstandsvereinbarung im Sinne von Art. 17 Abs. 1 EuGVÜ/LugÜ bzw. Art. 23 Abs. 1 EuGVO leichter zu beweisen ist, so dass die Rechtssicherheit gefördert wird[294]. Damit ist den Formanforderungen nicht nur eine Schutzfunktion, sondern auch eine Beweisfunktion zuzuweisen[295].

Fraglich ist, ob der Schutzfunktion sowie der Beweisfunktion bereits aufgrund der Erfüllung der Formerfordernisse durch die Parteien genügt wird. Zu betrachten sind dabei der Versicherungsnehmer, der Versicherer und schließlich der Versicherte/Begünstigte. Im Hinblick auf den Versicherungsnehmer werden die Anforderungen gemäß Art. 17 Abs. 1 EuGVÜ/LugÜ bzw. Art. 23 Abs. 1 EuGVO gewahrt. Daher sind Schutz- sowie Beweisfunktion ihm gegenüber bereits erfüllt. Zudem spielt die Frage der Drittwirkung hinsichtlich seiner Person keine rechtliche Rolle. Der Versicherer hat ebenfalls die erforderlichen Voraussetzungen erfüllt. Sein Wille ist darauf gerichtet, eine Gerichtsstandsvereinbarung zu Gunsten des Versicherten/Begünstigten zu treffen. Daher besteht keinerlei Gefahr, dass ihm diese unbemerkt aufgedrängt wird. Selbst in den Fällen, in denen der Versicherte zum Zeitpunkt des Abschlusses der Gerichtsstandsvereinbarung noch nicht feststeht[296], kann der Schutzgedanke keine Anwendung finden, da der Versicherer genau weiß, worauf er sich einlässt. Folglich bedarf es keines besonderen Schutzes des Versicherers[297]. Weiterhin ist aufgrund der den Anforderungen gemäß Art. 17 Abs. 1 EuGVÜ/LugÜ bzw. Art. 23 Abs. 1 EuGVO entsprechenden Gerichtsstandsvereinbarung der Beweiszweck erfüllt.

Der Versicherte/Begünstigte ist zwar Partei des Rechtsstreits, an der Gerichtsstandsvereinbarung, die ihm gegenüber Wirkung entfalten soll, ist er jedoch selbst nicht beteiligt[298]. Durch eine Vereinbarung, die einem Versicherten/Begünstigten die Befugnis einräumt, andere als die im dritten Abschnitt angeführten Gerichte anzurufen, erhält dieser eine „Option", eine Möglichkeit, die er nutzen kann, wenn er möchte[299]. Er muss daher nicht gesondert geschützt werden. Zudem ist der Beweisfunktion

---

292 Der Gerichtshof ist vor allem darauf bedacht, wirtschaftlich schwächere Vertragsparteien nicht zu benachteiligen, vgl. *EuGH* Urteil vom 26. Mai 1982, Rs. 133/81, Slg. 1982, 1891, Rn. 14, 16 *(Ivenel)*; bestätigt durch *EuGH* Urteil vom 13. Juli 1993, Rs. C-125/92, Slg. 1993, I-4075 *(Mulox)*.

293 So auch *Hartley*, E.L.Rev. (8) 1983, 262, 265; *Jenard*-Bericht, ABl.EG 1979 Nr. C 59/66, zu Art. 17.

294 *EuGH* Urteil vom 24. Juni 1981, Rs. 150/80, Slg. 1981, 1671, Rn. 24 f. *(Elefanten Schuh)*.

295 Vgl. dazu auch die Ausführungen von *Stahelin*, Gerichtsstandsvereinbarungen, 12 ff.; *Verschuur*, FS Sauveplanne (1984), 263, 269; *Hilty/Peukert*, GRUR Int. 2002, 659, 661.

296 So ist beispielsweise bei der Versicherung für fremde Rechnung gemäß § 74 Abs. 1 VVG möglich, dass ein Vertrag im eigenen Namen für einen anderen ohne Benennung der Person des Versicherten geschlossen wird; vgl. *Killias*, Die Gerichtsstandsvereinbarungen nach dem Lugano-Übereinkommen, 246 f.

297 *Killias*, Die Gerichtsstandsvereinbarungen nach dem Lugano-Übereinkommen, 246; *Kropholler*, Art. 23, Rn. 65; *Hübner*, IPRax 1984, 237, 238; vgl. auch *Generalanwalt Mancini*, Schlussanträge vom 8. Juni 1983, Rs. 201/82, Slg. 1983, 2519, 2520, 2523 *(Gerling)*; *Regierung der Italienischen Republik*, Urteil vom 14. Juli 1983, Rs. 201/82, Slg. 1983, 2503, 2511 *(Gerling)*.

298 Siehe zur Stellvertretung: 3. Teil D.

299 Vgl. *Kropholler*, Art. 13, Rn. 3; *Wieczorek/Schütze/Hausmann*, Anh I § 40, Art. 12, Rn. 7; *Hart-*

bezüglich einer Vereinbarung über die Befugnis für den Dritten genüge getan, indem die Parteien der Gerichtsstandsvereinbarung den Anforderungen im Sinne von Art. 17 Abs. 1 EuGVÜ/LugÜ bzw. Art. 23 Abs. 1 EuGVO nachgekommen sind. Demzufolge ist nach Sinn und Zweck der Formerfordernisse nicht erkennbar, warum dem Dritten auferlegt werden sollte, diese einzuhalten[300].

Diesem Ergebnis widerspricht auch nicht, dass gemäß Art. 17 Abs. 4 EuGVÜ/LugÜ bzw. Art. 23 Abs. 1 S. 2 EuGVO – bei Art. 12 Nr. 2 EuGVÜ/LugÜ bzw. Art. 13 Nr. 2 EuGVO handelt es sich um einen besonders normierten Fall des Art. 17 Abs. 4 EuGVÜ/LugÜ bzw. Art. 23 Abs. 1 S. 2 EuGVO[301] – die begünstigte Partei den Anforderungen des Art. 17 Abs. 1 EuGVÜ/LugÜ bzw. Art. 23 Abs. 1, 2 EuGVO genügen muss. Einerseits bedarf diese Partei, die zugleich Partei des Rechtsstreits sowie Partei der Gerichtsstandsvereinbarung ist, grundsätzlich keines besonderen Schutzes, da für sie lediglich eine zusätzliche Zuständigkeit eröffnet und damit ebenfalls eine „Option" geschaffen wird. Andererseits ist jedoch zu beachten, dass der Beweisfunktion lediglich entsprochen wird, wenn die Vereinbarung den Erfordernissen gemäß Art. 17 Abs. 1 EuGVÜ/LugÜ bzw. Art. 23 Abs. 1, 2 EuGVO genügt. Somit muss auch die Partei, zu deren Gunsten die Gerichtsstandsvereinbarung getroffen wird, diesen Anforderungen nachkommen.

Folglich wirkt die Gerichtsstandsvereinbarung gemäß Art. 12 Nr. 2 EuGVÜ/LugÜ bzw. Art. 13 Nr. 2 EuGVO zu Gunsten des Begünstigten/Versicherten, auch wenn er die Erfordernisse gemäß Art. 17 Abs. 1 EuGVÜ selber nicht eingehalten hat, da jedenfalls keine besondere Schutzbedürftigkeit besteht und dem Beweiszweck dadurch genüge getan ist, dass die Parteien der Gerichtsstandsvereinbarung den Anforderungen nachgekommen sind[302].

---

ley, E.L.Rev. (8) 1983, 262, 265; *Hübner*, IPRax 1984, 237, 238.

300 So auch *Generalanwalt Mancini*, Schlussanträge vom 8. Juni 1983, Rs. 201/82, Slg. 1983, 2519, 2520, 2521 *(Gerling)*; *Gaudemet-Tallon*, Rev.crit.dr.internat.privé (73) 1984, 147 ; *Rauscher*, IPRax 1992, 143, 145 f. *Hübner*, IPRax 1984, 237, 239 weist darauf hin, dass der Dritte darauf angewiesen wäre, dass der Versprechende (Versicherer) oder Versprechensempfänger (Versicherungsnehmer) ihn benachrichtigt und zum Beitritt auffordert; so auch *Killias*, Die Gerichtsstandsvereinbarungen nach dem Lugano-Übereinkommen, 246; *Wieczorek/Schütze/Hausmann*, Art. 17, Rn. 57.

301 *Geimer/Schütze/Auer*, 606.236, Art. 12, Rn. 20; *Kropholler* (6. Auflage), Art. 12, Rn. 3 zu Art. 17 Abs. 4 EuGVÜ.

302 *Generalanwalt Tizzano*, Schlussanträge vom 16. Dezember 2004, Rs. C-112/03, Rn. 52 *(Société financière et industrielle du Peloux)*; *Generalanwalt Mancini*, Schlussanträge vom 8. Juni 1983, Rs. 201/82, Slg. 1983, 2519, 2520, 2522 *(Gerling)*; *Beaumart*, Haftung in Absatzketten, 148 f.; *Killias*, Die Gerichtsstandsvereinbarungen nach dem Lugano-Übereinkommen, 245 f.; *Kim*, Internationale Gerichtsstandsvereinbarungen, 182; *Nagel*, Internationales Zivilprozessrecht, § 3, Rn. 152; *North/Fawcett*, Cheshire and North, 244; *Geimer/Schütze*, Art. 13, Rn. 6; *Kropholler*, Art. 23, Rn. 65; MünchKommZPO/*Gottwald*, Art. 17, Rn. 46; *Staudinger/Hausmann*, Anhang II zu Art. 27-37 EGBGB, Rn. 225; *Wieczorek/Schütze/Hausmann*, Art. 17, Rn. 57; *Gaudemet-Tallon*, Rev.crit.dr.internat.privé (73) 1984, 146 f. ; *Geimer*, NJW 1985, 533; *Hartley*, E.L.Rev. (8) 1983, 262, 264 f.; zustimmend auch *Huet*, J.D.I. 1983, 843, 845 ff.; *Pieri*, C.M.L. Rev. (24) 1987, 635, 643 f.; *Schultsz*, N.J. 1984, 2505, 2506 f.

cc) Übertragung des Gedankens von Art. 12 Nr. 2 EuGVÜ/LugÜ bzw. Art. 13 Nr. 2 EuGVO i.V.m. Art. 17 EuGVÜ/LugÜ bzw. Art. 23 EuGVO

Dieser Gedanke gemäß Art. 12 Nr. 2 EuGVÜ/LugÜ bzw. Art. 13 Nr. 2 EuGVO i.V.m. Art. 17 EuGVÜ/LugÜ bzw. Art. 23 EuGVO könnte auch auf Fälle außerhalb des Regelungsbereichs von Versicherungssachen zu übertragen sein. *Auer*[303] wendet allerdings dagegen ein, dass es außerhalb des Sonderrechts für Versicherungssachen an einer besonderen Schutzbedürftigkeit regelmäßig fehle, so dass der Gedanke gemäß Art. 12 Nr. 2 EuGVÜ/LugÜ bzw. Art. 13 Nr. 2 EuGVO nicht verallgemeinerungsfähig sei. Meines Erachtens ist eine solche Betrachtungsweise jedoch abzulehnen. Ausgangspunkt der Überlegungen ist richtigerweise die Schutzbedürftigkeit insbesondere des Dritten. *Auer*[304] geht allerdings davon aus, dass eine wirkliche Schutzbedürftigkeit des Dritten lediglich besteht, wenn dies von den Übereinkommen bzw. der Verordnung – wie beispielsweise in Versicherungssachen – besonders hervorgehoben wird. Daher soll der Dritte den zusätzlichen konkurrierenden Gerichtsstand erhalten. In allen anderen Fällen ist seiner Meinung nach eine Wirkung zu Gunsten des Dritten nicht anzunehmen. Eine solche Betrachtung widerspricht allerdings dem Willen der Parteien der Gerichtsstandsvereinbarung, aus dem klar und deutlich hervorgeht, dass diese Vereinbarung Wirkung zu Gunsten des Dritten entfalten soll. Überdies ist darauf hinzuweisen, dass eine Drittwirkung nur insoweit problematisch ist, als eine Person, die eine Vereinbarung nie getroffen hat, an eine Bedingung zwingend gebunden sein soll, über die sich andere verständigt haben. Davor muss der Dritte geschützt werden, da dies seiner Autonomie zuwiderläuft. Wird dem Dritten jedoch eine „Option" eingeräumt, einen zusätzlichen konkurrierenden Gerichtsstand neben den in den Übereinkommen bzw. der Verordnung normierten Gerichtsständen anzurufen, so steht es in seinem Belieben, ob er diese nutzt. Es bedarf folglich keines Schutzes vor den Wirkungen der Vereinbarung, die ohne seine Beteiligung getroffen wurde. Ist dies bereits der Fall bei einem von den Übereinkommen bzw. der Verordnung als besonders schutzbedürftig eingestuften Dritten, so muss der Gedanke erst recht gelten, soweit eine nicht als besonders schutzbedürftig angesehene Person als Dritter zu qualifizieren ist. Art. 12 EuGVÜ/LugÜ bzw. Art. 13 EuGVO lässt im Gegensatz zu Art. 17 EuGVÜ/LugÜ bzw. Art. 23 EuGVO nur in wenigen Ausnahmefällen eine Gerichtsstandsvereinbarung in Versicherungssachen zu. Daher muss eine solche gemäß Art. 12 EuGVÜ/LugÜ bzw. Art. 13 EuGVO zulässige Vereinbarung insbesondere dann möglich sein, wenn kein Fall in Versicherungssachen vorliegt. Darüber hinaus sind die Argumente, die gegen die nachträgliche Einhaltung der Voraussetzungen durch den Dritten sprechen, übertragbar auf die Fälle außerhalb von Versicherungssachen[305].

---

303 *Geimer/Schütze/Auer*, 540.389, Art. 23, Rn. 58.

304 *Geimer/Schütze/Auer*, 540.389, Art. 23, Rn. 58.

305 Vgl. die Argumente unter: 2. Teil A. III. 2. c) c) bb); Für eine Verallgemeinerung der Art. 12 Nr. 2 EuGVÜ/LugÜ bzw. Art. 13 Nr. 2 EuGVO betreffenden Grundsätze vgl. *Beaumart*, Die Haftung in Absatzketten, 149; *Gaudemet-Tallon*, Les Conventions, Rn. 162; *Geimer*, IZPR, Rn. 1730; *Kaye*, Civil Jurisdiction and Enforcement, 1067; *Killias*, Die Gerichtsstandsvereinbarungen nach dem Lugano-Übereinkommen, 247; *Kim*, Internationale Gerichtsstandsvereinbarungen, 182; so wohl auch *Mayss/Reed*, European Business Litigation, 199; *Nagel*, Internationales Zivilprozessrecht, § 3, Rn.

IV. Ergebnis: Wirkung zu Gunsten Dritter

Somit ist als Ergebnis festzuhalten: Eine Vereinbarung eines zusätzlichen konkurrierenden Gerichtsstands, die wirksam zustande gekommen ist, entfaltet zu Gunsten eines Dritten Wirkung, ohne dass er in der Form des Art. 17 Abs. 1 EuGVÜ/LugÜ bzw. Art. 23 Abs. 1, 2 EuGVO zugestimmt haben muss. Dies gilt allerdings nur, soweit nach dem Willen der Parteien auch eine Wirkung der Vereinbarung zu Gunsten des Dritten erfolgen soll.

152; *Geimer/Schütze*, Art. 23, Rn. 204; *Geimer*, NJW 1985, 533; *Rauscher*, IPRax 1992, 143, 145 f.

B. Die Gerichtsstandsvereinbarung mit Wirkung zu Lasten des Dritten

Die Frage der Zulässigkeit einer Drittwirkung stellt sich jedoch nicht nur im Hinblick auf Gerichtsstandsvereinbarungen, die zu Gunsten, sondern auch solcher, die zu Lasten des Dritten wirken sollen.

Im Folgenden soll dargestellt werden, was unter einer Gerichtsstandsvereinbarung mit belastender Wirkung zu verstehen und welche Problematik mit einer solchen verbunden ist[306]. Im Anschluss daran ist eine rechtsvergleichende Betrachtung der aufgeworfenen Frage vorzunehmen, um festzustellen, ob eine Beurteilung nach übereinkommens- bzw. gemeinschaftsautonomem Recht überhaupt möglich ist[307]. Daran ist eine Auseinandersetzung mit Rechtsprechung und Literatur bezüglich der Frage, ob eine übereinkommens- bzw. gemeinschaftsautonome Beurteilung erfolgen soll, anzuknüpfen[308]. Die Auslegung des Art. 17 EuGVÜ/LugÜ bzw. Art. 23 EuGVO soll sodann zu einer Lösung der Problematik führen[309].

I. Gerichtsstandsvereinbarung mit belastender Wirkung

Erforderlich ist, den Begriff der „Gerichtsstandsvereinbarung mit belastender Wirkung“ zu klären, und zu erörtern, unter welchen Umständen eine solche anzunehmen ist.

1. Allgemeines

Eine belastende Wirkung kommt für den Dritten sowohl in seiner Klägerposition als auch in seiner Rolle als Beklagter in einem Prozess in Betracht.

a) Der Dritte als Kläger

Die Parteien treffen eine Gerichtsstandsvereinbarung mit belastender Wirkung für den Dritten, soweit sie festlegen, dass der Dritte in seiner Rolle als Kläger lediglich die durch die Parteien bestimmten Gerichte[310] bzw. ein bestimmtes Gericht anrufen kann[311]. Eine belastende Wirkung kann entweder nur für den Dritten oder aber sowohl für den Dritten als auch für die Parteien vereinbart sein. Damit wird dem Dritten – anders als bei einer Zuständigkeitsvereinbarung mit Wirkung zu seinen Gunsten[312] – die

---

[306] 2. Teil B. I., II.

[307] 2. Teil B. III. 1.

[308] 2. Teil B. III. 2.

[309] 2. Teil B. IV., V., VI.

[310] Zwar ist nach dem Wortlaut von Art. 17 Abs. 1 S. 1 EuGVÜ/LugÜ bzw. Art. 23 Abs. 1 S. 1 EuGVO lediglich möglich zu vereinbaren, *„dass ein Gericht oder die Gerichte eines Mitglied-/Vertragstaats ... entscheiden sollen“*, jedoch ermöglicht der dieser Regelung zugrunde liegende Gedanke der Parteiautonomie eine extensive Auslegung dahingehend, dass die Parteien auch zwei oder mehr Gerichte auch mehrerer Vertrags-/Mitgliedsstaaten bestimmen können. Vgl. *EuGH* Urteil vom 9. November 1978, Rs. 23/78, Slg. 1978, 2133, Rn. 5 *(Meeth)*; *Geimer/Schütze*, Art. 23, Rn. 170; *Kropholler*, Art. 23, Rn. 73. Diese extensive Auslegung führt dazu, dass auch hinsichtlich solcher Vereinbarungen eine ausschließliche Zuständigkeit der vereinbarten Gerichte gegenüber den normierten Gerichtsständen vermutet wird.

[311] In diesem Sinne auch *Gebauer*, IPRax 2001, 471.

[312] Vgl. dazu 2. Teil A.

Möglichkeit genommen, an den in den Übereinkommen bzw. der Verordnung normierten Gerichtsständen zu klagen.

b) Der Dritte als Beklagter

Der Dritte kann nicht nur als Kläger im Prozess beteiligt sein, sondern auch als Beklagter erscheinen[313]. Als Beklagten trifft den Dritten grundsätzlich eine belastende Wirkung durch eine Erweiterung seiner Gerichtspflichtigkeit. Dies gilt unabhängig davon, ob die Gerichtsstandsvereinbarung für ihn in seiner Klägerposition begünstigend oder belastend wirkt.

aa) Situation: begünstigende Wirkung als Kläger

Eine Gerichtsstandsvereinbarung wirkt zu Gunsten eines Dritten, wenn jedenfalls dem Dritten ein zusätzlicher konkurrierender Gerichtsstand zugebilligt wird[314]. Insoweit wird also die Klagemöglichkeit des Dritten erweitert. Er erhält eine „Option“ [315]. Folgt aus der Vereinbarung darüber hinaus, dass die Partei den Dritten auch vor dem vereinbarten Gericht verklagen soll[316], so wird zugleich die Gerichtspflichtigkeit des Dritten erweitert. Somit entfaltet diese Gerichtsstandsvereinbarung im Hinblick auf seine Beklagtenposition auch belastende Wirkung. Gleiches gilt, wenn die Partei den Dritten nach der Vereinbarung sowohl an dem vereinbarten Gerichtsstand als auch an den normierten Gerichtsständen verklagen kann.

Anders ist die Situation hingegen zu beurteilen, in der ein zusätzlicher konkurrierender Gerichtsstand für Klagen des Dritten vereinbart wurde, die Partei aber vor den normierten Gerichtsständen klagen soll. In diesen Fällen wird die Gerichtspflichtigkeit des Dritten weder erweitert noch eingeschränkt. Die Zuständigkeitsvereinbarung entfaltet diesbezüglich keinerlei belastende Wirkung gegenüber dem Dritten.

bb) Situation: belastende Wirkung als Kläger

Neben den dargestellten Fällen, in denen dem Dritten ein zusätzlicher konkurrierender Klägergerichtsstand an die Hand gegeben wird[317], existieren weitere Konstellationen, in denen die Gerichtspflichtigkeit des Dritten erweitert wird, die Gerichtsstandsvereinbarung also eine belastende Wirkung für den Dritten als Beklagten entfaltet: Muss sowohl der Dritte als auch die Partei vor dem vereinbarten Gerichtsstand klagen, wirkt die Vereinbarung hinsichtlich der Beklagtenposition des Dritten belastend. Gleiches gilt, wenn ein zusätzlicher konkurrierender Gerichtsstand für die Partei bestimmt wurde, der Dritte jedoch vor dem vereinbarten Gericht klagen muss.

Sollen für den Dritten die normierten Gerichtsstände gelten, ist für eine Klage der Partei aber ein zusätzlicher konkurrierender Gerichtsstand oder auch eine ausschließliche Zuständigkeit bestimmt, so entfaltet die Vereinbarung gegenüber dem Dritten als

---

313 Eine typische Fallgestaltung, in der der Dritte sich in der Position des Beklagten befindet, ist diejenige der Schuldübernahme.

314 Vgl. oben 2. Teil unter A.

315 Vgl. dazu 2. Teil A. III. 2. c) bb).

316 Vgl. zur Vereinbarung zu Gunsten einer der Parteien: *Gottwald*, IPRax 1987, 81 f. Die Problematik in Bezug auf die Drittwirkung erkennt auch *Hartley*, E.L.Rev. (8) 1983, 262, 265.

317 Vgl. 2. Teil C. I. 1.

Kläger keinerlei Wirkung. In seiner Beklagtenposition wird die Gerichtspflichtigkeit demgegenüber erweitert, so dass die Vereinbarung zu Lasten des Dritten wirkt.

Anders ist jedoch der Fall zu beurteilen, in dem ein ausschließlicher Gerichtsstand für den Dritten bestimmt wird, für Klagen der Partei allerdings die normierten Gerichtsstände zur Verfügung stehen. Zwar entfaltet die Vereinbarung Wirkung zu Lasten des Dritten, wenn man dessen Klägerposition betrachtet, die Zuständigkeitsvereinbarung beeinflusst die Stellung des Dritten als Beklagten hingegen nicht.

2. Konkludente Vereinbarung

Eine solche, den Dritten belastende Gerichtsstandsvereinbarung kann ausdrücklich oder konkludent getroffen werden. Problematisch ist, unter welchen Umständen eine konkludente Vereinbarung anzunehmen ist.

Gegenüber dem Dritten kann eine Zuständigkeitsvereinbarung keinerlei Wirkung entfalten, soweit die Wirkung der Vereinbarung auf die Parteien beschränkt sein soll[318]. Ist dies nicht der Fall, so ist fraglich, welche Wirkungen den Dritten treffen sollen. Art. 17 Abs. 1 S. 1 EuGVÜ/LugÜ bzw. Art. 23 Abs. 1 S. 2 EuGVO geht davon aus, dass eine ausschließliche Wirkung einer Vereinbarung hinsichtlich der Parteien zu vermuten ist[319]. Dies basiert auf dem Gedanken, dass durch eine ausschließliche Wirkung der Vereinbarung das Gerichtsstandsrisiko bereits zum Zeitpunkt des Abschlusses des Vertrages kalkulierbar ist und demnach eine Sicherheit für die Parteien geschaffen wird[320]. Daher muss zur Widerlegung der Vermutung der Wille der Parteien, dass der Vereinbarung keine ausschließliche Wirkung zukommen soll, deutlich zum Ausdruck kommen[321]. Dies muss ebenfalls bezüglich der Wirkung gegenüber einem Dritten gelten[322], denn auch hier besteht ein Interesse der Parteien daran, dass das Gerichtsstandsrisiko im Hinblick auf den Dritten bereits im Zeitpunkt des Vertragsschlusses kalkulierbar ist[323]. Diesem wird nur dann entsprochen, wenn auch in den Fällen der Drittwirkung die Ausschließlichkeit der Zuständigkeitsvereinbarung vermutet wird. Eine Ver-

---

318 Vgl. auch *Killias*, Die Gerichtsstandsvereinbarungen nach dem Lugano-Übereinkommen, 244; *Reiser*, Gerichtsstandsvereinbarungen 1989, 149; *Geimer/Schütze*, Internationale Urteilsanerkennung I/1., 928 im Hinblick auf den Rechtsnachfolger. Dies gilt allerdings auch in anderen Fällen des Erwerbs von Rechten und/oder Pflichten, da es der Autonomie der Parteien zuwiderliefe, eine Drittwirkung gegen ihren Willen zuzulassen.

319 *Linke*, EG-Gerichtsstands- und Vollstreckungsübereinkommen, Rn. 182; *Czernich/Tiefenthaler*, Art. 17, Rn. 62; *Geimer/Schütze*, Art. 23, Rn. 140; vgl. MünchKommZPO/*Gottwald*, Art. 17, Rn. 69; *Staudinger/Hausmann*, Anhang II zu Art. 27-37 EGBGB, Rn. 219; kritisch noch *Kropholler* (6. Auflage), Art. 17, Rn. 98 zum EuGVÜ, der sich allerdings jetzt nach Änderung des Wortlauts in der EuGVO anders äußert: *Kropholler*, Art. 23, Rn. 92.

320 *Jenard*-Bericht, ABl.EG 1979 Nr. C 59/66, zu Art. 17; *Geimer/Schütze/Auer*, 606.365 f., Art. 17, Rn. 137; *Kropholler*, Art. 23, Rn. 90.

321 Vgl. auch *Czernich/Tiefenthaler*, Art. 17, Rn. 62; *Kropholler*, Art. 23, Rn. 92; vgl. auch oben zur Vereinbarung mit Wirkung zu Gunsten des Dritten 2. Teil A.

322 Vgl. zur Wirkung zu Gunsten eines Dritten 2. Teil A.

323 Vgl. auch *Gebauer*, IPRax 2001, 471.

mutung besteht folglich dafür, dass die Vereinbarung zu Lasten des Dritten wirken soll[324].

II. Problematik

Die Problematik einer Gerichtsstandsvereinbarung mit Wirkung zu Lasten des Dritten besteht darin, dass ihm die in den Übereinkommen bzw. der Verordnung normierten Gerichtsstände entzogen werden, ohne dass er an dem wirksamen Zustandekommen der Vereinbarung beteiligt war[325] oder wirksam vertreten wurde.

Deutlich wird, dass widerstreitende Interessen bestehen: Einerseits wollen die Parteien der Vereinbarung den Gerichtsstand in vorhersehbarer Weise lokalisieren. Aus diesem Grunde einigen sie sich über die Zuständigkeit eines bestimmten Gerichts. Andererseits muss verhindert werden, dass den Dritten durch diese Vereinbarung ohne seinen Willen belastende Wirkungen treffen[326]. Eine Wirkung zu Lasten des Dritten erscheint daher sehr problematisch.

III. Beurteilung nach national-autonomem Recht oder nach übereinkommens- bzw. gemeinschaftsautonomem Recht

Fraglich ist, ob die Problematik der Wirkung einer Gerichtsstandsvereinbarung zu Lasten eines Dritten nach national-autonomem Recht oder nach übereinkommens- bzw. gemeinschaftsautonomem Recht zu lösen ist. Nur wenn letzteres in Betracht kommt, bedarf es einer Auslegung von Art. 17 Abs. 1 EuGVÜ/LugÜ bzw. Art. 23 Abs. 1, 2 EuGVO.

Um diese Frage zu beantworten, ist zunächst eine rechtsvergleichende Betrachtung heranzuziehen[327]. Im Anschluss daran soll der Streitstand in Rechtsprechung und Literatur hinsichtlich des anwendbaren Rechts dargelegt werden, bevor eine eigene Bewertung vorzunehmen ist[328].

1. Rechtsvergleichende Betrachtung

Der EuGH hat eine rechtsvergleichende Betrachtung[329] bereits mehrfach herangezogen, um Fragen im Gemeinschaftsrecht bzw. EuGVÜ mittels allgemeiner Rechtsgrundsätze, die aus der Gesamtheit der nationalen Rechtsordnungen folgen, zu klären. So hat er in der Entscheidung „*Tessili*"[330] darauf hingewiesen, dass

> „angesichts der Unterschiede, die nach wie vor zwischen den einzelnen nationalen Rechten ... bestehen, und in Ermangelung jeder Vereinheitlichung des anwendbaren materiellen Rechts beim gegenwärtigen Stand der Rechtsentwicklung ... [sich] ... weitergehende Angaben über die

---

[324] Für eine Wirkung zu Gunsten des Dritten ist ein klar und deutlich zum Ausdruck kommender Wille der Parteien erforderlich, vgl. bereits 2. Teil unter A.

[325] Zum Vertreter: 3. Teil D.

[326] Vgl. auch *Gebauer*, IPRax 2001, 471.

[327] 2. Teil B. III. 1.

[328] 2. Teil B. III. 2., 3.

[329] Vgl. zur rechtsvergleichenden Auslegung: *Scholz*, Das Problem der autonomen Auslegung des EuGVÜ, 133 ff.; *Martiny*, RabelsZ 45 (1981), 427, 441 ff.

[330] *EuGH* Urteil vom 6. Oktober 1976, Rs. 12/76, Slg. 1976, 1473 *(Tessili)*.

Auslegung des in Art. 5 Nr. 1 enthaltenen Hinweises auf den „Erfüllungsort" vertraglicher Verpflichtungen als unmöglich" erwiesen[331].

Weiterhin betonte der EuGH in der Entscheidung *„Bertrand"*[332]:

„Das Bemühen, zur Beantwortung der Vorlagefrage, einen eigenständigen Begriff des Kaufs auf Teilzahlung zu entwickeln, hat die allgemeinen Grundsätze zu berücksichtigen, die sich aus den von den Mitgliedstaaten auf diesem Gebiet erlassenen Gesetzen ergeben"[333].

In *„Gourdain"*[334], *„Rüffer"*[335] und *„Sonntag"*[336] entschied der EuGH, dass zur Auslegung auch

„die sich aus der Gesamtheit der nationalen Rechtssysteme ergebenden allgemeinen Grundsätze"[337] heranzuziehen seien.

Aus den Entscheidungen des EuGH – insbesondere *„Tessili"*[338] – folgt, dass, falls in den einzelnen Rechtsordnungen keine Übereinstimmung über eine rechtliche Bewertung besteht, dies im Allgemeinen gegen eine übereinkommens- bzw. gemeinschaftsautonome Auslegung spricht[339]. Anders gestaltet sich dies bei einer einheitlichen Betrachtung der nationalen Rechtsordnungen. Eine solche deutet darauf hin, die Auslegungsfrage innerhalb des EuGVÜ/LugÜ bzw. der EuGVO im Sinne dieser gemeinsamen rechtlichen Bewertung zu beurteilen[340]. Die rechtsvergleichende Betrachtung ist demnach entscheidend für das „Ob" und das „Wie" einer übereinkommens- bzw. gemeinschaftsautonomen Auslegung.

Somit kann die rechtsvergleichende Betrachtung im Hinblick auf die Wirkung einer Gerichtsstandsvereinbarung zu Lasten eines Dritten die Möglichkeit einer übereinkommens- bzw. gemeinschaftsautonomen Auslegung eröffnen und zudem helfen, eine Lösung innerhalb des EuGVÜ/LugÜ bzw. der EuGVO im Einklang mit den nationalen Rechtsordnungen zu entwickeln. Dies ist auch der Grund dafür, die rechtsvergleichende Auslegung, die prinzipiell als eigenständige Auslegungsmethode – zumeist – im Anschluss an die grammatikalische, systematische und teleologische Auslegung geprüft wird[341], bereits an den Anfang der Erörterungen der Wirkung einer Gerichtsstandsvereinbarung zu Lasten eines Dritten zu stellen. Sollte sie zu dem Ergebnis führen, dass eine einheitliche rechtliche Bewertung der nationalen Rechtsordnungen nicht

---

331 *EuGH* Urteil vom 6. Oktober 1976, Rs. 12/76, Slg. 1976, 1473, Rn. 14 *(Tessili)*. In diesem Sinne auch *EuGH* Urteil vom 13. Juli 1993, Rs. C-125/92, Slg. 1993, I-4075, Rn. 12 ff. *(Mulox)*.

332 *EuGH* Urteil vom 21. Juni 1978, Rs. 150/77, Slg. 1978, 1431 *(Bertrand)*.

333 *EuGH* Urteil vom 21. Juni 1978, Rs. 150/77, Slg. 1978, 1431, Rn. 19/22 *(Bertrand)*.

334 *EuGH* Urteil vom 22. Februar 1979, Rs. 133/78, Slg. 1979, 733 *(Gourdain)*.

335 *EuGH* Urteil vom 16. Dezember 1980, Rs. 814/79, Slg. 1980, 3807 *(Rüffer)*.

336 *EuGH* Urteil vom 21. April 1993, Rs. C-172/91, Slg. 1993, I-1963 *(Sonntag)*.

337 *EuGH* Urteil vom 22. Februar 1979, Rs. 133/78, Slg. 1979, 733, Rn. 3 *(Gourdain)*; *EuGH* Urteil vom 16. Dezember 1980, Rs. 814/79, Slg. 1980, 3807, Rn. 7 *(Rüffer)*; *EuGH* Urteil vom 21. April 1993, Rs. C-172/91, Slg. 1993, I-1963, Rn. 18 *(Sonntag)*.

338 *EuGH* Urteil vom 6. Oktober 1976, Rs. 12/76, Slg. 1976, 1473 *(Tessili)*.

339 Vgl. *Killias*, Die Gerichtsstandsvereinbarungen nach dem Lugano-Übereinkommen, 38 f.; *Staehelin*, Gerichtsstandsvereinbarungen, 171 f.; *Martiny*, RabelsZ 45 (1981), 427, 441 ff.

340 Vgl. *Staehelin*, Gerichtsstandsvereinbarungen, 172, der die Rechtsvergleichung als *„Fundgrube für vertragsautonome Lösungen"* bezeichnet. In diesem Sinne auch *Killias*, Die Gerichtsstandsvereinbarungen nach dem Lugano-Übereinkommen, 38.

341 Siehe *Kropholler*, Einl., Rn. 48 ff.; *Martiny*, RabelsZ 45 (1981), 427, 441 ff. Dazu auch *EuGH* Urteil vom 14. Oktober 1976, Rs. 29/76, Slg. 1976, 1541 *(Eurocontrol)*.

gegeben ist, so spricht dies gegen eine übereinkommens- bzw. gemeinschaftsautonome Auslegung[342].

Somit ist im Folgenden zu untersuchen, ob sich aus den nationalen Rechtsordnungen allgemeine Grundsätze zur Wirkung einer Gerichtsstandsvereinbarung zu Lasten eines Dritten ergeben. Dazu sind Rechtsordnungen aus dem romanischen, germanischen und anglo-amerikanischen Rechtskreis heranzuziehen, wobei vorliegend exemplarisch das deutsche, österreichische, englische und französische Recht untersucht werden soll.

a) Drittwirkung von Gerichtsstandsvereinbarungen im deutschen Recht

Nach deutschem Recht gilt der Grundsatz der Relativität der Vertragsverhältnisse. Das heißt, dass Vertragsschließende Rechtsverhältnisse lediglich für sich selbst schaffen und gestalten können[343]. Von diesem Grundsatz können jedoch Ausnahmen gemacht werden, um den Anforderungen, die der Wirtschaftsverkehr stellt, den Parteiwillen sowie die zurückweichende Schutzbedürftigkeit des Dritten hinreichend Rechnung zu tragen[344].

Die Gerichtsstandsvereinbarung findet – wie bereits erörtert[345] – im deutschen Recht ihre Regelung in §§ 38, 40 ZPO. Bei ihr handelt es sich nach herrschender Ansicht um einen materiellen Vertrag mit prozessualen Wirkungen[346]. Dem Wortlaut von §§ 38, 40 ZPO ist nicht zu entnehmen, ob eine solche Vereinbarung auch zu Lasten eines Dritten wirken soll. Diskutiert wird die Problematik der Drittwirkung immer in bestimmten materiellrechtlichen Situationen, so im Hinblick auf die Abtretung, die Schuldübernahme, die Vertragsübernahme, die Erbschaft und auch den Vertrag zu Gunsten Dritter[347]. Diese werden im Folgenden dargestellt.

aa) Bei „Abtretung einer Forderung"

Bei der Abtretung einer Forderung gemäß §§ 398 ff. BGB kommt es zu einem Gläubigerwechsel, wobei das Rechtsverhältnis als solches zwischen den Vertragsparteien bestehen bleibt und lediglich der Anspruch aus diesem Rechtsverhältnis übergeht[348]. Von besonderem Interesse für den Rechtsverkehr und auch für die Parteien ist der Fortbe-

---

342 Vgl. *EuGH* Urteil vom 6. Oktober 1976, Rs. 12/76, Slg. 1976, 1473 *(Tessili)*.

343 *Flume*, Allgemeiner Teil II, 9; *Staudinger/Jagmann*, Vorbem. zu §§ 328 ff., Rn. 42; *Martens*, AcP 177 (1977), 113, 139; *Böhmer*, JR 1965, 219. Vgl. die rechtshistorische Darstellung der Entwicklung der Drittwirkung von Verträgen bei *Schmalzbauer*, Die Drittwirkung verpflichtender Verträge, 1 ff.

344 Vgl. *Zweigert/Kötz*, Rechtsvergleichung, 439.

345 Siehe 1. Teil A. I. 2.

346 *BGHZ* 49, 384, 386 f.; 57, 72, 75; *BGH*, RIW 1989, 136, 138; *Schack*, Internationales Zivilverfahrensrecht, Rn. 432, Fn. 1; vgl. MünchKommZPO/*Patzina*, § 38, Rn. 11; anders jedoch *Wagner*, Prozessverträge, 557, nach dessen Ansicht es sich um einen Prozessvertrag handelt.

347 Vgl. darüber hinaus zur Wirkung der Gerichtsstandsvereinbarung bei der Gesellschafterhaftung gemäß §§ 128, 130 HGB: *BGH* NJW 1981, 2644, 2646; *OLG Bamberg*, IPRax 1990, 105 ff.; bei einer Gerichtsstandsklausel in einem Konnossement: *BGH*, NJW 1971, 325 f.; *OLG Bremen*, VersR 1985, 987, 988; bei Anspruch gegen den Vertreter ohne Vertretungsmacht gemäß § 179 BGB: *HansOLG*, MDR 1975, 227; *OLG Bremen*, RIW 1985, 894 ff.

348 *Erman/Westermann*, § 398, Rn. 2, 28; *Palandt/Heinrichs*, § 398, Rn. 18 ff.

stand der Forderung. Das bedeutet, dass die Identität der Forderung nach ihrem Übergang bestehen bleibt[349]. Es sollen demnach auch alle Einwendungen und Einreden bezüglich der Forderung fortbestehen.

(1) Allgemeines

Die Wirkung einer Gerichtsstandsvereinbarung gemäß § 38 ZPO gegenüber dem Zessionar wird vereinzelt – losgelöst von den Regelung gemäß §§ 398 ff. BGB – auf §§ 265, 325, 727 ZPO gestützt. Diese seien Ausdruck eines allgemeinen Prinzips, wonach die Rechtsnachfolge für den Prozess anzuerkennen sei und damit auch der Rechtsnachfolger an die Gerichtsstandsvereinbarung gebunden werden müsse[350]. Allerdings knüpfen §§ 265, 325, 727 ZPO an bestimmte zeitliche Momente an. So ist gemäß §§ 265, 325 ZPO die Rechtshängigkeit des Prozesses, gemäß § 727 ZPO der Zeitpunkt der Rechtskraft des Urteils entscheidend. Es handelt sich folglich um spezielle Regelungen für die Fälle der Rechtsnachfolge nach Rechtshängigkeit des Prozesses oder Rechtskraft des Urteils. Sie befassen sich jedoch nicht mit der Problematik, ob eine Gerichtsstandsvereinbarung unabhängig von einem dieser zeitlichen Momente – also insbesondere vor Eintritt der Rechtshängigkeit – einen Rechtsnachfolger binden kann. Daher kann aus ihnen keinerlei Antwort auf die hier gestellte Frage entnommen werden, auch nicht aufgrund einer entsprechenden Anwendung der Vorschriften[351].

Vielfach wird ein Übergang der Wirkung der Gerichtsstandsvereinbarung mit einer entsprechenden Anwendung von § 401 Abs. 1 BGB begründet. Sie wird als Eigenschaft des abgetretenen Rechts angesehen, die mit dem Recht übergeht, so dass sich der Zessionar auf diese berufen kann, sich diese aber auch entgegenhalten lassen muss[352]. Nach einer anderen Ansicht soll § 404 BGB zur Begründung der Drittwirkung herangezogen werden[353]. Da beide Vorschriften nur einen Teilaspekt erfassen, wird der Übergang der Wirkung der Gerichtsstandsvereinbarung mit einem Zusammenspiel von §§ 401, 404 und auch § 398 S. 2 BGB begründet, die Ausdruck des Prinzips des Fortbestandes der Forderungsidentität sind[354].

Gegen eine isolierte Anwendung von § 401 Abs. 1 BGB spricht, dass diese Vorschrift eine Regelung lediglich in Bezug auf den Übergang von Rechten bzw. vorteilhaften Rechtspositionen vorsieht, die für die Forderung bestehen. Die Wirkungen einer Gerichtsstandsvereinbarung sind jedoch nicht nur vorteilhaft[355]. Auch § 404 BGB betrifft lediglich einen Teilaspekt des Identitätsgrundsatzes. Er regelt die Einwendungen

---

349 *Nörr/Scheyhing/Pöggeler/Nörr*, Sukzession, 36 ff.; *Staudinger/Busche*, § 398, Rn. 27 und Einl. zu §§ 398 ff., Rn. 1, 4.

350 *Schiedermair*, Vereinbarungen im Zivilprozess, 158 ff.; *Teubner/Künzel*, MDR 1988, 720, 726; in diesem Sinne auch *Wieczorek/Schütze/Hausmann*, § 38, Rn. 94.

351 So auch *Wagner*, Prozessverträge, 306 f.; MünchKommZPO/*Lüke*, § 265, Rn. 11.

352 So die ständige Rechtsprechung des Reichsgericht und des Bundesgerichtshofs: *RGZ* 56, 182 f.; 146, 52, 55 f.; *BGHZ* 71, 162, 164 f.; *BGH*, ZIP 1997, 2082, 2083.

353 *Soehring*, Die Nachfolge in Rechtslagen, 57; MünchKomm/*Roth*, § 404, Rn. 5.

354 So in Bezug auf Schiedsvereinbarungen: *Ahrens*, Subjektive Reichweite, 102 ff. Allgemein hinsichtlich Prozessverträge: *Wagner*, Prozessverträge, 311 ff.; *Soehring*, NJW 1969, 1093, 1094. Im Ergebnis auch *Baumbach/Lauterbach/Albers/Hartmann*, § 38, Rn. 5.

355 Vgl. auch *Wagner*, Prozessverträge, 312; *Baur*, FS Schricker, 99, 103 ff.

des Schuldners gegenüber dem neuen Gläubiger. Erst im Zusammenspiel von §§ 398 S. 2, 401, 404 BGB wird der Grundsatz der Identität der Forderung in seiner Gesamtheit deutlich. Demnach ist die Wirkung der Gerichtsstandsvereinbarung mit der Wertung zu begründen, die sich aus §§ 398 S. 2, 401, 404 BGB ergibt.

Es zeigt sich, unabhängig davon, aufgrund welcher Vorschriften die Wirkung zu Lasten des Zessionars begründet wird, dass diese immer auf dem Gedanken des Fortbestandes der Forderung basiert[356]. Der Schuldner soll nicht die aus einer Gerichtsstandsvereinbarung herrührenden Vorteile ohne seinen Willen verlieren[357].

(2) Prorogationsbefugter Personenkreis

Umstritten ist, ob für die Entfaltung der Wirkung gegenüber dem (Gesamt-/Einzel-)Rechtsnachfolger erforderlich ist, dass dieser zu dem prorogationsbefugten Personenkreis gehört. Während es einerseits für zulässig befunden wird, eine Wirkung von Zuständigkeitsvereinbarungen gegenüber Personen anzunehmen, die die Kaufmannseigenschaft nicht besitzen, argumentieren die Gegner mit dem Normzweck des § 38 ZPO. Dieser wolle nicht-prorogationsbefugte Personen schützen[358]. Überwiegend wird dennoch eine Wirkung der Vereinbarung auch gegenüber nicht-prorogationsbefugten Personen angenommen. Begründet wird dies damit, dass sich der in § 38 ZPO zum Ausdruck kommende Schutzgedanke lediglich auf den Abschluss der Gerichtsstandsvereinbarung beziehe, jedoch nicht auf die Übertragung ihrer Wirkungen[359]. Dem ist insoweit zuzustimmen, als die Abtretung im Blickpunkt der Betrachtung steht. In diesem Fall besteht keine Schutzbedürftigkeit des Dritten. Nach den aufgezeigten Grundsätzen erwirbt er das Recht in der Gestalt, in der es für den Zessionar bestand, ganz gleich, ob er die von § 38 ZPO aufgestellten Erfordernisse erfüllt.

(3) Gutgläubiger „lastenfreier" Erwerb

Darüber hinaus stellt sich die Frage, ob der Zessionar die Forderung auch ohne die „Last" der Gerichtsstandsvereinbarung erwerben kann, wenn er die Gerichtsstandsvereinbarung nicht kannte, ob also ein gutgläubiger „lastenfreier" Erwerb möglich ist. Der Gedanke der §§ 398 ff. BGB findet auch hierbei Anwendung. So wird der Zessionar nicht in seinem guten Glauben an das Nichtbestehen von materiell-rechtlichen Einwendungen geschützt, da die Forderung grundsätzlich in ihrer Identität fortbestehen muss. Dieser Gedanke ist übertragbar, so dass auch ein gutgläubiger „lastenfreier" Erwerb, also ohne die Last der Gerichtsstandsvereinbarung, nicht möglich ist[360]. § 405 BGB ist als Ausnahme zu dem Grundsatz des Fortbestands der Identität der Forderung zu verstehen. Diese Vorschrift ist nur auf die durch sie ausdrücklich geregelten Fälle

---

356 Im Ergebnis auch *BGH*, NJW 1978, 1585 f.; *BGH*, NJW 1980, 2022, 2023. Somit bedarf es keiner Vertragsübernahme, wie dies *Schricker*, FS Quack (1991), 99, 103 ff. hinsichtlich der Schiedsvereinbarung fordert.

357 *Wagner*, Prozessverträge, 313.

358 *LG Trier*, NJW 1982, 286 f.; *Erman/Westermann*, § 398, Rn. 28; MünchKommZPO/*Patzina*, § 38, Rn. 24.

359 *OLG Köln*, NJW-RR 1992, 571; *Wagner*, Prozessverträge, 310 f.; ausführlich: *Meyer-Lindemann*, JZ 1982, 592, 594 f.; *Schumann*, JA 1975, 423, 427.

360 So *Soehring*, Die Nachfolge in Rechtslagen, 63 ff.; *Wagner*, Prozessverträge, 315; *Ackmann*, ZIP 1982, 462, 463 f.

anzuwenden und regelt damit nicht den gutgläubigen „lastenfreien“ Erwerb[361]. Lediglich im Wertpapierrecht soll von dem Grundsatz eine Ausnahme zugelassen werden[362]. Dies ist damit zu begründen, dass der Schuldner die das Recht verbriefende Urkunde ausgestellt und damit einen Rechtsschein der Vollständigkeit veranlasst hat. Der Erwerber eines solchen Rechts vertraut auf die das Recht verbriefende Urkunde, so dass die Schutzbedürftigkeit des Schuldners gegenüber der des Erwerbers zurücktritt[363]. Der Erwerber muss folglich in seinem guten Glauben geschützt werden[364]. Zudem dient eine solche Regelung der Umlauffähigkeit der Wertpapiere im Handelsverkehr. Die Umlauffähigkeit findet aber nur dann hinreichende Beachtung, wenn ein gutgläubiger „lastenfreier“ Erwerb möglich ist[365]. Auf diese Sonderfälle bleibt der gutgläubige „lastenfreie“ Erwerb allerdings beschränkt. Infolgedessen entfaltet eine Gerichtsstandsvereinbarung grundsätzlich gegenüber dem Zessionar ihre Wirkung.

bb) Bei „privativer Schuldübernahme“

Die privative Schuldübernahme[366] führt dazu, dass die Schuld auf den Übernehmer vollständig übergeht, und nicht bei dem Erstschuldner verbleibt. Anders als bei der Novation, wie sie das römische Recht kannte, erfolgt keine Entstehung eines neuen Rechts, sondern eine Sonderrechtsnachfolge unter Identitätswahrung der Schuld[367]. Ihre Regelung findet die privative Schuldübernahme in §§ 414 ff. BGB. Gemäß § 414 BGB kann eine Schuld von einem Dritten durch Vertrag mit dem Gläubiger in der Weise übernommen werden, dass der Dritte an die Stelle des bisherigen Schuldners tritt. Voraussetzungen ist jedenfalls die Zustimmung des Gläubigers, da durch den Schuldnerwechsel das Befriedigungsinteresse des Gläubigers gefährdet werden kann[368]. Spiegelbildlich zur Abtretung erfolgt die Schuldübernahme unter der grundsätzlichen Wahrung der Identität der Verpflichtung[369].

Fraglich ist allerdings, ob auch in den Fällen der privativen Schuldübernahme, die Gerichtsstandsvereinbarung, die zwischen den ursprünglichen Parteien getroffen wurde, Wirkung zu Lasten des Dritten entfaltet. Gemäß § 417 Abs. 1 BGB kann der neue

---

361 Vgl. *RGZ* 74, 416, 421; *Soehring*, Die Nachfolge in Rechtslagen, 63 ff.; dazu auch MünchKomm/*Roth*, § 405, Rn. 10; *Staudinger/Busche*, § 405, Rn. 14. In diesem Sinne auch *Wagner*, Prozessverträge, 315.

362 Vgl. insoweit auch: § 796 BGB; § 364 Abs. 2 HGB, Art. 17 WG und Art. 22 SchG.

363 So wohl auch die Überlegungen bei *Soehring*, Die Nachfolge in Rechtslagen, 67, 68.

364 Wenn der Erwerber mit einer Schiedsklausel rechnen musste, entfaltet diese ihm gegenüber auch ihre Wirkung, vgl. *BGHZ* 29, 123; *Erman/Heckelmann*, § 796, Rn. 4.

365 *Soehring*, Die Nachfolge in Rechtslagen, 67; *Erman/Henckelmann*, § 796, Rn. 1; MünchKomm/*Hüffer*, § 796, Rn. 1.

366 Es handelt sich hierbei eigentlich um eine typische Konstellation, in der der Dritte nicht Kläger, sondern Beklagter in einem Prozess ist.

367 *Nörr/Scheyhing/Pöggeler/Nörr*, Sukzessionen, 223; *Staudinger/Rieble*, § 414, Rn. 1.

368 MünchKomm/*Möschel*, § 414, Rn. 3; *Palandt/Heinrichs*, Überbl. v. § 414, Rn. 1; *Staudinger/Rieble*, § 414, Rn. 3.

369 Vgl. *Nörr/Scheyhing/Pöggeler/Nörr*, Sukzessionen, 2223; *Erman/Westermann*, § 414, Rn. 6; *Staudinger/Rieble*, § 414, Rn. 1. Ob es sich bei der Schuldübernahme um einen Fall der Rechtsnachfolge im Sinne von §§ 265, 325, 727 ZPO handelt, ist umstritten, kann jedoch hier dahinstehen; vgl. zu dieser Problematik: *Erman/Westermann*, vor § 414, Rn. 4.

Schuldner sämtliche Einwendungen gegenüber dem Gläubiger geltend machen, die dem Altschuldner zustanden. Darunter fallen auch prozessuale Einreden[370]. Allerdings zeigt diese Regelung lediglich die Seite des Übernehmers auf. Es ist jedoch zu beachten, dass die Identiät der Schuld bei der privativen Schuldübernahme im Sinne von §§ 414 ff. BGB fortbesteht. Daher muss auch die Gerichtsstandsvereinbarung, die die Schuld modifiziert, zu Lasten des Übernehmers wirken, unabhängig davon, ob sich der Übernehmer oder der Gläubiger darauf beruft[371].

cc) Bei „Vertragsübernahme"

Die Vertragsübernahme ist gesetzlich in Einzelfällen geregelt[372]. Daraus – und natürlich aus dem Grundsatz der Privatautonomie – folgt, dass die Vertragsübernahme mit dem System des Gesetzes durchaus vereinbar ist[373]. Bei der rechtsgeschäftlichen Vertragsübernahme bedarf es eines dreiseitigen Vertrages oder eines Vertrages zwischen zwei Beteiligten unter Zustimmung des Dritten[374]. Folge des Vorliegens der Voraussetzungen ist die Übernahme der gesamten Vertragsposition[375]. Es findet demnach eine Auswechslung der Person auf der Seite einer Vertragspartei statt. Der Übernehmer erwirbt somit die Rechtsstellung des Vorgängers und dadurch die aus diesem folgenden Rechte und Pflichten, so wie sie bestanden[376]. Aus dem bereits zu der Forderungsabtretung sowie der privativen Schuldübernahme Vorgetragenen muss folglich bei der Ver-

---

370 MünchKomm/*Möschel*, § 417, Rn. 4.

371 Vgl. Hellwig, Systematik des zivilprozessrechtlichen Vertrages, 117 ff.; *Wagner*, Prozessverträge, 314; *Soehring*, NJW 1969, 1093, 1094. Mißverständlich *BGHZ* 68, 356, 359 zu der Drittwirkung von Schiedsvereinbarungen, der zwar von der „Schuldübernahme" spricht, wohl aber die „Schuldmitübernahme" meint; dazu auch *Ahrens*, Subjektive Reichweite, 109; *Massuras*, Mehrparteienschiedsgerichtsbarkeit, 129 f. Die Drittwirkung einer Schiedsklausel in diesem Fall bejahend auch: *Soergel/Schmidt*, vor § 414, Rn. 2. *Wagner*, Prozessverträge, 317 ff. will eine Drittwirkung auch bei der Schuldmitübernahme zulassen; ebenso *Roth*, IPRax 1987, 141, 142 f., was die herrschende Ansicht jedoch ablehnt, da es nicht zu einer Rechtsnachfolge kommt, vgl. *Soehring*, Die Nachfolge in Rechtslagen, 80 ff., der insbesondere auf den Schutzzweck der Form verweist, der bei einem Schuldmitübernahmevertrag ebenso wie bei jeder anderen rechtsgeschäftlichen Rechts- oder Schuldbegründung eingreift, so dass die Erfordernisse gemäß § 38 ZPO einzuhalten sind, der Dritte also entweder Kaufmann sein muss, oder die Anforderungen von § 38 Abs. 3 ZPO einzuhalten hat; *Stein/Jonas/Leipold*, § 38, Rn. 19. Kommt es zu einer Vereinbarung zwischen dem Schuldmitübernehmer und dem Gläubiger gemäß § 38 ZPO, so handelt es sich nicht mehr um den Fall einer Drittwirkung, da der Schuldübernehmer Partei der Vereinbarung mit dem Gläubiger ist.

372 Vgl. § 613a Abs. 1 S. 1 BGB. § 571 BGB a.F. (§ 566 BGB n.F.) wird überwiegend für einen Fall der gesetzlichen Vertragsübernahme gehalten; dazu: *Nörr/Scheyhing/Pöggeler/Nörr*, Sukzessionen, 202; MünchKomm/*Möschel*, vor § 414, Rn. 8; *Staudinger/Rieble*, § 414, Rn. 30; anders allerdings *BGH*, NJW 2000, 2346.

373 *BGH*, WM 1974, 908; *Nörr/Scheyhing/Pöggeler/Nörr*, Sukzessionen, 183 f.; *Staudinger/Busche*, Einl. zu §§ 398 ff., Rn. 197; *Staudinger/Rieble*, § 414, Rn. 31; *Bettermann*, JZ 1963, 10, 12.

374 Überwiegende Ansicht: *Erman/Westermann*, vor § 414, Rn. 1; *Nörr/Scheyhing/Pöggeler/Nörr*, Sukzessionen, 191 ff.

375 Ob es sich dabei um einen Fall der Gesamtrechtsnachfolge handelt, ist eine Frage der Terminologie, vgl. *Nörr/Scheyhing/Pöggeler/Nörr*, Sukzessionen, 1.

376 *BGHZ* 129, 371, 375; *Erman/Westermann*, vor § 414, Rn. 1; *Staudinger/Busche*, Einl. zu §§ 398 ff., Rn. 202 f.

tragsübernahme eine zwischen den ursprünglichen Parteien getroffene Gerichtsstandsvereinbarung zu Lasten des Dritten wirken[377].

dd) Bei „Erbschaft"

Das deutsche Erbrecht ist geprägt vom Grundsatz der Universalsukzession. Gemäß § 1922 Abs. 1 BGB geht im Erbfall das Vermögen des Erblassers als Ganzes auf den Erben über. Folglich rückt der Erbe in die Rechtsstellung[378] des Erblassers ein.

Fraglich ist, ob die Gerichtsstandsvereinbarung, die der Erblasser mit seinem Gläubiger oder Schuldner geschlossen hat, auch Wirkung zu Lasten des Erben entfaltet. Dies ist in Anbetracht der zuvor diskutierten Fälle zu bejahen, denn gerade bei der Universalsukzession bedarf es des Fortbestands der Identität der Rechtsstellung[379].

ee) Beim „Vertrag zu Gunsten Dritter"

Anders könnte sich die Rechtslage jedoch im Hinblick auf den Vertrag zu Gunsten Dritter gestalten. Gemäß § 328 Abs. 1 BGB kann durch Vertrag eine Leistung an einen Dritten mit der Wirkung bedungen werden, dass der Dritte unmittelbar das Recht erwirbt, die Leistung zu fordern. Es handelt sich um einen sogenannten „echten" Vertrag zu Gunsten Dritter, der sich vom „unechten" Vertrag zu Gunsten Dritter dadurch unterscheidet, dass ersterer dem Dritten einen eigenen Anspruch zuspricht[380].

Vereinbaren die Parteien, die auch den Vertrag zu Gunsten eines Dritten schließen, eine ausschließliche Zuständigkeit eines Gerichts, und ist kein Grund ersichtlich, warum diese nur zwischen den Parteien wirken soll, so ist die Problematik zu lösen, ob die getroffene Gerichtsstandsvereinbarung auch dem Dritten gegenüber Wirkung zu seinen Lasten entfaltet. Dabei ist zu beachten, dass Verträge zu Lasten des Dritten mit dem Grundsatz der Privatautonomie unvereinbar und damit unzulässig sind[381]. Zulässig sind hingegen Belastungen des Dritten, die sich nur als Einschränkung seiner Begünstigung darstellen[382]. Folglich unterliegt es der privatautonomen Entscheidung der Parteien, welche Begünstigung dem Dritten zukommen soll. Sie können die Begünstigung des Dritten demnach ausgestalten[383]. Dieses Prinzip fasst auch § 334 BGB ins Auge,

---

377 *Wagner*, Prozessverträge, 314 f. Zu diesem Ergebnis gelangt auch *BGH*, NJW 2000, 2346 im Hinblick auf eine Schiedsklausel, obwohl er § 571 BGB a.F. nicht als Fall der Vertragsübernahme versteht. Siehe ebenfalls *Nörr/Scheyhing/Pöggeler/Nörr*, Sukzessionen, 219.

378 Ob zu dem Vermögen des Erblassers auch Schulden gehören, ist zwar umstritten, jedoch hat diese Streitfrage wegen § 1967 BGB praktisch keine Bedeutung; siehe auch *Erman/Schlüter*, § 1922, Rn. 6.

379 Vgl. *BGH*, ZZP 75 (1962), 261 f. zu einer Schiedsvereinbarung; *OLG Köln*, NJW-RR 1992, 571; *Baur*, FS Fasching (1988), 81, 90; *Wagner*, Prozessverträge, 309; *Stein/Jonas/Bork*, § 38, Rn. 50; *Zöller/ Vollkommer*, § 38, Rn. 10; *Meyer-Lindemann*, JZ 1982, 592 ff.

380 Dazu *Erman/Westermann*, vor § 328, Rn. 1 f.; MünchKomm/*Gottwald*, § 328, Rn. 1, 9.

381 *BGHZ* 61, 359, 361; *Flume*, Allgemeiner Teil II, 9; *Schirmer*, FS Schmidt (1976), 821, 830; MünchKomm/*Gottwald*, § 328, Rn. 172; *Palandt/Heinrichs*, Einf v § 328, Rn. 10; *Soergel/Hadding*, § 328, Rn. 118 ff.; *Staudinger/Jagmann*, Vorbem. Zu §§ 328 ff., Rn. 25, 42; *Martens*, AcP 177 (1977), 113, 139.

382 *Schirmer*, FS Schmidt (1976), 821, 840, vgl. auch 835 ff.; MünchKomm/*Gottwald*, § 328, Rn. 177 ff.; dazu auch *Staudinger/Jagmann*, Vorbem. Zu §§ 328 ff., Rn. 46 f. Vgl. ebenso *Bayer*, Der Vertrag zugunsten Dritter, 228.

383 Vgl. auch zu internationalen Gerichtsstandsvereinbarungen im Anwendungsbereich des EuG-

wonach der Versprechende die Einwendungen aus dem Vertrag mit dem Versprechensempfänger gegenüber dem Dritten geltend machen kann.

Vereinbaren die Parteien die Zuständigkeit eines Gerichts, so treffen sie eine Regelung hinsichtlich der Durchsetzung des Rechts für den Dritten. Sie beschränken somit das Recht in der Weise, dass Klagen diesbezüglich nur vor dem vereinbarten Gericht geltend gemacht werden können. Infolgedessen handelt es sich nicht um eine eigenständige Verpflichtung, die dem Dritten als Gegenleistung für die Begünstigung auferlegt werden soll, sondern um eine Beschränkung der Begünstigung, die dieser hinnehmen muss[384]. Er ist nicht schutzbedürftig, da er lediglich ein Recht erhält, das die von den Parteien getroffene Gestalt aufweist. Mithin muss er dieses so hinnehmen, wie es vereinbart wurde, und kann sich nicht der für ihn lästigen Einschränkungen entledigen[385]. Demzufolge entfaltet eine Gerichtsstandsklausel in einem Vertrag zu Gunsten Dritter gegenüber diesem ihre Wirkung[386]. Aber auch hier wird in den Sonderfällen des Wertpapierrechts ein gutgläubiger „einredefreier“ Erwerb bejaht. Der Erwerber soll nicht anders behandelt werden, als hätte er sein Recht von seinem Vorgänger abgeleitet. Wiederum ist darauf zu verweisen, dass der Schuldner die das Recht verbriefende Urkunde ausgestellt und damit einen Rechtsschein der Vollständigkeit veranlasst hat. Der Erwerber schenkt der Urkunde Vertrauen. Folglich tritt die Schutzbedürftigkeit des Schuldners gegenüber der des Erwerbers zurück. Des Weiteren spricht für eine solche Lösung die Umlauffähigkeit der Wertpapiere im Handelsrecht. Somit ist in diesen Ausnahmefällen ein gutgläubiger „lastenfreier“ Erwerb möglich[387].

ff) Sonderfall: Erwerb des Eigentums durch den Dritten

Der rechtsgeschäftliche Eigentumserwerb von Mobilien ist in §§ 929 ff. BGB, derjenige von Immoblilien in §§ 873, 925 BGB geregelt. Haben zwei Parteien eine Gerichtsstandsvereinbarung getroffen, nach der für die Geltendmachung von Unterlassungs- und Beseitigungsansprüche gemäß § 1004 BGB ein bestimmtes Gericht ausschließlich zuständig sein soll, stellt sich die Frage, ob bei einem Erwerb des Eigentums durch einen Dritten die Gerichtsstandsvereinbarung ihm gegenüber Wirkung entfaltet. In der Literatur ist diesbezüglich kaum Stellung bezogen worden.

Soehring[388] hat eine Wirkung gegenüber dem neuen Eigentümer bejaht. Seiner Ansicht nach ist es nicht ersichtlich, warum gemäß § 325 ZPO die Rechtshängigkeit als Belastung des Eigentums erfasst wird, nicht jedoch eine Gerichtsstandsvereinbarung

---

VÜ/LugÜ bzw. der EuGVO: *Heiss*, Versicherungsrecht in Europa, 105, 139 f.

384 In diesem Sinne auch *Staudinger/Jagmann*, § 328, Rn. 24 f., 236.

385 *RG*, WarnRspr. 1908, Nr. 361. Vgl. bezüglich internationaler Gerichtsstandsvereinbarungen im Anwendungsbereich des EuGVÜ/LugÜ bzw. der EuGVO, aber nach dem seiner Ansicht nach zur Anwendung kommenden deutschen Rechts: *Mankowski*, IPRax 1996, 427, 431.

386 *RG*, WarnRspr. 1908, Nr. 361; *BGHZ* 48, 35, 45; *Bayer*, Der Vertrag zugunsten Dritter, 335, Fn. 672 zu § 334 BGB; *Soegel/Hadding*, § 328, Rn. 64 zu Schiedsklauseln.

387 Siehe zum gutgläubigen „einredefreien“ Erwerb des gutgläubigen Konnossementsinhabers: *BGHZ* 98, 284 ff.; *Bayer*, Der Vertrag zugunsten Dritter, 179 ff., 339; Großkommentar/*Canaris*, § 364, Rn. 29; MünchKomm/*Gottwald*, § 334, Rn. 2; *Rabe*, TranspR 2000, 389, 393, 394 f.

388 *Soehring*, Die Nachfolge in Rechtslagen, 94 ff., 98 f.; siehe auch MünchKommZPO/*Lüke*, § 265, Rn. 11.

als solche angesehen werden soll. Allerdings sei ein gutgläubiger „lastenfreier“ Erwerb möglich, wenn der Dritte zur Zeit seines Rechtserwerbs von der bestehenden Gerichtsstandsvereinbarung keine positive Kenntnis hat oder diese aufgrund grober Fahrlässigkeit nicht kennt[389].

Wagner[390] hingegen verneint grundsätzlich die Wirkung einer Gerichtsstandsvereinbarung gegenüber demjenigen, auf den das Eigentum übergeht. Gegen die Ansicht *Soehrings* spreche, dass es sich bei der Regelung gemäß § 325 ZPO – wie bereits festgestellt[391] – um eine Ausnahmeregelung handele, aus der kein allgemeines Prinzip bezüglich der Nachfolge in Prozessrechtslagen entwickelt werden könne. Zudem sei nicht erkennbar, warum eine Bindung an die prozessualen, jedoch nicht an die materiellen Vereinbarungen gegeben sein soll. Im Ergebnis entspricht dies der überwiegenden Meinung[392]. Allerdings wird von dieser als Begründung angeführt, dass die dem Veräußerer bzw. dem Erwerber zustehenden Eigentumsansprüche selbständig seien[393]. Folglich entfaltet eine Gerichtsstandsvereinbarung gegenüber dem Eigentumserwerber keine Wirkung.

gg) Ergebnis

Festzuhalten ist, dass für die (Gesamt-/Einzel-)Rechtsnachfolge der Grundsatz des Fortbestandes der Identität der Rechte und/oder Pflichten oder gesamter Rechtspositionen, die übergehen, maßgebend ist. Zu deren Identität zählt auch die Wirkung der Gerichtsstandsvereinbarung, die der Vorgänger im Hinblick auf Streitigkeiten diesbezüglich mit der anderen Partei getroffen hat. Hinsichtlich des Vertrages zu Gunsten Dritter gilt, dass das Recht, welches der Dritte erhält, so besteht, wie es die Parteien ausgestaltet haben. Dem Dritten wird keine eigenständige Last auferlegt. Vielmehr erhält er ein Recht, muss dieses aber mit den Beschränkungen hinnehmen, die die Vertragsparteien vereinbart haben. Dazu gehört auch die Bestimmung der Zuständigkeit eines Gerichts.

Es wird deutlich, dass nach deutschem Recht eine Gesamtbetrachtung von materiellem Recht und der Wirkung der Gerichtsstandsvereinbarung erfolgt. Letztere wird als Modalität der materiellen Rechte und/oder Pflichten oder gesamter Rechtspositionen betrachtet. Gehen diese über, so muss die Gerichtsstandsvereinbarung gegenüber dem Dritten wirken, da der Grundsatz vom Fortbestand der Identität der materiellen Rechtsstellung gilt. Entsteht das Recht erst in der Person des Dritten, so ist die Betrachtungsweise ähnlich: Das Recht wird durch eine Vereinbarung der Parteien geschaffen, die als Modalität des Rechts die ausschließliche Zuständigkeit eines Gerichtes für Streitigkeiten diesbezüglich festlegen können.

---

389 *Soehring*, Die Nachfolge in Rechtslagen, 101 ff., jedoch lehnt er bei der Eigentumsverschaffung nach § 931 BGB eine Anwendung der Grundsätze über den Schutz des guten Glaubens ab; so S. 106 f.

390 *Wagner*, Prozessverträge, 323.

391 Vgl. dazu 2. Teil B. III. 1. a) aa).

392 *Rosenberg/Schwab/Gottwald*, Zivilprozessrecht, § 67, Rn. 23: „*Ein Prozessvertrag, der sich auf ein dingliches Recht oder Ansprüche daraus bezieht, bindet dagegen (ohne besondere Vereinbarung) nicht den Einzelrechtsnachfolger in das dingliche Recht, da die Ansprüche des Dritten gegen den Veräußerer nicht identisch sind mit denen gegen den Erwerber*“.

393 Kritisch zu dieser Argumentation: *Wagner*, Prozessverträge, 322.

b) Drittwirkung von Gerichtsstandsvereinbarungen im österreichischen Recht

Da die Rechtsentwicklung in Deutschland und Österreich vielfach parallel verlief, sind bei Betrachtung dieser Rechtsordnungen weitgehende Übereinstimmungen feststellbar[394]. Grundsätzlich geht auch das österreichische Recht von der Relativität der Vertragsverhältnisse aus[395]. Allerdings gibt es ebenfalls Fälle, in denen dieses Prinzip durchbrochen wird[396].

Die Gerichtsstandsvereinbarung erfährt ihre Regelung in § 104 JN[397], wonach sich die Parteien durch ausdrückliche Vereinbarung der inländischen Gerichtsbarkeit bzw. einem oder mehreren Gerichten erster Instanz namentlich angeführter Orte unterwerfen können. Die Vereinbarung muss gemäß § 104 Abs. 1 S. 2 JN urkundlich nachgewiesen werden. Inwieweit eine solche zu Lasten des Dritten wirkt, ist auch nach dem Wortlaut von § 104 JN nicht ersichtlich. Obwohl die Gerichtsstandsvereinbarung von der materiellen Hauptvereinbarung unabhängig ist[398], wird die Problematik der Drittwirkung einer Gerichtsstandsvereinbarung in bestimmten materiellrechtlichen Konstruktionen diskutiert. Diese sind im Folgenden zu untersuchen.

aa) Bei „Abtretung"

Gemäß § 1392 ABGB[399] liegt eine Abtretung vor, wenn eine Forderung von einer Person an die andere übertragen, und von dieser angenommen wird. Somit erfolgt die Abtretung des Rechts mit Hinzutreten des neuen Gläubigers. Voraussetzung ist der Abschluss eines Abtretungsvertrages, dem ein gültiges Kausalgeschäft zugrunde liegen muss, wobei eine Anzeige an den Schuldner für eine wirksame Abtretung nicht erforderlich ist[400]. Zudem ist die Einhaltung einer bestimmten Form nicht notwendig, es sei denn das Grundgeschäft ist formbedürftig[401]. Da die Rechtsstellung des Schuldners nicht verschlechtert werden darf, muss die Forderung ihre Identität beibehalten[402]. Der Fortbestand der Identität der Forderung findet seinen Ausdruck insbesondere in §§ 1394, 1396 S. 1 Hs. 2 ABGB. Gemäß 1394 ABGB sind die Rechte des Übernehmers *„mit den Rechten des Überträgers in Rücksicht auf die überlassene Forderung eben dieselben"*. § 1396 S. 1 Hs. 2 ABGB sieht vor, dass dem Schuldner das Recht bleibt, *„seine Einwendungen gegen die Forderung anzubringen"*. Es gilt der Grundsatz, dass keiner mehr Rechte übertragen kann, als ihm selber zustanden[403].

---

394 Vgl. die historische Betrachtung des österreichischen Rechts in: *Zweigert/Kötz*, Rechtsvergleichung, 156 ff.

395 Vgl. *Spielbüchler*, Der Dritte im Schuldverhältnis, insb. 3 f.; *Rummel/Rummel*, § 859, Rn. 36.

396 Dazu auch *Spielbüchler*, Der Dritte im Schuldverhältnis.

397 Siehe Anhang V.

398 Vgl. *OGH* SZ 2/62; *Matscher*, Zuständigkeitsvereinbarungen, 56.

399 Vgl. Anhang V.

400 *Apathy*, Die Forderungsabtretung, 509, 511 ff.; *Zweigert/Kötz*, Rechtsvergleichung, 441; vgl. auch *Schwimann/Honsell/Heidinger*, § 1392, Rn. 4.

401 *OGH* SZ 62/32, 195, 198; *Apathy*, Die Forderungsabtretung, 514 ff.; *Rummel/Ertl*, § 1392, Rn. 2; *Schwimann/Honsell*, § 1392, Rn. 11 ff.

402 *OGH* SZ 50/1, S. 3, 5; *Apathy*, Die Forderungsabtretung, 509, 520.

403 *OGH* SZ 50/150, S. 717, 724; *Schwimann/Honsell/Heidinger*, § 1394, Rn. 1.

Eine Gerichtsstandsvereinbarung, die der Altgläubiger mit dem Schuldner vereinbart hat, kann auch gegenüber dem Neugläubiger Wirkung entfalten. Dafür spricht – wie auch im deutschen Recht[404] – das Prinzip des Fortbestandes der Identität der Forderung. Der Neugläubiger muss die Forderung so übernehmen, wie sie bei dem Altgläubiger bestand. Dazu gehört als Ausformung des Rechts auch die vereinbarte Art des Rechtsschutzes[405]. Ein gutgläubiger Erwerb ist grundsätzlich weder im Hinblick auf den Umfang noch hinsichtlich der Modalitäten der Forderung möglich. Begründet wird dies mit dem Fortbestand der Identität der Forderung, die zum Schutze des Schuldners erforderlich ist[406]. Lediglich in Sonderfällen, wenn die Schutzbedürftigkeit des Schuldners besonders gering oder die des Zessionars aus Gründen des Verkehrsschutzes besonders groß ist, kann davon eine Ausnahme zugelassen werden, so beispielsweise hinsichtlich des Erwerbs einer Forderung nach wertpapierrechtlichen Bestimmungen[407]. Infolgedessen wirkt eine Gerichtsstandsvereinbarung grundsätzlich gegenüber dem Dritten.

bb) Bei „privativer Schuldübernahme"

Die Schuldübernahme ist im österreichischen Recht in §§ 1404 ff. ABGB[408] geregelt. Bei der sogenannten privativen Schuldübernahme tritt ein Dritter – wie auch im deutschen Recht[409] – an die Stelle des ursprünglichen Schuldners. Erforderlich ist dabei die Mitwirkung des Gläubigers, da ein Schuldnerwechsel für den Gläubiger Gefahren hinsichtlich der Zuverlässigkeit und Zahlungskräftigkeit birgt[410]. Gemäß § 1407 Abs. 1 S. 1 ABGB sind die Verbindlichkeit des Übernehmers *„mit den Verbindlichkeit des bisherigen Schuldners mit Rücksicht auf die übernommene Schuld ebendieselben"*. Daraus folgt die Regelung in § 1407 Abs. 1 S. 2 ABGB, nach der der Übernehmer dem Gläubiger *„die aus dem Rechtsverhältnis zwischen diesem und dem bisherigen Schuldner entspringenden Einwendungen entgegensetzen"* kann. Da bei der Schuldübernahme der Fortbestand der Identität der Schuld – so wie bei der Abtretung der Fortbestand der Identität der Forderung – maßgebend ist, muss auch eine hinsichtlich der Schuld vereinbarte Modalität - wie eine Gerichtsstandsvereinbarung – gegenüber dem Übernehmer gelten[411].

---

404 Vgl. 2. Teil B. III. 1. a) aa).

405 *OGH*, ecolex 1995, 712, 713; vgl. *OGH* SZ 36/138; *OGH* 3 Ob 524/77; 3 Ob 2325/96z; 1 Ob 1633/94; 3 Ob 249/02t; OGH, JBl 1980, 43, 44; *OGH*, GesRZ 1977, 26, 27 f.; *Fasching/Simotta*, § 104 JN, Rn. 98 f.; *Schwimann/Honsell/Heidinger*, § 1394, Rn. 11. Bezüglich eines Schiedsvertrages: *OGH* SZ 15/43; 18/12; 7 Ob 67/01f; *OGH*, ZfRV 2000, 31; vgl. zu der Drittwirkung von Schiedsklauseln aber auch: *Girsberger/Hausmaninger*, Arb.Int. 1992, 121, 127 f.

406 *OGH* SZ 41/60; SZ 50/1; *OGH*, JBl 1995, 251, 253; *Apathy*, Die Forderungsabtretung, 509, 512; *Koizol-Welser*, Grundriss des bürgerlichen Rechts II, 119; *Klang/Wolff*, § 1396, Anm. III.1; *Schwimann/Honsell/Heidinger*, § 1392, Rn. 2, 15.

407 *Rummel/Ertl*, § 1394, Rn. 2; *Schwimann/Honsell/Heidinger*, § 1394, Rn. 16. Vgl. auch *Koizol-Welser*, Grundriss des bürgerlichen Rechts II, 119.

408 Vgl. Anhang V.

409 Siehe 2. Teil B. III. 1. a) bb).

410 *Koizol-Welser*, Grundriss des bürgerlichen Rechts II, 124; vgl. auch *Rummel/Ertl*, § 1404, Rn. 1.

411 *Fasching/Simotta*, § 104 JN, Rn. 98 f.; *Klang/Wolff*, § 1407, Anm. 3; *Schwimann/Mader*, §

cc) Bei „Vertragsübernahme"

Die Vertragsübernahme ist nicht explizit im Gesetz geregelt, jedoch mittlerweile in Rechtsprechung und Literatur anerkannt[412]. Sie führt zu einem Wechsel einer Partei eines Schuldverhältnisses, so dass die Gesamtheit der Rechte und Pflichten einer Partei aus diesem Verhältnis auf eine dritte Person übertragen wird. Nach herrschender Ansicht handelt es sich bei der Vertragsübernahme nicht um eine bloße Verbindung von Forderungsabtretung und privativer Schuldübernahme, sondern um die Übernahme der gesamten Rechtsstellung einer Partei[413]. Erforderlich dafür ist die Zustimmung aller drei Beteiligten. Die Rechtsprechung schränkt dies jedoch insoweit ein, als die verbleibende Partei nur zustimmen muss, wenn es durch die Vertragsübernahme zu einem Schuldnerwechsel kommt[414]. Der Inhalt des Schuldverhältnisses verändert sich durch die Vertragsübernahme nicht. Die vertragliche Rechtsstellung der ausscheidenden Partei geht so auf den Dritten über, wie sie bestand[415]. Es gilt demnach auch hier das Prinzip des Fortbestandes der Identität. Infolgedessen wirkt eine Vereinbarung, die die Zuständigkeit eines Gerichts bei Streitigkeiten hinsichtlich des Schuldverhältnisses oder einzelner Rechte oder Pflichten hieraus bestimmt, zu Lasten des Übernehmenden[416].

dd) Bei „Erbschaft"

Auch nach österreichischem Recht[417] wird der Erbe Universalsukzessor des Erblassers. Der Erbe übernimmt folglich dessen gesamte Rechtsstellung[418]. Streitig ist dabei allein der Zeitpunkt des Eintritts der Universalsukzession[419]. Wie auch im deutschen Recht[420] verändert sich die Rechts- und Pflichtenposition des Erblassers durch den Übergang auf den Erben grundsätzlich nicht. Daher muss eine Gerichtsstandsvereinbarung, die der Erblasser getroffen hat, auch zu Lasten des Erben wirken[421].

ee) Beim „Vertrag zu Gunsten Dritter"

Der Vertrag zu Gunsten Dritter findet seine Regelung in §§ 881, 882 ABGB[422]. Eine Vereinbarung zu Lasten eines Dritten ist hingegen nicht möglich[423]. Auch nach öster-

---

1407, Rn. 5. Vgl. auch *Rummel/Ertl*, § 1407, Rn. 1.

412 *OGH*, JBl 1975, 429, 431; *Rummel/Ertl*, § 1406, Rn. 2; *Schwimann/Mader*, § 1406, Rn. 8.

413 *Koizol-Welser*, Grundriss des bürgerlichen Rechts II, 128; *Rummel/Ertl*, § 1404, Rn. 1.

414 *OGH*, JBl 1975, 429, 431; JBl 1990, 717, 718. Kritisch zu dieser Ausnahme: *Schwimann/Mader*, § 1406, Rn. 8. Vgl. zum Zustimmungserfordernis auch: *OGH*, ecolex 1994, 226 f.

415 *Rummel/Ertl*, § 1406, Rn. 2. In der Literatur wird eine Anwendung von §§ 1394, 1407 ABGB befürwortet, vgl. *Schwimann/Mader*, § 1406, Rn. 9.

416 Vgl. *OGH* 9 Ob 1509/96; *Fasching/Simotta*, § 104 JN, Fn. 98.

417 Vgl. insb. §§ 531 ff., 547 f., 797 AGBG in Anhang V.

418 *Koizol-Welser*, Grundriss des bürgerlichen Rechts II, 408; *Rummel/Welser*, § 532, Rn. 2; *Schwimann/Eccher*, § 532, Rn. 2.

419 Dazu: *Rummel/Welser*, § 532, Rn. 3; § 547, Rn. 1; *Schwimann/Eccher*, § 547, Rn. 2.

420 Vgl. 2. Teil B. III. 1. a) dd).

421 *OGH* 3 Ob 249/02t; *Fasching/Simotta*, § 104 JN, Rn. 98. Zu einer Schiedsvereinbarung: *OGH* 7 Ob 67/01f; 1 Ob 79/99w; *OGH*, ecolex 1995, 712 f.; *OGH*, ZfRV 2000, 31.

422 Vgl. Anhang V. Zur Entwicklung des Vertrages zu Gunsten Dritter: *Zweigert/Kötz*, Rechtsvergleichung, 458.

reichischem Recht wird zwischen einem „unechten“ Vertrag zu Gunsten Dritter – dem Vertrag auf Leistung an Dritte – sowie einem „echten Vertrag“ zu Gunsten Dritter, bei dem der Begünstigte unmittelbar aus dem Vertrag zwischen Versprechendem und Versprechensempfänger ein Forderungsrecht erhält, unterschieden[424]. Da der Dritte das Recht ohne sein Zutun erwirbt[425], steht es ihm zur Wahrung seiner Privatautonomie zu, dieses gemäß § 882 Abs. 1 ABGB zurückzuweisen. Der Dritte erhält das Recht unmittelbar aus dem Vertrag zwischen dem Versprechensempfänger und dem Versprechenden. Somit kann es nicht weiter reichen, als es vereinbart wurde[426]. Dieser Gedanke findet seinen Ausdruck insbesondere in § 882 Abs. 2 ABGB, wonach der Versprechende die Einwendungen aus dem Vertrag gegenüber dem Dritten geltend machen kann. Der Dritte muss demnach das Recht so annehmen, wie es – *„auch in der vertraglichen Ausformung ihrer Geltendmachung“*[427] – besteht.

Im Hinblick auf Schiedsklauseln hat der OGH eine Drittwirkung in diesen Fällen bereits bejaht. So seien eine Schiedsklausel und die Einräumung eines Rechts nicht voneinander in der Weise lösbar, dass der Dritte das Recht annehmen, die Wirkung der Schiedsklausel hingegen ausschlagen kann, da letztere eine Bestimmung bezüglich der Geltendmachung des Rechts darstelle. Folglich müsse der Dritte das Recht, wenn er es haben möchte, in der bestehenden Gestaltung gegen sich gelten lassen[428]. Diese Argumentation ist übertragbar auf die Problematik der Drittwirkung einer Gerichtsstandsvereinbarung. Auch diese Vereinbarung bezieht sich unmittelbar auf das dem Dritten eingeräumte Recht. Sie gestaltet es daher aus, so dass der Dritte dieses Recht, so wie es besteht, also in seiner vertraglichen Ausformung, gegen sich gelten lassen muss. Eine Gerichtsstandsvereinbarung, die im Verhältnis zwischen Versprechendem und Versprechensempfänger getroffen wurde, entfaltet somit Wirkung zu Lasten des Dritten. Ebenso wie im deutschen Recht wird jedoch in den Sonderfällen des Wertpapierrechts ein gutgläubiger „einredefreier“ Erwerb zugelassen[429].

ff) Ergebnis

Damit gelten dieselben Grundsätze wie auch im deutschen Recht. Das bedeutet, dass auch das österreichische Recht von einer Gesamtbetrachtung von materiellem Recht und der Wirkung der Gerichtsstandsvereinbarung ausgeht, um zu ermitteln, ob eine solche zu Lasten des Dritten wirkt. Darüber hinaus ist deren Wirkung als Ausformung der materiellen Rechte und/oder Pflichten oder der gesamten Rechtsstellung anzusehen, die folglich bei deren Übergang auf den Dritten aufgrund des Fortbestands der I-

---

423 *Dullinger*, Schuldrecht Allgemeiner Teil, Rn. 6/20; *Koizol-Welser*, Grundriss des bürgerlichen Rechts II, 133, 137; *Rummel/Rummel*, § 880a, Rn. 1.

424 *Dullinger*, Schuldrecht Allgemeiner Teil, Rn. 6/11; *Rummel/Rummel*, § 881, Rn. 1; *Schwimann/Apathy*, § 882, Rn. 1. Es gilt die Vermutungsregel gemäß § 881 Abs. 2 ABGB.

425 Vgl. *OGH* SZ 51/82; *Schwimann/Apathy*, § 882, Rn. 5.

426 *Spielbüchler*, Der Dritte im Schuldverhältnis, 17 f.; *Rummel/Rummel*, § 882, Rn. 2; *Schwimann/Apathy*, § 882, Rn. 4. Vgl. auch *Klang/Gschnitzer*, § 881, Anm. II.3.

427 *OGH*, ecolex 1995, 712, 713 bezüglich einer Schiedsklausel.

428 *OGH*, ecolex 1995, 712, 713; *OGH* 1 Ob 79/99w; zustimmend: *Koizol-Welser*, Grundriss des bürgerlichen Rechts II, 134; *Rummel/Rummel*, § 882, Rn. 4; *Feyl*, ecolex 1995, 713.

429 *Roth*, Grundriß des österreichischen Wertpapierrechts, 103, der auf *BGHZ* 98, 284 ff. verweist.

dentität diesem gegenüber gilt. Ähnliche Überlegungen sind hinsichtlich des Vertrages zu Gunsten Dritter zu finden: Das Recht folgt aus der Vereinbarung der Parteien, wobei es nicht weiter reichen kann, als es vereinbart wurde. Aufgrund der Einordnung der Wirkung der Gerichtsstandsvereinbarung als Ausformung dieses Rechts, muss sie ihm gegenüber wirken.

c) Drittwirkung von Gerichtsstandsvereinbarungen im Recht des Vereinigten Königreichs

Im Recht des Vereinigten Königreichs herrscht die „doctrine of privity of contract“[430], nach der nur die Vertragsparteien selbst aus dem Vertrag berechtigt und verpflichtet werden. Es kommt somit der Grundsatz der Relativität der Vertragsverhältnisse zum Ausdruck. Während andere Rechtsordnungen in größerem Umfang Ausnahmen von der Relativität der Vertragsverhältnisse zulassen, ist dies im Vereinigten Königreich immer sehr restriktiv gehandhabt worden[431]. Erst in letzter Zeit erfolgt eine im Wirtschaftsverkehr sinnvolle Ausdehnung der Ausnahmen, so zuletzt durch den Contracts (Rights of Third Parties) Act 1999[432]. Fraglich ist jedoch, ob eine Drittwirkung von Gerichtsstandsvereinbarungen[433] zugelassen wird. Diskutiert wird dies vor allem in den folgenden Konstellationen:

aa) Bei „assignment“

Das „assignment“ ist vergleichbar mit der Abtretung im deutschen Recht, wobei jedoch Unterschiede aufgrund der verschiedenen Rechtstraditionen bestehen. So existieren zwei Arten des „assignment“, zum einen das „legal assignment“ nach Common Law, zum anderen das „equitable assignment“[434] nach der Equity. Diese Aufspaltung resultiert aus der früheren parallelen Existenz von Common Law Courts und dem Court of Chancery. Während das Common Law die Abtretung grundsätzlich nicht kannte, wurde durch den Court of Chancery aus Gründen der Equity eine solche als zulässig erachtet. Ein „equitable assignment“ hatte jedoch den Nachteil, dass eine Klage des Zessionars („assignee“) zumeist nur im Namen des Zedenten („assignor“) und unter dessen Mitwirkung möglich war. Das „legal assignment“ wurde durch s. 136 Law of Property Act 1925[435] geschaffen[436]. Voraussetzung[437] ist eine eigenhändig vom

---

430 Dazu: *Atiyah*, Law of Contract, 355 f.; *Halson*, Contract Law, 247 ff.; *Reinken*, Der heutige Stand der privity of contract, insb. S. 18 ff.; *Treitel*, The Law of Contract, 582 ff.; *Adams/Beyleveld/Brownsword*, Mod.L.Rev. 60 (1997), 238 ff.; *von Bernstorff*, RIW 2000, 435, 436. Vgl. zu diesem Grundsatz und den Fällen der Durchbrechung die rechtsvergleichende Betrachtung von *Kortmann/Faber*, Towards a European Civil Code, 237 ff.

431 Vgl. *Furmston*, The Law of Contract, 897.

432 http://www.hmso.gov.uk/acts/acts1999/19990031.htm; dazu: *Merkin*, Privity of contract; *Peter*, Verträge zugunsten Dritter.

433 Allgemein zur objektiven Wirkung von Gerichtsstandsvereinbarungen im englischen Recht: *Benecke*, Der räumlich-persönliche Anwendungsbereich, 29 f.

434 Zum „equitable assignment“: *Furmston*, The Law of Contract, 1080 f.; *Jewell*, Introduction to English Contract Law, Rn. 173 ff.; *Treitel*, The Law of Contract, 683 ff.; *von Bernstorff*, RIW 1984, 508, 510.

435 Vgl. Anhang II. Darüber hinaus existieren Regelungen auch in Spezialgesetzen: s. 182 Companies Act 1985; s. 90 Copyright Design and Patents Act 1988.

„assignee" unterschriebene Abtretungserklärung, die die Namen des „assignor" und des „assignee" enthalten muss. Der Abtretungsvertrag als solcher, der der Abtretungserklärung zugrunde liegt, bedarf nicht der Schriftform. Die Abtretungserklärung gilt als Anscheinsbeweis für sein Bestehen. Weitere Voraussetzung ist, dass sich die Abtretung auf die gesamte Forderung, die zu diesem Zeitpunkt bestehen muss, bezieht. Zudem ist die Abtretung erst wirksam, wenn sie dem Schuldner schriftlich mitgeteilt wurde. Folge eines „legal assignment" ist, dass der Anspruch übergeht. Mangelt es an einer Voraussetzung, so ist zu prüfen, ob ein „equitable assignment" vorliegt[438].

Problematisch ist jedoch, ob mit dem Übergang des Rechts auch die belastende Wirkung der Gerichtsstandsvereinbarung auf den Zessionar übergeht. Zum Schutz des Schuldners gilt nach englischem Recht, dass der „assignee" nicht mehr Rechte erhalten kann als der „assignor" hatte („principle of transfer"). Darüber hinaus kann der Schuldner gegenüber dem Neugläubiger all die Einwendungen geltend machen, die ihm auch gegenüber dem Altgläubiger zustanden[439]. Der Fortbestand der Identität der Forderung findet demnach auch im Recht des Vereinigten Königreichs seinen Ausdruck. Legt man dies zugrunde, so muss eine Gerichtsstandsvereinbarung bezüglich des übergegangenen Rechts auch gegenüber demjenigen Wirkung entfalten, auf den das Recht übergeht[440]. Dies widerspricht nicht dem Grundsatz, dass eine Pflicht nicht übertragen werden darf („pure principle of benefit and burden")[441], da dieser nur den Fall betrifft, dass eine selbständige Pflicht übertragen wird. Ist ein Recht jedoch „bedingt" durch eine Pflicht, so geht mit dem Recht auch die Pflicht über, da es so übernommen wird, wie es bestand („conditional benefit principle")[442]. Soll eine Gerichtsstandsvereinbarung beispielsweise Wirkung hinsichtlich einer Forderung entfalten, die im Wege des „assignments" übertragen wird, so hängt deren – auch nach englischem Recht als belastend angesehene Wirkung[443] - unmittelbar mit der Forderung zusammen. Sie besteht nicht selbständig neben der Forderung. Demnach geht mit der Übertragung der Forderung auch die Wirkung der Gerichtsstandsvereinbarung über.

---

436 Vgl. zur historischen Entwicklung: *Carl*, Die Forderungsabtretung, 197, 200; *Hartwieg*, ZIP 1998, 2137, 2140.

437 Zu den Voraussetzungen: *Birks*, English Private Law, Rn. 8.328 ff.; Carl, Die Forderungsabtretung, 197, 200 ff.; *von Bernstorff*, RIW 1984, 508, 509 f.; *Klein*, WM 1978, 390, 392 ff.

438 *Carl*, Die Forderungsabtretung, 197, 202; *Furmston*, The Law of Contract, 1080; *von Bernstorff*, RIW 1984, 508, 510.

439 *Furmston*, The Law of Contract, 1124.

440 So zur Schiedsvereinbarung: *DVA ./. Voest Alpine* [1997] 2 Lloyd's Rep. 279, 285 f. (C.A.); *Furmston*, The Law of Contract, 1125 unter Hinweis auf s. 82 (2) Arbitration Act 1996 (vgl. Anhang VI); *Mustill/Boyd*, Commercial Arbitration in England, 137 ff.; *Ambrose*, J.Bus.L. 2001, 415, 416, 418, 431; *Klein*, WM 1978, 390, 394, Fn. 63. Es ist nicht ersichtlich, warum bezüglich einer Gerichtsstandsvereinbarung etwas anderes gelten soll.

441 Zu diesem Grundsatz: *Atiyah*, Law of Contract, 386; *Birks*, English Private Law, Rn. 8.347; *Furmston*, The Law of Contract, 1097; *Jewell*, Introduction to English Contract Law, Rn. 184; *Davies*, C.L.J. 1998, 522 ff., insb. 550 f.

442 Eingeführt durch Sir Robert Megarry V-C in *Tito and others ./. Waddell and others* (No. 2) Tito and others Attorney-General [1977] 3 All E.R. 129, 280 ff. (Ch. D.); dazu auch: *Furmston*, The Law of Contract, 1098 f.; *Davies*, C.L.J. 1998, 522 ff.

443 *The Mahkutai* [1996] A.C. (P.C.) 650, 666.

Allerdings könnte der Erwerber bei gutem Glauben die Forderung ohne die ihn belastende Wirkung der Zuständigkeitsvereinbarung erhalten. Der Grundsatz des Fortbestandes der Identität der Forderung findet seinen Ausdruck auch im Hinblick auf den gutgläubigen Erwerb, so dass ein gutgläubiger Forderungserwerb bis auf wenige Ausnahmen – so in Bezug auf Inhaberpapiere – ausgeschlossen ist[444]. Zwar ist es in der Literatur und Rechtsprechung nicht zu einer Problematisierung des gutgläubigen „lastenfreien" Erwerbs gekommen, wendet man aber den Grundsatz vom Fortbestand der Identität der Forderung konsequent an, so kann diesbezüglich nichts anderes gelten als im Hinblick auf den gutgläubigen Forderungserwerb. Somit ist ein gutläubiger „lastenfreier" Erwerb in den genannten Ausnahmefällen möglich. Demnach entfaltet eine Gerichtsstandsvereinbarung bei einem „assignment" grundsätzlich Wirkung zu Lasten des Dritten.

bb) Bei „novation"

Wie bereits beim „assignment" betont, ist die bloße Übertragung einer Pflicht im Recht des Vereinigten Königreichs ausgeschlossen[445]. Dies geht auf den römischrechtlichen Obligationsbegriff zurück, nach dem die Schulden untrennbar an die Person des Schuldners gebunden sind. Daher gilt bei der Übernahme einer Schuld durch einen Dritten das Prinzip der „novation"[446]. Danach wird der ganze Vertrag zwischen Schuldner und Gläubiger durch einen neuen Vertrag zwischen Gläubiger und neuem Schuldner ersetzt. Der neue inhaltsgleiche Vertrag muss durch den Erstschuldner, den Neuschuldner und den Gläubiger geschlossen werden[447]. Enthält dieser keine Gerichtsstandsklausel, wohl aber ersterer Vertrag, so stellt sich die Frage, ob diese Gerichtsstandsklausel auch Wirkung zu Lasten des Neuschuldners entfalten kann. Anders als beim „assignment" erfolgt kein Übergang, sondern ein neuer Vertragsabschluss, durch den eine inhaltsgleiche Schuld begründet wird. Daher kann der Grundsatz vom Fortbestand der Identität nicht ohne weiteres angewandt werden, so dass die Pflicht nicht mit der Wirkung der Gerichtsstandsvereinbarung übergeht[448].

cc) Bei „assignment of contract"

Das englische Recht unterscheidet nicht zwischen der Übernahme eines Vertrages und der Übernahme einer Forderung. Beides wird unter dem Begriff „assignment" behandelt. Daher gelten auch hier die bereits dargestellten Grundsätze, so dass die Pflichten aus dem Vertrag – anders als die Rechte – grundsätzlich nicht auf den Dritten übergehen können[449]. In Bezug auf die Rechte gilt nichts anderes als hinsichtlich des „assignment": Die Rechte gehen so über, wie sie zuvor bestanden. Dadurch entfaltet eine

---

444 Vgl. *Klein*, WM 1978, 390, 391.

445 Vgl. *Société commerciale de Réassurance ./. Eras International Ltd. and others* [1992] 1 Lloyd's Rep. 570, 595 f. (C.A.).

446 Dazu *Siedel*, Kollisionsrechtliche Anknüpfung der Schuldübernahme, 27.

447 *Atiyah*, Law of Contract, 387; *Furmston*, The Law of Contract, 1072; *Klötzel*, Interzessionsformen in England, 103 f.; *Siedel*, Kollisionsrechtliche Anknüpfung der Schuldübernahme, 27.

448 In diesem Sinne bezüglich Schiedsklauseln auch *Halsbury's* Law of England, vol. 2, Para 610.

449 *Atiyah*, Law of Contract, 387; *Zweigert*, RabelsZ 23 (1958), 643, 646 f.

Gerichtsstandsvereinbarung, die sich auf diese Rechte bezieht, gegenüber dem Dritten Wirkung[450].

dd) Bei „succession"

Eine umfassende gesetzliche Regelung hat das Erbrecht des Vereinigten Königreichs nicht erfahren. Vielmehr findet man Regelungen in einer Vielzahl von Statutes[451]. Die rechtliche Ausgestaltung der Fälle der Erbschaft („inheritance") unterscheidet sich gravierend von derjenigen im deutschen oder österreichischen Recht. Es gilt nicht das Prinzip der Universalsukzession. Vielmehr erfolgt eine gesonderte Nachlassabwicklung durch einen Nachlassverwalter („personal representative"), der zunächst selber zum Inhaber des Nachlasses wird. Er sammelt und verwaltet die Nachlassgegenstände und begleicht Nachlassverbindlichkeiten grundsätzlich innerhalb eines Jahres („executor´s year"). Die Stellung als „personal representative" erhält er entweder aufgrund des Testaments des Erblassers, so dass er als „executor" bezeichnet wird, oder aber kraft Anordnung durch das Nachlassgericht, in deren Fall er als „administrator" zu benennen ist[452]. Seine Stellung ist ähnlich der eines „trustee", so dass der Erbe als „beneficiary" gilt[453]. Hat der „personal representative" alle Nachlassabwicklungen beendet, wird der Reinnachlass unter den Erben nach der Erbfolge verteilt.

Die Gerichtsstandsvereinbarung, die der Erblasser mit einer anderen Partei geschlossen hat, könnte auch gegenüber dem Erben wirken. Rechtsprechung und Literatur zu dieser Problematik sind jedoch nicht ersichtlich. Grund dafür ist, dass der „personal representative" bereits alle vertraglichen Beziehungen abgewickelt hat und lediglich der Reinnachlass an den Erben gelangt. Somit ist vielmehr im Hinblick auf den „personal representative" zu fragen, ob ihn die belastende Wirkung einer Gerichtsstandsvereinbarung in seiner Funktion als Nachlassverwalter trifft. Für Schiedsvereinbarungen enthält s. 8 Arbitration Act 1996[454] eine explizite Regelung. Demnach wirkt sie auch gegenüber den „personal representatives". Dies folgt aus dem Gedanken, dass im Falle des Todes einer Person grundsätzlich alle Klageansprüche gegen oder für dessen Vermögen weiterhin bestehen. Eine Schiedsvereinbarung, die sich auf eine Streitigkeit in Anbetracht eines solchen Klageanspruchs bezieht, muss aber diesbezüglich weiterhin Wirkung entfalten[455]. Dieser Gedanke ist auf Gerichtsstandsvereinbarungen zu übertragen.

ee) Beim „contract for the benefit of third parties"

Lange Zeit war es sehr umstritten, ob und wenn ja, wann ein Vertrag zu Gunsten eines Dritten möglich sein sollte. Gegen eine generelle Zulässigkeit eines solchen Vertrages sprach die „doctrine of privity of contract"[456]. Haltbar war die Nichtanerkennung sol-

---

450 Vgl. *Ahrens*, Subjektive Reichweite, 114 f.

451 Vgl. Administration of Estates Act 1925; Intestates`Estates Act 1952; Trustee Act 1925.

452 Zum "personal representative": *Margrave-Jonas*, Mellows: The Law of Succession, 319 ff.; *Miller*, Succession, 97 ff.; *Pecher*, Die internationale Erbschaftsverwaltung, 62 ff.

453 Zu den Parallelen *Pecher*, Die internationale Erbschaftsverwaltung, 62 ff.

454 Vgl. Anhang II.

455 Vgl. *Harris/Planterose/Tecks*, The Arbitration Act 1996, Rn. 8C.

456 In der Entscheidung *Tweedle ./. Atkinson* [1861], 1B. & S. 393 stützte sich die Rechtsprechung

cher Verträge jedoch nur, weil in der Rechtsprechung eine Reihe von Ausnahmen von diesem Grundsatz mit Blick auf das bestehende praktische Bedürfnis zugelassen wurde[457]. So war beispielsweise bei Versicherungsverträgen sowie beim „trust“ eine Ausnahme zu der „doctrine of privity of contract“ anerkannt. Dadurch kann der Dritte im ersten Fall Schutzrechte für sich in Anspruch nehmen, beim „trust“ kommt dem Begünstigten die Möglichkeit der Klage auf Erfüllung zu[458]. Schließlich wurde der Gesetzgeber nach vielerlei Diskussionen und Kritik[459] tätig und erließ den Contracts (Rights of Third Parties) Act 1999[460], nach dem ein Vertrag zu Gunsten eines Dritten grundsätzlich möglich ist[461].

Fraglich ist allerdings, ob damit auch eine Gerichtsstandsklausel in einem Vertrag zu Gunsten des Dritten diesem gegenüber Wirkung entfaltet. In dem Vorschlag der Law Commission von 1996, die dem Act zugrunde liegt, wurde eine Regelung im Hinblick auf die Wirkung von Gerichtsstands- sowie Schiedsklauseln getroffen. Nach diesem Vorschlag sollte eine Ausschlussklausel[462] in dem Act enthalten sein, so dass Gerichtsstands- und Schiedsvereinbarungen, die die Parteien geschlossen hatten, keinerlei Drittwirkung entfalten konnten. Begründet wurde dies damit, dass eine Gerichtsstandsvereinbarung nicht lediglich Rechte verleihe, sondern ebenso Pflichten auferlege[463]. Die Reform solle aber lediglich Rechte und Begünstigungen für den Dritten mit sich bringen, nicht aber Pflichten und Belastungen[464]. Darüber hinaus wurde vor allem auf spezielle Probleme bei Schiedsklauseln verwiesen, so beispielsweise die Wahl der Schiedsrichter[465]. Aus diesen Gründen wurde vorgeschlagen, dass einer Vereinbarung zu einem Schiedsverfahren in gegenwärtigen oder künftigen Streitigkeiten

---

zur Begründung der Versagung der Anerkennung eines Vertrages zu Gunsten Dritter auch auf die „consideration-doctrin“, die besagt, dass ohne Erbringung einer Gegenleistung keine Leistung verlangt werden kann; zu dieser Doktrin: *Kettler*, Der Vertrag zugunsten Dritter, 13 ff.; *Vogt*, Verträge zu Rechten Dritter, 51 ff.; *Burrows*, Lloyd's MCLQ 1996, 467, 483; *Müller*, RabelsZ 67 (2003), 140, 161 ff. Gegen die Anerkennung eines Vertrages zu Gunsten Dritter ebenso *Dunlop Pneumatic Tyre Co. Ltd. ./. Selfridge & Co.Ltd.* [1915] A.C. 847; *Beswick ./. Beswick* (1967) 2 All E.R. 1197 (H.L.).

457 *Von Bernstorff*, RIW 2000, 435, 436; *Müller*, RabelsZ 67 (2003), 140, 142; vgl. zur früheren Rechtslage: *Kettler*, Der Vertrag zugunsten Dritter.

458 Vgl. *Halson*, Contract Law, 259 ff.; *Peter*, Verträge zugunsten Dritter, 20 ff.; *Vogt*, Verträge zu Rechten Dritter, 63 ff.; *von Bernstorff*, RIW 2000, 435, 436; *Müller*, RabelsZ 67 (2003), 140, 142 ff.; vgl. im Versicherungsrecht s. 1 Third Parties (Rights Against Insurers) Act 1930.

459 Vgl. *Darlington Borough Council ./. Wiltshier Northern Ltd. and another*, [1995] 1 W.L.R. 68 (C.A.) (76 ff. per Steyn L.J.). Vgl. darüberhinaus *Corbin*, Law Q.R. (46) 1930, 12 ff.; *Dowrick*, Mod.L.Rev. (19) 1956, 347 ff.; *Furmston*, Mod.L.Rev. (23) 1960, 373 ff.; dazu auch *Orr*, Third Parties Contractual Rights, Rn. 3; *Reinken*, Privity of contract im englischen Common Law, 106 ff.; *Burrows*, Lloyd's MCLQ 1996, 467, 468 ff.

460 http://www.hmso.gov.uk/acts/acts1999/19990031.htm; dazu: *Merkin*, Privity of contract; *Peter*, Verträge zugunsten Dritter.

461 Zur Entwicklung: *Beatson*, C.L.P. (45) 1992, 1, 10 ff.

462 Vgl. The Law Commission Report No. 242, siehe Draft s. 6(2)(e).

463 Dazu auch *The Mahkutai* [1996] A.C.(P.C.) 650, 666.

464 The Law Commission Report No. 242, Rn. 14.15, 14.18; so auch *Burrows*, Lloyd's MCLQ 1996, 467, 481.

465 The Law Commission Report No. 242, Rn. 14.17.

zuzustimmen ist. Eine Prorogation sowie eine Derogation der Zuständigkeit einzelner oder mehrerer Gerichte müsse die Rechte des Dritten unberührt lassen. Die Commission wies darauf hin, dass es sich um eines der schwierigsten Probleme innerhalb dieses Projekts gehandelt habe[466]. Umso erstaunlicher ist es, dass kurz vor Verabschiedung des Acts die Ausschlussklausel ohne nähere Begründung – lediglich die Diskussion im Parlament[467] deutete auf die Streitigkeit dieses Punktes hin – aus dem Act gestrichen wurde. Stattdessen wurde hinsichtlich der Schiedsklauseln in sec. 8[468] eine Regelung eingeführt, nach der eine Schiedsvereinbarung, die zwischen den Parteien getroffen wurde, auch im Hinblick auf den materiellrechtlich begünstigten Dritten Wirkung entfaltet. Bezüglich der Drittwirkung von Gerichtsstandsklauseln schweigt der Act und dessen Begründung, wie auch fast alle Autoren in der Literatur. Im Vereinigten Königreich scheint man bisher so überwältigt von den rechtlichen Neuerungen zu sein, dass kaum Zeit gefunden wurde, sich zu dieser speziellen Problematik zu äußern.

Es stellt sich somit die Frage, welche Konsequenzen daraus hinsichtlich der Drittwirkung von Gerichtsstandsvereinbarungen zu ziehen sind. Einerseits könnte eine Drittwirkung einer Gerichtsstandsvereinbarung danach abzulehnen sein. Allerdings hat auch die Commission Bedenken allein hinsichtlich einer Wirkung zu Lasten des Dritten geäußert[469]. Daher könnte man überlegen, der Gerichtsstandsvereinbarung zumindest eine Wirkung zu Gunsten des Dritten zuzubilligen[470]. Dagegen wird eingewandt, dass dies nicht dem Willen der Parteien entspricht[471], denn diese wollen gerade keinen zusätzlichen konkurrierenden Gerichtsstand für den Dritten schaffen, sondern eine ausschließliche Zuständigkeit begründen.

Darüber hinaus ist nicht einzusehen, warum eine Schiedsklausel Wirkung zu Lasten eines Dritten entfalten soll, jedoch nicht eine Gerichtsstandsklausel[472]. Die Commission hat vor allem auf die besonderen Gefahren einer Drittwirkung von Schiedsklauseln hingewiesen. So sei diesbezüglich die Benennung der Schiedsrichter problematisch[473]. Zudem ist hinsichtlich Schiedsklauseln zu beachten, dass bei einer Wirkung zu Lasten eines Dritten, dieser nicht nur, wie bei der Gerichtsstandsvereinbarung, vor einem bestimmten Gericht klagen muss, sondern ihm vielmehr ein Verfahren vor staatlichen Gerichten grundsätzlich genommen wird. Die Gefahren, die mit der Wirkung einer Schiedsvereinbarung zu Lasten eines Dritten verbunden sind, müssen daher um ein vielfaches höher eingeschätzt werden, als dies bei der Drittwirkung einer Gerichtsstandsvereinbarung der Fall ist. Wenn aber schon Schiedsklauseln zu Lasten Dritter wirken sollen, so muss dies ebenso bezüglich Gerichtsstandsklauseln gelten[474]. Zwar hat der Gesetzgeber keine ausdrückliche Regelung – wie für die Schiedsvereinbarun-

---

466 The Law Commission Report No. 242, Rn. 14.14.

467 Parliament am 11. Januar 1999: http://www.parliament.the-stationery-office.co.uk/pa/ld199899/ldhansrd/vo990111-04.htm, insb. Column 27, 32.

468 Vgl. Anhang II.

469 Vgl. The Law Commission Report No. 242, Rn. 14.15 ff.

470 Vgl. die Überlegungen bei *MacMillan*, Mod.L.R. (63) 2000, 721, 733.

471 *Burrows*, Lloyd's MCLQ 1996, 467, 481.

472 *Merkin*, Privity of contract, Rn. 5.124; *Burrows*, Lloyd's MCLQ 2000, 540, 552, Fn. 28.

473 Vgl. The Law Commission Report No. 242, Rn. 14.17.

474 In diesem Sinne auch *Burrows*, Lloyd's MCLQ 2000, 540, 552, Fn. 28.

gen – geschaffen, jedoch wurde auch die von der Commission vorgeschlagene Ausschlussklausel nicht übernommen. Dies könnte damit zu erklären sein, dass es in Bezug auf Schiedsvereinbarungen einer expliziten Regelung bedürfte, da der Arbitration Act 1996 bereits Regelungen hinsichtlich einer Schiedsvereinbarungen beinhaltet und sein Anwendungsbereich zumeist auf die Parteien der Vereinbarung beschränkt ist[475].

Weiterhin wird im Schrifttum darauf hingewiesen, dass die Autonomie der Parteien zu beachten ist. Aus ihrer Vereinbarung folgt das Recht. Damit ist es auch abhängig von den Bedingungen des Vertrages. Dieser Gedanke zeigt sich in s. 3(2)[476], nach dem der Versprechende dem Dritten Einwendungen entgegenhalten kann, die aus oder in Verbindung mit dem Vertrag entstehen, und die ihm auch gegenüber dem Versprechensempfänger zustehen würden. Gemäß s. 1(4)[477] kann ein Recht durch den Dritten nur in Abhängigkeit von und in Übereinstimmung mit den anderen relevanten Klauseln des Vertrages geltend gemacht werden[478]. Es wird deutlich, dass der Dritte nicht mehr Rechte erhalten kann, als die Parteien vereinbart haben. Würde man dem Dritten ein Recht ohne die Wirkung der Gerichtsstandsvereinbarung zubilligen, so erhielte dieser etwas, was er nach der Intention der Parteien niemals erlangen sollte[479]. Dies widerspräche den Regelungen des Acts. Dagegen kann auch nicht eingewandt werden, dass dem Dritten eine pure Last auferlegt werde. Der Dritte ist nämlich nur insoweit an die Vereinbarung gebunden, als er das Recht, das aus dem Vertrag folgt, nicht geltend machen kann, ohne die Vereinbarung zu respektieren. Es handelt sich vielmehr – in Übereinstimmung mit den Überlegungen zum „assignment"[480] – um ein „conditional benefit" für den Dritten[481]. Infolgedessen entfaltet eine Gerichtsstandsvereinbarung im Hinblick auf Streitigkeiten bezüglich des Rechts, das der Dritte erhält, Wirkung diesem gegenüber.

ff) Ergebnis

Obwohl sich das Common Law im Ansatz grundlegend vom Civil Law unterscheidet, bestehen bezüglich der Drittwirkung von Gerichtsstandsvereinbarungen große Ähnlichkeiten. So geht auch das Recht des Vereinigten Königreichs davon aus, dass bei der Rechtsnachfolge die Identität des Rechts fortbestehen muss. Kommt es, wie im Falle der Schuldübernahme, nicht zu einer Nachfolge, sondern entsteht die Pflicht neu,

---

475 *Ambrose*, J.Bus.L. 2001, 415, 420; *Burrows*, Lloyd's MCLQ 2000, 540, 551.

476 Vgl. Anhang VI.

477 Vgl. Anhang VI.

478 Dazu auch *Richards*, Law of Contract, 400 f., 403; *MacFarlanes*, Giving Third Parties Enforcable Rights, 5.

479 Vgl. *Burrows*, Lloyd's MCLQ 1996, 467, 477; *MacFarlanes*, Giving Third Parties Enforceable Rights, 11. Zu Schiedsvereinbarungen: *Ambrose*, J.Bus.L. 2001, 415, 418.

480 Vgl. dazu 2. Teil B. III. 1. c) aa).

481 *Merkin*, Privity of contract, Rn. 5.124; *Andrews*, C.L.J. 2001, 353, 375; zu Schiedsvereinbarungen: Explanatory Notes to Contracts (Rights of Third Parties) Act 1999, Rn. 34: http://www.hmso.gov.uk/acts/en/1999en31.htm; *Ambrose*, J.Bus.L. 2001, 415, 421 f. Die Unterscheidung zwischen "burden" and "conditional benefit" macht auch The Law Commission Report No. 242, Rn. 10.24 ff.; vgl. auch *Peter*, Verträge zugunsten Dritter, 122 f. Zu internationalen Gerichtsstandsvereinbarungen im Anwendungsbereich von Art. 17 EuGVÜ/LugÜ bzw. Art. 23 EuGVO: *Briggs/Rees*, Civil Jurisdiction and Judgments, Rn. 2.89.

so ist der Grundsatz vom Fortbestand der Identität seiner Natur nach nicht anzuwenden.

Dem Recht hängt die Wirkung der Gerichtsstandsvereinbarung als „condition" an. Damit konform geht nun auch die sich in der Literatur andeutende Auffassung bezüglich des Vertrages zu Gunsten Dritter, nach der die Wirkung der Vereinbarung nicht als pure Last, sondern als „Bedingung" zum Recht anzusehen ist. Infolgedessen wird deutlich, dass auch das Recht des Vereinigten Königreichs von einer Gesamtbetrachtung der Wirkung der Gerichtsstandsvereinbarung und dem materiellen Recht ausgeht. Die Wirkung der Vereinbarung wird als „condition" zu der materiellen Rechtsposition angesehen.

d) Drittwirkung von Gerichtsstandsvereinbarungen im französischem Recht

Auch in Frankreich gilt der Grundsatz, dass Verträge nur zwischen den Vertragsparteien wirken („relativité des contrats")[482]. Dieser ist im Gegensatz zu anderen Rechtsordnungen im französischen Recht festgeschrieben: Gemäß Art. 1165 Hs. 1 Code Civil[483] entfalten Vereinbarungen lediglich im Hinblick auf die Parteien Wirkung. Auch Art. 1134 S. 1 Code Civil[484] verleiht diesem Gedanken Ausdruck: Das „Rechtsband" einer rechtlichen Vereinbarung besteht zwischen denen, die sie getroffen haben. Des Weiteren ist auf Art. 1119 Code Civil[485] hinzuweisen, wonach man eine vertragliche Bindung grundsätzlich nur für sich selbst schaffen kann. Fraglich ist daher, ob eine Gerichtsstandsvereinbarung nach französischem Recht zu Lasten eines Dritten wirken kann. Zu dieser Problematik gibt es unterschiedliche Ansichten. In der Rechtsprechung ist vor allem auf die Diskussion bezüglich einer Wirkung der Gerichtsstandsvereinbarung gegenüber dem Konnossementsempfänger hinzuweisen[486].

Die Vereinbarung eines Gerichtsstandes ist in Art. 48 Nouveau Code de Procédure Civile geregelt[487]. Hiernach werden solche Vereinbarungen hinsichtlich der örtlichen Zuständigkeit grundsätzlich untersagt. Eine Ausnahme soll für den Fall gelten, dass eine Gerichtsstandsklausel zwischen Kaufleuten getroffen wurde. Sie muss gemäß Art. 48 Code de Procédure Civile in einer sehr offensichtlichen Art und Weise („*très apparente*") innerhalb der vertraglichen Verpflichtung einer Partei, der diese Klausel entgegengesetzt wird, bestimmt sein. Letzteres könnte darauf schließen lassen, dass eine Gerichtsstandsvereinbarung nie gegenüber einem Dritten Wirkung entfalten kann.

---

482 Vgl. zu diesem Grundsatz und den mit ihm zusammenhängenden Problemen: *Marty/Raynaud*, Droit Civil, Rn. 259 ff.; *Terré/Simler/Lequette*, Les obligation, Rn. 437 ff.

483 Vgl. Anhang IV.

484 Vgl. Anhang IV.

485 Vgl. Anhang IV.

486 Vgl. *Cour de cassation*, Rev.crit.dr.internat.privé (81) 1992, 702 ff.; dazu: *Gaudemet-Tallon*, Rev.crit.dr.internat.privé (81) 1992, 705, 706 f. Siehe darüber hinaus: Cour de cassation, Bulletin 1997 IV, n° 160 ; Bulletin 1997 IV, n° 310. Bejahend jedoch für die Drittwirkung bei der „action directe" des Bauherrn gegen den Hersteller: *Cour de cassation*, Rev.crit.dr.internat.privé (88) 1999, 536 f. Zu dieser Problematik auch *Tassel*, D.M.F. (47) 1995, 259 ff.

487 Vgl. Anhang IV. Art. 14 Code Civil (vgl. Anhang IV.) findet hinsichtlich internationaler Gerichtsstandsvereinbarungen Anwendung. Vgl. dazu: Cour de cassation, Rev.crit.dr.internat.privé (76) 1987, 396 f.; Cour de cassation, Rev.crit.dr.internat.privé (77) 1988, 364 f.

Auch Art. 48 Nouveau Code de Procédure Civile geht aber davon aus, dass eine Identität zwischen den Parteien der Gerichtsstandsvereinbarung und den Parteien des Rechtsstreits besteht. Daher ist die Frage, ob eine Gerichtsstandsvereinbarung zu Lasten eines Dritten gelten kann, nicht explizit durch Art. 48 Nouveau Code de Procédure Civile geklärt. Dies wird auch anhand der Diskussionen deutlich, die in Bezug auf die Drittwirkung von Gerichtsstandsvereinbarungen geführt werden, wobei insbesondere folgende Konstellationen zu problematisieren sind:

aa) Bei „cession de créance" und „subrogation personelle"

Das französische Forderungsabtretungsrecht ist in Art. 1689 ff. Code Civil[488] geregelt. Erforderlich für die Abtretung einer Forderung („cession de créance") ist zunächst ein Abtretungsvertrag, der zwischen dem alten und dem neuen Gläubiger zustande gekommen sein muss. Dieser hat sich auf eine abtretbare Forderung zu beziehen. Da die Abtretungsabrede nur zwischen Zedent („cédant") und Zessionar („cessionnaire") Wirkung entfaltet, bedarf es für die Wirksamkeit der Abtretung im Außenverhältnis darüber hinaus der Einhaltung besonderer Publizitätserfordernisse. So ist grundsätzlich erforderlich, dass die Abtretung gegenüber dem Schuldner angezeigt wird oder die Annahme der Abtretung durch den Schuldner erfolgt[489].

Durch die Abtretung kommt es zum Übergang der Forderung auf den Zessionar, der dadurch Gläubiger einer in ihrer Identität fortbestehenden Forderung wird[490]. Betont wird der Fortbestand der Identität der Forderung vor allem in Art. 1692 Code Civil, wonach alle „accessoires" der Forderung mit übergehen. Dabei kann „accessoires de la créance" übersetzt werden als „Nebensachen, Zubehör, Einrichtung oder Ausstattung des Rechts"[491]. Deutlich wird der Grundsatz vom Fortbestand der Identität der Forderung auch darin, dass der Schuldner alle Einreden und Einwendungen, die ihm gegenüber dem Zedenten zustanden, gegenüber dem Zessionar geltend machen kann[492]. Dass sich die Wirkungen des Vertrages grundsätzlich auch auf den Rechtsnachfolger („ayant cause") erstrecken können, folgt – als Ausnahme zu Art. 1119 Code Civil – aus Art. 1122 Code Civil[493].

Fraglich ist allerdings, ob eine Gerichtsstandsvereinbarung, die bezüglich des abgetretenen Rechts zwischen dem Schuldner und dem Zedenten erfolgt ist, auch gegenüber dem Zessionar Wirkung entfaltet. Diese Problematik findet in der Literatur und in der Rechtsprechung selten Erwähnung, was auch damit zusammenhängen kann, dass eine Gerichtsstandsvereinbarung gemäß Art. 48 Nouveau Code de Procédure Civile nur unter sehr engen Voraussetzungen möglich ist. Viele Kaufleute werden sich eher über die Zuständigkeit eines Schiedsgerichts als die Zuständigkeit eines staatlichen Gerichts einigen. Hinsichtlich der Wirkung von Schiedsvereinbarungen zu Lasten des

488 Vgl. Anhang IV.
489 Vgl. zu den Erfordernissen *Blaise/Desgorces*, Die Forderungsabtretung, 245, 252 ff.
490 *Blaise/Desgorces*, Die Forderungsabtretung, 245, 249.
491 Vgl. zum Begriff „accessoire": Dictionnaire des termes, S. 8.
492 Es gilt auch hier der Grundsatz „Nemo plus juris ad alium transferre potest quam ipse habet."; vgl. *Starck/Roland/Boyer*, Obligations, Rn. 42.
493 Vgl. Anhang IV.

Zedenten hat die Cour de cassation sich im Dezember 2001[494] gegen die Entscheidung der Cour d'appel de Rouen gewandt, welche aufgrund des Prinzips der Autonomie der Schiedsvereinbarung gegenüber dem materiellen Vertrag, eine Wirkung zu Lasten des Zessionars abgelehnt hatte. Die zweite Kammer der Cour de cassation sah die Schiedsklausel als „accessoire“ im Sinne von Art. 1692 Code Civil an, die mit der Forderung übergeht. Damit folgt sie nicht nur der ersten Kammer der Cour de cassation, die den Umlauf von Vertragsklauseln betont hat[495], sondern auch anderen Entscheidungen der ersten Kammer der Cour de cassation, in denen bereits hinsichtlich internationaler Schiedsvereinbarungen eine Wirkung gegenüber dem Zessionar angenommen wurde[496]. Auch die Literatur vertritt diese Ansicht[497]. Hingewiesen wird auf die bestehende Autonomie der Klausel gegenüber dem Hauptvertrag[498]. Die Klausel sei lediglich „accessoire“, nicht jedoch das Kernstück des Hauptvertrages, so dass sie auch wirksam bleibe, wenn der Hauptvertrag nichtig sei. Andererseits handele es sich aber um eine Klausel, die unbedingt zum Vertrag gehöre, so dass die Wirkungen auch den Übernehmer treffen müssten. Darüber hinaus spreche der Wille der Parteien für die Wirkung gegenüber dem Zessionar[499]. Aufgrund der besonderen Gefahren, die mit der Wirkung einer Schiedsvereinbarung verbunden sind[500] sowie der für eine Drittwirkung von Schiedsvereinbarungen angeführten Gründe, muss erst recht im Hinblick auf eine Gerichtsstandsvereinbarung die Wirkung zu Lasten des Dritten zugelassen werden[501].

Ein gutgläubiger einredefreier Erwerb einer Forderung ist auch nach dem französischen Recht im Hinblick auf den Schutz des Schuldners grundsätzlich nicht möglich, so dass dem Schuldner alle Einreden und Einwendungen, die ihm gegenüber dem alten Gläubiger zustanden, gegenüber dem neuen Gläubiger erhalten bleiben[502]. Damit muss ein gutgläubiger „lastenfreier“ Erwerb grundsätzlich ausscheiden. Folglich entfaltet eine Gerichtsstandsvereinbarung auch gegenüber dem Zessionar Wirkung zu seinen Lasten. Diskutiert wird aber auch hier im Wertpapierrecht – jedenfalls in den Fällen der in einem Konnossement enthaltenen Gerichtsstandsklausel – ein gutgläubiger „lastenfreier“ Erwerb[503].

---

494 *Cour de cassation*, D. 2002, 251; dazu: Pradel, D. 2003, 569 ff. Ebenso in diesem Sinne *Cour de cassation*, Bulletin 1999 I, n° 1 bezüglich einer internationalen Schiedsvereinbarung.

495 Vgl. *Cour de cassation*, D. 2001, 1135; *Cour de cassation*, D. 2001, 3246.

496 *Cour de cassation*, Rev.crit.dr.internat.privé (88) 1999, 537 f.; vgl. auch *Cour d'appel Paris*, Rev.arb. 2001, 165 ff.

497 Vgl. *Delebecque*, Rev.Arb. 1991, 19, 26; *Goutal*, Rev.arb. 1988, 439, 445; *Mayer*, Rev.arb. 1990, 681, 686.

498 Vgl. *Cour de cassation*, Rev.crit.dr.internat.privé (83) 1994, 663 f.

499 *Mayer*, Rev.Arb. 1990, 675, 686; auch bejahend im Hinblick auf den Übergang einer Gerichtsstandsklausel: *Pataut*, Rev.crit.dr.internat.privé (88) 1999, 538, 544 f. Vgl. dazu ebenfalls *Girsberger/Hausmaninger*, Arb.Int. 1992, 121, 130 f.

500 Siehe 2. Teil B. 1. c) ee).

501 Vgl. auch *Pataut*, Rev.crit.dr.internat.privé (88) 1999, 538, 544 f.

502 Vgl. *Starck/Henri/Boyer*, Obligations, Rn. 42.

503 Ob der Konnossementsempfänger an die in dem Konnossement enthaltene Gerichtsstandsklausel gebunden ist, wird uneinheitlich beantwortet, vgl. dazu bereits Fn. 481. Teilweise wird eine Dritt-

Neben der Forderungsabtretung ist die Übertragung einer Forderung auch durch die sogenannte „subrogation personell“ gemäß Art. 1249 ff. Code Civil[504] möglich. Dabei kommt es zum Eintritt eines Dritten in die Gläubigerstellung kraft Erfüllung einer Schuld eines anderen. Es bestehen gemäß Art. 1249 Code Civil zwei Arten der „subrogation“: zum einen die „subrogation“ kraft Vereinbarung („subrogation conventionelle“) im Sinne von Art. 1250 Code Civil, andererseits die „subrogation“ kraft Gesetzes („subrogation légale“) gemäß Art. 1251 Code Civil. Im Gegensatz zur Forderungsabtretung ist im Falle der „subrogation“ weder eine Abtretungsanzeige an den Schuldner noch dessen Annahme erforderlich[505]. Folge der „subrogation“ ist der Übergang der Forderung in ihrer Identität, die sie im Verhältnis von altem Gläubiger und Schuldner innehatte[506]. Demnach erwirbt der neue Gläubiger die Forderung mit allen „accessoires“[507], so dass der Schuldner dem neuen Gläubiger alle Einwendungen und Einreden, die dem alten Gläubiger gegenüber bestanden, geltend machen kann[508]. Folglich muss ebenso wie bei der „cession de créance“, eine Wirkung der Gerichtsstandsvereinbarung zu Lasten des neuen Gläubigers angenommen werden. Dies wurde auch bereits von der Cour de cassation so entschieden[509].

bb) Bei „novation“ und „délégation“

Den romanischen Rechtsordnungen ist ebenso wie dem Common Law eine befreiende Schuldübernahme – wie sie im deutschen Recht existiert[510] – grundsätzlich fremd. Möglich ist lediglich die „novation“ im Sinne von Art. 2171 ff. Code Civil. Dabei handelt es sich um eine Vereinbarung zwischen Gläubiger und Neuschuldner, kraft derer die alte Schuld nicht auf den Übernehmer übergeht, sondern eine neue Schuld be-

---

wirkung bejaht, ohne auf die Frage der Gutgläubigkeit einzugehen; vgl. zu in Konnossementen enthaltenen Schiedsklauseln: *Cour d'appel de Rouen*, Rev.arb. 1987, 339 ff., die eine implizite Zustimmung annehmen. Die Ablehnung der Drittwirkung wird mit der mangelnden Kenntnis des Dritten von der Gerichtsstandsklausel und/oder der nicht erklärten Zustimmung des Dritten zu der Gerichtsstandsklausel (vgl. *Cour de cassation*, Rev.crit.dr.internat.privé (81) 1992, 703 ff.; *Cour de cassation*, D.M.F. (47) 1995, 208 f.; zu Schiedsklauseln: *Cour de cassation*, Rev.arb. 1995, 622 ff.) begründet. Somit wird die Wirkung der Gerichtsstandsklausel als von der Kenntnis des Dritten – und damit dessen gutem Glauben – abhängig angesehen; vgl. *Cour de cassation*, Rev.crit.dr.internat.privé (81) 1992, 703 ff. Fraglich ist allerdings, ob es sich überhaupt um einen Fall der Rechtsnachfolge handelt, vgl. *Delebecque*, D.M.F. (53) 2001, 191, 193. In Betracht kommt auch, dass der Dritte seinen Auslieferungsanspruch aus einem Vertrag zu Gunsten Dritter – dem Transportvertrag – erlangt; siehe dazu *Bonnassies*, D.M.F. (47), 209, 214 ff.

504 Vgl. Anhang IV.

505 Zu der „subrogation“ und ihren Voraussetzungen: *Bénabent*, Droit civil, Rn. 742 ff.; *Blaise/Desgorces*, Die Forderungsabtretung, 261 f.

506 Vgl. *Cour de cassation*, Bulletin 1993 IV, n° 285.

507 *Cour de cassation*, Bulletin 1989 IV, n° 205; *Starck/Roland/Boyer*, Obligations, Rn. 73.

508 Siehe dazu auch *Cour de cassation*, Bulletin 1984 I, n° 131; *Bénabent*, Droit civil, Rn. 746 ; *Blaise/Desgorces*, Die Forderungsabtretung, 245, 262 f.

509 *Cour de cassation*, D. 1991, Inf. Rap. 272. Vgl. hinsichtlich einer internationalen Gerichtsstandsvereinbarung : *Cour de cassation*, Rev.crit.dr.internat.privé (76) 1987, 396 f.; *Cour de cassation*, D. 2001, 3246. Bezüglich einer internationalen Schiedsvereinbarung: *Cour d'appel de Paris*, Rev.arb. 1993, 632 ff.

510 Siehe 2. Teil B. III. 1. a) bb).

gründet wird, die an die Stelle der alten tritt. Folglich weist die neue Schuld nicht die Identität der alten Schuld auf, so dass beispielsweise „clauses accessoires“ bezüglich des alten Schuldverhältnisses nicht auch im Hinblick auf das neu begründete Verhältnis wirken[511]. Konsequenz ist, dass einer Gerichtsstandsvereinbarung, die sich auf die alte Schuld bezogen hat, keinerlei Wirkung zukommt. So sieht dies auch die vorherrschende Ansicht in Frankreich[512].

Darüber hinaus existiert die Möglichkeit der „délégation“ im Sinne von Art. 1275 f. Code Civil[513], bei der es durch Vereinbarung zwischen Altschuldner und Gläubiger zur Übernahme der Schuld durch einen willigen Dritten kommt. Zu unterscheiden ist zwischen der „délégation parfaite“ und der „délégation imparfaite“. Bei ersterer erfolgt eine vollständige Befreiung des Altschuldners von seiner Schuld. Die „délégation imparfaite“ hingegen, die den Grundfall der „délégation“ darstellt, bewirkt lediglich, dass neben den Altschuldner ein weiterer Schuldner tritt. Dies ist gemäß Art. 1275 Code Civil der Fall, wenn der Gläubiger nicht ausdrücklich erklärt, dass der Altschuldner von seiner Schuld befreit sein soll. Der Gläubiger hat in diesem Fall die Wahl, ob er den hinzukommenden oder den alten Schuldner in Anspruch nimmt[514]. Sowohl bei der „délégation imparfaite“ als auch bei der „délégation parfaite“ ist zu beachten, dass eine neue Schuld entsteht, und kein Übergang der ursprünglichen Schuld erfolgt[515]. Einreden oder Einwendungen aus dem alten Schuldverhältnis können gegenüber dem neuen Schuldner grundsätzlich nicht geltend gemacht werden[516]. Damit kann nichts anderes als bei der „novation“ gelten: einer Gerichtsstandsvereinbarung, die hinsichtlich der alten Schuld bestand, kann keine Wirkung gegenüber dem Dritten zukommen[517].

---

511 *Siedel*, Kollisionsrechtliche Anknüpfung der Schuldübernahme, 29 ; *Terré/Simler/Lequette*, Les obligations, Rn. 1436 ; vgl. auch *Cour de cassation*, Bulletin 2001 IV, n° 131. Einwendungen und Einreden aus dem alten Schuldverhältnis spielen bezüglich des neu begründeten Schuldverhältnisses keine Rolle, mit Ausnahme der Einrede der Nichtigkeit. Letztere muss gewährt werden, da die Neubegründung einer Schuld bei der „novation“ davon abhängt, dass überhaupt eine Schuld gegenüber dem Gläubiger bestanden hat; dazu *Terré/Simler/Lequette*, Les obligations, Rn. 1436.

512 Vgl. hinsichtlich Schiedsvereinbarungen: *Terré/Simler/Lequette*, Les obligations, Rn. 1436. *Goutal*, Rev.Arb. 1988, 439, 447 weist darauf hin, dass bei einer Übertragung der Schuld die Schiedsvereinbarung als „modalité d'exercice de l'obligation“ angesehen werde und damit in den Fällen der „novation“ sowie der „délégation“ eine Wirkung zu Lasten des Dritten, für den eine neue Schuld begründet und nicht die alte Schuld übernommen wird, abzulehnen sei; anders: *Cour de cassation*, Rev.Arb. 1988, 639 f. mit kritischer Anmerkung von *Jarrosson*, Rev.Arb. 1988, 641, 643 f.

513 Vgl. Anhang IV.

514 *Bénabent*, Les obligation, Rn. 756.

515 Zur „délégation imparfaite“: *Ferid*, Das französische Zivilrecht 1, 2E 169; *Terré/Simler/Lequette*, Les obligations, Rn. 1446; zur „délégation parfaite“: *Bénabent*, Les obligations, Rn. 755.

516 Vgl. *Ferid*, Das französische Zivilrecht 1, 2E 169; *Terré/Simler/Lequette*, Les obligations, Rn. 1449, Rn. 1457. Da die „délégation parfait“ eine Mischung aus dem Grundfall der „délégation“ und der „novation“ darstellt, gilt ebenso wie bei der „novation“, dass die Einrede der Nichtigkeit möglich sein muss, da die Begründung der neuen Schuld davon abhängt, dass überhaupt eine Schuld gegenüber dem Gläubiger bestanden hat; vgl. *Terré/Simler/Lequette*, Les obligations, Rn. 1457; dazu auch *Bénabent*, Les obligations, Rn. 755.

517 Vgl. *Goutal*, Rev.Arb. 1988, 439, 447 zu Schiedsvereinbarungen.

cc) Bei „cession de contrat"

Die Vertragsübernahme („cession de contrat") wurde im französischen Recht zunächst als eine Addition einer Übernahme der Verpflichtungen und einer Übernahme der Forderungen angesehen, wohingegen heute mehrheitlich eine Übernahme des gesamten Vertragsverhältnisses angenommen wird[518]. Diskutiert wird, ob dafür die Zustimmung sowohl des Übernehmenden als auch der ursprünglichen Vertragspartner erforderlich ist[519]. Durch die „cession de contrat" erhält der Übernehmer die materielle Rechtsstellung aus dem Vertrag so, wie sie innerhalb dieses Vertragsverhältnisses bestanden hat[520]. Daher entfalten auch Gerichtsstandsklauseln, die dieses Vertragsverhältnis betreffen, Wirkung gegenüber dem Vertragsübernehmer[521].

dd) Bei „succession"

Auch in Frankreich gilt gemäß Art. 724, 732 Code Civil[522] - wie im deutschen und österreichischen Recht[523] – der Grundsatz der unmittelbaren Universalsukzession, so dass der Erbe („héritier") Gesamtrechtsnachfolger des Erblassers („testateur") wird[524]. Der Erbe erhält infolgedessen alle Vermögensrechte. Bei Rechtsgeschäften wird damit der Grundsatz der Relativität durchbrochen, so dass der französische Gesetzgeber in Art. 1122 Code Civil eine Ausnahmeregelung zu Art. 1119 Code Civil geschaffen hat. Danach erstrecken sich die Vertragswirkungen grundsätzlich auch auf den Erben. Dass es zu einem Übergang des gesamten Vermögens kommt, lässt sich auf den Gedanken zurückführen, dass der Erbe die Persönlichkeit des Erblassers fortsetzt[525]. Damit gehen die Rechte und Pflichten so auf den Erben über, wie sie im Hinblick auf den Erblasser bestanden. Er kann nicht mehr erlangen, als der Erblasser innehatte[526]. Daher müssen auch Gerichtsstandsvereinbarungen, die der Erblasser mit seinen Vertragspartnern abgeschlossen hat, dem Erben gegenüber Wirkung entfalten[527].

ee) Bei „stipulation pour autrui"

Die Möglichkeit eines Vertrages zu Gunsten Dritter[528] („stipulation pour autrui") findet sich auch im französischen Recht. Sie gilt als Ausnahme zu dem in Art. 1119 Code Civil niedergelegten Grundsatz, dass jede Person eine vertragliche Bindung nur für

---

518 Vgl. *Starck/Roland/Boyer*, Obligations, Rn. 9; *Terré/Simler/Lequette*, Les obligations, Rn. 1310. Zu der früheren rechtlichen Situation, nach der eine Aufspaltung erfolgte und die Schuldübernahme folglich als unzulässig angesehen werden musste, noch: *Ferid*, Das französische Zivilrecht 1, 2E 180.

519 Vgl. zu dieser Problematik: *Cour de cassation*, D. 2001, 1345; *Terré/Simler/Lequette*, Les obligations, Rn. 1310 f.; *Bénabent*, Les obligations, Rn. 257 ; *Jamin*, D. 1995, 131 f.

520 *Cour de cassation*, D. 1983, 416; *Bénabent*, Les obligations, Rn. 257.

521 In Bezug auf Schiedsklauseln: *Cour d'appel de Paris*, Rev.Arb. 1988, 565; vgl. auch *de Boisséson*, Le droit français de l'arbitrage, Rn. 132 d.; *Robert*, L'arbitrage, Rn. 120-1.

522 Vgl. Anhang IV.

523 Siehe 2. Teil B. III. 1. a) dd), 2. Teil B. III. 1. b) dd).

524 Zu den Unterschieden zum deutschen Recht: *Ferid*, Das französische Zivilrecht 3, 5A 5.

525 *Mazeaud*, Droit Civil, Rn. 1203.

526 Vgl. *Marty/Raynaud*, Les Obligations, Rn. 263.

527 Für eine Drittwirkung von Schiedsvereinbarungen bei Gesamtrechtsnachfolge: *de Boisséson*, Le droit français de l'arbitrage, Rn. 132 c.; *Goutal*, Rev.Arb. 1988, 439, 444.

528 Zur historischen Entwicklung: *Terré/Simler/Lequette*, Les obligations, Rn. 513 ff.

sich selbst eingehen kann. Der Code Civil schreibt vor, unter welchen Voraussetzungen die Vereinbarung eines Vertrages zu Gunsten Dritter möglich ist. Gemäß Art. 1121 Code Civil[529] ist ein Interesse des Versprechensempfängers an der Erfüllung gegenüber dem Dritten zu verlangen. Weiterhin bedarf es der hinreichenden Bestimmtheit des Dritten zum Zeitpunkt der Leistung. Zudem ist auf die Bedeutung der Annahme durch den Dritten hinzuweisen, der jedoch keine konstitutive Wirkung bezüglich des Rechtserwerbs zukommt[530]. Sie führt gemäß Art. 1121 S. 2 Code Civil dazu, dass ein Widerruf durch den Verprechensempfänger nicht mehr erfolgen kann. Die Praxis lockert diese restriktiven Voraussetzungen heute jedoch auf[531].

Eine Vereinbarung, durch die dem Dritten eine Pflicht auferlegt wird, ist ohne seine Zustimmung hingegen nicht möglich[532]. Daraus wurde lange Zeit gefolgert, dass eine Schiedsvereinbarung, durch welche dem Dritten die Pflicht auferlegt wird, bei Streitigkeiten ein Schiedsgericht anzurufen, keinerlei Wirkung gegenüber dem Dritten entfalte[533]. Im Gegensatz dazu hat sich in neuerer Zeit eine Ansicht in der Literatur und Rechtsprechung herausgebildet, die eine Gesamtbetrachtung der Wirkung der Schiedsklausel und dem materiellen Recht, das der Dritte erwirbt, annehmen will[534]. Allgemeine Einigkeit besteht darüber, dass der Dritte ein Forderungsrecht unmittelbar in seiner Person gegenüber dem Versprechenden erwirbt[535], das allein aus der Wirkung des einheitlichen Willens von Versprechendem und Versprechensempfänger folgt[536]. Der Dritte muss sich daher die dem Versprechenden gegen den Versprechensempfänger zustehenden Einreden entgegenhalten lassen[537]. Darauf aufbauend begründet die neuere Literatur und Rechtsprechung ihre Ansicht: Die Schiedsvereinbarung sei keine selbständige Verpflichtung, vielmehr handele es sich bei dem Forderungsrecht und der Belastung durch die Schiedsvereinbarung um „un bloc“. Das Forderungsrecht folge schließlich aus dem Vertrag zwischen dem Versprechenden und dem Versprechensempfänger. Mit Annahme der Begünstigung durch den Dritten entfaltet daher auch die Schiedsvereinbarung ihm gegenüber Wirkung[538]. Nichts anderes kann bezüglich der Drittwirkung einer Gerichtsstandsvereinbarung gelten[539].

---

529 Vgl. Anhang IV.

530 *Cour de cassation*, Bulletin 2000 I, n° 333.

531 Vgl. *Bénabent*, Les obligations, Rn. 252 ; *Terré/Simler/Lequette*, Les obligations, Rn. 515; *Zweigert/Kötz*, Rechtsvergleichung, 460; anders noch *Ferid*, Das französische Zivilrecht 1, 2E 23 f.

532 Einem Dritten darf keine Pflicht auferlegt werden. Allerdings ist eine Vereinbarung, nach der ein Dritter verpflichtet werden soll, möglich, wenn der Dritte dies akzeptiert. So *Cour de cassation*, Bulletin 1987 I, n° 343. Vgl. auch *Bénabent*, Les obligations, Rn. 251; *Terré/Simler/Lequette*, Les obligations, Rn. 523.

533 *Cour de cassation*, Bulletin 1985 IV, n° 178; *Bénabent*, Les obligations, Rn. 251.

534 *Horchani*, Rev.Arb. 1998, 222, 226; *Robert* in Débats, Rev.Arb. 1988, 456, 468; vgl. ebenso *Goutal*, Rev.Arb. 1988, 439, 447; dazu auch *Mestre*, Rev.trim.dr.civ. 1986, 589, 593 f. Siehe auch die Rechtsvergleichende Darstellung bei *Ahrens*, Subjektive Rechweite, 76 ff.

535 *Bénabent*, Les obligations, Rn. 253.

536 *Terré/Simler/Lequette*, Les obligations, Rn. 526.

537 *Cour de cassation*, Bulletin 1994 I, n° 353; *Bénabent*, Les obligations, Rn. 253; *Ferid*, Das französische Zivilrecht 1, 2E 30.

538 *Robert* in Débats, Rev.Arb. 1988, 456, 468.

539 Siehe zur Problematik des gutgläubigen „lastenfreien“ Erwerbs Fn. 498. Der gutgläubige „ein-

ff) Ergebnis

Es zeigt sich, dass das überwiegende Schrifttum eine Drittwirkung einer Gerichtsstandsvereinbarung bzw. einer Schiedsklausel zulassen will. Auch in der Rechtsprechung zeichnet sich in neuerer Zeit die Tendenz ab, eine Drittwirkung anzuerkennen. Dabei wird die Gerichtsstands- bzw. Schiedsvereinbarung als „accessoire" zu dem materiellen Recht verstanden, das mitübertragen wird, wenn es zu einem Übergang des materiellen Rechts auf den Dritten kommt[540]. Wird hingegen eine neue Pflicht für den Dritten begründet, die die alte ersetzen soll, so treffen auch die Wirkungen einer Gerichtsstandsvereinbarung, die sich auf die alte Pflicht bezogen, nicht den Dritten, es sei denn, er stimmt der Gerichtsstandsvereinbarung formgerecht zu. Es wird somit eine gemeinsame Betrachtung von materiellem Recht und der Wirkung der Zuständigkeitsvereinbarung zur Lösung der Problematik der Drittwirkung vorgenommen. Eine solche Gesamtbetrachtung führt zu dem Ergebnis, dass derjenige, der in die Rechte und Pflichten nachfolgt, an die Gerichtsstandsvereinbarung, die sich auf sie bezogen hat, gebunden ist.

Im Einklang damit steht die Behandlung der Problematik in Fällen der Vereinbarung zu Gunsten eines Dritten. Dieser muss das Recht in der Gestalt hinnehmen, wie es die Parteien vereinbart haben. Durch die Abrede einer ausschließlichen Zuständigkeit im Hinblick auf Klagen bezüglich des Rechts modifizieren die Parteien dessen Gestalt. Es handelt sich dabei nicht um die Begründung einer puren Pflicht für den Dritten, sondern – aufgrund der Gesamtbetrachtung von materiellem Recht und der Wirkung der Gerichtsstandsvereinbarung – um die Ausformung des Rechts, so dass die Gerichtsstandsvereinbarung zu Lasten des Dritten wirken muss.

e) Ergebnis

Insgesamt wird deutlich, dass die europäischen Rechtsordnungen vom Grundsatz der Relativität der Vertragsverhältnisse ausgehen. Allerdings wird dieser Grundsatz durchbrochen, um den Interessen der Beteiligten hinreichend Raum zu gewähren. Das gilt nicht nur im Hinblick auf die materielle Rechtsposition, sondern auch bezüglich der Wirkung von Gerichtsstandsvereinbarungen. Wie mit Blick auf die Entwicklung in den Rechtsordnungen deutlich wird, setzt sich dies mehr und mehr durch. Ausgangspunkt für die Beantwortung der Frage, ob eine Gerichtsstandsvereinbarung zu Lasten eines Dritten wirkt, ist dabei grundsätzlich eine Gesamtbetrachtung der materiellen Rechtsposition mit der Wirkung der Gerichtsstandsvereinbarung.

In den Fällen des Übergangs von Rechten und/oder Pflichten oder gesamter Rechtspositionen auf den Dritten aufgrund Gesetzes oder Übernahme wird die Wirkung der Gerichtsstandsvereinbarung zu seinen Lasten mit dem Interesse am Fortbestand der Identität der Rechts- und/oder Pflichtenposition des Vorgängers begründet. Die Wir-

---

redefreie" Erwerb bei einer in einem Konnossement enthaltenen Gerichtsstandsklausel ist an dieser Stelle jedoch nur zu diskutieren, soweit angenommen wird, dass der Dritte sein Recht aus einem Vertrag zu seinen Gunsten erlangt, vgl. dazu *Bieber*, Das neue französische Seefrachtrecht, 54 f.; *Stöve*, Gerichtsstandsvereinbarungen nach Handelsbrauch, 168; *Bonnassies*, D.M.F. (47), 209, 214 ff.

[540] Vgl. dazu auch *Cour de cassation*, Rev.crit.dr.internat.privé (89) 2000, 763 f. bezüglich einer internationalen Schiedsvereinbarung, mit Anm. *Coipel-Cordonnier*.

kung der Gerichtsstandsklausel ist als Modifikation der materiellen Rechtsposition anzusehen und wirkt daher gegenüber dem Dritten. Erfolgt eine Vereinbarung zu Gunsten eines Dritten, so entfaltet diesem gegenüber auch die auf das Recht bezogene Gerichtsstandsklausel Wirkung. Grund dafür ist, dass bei einer Betrachtung von materiellem Recht und der Wirkung der Gerichtsstandsvereinbarung, letztere nicht mehr lediglich als Last anzusehen ist, sondern als Gestaltung des Rechts, die der Dritte hinnehmen muss.

Demnach ergeben sich aus den nationalen Rechtsordnungen einheitliche Grundsätze bezüglich der Behandlung einer Gerichtsstandsvereinbarung, die zu Lasten eines Dritten wirken soll, so dass die rechtsvergleichende Bewertung nicht gegen, sondern vielmehr für die Möglichkeit einer übereinkommens- bzw. gemeinschaftsautonomen Auslegung spricht.

2. Meinungsstand

Anders als bei einer Gerichtsstandsvereinbarung, die zu Gunsten des Dritten wirken soll[541], wird die Frage des anwendbaren Rechts im Hinblick auf eine Gerichtsstandsvereinbarung, die zu Lasten des Dritten Wirkungen entfalten soll, in Rechtsprechung und Literatur unterschiedlich beantwortet. Der Grund dafür liegt darin, dass hier nicht bloß eine Betrachtung der Wirkung der Gerichtsstandsvereinbarung erfolgt. Eine solche würde nämlich dazu führen, dass eine Gerichtsstandsvereinbarung nie zu Lasten eines Dritten wirken könnte, da er nicht Partei dieser Vereinbarung ist und diese nicht zu seinen Gunsten wirkt. Da dies jedoch in bestimmten Fällen als unbillig empfunden wird, versucht man einen Weg zu finden, um eine solche Wirkung zu Lasten des Dritten zuzulassen. Wie die nationalen Rechtsordnungen zeigen, erfolgt dabei eine gemeinsame Betrachtung von materiellem Recht und der Wirkung der Gerichtsstandsvereinbarung. Eben diese gemeinsame Betrachtung führt dann aber zu der Frage, ob sich die Wirkung zu Lasten des Dritten nach nationalem oder übereinkommens- bzw. gemeinschaftsautonomem Recht richten soll.

a) Rechtsprechung des EuGH

Ausgangspunkt der Überlegungen soll die Rechtsprechung des EuGH zur belastenden Wirkung einer Gerichtsstandsvereinbarung gegenüber einem Dritten sein. Sie nimmt ihren Anfang mit der Entscheidung *„Tilly Russ“*[542]. Der EuGH betonte in dieser, dass Art. 17 EuGVÜ genügt werde, wenn die Gerichtsstandsklausel zwischen den Parteien gültig und der Dritte nach dem anwendbaren nationalen Recht in die Rechte und Pflichten des Vorgängers *„eingetreten“* sei. Zur Begründung wurde darauf verwiesen, dass ein anderes Ergebnis der Zielsetzung des Übereinkommens nicht entspreche. Ziel des Art. 17 EuGVÜ sei es, Gerichtsstandsklauseln, die unbemerkt in Vertragsverhältnisse eingeführt werden können, die Wirkung zu nehmen. Trete der Dritte jedoch in die Rechte und Pflichten einer der Parteien ein, so könnten ihm dadurch nicht mehr

---

541 2. Teil A. III. 1.

542 *EuGH* Urteil vom 19. Juni 1984, Rs. 71/83, Slg. 1984, 2417 *(Tilly Russ)*; siehe dazu auch die bereits oben dargestellte Entscheidung 1. Teil B. I. 2. a).

Rechte verliehen werden, als der Vorgänger innehatte[543]. Betont wird bei der Besprechung dieses Urteils immer wieder, dass die Frage, ob eine Gerichtsstandsvereinbarung zu Lasten eines Dritten wirkt, folglich nach nationalem Recht zu bewerten sei[544].

Es erscheint jedoch fraglich, ob eine Beurteilung nach nationalem Recht so eindeutig ist, wie dies oftmals dargestellt wird. Immerhin handelte es sich bei der Gerichtsstandsvereinbarung, deren Wirkungen der EuGH untersuchte, um eine solche, die in den Anwendungsbereich des Übereinkommens fiel. Der EuGH beließ es jedoch nicht bei einer Anwendung des übereinkommensautonomen Rechts. Vielmehr entschied er, dass eine Drittwirkung nur insoweit zuzulassen sei, als der Dritte nach dem anwendbaren nationalen Recht in die Rechte und Pflichten des Vorgängers eingetreten ist. Ausdrücklich erklärte der EuGH an keiner Stelle der Entscheidung, dass zu den Pflichten auch die Wirkung der Gerichtsstandsvereinbarung zählen soll. Aus diesem Grunde könnte daran zu denken sein, dass lediglich nach nationalem Recht geprüft werden muss, ob der Dritte in die materiellen Rechte und Pflichten eingetreten ist. Wäre dies der Fall, so könnte das Urteil in der Weise zu deuten sein, dass als Rechtsfolge des „Eintritts" die Wirkung zu Lasten des Dritten nach übereinkommens- bzw. gemeinschaftsautonomem Recht anzunehmen ist. Dem Dritten können nämlich nicht mehr Recht verliehen werden, als der Vorgänger innehatte. Da der Entscheidung die Schlussanträge des Generalanwalts zugrunde lagen, sind auch diese bei der Interpretation des Urteils zu berücksichtigen. Generalanwalt *Slynn* stellte fest, dass der Dritte mit dem Erwerb des Konnossements allen Klauseln unterliege, einschließlich der Gerichtsstandsklausel. Nach seinem Vorschlag für die Beantwortung der Vorlagefrage soll eine Wirkung zu Lasten des Dritten zu bejahen sein, wenn der Dritte

> „nach dem für die Übertragung des Konnossements geltenden Recht alle Rechte und Pflichten des Befrachters aus dem Konnossement übernimmt ..."[545].

Ähnlich drückte sich der EuGH aus:

> „Auf den Drittinhaber gehen auf diese Weise alle Rechte und alle Pflichten aus dem Konnossement, einschließlich derjenigen aus der Gerichtsstandsvereinbarung, über."[546].

Demnach scheint vom EuGH grundsätzlich ein Gleichlauf von materiellrechtlichen Klauseln sowie Gerichtsstandsklauseln beabsichtigt zu sein, so dass auch die Bindung des Dritten an eine Gerichtsstandsklausel im Sinne von Art. 17 EuGVÜ prinzipiell nach nationalem Recht zu beurteilen ist. Das übereinkommensautonome Recht entscheidet allerdings, ob die Drittwirkung einer Gerichtsstandsvereinbarung nach nationalem Recht im Falle des „Eintritts" in die Rechte und Pflichten mit den Grundsätzen des EuGVÜ vereinbar ist[547].

---

543 Vgl. *EuGH* Urteil vom 19. Juni 1984, Rs. 71/83, Slg. 1984, 2417, Rn. 24 f. *(Tilly Russ)*.

544 In diesem Sinne *Gaudemet-Tallon*, Les Conventions, Rn. 161; *Jackson*, Enforcement of Maritime Claims, 115; *Geimer/Schütze*, Art. 23, Rn. 82; *Schlosser*, Art. 23, Rn. 43. Positiv bewertet die Anwendung von nationalem Recht insbesondere *Schlosser*, RIW 1984, 909, 914; vgl. auch *Mankowski*, IPRax 1996, 427, 431. Anders: Rauscher, IPRax 1992, 143 insb. 145.

545 Schlussanträge des *Generalanwalts Slynn* vom 21. März 1984, Rs. 71/83, Slg. 1984, 2437, 2444 f. *(Tilly Russ)*.

546 *EuGH* Urteil vom 19. Juni 1984, Rs. 71/83, Slg. 1984, 2417, Rn. 25 *(Tilly Russ)*.

547 *Rabe*, TranspR 2000, 389, 392. Vgl. auch *Gebauer*, IPRax 2001, 471, 474.

In diesem Sinne hat auch der EuGH in *„Castelletti“*[548] geurteilt. Er verwies auf die in *„Tilly Russ“* entwickelten Grundsätze und lehnte eine Prüfung der Kenntnis bzw. des Kennenmüssens gemäß Art. 17 Abs. 1 S. 2 lit. c EuGVÜ im Hinblick auf den Dritten statt auf die Parteien der Gerichtsstandsvereinbarungen ab[549]. Generalanwalt *Lèger* vertrat dies ebenso in seinen Schlussanträgen. Er wies insbesondere darauf hin, dass Voraussetzung für eine Wirkungsentfaltung das Vorliegen einer Gerichtsstandsvereinbarung sei, so dass auch zwischen deren Parteien das Vorliegen der Kenntnis bzw. des Kennenmüssens geprüft werden müsse. Die Kenntnis gehe auf den Nachfolger über. Die Formerfordernisse des Art. 17 Abs. 1 EuGVÜ seien nicht so entscheidend, dass nicht nur beim Abschluss der Gerichtsstandsvereinbarung, sondern auch bei jeder Übertragung der Rechte aus einem Vertrag, der eine Gerichtsstandsklausel enthält, diese zu erfüllen seien[550]. Folglich wurde von der Beurteilung nach nationalem Recht auch in der Entscheidung *„Castelletti“* nicht abgewichen[551].

Von besonderem Interesse bezüglich der Frage, ob sich die Wirkung einer Gerichtsstandsvereinbarung zu Lasten eines Dritten nach national-autonomem oder übereinkommens- bzw. gemeinschaftsautonomem Recht beurteilt, ist die Entscheidung *„Coreck“*[552]. Der EuGH rief erneut die *„Tilly Russ“*-Rechtssprechung ins Gedächtnis. Zudem urteilte er jedoch, dass, soweit ein „Eintritt“ in die Rechte und Pflichten einer der ursprünglichen Parteien nicht nach nationalem Recht erfolgt ist, im Hinblick auf die Erfordernisse des Art. 17 Abs. 1 EuGVÜ zu prüfen sei, ob der Dritte der ihm entgegengehaltenen Gerichtsstandsklausel zugestimmt habe[553]. Generalanwalt *Alber* war diesbezüglich in seinen Schlussanträgen wesentlich zurückhaltender. So lehnte er eine Bindung des Dritten bei Nichteintritt in die Rechte und Pflichten des Vorgängers nach nationalem Recht grundsätzlich ab, und verwies auf die Schlussanträge des Generalanwalts *Slynn*[554]. Dieser hatte erklärt, dass in einem solchen Fall eine neue schriftliche oder schriftliche bestätigte Vereinbarung zwischen dem Konnossementsinhaber und dem Verfrachter über die Gerichtsstandsklausel erforderlich sei[555]. Demnach könnte

---

548 *EuGH* Urteil vom 16. März 1999, Rs. C-159/97, Slg. 1999, I-1597 *(Castelletti)*. Vgl. die Darstellung 1. Teil B. I. 2. b).

549 *EuGH* Urteil vom 16. März 1999, Rs. C-159/97, Slg. 1999, I-1597, Rn. 41 f. *(Castelletti)*.

550 Schlussanträge des *Generalanwalts Lèger* vom 22. September 1998, Rs. C-159/97, Slg. 1999, I-1597, Rn. 76 ff., 135 ff. *(Castelletti)*.

551 Kritisch wohl *Pellis*, Ondernemingsrecht 2001, 246, 247 ff., der in den Fällen der in einem Konnossement enthaltenen Gerichtsstandsklausel auf eine übereinkommensautonome Qualifikation des Begriffs „Drittempfänger“ hofft.

552 *EuGH* Urteil vom 9. November 2000, Rs. C-387/98, Slg. 2000, I-9337 *(Coreck)*. Vgl. die oben dargestellte Entscheidung 1. Teil B. I. 2. c).

553 *EuGH* Urteil vom 9. November 2000, Rs. C-387/98, Slg. 2000, I-9337, Rn. 23 ff. *(Coreck)*.

554 Schlussanträge des *Generalanwalts Slynn*, Rs. 71/83, Slg. 1984, 2437, 2444 *(Tilly Russ)*.

555 Schlussanträge des *Generalanwalts Alber*, Rs. C-387/98, Slg. 2000, I-9340, Rn. 60 f. *(Coreck)*; *Generalanwalt Lèger* hingegen erklärt in seinen Schlussanträgen vom 22. September 1998, Rs. C-159/97, Slg. 1999, I-1597, Rn. 82 *(Castelletti)*, dass, wenn der Dritte nach dem anwendbaren Recht in die Rechte und Pflichten einer der ursprünglichen Parteien eingetreten ist, *„seine Zustimmung zur Klausel im Hinblick auf Artikel 17 weder zu prüfen noch zu vermuten“*. Daraus könnte geschlossen werden, dass eine Zustimmung zu prüfen oder zu vermuten ist, wenn der Dritte nach dem anwendbaren Recht nicht in die Rechte und Pflichten einer der ursprünglichen Parteien eintritt.

die Einhaltung der Voraussetzungen im Sinne von Art. 17 Abs. 1 EuGVÜ/LugÜ bzw. Art. 23 Abs. 1, 2 EuGVO nur bezüglich der Parteien der Gerichtsstandsvereinbarung erforderlich sein. Der EuGH verlangte hingegen diese Erfordernisse für die Zustimmung eines Dritten. Er zieht demnach übereinkommensautonomes Recht zur Beantwortung der Frage, ob eine Gerichtsstandsvereinbarung gegenüber einem Dritten Wirkung entfaltet, heran. Bemerkenswert ist, dass der EuGH zunächst das nationale Recht wählt und erst in dem Fall, dass ein „Eintritt" in die Rechte und Pflichten des Vorgängers nach nationalem Recht nicht erfolgt ist, auf übereinkommensautonomes Recht abstellt. Auch bei der Prüfung nach nationalem Recht ist jedoch zu beachten, dass sich die Gerichtsstandsvereinbarung grundsätzlich im übereinkommensautonomen Rahmen halten, also mit diesem vereinbar sein muss[556]. Ist der Dritte nicht in die Rechte und Pflichten nach nationalem Recht *„eingetreten"*, so ist daher weiterhin der Rahmen des übereinkommens- bzw. gemeinschaftsautonomen Rechts zu beachten. Führt man sich dies vor Augen, stellt sich die Frage, warum der EuGH in seiner Rechtsprechung nicht von vorneherein auf übereinkommensautonomes Recht abgestellt hat.

Im Sinne einer übereinkommensautonomen Beurteilung ist auch in *„Powell Duffryn"*[557] vom EuGH entschieden worden. Der EuGH behandelte die Problematik, ob Gesellschafter, die der in einer Satzung enthaltenen Gerichtsstandsklausel nicht zugestimmt hatten, an diese gebunden sind. Er entwickelte die Lösung anhand von Art. 17 EuGVÜ und damit nach übereinkommensautonomem Recht[558]. Seiner Ansicht nach ist unerheblich, ob der Aktionär gegen die Annahme der Klausel gestimmt hat oder erst nach Annahme dieser Klausel Aktionär geworden ist. Indem er Aktionär der Gesellschaft werde und bleibe, erkläre er sich mit sämtlichen Bestimmungen der Satzung einverstanden[559]. Das nationale Recht zog der EuGH nur insoweit heran, als die Beschlüsse der Gesellschaftsorgane diesem entsprechen müssen, so beispielsweise bezüglich der notwendigen Mehrheit für einen Beschluss[560]. Den Formerfordernissen sei genügt, soweit die Satzung an einem dem Gesellschafter zugänglichen Ort, beispielsweise dem Sitz der Gesellschaft, hinterlegt oder in einem öffentlichen Register enthalten ist[561]. Demnach soll – wenn auch der EuGH nicht ausdrücklich darauf hinweist, welche Formalternative des Art. 17 EuGVÜ er bejaht[562] – das übereinkommensautonome Recht darüber entscheiden, ob ein Aktionär, der der Gerichtsstandsklausel nicht zugestimmt hat, an diese gebunden ist.

---

556 Vgl. *Rabe*, TranspR 2000, 389, 392.

557 *EuGH* Urteil vom 10. März 1992, Rs. C-214/89, Slg. 1992, I-1745 *(Powell Duffryn)*. Vgl. dazu auch bereits die Darstellung der Entscheidung 1. Teil B. I. 3.

558 Vgl. dazu *Rauscher*, IPRax 1992, 143, 145, Fn. 14.

559 *EuGH* Urteil vom 10. März 1992, Rs. C-214/89, Slg. 1992, I-1745, Rn. 17 ff. *(Powell Duffryn)*.

560 Siehe bereits in der Argumentation unter: 1. Teil A. II. 1. b).

561 *EuGH* Urteil vom 10. März 1992, Rs. C-214/89, Slg. 1992, I-1745, Rn. 28 *(Powell Duffryn)*.

562 Kritisch aus diesem Grunde *Dietze/Schnichels*, EuZW 1994, 366, 370; vgl. auch *Klinke*, ZGR (22) 1993, 1, 39. Siehe dazu auch 3. Teil F. III.

b) Literatur

In der Literatur wird überwiegend vertreten, eine Bewertung nach national-autonomem Recht vorzunehmen[563]. Zumeist wird die dargestellte Rechtsprechung des EuGH einfach repetiert, ohne diese zu hinterfragen, oder eine eigene Begründung vorzunehmen. Aus Sicht der Mehrzahl der Vertreter dieser Auffassung liegt es wohl wegen der Formulierung des EuGH

> „und der Drittinhaber nach dem anwendbaren nationalen Recht mit dem Erwerb des Konnossements in die Rechte und Pflichten des Befrachters eingetreten ist"[564]

auf der Hand, die Frage der Wirkung zu Lasten eines Dritten nach national-autonomem Recht zu beantworten.

Soweit eine Begründung der Anwendung nationalen Rechts erfolgt, stützen sich die Vertreter dieser Ansicht insbesondere darauf, dass die Erfordernisse von Art. 17 Abs. 1 EuGVÜ eindeutig auf die Parteien der Gerichtsstandsvereinbarung bezogen seien. Hinsichtlich des Übergangs von Wirkungen einer solchen Vereinbarung auf den Dritten existiere keine Regelung[565]. Der Wortlaut sei insoweit eindeutig. Auch aus Art. 17 Abs. 1 S. 2 lit. c EuGVÜ ergebe sich nichts anderes, da dieser Fall ebenso behandelt werden müsse wie lit. a, b. Es sei nicht ersichtlich, dass lit. c eine Sonderrolle zukommen solle. Dies hätten die Verfasser, wenn es in ihrer Absicht gelegen hätte, durch lit. c eine Änderung diesbezüglich vorzunehmen, klarer zum Ausdruck bringen müssen[566].

Andere hingegen suchen eine Lösung der Frage im übereinkommensautonomen Recht. Häufig wird hierbei auf eine Wirkung aufgrund einer Anwendung von Art. 17

---

563 In diesem Sinne *Gaudemet-Tallon*, Les Conventions, Rn. 161; *Jackson*, Enforcement of Maritime Claims, 115; *Geimer/Schütze*, Art. 23, Rn. 82; *Schlosser*, Art. 23, Rn. 43. Positiv bewertet die Anwendung von nationalem Recht insbesondere *Schlosser*, RIW 1984, 909, 914; vgl. auch *Mankowski*, IPRax 1996, 427, 431.

564 *EuGH* Urteil vom 19. Juni 1984, Rs. 71/83, Slg. 1984, 2417 *(Tilly Russ)*; *EuGH* Urteil vom 16. März 1999, Rs. C-159/97, Slg. 1999, I-1597, Rn. 41 *(Castelletti)*; *EuGH* Urteil vom 10. März 1992, Rs. C-214/89, Slg. 1992, I-1745, Rn. 23 *(Coreck)*.

565 Für eine Beurteilung der Wirkung zu Lasten eines Dritten nach nationalem Recht: *Beaumont*, Civil Jurisdiction in Scotland, 523; wohl auch *Carbone*, Contratto di trasporto, 443; *Gaudemet-Tallon*, Les Conventions, Rn. 161; *Killias*, Die Gerichtsstandsvereinbarungen nach dem Lugano-Übereinkommen, 243; *Lasok/Stone*, Conflict of Laws, 260; *Mankowski*, Seerechtliche Vertragsverhältnisse, 240 f.; *O'Malley/Layton*, European Civil Practice, Rn. 21.23; *Schlosser*, Art. 23, Rn. 43; *Gaudemet-Tallon*, Rev.crit.dir.int.privé (74) 1985, 391, 396; *Geimer*, NJW 1985, 533, 534; *Gebauer*, IPRax 2001, 471; *Mankowski*, IPRax 1996, 427, 431, 432; *Samtleben*, RabelsZ 59 (1995), 670, 704 f.; *Schlosser*, RIW 1984, 911, 914; *Takahashi*, Lloyd's MCLQ 2001, 107, 111 ff.; so wohl auch *Dresser U.K. Ltd. and others ./. Falcongate Freight Management Ltd. and others* [1992] Y.B. 502, 508 ff. (C.A.) (per Bingham L.J.). *Girsberger*, IPRax 2000, 87, 90 hält eine übereinkommens- bzw. gemeinschaftsautonome Lösung für wünschenswert, aber im Rahmen der Auslegung nicht umsetzbar.

566 *Mankowski*, Seerechtliche Vertragsverhältnisse, 277 ff.

Abs. 1 S. 2 lit. c EuGVÜ/LugÜ bzw. Art. 23 Abs. 1 S. 3 lit. c EuGVO verwiesen[567]. Nur vereinzelt wird grundsätzlich eine Anwendung von übereinkommens- bzw. gemeinschaftsautonomem Recht vertreten[568].

3. Eigene Bewertung

Für eine Anwendung nationalen Rechts könnte sprechen, dass das nationale Recht ein in sich abgestimmtes Regelungssystem enthält. Durch dieses wird bestimmt, ob mit den materiellen Rechten und/oder Pflichten auch die Wirkung der Gerichtsstandsvereinbarung auf den Dritten übergeht. Folglich erscheint es auf den ersten Blick logisch nicht nur den Erwerb des materiellen Rechts, sondern auch den Umfang, wozu die Wirkung der Gerichtstandsvereinbarung zu rechnen ist, nach nationalem Recht zu beurteilen[569].

Andererseits handelt es sich um eine Gerichtsstandsvereinbarung im Anwendungsbereich des Art. 17 EuGVÜ/LugÜ bzw. Art. 23 EuGVO. Das EuGVÜ/LugÜ bzw. die EuGVO erfasst in Art. 17 bzw. Art. 23 die Gerichtsstandsvereinbarung und ihre Wirkung im Hinblick auf die Parteien. Es wäre befremdend, wenn es zu einer Aufspaltung der subjektiven Wirkungen käme, so dass die Wirkung hinsichtlich der Parteien nach autonomem Recht, die Wirkung in Bezug auf Dritte hingegen nach nationalem Recht zu beurteilen wäre.

Geht man – wie die einzelnen europäischen Rechtsordnungen[570] – davon aus, dass es bei der Beantwortung der Frage der Drittwirkung auf eine Gesamtbetrachtung von materiellen Rechten und/oder Pflichten sowie der Wirkung der Gerichtsstandsvereinbarung ankommt, ist zu überlegen, ob sich nicht nur der Erwerb der materiellen Rechtsstellung, sondern auch der „Übergang“ der Wirkung der Gerichtsstandsvereinbarung nach nationalem Recht richtet, so dass eine einheitliche Beurteilung erfolgt[571]. Allerdings handelt es sich dem Grunde nach um getrennte Fragen. Einerseits bedarf es der Klärung, ob materielle Rechte und/oder Pflichten oder eine gesamte Rechtsposition erworben wird. Andererseits ist die Frage des „Übergangs“ der Wirkung der Gerichtsstandsvereinbarung auf einen Dritten zu klären. Nur bezüglich letzterer wird eine Gesamtbetrachtung, die aus der Einbindung der Zuständigkeitsvereinbarung in den

---

567 *OLG Celle*, IPRax 1997, 417, 418; *Kim*, Internationale Gerichtsstandsvereinbarungen, 185 f.; *Schack*, Internationales Zivilverfahrensrecht, Rn. 471; *Stöve*, Gerichtsstandsvereinbarungen nach Handelsbrauch, 162 ff., insb. 170 f.; MünchKommZPO/Gottwald, Art. 17, Rn. 44; *Adolphsen*, ZZPInt 4 (1999), 243, 247, 252, *Basedow*, IPRax 1985, 133, 137; vgl. dazu auch *Deli*, Riv.dir.int.priv.proc. (25) 1989, 27, 53; die eine Drittwirkung kraft Art. 17 Abs. 1 S. 2 lit. c EuGVÜ begründen wollen. *Samtleben*, RabelsZ 59 (1995), 670, 707 f. begreift dies als Scheinproblem. Bedauernd, dass der EuGH auch in der Entscheidung „*Castelletti*“ keine autonomen Grundsätze aufgestellt hat: *Haß*, EuZW 1999, 444, 445.

568 So wohl *Stöve*, Gerichtsstandsvereinbarungen nach Handelsbrauch, 170, Fn. 520; *Rauscher*, IPRax 1992, 143, 145 f.

569 So die *Niederländische Regierung*, Urteil vom 23. März 2000, Rs. C-387/98, Slg. 2000, I-9337, Rn. 51 *(Coreck)*.

570 Vgl. 2. Teil B. III. 1.

571 Vgl. *Mankowski*, Seerechtliche Vertragsverhältnisse, 260 f.; in diesem Sinne auch *Gebauer*, IPRax 2001, 471, 474.

materiellrechtlichen Zusammenhang resultiert, angestellt. Aus einer gemeinsamen Betrachtung von materieller Rechtsstellung und der Wirkung der Gerichtsstandsvereinbarung ergeben sich Wertungen, die für oder gegen die Drittwirkung einer Gerichtsstandsvereinbarung sprechen. Diesbezüglich finden sich bereits in den Rechtsordnungen der Mitgliedsstaaten einheitliche Grundwertungen[572], was sich aus der dargestellten Rechtsvergleichung ergibt[573]. Infolgedessen ist ein Rückgriff auf nationales Recht auch nicht mehr notwendig[574].

Der Ansicht, die nationales Recht mit der Begründung anwenden will, dass das EuGVÜ/LugÜ bzw. die EuGVO keinerlei Regelungen hinsichtlich einer Gerichtsstandsvereinbarung mit Wirkung zu Lasten Dritter enthalte, ist insoweit zuzustimmen, als Art. 17 Abs. 1 S. 1 EuGVÜ/LugÜ bzw. Art. 23 Abs. 1 S. 1 EuGVO nach seinem Wortlaut nicht auf die Problematik der Drittwirkung zugeschnitten ist. Geregelt wird danach lediglich der Fall, dass die Parteien der Gerichtsstandsvereinbarung zugleich die Parteien des Rechtsstreits sind[575]. Art. 17 Abs. 1 S. 2 EuGVÜ/LugÜ bzw. Art. 23 Abs. 1 S. 3, Abs. 2 EuGVO bezieht sich auf die Gerichtsstandsvereinbarung im Sinne von S. 1 und geht demnach ebenfalls von der Identität der Parteien der Gerichtsstandsvereinbarung mit denjenigen des Rechtsstreits aus. Die Konstellation hingegen, in der eine solche Identität nicht vorliegt, hat keine explizite Regelung erfahren. Dies hindert jedoch nicht, diese Vorschrift in entsprechender Anwendung heranzuziehen, soweit dies die Auslegung von Art. 17 EuGVÜ/LugÜ bzw. Art. 23 EuGVO zulässt.

Einer entsprechenden Anwendung könnte der Wille des Verfassers des EuGVÜ/LugÜ bzw. der EuGVO entgegenstehen. Als Indiz für den Willen des Verfassers dienen die Berichte[576]. Weder im Hinblick auf das Ursprungsübereinkommen von 1968 noch das erste Beitrittsübereinkommen von 1978 wurde die Problematik der Drittwirkung laut der Berichte erörtert[577]. Nach der ersten Entscheidung des EuGH[578] zur Wirkung einer Gerichtsstandsvereinbarung zu Lasten eines Dritten fand diese Erwähnung im *Kerameus*-Bericht[579]. Der Bericht nimmt allerdings auf das zweite Beitrittsübereinkommen von 1982 Bezug. Zu diesem Zeitpunkt war die „*Tilly Russ*"-Entscheidung noch nicht ergangen, und es bestanden keine Anzeichen dafür, dass die Problematik der Drittwirkung diskutiert wurde. Anhaltspunkte diesbezüglich bestehen auch nicht im *Jenard/Möller*-Bericht[580] oder im *Cruz/Real/Jenard*-Bericht[581]. Zwar ist davon aus-

---

572 Siehe zur Bedeutung der einheitlichen Grundwertungen in den europäischen Rechtsordnungen für das übereinkommens- bzw. gemeinschaftsautonome Recht: 2. Teil B. III. 1.

573 Vgl. 2. Teil B. III. 1.

574 Ob die Frage der Gestaltung nach nationalem oder übereinkommens- bzw. gemeinschaftsautonomem Recht zu beantworten ist, ist von der Frage der Drittwirkung zu unterscheiden. Vgl. zur Gestaltung 2. Teil B. VI. 2.

575 Vgl. 2. Teil A. III. 2. a) aa).

576 *Vlas*, NILR 1986, 84, 94 f.

577 Siehe *Jenard*-Bericht, ABl.EG 1979 Nr. C 59/1, zu Art. 17; *Schlosser*-Bericht, ABl.EG 1979, Nr. C 59/71, Rn. 179.

578 *EuGH* Urteil vom 19. Juni 1984, Rs. 71/83, Slg. 1984, 2417 *(Tilly Russ)*.

579 *Kerameus*-Bericht, Rn. 63.

580 *Jenard/Möller*-Bericht, ABl.EG 1990 Nr. C 189/53, Rn. 55 ff.

581 *Cruz/Real/Jenard*-Bericht, ABl.EG 1990 Nr. C 189/35, Rn. 26.

zugehen, dass die Entscheidung bekannt war, doch blieb sie – zumindest nach den Berichten – unkommentiert. Gleiches gilt im Hinblick auf die EuGVO. Man wollte wohl der Rechtsprechung die Lösung dieser Problematik überlassen. Es ist folglich nicht erkennbar, dass der Wille des europäischen Gesetzgebers einer übereinkommens- bzw. gemeinschaftsautonomen Lösung entgegensteht.

Darüber hinaus läuft eine übereinkommens- bzw. gemeinschaftsautonome Beantwortung der Frage parallel zu dem Problem, ob eine Gerichtsstandsvereinbarung zu Gunsten eines Dritten wirken kann. Auch bei letzterem werden autonome Grundsätze zur Lösung herangezogen[582]. Zwar bedarf es diesbezüglich keiner Gesamtbetrachtung von materiellem Recht und der Wirkung der Gerichtsstandsvereinbarung. Dennoch erscheint es sinnvoll, eine einheitliche übereinkommens- bzw. gemeinschaftsautonome Betrachtung in Bezug auf die Problematik der Drittwirkung von internationalen Gerichtsstandsvereinbarungen vorzunehmen.

Weiterhin würde sich bei der Anwendung nationalen Rechts ein zusätzliches Problem ergeben: Es müsste das nationale Recht ermittelt werden. Dazu könnte auf das nach dem Internationalen Privatrecht zu ermittelnde Recht abzustellen sein. Man könnte aber auch überlegen, das Sachrecht des Forumstaates anzuwenden[583]. Diesbezüglich ist es bisher nicht zu einer Einigung in der Literatur gekommen. Der EuGH erklärte sich im Hinblick auf die Frage des anwendbaren Rechts für unzuständig. Er bestimmte aber, dass das nationale Recht sich aus den Vorschriften des internationalen Privatrechts zu ergeben habe, die das nationale Gericht anwende[584]. Damit sind die Probleme bezüglich des anwendbaren Rechts jedoch noch nicht gelöst. Das internationale Privatrecht kann in verschiedenen Vertrags-/Mitgliedsstaaten durchaus unterschiedlich ausgestaltet sein. Hinsichtlich vertraglicher Schuldverhältnisse existiert allerdings das EVÜ, das in der Bundesrepublik Deutschland in das EGBGB inkorporiert wurde, so dass diesbezügliche Divergenzen größtenteils ausgeräumt sind. In Fällen, die außerhalb des Anwendungsbereichs des EVÜ liegen, besteht jedoch weiterhin die Gefahr divergierender Entscheidungen[585]. Zudem müsste bereits bei Klärung der Zuständigkeit die komplexe Frage erörtert werden, ob nach dem zur Anwendung berufenen nationalen Recht eine Wirkung zu Lasten eines Dritten möglich ist[586]. Einfacher

---

582 Vgl. *Rauscher*, IPRax 1992, 143, 145, Fn. 14; *Verheul*, NILR 1987, 99, 105. Siehe auch oben: 2. Teil A.

583 Für das Sachrecht des Forumstaates: *Cour de cassation*, Rev.crit.dr.internat.privé (81) 1992, 703 ff.; *Bonassies*, D.M.F. (37) 1985, 89, 93 ; *Haß*, EuZW 1999, 444, 445. Kritisch: *Prüßmann/Rabe*, vor § 556, Rn. 138; vgl. dazu *Bernard-Fertier*, Rev.crit.dr.internat.privé (90) 2001, 367, 372, Fn. 16; *Schultsz*, N.J. 1984, 2623, 2625. Vgl. zu dieser Problematik auch *Queirolo*, Gli accordi, 314 f.

584 *EuGH* Urteil vom 9. November 2000, Rs. C-387/98, Slg. 2000, I-9337, Rn. 28 ff. *(Coreck)*.

585 *Kim*, Internationale Gerichtsstandsvereinbarungen, 185 f.; *Tetley*, Marine Cargo Claims, 814, Fn. 199; *Geimer/Schütze*, Art. 23, Rn. 200; dazu auch *Kropholler/Pfeifer*, FS Nagel (1987), 157, 165. *Adolphsen*, ZZPInt 4 (1999), 243, 252. Vgl. zu den unterschiedlichen Ansichten allein bezüglich des Konnossements *Mankowski*, Seerechtliche Vertragsverhältnisse, 255 ff.

586 Siehe nur zur komplexen Frage der Drittwirkung von in Konnossementen enthaltenen Gerichtsstandsklauseln: *Cour de cassation*, Rev.crit.dr.internat.privé (81) 1992, 703 ff.; *Cour de cassation*, Rev.crit.dr.internat.privé (84) 1995, 610, die das Recht des Forumstaates anwenden; siehe auch zum französischen Recht: *Bonassies*, D.M.F. (45) 1992, 139, 150 f.; *ders.*, D.M.F. (47) 1995, 209 ff., insb.

wäre es hingegen, wenn eine Beurteilung nach allgemein geltenden übereinkommens- bzw. gemeinschaftsautonomen Grundsätzen erfolgen könnte.

Schließlich ist auf die Ziele der Übereinkommen bzw. der Verordnung hinzuweisen. Bereits das EuGVÜ strebte an, eine Vereinheitlichung im Hinblick auf die Zuständigkeiten sowie die gegenseitige Anerkennung und Vollstreckung von Entscheidungen zu schaffen, um den Rechtsschutz der innerhalb der Gemeinschaft ansässigen Personen zu verstärken[587]. Gleiche Zwecke verfolgt das LugÜ[588]. Auch in der Präambel der EuGVO zeigt sich das Bestreben der Vereinheitlichung zur Verstärkung der rechtlichen und wirtschaftlichen Zusammenarbeit innerhalb Europas. Aus der Präambel geht hervor, dass mit der Schaffung der Verordnung, die für die Mitgliedsstaaten – mit Ausnahme Dänemarks[589] – unmittelbar geltendes Recht darstellt, ein reibungsloses Funktionieren des Binnenmarktes bezweckt ist. Dieses sollte nicht durch Unterschiede zwischen bestimmten einzelstaatlichen Vorschriften über die gerichtliche Zuständigkeit und die Anerkennung von Entscheidungen erschwert werden[590]. Auf der Ebene der Mitgliedsstaaten könne dieses Ziel nicht in befriedigender Weise erreicht werden, so dass es der Schaffung eines Gemeinschaftsinstruments bedürfte[591]. Es zeigt sich demnach – gerade auch im Hinblick auf die Verordnung –, dass innerhalb des Anwendungsbereichs der Übereinkommen bzw. der Verordnung divergierende Entscheidungen hinsichtlich der Zuständigkeit vermieden werden sollen. Diese Gefahr bestünde jedoch, ließe man nationales Recht zur Anwendung kommen. Das übereinkommens- bzw. gemeinschaftsautonome Recht kann zwar nur soweit reichen, als es eine Regelung der Problematik enthält[592]. Diese muss jedoch nicht explizit vorliegen. Vielmehr kann sich eine solche auch aufgrund der Auslegung der Übereinkommen bzw. der Verordnung ergeben.

Infolgedessen sprechen die entscheidenden Argumente für eine Anwendung der Übereinkommen bzw. der Verordnung. Im Folgenden ist zu erörtern, zu welchem Ergebnis eine übereinkommens- bzw. gemeinschaftsautonome Auslegung führt.

IV. Auslegung des Art. 17 Abs. 1 EuGVÜ/LugÜ bzw. Art. 23 Abs. 1, 2 EuGVO

Durch Auslegung des Art. 17 Abs. 1 EuGVÜ/LugÜ bzw. Art. 23 Abs. 1, 2 EuGVO ist zu ermitteln, ob diese Regelung die Wirkung einer Gerichtsstandsvereinbarung zu Lasten eines Dritten auf europäischer Ebene zulässt. Dabei gilt es, die Wertungen der

---

214 ff.; *Delebecque*, D.M.F. (53) 2001, 191, 193. Zu der belgischen Rechtsprechung: *de Weerdt*, Europ.Trans.L. (22) 1987, 317, 321 f.; *van Ryn/Heenen*, Principes de droit commercial IV, 581, Fn. 1. Zur Problematik uneinheitlicher Entscheidungen im Hinblick auf die „action directe en responsabilité" bei Zugrundelegung der „Tilly Russ"-Rechtsprechung: *Bauerreis*, Internationale Vertragsketten, 235 f., 237.

587 Vgl. Präambel des EuGVÜ; vgl. auch die Darstellung in der Diskussion unter: 1. Teil A. II. 1. b).

588 Präambel des LugÜ; vgl. ebenfalls 1. Teil A. II. 1. b).

589 Dazu auch oben 1. Teil A. I. 1.

590 Vgl. insbesondere Erwägungsgrund (2); dazu auch *Kropholler*, Einl., Rn. 41.

591 Erwägungsgrund (4); vgl. auch Erwägungsgrund (6).

592 Vgl. 1. Teil A. II. 1.

Rechtsordnungen im Blick zu behalten, die bei der Entwicklung einer übereinkommens- bzw. gemeinschaftsautonomen Lösung helfen können[593].

1. Grammatikalische Auslegung

Bei der grammatikalischen Auslegung erfolgt die Analyse des Wortlauts. Dabei sind die unterschiedlichen Sprachfassungen des Art. 17 Abs. 1 EuGVÜ/LugÜ bzw. Art. 23 Abs. 1 EuGVO zu berücksichtigen[594]. Keine dieser Fassungen erwähnt ausdrücklich den Dritten. Allerdings wird der Begriff *„die Parteien"* (*„les parties"*; *„the parties"*; *„le parti"*) verwandt, der die Parteien des Rechtsstreits bezeichnet[595]. Demnach könnte der Dritte, der Partei des Rechtsstreits sein wird, diesem Begriff unterzuordnen sein. Die Parteien müssen nach dem Wortlaut die Zuständigkeit *„vereinbart"* haben (*„sont convenues"*; *„have agreed"*; *„abbiamo attribuito"*). Diese Vereinbarung hat den in Art. 17 Abs. 1 EuGVÜ/LugÜ bzw. Art. 23 Abs. 1, 2 EuGVO aufgestellten Anforderungen zu genügen. Der Dritte müsste als Partei des Rechtsstreits folglich die Voraussetzungen einer wirksamen und zulässigen Gerichtsstandsvereinbarung erfüllen, damit diese ihm gegenüber Wirkung entfaltet. Es wird deutlich, dass der Wortlaut explizit lediglich den Fall regelt, dass die Parteien des Rechtsstreits mit den Parteien der Gerichtsstandsvereinbarung identisch sind. Ein Dritter ist jedoch gerade nicht Partei der Gerichtsstandsvereinbarung, so dass sich aus der grammatikalischen Auslegung keinerlei Lösung für die Problematik der Wirkung einer Gerichtsstandsvereinbarung zu Lasten eines Dritten ergibt[596].

2. Historische Auslegung

Darüber hinaus könnte eine historische Auslegung hilfreich sein. Hierbei sind insbesondere die Berichte heranzuziehen, die aber lediglich ein Indiz für die Absicht der Verfasser darstellen können[597]. *Jenard* betont in seinem Bericht zur Ursprungsfassung des EuGVÜ lediglich die erforderliche Vereinbarung, die zwischen den Parteien erfolgt sein muss[598]. Er geht jedoch ebenso wenig wie *Schlosser*[599] auf eine mögliche

---

593 Vgl. *Staehelin*, Gerichtsstandsvereinbarungen, 172, der die Rechtsvergleichung als *„Fundgrube für vertragsautonome Lösungen"* bezeichnet. In diesem Sinne auch *Killias*, Die Gerichtsstandsvereinbarungen nach dem Lugano-Übereinkommen, 38. Vgl. zur Rechtsprechung des *EuGH*: Urteil vom 6. Oktober 1976, Rs. 12/76, Slg. 1976, 1473 *(Tessili)*; Urteil vom 21. Juni 1978, Rs. 150/77, Slg. 1978, 1431 *(Bertrand)*; Urteil vom 22. Februar 1979, Rs. 133/78, Slg. 1979, 733, Rn. 3 *(Gourdain)*; Urteil vom 16. Dezember 1980, Rs. 814/79, Slg. 1980, 3807, Rn. 7 *(Rüffer)*; Urteil vom 21. April 1993, Rs. C-172/91, Slg. 1993, I-1963, Rn. 18 *(Sonntag)*; Urteil vom 13. Juli 1993, Rs. C-125/92, Slg. 1993, I-4075, Rn. 12 ff. *(Mulox)*

594 Dazu *Killias*, Die Gerichtsstandsvereinbarungen nach dem Lugano-Übereinkommen, 34 f.

595 Vgl. 2. Teil A. III. 2. a) aa).

596 Vgl. *Kropholler/Pfeifer*, FS Nagel (1987), 157, 164; so auch *Bauerreis*, Internationale Vertragsketten, 230, der allerdings daraus folgt, dass die Frage der Drittwirksamkeit außerhalb von Art. 17 beantwortet werden müsse; ebenso *Jiménez Blanco*, El contrato internacional a favor de tercero, 111; *Tebbens*, Internationale Contracts and Conflicts of Laws, 124, 142. Vgl. dazu bereits 2. Teil A. III. 2. a) aa).

597 *Vlas*, NILR 1986, 84, 94 f.

598 *Jenard*-Bericht, ABl.EG 1979 Nr. C 59/1, zu Art. 17.

599 *Schlosser*-Bericht, ABl.EG 1979 Nr. C 59/71, Rn. 179.

Drittwirkung der Gerichtsstandsvereinbarung ein. Der *Kerameus*-Bericht führt demgegenüber die Entscheidungen des EuGH „*Tilly Russ*"[600] sowie „*Gerling*"[601] an[602], so dass man durchaus annehmen könnte, dass der Gesetzgeber die Entscheidungen des EuGH kannte und, da er Art. 17 Abs. 1 EuGVÜ diesbezüglich nicht veränderte, sie in ihrer Konsequenz – der Zulassung der Drittwirkung – billigte. Der Bericht von *Cruz/Real/Jenard* verweist auf den *Jenard/Möller*-Bericht zum LugÜ[603]. In diesem wird die Diskussion um die Gerichtsstandsvereinbarung kraft Handelsbrauchs deutlich. So kritisierten die EFTA-Staaten die Regelung des EuGVÜ als zu unscharf und wollten sie daher für das LugÜ nicht einführen. An dessen Stelle sollte eine Regelung treten, nach der eine Gerichtsstandsvereinbarung „*in ein Konnossement bzw. ein ähnliches Beförderungsdokument aufgenommen bzw. dort vermerkt*" wurde, gegen die sich jedoch die Mitgliedsstaaten der Gemeinschaften zur Wehr setzten. Eingeführt wurde schließlich eine Regelung parallel zu Art. 9 Abs. 2 CISG, deren Anwendungsbereich weiter war, als die EFTA-Staaten beabsichtigt hatten[604]. Daraus wurde in der Literatur teilweise gefolgert, dass jedenfalls hinsichtlich einer Gerichtsstandsvereinbarung in einem Konnossement eine Wirkung zu Lasten des Dritten zu bejahen sei, da dies schon nach dem Vorschlag der EFTA-Staaten der Fall sein sollte[605]. Heranzuziehen ist für die historische Auslegung nun auch die Begründung der Kommission hinsichtlich der EuGVO, wobei diese für die vorliegende Problematik keinen Aufschluss bringt.

Somit lässt sich nicht eindeutig klären, ob die Verfasser des EuGVÜ/LugÜ bzw. der EuGVO der Wirkung einer Gerichtsstandsvereinbarung zu Lasten eines Dritten zuneigten. Zu beachten ist aber, dass der historischen Auslegung nur eine untergeordnete Bedeutung zukommt, da durch diese ein statisches Ergebnis gefördert wird, das aufgrund der Dynamik im europäischen Recht gerade vermieden werden soll[606].

3. Systematische Auslegung

Des Weiteren ist die Stellung des Art. 17 Abs. 1 EuGVÜ/LugÜ bzw. Art. 23 Abs. 1, 2 EuGVO in dem Gefüge der Übereinkommen bzzw. der Verordnung zu berücksichtigen. So finden sich in diesen Vorschriften, die für die Auslegung von Art. 17 Abs. 1 EuGVÜ/LugÜ bzw. Art. 23 Abs. 1, 2 EuGVO hilfreich sein können.

a) Regelung gemäß Art. 12 Nr. 2 EuGVÜ/LugÜ bzw. Art. 13 Nr. 2 EuGVO

Gemäß Art. 12 Nr. 2 EuGVÜ/LugÜ bzw. Art. 13 Nr. 2 EuGVO, auf den auch Art. 17 Abs. 3 EuGVÜ/LugÜ bzw. Art. 23 Abs. 5 EuGVO verweist, ist eine Gerichtsstands-

---

600 *EuGH* Urteil vom 19. Juni 1984, Rs. 71/83, Slg. 1984, 2417 *(Tilly Russ)*.

601 *EuGH* Urteil vom 14. Juli 1983, Rs. 201/82, Slg. 1983, 2503 *(Gerling)*.

602 *Kerameus*-Bericht, Rn. 63.

603 *Cruz/Real/Jenard*-Bericht, ABl.EG 1990 Nr. C 189/53, Rn. 26.

604 *Jenard/Möller*-Bericht, ABl.EG 1990 Nr. C 189/57, Rn. 55 ff.

605 Vgl. *Stöve*, Gerichtsstandsvereinbarungen nach Handelsbrauch, 165 f., 171; kritisch demgegenüber Mankowski, Seerechtliche Vertragsverhältnisse, 282 f., 284.

606 *Killias*, Die Gerichtsstandsvereinbarungen nach dem Lugano-Übereinkommen, 35; vgl. *Tebbens*, FS Sauveplanne (1984), 65, 66.

vereinbarung in Versicherungssachen möglich, wenn diese zu Gunsten des Versicherten oder Begünstigten erfolgt.

Die Regelungen gemäß Art. 7 ff. EuGVÜ/LugÜ bzw. Art. 8 ff. EuGVO bezwecken den Schutz von sozial Schwachen[607], wie dem Versicherten. Aus diesem Grunde bedarf es auch einer Spezialregelung für Gerichtsstandsvereinbarungen. Diese sind zum Schutze des gegenüber dem Vesicherer Schwächeren nur in Ausnahmefällen zugelassen, so beispielsweise wenn eine Vereinbarung zu Gunsten des Versicherten erfolgt, da es in diesen Fällen an einer Schutzbedürftigkeit des Versicherten mangelt[608]. Demfolgend handelt es sich bei der Regelung gemäß Art. 12 Nr. 2 EuGVÜ/LugÜ bzw. Art. 13 Nr. 2 EuGVO um eine Sonderregelung, aus der jedenfalls nicht der Schluss gezogen werden kann, dass eine Gerichtsstandsvereinbarung grundsätzlich keinerlei Wirkung zu Lasten eines Dritten entfalten kann. Im Umkehrschluss zu dieser Regelung scheint es hingegen eher angebracht, davon auszugehen, dass eine Gerichtsstandsvereinbarung in Fällen, in denen der Dritte nicht als sozial schwache Person anzusehen ist und damit keine Spezialregelung gilt, diesem gegenüber zu seinen Lasten Wirkung entfaltet[609].

b) Regelung gemäß Art. 17 Abs. 2 EuGVÜ/LugÜ bzw. Art. 23 Abs. 4 EuGVO

Art. 17 Abs. 2 EuGVÜ/LugÜ bzw. Art. 23 Abs. 4 EuGVO enthält eine Regelung hinsichtlich des „trust“. Nach dieser entfaltet eine Gerichtsstandsvereinbarung ausschließliche Wirkung auch gegenüber dem „trustee“ und dem „beneficiary“, die Dritte sein können. Es handelt sich somit um einen normierten Fall der Wirkung zu Lasten eines Dritten. Ausreichend ist nach überwiegender Ansicht, dass die in den „trust“-Bedingungen enthaltene Gerichtsstandsklausel einer der Formalternativen im Sinne von Art. 17 Abs. 1 EuGVÜ/LugÜ bzw. Art. 23 Abs. 1, 2 EuGVO entspricht[610]. Nach dem Wortlaut von Art. 17 Abs. 2 EuGVÜ/LugÜ bzw. Art. 23 Abs. 4 EuGVO ist kein Wohnsitz einer der Parteien des Rechtsstreits in einem Vertrags-/Mitgliedsstaat erforderlich. Allerdings ist auch hier wiederum auf die Beziehung zu Abs. 1 hinzuweisen. Es ist kein Grund ersichtlich, warum hinsichtlich des „trust“ ein weiterer Anwendungsbereich eröffnet sein soll. Allerdings bedarf es ebenso wie gemäß Abs. 1 nur des Sitzes einer der Parteien in einem Vertrags-/Mitgliedsstaat, so dass Art. 17 Abs. 2 EuGVÜ/LugÜ bzw. Art. 23 Abs. 4 EuGVO auch dann zur Anwendung gelangt, wenn

---

[607] Vgl. zum Zweck der Regelungen bereits unter: 2. Teil A. III. 2. c).

[608] Siehe 2. Teil A.

[609] Ob Art. 12 Nr. 2 EuGVÜ/LugÜ bzw. Art. 13 Nr. 2 EuGVO eine Wirkung zu Lasten eines Dritten in Versicherungssachen grundsätzlich ausschließt, wird noch bei der Überprüfung der Thesen zu erläutern sein, vgl. 3. Teil C. I. 2.

[610] *Killias*, Die Gerichtsstandsvereinbarungen nach dem Lugano-Übereinkommen, 212; *Kropholler*, Art. 23, Rn. 68 jedenfalls bezüglich der sog. „halben Schriftlichkeit“, so auch *Wieczorek/Schütze/Hausmann*, Anh I § 40, Art. 17, Rn. 59. *O'Malley/Layton*, European Civil Practice, Rn. 21.74 gehen demgegenüber davon aus, dass das maßgebliche Sachrecht auch die Form der Gerichtsstandsvereinbarung in einem „trust“ bestimme. Nach *Reithmann/Martiny/Hausmann*, Internationales Vertragsrecht, Rn. 2991 ist die Einhaltung der Formerfordernisse gemäß Art. 17 Abs. 1 EuGVÜ/LugÜ nicht erforderlich; ebenso *Vischer/Huber/Oser*, Internationales Vertragsrecht, Rn. 1322.

der Dritte im Gegensatz zum Begründer des „trust“ keinen Sitz in einem Vertrags-/Mitgliedsstaat hat[611].

Ebenso wie im Hinblick auf Gerichtsstandsvereinbarungen mit Wirkung zu Gunsten des Dritten ist aber zu beachten, dass es sich bei Art. 17 Abs. 2 EuGVÜ/LugÜ bzw. Art. 23 Abs. 4 EuGVO um eine Sondervorschrift handelt, die eine Regelung für das Innenverhältnis zwischen „trustee“, „settlor“ und „beneficiary“ vorsieht[612]. Damit ist sie nicht in dem Sinne verallgemeinerungsfähig, dass Gerichtsstandsvereinbarungen grundsätzlich zu Lasten eines Dritten wirken können. Es wird aber deutlich, dass die Übereinkommen bzw. die Verordnung die Wirkung einer Gerichtsstandsvereinbarung zu Lasten des Dritten durchaus kennen.

c) Regelung gemäß Art. 17 Abs. 4 EuGVÜ/LugÜ bzw. Art. 23 Abs. 1 S. 2 EuGVO

Darüber hinaus könnte Art. 17 Abs. 4 EuGVÜ/LugÜ bzw. Art. 23 Abs. 1 S. 2 EuGVO einer Wirkung zu Lasten eines Dritten entgegenstehen. Nach dieser Vorschrift ist eine Gerichtsstandsvereinbarung zu Gunsten einer der Parteien des Rechtsstreits möglich. Allerdings geht sie – wie auch Art. 17 Abs. 1 EuGVÜ/LugÜ bzw. Art. 23 Abs. 1, 2 EuGVO – davon aus, dass die Parteien des Rechtsstreits zugleich Parteien der Gerichtsstandsvereinbarung sind[613]. Damit hilft die Regelung bei der Beantwortung der Frage, ob eine solche Vereinbarung zu Lasten des Dritten wirkt, nicht weiter.

4. Teleologische Auslegung

Die Methode, der das meiste Gewicht bei der Auslegung zukommt, ist die teleologische Auslegungsmethode[614]. Nach dieser sind Sinn und Zweck der Übereinkommen bzw. der Verordnung zu ermitteln.

Gemäß Art. 17 Abs. 1 EuGVÜ/LugÜ bzw. Art. 23 Abs. 1, 2 EuGVO soll zum einen der Parteiautonomie hinreichend Raum gewährt werden. Den Parteien soll die Möglichkeit an die Hand gegeben sein, ein Gericht bzw. die Gerichte eines Vertrags-/Mitgliedsstaats wählen zu können, die für bestimmte Streitigkeiten zuständig sein sollen. Sie können damit Unsicherheiten bei der Zuständigkeitsprognose vermeiden und Rechtsfrieden schaffen[615]. Andererseits müssen die Parteien bestimmten Voraussetzungen genügen. So bedarf es gemäß Art. 17 Abs. 1 EuGVÜ/LugÜ bzw. Art. 23 Abs. 1, 2 EuGVO einer formgerechten Vereinbarung. Dieses Erfordernis bezweckt zum einen, dass eine Gerichtsstandsvereinbarung weder aufgedrängt noch untergeschoben wird, zum anderen, dass der Nachweis einer solchen Vereinbarung möglich

---

611 *Conrad*, Qualifikationsfragen des trust, 310; *Kropholler*, Art. 23, Rn. 29; anders: *O'Malley/Layton*, European Civil Practice, Rn. 21.74.

612 Dazu bereits 2. Teil A. III. 2. a) cc)., 2. Teil A. III. 2. b).

613 Vgl. 2. Teil A. III. 2. a) aa).

614 Dazu *Killias*, Die Gerichtsstandsvereinbarungen nach dem Lugano-Übereinkommen, 36 f.; *Staehelin*, Gerichtsstandsvereinbarungen, 6; *Geimer/Schütze*, Art. 23, Rn. 5 ff.; *Kropholler*, Einl, Rn. 46. Deutlich wird dies auch in den Urteilen des *EuGH* vom 6. Oktober 1976, Rs. 12/76, Slg. 1976, 1473, Rn. 9 *(Tessili)*; vom 8. Dezember 1987, Rs. 144/86, Slg. 1987, 4861, Rn. 8 ff. *(Gubisch)*.

615 *EuGH* Urteil vom 9. November 1978, Rs. 23/78, Slg. 1978, 2133 *(Meeth)*; vgl. dazu auch bereits 2. Teil A.

ist[616]. Demnach kommt dieser Voraussetzung eine Beweis- sowie eine Schutzfunktion zu[617]. Haben die Parteien eine formgerechte Vereinbarung getroffen, so ist neben der Beweisfunktion auch der Schutzfunktion bezüglich der Parteien genüge getan[618]. Fraglich ist allerdings, ob dies auch bezüglich des Dritten gilt. Man könnte überlegen, dass sich die Funktionen der Form lediglich auf die Parteien der Zuständigkeitsvereinbarung erstrecken, jedoch nicht auf einen Dritten, der Partei des Rechtsstreits ist. Begründet wird dies damit, dass die Formerfordernisse nur bei der Begründung der Vereinbarung, aber nicht bei jeder Übertragung zu erfüllen seien[619]. Dem ist insoweit zuzustimmen, als diese Voraussetzungen nicht bei *jeder* Übertragung zu verlangen sind[620]. Allerdings stellt sich die Frage, ob bei der Übertragung *immer* auf die Erfordernisse verzichtet werden kann.

Während der Beweisfunktion bereits aufgrund der formgerechten Vereinbarung zwischen den Parteien genügt wird, gestaltet sich die Beantwortung der Frage, ob dem Schutzzweck hinreichend nachgekommen wird, wesentlich problematischer. Die Parteien treffen eine Gerichtsstandsvereinbarung, die nach ihrem Willen zu Lasten des Dritten wirken soll. Der Dritte begründet diese Vereinbarung jedoch nicht mit[621], sie erfolgt vielmehr durch andere Personen. Dass der Dritte vor Vereinbarungen, die ihn belasten, bewahrt werden muss, ergibt sich als Grundsatz auch aus den europäischen Rechtsordnungen[622]. Er ist daher prinzipiell vor aufgedrängten Wirkungen einer solchen Vereinbarung zu schützen. Auch die Parteien sollen durch das Formerfordernis davor geschützt werden, dass sie Wirkungen treffen, denen sie nicht in freiem Willen zugestimmt haben. Damit ist der Schutzzweck durchaus auf den Dritten übertragbar, so dass eine entsprechende Anwendung von Art. 17 Abs. 1 EuGVÜ/LugÜ bzw. Art. 23 Abs. 1, 2 EuGVO im Hinblick auf den Dritten ohne weiteres möglich ist[623]. In wel-

---

616 *Staehelin*, Gerichtsstandsvereinbarungen, 7 f.; vgl. ebenfalls *Kropholler*, Art. 23, Rn. 30. Zum Schutz der Parteien der Gerichtsstandsvereinbarung auch: *Ancel*, Riv.dir.int.priv.proc. (27) 1991, 263, 268 ff.

617 Siehe auch 2. Teil A. III. 2. c).

618 Zu Art. 17 Abs. 3 EuGVÜ/LugÜ bzw. Art. 23 Abs. 5 EuGVO.

619 Schlussanträge des *Generalanwalts Lèger* vom 22. September 1998, Rs. C-159/97, Slg. 1999, I-1597, Rn. 38 *(Castelletti)*. In diesem Sinne auch *Gothot/Holleaux*, La Convention de Bruxelles, Rn. 186.

620 Der *EuGH* Urteil vom 9. November 2000, Rs. C-387/98, Slg. 2000, I-9337, Rn. 26 *(Coreck)* wendet die Voraussetzungen auf den Dritten jedenfalls an, soweit *„nach dem anwendbaren nationalen Recht der am ursprünglichen Vertrag nicht beteiligte Dritte nicht in die Rechte und Pflichten einer der ursprünglichen Parteien eingetreten"* ist.

621 Siehe zur Stellvertretung: 3. Teil D.

622 Vgl. exemplarisch zu Deutschland, Österreich, England und Frankreich: 2. Teil B. III. 1. a) dd), 2. Teil B. III. 1. b) dd), 2. Teil B. III. c) dd), 2. Teil B. III. d) dd). In Bezug auf eine Gerichtsstandsvereinbarung im Sinne von Art. 17 EuGVÜ/LugÜ bzw. Art. 23 EuGVO: *Rauscher*, IPRax 1992, 143, 146.

623 Anders gestaltete sich die Situation im Falle der Gerichtsstandsvereinbarung, die nach dem Willen der Parteien zu Gunsten eines Dritten wirken soll. Hier erhält der Dritte eine zusätzliche „Option" und bedarf daher von vornherein keines besonderen Schutzes; vgl. 2. Teil A. Diese Überlegungen stellt auch *Ahrens*, Subjektive Reichweite, 105 im Hinblick auf Schiedsvereinbarungen an.

cher Art und Weise der Dritte die Voraussetzungen zu erfüllen hat, wird noch zu diskutieren sein[624].

a) Wirkung gegenüber Dritten bei Nichterfüllung der Voraussetzungen gemäß Art. 17 Abs. 1 EuGVÜ/LugÜ bzw. Art. 23 Abs. 1, 2 EuGVO

Fraglich ist, ob eine solche Vereinbarung auch zu Lasten eines Dritten wirken kann, wenn die Formvoraussetzungen hinsichtlich seiner Person nicht vorliegen. Dies ist nur möglich, soweit eine Schutzbedürftigkeit, die die Einhaltung der Formerfordernisse gebietet[625], nicht gegeben ist. Die Schutzbedürftigkeit könnte in besonderen materiellrechtlichen Konstellationen – wie dies auch in den nationalen Rechtsordnungen geschieht[626] – zu verneinen sein. In Betracht kommen dabei die Fälle, in denen der Dritte materielle Rechte und/oder Pflichten oder gesamte Rechtspositionen erwirbt, hinsichtlich derer die Parteien für Streitigkeiten eine Gerichtsstandsvereinbarung getroffen haben[627].

Dies bedeutet jedoch, dass zur Beantwortung der Frage, ob die Gerichtsstandsvereinbarung zu Lasten eines Dritten wirkt, eine gemeinsame Betrachtung von materiellem Recht und der Wirkung der Gerichtsstandsvereinbarung zuzulassen ist. Vorab muss demnach erörtert werden, in welchem Verhältnis die materiellen Rechte und/oder Pflichten des Hauptvertrages zu der Wirkung der Gerichtsstandsvereinbarung stehen.

aa) Verhältnis materieller Rechte und/oder Pflichten zur Wirkung der Gerichtsstandsvereinbarung

Eine Gesamtbetrachtung von materiellem Recht und der Wirkung der Gerichtsstandsvereinbarung könnte im Hinblick auf die Eingebundenheit der Zuständigkeitsvereinbarung in den materiellrechtlichen Sachverhalt anzunehmen sein. Problematisch ist, ob eine solche Gesamtbetrachtung mit den Grundsätzen der Übereinkommen bzw. der Verordnung zu vereinbaren ist.

(1) Trennung von Gerichtsstandsvereinbarung und Hauptvertrag

Eine einheitliche Beurteilung von Gerichtsstandsvereinbarung und Hauptvertrag ist grundsätzlich nicht möglich. Dies gilt im Hinblick auf das Zustandekommen, aber auch bezüglich der Wirksamkeit dieser Vereinbarungen[628]. Es ist somit eine getrennte Bewertung von Gerichtsstandsvereinbarung und Hauptvertrag erforderlich[629]. Das mit Hilfe der lex causae zu ermittelnde materielle Recht enthält prinzipiell Regelungen, die auf einen materiellen Vertrag zugeschnitten sind. Diese sind jedoch nicht für Zustän-

---

624 Vgl. 2. Teil B. IV. 4. b).

625 Vgl. 2. Teil A. III. 2. c) bb).

626 Siehe 2. Teil B. III. 1.

627 Dazu 2. Teil B. IV. 4. a) bb).

628 Vgl. 1. Teil A. II. 1.

629 Vgl. *Donzallaz*, La Convention de Lugano, Rn. 6531; *Gottwald*, FS Henckel (1995), 295, 303; *Nagel*, Internationales Zivilprozessrecht, § 3, Rn. 148; *Staehelin*, Gerichtsstandsvereinbarungen, 128 f.; *Geimer/Schütze*, Art. 23, Rn. 94; *Schlosser*, Art. 23, Rn. 39; so grundsätzlich auch *Karré-Abermann*, ZEuP 1994, 138, 146.

digkeitsvereinbarungen geschaffen[630]. Darüber hinaus kennen die Übereinkommen bzw. die Verordnung keine Regelung, nach der die Wirksamkeit der Gerichtsstandsvereinbarung von derjenigen des Hauptvertrages abhängen soll[631]. Eine Vereinbarung im Sinne von Art. 17 EuGVÜ/LugÜ bzw. Art. 23 EuGVO bestimmt grundsätzlich lediglich die Zuständigkeit eines Gerichts bzw. mehrerer Gerichte und muss daher auch vom Hauptvertrag getrennt beurteilt werden[632]. Dies gebietet ebenfalls die Rechtssicherheit und Rechtsklarheit. Der Beklagte, der Kläger und auch das Gericht sollen ohne vorherige komplizierte Sachprüfung die vereinbarte Zuständigkeit feststellen können. Dem würde es widersprechen, die Gerichtsstandsvereinbarung prinzipiell in Abhängigkeit zum Hauptvertrag zu setzen[633].

(2) Gesamtbetrachtung von materiellen Rechten und/oder Pflichten aus dem Hauptvertrag und der Wirkung der Gerichtsstandsvereinbarung

Im Hinblick auf die Beurteilung der Drittwirkung könnte jedoch eine gemeinsame Betrachtung von materiellen Rechten und/oder Pflichten oder gesamter Rechtspositionen aus dem Hauptvertrag sowie der Wirkung der Gerichtsstandsvereinbarung angebracht sein, da sich die Wirkung der Zuständigkeitsvereinbarung gemäß Art. 17 Abs. 1 S. 1 EuGVÜ/LugÜ bzw. Art. 23 Abs. 1 S. 1 EuGVO auf Rechtsstreitigkeiten aus künftigen bestimmten Rechtsverhältnissen bzw. aus bereits entstandenen Rechtsverhältnissen materieller Art bezieht. So stellt sich die Frage, ob diese Vereinbarung zu Lasten des Dritten wirkt, immer dann, wenn der Dritte materielle Rechte und/oder Pflichten oder gesamte Rechtspositionen aus einem Rechtsverhältnis erwirbt, bei deren Streitigkeit die Parteien die Zuständigkeit eines oder mehrerer Gerichte bestimmt haben.

Für eine gemeinsame Betrachtung der materiellen Rechtsstellung mit der Wirkung der Gerichtsstandsvereinbarung spricht die ersichtliche Eingebundenheit der Gerichtsstandsvereinbarung in den materiellrechtlichen Zusammenhang[634]. Diese soll gerade

---

630 *Staehelin*, Gerichtsstandsvereinbarungen, 128.

631 *Nagel*, Internationales Zivilprozessrecht, § 3, Rn. 148; *Geimer/Schütze*, Art. 23, Rn. 94.

632 *Geimer/Schütze/Auer*, 540.385, Art. 23, Rn. 44.

633 Vgl. die Ausführungen des *EuGH* im Urteil vom 3. Juli 1997, Rs. C-269/95, Slg. 1997 I, 3767, Rn. 21 ff. *(Francesco Benincasa)*. Vgl. zu diesen Überlegungen bereits in der Diskussion unter: 1. Teil A. II. 1. b).

634 Dazu *Mankowski*, Seerechtliche Vertragsverhältnisse, 260 f. In diesem Sinne auch *EuGH* Urteil vom 19. Juni 1984, Rs. 71/83, Slg. 1984, 2417, Rn. 24 ff. *(Tilly Russ)*; *EuGH* Urteil vom 16. März 1999, Rs. C-159/97, Slg. 1999, I-1597, Rn. 41 *(Castelletti)*; *EuGH* Urteil vom 9. November 2000, Rs. C-387/98, Slg. 2000, I-9337, Rn. 23 *(Coreck)*, der in diesen Entscheidungen die Drittwirkung einer Gerichtsstandsvereinbarung annehmen will, soweit der Dritte mit dem Erwerb des Konnossements in die Rechte und Pflichten seines Vorgängers eingetreten ist. In dem Urteil des EuGH vom 14. Juli 1983, Rs. 201/82, Slg. 1983, 2503 *(Gerling)* war eine gemeinsame Betrachtung von materiellem Recht und der Wirkung der Gerichtsstandsvereinbarung hingegen nicht notwendig, da eine Schutzbedürftigkeit des Dritten bereits aufgrund der lediglich begünstigenden Wirkung der Zuständigkeitsvereinbarung für den Dritten nicht vorlag. Bezüglich der Gerichtsstandsvereinbarung mit Wirkung zu Lasten eines Dritten entfällt eine Schutzbedürftigkeit nicht bereits bei Betrachtung lediglich der Gerichtsstandsvereinbarung. Es ist vielmehr weiter zu ermitteln, ob die Schutzbedürftigkeit des Dritten aufgrund der Eingebundenheit der Gerichtsstandsvereinbarung in den materiellrechtlichen Zusammenhang entfällt.

die Zuständigkeit für Streitigkeiten bezüglich des materiellen Rechts fixieren, was in Art. 17 Abs. 1 S. 1 EuGVÜ/LugÜ bzw. Art. 23 Abs. 1 S. 1 EuGVO zum Ausdruck kommt[635]. Folglich nehmen die Parteien durch Vereinbarung der Zuständigkeit eine Gestaltung hinsichtlich des Rechtsverhältnisses oder einzelner materieller Rechte und/oder Pflichten oder gesamter Rechtspositionen aus diesem vor. Aufgrund des erkennbaren engen Zusammenhangs ist bei der Frage, ob der Dritte bei Erwerb dieser Rechte und/oder Pflichten oder gesamter Rechtspositionen aus dem Rechtsverhältnis auch die Gerichtsstandsvereinbarung gegen sich gelten lassen muss, eine gemeinsame Betrachtung der materiellen Rechtsstellung, die aus dem Hauptvertrag hervorgeht, sowie der Wirkung der Gerichtsstandsvereinbarung zuzulassen. Dies gilt allerdings nur, soweit es um die Beurteilung der Drittwirkung der Gerichtsstandsvereinbarung geht. Ist der Hauptvertrag unwirksam, führt dies nicht auch zur Unwirksamkeit der Gerichtsstandsvereinbarung. Die Trennung beider Vereinbarungen bleibt demnach im Grunde bestehen.

bb) Wirkung der Gerichtsstandsvereinbarung zu Lasten des Dritten bei Erwerb materieller Rechte und/oder Pflichten oder gesamter Rechtspositionen

Die Vereinbarung könnte – bei entsprechendem Willen der Parteien[636] – zu Lasten eines Dritten wirken, wenn dieser materielle Rechte und/oder Pflichten oder gesamte Rechtspositionen erwirbt.

Ziel des Art. 17 Abs. 1 EuGVÜ/LugÜ bzw. Art. 23 Abs. 1, 2 EuGVO ist zum einen die Wahrung der Autonomie der Parteien, zum anderen der Schutz vor einer aufgedrängten Wirkung[637]. Der Schutzzweck ist dabei auch im Hinblick auf den Dritten zu beachten, so dass die Erfordernisse im Sinne von Art. 17 EuGVÜ/LugÜ bzw. Art. 23 Abs. 1, 2 EuGVO aufgrund der prinzipiellen Schutzbedürftigkeit des Dritten, auch ihm gegenüber zu beachten sind[638]. Infolgedessen ist zu ermitteln, ob und wenn ja, unter welchen Voraussetzungen die Schutzbedürftigkeit des Dritten entfällt und eine Drittwirkung ohne Einhaltung der Formerfordernisse angenommen werden kann. Erforderlich ist jedenfalls, dass die Parteien hinsichtlich eines Rechtsverhältnisses bzw. der aus ihm resultierenden Rechte und/oder Pflichten oder Rechtspositionen eine Gestaltung vornehmen, indem sie für den Fall von Streitigkeiten eine Zuständigkeit vereinbaren[639]. Dies allein kann jedoch im Hinblick auf die Schutzbedürftigkeit des Dritten eine Wirkung dieser Vereinbarung zu seinen Lasten nicht rechtfertigen. Warum der Dritte die materiellen Rechte und/oder Pflichten oder gesamten Rechtspositionen in der Gestalt erhalten soll, die ihnen die Parteien verliehen haben, also folglich mit der Wirkung der Zuständigkeitsvereinbarung, bedarf einer besonderen Rechtfertigung. Diese ist im Wege der Gesamtbetrachtung von materiellem Recht sowie der Wirkung der Gerichtsstandsvereinbarung zu ermitteln[640], wobei die gemeinsamen Wertungen der Rechtsord-

---

635 Vgl. auch *Dorandeu*, J.D.I. 2002, 1001, 1002, Fn. 5.

636 Vgl. dazu 2. Teil unter B.

637 Siehe auch die Erklärungen der *Coreck Maritime GmbH*, Urteil vom 23. März 2000, Rs. C-387/98, Slg. 2000, I-9337, Rn. 48.

638 Vgl. oben: 2. Teil B. III. 1. Teil B. IV. 4.

639 Vgl. 2. Teil B. VI. 2.

640 Siehe 2. Teil B. III., 2. Teil B. IV. 4. a) aa).

nungen im Auge behalten werden müssen[641]. Zum einen sind die Fälle zu untersuchen, in denen es zu einem Übergang der materiellen Rechte und/oder Pflichten oder gesamter Rechtspositionen kraft Gesetzes oder aufgrund Vereinbarung kommt[642], zum anderen diejenigen, in denen die Rechte und/oder Pflichten oder gesamte Rechtspositionen durch eine Abrede der Parteien der Gerichtsstandsvereinbarung für den Dritten begründet werden[643].

(1) Geltung der normierten Gerichtsstände bei Erwerb von materiellen Rechten und/oder Pflichten oder gesamter Rechtspositionen

Prinzipiell gegen eine Drittwirkung von Gerichtsstandsvereinbarungen bei Erwerb der materiellen Rechtsstellung könnte sprechen, dass bei normierten Gerichtsständen ein „Erwerb" der Zuständigkeit bei Erwerb von materiellen Rechten und/oder Pflichten oder gesamter Rechtspositionen durch den Dritten abgelehnt wird. So entschied der EuGH in „*Shearson*"[644]. In diesem Fall war eine Forderung aus einem Vertrag abgetreten worden. Der Zedent war Verbraucher im Sinne des Übereinkommens, der Zessionar hingegen wies diese Eigenschaft nicht auf. Der EuGH urteilte, dass der Zessionar sich nicht auf Art. 13 ff. EuGVÜ berufen könne, da er selber nicht Verbraucher sei und damit eine besondere Schutzbedürftigkeit nicht vorliege[645]. Nicht anders hat der EuGH in dem Fall „*Blijdenstein*"[646] entschieden. Der BGH legte dem EuGH die Frage vor, ob ein Kläger, dessen Behörden einem Auszubildenden nach öffentlichem Recht für eine bestimmte Zeit Ausbildungsförderung bezahlt haben, sich auf Art. 5 Nr. 2 EuGVÜ berufen kann, wenn er aus gesetzlich übergegangenem Recht den bürgerlich-rechtlichen Unterhaltsanspruch des Auszubildenden gegen dessen Eltern für die Zeit der Zahlung der Ausbildungsförderung als Regreß geltend macht[647]. Generalanwalt *Tizzano* hat in seinen Schlussanträgen eine Zuständigkeit gemäß Art. 5 Nr. 2 EuGVÜ verneint, da Zweck dieser Regelung sei, dass der Unterhaltsberechtigte, dessen elementarste Bedürfnisse von den Unterhaltszahlungen abhängen, und der als schwächerer Partei innerhalb der unterhaltsrechtlichen Beziehung anzusehen ist, dadurch geschützt werden soll, dass ihm die besonderen Gerichtsstände gemäß Art. 5 Nr. 2 EuGVÜ eingeräumt werden. Eine öffentliche Stelle, die eine bedürftige Person gefördert habe, befinde sich hingegen keineswegs in einer solch schutzbedürftigen Situation. Demnach komme Art. 5 Nr. 2 EuGVÜ nicht zur Anwendung, obwohl der Anspruch auf Unterhaltszahlungen auf die öffentliche Stelle übergegangen ist[648]. In diesem Sinne argumentierte auch der

---

641 2. Teil B. III. 1.

642 2. Teil B. IV. 4. a) bb) (2).

643 2. Teil B. IV. 4. a) bb) (3).

644 *EuGH* Urteil vom 19. Januar 1993, Rs. C-98/91, Slg. 1993, I-139 (*Shearson*).

645 Dazu auch *Kropholler*, Art. 15, Rn. 11; *Koch*, IPRax 1995, 71 f. Ebenso bei Abtretung eines Anspruchs im Anwendungsbereich der Zuständigkeiten in Versicherungssachen, wenn der Zessionar anders als der Zedent Versicherer ist; *LG Bremen*, VersR 2001, 782 f.; *Dauses/Kreuzer/Wagner*, Handbuch des EU-Wirtschaftsrechts 2, Q Rn. 204; *Schüler*, VersR 2001, 783. So auch bei der Rechtsnachfolge im Anwendungsbereich der Zuständigkeiten für individuelle Arbeitsverträge: *Schlosser*, Art. 5, Rn. 8. Anderer Auffassung hingegen: *Trunk*, Die Erweiterung des EuGVÜ-Systems, 101.

646 *EuGH* Urteil vom 15. Januar 2004, Rs. C-433/01, Slg. 2004, I-981 (*Blijdenstein*).

647 *BGH* Beschluss vom 26. September 2001, Aktenzeichen XII ZR 89/99.

648 *Generalanwalt Tizzano*, Schlussanträge vom 10. April 2003, Rs. C-433/01, Slg. 2004, I-981,

EuGH. Eine öffentliche Einrichtung, die eine Regressklage erhebe, befinde sich nicht in einer unterlegenen Position. Der Unterhaltsberechtigte sei aufgrund der erfolgten Leistung zudem nicht mehr in einer schwierigen finanziellen Situation[649]. Der BGH hatte vorgetragen, dass durch eine Anwendung des Art. 5 Nr. 2 EuGVÜ der Schutz des Unterhaltsberechtigten verstärkt werden könnte, da dies die öffentlichen Einrichtungen ermuntern würde, ihnen Vorschüsse auf die Unterhaltsforderungen zu gewähren. Dem stimmte der EuGH nicht zu. Die öffentlichen Einrichtungen leisteten nur in Erfüllung ihrer gesetzlichen Verpflichtung, die der nationale Gesetzgeber festgelegt habe[650]. Demnach ist erforderlich, dass der Dritte, der die materiellen Rechte und/oder Pflichten oder die gesamten Rechtspositionen erwirbt, die Voraussetzungen einer Zuständigkeitsvorschrift selber erfüllt. Mit dem Erwerb kommt es folglich auch nicht zum „Erwerb" der Zuständigkeit, die für den Vorgänger bestand.

Diese Grundsätze könnten ebenfalls bei einer durch eine Vereinbarung begründeten Zuständigkeit gelten, so dass es durch den Erwerb der materiellen Rechte und/oder Pflichten oder gesamter Rechtspositionen, nicht zu einer Wirkung gegenüber dem Dritten kommt. Anders als bei den normierten Gerichtsständen beruht die Zuständigkeit des Gerichts jedoch auf dem Willen der Parteien. Durch die Vereinbarung beabsichtigen sie, eine Zuständigkeit unabhängig von einer Veränderung der tatsächlichen Gegebenheiten – auf die es für die normierten Gerichtsstände ankommt – festzulegen. Sie wollen insofern Rechtssicherheit und Rechtsfrieden schaffen[651]. Dieser Wille, dass ein Gericht bzw. mehrere Gerichte bezüglich Streitigkeiten aus einem bestimmten Rechtsverhältnis zuständig sein sollen, muss daher Beachtung finden. Erwirbt der Dritte die aus dem Rechtsverhältnis entspringende materielle Rechtsstellung, kommt demnach eine Wirkung zu Lasten des Dritten durchaus in Betracht. Dem steht die zu den normierten Gerichtsständen aufgezeigte Rechtsprechung nicht entgegen. Somit können aus den im Hinblick auf die zu den normierten Gerichtsständen entwickelten Grundsätzen keinerlei Rückschlüsse auf die Drittwirkung vereinbarter Zuständigkeiten bei Erwerb materieller Rechte und/oder Pflichten oder gesamter Rechtspositionen gezogen werden.

(2) Wirkung der Gerichtsstandsvereinbarung zu Lasten des Dritten bei Übergang materieller Rechte und/oder Pflichten oder gesamter Rechtspositionen kraft Gesetzes oder aufgrund Vereinbarung

Zu untersuchen ist an dieser Stelle zum einen der Übergang kraft Gesetzes, zum anderen der Übergang durch Vereinbarung. Dabei ist zwischen dem Übergang materieller Rechte, materieller Pflichten und gesamter materieller Rechtspositionen zu differenzieren.

Rn. 23 ff. *(Blijdenstein)*. Zum Zweck des Art. 5 Nr. 2 EuGVÜ auch *EuGH* Urteil vom 20. März 1997, Rs. C-295/95, Slg. 1997, I-1683 *(Farrell)*.

649 *EuGH* Urteil vom 15. Januar 2004, Rs. C-433/01, Slg. 2004, I-981, Rn. 30 f. *(Blijdenstein)*.

650 *EuGH* Urteil vom 15. Januar 2004, Rs. C-433/01, Slg. 2004, I-981, Rn. 33 *(Blijdenstein)*.

651 *Geimer/Schütze*, Art. 23, Rn. 6 ff. Vgl. auch 2. Teil unter B.

(a) Übergang materieller Rechte

Der EuGH hat in seiner Entscheidung *„Tilly Russ"* die Drittwirkung einer Gerichtsstandsvereinbarung in einem Konnossement für den Fall, dass der Dritte in die Rechte und Pflichten des Vorgängers[652] *„eingetreten"* ist, zugelassen[653]. Diese Rechtsprechung wird vielfach als verallgemeinerungsfähiges Modell verstanden, das nicht auf die Fälle der Gerichtsstandsvereinbarung in einem Konnossement beschränkt ist[654]. Ob ein solcher „Eintritt" in die Rechte und Pflichten des Vorgängers erfolgt ist, soll nach Ansicht des EuGH das nationale Recht entscheiden[655], wobei bereits fraglich ist, was unter dem Begriff *„eingetreten"* zu verstehen ist[656].

---

652 Problematisiert wurde die Begrifflichkeit der deutschen Übersetzung des *EuGH*-Urteils vom 19. Juni 1984, Rs. 71/83, Slg. 1984, 2417 *(Tilly Russ)*, in der der Vorgänger als „Befrachter" bezeichnet wurde, wohingegen die niederländische Originalfassung vom „Inlader" sprach. *Mankowski*, Seerechtliche Vertragsverhältnisse, 247 ff. bezeichnet diesen vielmehr als *„ersten Konnossementsberechtigten"*; *Rabe*, TranspR 2000, 389, 391 sieht den „Ablader", d.h. denjenigen, der die Güter direkt an das Schiff oder auf das Schiff übergibt, als Vorgänger des Drittinhabers an; kritisch zur Terminologie der deutschen Übersetzung auch: MünchKommZPO/*Gottwald*, Art. 17, Rn. 44. Vgl. dazu bei Zugrundelegung deutschen Rechts: 3. Teil E.

653 *EuGH* Urteil vom 19. Juni 1984, Rs. 71/83, Slg. 1984, 2417, Rn. 26 *(Tilly Russ)*; fortgeführt in *EuGH* Urteil vom 16. März 1999, Rs. C-159/97, Slg. 1999, I-1597, Rn. 41 *(Castelletti)*; *EuGH* Urteil vom 9. November 2000, Rs. C-387/98, Slg. 2000, I-9337, Rn. 55 f. *(Coreck)*.

654 *Trib.comm.Bruxelles*, Rev.dr.comm.belge (21) 1988, 779 ff. mit zustimmender Anm. von *Watté*; *Briggs/Rees*, Civil Jurisdiction and Judgments, Rn. 2.89; *Courbe*, Mélanges offerts à André Colomer (1993), 143, 150 f.; *Killias*, Die Gerichtsstandsvereinbarungen nach dem Lugano-Übereinkommen, 244; *Mankowski*, Seerechtliche Vertragsverhältnisse, 255; *Mari*, Il diritto processuale civile, 678; *Rigaux/Fallon*, Droit International Privé, Rn. 1316 ; *Kropholler*, Art. 23, Rn. 64; *Born/Fallon*, J.T. (111) 1992, 401, 420 Nr. 75; *Huet*, J.D.I. 1995, 143, 145 f.; *Kohl*, Rev.jur.Liège, Mons et Bruxelles 1992, 1391, 1393; *Tagaras*, Cah.Dr.Eur. 1992, 653, 694. Vgl. auch *Jiménez Blanco*, El contrato internacional a favor de tercero, 110 f.

655 *EuGH* Urteil vom 19. Juni 1984, Rs. 71/83, Slg. 1984, 2417, Rn. 24 *(Tilly Russ)*; zustimmend: Vgl. *Rechtsbank van Koophandel te Brugge*, Europ.Transp.L. (27) 1992, 103, 105; *Gaudemet-Tallon*, Internationale Zuständigkeit und Urteilsanerkennung, Rn. 140; *Killias*, Die Gerichtsstandsvereinbarungen nach dem Lugano-Übereinkommen, 243; *Lasok/Stone*, Conflict of Laws, 260; *Mankowski*, Seerechtliche Vertragsverhältnisse, 240 f.; *North/Fawcett*, Cheshire and North, 244; *O'Malley/Layton*, European Civil Practice, Rn. 21.23; *Schlosser*, Art. 23, Rn. 43; *Gaudemet-Tallon*, Rev.crit.dir.int.privé (74) 1985, 391, 396; *Geimer*, NJW 1985, 533, 534; *Gebauer*, IPRax 2001, 471; *Mankowski*, IPRax 1996, 427, 431, 432; *Samtleben*, RabelsZ 59 (1995), 670, 704 f.; *Schlosser*, RIW 1984, 911, 914. So wohl auch *Dresser U.K. Ltd. and others ./. Falcongate Freight Management Ltd. and others* [1992] Q.B. 502, 508 ff. (C.A.) (per Bingham L.J.).

656 Die Literatur interpretiert „Eintritt in die Rechte und Pflichten" als Rechtsnachfolge *Killias*, Die Gerichtsstandsvereinbarungen nach dem Lugano-Übereinkommen, 244; *Kropholler*, Art. 23, Rn. 66; *Wieczorek/Schütze/Hausmann*, Anh I § 40, Art. 17, Rn. 58; *Girsberger*, IPRax 2000, 87, 90. Vgl. *Adolphsen*, ZZPInt 4 (1999), 243, 251, der in der „Tilly Russ"-Rechtsprechung zwar eine Rechtsnachfolge sieht, aber eine Zuständigkeitsvereinbarung zu Lasten Dritter ablehnt. Nach *Rabe*, TranspR 2000, 389, 392 darf das Urteil nicht von vornherein so verstanden werden, dass der Dritte Rechtsnachfolger sein muss, da damit die vertragsautonome Feststellung bereits aus nationaler Sicht ausgelegt werde. Eindeutiger erscheint die Deutung in anderen Sprachfassungen des Urteils. So wird im Englischen der Begriff „succeeded", im Französischen das Wort „succede" benutzt. Insofern wird dies im Sinne von „succession" interpretiert, vgl. *Morse*, African Journal of Int. and Comp. Law 1989, 551,

Eine grundsätzliche Beurteilung der Drittwirkung nach nationalem Recht wurde innerhalb dieser Arbeit bereits abgelehnt[657]. Auch der EuGH musste insoweit eine übereinkommens- bzw. gemeinschaftsautonome Auslegung vornehmen, als er festzustellen hatte, ob es sich im Rahmen des Art. 17 EuGVÜ hält, dass im Falle des „Eintritts" in die Rechte und Pflichten des Vorgängers nach nationalem Recht die Gerichtsstandsvereinbarung zu Lasten des Dritten wirkt[658]. Dies bejahte er[659] und fand überwiegende Zustimmung[660]. Begründet wird die Auffassung insbesondere damit, dass dem Dritten nicht mehr Rechte verliehen werden könnten, als der Vorgänger innehatte[661]. In der Literatur wird zudem auf das besondere Interesse desjenigen, gegenüber dem das Recht geltend zu machen ist, hingewiesen. Dieser habe mit dem Vorgänger des Dritten die Gerichtsstandsvereinbarung getroffen und sei folglich daran interessiert, dass sie ebenso wie im Verhältnis zum Vorgänger auch im Hinblick auf den Dritten wirke[662]. Einer

---

568.

[657] Vgl. 2. Teil B. III. insb. 2., 3.

[658] Siehe unter: 2. Teil B. III. insb. 2, 3.

[659] *EuGH* Urteil vom 19. Juni 1984, Rs. 71/83, Slg. 1984, 2417, Rn. 24 ff. *(Tilly Russ)*.

[660] Schlussanträge des *Generalanwalts Lèger* vom 22. September 1998, Rs. C-159/97, Slg. 1999, I-1597, Rn. 67 ff., Rn. 133 ff. *(Castelletti)*; vgl. dazu auch die Schlussanträge des *Generalanwalts Alber* vom 23. März 2000, Rs. C-387/98, Slg. 2000, I-9340, Rn. 55 ff. *(Coreck)*; Erklärungen der *Kommission*, Urteil vom 10. März 1992, Rs. C-214/89, Slg. 1992, I-1745, 1752 *(Powell Duffryn)*; *Beaumart*, Internationale Vertragsketten, 149; *Briggs/Rees*, Civil Jurisdiction and Judgments, Rn. 2.89; *Gaudemet-Tallon*, Internationale Zuständigkeit und Urteilsanerkennung, 117, 120; *Kropholler*, Art. 23, Rn. 64; *Dietze/Schnichels*, EuZW 2001, 581, 584; *Mankowski*, RabelsZ 58 (1994), 772, 778 f.; *Schlosser*, RIW 1984, 911, 914; vgl. auch *Dresser U.K. Ltd. and Others ./. Falcongate Freight Management Ltd. and Others* [1992] Q.B. 502, 511 (C.A.), (per Bingham L.J.). Die *Italienische Regierung*, Urteil vom 9. November 2000, Rs. C-387/98, Slg. 2000, I-9337, Rn. 52 *(Coreck)* will eine Drittwirkung nur bei Erwerb aller Rechte und Pflichten annehmen. In der französischen Rechtsprechung wird teilweise eine Drittwirkung in den Fällen der Gerichtsstandsvereinbarung in einem Konnossement entgegen der „Tilly Russ"-Rechtsprechung abgelehnt, da der Dritte kein Einverständnis gemäß Art. 17 EuGVÜ erklärt habe; vgl. dazu *Cour de cassation*, Rev.crit.dr.internat.privé (84) 1995, 611; in diesem Sinne auch *Cour de cassation*, Rev.crit.dr.internat.privé (81) 1992, 703, 705; *Cour de cassation*, Rev.crit.dr.internat.privé (84) 1995, 610 f.; kritisch hierzu *Gaudemet-Tallon*, Rev.crit.dr.internat.privé (84) 1995, 612 ff. Siehe auch: *Arr.-Rechtsbank Maastricht*, N.J. 1981 Nr. 622, die eine Drittwirkung ablehnt; kritisch dazu *Schultsz*, N.J. 1981, 2040. *Rauscher*, IPRax 1992, 145 f., der grundsätzlich einen übereinkommensautonomen Ausgangspunkt bei der Ermittlung der Drittwirkung wählt, will diese bejahen, soweit die Vereinbarung dem Dritten „zuzurechnen" ist. Eine solche Zurechnung müsse sich aufgrund seines Willens und seiner in Betracht kommenden vertraglichen Mitverpflichtung ergeben. Dem Schutzzweck des Art. 17 EuGVÜ sei damit genügt. Rauscher scheint keine allgemeinen Grundsätze aufzustellen, die auch bei der Rechtsnachfolge Dritter gelten sollen. Letztere versteht er wohl als gesonderte Fälle der Drittwirkung, für die keine besondere Begründung erforderlich ist. Vgl. auch *Cour d'appel de Mons*, Rev.dr.comm.belge (23) 1990, 783 ff., der eine Wirkung einer Gerichtsstandsvereinbarung im Sinne von Art. 17 EuGVÜ bei der Abtretung einer Forderung gegenüber dem Zessionar annimmt.

[661] *EuGH* Urteil vom 19. Juni 1984, Rs. 71/83, Slg. 1984, 2417, Rn. 25 *(Tilly Russ)*; ebenso *Bischoff*, J.D.I. 1985, 159, 164; *Mankowski*, IPRax 1996, 427, 431 f.; *Rabe*, TranspR 2000, 389, 392.

[662] Vgl. Erklärungen der *Regierung des Vereinigten Königreichs*, Urteil vom 19. Juni 1984, Rs. 71/83, Slg. 1984, 2417, 2425 *(Tilly Russ)*; *Droz*, Internationale Zuständigkeit und Urteilsanerkennung, 242, 245; *Gebauer*, IPRax 2001, 471, 472.

solche Vereinbarung könne man sich nicht dadurch entledigen, dass ein anderer in die materiellen Rechte nachfolgt[663]. Des Weiteren spreche auch das Verkehrsinteresse an der Umlauffähigkeit von Forderungen – nicht nur, aber natürlich insbesondere im Hinblick auf ein Konnossement – für eine Drittwirkung[664]. Schließlich habe auch der Dritte möglicherweise ein Interesse an der Wirkung der Vereinbarung zu seinen Lasten, da im Allgemeinen objektive Gründe für die Vereinbarung der Zuständigkeit gerade dieses Gerichts bzw. dieser Gerichte vorlägen[665].

Gegen die Auffassung, die eine Drittwirkung in den Fällen des Übergangs der materiellen Rechte ablehnen will, da der Dritte kein Einverständnis gemäß Art. 17 EuGVÜ erklärt habe[666], spricht, dass dessen Formvoraussetzungen nur einzuhalten sind, soweit überhaupt eine Schutzbedürftigkeit des Dritten besteht. Kommt es zu einem Übergang der materiellen Rechte des Vorgängers, so könnte diese Schutzbedürftigkeit entfallen. Dazu müssen die Parteien durch Vereinbarung in der Weise vorgenommen haben, dass bei Streitigkeiten bezüglich des materiellen Rechts nur ein bestimmtes Gericht bzw. bestimmte Gerichte zuständig sein sollen. Die Parteien nehmen dadurch eine Modifikation der prozessualen Geltendmachung des Rechts vor. Das Recht ist folglich mit dieser Modifikation „behaftet". Dies allein kann jedoch eine Wirkung zu Lasten eines Dritten nicht begründen, da insoweit lediglich ein hinsichtlich jeder Gerichtsstandsvereinbarung bestehendes Interesse der Parteien an der Wirkung der Gerichtsstandsvereinbarung existiert. Dadurch entfällt die Schutzbedürftigkeit des Dritten noch nicht. Vielmehr bedarf es einer besonderen Rechtfertigung:

Kommt es zum Übergang der materiellen Rechte auf den Dritten, so steht bei Gesamtbetrachtung von materiellem Recht und der Wirkung der Gerichtsstandsvereinbarung der Fortbestand der Identität des Rechts im Vordergrund. Das Recht soll seine Gestalt nicht durch den Übergang verlieren. Dafür spricht insbesondere der Schutz desjenigen, gegenüber dem das Recht geltend gemacht wird, und der zugleich Partei der Gerichtsstandsvereinbarung ist. Durch diese Vereinbarung soll Rechtssicherheit und Rechtsfrieden im Hinblick auf die Zuständigkeit bei Streitigkeiten bezüglich des materiellen Rechts, in das der Dritte nachfolgt, geschaffen werden. Durch den Übergang erhält der Dritte dieses Recht, das zuvor sein Vorgänger innehatte. Er muss es somit in der Ausformung, wie es bestand, gegen sich gelten lassen, also mit der Wirkung der Gerichtsstandsvereinbarung. Infolgedessen besteht ein besonders schutzwürdiges Interesse der Partei der Gerichtsstandsvereinbarung, gegenüber der das Recht geltend gemacht wird. Dieses lässt einen Schutz des Dritten vor einer aufgedrängten Wirkung zurücktreten, so dass eine Drittwirkung anzuerkennen ist, obwohl der Dritte die Formerfordernisse gemäß Art. 17 Abs. 1 EuGVÜ/LugÜ bzw. Art. 23 Abs. 1, 2

---

663 Vgl. zu Schiedsvereinbarungen: *Ahrens*, Subjektive Reichweite, 93.

664 Erklärungen der *Regierung des Vereinigten Königreichs*, Urteil vom 19. Juni 1984, Rs. 71/83, Slg. 1984, 2417, 2425 *(Tilly Russ)*; *Mankowski*, Seerechtliche Vertragsverhältnisse, 255. Vgl. zu Schiedsvereinbarungen *Ahrens*, Subjektive Reichweite, 104.

665 Diesen Gedanken äußert im Hinblick auf die Drittwirkung von Schiedsvereinbarungen *Ahrens*, Subjektive Reichweite, 104.

666 So *Cour de cassation*, Rev.crit.dr.internat.privé (81) 1992, 703, 705; *Cour de cassation*, Rev.crit.dr.internat.privé (84) 1995, 610 f.

EuGVO nicht erfüllt hat. Das entspricht ferner den Grundwertungen, die den nationalen Rechtsordnungen gemein sind[667], und muss sowohl für einen Übergang kraft Gesetzes als auch aufgrund einer Vereinbarung gelten. Gründe für eine unterschiedliche Behandlung dieser beiden Übergangsformen sind nicht ersichtlich[668].

Allerdings könnte bei dem Übergang aufgrund Vereinbarung der Dritte, der gutgläubig[669] bezüglich des Nichtbestehens von Wirkungen einer Gerichtsstandsvereinbarung im Hinblick auf die materiellen Rechte ist, die materiellen Rechte ohne die Last der Wirkung der Gerichtsstandsvereinbarung erwerben[670]. Ein solch gutgläubiger „lastenfreier“ Erwerb würde jedoch den entwickelten Grundsätzen widersprechen. Die Schutzbedürftigkeit des Dritten tritt hinter dem schutzbedürftigen Interesse an dem Fortbestand der Identität des Rechts zurück, das derjenige aufweist, gegenüber dem die materiellen Rechte geltend gemacht werden. Daran kann grundsätzlich auch der gute Glaube des Dritten nichts ändern[671]. Lediglich in eng begrenzten Ausnahmefällen kann ein gutgläubiger[672] „lastenfreier“ Erwerb in Betracht kommen. Dabei muss es sich um Fälle handeln, in denen die Schutzbedürftigkeit des Dritten nicht hinter den schutzbedürftigen Interessen des Gegners zurücktritt. Möglich ist dies, soweit die Schutzbedürftigkeit des Gegners besonders gering oder die des Dritten besonders groß

---

667 Vgl. 2. Teil B. III. 1. Ähnliche Überlegungen zur Drittwirkung von internationalen Schiedsvereinbarungen auch: *Ahrens*, Subjektive Reichweite, 105 ff., 110 ff.

668 In diesem Sinne auch *Schlosser*, Art. 23, Rn. 43; vgl. darüber hinaus *Hill*, International Commercial Disputes, Rn. 5.3.34. Beide allerdings mit Hinweis auf das nationale Recht.

669 Erklärungen der *italienischen Regierung*, Urteil vom 19. Juni 1984, Rs. 71/83, Slg. 1984, 2417, 2423 *(Tilly Russ)* verlangt, dass sich die Verpflichtung eindeutig und irrtumsfrei aus dem Wortlaut des Konnossements ergeben muss. Siehe darüber hinaus: *Mayss/Reed*, European Business Litigation, 200. Vgl. aber auch Schlussanträge des *Generalanwalts Alber* vom 23. März 2000, Rs. C-387/98, Slg. 2000, I-9340, Rn. 57 *(Coreck)*, nach dessen Ansicht die Gerichtsstandsklausel zu Lasten des Dritten unabhängig von seiner Kenntnis Wirkung entfalte. Generalanwalt Alber geht jedoch davon aus, dass das nationale Recht zur Anwendung kommt. Er stellt daher konsequent fest, dass besondere Umstände – wie die Kenntnis – im Rahmen der Prüfung der Rechtsnachfolge nach nationalem Recht eine Rolle spielen könnten.

670 Ist der Dritte bösgläubig, so scheidet dessen Schutzbedürftigkeit von vornherein aus, und er wird in jedem Falle auch bei Nichteinhaltung der Voraussetzungen gemäß Art. 17 Abs. 1 EuGVÜ/LugÜ bzw. Art. 23 Abs. 1, 2 EuGVO an die Gerichtsstandsvereinbarung gebunden; vgl. *Killias*, Die Gerichtsstandsvereinbarungen nach dem Lugano-Übereinkommen, 243 f., der einen Schutz des Drittinhabers ablehnt, dem bei Übertragung eines Konnossements die Möglichkeit gegeben wird, von der verurkundeten Gerichtsstandsklausel Kenntnis zu nehmen; ähnlich auch *Mankowski*, Seerechtliche Vertragsverhältnisse, 254.

671 Möglicherweise besteht jedoch ein Schadensersatzanspruch nach nationalem Recht, da aufgrund der Vereinbarung für Streitigkeiten nur ein bestimmtes Gericht bzw. bestimmte Gerichte zuständig sind. Vgl. zum deutschen Recht vor der Schuldrechtsreform 2002: *Soehring*, Die Nachfolge in Rechtslagen, 61 ff.

672 Im internationalen Handelsverkehr sinkt die Schwelle zur Bösgläubigkeit. So kann es an der Gutgläubigkeit mangeln, weil ein Dritter im internationalen Handel bezüglich bestimmter materieller Rechte immer mit einer Gerichtsstandsklausel rechnen muss. Dabei können auch die zu Art. 17 Abs. 1 S. 2 lit. c EuGVÜ/LugÜ bzw. Art. 23 Abs. 1 S. 3 lit. c EuGVO entwickelten Grundsätze helfen. Zu den an lit. c zu stellenden Anforderungen: 2. Teil B. IV. 4. b) bb) (3) (d).

ist[673]. Eine solche Interessenlage besteht bei Übergang von Rechten innerhalb des Wertpapierrechts. In diesen Fällen tritt die Schutzbedürftigkeit desjenigen, der ein Wertpapier ausgestellt, aber eine Gerichtsstandsklausel nicht vermerkt hat, gegenüber der Schutzbedürftigkeit des bezüglich dieser Klausel gutgläubigen Dritten, auf den das Recht übergeht, deutlich zurück. Hinzu kommt hier ein Interesse des Wirtschaftsverkehrs an der Umlauffähigkeit des Wertpapiers. Somit ist der Grundsatz von dem Fortbestand der Identität der materiellen Rechte in diesen atypischen Fällen nicht anwendbar. Ein solch gutgläubiger „lastenfreier" Erwerb muss jedoch die Ausnahme bleiben[674].

Dementsprechend wirkt eine Gerichtsstandsvereinbarung, die in Bezug auf materielle Rechte getroffen wurde, prinzipiell bei Übergang kraft Gesetzes oder aufgrund einer Vereinbarung auch dem Dritten gegenüber.

(b) Übergang materieller Pflichten

Dies könnte auch bei Übergang von materiellen Pflichten kraft Gesetzes oder aufgrund einer Vereinbarung gelten. Erforderlich ist, dass die Parteien bezüglich der Zuständigkeit eines Gerichts bzw. mehrerer Gerichte bei Streitigkeiten im Hinblick auf ein Rechtsverhältnis oder bestimmte materielle Pflichten daraus eine Regelung getroffen haben. Dies allein kann jedoch noch nicht dazu führen, dass die Gerichtsstandsvereinbarung auch zu Lasten eines Dritten Wirkung entfaltet. Es bedarf einer besonderen Rechtfertigung für die Annahme einer solchen Drittwirkung.

Betrachtet man die zum Übergang von materiellen Rechten angestellten Überlegungen, so wird deutlich, dass diese in Bezug auf den Übergang von materiellen Pflichten übertragbar sind. Wie auch bei dem Übergang von materiellen Rechten steht bei dem Übergang materieller Pflichten der Fortbestand der Identität der materiellen Position im Vordergrund. Derjenige, gegenüber dem die Pflicht besteht, hat ein besonderes Interesse daran, dass sich die Pflicht mit dem Übergang auf den Dritten nicht ohne weiteres verringert. Sie soll vielmehr in der Gestalt auf den Dritten übergehen, wie sie auch bei dem Vorgänger bestand. Folglich lässt das schutzwürdige Interesse an dem Fortbestand der Identität der Pflicht die Schutzbedürftigkeit des Dritten in den Hintergrund treten. Er muss die Pflicht so hinnehmen, wie sie bestand und kann sich nicht einer ihn belastenden Gerichtsstandsvereinbarung entledigen. Daher muss der Dritte an die Wirkung der Gerichtsstandsvereinbarung gebunden sein, obwohl er die Formerfordernisse im Sinne von Art. 17 Abs. 1 EuGVÜ/LugÜ bzw. Art. 23 Abs. 1, 2 EuGVO nicht erfüllt hat. Dies entspricht auch den Wertungen der nationalen Rechtsordnungen, soweit diese einen Übergang der Pflicht annehmen und nicht von einer Neubegründung ausgehen[675]. Darüber hinaus gilt dies wiederum nicht nur hinsichtlich des Übergangs aufgrund einer Vereinbarung, sondern auch in Bezug auf den Übergang der ma-

[673] In diesem Sinne auch die nationalen Rechtsordnungen; vgl. 2. Teil B. III. 1.

[674] Siehe *Nagel*, RabelsZ 55 (1991), 779, 781, der argumentiert, dass der Empfänger die Gerichtsstandsklausel in dem Konnossement sehe. Auch er scheint daher eine Drittwirkung von der Kenntnis des Empfängers von der Klausel abhängig zu machen.

[675] Vgl. 2. Teil B. III. 1.

teriellen Pflicht kraft Gesetzes, wobei fraglich sein dürfte, ob letzterer Fall überhaupt nach den nationalen Rechtsordnungen möglich ist[676].

(c) Übergang einer gesamten materiellen Rechtsposition

Bei dem Übergang einer materiellen Rechtsposition handelt es sich – wie die nationalen Rechtsordnungen zeigen[677] – nicht lediglich um einen kumulativen Übergang von materiellen Rechten und Pflichten, sondern um den Übergang einer gesamten materiellen Rechtsposition des Vorgängers. Mit Blick auf die Ausführungen zur Drittwirkung beim Übergang von materiellen Rechten und Pflichten kann auch diesbezüglich nichts anderes gelten: Die Parteien der Gerichtsstandsvereinbarung müssen die Geltendmachung der materiellen Rechtsposition oder auch nur einzelner Rechte und/oder Pflichten durch die Vereinbarung der Zuständigkeit modifiziert haben, so dass diese Modifikation der materiellen Rechtsposition oder auch den dauraus resultierenden einzelnen Rechten und/oder Pflichten „anhaftet". Dies allein kann jedoch – wie gesehen[678] – noch nicht zu einer Wirkung zu Lasten des Dritten führen. Vielmehr bedarf es wiederum einer besonderen Rechtfertigung.

Geht die gesamte materielle Rechts- und Pflichtenposition auf den Dritten über, so muss diese in der Gestalt übergehen, wie sie bei dem Vorgänger bestand. Das bedeutet, dass eine Gerichtsstandsvereinbarung auch zu Lasten des Dritten wirken muss[679]. Wurde diese nur hinsichtlich einzelner materieller Rechte und/oder Pflichten getroffen, so entfaltet sie demnach auch nur diesbezüglich ihre Wirkung. Haben die Parteien hingegen vereinbart, dass die Zuständigkeit für alle Streitigkeiten in Bezug auf die materielle Rechtsposition gelten soll, wirkt die Vereinbarung genau so zu Lasten des Dritten. Der Grund dafür besteht in dem schutzwürdigen Interesse an dem Fortbestand der Identität der Rechtsposition[680]. Ebenso wie beim Übergang von materiellen Rechten oder materiellen Pflichten soll der Gegner nicht dadurch schlechter gestellt werden, dass es zum Übergang auf den Dritten kommt. Dieses schutzwürdige Interesse drängt die Schutzbedürftigkeit des Dritten vor einer aufgedrängten Wirkung der Gerichtsstandsvereinbarung zu seinen Lasten zurück, so dass diese auch ohne Einhaltung der Voraussetzungen gemäß Art. 17 Abs. 1 EuGVÜ/LugÜ bzw. Art. 23 Abs. 1, 2 EuGVO

---

676 So ist jedenfalls eine gesetzliche privative Schuldübernahme im deutschen Recht nicht geregelt. Lediglich Fälle der gesetzlichen Vertragsübernahme sind normiert, z.B. § 613 a BGB. Zum deutschen, österreichischen, englischen und französischen Recht vgl. *Siedel*, Kollisionsrechtliche Anknüpfung der Schuldübernahme, 21, 34, 40, 44 f. Der Gesetzgeber will einem Dritten wohl grundsätzlich keine Verpflichtung auferlegen, da ihm damit die Autonomie genommen würde, über die Übernahme einer solchen Belastung frei zu entscheiden.

677 Siehe 2. Teil B. III. 1.

678 Vgl. zum Übergang von materiellen Rechten bzw. zum Übergang von materiellen Pflichten: 2. Teil B. IV. 4. a) bb) (2) (a), 2. Teil B. IV. 4. a) bb) (2) (b).

679 Ebenso zur Gesamtrechtsnachfolge, allerdings bei Beurteilung nach nationalem Recht: *Killias*, Die Gerichtsstandsvereinbarungen nach dem Lugano-Übereinkommen, 241; *Reiser*, Gerichtsstandsvereinbarungen 1989, 149; *Vischer/Huber/Oser*, Internationales Vertragsrecht, Rn. 1324, 1337; *Staudinger/Hausmann*, Anhang II zu Art. 27-37 EGBGB, Rn. 224; *Wieczorek/Schütze/Hausmann*, Anh I § 40, Art. 17, Rn. 56; *Adolphsen*, ZZPInt 4 (1999), 243, 251; *Geimer*, NJW 1985, 533, 534.

680 So auch die Wertungen der nationalen Rechtsordnungen 2. Teil B. III. 1.

gegenüber dem Dritten wirkt[681]. Dies gilt wiederum unabhängig davon, ob es zu einem Übergang der gesamten Rechtsposition kraft Gesetzes oder aufgrund Vereinbarung kommt.

(d) Ergebnis

Die Parteien der Gerichtsstandsvereinbarung modifizieren die Geltendmachung der Rechte und/oder Pflichten oder gesamter Rechtspositionen. Damit treffen sie Bestimmungen hinsichtlich der Modalität der Rechte und/oder Pflichten oder gesamter Rechtspositionen. Eine solche Gerichtsstandsvereinbarung entfaltet Wirkung zu Lasten eines Dritten, soweit es zu einem Übergang dieser Rechte und/oder Pflichten oder Rechtspositionen auf ihn kommt.

(3) Wirkung der Gerichtsstandsvereinbarung zu Lasten des Dritten bei Begründung materieller Rechte und/oder Pflichten oder gesamter Rechtsposition kraft Abrede der Parteien

Eine Gerichtsstandsvereinbarung könnte auch dann zu Lasten eines Dritten wirken, wenn aufgrund einer Vereinbarung der Parteien der Gerichtsstandsvereinbarung Rechte und/oder Pflichten oder eine gesamte Rechtspositionen für den Dritten begründet werden.

(a) Bei Begründung materieller Rechte

Die Parteien begründen durch Vereinbarung materielle Rechte für den Dritten. Sie einigen sich zudem auf die Zuständigkeit eines bestimmten Gerichts bzw. bestimmter Gerichte im Falle von Streitigkeiten bezüglich dieser Rechte. Bei den materiellen Rechten kann es sich zum einen um solche handeln, die in der Person des Dritten erstmalig entstehen, oder um derartige, die bereits zwischen den Parteien bestanden und nun für den Dritten kraft Vereinbarung der Parteien begründet werden. Erwirbt er diese, so stellt sich die Frage, ob die Gerichtsstandsvereinbarung zu Lasten des Dritten wirkt.

Wendet man sich noch einmal der *„Tilly Russ"*-Rechtsprechung zu, so erscheint fraglich, ob in den Fällen, in denen der Dritte ein Recht kraft Vereinbarung der Parteien erwirbt, eine Drittwirkung anzunehmen ist, da der EuGH entschied, dass eine Drittwirkung zuzulassen sei, soweit der Dritte in die Rechte und Pflichten des Vorgängers *„eingetreten"* ist[682]. Die Konstellationen, in denen die Rechte des Dritten in seiner Person aufgrund der Vereinbarung erstmalig entstehen, können mit dem Wortlaut dieser Entscheidung somit nicht erfasst werden. Aber auch hinsichtlich des Falles, in dem der Dritte Rechte aufgrund der Vereinbarung der Parteien erwirbt, die bereits zwischen diesen bestanden, erscheint eine Anwendung der Rechtsprechung fraglich. Der Begriff *„eingetreten"* deutet darauf hin, dass es sich um einen Übergang genau dieses Rechts und nicht um eine neue Begründung des Rechts – die hier zu problematisieren ist –

---

[681] Die Entscheidung der Cour d'appel Paris [2000] I.L.Pr. 799 steht dem nicht entgegen. Zwar äußerte sich das Gericht durchaus kritisch zu einer Drittwirkung. Allerdings verneinte es bereits den Übergang der Rechts- und Pflichtenstellung kraft Vertragsübernahme nach nationalem Recht; vgl. insb. S. 802. Schlosser, Art. 23, Rn. 43 scheint hingegen von einer Vertragsübernahme in diesem Falle auszugehen.

[682] *EuGH* Urteil vom 19. Juni 1984, Rs. 71/83, Slg. 1984, 2417, Rn. 26 *(Tilly Russ)*.

handeln muss[683]. Somit könnte in den Fällen des Rechtserwerbs kraft Vereinbarung der Parteien eine Wirkung der Gerichtsstandsvereinbarung zu Lasten des Dritten grundsätzlich abzulehnen sein. In der Entscheidung *„Tilly Russ"* hat der EuGH weitere Möglichkeiten der Drittwirkung jedoch nicht ausgeschlossen. Er hat lediglich eine solche bei einer Gerichtsstandsvereinbarung in einem Konnossement unter bestimmten Voraussetzungen zugelassen. Auch aus der Folgeentscheidung *„Castelletti"* tritt keine andere Intention des EuGH hervor[684]. Jedoch könnte dies im Hinblick auf *„Coreck"* anders zu beurteilen sein. Vorgelegt hatte der Hoge Raad der Nederlanden die Frage, ob eine Drittwirkung

> „nur gegenüber demjenigen Drittinhaber, der mit Erwerb des Konnossements nach dem anwendbaren nationalen Recht in die Rechte und Pflichten des Befrachters eingetreten ist",

in Betracht kommt. Der EuGH stellte zunächst erneut darauf ab, dass ein „Eintritt" in die Rechte und Pflichten erfolgt sein müsse. Sei dies nicht der Fall, so müsse ermittelt werden, ob der Dritte der Gerichtsstandsvereinbarung gemäß den Erfordernissen im Sinne von Art. 17 Abs. 1 EuGVÜ/LugÜ bzw. Art. 23 Abs. 1, 2 EuGVO zugestimmt habe[685]. Da nach einigen Rechtsordnungen kein „Eintritt" in die Rechte und Pflichten des Vorgängers bei Erwerb des Konnossements stattfindet[686], könnte eine Drittwirkung

---

683 Ob es zu einer Rechtsnachfolge oder einer Neubegründung des Rechts in diesen Konstellationen kommt, wird diskutiert; vgl. zum deutschen Recht: MünchKomm/*Gottwald*, § 328, Rn. 3, 13; *Staudinger/Jagmann*, § 328, Rn. 21. Soweit der Übergang der Rechte vom Vorgänger auf den Dritten erfolgt, muss auf die entwickelten Grundsätze zum Übergang materieller Rechte verwiesen werden, da das Recht in seiner Identität fortbestehen muss. Zu beachten ist, dass unter übereinkommens- bzw. gemeinschaftsautonomen Gesichtspunkten ermittelt werden muss, ob es sich um einen Übergang eines materiellen Rechts (vgl. dazu 2. Teil B. IV. 4. a) bb) (2) (a)) oder dessen Begründung - die an dieser Stelle diskutiert wird - handelt. Dies ist damit zu begründen, dass die Grundsätze aus dem übereinkommens- bzw. gemeinschaftsautonomen Recht entwickelt werden und ein möglichst einheitlicher Rechtszustand für alle von den Übereinkommen bzw. der Verordnung betroffenen Personen geschaffen werden soll. Der kann jedoch nur erreicht werden, wenn hier übereinkommens- bzw. gemeinschaftsautonome Gesichtspunkte ausschlaggebend sind. Vgl. dazu auch 3. Teil A. II. 1. c).

684 *EuGH* Urteil vom 16. März 1999, Rs. C-159/97, Slg. 1999, I-1597 *(Castelletti)*.

685 *EuGH* Urteil vom 9. November 2000, Rs. C-387/98, Slg. 2000, I-9337, Rn. 26 f. *(Coreck)*. *Generalanwalt Slynn* verwies bereits in seinen Schlussanträgen zu „Tilly Russ" darauf, dass, soweit der Konnossementsinhaber nicht in die Stellung des Vorgängers eingerückt ist, eine neue formgerechte Vereinbarung erforderlich sei; vgl. Schlussanträge vom 21. März 1984, Rs. 71/83, Slg. 1984, 2437, 2444; in diesem Sinne auch Schlussanträge des *Generalanwalts Alber* vom 23. März 2000, Rs. C-387/98, Slg. 2000, I-9340, Rn. 60 f.

686 Die h.M. im deutschen Recht deutet den Vertrag zwischen Ablader und Verfrachter als Vertrag zu Gunsten Dritter: *BGHZ* 33, 364, 367; *Prüßmann/Rabe*, vor § 556, Rn. 14, Rn. 49, § 656, Rn. 38; *Rabe*, TranspR 2000, 389, 392; vgl. auch 3. Teil E. Im belgischen Recht wird der „Eintritt" in die Rechte und Pflichten durch den Dritten abgelehnt: vgl. *Hof van Cassatie*, Rev.dr.comm.belge (21) 1988, 376 ff. mit zustimmender Anm. von *Libouton*, *Rechtsbank van Koophandel te Brugge*, Europ.Trans.L. (27) 1992, 103, 105; *ders.*, Rev.dr.comm.belge (18) 1985, 105; *de Weerdt*, Europ.Transp.L. (22) 1987, 317, 321 ff.; vgl. zum belgischen Recht auch *Putzeys*, Droit des transports, Rn. 444; *van Ryn/Heenen*, Principe de droit IV, 581; *Tebbens*, International Contracts and Conflicts of Laws, 124, 143. Siehe auch *Roland*, Jurisprud. du Port d'Anvers 1983-1984 (123), 403 ff. Zum französischen Recht: *Cour de cassation*, Rev.crit.dr.internat.privé (84) 1995, 611; in diesem Sinne auch *Cour de cassation*, Rev.crit.dr.internat.privé (81) 1992, 703, 705; *Cour de cassation*, Rev.crit.dr.internat.privé (84) 1995, 610 f.; kritisch hierzu *Gaudemet-Tallon*, Rev.crit.dr.internat.privé

in diesen Konstellationen nur mit Zustimmung gemäß der genannten Vorschriften anzunehmen sein[687]. Auch die Entscheidung *„Gerling"*[688] bietet keine Hilfe. Zwar handelte es sich materiellrechtlich um einen Rechtserwerb aufgrund einer Vereinbarung der Parteien, in welcher eine Gerichtsstandsklausel enthalten war. Jedoch erfolgte die Gerichtsstandsvereinbarung zu Gunsten des Dritten, so dass schon aus diesem Grunde die Schutzbedürftigkeit des Dritten entfiel und sie ihm gegenüber Wirkung entfaltete[689].

Daher muss man sich von dieser Rechtsprechung lösen und die Frage stellen, ob die Schutzbedürftigkeit des Dritten entfällt, soweit durch die Vereinbarung der Parteien ein Recht für ihn begründet wird, so dass die Gerichtsstandsvereinbarung ihm gegenüber Wirkung entfaltet, obwohl die Erfordernisse gemäß Art. 17 Abs. 1 EuGVÜ/LugÜ bzw. Art. 23 Abs. 1, 2 EuGVO nicht erfüllt sind. Zunächst bedarf es der Gestaltung der Geltendmachung des materiellen Rechts für den Dritten durch die Vereinbarung einer Zuständigkeit. Damit besteht ein Interesse der Parteien daran, dass der Vereinbarung auch Wirkung zukommt. Allerdings reicht dies noch nicht aus, um eine Wirkung zu Lasten des Dritten zu rechtfertigen. Eine Vereinbarung zu Lasten eines Dritten ist nach den Wertungen der nationalen Rechtsordnungen, die auch auf das EuGVÜ/LugÜ bzw. die EuGVO reflektieren, unzulässig, da sie mit dem Grundsatz der Autonomie nicht zu vereinbaren ist[690]. Daher könnte auch eine den Dritten belastende Gerichtsstandsvereinbarung unzulässig sein. Eine andere Beurteilung ist demgegenüber angebracht, wenn man die belastende Wirkung der Gerichtsstandsvereinbarung in Verbindung mit dem materiellen Recht betrachtet. Eine solche Gesamtbetrachtung ist zum einen im Hinblick auf die Eingebundenheit der Gerichtsstandsvereinbarung in den materiellrechtlichen Zusammenhang möglich. Zum anderen entspricht sie den Grundsätzen der nationalen Rechtsordnungen[691]. Die Gesamtbetrachtung führt zu dem Ergebnis, dass der Dritte nicht eine pure Last, sondern ein Recht mit einer Einschränkung erlangt. Die Einschränkung besteht darin, dass für Klagen hinsichtlich des Rechts nur das von den Parteien bestimmte Gericht bzw. mehrere bestimmte Gerichte zuständig sind. Insofern wird ihm durch den Rechtserwerb auch mit der belastenden Wirkung der Gerichtsstandsvereinbarung nichts genommen, was er ohne die Vereinbarung der Parteien gehabt hätte. Er kann nicht mehr erlangen, als die Parteien vereinbart haben. Will der Dritte das Recht haben, so muss er dies mit seinen Beschränkungen hinneh-

---

(84) 1995, 612 ff. Siehe auch bezüglich einer in einem Konnossement enthaltenen Schiedsklausel *Goutal*, Rev.arb. 1995, 623 ff. Zum englischen Recht: *Stöve*, Gerichtsstandsvereinbarungen nach Handelsbrauch, 167 f.; vgl. darüber hinaus *Takahashi*, Lloyd's MCLQ 2001, 107, 111 f.; *Wilderspin*, E.L.Rev. (9) 1984, 456, 457.

687 Diese Problematik sehen auch *Briggs/Rees*, Civil Jurisdiction and Judgments, Rn. 2.89; *Prüßmann/Rabe*, vor § 556, Rn. 138; *Rabe*, TranspR 2000, 389, 392 f.; ebenso wohl *Delebecque*, D.M.F. (52) 2000, 12, 14 f.

688 *EuGH* Urteil vom 14. Juli 1983, Rs. 201/82, Slg. 1983, 2503 *(Gerling)*.

689 In diesem Sinne auch *Heiss*, Versicherungsrecht in Europa, 105, 141.

690 Vgl. 2. Teil B. III. 1. a) ee), 2. Teil B. III. 1. b) ee), 2. Teil B. III. 1. c) ee), 2. Teil B. III. 1. d) ee); zu Art. 17 EuGVÜ: *Geimer*, NJW 1985, 533, 534.

691 Zu der Frage der Gesamtbetrachtung bereits: 2. Teil B. II. 1. a), b) ee) (1) (a).

men. Er kann sich nicht nur „*die Rosinen herauspicken*"[692]. Daher bedarf der Dritte in den Fällen der Begründung eines Rechts kraft Abrede der Parteien keines besonderen Schutzes, so dass die Gerichtsstandsvereinbarung zu seinen Lasten – auch ohne Einhaltung der Voraussetzungen gemäß Art. 17 Abs. 1 EuGVÜ/LugÜ bzw. Art. 23 Abs. 1, 2 EuGVO – wirkt.

Allerdings kann auch hier – ebenso wie bei dem Übergang materieller Rechte[693] – in Ausnahmefällen eine andere Interessenwertung erforderlich sein. Dies ist im Wertpapierrecht möglich. Hier hat der Schuldner die das Recht verbriefende Urkunde ausgestellt und damit einen Rechtsschein der Vollständigkeit veranlasst. Der Erwerber des Rechts vertraut auf diese. Die Schutzbedürftigkeit des gutgläubigen Erwerbers kann in einem solchen Fall nicht mit einem Hinweis darauf entfallen, dass er das Recht so hinnehmen müsse, wie es durch die Parteien gestaltet werde. Zu beachten ist weiterhin das Interesse des Rechtsverkehrs an der Umlauffähigkeit von Wertpapieren. Ob ein Erwerb aufgrund eines Vertrages zu seinen Gunsten oder ein abgeleiteter Erwerb vom Vorgänger stattfindet, darf nicht zu unterschiedlichen Ergebnissen führen, da die Interessen äquivalent sind[694].

(b) Bei Begründung materieller Pflichten

Vereinbaren die Parteien eine ausschließliche Zuständigkeit bei Streitigkeiten im Hinblick auf materielle Pflichten, die kraft des Vertrages zwischen den Parteien für den Dritten begründet werden, stellt sich erneut die Frage der Drittwirkung. Mag es auch in diesem Fall zu einer Modifikation der Geltendmachung der materiellen Pflichten durch die Parteien gekommen sein, so besteht kein Rechtfertigungsgrund für eine den Dritten belastenden Wirkung. Auch bei Gesamtbetrachtung von materiellem Recht und der Wirkung der Gerichtsstandsvereinbarung bleibt die belastende Wirkung bestehen. Die Schutzbedürftigkeit des Dritten tritt insofern nicht zurück, so dass er – ohne Erfüllung der Voraussetzungen gemäß Art. 17 Abs. 1 EuGVÜ/LugÜ bzw. Art. 23 Abs. 1, 2 EuGVO – nicht an die Gerichtsstandsvereinbarung gebunden ist. Zudem wird es in diesen Konstellationen am dem Erwerb der materiellen Pflichten mangeln. Da die nationalen Rechtsordnungen davon ausgehen, dass eine Vereinbarung zu Lasten eines

---

692 So – allerdings von der Anwendung des nationalen Rechts ausgehend, die bereits abgelehnt wurde (vgl. 2. Teil B. IV. 4.) –: *Mankowski*, IPRax 1996, 427, 432; im Ergebnis auch *Killias*, Die Gerichtsstandsvereinbarungen nach dem Lugano-Übereinkommen, 248, allerdings nur hinsichtlich Aktivprozessen; *Nagel*, Internationales Zivilprozessrecht, § 3, Rn. 152; *Rauscher/Mankowski*, Art. 23 Brüssel I-VO, Rn. 70: „*weil er die Forderung nur in der Gestalt erhalten hat, wie sie begründet wurde, unter Einschluss aller Einschränkungen, denen ihre Durchsetzung unterliegt.*"; *Gebauer*, IPRax 2001, 471 f., 474. Zur Wirkung zu Lasten des Versicherten: *Basedow* in der Diskussion, Versicherungsrecht in Europa, 169, 173, der dies durch die „*Tilly Russ*"-Rechtsprechung gestützt sieht; *Heiss*, Versicherungsrecht in Europa, 105, 139 ff.; *Kropholler*, Art. 23, Rn. 65.

693 Vgl. 2. Teil B. IV. 4. a) bb) (2) (a).

694 Ebenso beurteilt dies das deutsche und österreichische Recht, vgl. oben 2. Teil B. III. 1. a) ee), 2. Teil B. III. 1. b) ee). Das englische Schrifttum sowie die Rechtsprechung nehmen zu dieser Problematik nicht Stellung. Dies liegt wohl daran, dass nach englischem Wertpapierrecht kein Erwerb durch einen Vertrag zu Gunsten Dritter erfolgen kann; vgl. zum Konnossement: *Stöve*, Gerichtsstandsvereinbarungen nach Handelsbrauch, 167 f. Siehe zum französischen Recht oben, Fn. 534.

Dritten nicht möglich ist, liegt bereits keine Begründung einer Pflicht für einen Dritten vor[695].

(c) Bei Begründung einer gesamten materiellen Rechtsposition

Problematisch ist, ob dies auch bei der Begründung einer gesamten materiellen Rechtsposition gilt. In diesem Fall begründen die Parteien kraft Vereinbarung eine gesamte materielle Rechtsposition für den Dritten und treffen im Hinblick auf Streitigkeiten bezüglich dieser Position eine Zuständigkeitsvereinbarung. Soll sich die Gerichtsstandsvereinbarung nur auf Streitigkeiten hinsichtlich einzelner Rechte beziehen, so gelten die zur Drittwirkung bei Begründung eines materiellen Rechts entwickelten Grundsätze[696]. Ebenso kann bei Gerichtsstandsvereinbarungen, die sich auf Streitigkeiten bezüglich einzelner materieller Pflichten beziehen, auf bereits Dargestelltes verwiesen werden[697]. Fraglich ist jedoch, ob eine Drittwirkung zuzulassen ist, wenn sich die Zuständigkeitsvereinbarung auf eine gesamte materielle Rechtsposition bezieht[698]. Auch bei einer Gesamtbetrachtung von materiellem Recht und der Wirkung der Gerichtsstandsvereinbarung bleibt die belastende Wirkung grundsätzlich bestehen, da der Dritte keine lediglich vorteilhafte Rechtsstellung erhält, die nur eine Einschränkung erfahren hat. Daher könnte eine solche Vereinbarung – ohne Erfüllung der Formvoraussetzungen gemäß Art. 17 Abs. 1 EuGVÜ/LugÜ bzw. Art. 23 Abs. 1, 2 EuGVO – nie zu Lasten des Dritten wirken. Andererseits ist zu überlegen, ob dies nur hinsichtlich der Pflichten gelten muss, so dass die Gerichtsstandsvereinbarung bei Streitigkeiten in Bezug auf die Rechte Drittwirkung entfaltet. Gegen letzteres spricht, dass es den Parteien der Gerichtsstandsvereinbarung zumeist darauf ankommen wird, dass die Gesamtheit der Rechtsposition zuständigkeitsrechtlich erfasst, und damit die materiellen Rechte nicht losgelöst von der Pflichtenposition betrachtet werden. Der Wille der Parteien kann jedoch ebenfalls darauf gerichtet sein, dass der Gerichtsstandsvereinbarung nur bezüglich der Rechte eine Drittwirkung zukommen soll. Ob dies der Fall ist, muss durch Auslegung der Gerichtsstandsvereinbarung, die die nationalen Gerichte vornehmen, ermittelt werden[699]. Ergibt die Auslegung, dass der Vereinbarung eine Drittwirkung auch nur bezüglich der Rechte zukommen kann, so erfolgt eine Gestaltung damit im Hinblick auf die Geltendmachung dieser Rechte[700].

---

695 Vgl. dazu die nationalen Rechtsordnungen 2. Teil B. III. 1. a) ee), 2. Teil B. III. 1. b) ee), 2. Teil B. III. 1. c) ee), 2. Teil B. III. 1. d) ee).

696 Vgl. 2. Teil B. IV. 4. a) bb) (2) (a).

697 Siehe 2. Teil B. IV. 4. a) bb) (2) (b).

698 Es kann nicht einfach darauf verwiesen werden, dass es sich jedenfalls materiellrechtlich um einen Vertrag zu Lasten Dritter handelt, da dies zwar im Regelfall so ist, aber in verschiedenen Konstellationen diskutiert wird. Zum deutschen Recht bei komplexen Rechtspositionen: *MünchKomm/Gottwald*, § 328, Rn. 174; vgl. aber auch Säcker, Gesellschaftsvertragliche und erbrechtliche Nachfolge in Gesamthandelsmitgliedschaften, 43 ff.; *Flume*, FS Schilling (1973), 23, insb. 46 ff. zu rechtsgeschäftlichen Nachfolgeklauseln in Mitgliedschaftsrechte an Personengesellschaften, dazu ebenfalls *BGHZ* 68, 225, 231 ff.; *Martens*, AcP 177 (1977), 113, 143 f.; *Schirmer*, FS Schmidt (1976), 821, 839 f.

699 Vgl. zur Auslegung der Gerichtsstandsvereinbarung *Kropholler*, Art. 23, Rn. 69; *Schlosser*, Art. 23, Rn. 43a.

700 Dies widerspricht auch nicht dem Grundsatz, dass sich die Zuständigkeitsvereinbarung auf ein

Ziel des Art. 17 EuGVÜ/LugÜ bzw. Art. 23 EuGVO ist es, der Parteiautonomie hinreichend Rechnung zu tragen[701]. Demnach muss der Wille der Parteien, dass die Gerichtsstandsvereinbarung auch nur hinsichtlich der Rechte wirken kann, respektiert werden. Dem steht nicht die Schutzbedürftigkeit des Dritten entgegen, da für ihn bei Gesamtbetrachtung Rechte begründet werden, die nur eine Einschränkung durch die Zuständigkeitsvereinbarung erfahren haben. Infolgedessen ist die Drittwirkung einer Gerichtsstandsvereinbarung, die sich auf die gesamte Rechtsposition bezieht, abzulehnen. In Betracht kommt eine Drittwirkung hingegen, falls der Wille der Parteien zu Tage tritt, dass die Vereinbarung auch nur hinsichtlich der Rechte der gesamten Rechtsposition Wirkung zu Lasten des Dritten entfalten soll.

(d) Ergebnis

Demnach wirkt eine Gerichtsstandsvereinbarung zu Lasten des Dritten grundsätzlich nur bei Begründung materieller Rechte für diesen kraft Vereinbarung der Parteien. Bei Begründung einer Pflichtenposition ist eine Drittwirkung hingegen nicht möglich. Dies gilt prinzipiell auch im Hinblick auf die Begründung einer gesamten Rechtsposition. Eine Ausnahme davon ist nur möglich, wenn der Wille der Parteien deutlich wird, dass die Vereinbarung auch nur in Bezug auf die Rechte Wirkung zu Lasten des Dritten entfalten soll.

cc) Ergebnis

Es wird somit deutlich, dass die Gerichtsstandsvereinbarung auch Wirkung zu Lasten eines Dritten entfalten kann, soweit dieser nicht die Voraussetzungen gemäß Art. 17 Abs. 1 EuGVÜ/LugÜ bzw. Art. 23 Abs. 1, 2 EuGVO erfüllt. Grund dafür ist die mangelnde Schutzbedürftigkeit des Dritten. An dieser fehlt es zwar noch nicht dadurch, dass die Parteien eine Gestaltung der Geltendmachung der materiellen Rechte und/oder Pflichten oder gesamter Rechtspositionen vornehmen, die diesen anhaftet. Es bestehen jedoch besondere Gründe, die eine Drittwirkung als angemessen erscheinen lassen. Diese ergeben sich im Wege der Gesamtbetrachtung von materiellem Recht und der Wirkung der Gerichtsstandsvereinbarung, die im Hinblick auf die Eingebundenheit dieser Vereinbarung in den materiellrechtlichen Sachverhalt möglich ist. Kommt es zum Übergang materieller Rechte und/oder Pflichten oder gesamter Rechtspositionen auf den Dritten, so tritt der Fortbestand der Identität der Rechtsstellung in den Vordergrund. Der Dritte erwirbt diese Rechtsstellung mit allen Einschränkungen, die diesbezüglich bestanden. Seine Schutzbedürftigkeit tritt zurück, so dass ihn die Wirkungen der Gerichtsstandsvereinbarung treffen.

---

bestimmtes Rechtsverhältnis beziehen muss. Zweck dieses Erfordernisses ist, dass keine der Parteien hinsichtlich der Reichweite ihrer Vereinbarung überrascht werden soll, vgl. *EuGH* Urteil vom 10. März 1992, Rs. C-214/89, Slg. 1992, I-1745, Rn. 31 *(Powell Duffryn)*; *Kropholler*, Art. 23, Rn. 69. Ergibt sich jedoch aus der Gerichtsstandsvereinbarung der Wille der Parteien, dass dieser auch nur hinsichtlich der Rechte eine Drittwirkung zukommen soll, wenn eine Drittwirkung in Bezug auf die gesamte Rechts- und Pflichtenposition nicht möglich ist, so ist für keine die Reichweite ihrer Vereinbarung überraschend.

701 *EuGH* Urteil vom 9. November 2000, Rs. C-387/98, Slg. 2000, I-9337, Rn. 14; zu den Gründen *Geimer/Schütze*, Art. 23, Rn. 5 ff.; *Staudinger/Hausmann*, Anhang II zu Art. 27-37 EGBGB, Rn. 164.

Werden für den Dritten materielle Rechte durch eine Vereinbarung der Parteien begründet, so hat er diese mit den durch die Parteien vorgenommenen Einschränkungen hinzunehmen. Folglich muss er auch eine Gerichtsstandsvereinbarung gegen sich gelten lassen. Gerechtfertigt wird dies dadurch, dass dem Dritten nichts genommen wird, was er ohne die Vereinbarung der Parteien gehabt hätte. Eine Schutzbedürftigkeit besteht folglich nicht. Bei der Begründung einer gesamten Rechtsposition gilt dies lediglich, soweit der Wille der Parteien zum Vorschein tritt, dass die Zuständigkeitsvereinbarung auch nur bezüglich der Rechte wirken soll.

Demnach ist eine Wirkung der Gerichtsstandsvereinbarung in den genannten Fällen auch bei Nichterfüllung der Voraussetzungen gemäß Art. 17 Abs. 1 EuGVÜ/LugÜ bzw. Art. 23 Abs. 1, 2 EuGVO durch den Dritten möglich.

b) Wirkung gegenüber Dritten bei Erfüllung der Voraussetzungen gemäß Art. 17 Abs. 1 EuGVÜ/LugÜ bzw. Art. 23 Abs. 1, 2 EuGVO

Verwirklicht der Dritte die Voraussetzungen gemäß Art. 17 Abs. 1 EuGVÜ/LugÜ bzw. Art. 23 Abs. 1, 2 EuGVO, so wird damit der Schutzzweck dieser Vorschrift erfüllt. Die Gerichtsstandsvereinbarung entfaltet folglich Wirkung zu Lasten des Dritten. Einzig fraglich ist demnach, in welcher Art und Weise der Dritte die Erfordernisse verwirklichen muss.

aa) Wirkung zu Lasten des Dritten unmittelbar „kraft Handelsbrauchs“

Diskutiert wird vor allem eine Wirkung zu Lasten des Dritten unmittelbar „kraft Handelsbrauchs“ gemäß Art. 17 Abs. 1 S. 2 lit. c EuGVÜ/LugÜ bzw. Art. 23 Abs. 1 S. 3 lit. c EuGVO[702]. In der Literatur und in der Rechtsprechung erfolgt zumeist lediglich die Feststellung, dass auch der Dritte „kraft Handelsbrauchs“ gebunden sei, um dem internationalen Handelsverkehr hinreichend Rechnung zu tragen[703]. Deutlich wird je-

---

702 Gegen eine Drittwirkung unmittelbar „kraft Handelsbrauchs“ bei einer in einem Konnossement enthaltenen Gerichtsstandsklausel wohl *Rechtsbank van Koophandel te Brugge*, Europ.Transp.L. (27) 1992, 103, 105; *Anton/Beaumont*, S.L.T. 1986, zu A2; *Carbone*, Giurisdizione e legge applicabile, 29, 43; *Carbone*, Riv.dir.intern.priv.proc. (24) 1988, 633, 642 Nr. 10; kritisch auch *Killias*, Die Gerichtsstandsvereinbarungen nach dem Lugano-Übereinkommen, 190, Fn. 164; *Mankowski*, Seerechtliche Vertragsverhältnisse, 276 ff., zum LugÜ: S. 284; *van Ryn/Heenen*, Principes de droit commercial IV, 581 f.; *Staehelin*, Gerichtsstandsvereinbarungen, 91; *Gebauer*, IPRax 2001, 471, 474; vgl. auch *Girsberger*, IPRax 2000, 87, 91; *Libouton*, Rev.dr.comm.belge (21) 1988, 378 f.; *Mankowski*, ZZP 108 (1995), 272, 278 f., die allerdings vielmehr das nationale Recht zur Anwendung berufen wollen, was jedoch bereits abgelehnt wurde, vgl. oben 2. Teil B. II. 1. b) aa). *Samtleben*, RabelsZ 59 (1995), 670, 707 f. sieht dies als Scheinproblem. Siehe dazu auch *Jiménez Blanco*, El contrato internacional a favor de tercero, insb. 114.

703 So zur Gerichtsstandsklausel in einem Konnossement: *Basedow*, Rechtswahl und Gerichtsstandsvereinbarungen, 16; *Kim*, Gerichtsstandsvereinbarungen nach Handelsbrauch, 185 f.; *Kropholler/Pfeifer*, FS Nagel (1987), 157, 165 f.; *Schack*, Internationales Zivilverfahrensrecht, Rn. 471; *Stöve*, Gerichtsstandsvereinbarungen nach Handelsbrauch, 167 ff.; MünchKommZPO/*Gottwald*, Art. 17, Rn. 44; Wieczorek/*Schütze/Hausmann*, Anh I § 40, Rn. 58; *Basedow*, IPRax 1985, 133, 137; *Deli*, Riv.dir.int.priv.proc. (25) 1989, 27, 53; *Nagel*, RabelsZ 55 (1991), 778, 780 f.; vgl. auch *Adolphsen*, ZZPInt 4 (1999), 243, 252 f. Für eine Wirkung der Gerichtsstandsvereinbarung „kraft Handelsbrauchs“ bei Versicherungsverträgen gegenüber dem Versicherten: Erklärungen der *Kommission*, Urteil vom 14. Juli 1983, Rs. 201/82, Slg. 1983, 2503, 2510 *(Gerling)*; in diesem Sinne wohl auch die

doch zumeist nicht, was unter einer solchen Bindung zu verstehen ist. Einerseits könnte dies bedeuten, dass die Voraussetzung von Art. 17 Abs. 1 S. 2 lit. c EuGVÜ/LugÜ bzw. Art. 23 Abs. 1 S. 3 lit. c EuGVO durch den Dritten anstelle des eigentlichen Vertragspartners eingehalten werden müssen. Andererseits könnte die Bindung „kraft Handelsbrauchs" in der Weise zu deuten sein, dass eine Vereinbarung im Sinne von Art. 17 Abs. 1 S. 2 lit. c EuGVÜ/LugÜ bzw. Art. 23 Abs. 1 S. 3 lit. c EuGVO zwischen dem Dritten sowie der gegnerischen Partei des späteren Rechtsstreits zu erfolgen hat. Die oftmals unklaren Aussagen in Literatur und Rechtsprechung sind nicht sehr hilfreich. Entwickelt wurden die Lösungen zumeist im Hinblick auf die Drittwirkung einer in einem Konnossement enthaltenen Gerichtsstandsklausel. Daher ist auch eine Verallgemeinerung der Äußerungen nicht zweifelsfrei möglich.

Für eine Drittwirkung der in einem Konnossement enthaltenen Gerichtsstandsklausel unmittelbar „kraft Handelsbrauchs" wird vorgebracht, dass die Alternative gemäß Art. 17 Abs. 1 S. 2 lit. c EuGVÜ/LugÜ bzw. Art. 23 Abs. 1 S. 3 lit. c EuGVO insbesondere für die Konstellation der Gerichtsstandsklausel in einem Konnossement geschaffen wurde. Das Ziel dieser Regelung werde jedoch nur erreicht, wenn auch der Drittempfänger an die Gerichtsstandsklausel gebunden ist[704]. Zwar nennt der Wortlaut Gerichtsstandsklauseln in Konnossementen ausdrücklich nicht, es zeigt sich jedoch anhand des *Jenard/Möller*-Berichts zum LugÜ, auf den der *Cruz/Real/Jenard*-Bericht[705] verweist, dass diese zunächst explizit erwähnt werden sollten. Allerdings wurde aufgrund der Kritik der Mitgliedsstaaten der Gemeinschaften an der restriktiven Formulierung eine weitergehendere Fassung gewählt[706]. Damit wird eine in einem Konnossement enthaltene Gerichtsstandsvereinbarung jedenfalls von Art. 17 Abs. 1 S. 2 lit. c EuGVÜ/LugÜ bzw. Art. 23 Abs. 1 S. 3 lit. c EuGVO erfasst. Ob aber eine solche nach dieser Alternative auch zu Lasten des Dritten wirkt, wird aus dem *Jenard/Möller*-Bericht nicht deutlich[707]. Im Hinblick auf eine prinzipielle Drittwirkung unmittelbar „kraft Handelsbrauchs" kann demnach erst recht keinerlei Schlussfolgerung gezogen werden.

Dennoch wird eine Drittwirkung unmittelbar „kraft Handelsbrauchs" angenommen. Vereinzelt lassen die Aussagen Schlüsse darauf zu, wie eine solche Drittwirkung aussehen soll. So vertritt *Rabe* zumindest bei Anwendung deutschen Rechts als nationalem Recht – er bezieht sich dabei auf den Fall der Gerichtsstandsklausel in einem Konnossement –, dass es auf eine Kenntnis bzw. ein Kennenmüssen des Dritten und nicht des ersten Konnossementsempfängers ankomme[708]. Dafür könnte sprechen, dass

---

Erklärungen der *Coreck Maritime GmbH*, Urteil vom 9. November 2000, Rs. C-387/98, Slg. 2000, I-9337, Rn. 48 *(Coreck)*.

[704] *Stöve*, Gerichtsstandsvereinbarungen nach Handelsbrauch, 165 f., 171.

[705] *Cruz/Real/Jenard*-Bericht, ABl.EG 1990 Nr. C 189/35, Rn. 26.

[706] Vgl. *Jenard/Möller*-Bericht, ABl.EG 1990 Nr. C 189/57, Rn. 55 ff. Vgl. dazu bereits 2. Teil B. IV. 1.

[707] Vgl. auch *Mankowski*, Seerechtliche Vertragsverhältnisse, 278 f.

[708] *Rabe*, TranspR 2000, 389, 394, der dies damit begründet, dass es für die Frage, ob Mängel des Begebungsvertrages geheilt werden können, nach deutschem Recht auf den guten Glauben des Empfängers ankommt. Aus seiner Sicht soll daher gleiches gelten, wenn es um die Formwirksamkeit gemäß Art. 17 Abs. 1 S. 2 lit. c EuGVÜ geht.

gemäß Art. 17 Abs. 1 S. 2 lit. c EuGVÜ/LugÜ bzw. Art. 23 Abs. 1 S. 3 lit. c EuGVO die Kenntnis bzw. das Kennenmüssen der *„Parteien"* erforderlich ist. Dieser Terminus muss im Hinblick auf eine einheitliche Begrifflichkeit in Art. 17 EuGVÜ/LugÜ bzw. Art. 23 EuGVO so verstanden werden, dass es sich dabei um die Parteien des Rechtsstreits handelt[709]. Somit könnte bezüglich dieser Alternative auf das Verhältnis des Dritten zu der Partei des späteren Rechtsstreits abzustellen sein. Allerdings geht Art. 17 EuGVÜ/LugÜ bzw. Art. 23 EuGVO grundsätzlich davon aus, dass die Parteien des Rechtsstreits mit den Parteien der Gerichtsstandsvereinbarung identisch sind, was jedoch vorliegend nicht der Fall ist. Es erscheint daher fragwürdig, auf die Kenntnis bzw. das Kennenmüssen des Dritten abzustellen.

Andererseits ist zu bedenken, dass die Person, die die Vereinbarung mitgetroffen hat, in vielen Konstellationen – wie auch bei der Gerichtsstandsklausel in einem Konnossement – gar kein Interesse mehr an dieser hat. Vielmehr wird sie ausschließlich im Verhältnis der anderen Partei zum Dritten relevant. Daher könnte es auf eine Kenntnis bzw. ein Kennenmüssen des Dritten – zumindest in diesen Interessenlagen – ankommen. Jedoch übersieht eine solche Ansicht, dass die Gerichtsstandsvereinbarung überhaupt wirksam gemäß Art. 17 EuGVÜ/LugÜ bzw. Art. 23 EuGVO getroffen werden muss. Erst wenn dies der Fall ist, kann eine Wirkung der Vereinbarung gegenüber einem Dritten gegeben sein. Liegt keine wirksame Gerichtsstandsvereinbarung vor, kann der Dritte an eine solche logischerweise auch nicht gebunden werden, weil sie keinerlei Wirkungen entfalten kann. Folglich ist immer zunächst zu ermitteln, ob eine wirksame Vereinbarung der Zuständigkeit zwischen den Parteien getroffen wurde[710]. Dabei kann nicht auf die Kenntnis oder das Kennenmüssen des Dritten abgestellt werden, da er gerade nicht Partei der Gerichtsstandsvereinbarung ist. Es bedarf aber zunächst überhaupt einer wirksamen Gerichtsstandsvereinbarung gemäß Art. 17 EuGVÜ/LugÜ bzw. Art. 23 EuGVO, bevor die Drittwirkung zu erörtern ist[711]. Da der Dritte gerade nicht Partei der Vereinbarung der Zuständigkeit ist, darf er auch nicht dadurch zu einer solchen gemacht werden, dass die Voraussetzungen in Bezug auf seine Person verlangt werden. Somit kommt es zunächst auf das Vorliegen der Erfordernisse bei den Parteien an. Ist im Anschluss daran die Wirkung gegenüber einem Dritten zu erörtern, kann zusätzlich eine Kenntnis bzw. ein Kennenmüssen seinerseits erforderlich sein[712].

Weiterhin wird auch die Meinung vertreten, dass die Gerichtsstandsvereinbarung zwischen den Parteien gegenüber dem Dritten Wirkung entfaltet, wenn die Voraussetzungen gemäß Art. 17 Abs. 1 S. 2 lit. c EuGVÜ/LugÜ bzw. Art. 23 Abs. 1 S. 3 lit. c EuGVO zwischen dem Dritten und der gegnerischen Partei eines späteren Rechts-

---

[709] Vgl. zu Art. 17 Abs. 1 EuGVÜ/LugÜ bzw. Art. 23 Abs. 1 EuGVO: 2. Teil A. III. 2. a).

[710] Zur Stellvertretung: 3. Teil D.

[711] In diesem Sinne auch *EuGH* Urteil vom 16. März 1999, Rs. C-159/97, Slg. 1999, I-1597, Rn. 41 f. *(Castelletti)* bezüglich einer in einem Konnossement enthaltenen Gerichtsstandsklausel; vgl. auch Schlussanträge des *Generalanwalts Lèger* vom 22. September 1998, Rs. C-159/97, Slg. 1999, I-1597, Rn. 135 ff. Zustimmend *Gaudemet-Tallon*, Rev.crit.dr.internat.privé (88) 1999, 573, 576; wohl auch *Hartley*, E.L.Rev. (25) 2000, 178, 181 f. Nach *Rabe*, TranspR 2000, 389, 395 ist dem Drittempfänger eines Konnossements bekannt oder muss ihm bekannt sein, dass das Vorhandensein einer Gerichtsstandsklausel in einem Konnossement einem internationalen Handelsbrauch entspricht.

[712] Vgl. dazu 2. Teil B. IV. 4. b) bb).

streits erfüllt sind[713]. Dabei wird nicht hinreichend berücksichtigt, dass in einem solchen Fall zwischen ihnen eine selbständige Gerichtsstandsvereinbarung zustande kommt. Der Dritte ist folglich in Bezug auf die Vereinbarung nicht Dritter, sondern Partei. Er wird demnach an diese – soweit sie wirksam ist – gebunden, ohne dass die Problematik der Drittwirkung zu erörtern wäre[714]. Des Weiteren entsteht ein zusätzliches Problem bei der Prüfung der Voraussetzungen gemäß Art. 17 Abs. 1 S. 2 lit. c EuGVÜ/LugÜ bzw. Art. 23 Abs. 1 S. 3 lit. c EuGVO zwischen den Parteien des späteren Rechtsstreits: So ist erforderlich, dass eine vertragliche Beziehung zwischen beiden besteht[715]. Darauf deutet bereits der Wortlaut *„Parteien von Verträgen dieser Art"* hin. In vielen Fällen – so auch zwischen Verfrachter und Drittinhaber bei der in einem Konnossement enthaltenen Gerichtsstandsklausel – wird dies fraglich sein. Bei einer unmittelbaren Anwendung der Regelung kann aber nicht auf dieses feststehende Erfordernis verzichtet werden.

Betrachtet man die angeführten Argumente, so ist eine Wirkung der Gerichtsstandsvereinbarung zu Lasten des Dritten unmittelbar „kraft Handelsbrauchs" gemäß Art. 17 Abs. 1 S. 2 lit. c EuGVÜ/LugÜ bzw. Art. 23 Abs. 1 S. 3 lit. c EuGVO abzulehnen.

bb) Wirkung zu Lasten des Dritten aufgrund wirksamer Gerichtsstandsvereinbarung zwischen den Parteien und entsprechender Anwendung der Voraussetzungen gemäß Art. 17 Abs. 1 EuGVÜ/LugÜ bzw. Art. 23 Abs. 1, 2 EuGVO auf den Dritten

Möglich erscheint ein weiterer Ansatzpunkt zur Begründung der Drittwirkung, der sich auch in der Rechtsprechung des EuGH andeutet: eine entsprechende Anwendung der Voraussetzungen.

(1) Rechtsprechung des EuGH

Der EuGH lehnte es zwar ab, die Voraussetzung der Kenntnis bzw. des Kennenmüssens in Bezug auf den Dritten statt auf die Parteien zu prüfen. Seiner Ansicht nach ist jedoch für den Fall, dass der Dritte in die Rechte und Pflichten einer der Parteien nach nationalem Recht nicht eingetreten ist,

> „im Hinblick auf die Erfordernisse des Art. 17 Abs. 1 EuGVÜ des geänderten Übereinkommens zu prüfen, ob er [der Dritte] der Klausel zugestimmt hat."[716].

---

[713] In diesem Sinne zur Gerichtsstandsklausel in einem Konnossement wohl *Stöve*, Gerichtsstandsvereinbarungen nach Handelsbrauch, 167 ff., insb. 171; *Basedow*, IPRax 1985, 133, 137.

[714] Siehe auch *Mankowski*, Seerechtliche Vertragsverhältnisse, 280.

[715] Zum Ausdruck kommt dies auch in der Rechtsprechung des *EuGH* Urteil vom 20. Februar 1997, Rs. C-106/1997, Slg. 1997, I-911, Rn. 24 *(MSG)*; Urteil vom 16. März 1999, Rs. C-159/97, Slg. 1999, I-1597, Rn. 43 *(Castelletti)*. *Basedow*, IPRax 1985, 133, 137 begründet eine Drittwirkung „kraft Handelsbrauchs" damit, dass die Alternative gemäß Art. 17 Abs. 1 S. 2 lit. c EuGVÜ/LugÜ bzw. Art. 23 Abs. 1 S. 3 lit. c EuGVO weder eine unmittelbare Einigung über die Zuständigkeit noch eine laufende Geschäftsbeziehung verlangt, vgl. zu den Anforderungen auch 2. Teil B. II. 1. b) ee) (2) (dd). Er weist jedoch nicht darauf hin, dass es zumindest einer vertraglichen Beziehung bedarf, auch wenn diese nicht von gewisser Dauer sein muss. Nach Ansicht der Klägerin in *„Coreck"* bestanden hingegen zwischen ihr und der Beklagten sogar seit langem Geschäftsbeziehungen, vgl. Erklärungen der *Coreck Maritime GmbH*, Urteil vom 9. November 2000, Rs. C-387/98, Slg. 2000, I-9337, Rn. 47 f. *(Coreck)*.

[716] *EuGH* Urteil vom 9. November 2000, Rs. C-387/98, Slg. 2000, I-9337, Rn. 26 f. *(Coreck)*. Die *Kommission*, Urteil vom 9. November 2000, Rs. C-387/98, Slg. 2000, I-9337, Rn. 54 *(Coreck)* will bei

Einerseits geht der EuGH damit grundsätzlich von der Anwendung nationalen Rechts zur Beantwortung der Frage, ob eine Gerichtsstandsvereinbarung zu Lasten des Dritten wirkt, aus. Andererseits greift er auf übereinkommensautonomes Recht zurück, soweit nach nationalem Recht kein Eintritt in die Rechte und Pflichten erfolgt ist[717]. Dabei fordert er zunächst eine wirksam zwischen den Parteien zustande gekommene Gerichtsstandsvereinbarung. Zudem bedarf es einer Zustimmung des Dritten, die den Erfordernissen des Art. 17 Abs. 1 EuGVÜ – dies gilt ebenso im Hinblick auf Art. 17 Abs. 1 LugÜ bzw. Art. 23 Abs. 1, 2 EuGVO – entspricht. Eine Erläuterung, wie sich eine Zustimmung des Dritten gemäß Art. 17 Abs. 1 EuGVÜ/LugÜ bzw. Art. 23 Abs. 1, 2 EuGVO konkret darstellt, bleibt der EuGH schuldig[718].

(2) Bewertung der Rechtsprechung

Verlangt man für eine Wirkung zu Lasten des Dritten das Vorliegen einer wirksamen Gerichtsstandsvereinbarung zwischen den Parteien sowie eine Zustimmung des Dritten gemäß Art. 17 Abs. 1 EuGVÜ/LugÜ bzw. Art. 23 Abs. 1, 2 EuGVO, so wird damit hinreichend berücksichtigt, dass nur eine wirksam zustande gekommene Vereinbarung Wirkungen entfaltet. Auf dieses Erfordernis kann nicht verzichtet werden. Es kommt daher zunächst für die Erfüllung der Voraussetzungen auf das Verhältnis der Parteien zueinander an, nicht aber auf die Beziehung zwischen dem Dritten und der Partei des späteren Rechtsstreits. Käme es auf letzteres Verhältnis an, so erschiene der Dritte hinsichtlich der Erfüllung der Voraussetzungen als Partei der Gerichtsstandsvereinbarung[719]. Vielmehr muss der Dritte auch als Dritter hinsichtlich der Gerichtsstandsvereinbarung behandelt werden. Dies ist der Fall, wenn man eine Zustimmung des Dritten im Sinne von Art. 17 Abs. 1 EuGVÜ/LugÜ bzw. Art. 23 Abs. 1, 2 EuGVO zu der wirksam zustande gekommenen Gerichtsstandsvereinbarung verlangt.

Darüber hinaus wird ein vernünftiger Ausgleich zwischen dem Schutz des Dritten sowie dem Schutz des Willens der Parteien, nach dem die Gerichtsstandsvereinbarung zu Lasten des Dritten wirken soll[720], getroffen. Sinn und Zweck von Art. 17 EuGVÜ/LugÜ bzw. Art. 23 EuGVO ist primär, der Parteiautonomie hinreichend Raum zu gewähren. Andererseits müssen die Parteien vor aufgedrängten Gerichtsstandsvereinbarungen geschützt werden. Dieser Schutzgedanke, der in den Erfordernissen gemäß Art. 17 Abs. 1 EuGVÜ/LugÜ bzw. Art. 23 Abs. 1, 2 EuGVO zum Ausdruck kommt, ist auf den Dritten übertragbar. Er muss prinzipiell vor aufgedrängten Wirkungen der Gerichtsstandsvereinbarung geschützt werden[721]. Liegt keine Konstellation vor, in der

einer Gerichtsstandsklausel in einem Konnossement nicht auf die Zustimmung oder vermutete Zustimmung des Dritten abstellen, da eine Bindung des Dritten bereits aufgrund des Eintritts in die Rechte und Pflichten des Vorgängers gegeben sei. Zustimmend: Vgl. Schlussanträge des *Generalanwalts Alber* vom 23. März 2000, Rs. C-387/98, Slg. 2000, I-9340, Rn. 57 *(Coreck)*.

717 Vgl. zur Diskussion der Anwendung nationalen Rechts 2. Teil B. II. 1. b) aa).

718 So auch *Schlosser*, Art. 23, Rn. 43. *Kropholler*, Art. 23, Rn. 67 scheint dieses Urteil im Sinne einer Bindung des Dritten unmittelbar kraft Handelsbrauchs im Sinne von Art. 17 Abs. 1 S. 2 lit. c EuGVÜ/LugÜ bzw. Art. 23 Abs. 1 S. 3 lit. c EuGVO zu verstehen.

719 Vgl. 2. Teil A. III. 2. c) aa).

720 Siehe dazu 2. Teil unter B.

721 Zu dem: 2. Teil B. IV. 4.

die Schutzbedürftigkeit des Dritten entfällt, so wird dem Schutzzweck nur genüge getan, indem man seine Zustimmung, die den Anforderungen gemäß Art. 17 Abs. 1 EuGVÜ/LugÜ bzw. Art. 23 Abs. 1, 2 EuGVO genügen muss, hinsichtlich der Gerichtsstandsvereinbarung fordert. Aber auch dem Willen der Parteien wird bei einer Drittwirkung unter diesen Voraussetzungen gebührend Rechnung getragen[722]. Demgemäß ist dem EuGH insoweit beizupflichten, als er eine Wirkung zu Lasten des Dritten annehmen möchte, soweit eine Gerichtsstandsvereinbarung wirksam zwischen den Parteien zustande gekommen ist und der Dritte seine Zustimmung erklärt hat, die den Anforderungen von Art. 17 Abs. 1 EuGVÜ/LugÜ bzw. Art. 23 Abs. 1, 2 EuGVO entspricht[723].

(3) Zustimmung des Dritten

Fraglich ist allerdings, wie sich eine Zustimmung gemäß Art. 17 Abs. 1 EuGVÜ/LugÜ bzw. Art. 23 Abs. 1, 2 EuGVO konkret darstellt.

(a) Schriftliche Zustimmung

Gemäß Art. 17 Abs. 1 S. 2 lit. a 1. Alt. EuGVÜ/LugÜ bzw. Art. 23 Abs. 1 S. 3 lit. a 1. Alt. EuGVO gilt: *„Eine solche Gerichtsstandsvereinbarung muss geschlossen werden a) schriftlich ... "*. Die Formerfordernisse müssen sich nach dem Wortlaut dieser Vorschrift auf die geschlossene Gerichtsstandsvereinbarung beziehen[724]. Allerdings ist zu beachten, dass Art. 17 EuGVÜ/LugÜ bzw. Art. 23 EuGVO von dem Grundfall ausgeht, dass die Parteien der Gerichtsstandsvereinbarung mit den Parteien des Rechtsstreits identisch sind. Daher ist eine Anwendung der Voraussetzungen auf den Dritten nicht von vorneherein ausgeschlossen. Es scheidet lediglich eine unmittelbare Anwendung der Vorschrift aus. Gewichtige Gründe sprechen jedoch für eine entsprechende Anwendung von Art. 17 Abs. 1 EuGVÜ/LugÜ bzw. Art. 23 Abs. 1 EuGVO auch auf den Dritten[725]. Wendet man diese Voraussetzung entsprechend auf die Zustimmung des Dritten an, so bedarf es einer schriftlichen Zustimmung des Dritten[726]. Diese hat gegenüber der gegnerischen Partei des späteren Rechtsstreits, die auch Partei der Gerichtsstandsvereinbarung ist, zu erfolgen. Für letzteres spricht insbesondere der Gedanke der Rechtssicherheit. Es gelten die zu Art. 17 Abs. 1 S. 2 lit. a 1. Alt. EuGVÜ/LugÜ bzw. Art. 23 Abs. 1 S. 3 lit. a 1. Alt. EuGVO entwickelten Grundsätze entsprechend. Die Zustimmung zur Zuständigkeitsvereinbarung muss daher nicht explizit zum Ausdruck kommen[727]. Es reicht aus, wenn der Dritte pauschal zustimmt, ohne die

---

[722] Vgl. auch *Bernard-Fertier*, Rev.crit.dr.internat.privé (90) 2001, 367, 373 f.

[723] Auch nach *Geimer*, IZPR, Rn. 1723, Fn. 1065 ist der „Beitritt" eines Dritten zu einer bereits wirksam geschlossenen Zuständigkeitsvereinbarung möglich. Was dies tatsächlich bedeutet, macht er jedoch nicht deutlich.

[724] Vgl. *Mankowski*, Seerechtliche Vertragsverhältnisse, 277 f.

[725] Siehe 2. Teil B. IV. 4., sowie zur Anwendung übereinkommens- bzw. gemeinschaftsautonomen Rechts zur Beantwortung der Frage der Drittwirkung: 2. Teil B. III., insb. 2., 3.

[726] Vgl. *Generalanwalt Slynn*, Schlussanträge vom 21. März 1984, Rs. 71/83, Slg. 1984, 2437, 2444 *(Tilly Russ)*, der eine schriftliche Einwilligung fordert, wobei nicht hinreichend deutlich wird, ob er tatsächlich die Voraussetzungen gemäß Art. 17 Abs. 1 EuGVÜ auf die Einwilligung des Dritten anwenden will.

[727] *Generalanwalt Slynn*, Schlussanträge vom 21. März 1984, Rs. 71/83, Slg. 1984, 2437, 2444

Gerichtsstandsklausel ausdrücklich zu erwähnen. Dies gilt allerdings nur, soweit diese Klausel ihm gegenüber unmissverständlich zu Tage tritt, beispielsweise durch einen Hinweis von Seiten der Parteien. Infolgedessen ist sichergestellt, dass der Dritte tatsächlich der Gerichtsstandsklausel zugestimmt hat[728].

Fraglich ist, ob eine Ausnahme diesbezüglich auch gelten soll, soweit der Dritte seinen Wohnsitz in Luxemburg hat. Gemäß Art. I Abs. 2 des Protokolls zum EuGVÜ/Protokoll Nr. 1 zum LugÜ ist eine Gerichtsstandsvereinbarung für eine Person, die ihren Wohnsitz in Luxemburg hat, nur dann wirksam, wenn sie diese *„ausdrücklich und besonders"* angenommen hat[729]. Grund für diese Regelung war, dass eine sehr große Zahl von Verträgen, die Personen mit Sitz in Luxemburg abschließen, internationale Bezüge aufweisen. In all diesen Fällen würden die dort wohnhaften Personen der Rechtsprechung Luxemburgs weitgehend entzogen, was man verhindern wollte[730]. Hat demnach eine Partei ihren Sitz in Luxemburg, so bedarf es der „ausdrücklichen und besonderen" Annahme der Klausel, was hinsichtlich des wirksamen Zustandekommens der Gerichtsstandsvereinbarung zu beachten ist. Dieser Gedanke kann auf den Dritten übertragen werden. Bei der Frage, ob er der wirksam zustande gekommenen

---

(Tilly Russ) fordert eine ausdrückliche Einwilligung des Dritten. Es ist jedoch kein Grund dafür ersichtlich, im Hinblick auf den Dritten eine explizite Zustimmung zu verlangen, bezüglich der Parteien der Gerichtsstandsvereinbarung jedoch eine implizite Einigung ausreichen zu lassen. Durch das Erfordernis, dass die Klausel dem Dritten gegenüber unmissverständlich zu Tage treten muss, wird der Dritte hinreichend geschützt.

728 Nach überwiegender Ansicht ist es im Hinblick auf das wirksame Zustandekommen der Gerichtsstandsvereinbarung entbehrlich, dass die Zuständigkeitsvereinbarung in beiden Erklärungen explizit zum Ausdruck kommt. Ist in einem schriftlichen Angebot eine Gerichtsstandsklausel unmissverständlich enthalten, so genügt eine pauschale Annahme dieses Angebots. Vgl. dazu: *Baumgärtl*, FS Kegel (1977), 285, 301; *Jung*, Vereinbarungen, 152; *Moloney*, The Brussels Convention on Jurisdiction and Enforcement of Foreign Judgments, 35, 44; *Reithmann/Martiny/Hausmann*, Internationales Vertragsrecht, Rn. 2999; *Staehelin*, Gerichtsstandsvereinbarungen, 51 f. mit Hinweis auf *EuGH* Urteil vom 14. Dezember 1976, Rs. 24/76, Slg. 1976, 1831, Rn. 9 f. *(Estasis Salotti)*, wonach dem Schriftformerfordernis bei einer Gerichtsstandsklausel, die in den auf der Rückseite der Vertragsurkunde abgedruckten AGB einer Partei enthalten ist, nur dann genügt wurde, wenn der Vertragstext ausdrücklich auf diese AGB Bezug nimmt; *Kropholler*, Art. 23, Rn. 33; *Grunsky*, RIW 1977, 1, 6. Dafür spricht zunächst der Wortlaut. Anders als in Art. I Abs. 2 Protokoll zum EuGVÜ/Protokoll Nr. 1 zum LugÜ für Parteien mit Wohnsitz in Luxemburg wird nach dem Wortlaut nicht verlangt, dass es einer ausdrücklichen Annahme bedarf. Zwar stellt Art. 63 Abs. 2 EuGVO – sechs Jahre ab Inkrafttreten der Verordnung – in den Fällen, in denen sich der Bestimmungsort für die Lieferung beweglicher Sachen oder die Erbringung von Dienstleistungen nach Absatz 1 in Luxemburg befindet, nur noch fest, dass eine Annahme im Sinne von Art. 23 Abs. 1 S. 3 lit. a erforderlich ist. Dabei handelt es sich jedoch um eine bloße Lockerung der Anforderungen im Hinblick auf Luxemburg; vgl. *Kropholler*, Art. 63, Rn. 4. Eine Änderung der Erfordernisse gemäß Art. 17 Abs. 1 EuGVÜ/LugÜ bzw. Art. 23 Abs. 1 EuGVO ist dadurch nicht erfolgt. Zudem ergibt sich auch aus dem Zweck des Formerfordernisses nicht die Notwendigkeit einer ausdrücklichen Abrede. Auch bei einer nicht-ausdrücklichen Abrede werden die Parteien unter den dargelegten Bedingungen vor einer aufgedrängten Gerichtsstandsvereinbarung hinreichend geschützt.

729 Dazu: *EuGH* Urteil vom 6. Mai 1980, Rs. 784/79, Slg. 1980, 1517 *(Porta-Leasing)*.

730 *Jenard*-Bericht, ABl.EG 1979 Nr. C 59/1, zu Art. I; *Kropholler* (6. Auflage), Art. 17, Rn. 60; *Moloney*, The Brussels Convention on Jurisdiction and Enforcement of Foreign Judgments, 35, 51.

Gerichtsstandsvereinbarung zugestimmt hat, muss Beachtung finden, dass Personen, die ihren Wohnsitz in Luxemburg haben, der nationalen Rechtsprechung nicht immer entzogen werden sollen. Hat somit der Dritte seinen Sitz in Luxemburg, so muss er der Gerichtsstandsvereinbarung „ausdrücklich und besonders" zugestimmt haben. Durch Art. 63 Abs. 2 EuGVO, der denselben Zweck wie Art. I Abs. 2 des Protokolls zum EuGVÜ verfolgt, wurde diese Regelung gelockert, so dass die Annahme nicht mehr „ausdrücklich und besonders" erfolgen muss[731]. Gemäß Art. 63 Abs. 2 EuGVO bedarf es für eine wirksame Gerichtsstandsvereinbarung nun vielmehr der in Art. 23 Abs. 1 S. 3 lit. a EuGVO vorgesehenen Form, soweit es sich um einen Fall der Lieferung beweglicher Sachen oder der Erbringung von Dienstleistungen handelt. Diese muss gegenüber dem Dritten erfolgen, um den Bezug zu Luxemburg, der diese Regelung erforderlich macht, sicherzustellen. Erfolgt demnach eine Lieferung beweglicher Sachen oder die Erbringung von Dienstleistungen gegenüber dem Dritten, wobei der Bestimmungsort Luxemburg ist, so bedarf es einer Zustimmung im Sinne von Art. 23 Abs. 1 S. 3 lit. a EuGVO. Sowohl Art. 63 Abs. 2 EuGVO als auch Art. I Abs. 2 des Protokolls zum EuGVÜ/Protokoll Nr. 1 zum LugÜ gelten aufgrund ihres Schutzzwecks nur, wenn die Zuständigkeit luxemburgischer Gerichte derogiert wird[732].

Dem Schriftformerfordernis im Sinne von Art. 23 Abs. 1 S. 3 lit. a EuGVO gleichgesetzt sind gemäß Art. 23 Abs. 2 EuGVO elektronische Übermittlungen, die eine dauerhafte Aufzeichnung der Vereinbarung ermöglichen. Bei entsprechender Anwendung kann deshalb eine Zustimmung kraft elektronischer Übermittlung, die eine dauerhafte Aufzeichnung der Zustimmung ermöglicht, erfolgen[733]. Da es sich bei diesem Erfordernis um ein Substitut der Schriftform handelt, müssen die zu Art. 63 Abs. 2 EuGVO angestellten Überlegungen gelten[734].

(b) Mündliche Zustimmung mit schriftlicher Bestätigung

Nach Art. 17 Abs. 1 S. 2 lit. a 2. Alt. EuGVÜ/LugÜ bzw. Art. 23 Abs. 1 S. 3 lit. a 2. Alt. EuGVO bedarf es einer Gerichtsstandsvereinbarung, die mündlich mit schriftlicher Bestätigung geschlossen ist. Eine solche liegt vor, wenn eine Einigung über die Gerichtsstandsklausel getroffen wurde, die anschließend schriftlich von einer der Parteien innerhalb angemessener Frist[735] bestätigt wurde[736]. Fraglich ist, wie sich eine Zustimmung in entsprechender Anwendung dieser Alternative konkret gestaltet. Über-

---

731 Vgl. *Kropholler*, Art. 63, Rn. 4; *Rauscher/Staudinger*, Art. 63 Brüssel I-VO, Rn. 1, 6; *Schlosser*, Art. 63, Rn. 1.

732 *Staudinger/Hausmann*, Anhang II zu Art. 27-37 EGBGB, Rn. 207.

733 Beispielsweise per „E-Mail", *Kropholler*, Art. 23, Rn. 41; *Rauscher/Mankowski*, Art. 23 Brüssel I-VO, Rn. 38; zu dieser Formalternative auch KOM 1999 (348) zu Art. 23.

734 Dazu *Rauscher/Staudinger*, Art. 63 Brüssel I-VO, Rn. 6, der weiterhin darauf hinweist, dass es der Zielsetzung des Gemeinschaftsgesetzgebers entspreche, Barrieren im elektronischen Geschäftsverkehr abzubauen, so dass auch elektronisch übermittelte Gerichtsstandsvereinbarungen gegenüber Luxemburger Personen formwirksam sein müssten.

735 Zum zeitlichen Kriterium *Staehelin*, Gerichtsstandsvereinbarungen, 52; *Geimer/Schütze*, Art. 23, Rn. 110; *Staudinger/Hausmann*, Anhang II zu Art. 27-37 EGBGB, Rn. 199; *Hau*, IPRax 1999, 24 f.

736 Vgl. *Schockweiler*, Internationale Zuständigkeit und Urteilsanerkennung, 107, 111 f.; *Thomas/Putzo/Hüßtege*, Art. 23, Rn. 9; *Haß*, IPRax 2000, 494, 495;

trägt man das Formerfordernis auf die Zustimmung, so muss sie mündlich mit schriftlicher Bestätigung erfolgt sein. Bezüglich des Zustandekommens einer wirksamen Gerichtsstandsvereinbarung ist umstritten, von welcher der Parteien die schriftliche Bestätigung ausgehen muss[737]. Im Hinblick auf die Zustimmung des Dritten taucht diese Problematik jedoch nicht auf. Da es sich bei lit. a 2. Alt. um eine Formerleichterung zu lit. a 1. Alt. handelt[738], muss eine mündliche Zustimmung des Dritten möglich sein, die schriftlich bestätigt wird[739]. Aus Rechtssicherheitserwägungen hat die mündliche Zustimmung gegenüber der gegnerischen Partei eines späteren Rechtsstreits zu erfolgen. Diese muss schriftlich bestätigen. Eine schriftliche Bestätigung aller Parteien der Gerichtsstandsvereinbarung ist jedoch erforderlich, soweit der Dritte im Verhältnis zu allen Parteien an die Zuständigkeitsvereinbarung gebunden werden soll. In einem solchen Fall muss der Dritte die Zustimmung auch gegenüber allen Parteien erklären. Nur solch strengen Anforderungen werden der Rechtssicherheit gerecht. Die schriftliche Bestätigung muss sich aber nicht spezifisch und ausschließlich auf die mündliche Zustimmung beziehen[740]. Darüber hinaus ist hinsichtlich der Schriftlichkeit auf die zu lit. a 1. Alt. geltenden Grundsätze zu verweisen[741]. Die Bestätigung kann aufgrund der Substitution der Schriftform gemäß Art. 23 Abs. 2 EuGVO zudem kraft elektronischer Übermittlung erfolgen[742].

Sowohl für den Dritten als auch für die Partei, gegenüber der er die Zustimmung erklärt, muss erkennbar sein, dass die Zustimmung sich gerade auf die Vereinbarung der Zuständigkeit bezieht[743]. Eine konkludente Zustimmung des Dritten ist ausreichend[744]. Um diesen trotzdem vor einer aufgedrängten Wirkung der Gerichtsstandsvereinbarung

---

737 *EuGH* Urteil vom 11. Juli 1985, Rs. 221/84, Slg. 1985, 2405, Rn. 14 ff. *(Berghoefer)*: *„dass eine von einer, gleich welcher der Parteien stammende schriftliche Bestätigung dieser Vereinbarung der anderen zugegangen ist und dass diese keine Einwendungen erhoben hat.“*; vgl. *OLG München*, RIW 1999, 621; *Collins*, Dicey and Morris, Rn. 12-100; *Gothot/Holleaux*, La Convention de Bruxelles, Rn. 173 ; *Jung*, Vereinbarungen, 161; *Geimer/Schütze*, Art. 23, Rn. 111 f; *Kropholler*, Art. 23, Rn. 47 f. ; MünchKommEGBGB/*Martiny*, vor Art. 27, Rn. 82; *Thomas/Putzo/Hüßtege*, Art. 23, Rn. 9; *Müller*, RIW 1977, 163, 165. Anders *OLG Celle*, IPRax 1985, 284, mit krit. Anm. *Tebbens*, IPRax 1985, 262, 263.

738 Durch diese Alternative sollte den Bedürftnissen des internationalen Handelsverkehrs Rechnung getragen werden; vgl. *Geimer/Schütze/Auer*, 540.405, Art. 23, Rn. 105.

739 Nach *Generalanwalt Slynn*, Schlussanträge vom 21. März 1984, Rs. 71/83, Slg. 1984, 2437, 2444 f. *(Tilly Russ)* bedarf es einer Einwilligung in eine schriftliche, die mündliche Vereinbarung bestätigende Erklärung. Dies würde jedoch wiederum die Anforderungen an die Gerichtsstandsvereinbarung mit den Voraussetzungen an die Zustimmung des Dritten vermischen.

740 Vgl. *Rauscher/Mankowski*, Art. 23 Brüssel I-VO, Rn. 24 zur schriftlichen Bestätigung einer mündlichen Gerichtsstandsvereinbarung.

741 Vgl. *Staehelin*, Gerichtsstandsvereinbarungen, 52; *Kropholler*, Art. 23, Rn. 46; *Staudinger/Hausmann*, Anhang II zu Art. 27-37 EGBGB, Rn. 199.

742 Vgl. *Kropholler*, Art. 23, Rn. 41, 46; *Thomas/Putzo/Hüßtege*, Art. 23, Rn. 9.

743 Vgl. *BGH*, NJW 2001, 1731; *Kropholler*, Art. 23, Rn. 42, wonach bei einem vorangegangenen mündlichen Vertragsschluss für beide Seiten erkennbar sein muss, dass sie sich gerade auch über die Zuständigkeitsregelung geeinigt haben.

744 Zur konkludenten mündlichen Einigung über die Zuständigkeit: *Rauscher/Mankowski*, Art. 23 Brüssel I-VO, Rn. 23.

zu schützen, muss er ihr klar und deutlich zugestimmt haben[745]. Die Beweislast der Zustimmung trägt derjenige, der sich auf die Wirkung zu Lasten des Dritten berufen will[746]. Darüber hinaus gelten die im Hinblick auf in Luxemburg ansässige Personen entwickelten Grundsätze auch bezüglich dieser Formalternative[747].

(c) Zustimmung kraft Parteigepflogenheit

Weiterhin kommt eine Zustimmung des Dritten entsprechend Art. 17 Abs. 1 S. 2 lit. b EuGVÜ/LugÜ bzw. Art. 23 Abs. 1 S. 3 lit. b EuGVO in Betracht. Nach unmittelbarer Anwendung dieser Regelung ist erforderlich, dass eine Gerichtsstandsvereinbarung in einer Form geschlossen werden muss, welche den Gepflogenheiten entspricht, die zwischen den Parteien entstanden sind[748]. Grund für die Formerleichterung ist, dass ein schutzwürdiges Vertrauen dahingehend entsteht, dass ein immer wieder vereinbarter Gerichtsstand auch hinsichtlich weiterer Verträge dieser Art gelten soll. Es würde gegen Treu und Glauben verstoßen, wenn eine Berufung auf die Formungültigkeit der Gerichtsstandsvereinbarung in diesem Fall erfolgreich wäre[749]. Somit werden die Parteien hinreichend davor geschützt, dass ihnen eine Gerichtsstandsklausel aufgedrängt wird. Andererseits wird auch dem schnelllebigen Wirtschaftsverkehr hinreichend Rechnung getragen. Überträgt man die Überlegungen hinsichtlich dieser Alternative auf die Zustimmung des Dritten, so stellt sich die Frage, wann ein schutzwürdiges Vertrauen dahingehend begründet wird, dass der Dritte der Zuständigkeitsvereinbarung formgültig zugestimmt hat und damit diese Vereinbarung ihm gegenüber wirkt. Das ist der Fall, wenn eine Form im Hinblick auf die Zustimmung den Gepflogenheiten entspricht, die entstanden sind. Sie müssen zwischen den Parteien des späteren Rechtsstreits entstanden sein, also zwischen dem Dritten und einer oder – abhängig davon, ob sie im Verhältnis zu einer oder beider gelten soll – auch beider Parteien der Gerichtstandsvereinbarung. Nur unter diesen Umständen ist eine Lockerung der Formerfordernisse möglich.

---

745 In diesem Sinne *Kropholler*, Art. 23, Rn. 42, 25, der darauf hinweist, dass eine ausdrückliche Vereinbarung zwar nicht erforderlich ist, aber in jedem Fall die Willensübereinstimmung bezüglich der Zuständigkeit klar und deutlich zum Ausdruck gekommen sein müsse; in diesem Sinne auch *Reithmann/Martiny/Hausmann*, Internationales Vertragsrecht, Rn. 3011; *Staudinger/Hausmann*, Anhang II zu Art. 27-37 EGBGB, Rn. 197; *Wieczorek/Schütze/Hausmann*, Anh I § 40, Rn. 39.

746 So zur Beweislast hinsichtlich der mündlichen Einigung: *Geimer/Schütze/Auer*, 540.405, Art. 23, Rn. 106.

747 Vgl. unter: 2. Teil B. IV. 4. a) bb) (1).

748 Eingeführt durch das dritte Beitrittsübereinkommen zum EuGVÜ von 1989 bzw. dem LugÜ von 1988. Die Rechtsprechung des EuGH sollte damit auf eine klare gesetzliche Grundlage gestellt werden, vgl. *EuGH* Urteil vom 14.12.1976, Rs. 25/76, Slg. 1976, 1851, insb. Rn. 11 *(Segoura)*; *EuGH* Urteil vom 19. Juni 1984, Rs. 71/83, Slg. 1984, 2417, insb. Rn. 18 *(Tilly Russ)*; vgl. dazu *Cruz/Real/Jenard*-Bericht, ABl.EG 1990 Nr. C 189/53, Rn. 26; zum LugÜ: *Killias*, Die Gerichtsstandsvereinbarungen nach dem Lugano-Übereinkommen, 175; vgl. darüber hinaus *Kohler*, Dir.Comm,Int. 1990, 611, 617 ff.

749 *EuGH* Urteil vom 14. Dezember 1976, Rs. 25/76, Slg. 1976, 1851, Rn. 11 *(Segoura)*; *EuGH* Urteil vom 19. Juni 1984, Rs. 71/83, Slg. 1984, 2417, Rn. 18 *(Tilly Russ)*; *Killias*, Die Gerichtsstandsvereinbarungen nach dem Lugano-Übereinkommen, 174 f.

Als Gepflogenheiten werden Verhaltensweisen verstanden, die nicht allgemein wie ein Handelsbrauch, sondern nur konkret-individuell regelmäßig beachtet werden, wobei sie nicht auf Geschäfts- oder Handelsbeziehungen beschränkt sind[750]. Demnach bedarf es einer gewissen Dauer der Übung[751] zwischen dem Dritten und der Partei des späteren Rechtsstreits. Erforderlich ist somit eine fortgesetzte vertragliche Beziehung, zu deren gemeinsam entwickelten Grundlagen die Zustimmung zu einer Gerichtsstandsvereinbarung zählt[752]. Problematisch ist, dass es häufig an einer fortgesetzten vertraglichen Beziehung zwischen dem Dritten und der Partei des späteren Rechtsstreits, die auch Partei der Gerichtsstandsvereinbarung ist, fehlen wird[753]. Daher könnte man überlegen, ob nicht einzelne, regelmäßig erfolgte Zustimmungen zu gleichlautenden Gerichtsstandsvereinbarungen ausreichend sind. Dies ist allerdings abzulehnen. Es bedarf vielmehr eines besonderen, die einzelnen Zustimmungen zu einer Einheit verbindenden Verhältnisses. Nur bei einem solchen kann es sich um eine fortgesetzte vertragliche Beziehung handeln, denn erst dann kann ein Vertrauen entstehen, dass – auch wenn der Dritte weder schriftlich noch mündlich mit schriftlicher Bestätigung zustimmt – letztere formgültig erfolgt ist. Wann eine fortgesetzte vertragliche Beziehung vorliegt, wird sowohl in der Rechtsprechung als auch in der Literatur unterschiedlich beurteilt[754]. In jedem Fall muss der Dritte innerhalb dieser vertraglichen Beziehung regelmäßig einer Gerichtsstandsvereinbarung zugestimmt haben, wobei auch die erste Zustimmung nicht den Anforderungen von lit. a EuGVÜ/LugÜ bzw. EuGVO entsprechen muss[755].

Die Person des Dritten darf sich im Hinblick auf die Dauer der Übung nicht verändern. Gleiches gilt für die Partei, der gegenüber die Zustimmung erfolgt. Darüber hinaus wird ein Vertrauen nur begründet, soweit es sich um eine gleichlautende Gerichtsstandsvereinbarung handelt, zu der die Zustimmung erfolgt. Dies ist der Fall, wenn ei-

---

750 *Trunk*, Die Erweiterung des EuGVÜ-Systems, 47; *Geimer/Schütze*, Art. 23, Rn. 118.

751 Vgl. *OLG Celle*, IPRax 1985, 284, 286 f.; *OLG Köln*, RIW 1988, 555, 556 f. noch zur Fassung von 1978; *Kropholler*, Art. 23, Rn. 50; *Staudinger/Hausmann*, Anhang II zu Art. 27-37 EGBGB, Rn. 200; vgl. auch *Tebbens*, IPRax 1985, 262, 263 f. Zu der ähnlichen Regelung gemäß Art. 9 Abs. 1 CISG: *Schlechtriem/Schwenzer/Schmidt-Kessel*, Art. 9, Rn. 8; *Herber/Czerwenka*, Art. 9, Rn. 3; *Staudinger/Magnus*, Art. 9, Rn. 13.

752 Vgl. *Staehelin*, Gerichtsstandsvereibarungen, 54.

753 Vertragliche Beziehungen liegen in der Regel zwischen den Parteien der Gerichtsstandsvereinbarung vor. Vgl. auch Art. 9 Abs. 1 CISG, der bei der Feststellung von Gepflogenheiten auf die individuellen Geschäftsbeziehungen zwischen den Parteien des betreffenden Kaufvertrages abstellt, vgl. *Witz/Salger/Lorenz/Witz*, Art. 9, Rn. 16.

754 *OLG Stuttgart*, IPRspr. 1979, Nr. 165; *OLG Düsseldorf*, IPRspr. 1979, Nr. 156a; *OLG Celle*, IPRax 1985, 284, 287; *Generalanwalt Slynn*, Schlussanträge vom 21. März 1984, Rs. 71/83, Slg. 1984, 2437, 2442 *(Tilly Russ)* gegen die Ansicht der Kommission, es müssen mehr als 70 % der Geschäfte zwischen Befrachter und Verfrachter abgewickelt werden, bevor von Geschäftsbeziehungen gesprochen werden könne. Vgl. auch *Killias*, Die Gerichtsstandsvereinbarungen nach dem Lugano-Übereinkommen, 178 f., insb. Fn. 116; *Staehelin*, Gerichtsstandsvereinbarungen, 54 ff.; *Tebbens*, IPRax 1985, 262, 264.

755 Vgl. zur Gerichtsstandsvereinbarung der Parteien kraft Gepflogenheit *Stöve*, Gerichtsstandsvereinbarungen nach Handelsbrauch, 56, der auch auf die entgegengesetzte Meinung hinweist, die jedoch zum EuGVÜ in seiner ursprünglichen Fassung vertreten wurde; *Rauscher*, ZZP (104) 1991, 271, 287.

ne Gerichtsstandsvereinbarung nach dem Willen der Parteien immer zu Lasten des Dritten wirken soll. Die Zuständigkeitsvereinbarung hat sich nach dem Parteiwillen immer auf gleiche Rechtsstreitigkeiten hinsichtlich des Dritten zu beziehen. Somit müssen ihre Auswirkungen für den Dritten immer gleich sein. Ein Grund dafür, dass die Parteien der Gerichtsstandsvereinbarung identisch sein müssen, besteht nicht. Damit ist eine Zustimmung, die regelmäßig innerhalb der vertraglichen Beziehung zwischen dem Dritten und der Partei des späteren Rechtsstreits erfolgte, formgültig, wenn sie sich auf immer wiederkehrende Gerichtsstandsvereinbarungen der gleichen Art bezieht. Zu beachten ist, dass auch im Hinblick auf die Formalternative gemäß lit. b die Beweislast von der Person zu tragen ist, die sich auf die Wirkung der Gerichtsstandsvereinbarung gegenüber dem Dritten aufgrund dessen Zustimmung beruft[756]. Darüber hinaus darf nicht vergessen werden, dass bei Ansässigkeit in Luxemburg die Zustimmung nach Art. I Abs. 2 des Protokolls zum EuGVÜ/Protokoll Nr. 1 zum LugÜ *„ausdrücklich und besonders"* bzw. gemäß Art. 63 Abs. 2 EuGVO im Sinne von Art. 23 Abs. 1 S. 3 lit. a EuGVO zu erfolgen hat.

(d) Zustimmung kraft Handelsbrauchs

Gemäß Art. 17 Abs. 1 S. 2 lit. c EuGVÜ/LugÜ bzw. Art. 23 Abs. 1 S. 3 lit. c EuGVO kann eine Gerichtsstandsvereinbarung auch im internationalen Handel in einer Form geschlossen werden, *„die einem Handelsbrauch entspricht, den die Parteien kannten oder kennen mussten und den Parteien von Verträgen dieser Art in dem betreffenden Geschäftszweig allgemein kennen und regelmäßig beachten"*[757].

Wendet man die Formalternative auf die Zustimmung des Dritten entsprechend an[758], so muss zunächst die Zustimmung im internationalen Handel in einer Form erfolgen, die einem Handelsbrauch entspricht. Problematisch ist dabei bereits, auf welches Verhältnis sich die Voraussetzung *„im internationalen Handel"* zu beziehen hat. Bei entsprechender Anwendung von lit. c kommt es auf die Zustimmung im internationalen

---

756 Vgl. *Killias*, Die Gerichtsstandsvereinbarungen nach dem Lugano-Übereinkommen, 180 zur Beweislast bezüglich der Parteien der Gerichtsstandsvereinbarung.

757 Eingeführt wurde diese Alternative im Rahmen des ersten Beitrittsübereinkommens von 1978 in Anlehnung an Art. 9 Abs. 2 CISG; dazu *Jenard/Möller*-Bericht, ABl.EG 1990 Nr. C 189/57, Rn. 58; *Trunk*, Die Erweiterung des EuGVÜ-Systems, 49; *Kropholler*, Art. 23, Rn. 51. Durch das dritte Beitrittsübereinkommen von 1989 wurde die Alternative um das Erfordernis der Branchenüblichkeit, also der Kenntnis und Beachtung in dem betreffenden Geschäftszweig ergänzt; kritisch dazu *Saenger*, ZEuP 2000, 656, 671. Skeptisch im Hinblick auf die Änderungen von 1978 und 1989 auch *Gaudemet-Tallon*, Internationale Zuständigkeit und Urteilsanerkennung, 117, 122.

758 *Schlosser*, Art. 23, Rn. 43 bemängelt die Konkretheit der Rechtsprechung des EuGH in *„Coreck"* zu dem Erfordernis der Zustimmung im Sinne von Art. 17 Abs. 1 EuGVÜ. Seiner Ansicht nach liegt eine überall anerkannte Handelsgebräuchlichkeit vor, den Empfänger an die Konnossemenbedingungen zu binden. Diese Handelsgebräuchlichkeit werde zwar nicht von lit. c erfasst, da sie nicht die Form betreffe, sei jedoch zu respektieren. Der EuGH verlangt jedoch in *„Coreck"*, dass die Zustimmung des Dritten den Formerfordernissen gemäß Art. 17 Abs. 1 EuGVÜ genügen muss, damit die von den Parteien getroffene Gerichtsstandsvereinbarung zu Lasten des Dritten wirkt. Im Lichte dessen ist vielmehr zu ermitteln, ob die Form der Zustimmung des Dritten einem Handelsbrauch entspricht. Eine Bindung des Dritten kraft Handelsbrauchs ohne Rückgriff auf Art. 17 Abs. 1 EuGVÜ ist jedoch nach den in dieser Arbeit angestellten Überlegungen abzulehnen.

Handel an. Das wirksame Zustandekommen der Gerichtsstandsvereinbarung muss bereits festgestellt worden sein, da nur eine solche Wirkungen entfalten kann. Daher kann im Hinblick auf das Erfordernis des *„internationalen Handels"* jedenfalls nicht auf die Parteien der Zuständigkeitsvereinbarung abgestellt werden. Da sich dieses Kriterium auf die Zustimmung des Dritten beziehen muss, ist vielmehr im Verhältnis des Dritten zu der Partei der Gerichtsstandsvereinbarung, gegenüber der der Dritte diese zu erklären hat, zu beurteilen, ob ein *„internationaler Handel"* vorliegt. Der Begriff des *„Handels"* ist weit zu fassen. Auf eine formelle Kaufmannseigenschaft kommt es daher nicht an[759]. Allerdings ist Voraussetzung, dass die Personen Teilnehmer im Handelsverkehr sind, die nicht als Privatleute handeln. Unkundige und unerfahrene Privatpersonen sollen vor einer vereinfachten Zustimmung geschützt werden[760]. Fraglich ist allerdings, ob dieses Erfordernis sowohl im Hinblick auf den Dritten als auch bezüglich der Partei der Gerichtsstandsvereinbarung gilt[761]. Es darf nicht vergessen werden, dass der Dritte grundsätzlich schutzbedürftig ist[762]. Diese Schutzbedürftigkeit findet aber lediglich dann hinreichende Würdigung, wenn eine formgemäße Zustimmung gefordert wird. Eine Lockerung der Formerfordernisse kommt hinsichtlich der Zustimmung nur in Betracht, wenn jedenfalls der Dritte, der die Zustimmung erklärt, nicht nur als Privatmann handelt. Die Partei bzw. die Parteien der Gerichtsstandsvereinbarung, im Verhältnis zu denen der Dritte an die von ihnen getroffene Zuständigkeitsvereinbarung gebunden werden soll, müssen jedoch nicht als Teilnehmer im Handelsverkehr aufgetreten sein. Dafür spricht, dass die Parteien sich bereits formgemäß über die Zuständigkeit eines Gerichts oder mehrerer Gerichte geeinigt haben. Zudem folgt aus der Vereinbarung ihr Wille, dass diese gegenüber dem Dritten Wirkung entfalten soll. Daher sind sie hinreichend geschützt. Folglich ist für die Begründung der Drittwirkung nicht erforderlich, dass die Parteien Teilnehmer im Handelsverkehr sind.

Auf eine vertragliche Beziehung zwischen dem Dritten und der Partei der Gerichtsstandsvereinbarung kommt es bei dieser Alternative nicht an. In Bezug auf lit. b, bei dem der Grund für die Formerleichterung in dem konkret-individuellen Verhältnis des Dritten zu der Partei des späteren Rechtsstreits liegt, ist eine solche erforderlich. Es müssen Gepflogenheiten zwischen ihnen entstanden sein, was jedoch nur der Fall sein kann, wenn eine fortgesetzte vertragliche Beziehung existiert, weil nur dadurch ein besonderes, die einzelnen Zustimmungen zu einer Einheit verbindendes Verhältnis geschaffen wird[763]. Im Hinblick auf lit. c, bei dem die Formerleichterung aufgrund eines allgemein bestehenden Handelsbrauchs gilt, bedarf es infolgedessen keiner vertragli-

---

759 Vgl. *Reithmann/Martiny/Hausmann*, Internationales Vertragsrecht, Rn. 3027; *Trunk*, Die Erweiterung des EuGVÜ-Systems, 47; *Rauscher/Mankowski*, Art. 23 Brüssel I-VO, Rn. 30.

760 Vgl. *Staehelin*, Gerichtsstandsvereinbarungen, 78; *Kropholler*, Art. 23, Rn. 54; *Rauscher/Mankowski*, Art. 23 Brüssel I-VO, Rn. 30.

761 Uneinigkeit scheint bei einer Beurteilung der Gerichtsstandsvereinbarung im Verhältnis der Parteien zu bestehen. So muss nach *Stöve*, Gerichtsstandsvereinbarungen nach Handelsbrauch, 36 ff., insb. 39 mindestens eine der Parteien nicht nur in „privater" Funktion gehandelt haben, wohingegen *Rauscher/Mankowski*, Art. 23 Brüssel I-VO, Rn. 30 darauf hinweist, dass alle Parteien Teilnehmer im Handelsverkehr sein müssen.

762 Vgl. 2. Teil B. IV. 4.

763 Dazu 2. Teil B. IV. 4. b) bb) (3) (c).

chen Beziehung. Es ist ausreichend, wenn der Dritte im Hinblick auf Rechte, die er geltend machen kann, oder Pflichten, die er zu erfüllen hat, und bezüglich derer die Gerichtsstandsvereinbarung wirken soll, nicht als Privatperson handelt. Damit ist das Kriterium der Zustimmung im Handel erfüllt.

Allerdings muss der Handel zusätzlich internationalen Charakter besitzen[764]. Hinsichtlich der geltend zu machenden Rechte oder der zu erfüllenden Pflichten ist demnach ein internationaler Sachverhalt erforderlich. Nicht ausreichend ist es, auf die Staatsangehörigkeit der Beteiligten abzustellen, da das EuGVÜ, LugÜ und auch die EuGVO die Zuständigkeiten unabhängig von Nationalitätsfragen lösen[765]. Die Zustimmung erfolgt jedoch im internationalen Handel, wenn der Dritte und die Partei der Gerichtsstandsvereinbarung, gegenüber der der Dritte Rechte geltend macht oder Pflichten erfüllt, und in deren Verhältnis die zwischen den Parteien vereinbarte Zuständigkeit wirken soll, ihren Sitz in unterschiedlichen Vertrags- bzw. Mitgliedsstaaten haben[766].

Darüber hinaus muss die Zustimmung in einer Form erfolgen, die einem *„Handelsbrauch"*[767] entspricht. Der Handelsbrauch beurteilt sich nicht nach dem nationalen Recht eines Vertrags-/Mitgliedsstaats, sondern ist übereinkommens- bzw. gemeinschaftsautonom zu bestimmen[768]. Er muss auch nicht in allen oder den meisten Vertrags- bzw. Mitgliedsstaaten bestehen[769]. Zudem lässt sich der Handelsbrauch nicht für den internationalen Handelsverkehr allgemein, sondern lediglich für den Geschäftszweig bestimmen, in dem der Dritte tätig wird. Ein Handelsbrauch besteht insbesondere, wenn in dem Geschäftszweig tätige Dritte allgemein und regelmäßig ein bestimm-

---

764 Zur Internationalität des Handels im Verhältnis der Parteien der Gerichtsstandsvereinbarung zueinander vgl. die ausführliche Darstellung bei *Stöve*, Gerichtsstandsvereinbarungen nach Handelsbrauch, 57 ff.

765 Vgl. *Schack*, Internationales Zivilverfahrensrecht, Rn. 192, 244; *Stöve*, Gerichtsstandsvereinbarungen nach Handelsbrauch, 66; *Kropholler*, Art. 23, Rn. 54; *Staudinger/Hausmann*, Anhang II zu Art. 27-37 EGBGB, Rn. 18.

766 Vgl. im Hinblick auf die Parteien der Gerichtsstandsvereinbarung: *EuGH* Urteil vom 20. Februar 1997, Rs. C-106/1997, Slg. 1997, I-911, Rn. 22 *(MSG)*; *Kropholler*, Art. 23, Rn. 54. Nach der Ansicht von *Stöve*, Gerichtsstandsvereinbarungen nach Handelsbrauch, 57 ff. soll jedenfalls ein Gleichlauf der Anwendungsvoraussetzungen mit der Internationalität des Handels abzulehnen sein. Hier gestaltet sich die Situation jedoch anders. Die Internationalität ist im Verhältnis des Dritten zu der Partei der Gerichtsstandsvereinbarung zu ermitteln. Während es bezüglich dieses Erfordernisses auf den Sitz des Dritten ankommt, hat dessen Sitz im Hinblick auf die Anwendungsvoraussetzungen keinerlei Auswirkungen, vgl. 2. Teil C. I.

767 Ausführlich zu dem Begriff des „Handelsbrauchs": *Stöve*, Gerichtsstandsvereinbarungen nach Handelsbrauch, 39 ff.; vgl. darüber hinaus *Mankowski*, Seerechtliche Vertragsverhältnisse, 284 f.; *Trunk*, Die Erweiterung des EuGVÜ-Systems, 48 f.; *Kubis*, IPRax 1999, 10 ff.

768 *EuGH* Urteil vom 20. Februar 1997, Rs. C-106/1997, Slg. 1997, I-911, Rn. 23 *(MSG)*; *EuGH* Urteil vom 16. März 1999, Rs. C-159/97, Slg. 1999, I-1597, Rn. 27 *(Castelletti)*; *Mankowski*, Seerechtliche Vertragsverhältnisse, 273; *Kropholler*, Art. 23, Rn. 55; *Jayme/Kohler*, IPRax 1997, 385, 395; anders noch: *Rauscher*, ZZP 104 (1991), 271, 292 ff. Nationale Formerfordernisse spielen bei lit. c keine Rolle; vgl. dazu *Saenger*, ZEuP 2000, 656, 672.

769 *EuGH* Urteil vom 16. März 1999, Rs. C-159/97, Slg. 1999, I-1597, Rn. 27 *(Castelletti)*.

tes Verhalten befolgen[770]. Ausreichend ist es, wenn – bei divergierenden Handelsbräuchen – am Sitz der Partei der Gerichtsstandsvereinbarung, gegenüber der die Zustimmung erfolgt, ein entsprechender Handelsbrauch besteht. Der Dritte wird hinreichend durch das Kriterium der Kenntnis oder des Kennenmüssens sowie der Branchenüblichkeit geschützt[771]. Es bedarf keiner schriftlichen Bekanntmachung einer in dem betreffenden Geschäftszweig regelmäßig befolgten Übung durch einen Fachverband oder eine Fachorganisation. Eine solche stellt lediglich eine Beweiserleichterung hinsichtlich des Handelsbrauchs dar[772]. Auch verliert ein Verhalten seine Eigenschaft als Handelsbrauch nicht dadurch, dass es vor den Gerichten in Frage gestellt wird[773]. Die Existenz eines Handelsbrauchs ist Tatfrage und von den nationalen Gerichten festzustellen[774]. Bewiesen werden muss der Handelsbrauch durch denjenigen, der sich auf die Wirkung der Gerichtsstandsvereinbarung beruft[775].

Zudem ist erforderlich, dass der Dritte den Handelsbrauch kannte oder kennen musste, sowie dass Dritte in dem betreffenden Geschäftszweig diesen allgemein kennen und regelmäßig beachten. Sinn des subjektiven Elements, also der Kenntnis oder des Kennenmüssens, ist der Schutz vor einer unbilligen, überraschenden Bindung[776]. Eine Kenntnis oder ein Kennenmüssen wird vom EuGH in Bezug auf die Parteien namentlich dann angenommen,

> „wenn sie [die Parteien] untereinander oder mit anderen in dem betreffenden Geschäftszweig tätigen Vertragspartnern schon früher Geschäftsbeziehungen angeknüpft hatten oder wenn in diesem Geschäftszweig ein bestimmtes Verhalten bei Abschluss einer bestimmten Art von Verträgen allgemein und regelmäßig befolgt wird und daher so bekannt ist, dass es als ständige Übung angesehen werden kann"[777].

Dies muss entsprechend hinsichtlich des Dritten gelten. Auf eine Kenntnis bzw. ein Kennenmüssen der gegnerischen Partei in einem späteren Rechtsstreit kommt es nicht an. Die Partei hat die Zuständigkeitsvereinbarung mitgetroffen, die nach dem Willen

---

770 Zum Verhältnis der Parteien der Zuständigkeitsvereinbarung: *EuGH* Urteil vom 20. Februar 1997, Rs. C-106/1997, Slg. 1997, I-911, Rn. 23 *(MSG)*; *EuGH* Urteil vom 16. März 1999, Rs. C-159/97, Slg. 1999, I-1597, Rn. 25 ff. *(Castelletti)*; *Collins*, Dicey and Morris, Rn. 12-102; *Huber*, ZZPInt. 2 (1997), 168, 172.

771 Vgl. zum Verhältnis zwischen den Parteien der Gerichtsstandsvereinbarung: *Trunk*, Die Erweiterung des EuGVÜ-Systems, 48; *Staudinger/Hausmann*, Anhang II zu Art. 27-37 EGBGB, Rn. 203. *Kröll*, EWiR 1999, 645, 646 fordert von der Rechtsprechung weitergehende Klärung, da mit der Feststellung des Handelsbrauchs im Sinne des EuGH zugleich die Kenntnis der Parteien impliziert werde, so dass das Merkmal der Kenntnis einer eigenen Bedeutung beraubt sei.

772 Schlussanträge des *Generalanwalts Lèger* vom 22. September 1998, Rs. C-159/97, Slg. 1999, I-1597, Rn. 152 ff. *(Castelletti)*, worauf der *EuGH* in seinem Urteil vom 16. März 1999, Rs. C-159/97, Slg. 1999, I-1597, Rn. 28 *(Castelletti)* Bezug nimmt.

773 *EuGH* Urteil vom 16. März 1999, Rs. C-159/97, Slg. 1999, I-1597, Rn. 29 *(Castelletti)*.

774 *EuGH* Urteil vom 20. Februar 1997, Rs. C-106/1997, Slg. 1997, I-911, Rn. 21 *(MSG)*; *EuGH* Urteil vom 16. März 1999, Rs. C-159/97, Slg. 1999, I-1597, Rn. 23 *(Castelletti)*.

775 Vgl. HansOLG, IPRax 1997, 429, 420; *Rauscher/Mankowski*, Art. 23 Brüssel I-VO, Rn. 33.

776 *Kropholler*, Art. 23, Rn. 58; *Rauscher/Mankowski*, Art. 23 Brüssel I-VO, Rn. 34.

777 *EuGH* Urteil vom 20. Februar 1997, Rs. C-106/1997, Slg. 1997, I-911, Rn. 24 *(MSG)*; *EuGH* Urteil vom 16. März 1999, Rs. C-159/97, Slg. 1999, I-1597, Rn. 43 *(Castelletti)*.

der Parteien zu Lasten des Dritten wirken soll. Daher bedarf er keines besonderen Schutzes durch das Erfordernis der Kenntnis oder des Kennenmüssens.

Schließlich ist jedoch auch im Hinblick auf diese Alternative auf die Besonderheiten hinzuweisen, die für in Luxemburg ansässige Personen gelten[778].

(e) Vermutung der Zustimmung

Des Weiteren ist zu überlegen, ob eine Zustimmung des Dritten bereits vermutet werden kann, wenn die Formvoraussetzungen durch ihn erfüllt sind. Eine Diskussion dieser Problematik hat sich bisher auf das Verhältnis der Parteien der Gerichtsstandsvereinbarung untereinander beschränkt. Vertritt man jedoch vorliegend die Auffassung, dass eine Zustimmung des Dritten den Erfordernissen von Art. 17 Abs. 1 EuGVÜ/LugÜ bzw. Art. 23 Abs. 1 EuGVO in entsprechender Anwendung genügen muss[779], so kann diese Diskussion durchaus übertragen werden.

Eine ausdrückliche Zustimmung ist nicht erforderlich. Vielmehr reicht eine konkludente Zustimmung im Rahmen des Art. 17 EuGVÜ/LugÜ bzw. Art. 23 EuGVO aus[780]. Fraglich ist jedoch, ob eine Zustimmung des Dritten zu einer Gerichtsstandsvereinbarung der Parteien vermutet werden kann.

(aa) Bei Vorliegen der Formvoraussetzungen entsprechend Art. 17 Abs. 1 S. 2 lit. c EuGVÜ/LugÜ bzw. Art. 23 Abs. 1 S. 3 lit. c EuGVÜ

Der EuGH hat zu Art. 17 Abs. 1 S. 2 lit. c EuGVÜ entschieden, dass eine Einigung der Parteien zu vermuten ist, soweit in dem betreffenden Geschäftszweig des internationalen Handelsverkehrs entsprechende Handelsbräuche bestehen, die den Parteien bekannt sind oder als ihnen bekannt angesehen werden müssen[781]. Dem hat sich auch die Literatur mehrheitlich angeschlossen[782]. Folglich bedarf es keiner klar und deutlich zum Ausdruck gekommenen Gerichtsstandsvereinbarung, welche der EuGH zuvor immer betont hatte[783]. Dies würde im Hinblick auf die Zustimmung des Dritten nach

---

778 Vgl. 2. Teil B. IV. 4. b) bb) (3) (a).

779 Vgl. 2. Teil B. IV. 4. b) bb) (3). Auch aufgrund der Rechtsprechung des EuGH in *„Coreck"* muss man wohl darüber nachdenken, ob und unter welchen Voraussetzungen, eine Zustimmung des Dritten vermutet werden kann.

780 Vgl. *Kropholler*, Art. 23, Rn. 25; *Baumgärtl*, FS Kegel (1977), 285, 301; *Grunsky*, RIW 1977, 1, 6; *Müller*, RIW 1977, 163, 164. Zu beachten ist Art. I Abs. 2 des Protokolls zum EuGVÜ/Protokoll Nr. 1 zum LugÜ; dazu auch *EuGH* Urteil vom 6. Mai 1980, Rs. 784/79, Slg. 1980, 1517, Rn. 5 ff. *(Porta-Leasing)*.

781 Zum ersten Beitrittsübereinkommen von 1978: *EuGH* Urteil vom 20. Februar 1997, Rs. C-106/1997, Slg. 1997, I-911, Rn. 19 f. *(MSG)*; *EuGH* Urteil vom 16. März 1999, Rs. C-159/97, Slg. 1999, I-1597, Rn. 20 *(Castelletti)*. In diesem Sinne bereits *Generalanwalt Lenz* in seinen Schlussanträgen vom 8. März 1994, Rs. C-288/92, Slg. 1994, I-2915, Rn. 96 ff. *(Custom Made)* – Diesbezüglich hatte der EuGH keine Entscheidung getroffen, da es auf die Beantwortung der Frage, die die Problematik erfasste, nicht ankam.

782 *Killias*, Die Gerichtsstandsvereinbarungen nach dem Lugano-Übereinkommen, 200; *Saenger*, FS Sandrock (2000), 807, 815; *Kropholler*, Art. 23, Rn. 52; Schlosser, Art. 23, Rn. 24b; *Staudinger/Hausmann*, Anhang II u Art. 27-37 EGBGB, Rn. 201; *Kubis*, IPRax 1999, 10, 12 f.; dazu auch *Rinoldi*, Dir.Comm.int. 1989, 407, 411; vgl. dagegen Court of Appeal *„The Rewia"* [1991] 2 Lloyd's Rep. 325, 336 (C.A.). Siehe auch *Ancel*, Riv.dir.int.priv.proc. (27) 1991, 263, 278 f.

783 Vgl. *EuGH* Urteil vom 14. Dezember 1976, Rs. 24/76, Slg. 1976, 1831, Rn. 7 *(Estasis Salotti)*,

dem EuGVÜ/LugÜ bzw. der EuGVO bedeuten, dass eine solche vermutet wird, wenn die Zustimmung im internationalen Handel einem Handelsbrauch entspricht, den der Dritte kannte oder kennen musste und den Dritte in dem betreffenden Geschäftszweig allgemein kennen und regelmäßig beachten. Eine qualifizierte Zustimmung in dem Sinne, dass diese klar und deutlich zum Ausdruck kommen müsste, wäre demnach nicht erforderlich.

Gegen die Annahme einer Vermutung spricht, dass es sich bei lit. c dem Wortlaut nach lediglich um die Regelung der Form handelt: *„c) im internationalen Handel in einer Form, die ...“*[784]. Auch im *Schlosser*-Bericht wird explizit darauf hingewiesen, dass es sich bei der im Beitrittsübereinkommen von 1978 eingeführten Alternative nur um eine Erleichterung der Formerfordernisse handele. Darüber hinaus will sich *Schlosser* aber nicht dazu äußern, ob andere als die Form betreffende Willenseinigungsprobleme nach nationalem oder übereinkommensautonomem Recht zu behandeln sind. Dass die Form nicht mehr in Satz 1, sondern Satz 2 geregelt ist, solle allein sprachliche Schwerfälligkeit vermeiden[785]. Andererseits sollte im Wege des ersten Beitrittsübereinkommens die restriktive Rechtsprechung des Gerichtshofs in *„Segoura“*[786] korrigiert werden[787]. In dieser Entscheidung verneinte der EuGH die Einbeziehung einer Gerichtsstandsklausel in AGB. Das Schweigen auf ein Bestätigungsschreiben, dem die AGB beigefügt sind, sollte demnach nicht den Anforderungen gemäß Art. 17 Abs. 1 EuGVÜ genügen. Eine Korrektur dieser Rechtsprechung erfasste jedoch nicht nur die Form, die an eine Vereinbarung der Zuständigkeit zu stellen ist, sondern auch die Vereinbarung selbst[788]. Daher muss es möglich sein, von dem Nachweis einer klar und deutlich zum Ausdruck gekommenen Willenseinigung abzusehen[789]. Insbesondere im Hinblick auf den schnelllebigen Handelsverkehr wird die Feststellung einer Einigung häufig Schwierigkeiten mit sich bringen. Das Ziel der Neufassung von 1978, den Bedürfnissen des Handelsverkehrs hinreichenden Spielraum zu gewähren, kann aber nur erfüllt werden, wenn keine besonderen Anforderungen an die Willenseinigung gestellt werden. Darüber hinaus bestehen unlösbare Zusammenhänge zwischen Einigung und Form. Dies wird vor allem bezüglich lit. c deutlich, der mit dem Erfordernis der Kenntnis bzw. des Kennenmüssens auch ein subjektives Element verlangt. Eine strenge Trennung ist somit nicht möglich[790]. Schließlich sollen die aufeinander abgestimm-

---

EuGH Urteil vom 14. Dezember 1976, Rs. 25/76, Slg. 1976, 1851, Rn. 6 *(Segoura)*; *EuGH* Urteil vom 6. Mai 1980, Rs. 784/79, Slg. 1980, 1517, Rn. 5 *(Porta-Leasing)*; *EuGH* Urteil vom 24. Juni 1981, Rs. 150/80, Slg. 1981, 1671, Rn. 24 *(Elefanten Schuh)*.

784 Dazu *Rauscher*, ZZP 104 (1991), 271, 291.

785 *Schlosser*-Bericht, Abl.EG 1979 Nr. C 59/71, Rn. 179.

786 *EuGH* Urteil vom 14. Dezember 1976, Rs. 25/76, Slg. 1976, 1851 *(Segoura)*.

787 *Schlosser*-Bericht, ABl.EG 1979 Nr. C 59/71, Rn. 179.

788 Vgl. Schlussanträge des *Generalanwalts Lenz* vom 8. März 1994, Rs. C-288/92, Slg. 1994, I-2915, Rn. 96 *(Custom Made)*; *Reithmann/Martiny/Hausmann*, Internationales Vertragsrecht, Rn. 3025; *Kropholler*, Art. 23, Rn. 27; *Adolphsen*, ZZPInt. 4 (1999), 243, 247; *Huber*, ZZPInt. 2 (1997), 168, 170 f.; *Kröll*, ZZP 113 (2000), 135, 136, 145; *Roth*, ZZP 93 (1980), 156, 162.

789 *Jung*, Vereinbarungen, 168; *Killias*, Die Gerichtsstandsvereinbarungen nach dem Lugano-Übereinkommen, 185; *Rauscher*, IPRax 1992, 143, 145.

790 Vgl. *Adolphsen*, ZZPInt 4 (1999), 243, 248; in diesem Sinne auch *Killias*, Die Gerichtsstands-

ten Lösungen des Handelsbrauchs nicht sinnwidrig auseinander gerissen werden[791]. Der EuGH hat zudem immer wieder betont, dass Art. 17 EuGVÜ gewährleisten solle,

> „dass die Einigung zwischen den Parteien, die durch eine Gerichtsstandsvereinbarung von den allgemeinen Zuständigkeitsvorschriften der Art. 2, 5 und 6 des Übereinkommens abweichen, tatsächlich feststeht und klar und deutlich zum Ausdruck kommt."[792].

In diesem Zusammenhang wird darauf verwiesen, dass insbesondere die Formerfordernisse sicherstellen sollen, dass die Einigung zwischen den Parteien tatsächlich feststeht[793]. Dieser unmittelbare Zusammenhang zwischen Formerfordernissen und Einigung hat zur Folge, dass veränderte Formvorschriften auch Auswirkungen auf die Anforderungen an die Willenseinigung haben[794].

Die dargestellte Argumentation kann auch bezüglich der Zustimmung des Dritten fruchtbar gemacht werden. Im internationalen Handelsverkehr werden häufig Schwierigkeiten bei der Feststellung, ob der Dritte der Gerichtsstandsvereinbarung der Parteien zugestimmt hat, entstehen. Würde man jedoch darauf beharren, dass der Nachweis einer klar und deutlich zum Ausdruck gekommenen Zustimmung erbracht werden muss, so liefe dies den Interessen des internationalen Handelsverkehrs entgegen. Da lit. c seinem Sinn und Zweck nach den Bedürfnissen des internationalen Handelsverkehrs Rechnung tragen soll, ist von qualifizierten Anforderungen an die Zustimmung des Dritten abzusehen. Es bedarf damit keiner Zustimmung, die klar und deutlich zum Ausdruck kommt. Vielmehr kann die Zustimmung bei Vorliegen der Voraussetzungen gemäß lit. c vermutet werden.

Diese Vermutung könnte widerleglich oder auch unwiderleglich sein[795]. Der EuGH äußert sich zu dieser Frage nicht explizit. In der Entscheidung *„Powell Duffryn"* urteilte er, dass eine in einer Satzung enthaltene Gerichtsstandsklausel, nach der die Gesellschafter hinsichtlich aller Streitigkeiten mit der Gesellschaft oder deren Organen dem ordentlichen Gerichtsstand der Gesellschaft unterworfen sind, als eine Vereinbarung im Sinne von Art. 17 EuGVÜ anzusehen sei. Dies gelte unabhängig davon, ob der Aktionär dieser Klausel zugestimmt habe[796]. Andererseits soll eine Vermutung der

---

vereinbarungen nach dem Lugano-Übereinkommen, 200; *Holl*, RIW 1997, 418; *Karré-Abermann*, ZEuP 1994, 142, 145 f.; *Saenger*, ZZP 110 (1997), 477, 488. Vgl. zum Verhältnis von Form und Einigung bereits 1. Teil A. II. 1. b).

791 *Huber*, ZZPInt. 2 (1997), 168, 170 f.

792 *EuGH* Urteil vom 19. Juni 1984, Rs. 71/83, Slg. 1984, 2417, Rn. 14 *(Tilly Russ)* mit Hinweis auf *EuGH* Urteil vom 14. Dezember 1976, Rs. 24/76, Slg. 1976, 1831, Rn. 7 *(Estasis Salotti)*; *EuGH* Urteil vom 14. Dezember 1976, Rs. 25/76, Slg. 1976, 1851, Rn. 6 *(Segoura)*; *EuGH* Urteil vom 6. Mai 1980, Rs. 784/79, Slg. 1980, 1517, Rn. 5 *(Porta-Leasing)*.

793 *EuGH* Urteil vom 14. Dezember 1976, Rs. 24/76, Slg. 1976, 1831, Rn. 7 *(Estasis Salotti)*; *EuGH* Urteil vom 14. Dezember 1976, Rs. 25/76, Slg. 1976, 1851, Rn. 6 *(Segoura)*; *EuGH* Urteil vom 6. Mai 1980, Rs. 784/79, Slg. 1980, 1517, Rn. 5 *(Porta-Leasing)*; vgl. zu dem Sinn und Zweck der Formerfordernisse 2. Teil B. I. 1. b) unter ee).

794 Vgl. Rauscher, IPRax 1992, 143, 145.

795 Zur Frage der Widerleglichkeit vgl. *Geimer/Schütze*, Art. 23, Rn. 101; *Staudinger/Hausmann*, Anhang II zu Art. 27-37 EGBGB, Rn. 182; *Kröll*, EWiR 1999, 645, 646; *Kubis*, IPRax 1999, 10, 12 f.

796 *EuGH* Urteil vom 10. März 1992, Rs. C-214/89, Slg. 1992, I-1745, Rn. 17 f. *(Powell Duffryn)*. *Adolphsen*, ZZPInt. 4 (1999) 243, 250 deutet das Urteil in der Weise, dass es sich weder um eine Vermutung der Einigung, noch um eine Fiktion handele, sondern um die gänzliche Aufgabe des Tat-

Einigung gelten, soweit eine der Parteien auf ein kaufmännisches Bestätigungsschreiben der anderen Partei nicht reagiert oder schweigt, oder auch wenn eine der Parteien Rechnungen, die eine Gerichtsstandsklausel enthalten, widerspruchslos bezahlt[797]. Nach der „*MSG*"-Rechtsprechung scheint demnach ein Widerspruch zu der Widerleglichkeit der Vermutung zu führen[798].

Gegen die Unwiderleglichkeit der Vermutung einer Einigung der Parteien hinsichtlich der Zuständigkeit spricht, dass auf die Einigung durch das Beitrittsübereinkommen von 1978 nicht verzichtet werden sollte. Man wollte lediglich den Bedürfnissen des internationalen Handels nachkommen und daher eine Erleichterung der Anforderungen schaffen[799]. Darüber hinaus ist nicht nur im Hinblick auf die Einigung der Parteien, sondern auch bezüglich der Zustimmung des Dritten, dem Aspekt der Schutzbedürftigkeit Beachtung zu schenken. Wird eine Zustimmung des Dritten trotz entgegenstehender Anhaltspunkte wie beispielsweise einem Widerspruch bejaht, so wäre ein ausreichender – von Art. 17 Abs. 1 EuGVÜ/LugÜ bzw. Art. 23 Abs. 1, 2 EuGVO bezweckter – Schutz des Dritten vor der aufgedrängten Wirkung der Gerichtsstandsvereinbarung nicht gegeben. Erforderlich ist jedoch die Kenntnis bzw. das Kennenmüssen des Dritten, sowie dass ein Handelsbrauch besteht, den Dritte in diesem Geschäftszweig allgemein kennen und regelmäßig beachten. Es kann somit ein hinreichender Schutz des Dritten vor einer aufgedrängten Wirkung der Gerichtsstandsvereinbarung gewährleistet sein. Zu beachten ist freilich, dass auch ein Kennenmüssen ausreicht. Genügend ist bereits, wenn

> „ein bestimmtes Verhalten bei Abschluss einer bestimmten Art von Verträgen allgemein und regelmäßig befolgt wird und daher so bekannt ist, dass es als ständige Übung angesehen werden kann"[800].

Das subjektive Element wird somit stark verobjektiviert[801]. Erst durch das Erfordernis der Zustimmung zu der Gerichtsstandsvereinbarung kann der Dritte hinreichend vor einer aufgedrängten Wirkung dieser Vereinbarung geschützt werden. Vermutet man diese widerleglich, so besteht zwischen den Bedürfnissen des Handelsverkehrs und den Interessen des Dritten ein ausgewogenes Verhältnis. Den Bedürfnissen des Handelsverkehrs wird durch die Vermutung der Zustimmung hinreichend Rechnung getragen. Der Dritte wird demgegenüber durch die Widerleglichkeit der Vermutung in ausreichendem Maße geschützt.

---

bestandsmerkmals Einigung; vgl. dazu auch 3. Teil F.

797 *EuGH* Urteil vom 20. Februar 1997, Rs. C-106/95, Slg. 1997, I-911, Rn. 20 *(MSG)*.

798 *Kubis*, IPRax 1999, 10, 13 verweist auf die französische und englische Sprachfassung des Urteils „*MSG*" und folgert daraus, dass auch die widerlegliche Vermutung der Kenntnis erfasst werde. Die deutsche Sprachfassung des Urteils führe zu Missverständnissen.

799 *EuGH* Urteil vom 20. Februar 1997, Rs. C-106/95, Slg. 1997, I-911, Rn. 17 *(MSG)*.

800 *EuGH* Urteil vom 20. Februar 1997, Rs. C-106/1997, Slg. 1997, I-911, Rn. 24 *(MSG)*; *EuGH* Urteil vom 16. März 1999, Rs. C-159/97, Slg. 1999, I-1597, Rn. 43 *(Castelletti)*.

801 Vgl. *Rauscher/Mankowski*, Art. 23 Brüssel I-VO, Rn. 34. Siehe ebenfalls *Kubis*, IPRax 1999, 10, 13.

(bb) Bei Vorliegen der Voraussetzungen entsprechend Art. 17 Abs. 1 S. 2 lit. a, b EuGVÜ/LugÜ bzw. Art. 23 Abs. 1 S. 3 lit. a, b, Abs. 2 EuGVO

Fraglich ist, ob dies nur im Hinblick auf Art. 17 Abs. 1 S. 2 lit. a, b EuGVÜ/LugÜ bzw. Art. 23 Abs. 1 S. 3 lit. a, b, Abs. 2 EuGVO gilt.

Auch bei lit. b handelt es sich um eine Lockerung der Formerfordernisse. Grund für diese ist es insbesondere, der Schnellebigkeit des Wirtschaftsverkehrs hinreichend Gewicht zukommen zu lassen[802]. Dies spricht dafür, eine widerlegliche Vermutung der Zustimmung anzunehmen[803]. Zudem fehlt dieser Alternative fast jede formelle Komponente[804]. Anders gestaltet sich dies jedoch bei lit. a. Beide Alternativen von lit. a waren schon in der ursprünglichen Fassung des EuGVÜ enthalten. Eine Zustimmung erfolgt entsprechend lit. a entweder schriftlich oder mündlich mit schriftlicher Bestätigung. Trotz eines engen Zusammenhangs zwischen materiellen und formellen Voraussetzungen ist eine Differenzierung im Hinblick auf lit. a weitaus leichter als bezüglich lit. b und c. Es besteht zudem kein besonderes Bedürfnis dafür, bei lit. a von dem qualifizierten materiellen Erfordernis, also der klar und deutlich zum Ausdruck kommenden Zustimmung abzuweichen. Den Anforderungen des internationalen Wirtschaftsverkehrs verschaffen lit. b und c ausreichende Beachtung. Auch der EuGH hat im Hinblick auf lit. a immer wieder betont, dass ein qualifiziertes materielles Erfordernis von Nöten ist[805]. Somit bedarf es bei entsprechender Anwendung von lit. a einer Zustimmung des Dritten, die klar und deutlich zum Ausdruck kommt[806]. Gleiches gilt im Hinblick auf Art. 23 Abs. 2 EuGVO, der ein Substitut für die Schriftform enthält[807].

cc) Ergebnis

Infolgedessen wirkt eine Gerichtsstandsvereinbarung auch dann zu Lasten eines Dritten, wenn die Vereinbarung wirksam zwischen den Parteien geschlossen wurde und der Dritte der Zuständigkeitsvereinbarung zugestimmt hat. Die Zustimmung muss den Formerfordernissen im Sinne von Art. 17 Abs. 1 S. 2 EuGVÜ/LugÜ bzw. Art. 23 Abs. 1 S. 3 EuGVO, der entsprechende Anwendung findet, genügen. Sind die Anforderun-

---

802 Vgl. auch 2. Teil B. IV. 4. b) bb) (3) (c).

803 Kritisch dazu wohl Schlussanträge des *Generalanwalts Alber* vom 23. März 2000, Rs. C-387/98, Slg. 2000, I-9340, Rn. 64 *(Coreck)*; vgl. zur Vermutung auch *Mankowski*, Seerechtliche Vertragsverhältnisse, 252 f.

804 *Staehelin*, Gerichtsstandsvereinbarungen, 35.

805 *EuGH* Urteil vom 19. Juni 1984, Rs. 71/83, Slg. 1984, 2417, Rn. 14 *(Tilly Russ)* mit Hinweis auf *EuGH* Urteil vom 14. Dezember 1976, Rs. 24/76, Slg. 1976, 1831, Rn. 7 *(Estasis Salotti)*; *EuGH* Urteil vom 14. Dezember 1976, Rs. 25/76, Slg. 1976, 1851, Rn. 6 *(Segoura)*; *EuGH* Urteil vom 6. Mai 1980, Rs. 784/79, Slg. 1980, 1517, Rn. 5 *(Porta-Leasing)*.

806 Ebenso wohl *Generalanwalt Tesauro* in seinen Schlussanträgen vom 26. September 1996, Rs. C-106/95, Slg. I-913, Rn. 22 ff. *(MSG)*. Gestützt darauf äußert sich ebenso der *EuGH* Urteil vom 20. Februar 1997, Rs. C-106/95, Slg. 1997, I-911, Rn. 15 ff. *(MSG)*. In diesem Sinne scheinbar auch *Kropholler*, Art. 23, Rn. 25, 33, 42, 50, 52; vgl. dazu ebenfalls *Staehelin*, Gerichtsstandsvereinbarungen, 36 f.

807 Dazu *Kropholler*, Art. 23, Rn. 41; *Rauscher/Mankowski*, Art. 23 Brüssel I-VO, Rn. 38. Zu dieser Formalternative auch KOM 1999 (348) zu Art. 23.

gen entsprechend lit. b oder lit. c erfüllt, so wird die Zustimmung des Dritten widerleglich vermutet.

c) In allen übrigen Fällen: Zumindest Wirkung zu Gunsten des Dritten?

In all denjenigen Fällen, in denen eine Wirkung zu Lasten des Dritten aufgrund der entwickelten Grundsätze nicht in Betracht kommt, könnte zu überlegen sein, ob zumindest eine Wirkung zu Gunsten des Dritten anzunehmen ist[808]. Dagegen spricht jedoch der Wille der Parteien. Wollen die Parteien für den Dritten einen zusätzlichen konkurrierenden Gerichtsstand schaffen, so muss dieser Wille klar und deutlich hervortreten[809]. Dies ist jedoch nicht der Fall, wenn eine Gerichtsstandsvereinbarung nach ihrem Willen zu Lasten des Dritten wirken soll[810]. Nähme man in einem solchen Fall eine Wirkung zu Gunsten eines Dritten an, so unterstellte man den Parteien einen Willen, den sie nicht haben.

d) Ergebnis

Die teleologische Auslegung von Art. 17 Abs. 1 EuGVÜ bzw. Art. 23 Abs. 1, 2 EuGVO führt damit zu folgendem Ergebnis:

Sinn und Zweck des Art. 17 Abs. 1 EuGVÜ/LugÜ bzw. Art. 23 Abs. 1, 2 EuGVO ist es einerseits, der Autonomie der Parteien hinreichend Raum zu gewähren. Andererseits müssen sie im Hinblick auf die Vereinbarung jedoch auch bestimmten Voraussetzungen genügen. Die Formerfordernisse sollen vor einer aufgedrängten Wirkung der Zuständigkeitsvereinbarung schützen. Dieser Gedanke ist im Hinblick auf den Dritten übertragbar. Folglich ist zu verlangen, dass der Dritte den Formvoraussetzungen zu genügen hat[811]. Erfüllt er diese nicht, so kommt eine Wirkung zu Lasten des Dritten lediglich in Betracht, soweit seine Schutzbedürftigkeit entfällt. Dementsprechend ist eine den Dritten belastende Wirkung grundsätzlich bei einem Übergang materieller Rechte und/oder Pflichten oder gesamter Rechtspositionen auf den Dritten kraft Gesetzes oder aufgrund einer Vereinbarung zuzulassen[812]. Gleiches gilt bei der Begründung materieller Rechte durch eine Abrede der Parteien der Gerichtsstandsvereinbarung, oder aber bei Begründung einer gesamten materiellen Rechtsposition, wenn der Wille der Parteien zu Tage tritt, dass die Vereinbarung nur hinsichtlich der Rechte zu Lasten des Dritten wirken soll[813]. Erfüllt der Dritte die Voraussetzungen gemäß Art. 17 Abs. 1 S. 2 EuGVÜ/LugÜ bzw. Art. 23 Abs. 1, 2 EuGVO, so wirkt die Gerichtsstandsvereinbarung ebenfalls zu Lasten des Dritten. Zu beachten ist hierbei jedoch, dass die Anfor-

808 Nach *Geimer*, NJW 1985, 533, 534 soll eine ausschließliche internationale Prorogation in einem Vertrag zu Gunsten Dritter bezüglich des Derogationseffekts unwirksam sein. Im Hinblick auf den Prorogationseffekt soll der Zuständigkeitsvereinbarung jedoch Wirksamkeit zugesprochen werden. Der Dritte könne daher sowohl an einem nach dem EuGVÜ zuständigen als auch an dem prorogierten Gerichtsstand klagen.

809 Siehe 2. Teil unter A.

810 Vgl. 2. Teil unter B.

811 Vgl. 2. Teil B. IV. 4.

812 Dazu 2. Teil B. IV. 4. a) bb) (2).

813 Vgl. 2. Teil B. IV. 4. a) bb) (3).

derungen im Sinne von Art. 17 Abs. 1 EuGVÜ/LugÜ bzw. Art. 23 Abs. 1, 2 EuGVO entsprechend auf die Zustimmung des Dritten anzuwenden ist[814].

V. Vergleich: Drittwirkung bei Schiedsvereinbarungen

Schließlich soll hinsichtlich der Voraussetzungen für eine Drittwirkung auch ein Blick auf die Problematik bei Schiedsvereinbarungen geworfen werden.

Neben der Vereinbarung der Zuständigkeit eines Gerichts besteht die Möglichkeit, ein Schiedsgericht zu bestimmen, das bei Streitigkeiten zuständig sein soll. Eine Schiedsvereinbarung mit ausschließlicher Wirkung derogiert die Zuständigkeit staatlicher Gerichte. Fraglich ist, ob solche Vereinbarungen zu Lasten Dritter wirken. Auch im Hinblick auf eine Schiedsvereinbarung gilt, dass eine Drittwirkung nur in Betracht kommt, soweit die Vereinbarung nicht auf höchst persönlichen Motiven fußt[815]. Ebenso wie eine Gerichtsstandsvereinbarung weist eine Schiedsvereinbarung grundsätzlich relativen Charakter auf, das heißt, sie bindet prinzipiell nur die Parteien dieser Vereinbarung[816]. Der Grundsatz der Relativität kann jedoch durchbrochen werden, so dass auch Dritte an diese gebunden sein können.

Problematisch ist, ob der Dritte die Formvoraussetzungen zu erfüllen hat. Grundsätzlich muss die Schiedsvereinbarung gemäß § 1031 Abs. 1 ZPO in einem unterzeichneten Schriftstück oder gewechselten Schreiben, Fernkopien, Telegrammen oder anderen Formen der Nachrichtenübermittlung, die einen Nachweis der Vereinbarung sicherstellen, enthalten sein. Gemäß Abs. 2 ist den Formerfordernissen aber genügt, soweit die Schiedsvereinbarung in einem übermittelten Schriftstück enthalten ist und der Inhalt im Fall eines nicht rechtzeitig erfolgten Widerspruchs nach der Verkehrssitte als Vertragsinhalt angesehen wird. Darüber hinaus genügt die Bezugnahme eines Vertrages auf ein Schriftstück, das eine Schiedsklausel enthält, wenn die Bezugnahme die Klausel zu einem Bestandteil des Vertrages macht[817]. Den Formerfordernissen kommt eine Beweisfunktion zu. Weiterhin sollen sie sicherstellen, dass die Schiedsvereinbarung weder aufgedrängt noch untergeschoben wird[818]. Auch der Dritte soll davor geschützt werden, dass ihn Wirkungen einer Vereinbarung treffen, an der er nicht beteiligt war. Ihm sollen die ihn belastenden Wirkungen nicht aufgedrängt werden. Hier gilt nichts anderes als hinsichtlich der Gerichtsstandsvereinbarung im Sinne von Art. 17 EuGVÜ/LugÜ bzw. Art. 23 EuGVO[819]. Im Regelfall erfüllt der Dritte diese

---

814 Siehe 2. Teil B. IV. 4. b) bb).

815 *Maier*, Hdb. der Schiedsgerichtsbarkeit, § 17, Rn. 83 mit Hinweis auf *BGH*, WM 1976, 331.

816 *Ahrens*, Subjektive Reichweite, 43, 44; *Massuras*, Mehrparteienschiedsgerichtsbarkeit, 95; *Geimer*, IZPR, Rn. 3816; *Schlosser*, Internationale private Schiedsgerichtsbarkeit, Rn. 424; *Goutal*, Rev.arb. 1988, 439, 442; *Hanotiau*, JIntArb (18) 2001, 251, 254; *Loquin*, Rev.arb. 1991, 338, 340; *Raeschke-Kessler*, Arb.Int. (14) 1998, 47, 48.

817 Vgl. auch die besonderen Regelungen im Hinblick auf eine Schiedsvereinbarung im Konnossement gemäß Abs. 4 sowie bezüglich der Beteiligung eines Verbrauchers gemäß Abs. 5.

818 Vgl. *Epping*, Die Schiedsvereinbarung, 61 f.

819 Vgl. *Ahrens*, Subjektive Reichweite, 105 f. Eine einseitige Optionsschiedsvereinbarung hinsichtlich des Dritten entfaltet ihm gegenüber keine belastende, sondern eine begünstigende Wirkung. Daher ist in diesem Falle ein Schutz des Dritten entbehrlich; vgl. *Ahrens*, Subjektive Reichweite, 71 f.; *Massuras*, Mehrparteienschiedsgerichtsbarkeit, 99 mit Hinweis darauf, dass als eine besonders

Voraussetzungen nicht. Somit ist problematisch, ob die Schiedsvereinbarung dennoch zu Lasten des Dritten wirkt.

1. Anwendbares Recht

Fraglich ist, welches Recht zur Beurteilung der Frage, ob die Schiedsvereinbarung gegenüber dem Dritten Wirkung entfaltet, anzuwenden ist. Die deutsche Literatur und Rechtsprechung lehnt eine Anwendung des Sachrechts der lex fori ab, denn dies würde die Gefahr des „forum shopping" mit sich bringen[820]. Uneinigkeit besteht jedoch darüber, welchem Statut sie unterliegen soll. Es wird vertreten, dass dasjenige Recht, welches auf die Rechtsbeziehungen anwendbar ist, die zwischen einer Schiedsvertragspartei und dem Dritten bestehen, die Frage beantworten soll[821]. Nach der Auffassung des BGH ist das Schiedsvertragsstatut maßgebend[822]. Für die Ansicht des BGH spricht, dass dem Schiedsvertragsstatut alle Fragen im Zusammenhang mit der Zulässigkeit, Wirkung, Form und Auslegung der Schiedsvereinbarung unterliegen[823]. Daher erscheint es konsequent, dass sich auch die subjektive Wirkung im Hinblick auf den Dritten nach dem Schiedsvertragsstatut richten soll. Zu bedenken ist allerdings die Gefahr, dass – soweit sich das Statut der Schiedsvereinbarung von dem Statut, das auf den Erwerb der materiellen Rechtsstellung anzuwenden ist, unterscheidet – die materiellen Folgen des Rechtserwerbs hinreichend bei der Beantwortung der Frage nach der Drittwirkung zu beachten sind.

Im Folgenden soll der Einfachheit halber eine Darstellung der Behandlung der Drittwirkung von Schiedsvereinbarungen innerhalb des deutschen, österreichischen, französischen und englischen Rechts erfolgen.

2. Bei Abtretung einer Forderung

Nach deutschem Recht ist die Drittwirkung einer Schiedsvereinbarung bei Abtretung einer Forderung zulässig. Ausgangspunkt ist wiederum eine Art Gesamtbetrachtung von materiellem Recht und der Wirkung der Schiedsvereinbarung[824]. Im Vordergrund steht bei der Abtretung einer Forderung nach deutschem Recht die Wahrung der Identität der Forderung[825]. Das bedeutet, dass die Forderung so auf den Zessionar übergeht, wie sie bei dem Zedenten bestand. Während zur Begründung teilweise eine entsprechende Anwendung von § 401 Abs. 1 BGB herangezogen und die Schiedsvereinba-

---

schwerwiegende Folge der Schiedsvereinbarung der Ausschluss der staatlichen Gerichtszuständigkeit zu sehen ist; *BGHZ* 68, 356, 360. Zur Annerkennung einer Optionsschiedsvereinbarung: *BGH*, NJW 1992, 575, 576.

820 Vgl. bei *Ahrens*, Subjektive Reichweite, 98.

821 *Stein/Jonas/Schlosser*, Anh. § 1061, Rn. 47.

822 *BGHZ* 77, 32, 37 f.; ebenso *OLG Düsseldorf*, RIW 1996, 239 f.; *BGE* 117 II 94, 98 f.; in diesem Sinne auch *Berger*, International Economic Arbitration, S. 175 f.; *Schlosser*, Internationale private Schiedsgerichtsbarkeit, Rn. 427.

823 Vgl. *Ahrens*, Subjektive Reichweite, 70, 98.

824 *Ahrens*, Subjektive Reichweite, 103.

825 Vgl. *Nörr/Scheyhing/Pöggeler/nörr*, Sukzession, 36 ff.; *Staudinger/Busche*, § 398, Rn. 27 und Einl. zu §§ 398 ff., Rn. 1, 4.

rung demnach als Eigenschaft des abgetretenen Rechts angesehen wird[826], stellen andere auf die Regelung gemäß § 404 BGB ab[827]. Da beide Vorschriften jedoch lediglich einen Teilaspekt erfassen, ist der Übergang der Wirkung der Schiedsvereinbarung mit einem Zusammenspiel von §§ 401, 404 sowie § 398 S. 2 BGB zu begründen, die Ausdruck des Prinzips des Fortbestandes der Identität der Forderung sind[828]. Es soll durch diesen Grundsatz insbesondere eine Schlechterstellung des Schuldners verhindert werden. Dieser soll die aus einer Schiedsvereinbarung herrührenden Vorteile nicht dadurch verlieren, dass der Zedent die Forderung abtritt[829]. Infolgedessen ist nach deutschem Recht bei einer Abtretung eine Drittwirkung der Schiedsvereinbarung anzunehmen[830]. Dabei muss der Zessionar nicht zu dem prorogationsbefugten Personenkreis gehören[831]. Darüber hinaus bleibt zu erwähnen, dass ein gutgläubiger „lastenfreier" Erwerb lediglich im Wertpapierrecht möglich ist. Prinzipiell gelten die dargelegten Grundsätze[832].

Mit ähnlichen Gedanken kommt auch das österreichische Recht bei der Abtretung[833], das englische Recht beim „assignment"[834] sowie das französische Recht bei der „cession de créance" und der „subrogation personelle"[835] zu der Zulassung einer Wirkung zu Lasten des Dritten.

---

826 So die ständige Rechtsprechung des Reichsgericht und des Bundesgerichtshofs: *RGZ* 56, 182 f.; *RGZ* 146, 52, 56 f.; *BGHZ* 71, 162, 164 f.; *BGH*, WM 1978, 909, 910; *BGH*, ZIP 1997, 2082, 2083; ebenso in der Literatur: *Lachmann*, Hdb. für die Schiedsgerichtspraxis, Rn. 359; *Schütze/Tscherning/Wais*, Hdb. des Schiedsverfahrens, Rn. 62; *Schwab/Walter*, Schiedsgerichtsbarkeit, Kap. 7, Rn. 31. Eine Anwendung von §§ 265, 325, 727 ZPO wird von der überwiegenden Ansicht abgelehnt, siehe *Wagner*, Prozessverträge, 306 f.; vgl. dazu auch MünchKommZPO/*Lüke*, § 265, Rn. 11. Vertreten wird die Anwendung dieser Vorschriften von: *Teubner/Künzel*, MDR 1988, 720, 726.

827 *Soehring*, Die Nachfolge in Rechtslagen, 57; *Stein/Jonas/Schlosser*, § 1029, Rn. 36; *Schlosser*, ZZP 105 (1992), 513, 515 f.

828 *Ahrens*, Subjektive Reichweite, 102 ff.; *Wagner*, Prozessverträge, 311 ff.; *Soehring*, NJW 1969, 1093, 1094.

829 *Wagner*, Prozessverträge, 313.

830 *BGH*, NJW 1980, 2022, 2023; vgl. auch *OLG Hamburg*, RIW 1989, 574, 577; *Gottwald*, Internationale Schiedsgerichtsbarkeit, 34. Einer Vertragsübernahme bedarf es nicht, vgl. *Ahrens*, Subjektive Reichweite, 102. Für die Erforderlichkeit einer Vertragsübernahme jedoch *Schricker*, FS Quack (1991), 99, 103 ff.

831 *Wagner*, Prozessverträge, 310 f.; ausführlich: *Meyer-Lindemann*, JZ 1982, 592, 594 f. Im Ergebnis so auch *Ahrens*, Subjektive Reichweite, 105 ff.

832 *Soehring*, Die Nachfolge in Rechtslagen, 67, 68; MünchKomm/*Hüffer*, § 796, Rn. 1; vgl. insoweit auch: § 796 BGB; § 364 Abs. 2 HGB, Art. 17 WG und Art. 22 SchG. Wenn der Erwerber mit einer Schiedsklausel rechnen musste, entfaltet diese ihm gegenüber auch ihre Wirkung, vgl. *BGHZ* 29, 123; *Erman/Heckelmann*, § 796, Rn. 4.

833 *OGH* SZ 15/43; SZ 18/12; 7 Ob 67/01f; *OGH*, ZfRV 2000, 31; ebenso *Schwimann/Honsell*, § 1394, Rn. 11; vgl. aber auch *Girsberger/Hausmaninger*, Arb.Int. 1992, 121, 127 f. Siehe zu dieser Problematik auch 2. Teil B. III. 1. b) aa).

834 *DVA ./. Voest Alpine* [1997] 2 Lloyd's Rep. 279, 285 f. (C.A.); *Furmston*, The Law of Contract, 1125 unter Hinweis auf s. 82 (2) Arbitration Act 1996 (vgl. Anhang II); *Mustill/Boyd*, Commercial Arbitration in England, 137 ff.; *Ambrose*, J.Bus.L. 2001, 415, 416, 418, 431; *Klein*, WM 1978, 390, 394, Fn. 63.

835 Vgl. *Cour de cassation*, D. 2002, 251; ebenso in diesem Sinne *Cour de cassation*, Bulletin 1999

3. Bei privativer Schuldübernahme

Darüber hinaus könnte eine Drittwirkung der Schiedsvereinbarung bei privativer Schuldübernahme anzunehmen sein.

Bei Anwendung deutschen Rechts ist wiederum eine gemeinsame Betrachtung von materiellem Recht und der Wirkung der Schiedsvereinbarung anzunehmen. Spiegelbildlich zur Abtretung erfolgt die Schuldübernahme unter der grundsätzlichen Wahrung der Identität der Verpflichtung[836]. Daher erwirbt der Übernehmer die Verpflichtung auch mit allen prozessualen Begünstigungen und Belastungen[837].

Gleiches gilt im österreichischen Recht in Bezug auf die privative Schuldübernahme[838]. Im englischen Recht ist die Übertragung einer Pflicht ausgeschlossen[839], so dass der Grundsatz vom Fortbestand der Identität keine Anwendung finden kann. Es besteht nur die Möglichkeit der „novation"[840]. Daher entfaltet eine Schiedsklausel in diesen Fällen keine Drittwirkung[841]. Ähnliches gilt nach französischem Recht, nach dem ebenfalls lediglich eine „novation"[842] oder aber eine „délégation"[843] möglich ist.

4. Bei Vertragsübernahme

Kommt deutsches Recht zur Anwendung, so ist eine Wirkung zu Lasten des Dritten bei einer Vertragsübernahme zuzulassen. Aufgrund der Ausführungen zu der Forde-

---

I, n° 1 bezüglich einer internationalen Schiedsvereinbarung; *Cour de cassation*, Rev.crit.dr.internat.privé (88) 1999, 537 f.; vgl. auch *Cour d'appel Paris*, Rev. arb. 2001, 165 ff. So auch die Literatur: *Delebecque*, Rev.arb. 1991, 19, 26 ; *Goutal*, Rev.Arb. 1988, 439, 445. Bezüglich einer internationalen Schiedsvereinbarung: *Cour d'appel de Paris*, Rev.arb. 1993, 632 ff.; siehe auch 2. Teil B. III. 1. d) aa).

836 MünchKomm/*Möschel*, § 414, Rn. 7; *Staudinger/Rieble*, § 414, Rn. 3.

837 Vgl. *Wagner*, Prozessverträge, 314; *Soehring*, NJW 1969, 1093, 1094; mißverständlich *BGHZ* 68, 356, 359 zu der Drittwirkung von Schiedsvereinbarungen, der zwar von der „Schuldübernahme" spricht, wohl aber die „Schuldmitübernahme" meint; dazu auch *Ahrens*, Subjektive Reichweite, 109; *Massuras*, Mehrparteienschiedsgerichtsbarkeit, 129 f. Die Drittwirkung einer Schiedsklausel in diesem Fall bejahend auch: *Nörr/Scheyhing/Pöggeler/Nörr*, Sukzessionen, 250; *Soergel/Schmidt*, vor § 414, Rn. 2. *Wagner*, Prozessverträge, 317 ff. will eine Drittwirkung auch bei der Schuldmitübernahme bejahen; so auch *Roth*, IPRax 1987, 141, 142 f., was die herrschende Ansicht jedoch ablehnt, da es nicht zu einer Rechtsnachfolge kommt; vgl. *Soehring*, Die Nachfolge in Rechtslagen, 80 ff., der insbesondere auf den Schutzzweck der Form verweist, der bei einem Schuldmitübernahmevertrag ebenso wie bei jeder anderen rechtsgeschäftlichen Rechts- oder Schuldbegründung eingreift, so dass die Formerfordernisse einzuhalten sind.

838 *Schwimann/Mader*, § 1407, Rn. 5.

839 Siehe *Société Commerciale de Réassurance ./. Eras International Ltd. and others* [1992] 1 Lloyd's Rep. 570, 595 f. (C.A.).

840 Vgl. 2. Teil B. III. 1. c) bb).

841 *Halsbury's* Law of England, vol. 2, Para 610.

842 *Terré/Simler/Lequette*, Les obligations, Rn. 1436. *Goutal*, Rev.Arb. 1988, 439, 447 weist darauf hin, dass bei einer Übertragung der Schuld die Schiedsvereinbarung als „modalité d'exercice de l'obligation" angesehen werde und damit in den Fällen der „novation" sowie der „délégation" eine Wirkung zu Lasten des Dritten, für den eine neue Schuld begründet und nicht die alte Schuld übernommen wird, abzulehnen sei; anders : *Cour de cassation*, Rev.Arb. 1988, 639 f. mit kritischer Anmerkung von *Jarrosson*, Rev.Arb. 1988, 641, 643 f. Vgl. zur „novation": 2. Teil B. III. 1. d) bb).

843 *Goutal*, Rev.Arb. 1988, 439, 447. Vgl. zur „délégation": 2. Teil B. II. 1. a) dd) (2).

rungsabtretung sowie zu der privaten Schuldübernahme kann sich bei der Vertragsübernahme nichts anderes ergeben[844].

Dies gilt wohl ebenso im österreichischen sowie im französischen Recht bei der „cession de contrat“[845]. Im englischen Recht ist hingegen der Übergang von Pflichten nicht möglich, so dass auch eine Wirkung der Schiedsvereinbarung zu Lasten des Dritten nicht in Betracht kommt[846].

5. Bei Erbschaft

Der Erbe rückt bei Geltung deutschen Rechts kraft Universalsukzession in die Rechtsstellung ein, in der sich der Erblasser befand. Demnach tritt der Grundsatz des Fortbestandes der Identität dieser Rechtsstellung in den Vordergrund. Eine Schiedsvereinbarung hinsichtlich der Rechtsposition oder einzelner Rechte und/oder Pflichten daraus muss somit zu Lasten des Dritten Wirkung entfalten[847].

Gleiches gilt im österreichischen[848] und französischen[849] Recht. Lediglich im englischen Recht, dem nicht das Prinzip der Universalsukzession zugrunde liegt, sondern eine gesonderte Nachlassabwicklung durch einen „personal representativ“ erfolgt[850], gestaltet sich die Drittwirkung einer Schiedsvereinbarung anders. Da der „personal representative“ alle vertraglichen Beziehungen abwickelt, muss ihn die belastende Wirkung der Schiedsvereinbarung treffen. Dies ist in s. 8 Arbitration Act 1996[851] explizit geregelt.

6. Bei einem echten Vertrag zu Gunsten Dritter

Darüber hinaus könnte eine Drittwirkung einer Schiedsvereinbarung bei Anwendung deutschen Rechts im Falle eines echten Vertrags zu Gunsten Dritter anzunehmen sein. Ausgangspunkt ist auch hier eine Gesamtbetrachtung von materiellem Recht und der Wirkung der Schiedsvereinbarung[852]. Die Schiedsklausel wird dabei überwiegend als bloße Einschränkung der hauptvertraglichen Begünstigung verstanden[853], so dass keine unzulässige Vereinbarung zu Lasten eines Dritten erfolgt. Es unterliegt der privatauto-

---

844 *Wagner*, Prozessverträge, 314 f. Zu diesem Ergebnis gelangt auch *BGH*, NJW 2000, 2346, obwohl er § 571 BGB a.F. nicht als Fall der Vertragsübernahme versteht; vgl. auch *Massuras*, Mehrparteienschiedsgerichtsbarkeit, 133 ff.

845 *Cour d'appel de Paris*, Rev.Arb. 1988, 565. Vgl. auch *de Boisséson*, Le droit français de l'arbitrage, Rn. 132 d.; *Robert*, L'arbitrage, Rn. 120-1.

846 Dazu *Ahrens*, Subjektive Reichweite, 114 f. Vgl. auch die Ausführungen unter: 2. Teil B. III. 1. c) cc).

847 *Ahrens*, Subjektive Reichweite, 94; *Lachmann*, Hdb. für die Schiedsgerichtspraxis, Rn. 358; *Schütze/Tscherning/Wais*, Hdb. des Schiedsverfahrens, Rn. 61; *Wagner*, Prozessverträge, 309; *Zöller/Geimer*, § 1029, Rn. 60.

848 *OGH* 7 Ob 67/01f; 1 Ob 79/99w; *OGH*, ecolex 1995, 712 f.; *OGH*, ZfRV 2000, 31.

849 *de Boisséson*, Le droit français de l'arbitrage, Rn. 132 c.; *Goutal*, Rev.Arb. 1988, 439, 444.

850 Vgl. dazu auch 2. Teil B. III. 1. c) dd).

851 Vgl. Anhang II; dazu auch *Harris/Planterose/Tecks*, The Arbitration Act 1996, Rn. 8C.

852 *Ahrens*, Subjektive Reichweite, 73 f.

853 *Schütze/Tscherning/Wais*, Hdb. des Schiedsverfahrens, Rn. 59; *Kisch*, JW 1925, 2608; vgl. dazu auch *Ahrens*, Subjektive Reichweite, 75 f.

nomen Entscheidung der Parteien, die Begünstigung des Dritten zu gestalten[854]. Folglich entfaltet eine Schiedsvereinbarung bei einem echten Vertrag zu Gunsten Dritter Wirkung diesem gegenüber[855].

Gleiches gilt nach österreichischem Recht bei einem echten Vertrag zu Gunsten eines Dritten[856], sowie nach französischem Recht bei der „stipulation pour autrui"[857]. Im englischen Recht wurde im Hinblick auf den „contract for the benefit of third parties" sogar eine eigene Regelung eingeführt. Gemäß sec. 8 Contracts (Rights of Third Parties) Act 1999[858] ist die Drittwirkung einer Schiedsvereinbarung möglich[859].

7. Sonderfall: Drittwirkung einer Schiedsvereinbarung kraft Handelsbrauchs

Darüber hinaus könnte zu überlegen sein, ob eine Schiedsvereinbarung auch kraft Handelsbrauchs Drittwirkung entfaltet. Zu dieser Frage wird kaum Stellung bezogen. Lediglich im Hinblick auf die Drittwirkung einer Schiedsklausel in einem Konnossement wird eine solche wegen der Üblichkeit von Schiedsvereinbarungen in Konnossementen diskutiert[860]. *Glossner/Bredow/Bühler*[861] wiesen vor der Änderung des zehnten Buches der ZPO im Jahre 1997 jedoch darauf hin, dass eine Drittwirkung jedenfalls möglich sein soll, soweit eine Zustimmung durch den Dritten erfolgt ist. Allerdings sei in Bezug auf Kaufleute eine konkludente Zustimmung möglich, wenn es in der Branche üblich ist und die Entscheidung der Parteien, den Dritten einzubeziehen, in der Klausel vereinbart und dies den Beteiligten bekannt ist. Ob letzteres allerdings aus einer entsprechenden Anwendung der Formerfordernisse folgt, wird nicht erörtert. Dies wäre aber logische Konsequenz, soweit man davon ausgeht, dass Sinn und Zweck der Formanforderungen auf den Dritten übertragbar sind und der Dritte damit diese zu erfüllen hat[862]. In Betracht kommt daher eine Drittwirkung aufgrund einer Zustimmung entsprechend § 1031 ZPO. Gemäß Abs. 2 bis 4 wurde eine Lockerung der Anforderungen geschaffen, um dem Handelsverkehr hinreichend Rechnung zu tragen[863]. Auf eine Kaufmannseigenschaft kommt es nach der Änderung des zehnten Buches nicht mehr an. Vielmehr bedarf es gemäß § 1031 Abs. 5 ZPO lediglich einer Abgrenzung

854 *Schirmer*, FS Schmidt (1976), 821, 840, vgl. auch 835 ff. Dazu auch *Bayer*, Der Vertrag zugunsten Dritter, 228.

855 *RG*, *WarnRspr.* 1925, Nr. 16; *BGHZ* 48, 35, 45; *Ahrens*, Subjektive Reichweite, 70 ff.; *Gottwald*, Internationale Schiedsgerichtsbarkeit, 34; *Lachmann*, Hdb. für die Schiedsgerichtspraxis, Rn. 352; *Schwab/Walter*, Schiedsgerichtsbarkeit, Kap. 7, Rn. 36.

856 *OGH*, ecolex 1995, 712, 713; *OGH* 1 Ob 79/99w; zustimmend: *Koizol-Welser*, Grundriss des bürgerlichen Rechts II, 134; *Rummel/Rummel*, § 882, Rn. 4; *Feyl*, ecolex 1995, 713.

857 *Horchani*, Rev.Arb. 1998, 222, 226; *Robert* in Débats, Rev.Arb. 1988, 456, 468 ; vgl. ebenfalls *Goutal*, Rev.Arb. 1988, 439, 447 ; dazu auch *Mestre*, Rev.trim.dr.civ. 1986, 589, 593 f. Rechtsvergleichende Darstellung bei *Ahrens*, Subjektive Reichweite, 76 ff.

858 http://www.hmso.gov.uk/acts/acts1999/19990031.htm; dazu: *Merkin*, Privity of contract; *Peter*, Verträge zugunsten Dritter.

859 Vgl. dazu auch bereits 2. Teil B. III. 1. c) ee).

860 *BGE*, Yb.Com.Arb. IX (1986), 532 ff. zu Art. II Abs. 2 UNÜ; *Reithmann/Martiny/Hausmann*, Internationales Vertragsrecht, Rn. 3288.

861 *Glossner/Bredow/Bühler*, Das Schiedsgericht in der Praxis, Rn. 124.

862 Vgl. ähnliche Überlegungen oben: 2. Teil IV. 4.

863 Vgl. BT-Drs. 13/5274, S. 36.

zum Verbraucher[864]. Im Hinblick auf Abs. 2 wird vom Gesetzgeber eine Parallele zu Art. 17 Abs. 1 S. 2 lit. c EuGVÜ gezogen[865]. Weiterhin bestehen Ähnlichkeiten zwischen Abs. 3 und Art. 17 Abs. 1 S. 2 lit. b EuGVÜ/LugÜ bzw. Art. 23 Abs. 1 S. 3 lit. b EuGVO[866]. Somit könnte man ähnliche Grundsätze wie zu Art. 17 Abs. 1 S. 2 lit. c EuGVÜ/LugÜ bzw. Art. 23 Abs. 1 S. 3 lit. c EuGVO hinsichtlich der Erfüllung der Formerfordernisse durch den Dritten aufstellen. Erläuterungen zu dieser Problematik finden sich jedoch in der Literatur bisher nicht[867].

VI. Ergebnis: Wirkung der Gerichtsstandsvereinbarung zu Lasten des Dritten

Es lässt sich somit folgendes Ergebnis festhalten: Eine Wirkung der Gerichtsstandsvereinbarung zu Lasten des Dritten ist möglich, soweit die nachstehenden Voraussetzungen erfüllt sind.

1. Grundsätzliche Voraussetzung: Zustandekommen einer wirksamen Gerichtsstandsvereinbarung im Sinne von Art. 17 EuGVÜ/LugÜ bzw. Art. 23 EuGVO

Grundsätzliche Voraussetzung ist das wirksame Zustandekommen einer Gerichtsstandsvereinbarung im Sinne von Art. 17 EuGVÜ/LugÜ bzw. Art. 23 EuGVO, deren Wirkungen sich nach dem Willen der Parteien auf Dritte erstrecken sollen. Nur in den Fällen, in denen diesem Erfordernis nachgekommen wurde, kann eine Gerichtsstandsvereinbarung überhaupt eine Wirkung entfalten[868].

2. Voraussetzungen hinsichtlich des Dritten

Darüber hinaus ergibt sich aus den angestellten Überlegungen, dass eine Drittwirkung bei Erwerb von materiellen Rechten und/oder Pflichten oder gesamter Rechtspositionen anzunehmen ist, soweit durch die Gerichtsstandsvereinbarung eine Modifikation der Geltendmachung der materiellen Rechte und/oder Pflichten oder gesamter Rechtspositionen erfolgt ist und eine Gesamtbetrachtung von materiellem Recht und der Wirkung der Gerichtsstandsvereinbarung die Drittwirkung gebietet.

---

864 Dazu auch BT-Drs. 13/5274, S. 36 f.

865 BT-Drs. 13/5274, S. 36 f.

866 Vgl. zu Abs. 3 auch BT-Drs. 13/5274, S. 37.

867 Zur Anwendung von § 1031 Abs. 4 ZPO auf den Drittempfänger: *Herber*, Seehandelsrecht, 437.

868 Vgl. zur Gerichtsstandsklausel in einem Konnossement: *EuGH* Urteil vom 19. Juni 1984, Rs. 71/83, Slg. 1984, 2417, Rn. 26 *(Tilly Russ)*; *EuGH* Urteil vom 16. März 1999, Rs. C-159/97, Slg. 1999, I-1597, Rn. 41 f. *(Castelletti)*; *Generalanwalt Slynn*, Schlussanträge vom 21. März 1984, Rs. 71/83, Slg. 1984, 2417, 2439 *(Tilly Russ)*; Schlussanträge des *Generalanwalts Lèger* vom 22. September 1998, Rs. C-159/97, Slg. 1999, I-1597, Rn. 135 f. *(Castelletti)*; Schlussanträge des *Generalanwalts Alber* vom 23. März 2000, Rs. C-387/98, Slg. 2000, I-9340, Rn. 55 ff., insb. Rn. 57 *(Coreck)*; *Bischoff*, J.D.I. 1985, 159, 164; *Geimer*, NJW 1985, 533, 534. Zur erforderlichen wirksamen Gerichtsstandsvereinbarung zwischen den Parteien bei der „action directe“: *Sinay-Cytermann*, Rev.crit.dr.internat.privé (84) 1995, 725, 726 f.

a) Erwerb von materiellen Rechten und/oder Pflichten oder gesamter Rechtspositionen nach nationalem Recht

Es bedarf daher des Erwerbs von materiellen Rechten und/oder Pflichten oder gesamter Rechtspositionen. Ein solcher Erwerb beurteilt sich nach nationalem Recht.

b) Gerichtsstandsvereinbarung als Gestaltung hinsichtlich der materiellen Rechte und/oder Pflichten oder gesamter Rechtspositionen

Zudem muss die Gerichtsstandsvereinbarung als Gestaltung hinsichtlich der materiellen Rechte und/oder Pflichten oder gesamter Rechtspositionen anzusehen sein. Durch die Vereinbarung der Zuständigkeit nehmen die Parteien eine Modifikation der Durchsetzung materieller Rechte und/oder Pflichten oder gesamter Rechtspositionen vor. Die Zuständigkeitsvereinbarung haftet den materiellen Rechten und/oder Pflichten daher an, so dass durch sie eine Gestaltung hinsichtlich dieser erfolgt. Ob eine Gestaltung diesbezüglich wirksam vorgenommen wird, könnte nach nationalem oder nach übereinkommens- bzw. gemeinschaftsautonomem Recht zu beantworten sein.

aa) Gerichtsstandsvereinbarung gemäß Art. 17 EuGVÜ/LugÜ bzw. Art. 23 EuGVO im Hinblick auf „eine bereits entstandene Rechtsstreitigkeit oder über eine künftige aus einem bestimmten Rechtsverhältnis entspringende Rechtsstreitigkeit"

Ziel der Übereinkommen bzw. der Verordnung ist es, einen einheitlichen Rechtszustand für alle Vertrags-/Mitgliedsstaaten und damit einen einheitlichen Rechtszustand für alle von den Übereinkommen bzw. der Verordnung betroffenen Personen zu schaffen[869]. Demnach ist das übereinkommens- bzw. gemeinschaftsautonome Recht anzuwenden, soweit eine Regelung der Problematik besteht[870]. Gemäß Art. 17 Abs. 1 S. 1 EuGVÜ/LugÜ bzw. Art. 23 Abs. 1 S. 1 EuGVO kann eine Gerichtsstandsvereinbarung im Hinblick auf *„eine bereits entstandene Rechtsstreitigkeit oder über eine künftige aus einem bestimmten Rechtsverhältnis entspringende Rechtsstreitigkeit"* getroffen werden. Demnach können die Parteien eine Vereinbarung nach den Übereinkommen bzw. der Verordnung hinsichtlich jeglicher materieller Rechtsstellung treffen. Auf die Frage, in Bezug auf welche materiellen Rechte und/oder Pflichten oder gesamte Rechtspositionen eine Gestaltung durch die Parteien vorgenommen werden kann, gibt das übereinkommens- bzw. gemeinschaftsautonome Recht jedoch keine Antwort. Auch Art. 1 Abs. 2 EuGVÜ/LugÜ bzw. EuGVO hilft hier nicht weiter. Zwar werden durch diese Regelung bestimmte Angelegenheiten aus dem Anwendungsbereich ausgeschlossen. Sie normiert jedoch nicht bezüglich welcher konkreten Rechte und/oder Pflichten oder gesamter Rechtspositionen, die zu den Angelegenheiten zählen, die in den Anwendungsbereich fallen, eine Gestaltung im Wege der Zuständigkeitsvereinbarung erfolgen kann. Diese Frage, die die Verfügbarkeit des Anspruchs für die Parteien der Gerichtsstandsvereinbarung betrifft, wird in den Übereinkommen bzw. der Verordnung nicht beantwortet. Auf ihre Beantwortung kann für die Bejahung einer Wir-

---

[869] Vgl. *Koch*, IPRax 1993, 19, 20; dazu auch in der Argumentation unter: 1. Teil A. II. 1. b).

[870] Vgl. oben bereits zur Beurteilung des Zustandekommens der Gerichtsstandsvereinbarung: 1. Teil A. II. 1.

kung zu Lasten eines Dritten aber nicht verzichtet werden, weil nur in dem Fall, dass die Parteien im Hinblick auf die materielle Rechtslage die prozessuale Geltendmachung regeln und damit gestalten können, eine den Dritten belastende Wirkung überhaupt in Betracht kommt.

Bezüglich welcher materiellen Rechtsstellung die von den Parteien bestimmte Zuständigkeit gelten soll, ist im Einzelfall durch Auslegung der Gerichtsstandsvereinbarung zu ermitteln[871]. Häufig soll die Zuständigkeit Streitigkeiten aus einer vertraglichen Beziehung vollständig erfassen[872].

bb) Möglichkeit der Gestaltung hinsichtlich der Rechte und/oder Pflichten oder gesamter Rechtspositionen nach nationalem Recht

Ob die Möglichkeit besteht, hinsichtlich jeglicher Rechte und/oder Pflichten oder gesamter Rechtspositionen der Parteien oder Dritter durch die Vereinbarung der Zuständigkeit für Streitigkeiten eine Gestaltung vorzunehmen, ist demnach unter Heranziehung nationalen Rechts zu beantworten. Der Anwendung nationalen Rechts steht nicht die in dieser Arbeit vertretene Beurteilung der Drittwirkung nach übereinkommens- bzw. gemeinschaftsautonomem Recht entgegen. Während die Frage, ob eine Gerichtsstandsvereinbarung zu Lasten des Dritten wirken kann, aus den angeführten Gründen prinzipiell nach übereinkommens- bzw. gemeinschaftsautonomen Grundsätzen zu beurteilen ist[873], betrifft die Problematik der Gestaltung die Möglichkeit der Einbindung dieser Vereinbarung in den materiellrechtlichen Zusammenhang, also die Verfügbarkeit des Anspruchs für die Parteien der Gerichtsstandsvereinbarung. Diese ist jedoch nach nationalem Recht zu lösen. So bestimmt beispielsweise das nationale Recht, in welchem Zeitraum eine Gestaltung hinsichtlich des Rechts, das in der Person des Dritten durch Vereinbarung der Parteien entsteht, möglich ist[874]. Das nationale Recht ist nach dem Internationalen Privatrecht des Forumstaates zu ermitteln.

Aus den übereinkommens- bzw. gemeinschaftsautonomen Grundsätzen ergibt sich somit, dass eine Gestaltung hinsichtlich einer materiellen Rechtsstellung durch die

---

871 *OLG München*, RIW 1989, 901, 902; *Geimer/Schütze*, Art. 23, Rn. 206; *Kropholler*, Art. 23, Rn. 69.

872 Vgl. *Kropholler*, Art. 23, Rn. 69; *Rauscher/Mankowski*, Art. 23 Brüssel I-VO, Rn. 62 f.

873 Dazu 2. Teil B. III., insb. 2. und 3.

874 Vgl. zu Gerichtsstandsklauseln in Versicherungsverträgen *Heiss*, Versicherungsrecht in Europa, 105, 140 f.: Bis zum Übergang der Verfügungsbefugnisse an den Versicherten habe der Versicherungsnehmer die Möglichkeit, Gerichtsstandsvereinbarungen auch zu Lasten des Versicherten zu treffen. Die Verfügungsbefugnis erwerbe der Versicherte nach österreichischem Recht erst mit der Übergabe des Versicherungsscheins. Dabei weist er auch darauf hin, dass dieser Zeitpunkt unterschiedlich von den nationalen Rechtsordnungen bestimmt werden könne. Im englischen Recht kann die Aufhebung oder Änderung des Rechts, das der Dritte bei dem „contract for the benefit of third party" erwirbt, nur bis zum innerhalb des in s. 2(1) Contracts (Rights of Third Parties) Act 1999 – vgl. Anhang II – genannten Zeitpunkts erfolgen. Im deutschen Recht ist beim echten Vertrag zu Gunsten Dritter eine Modifikation bis zum Rechtserwerb des Dritten möglich, es sei denn es ergibt sich etwas anderes aus dem Gesetz oder es ist ein vertraglicher Vorbehalt gegeben, vgl. MünchKomm/*Gottwald*, § 328, Rn. 27. Zur Möglichkeit der Modifikation oder des Widerrufs im französischen Recht bei der „stipulation pour autrui": *Terré/Simler/Lequette*, Les obligation, Rn. 528. Siehe rechtsvergleichend *Staudinger/Jagmann*, Vorbem zu §§ 328 ff., Rn. 18.

Vereinbarung der Zuständigkeit erfolgt sein muss[875]. Das nationale Recht bestimmt demgegenüber, ob die Gestaltung diesbezüglich überhaupt möglich ist.

c) Gebotenheit der Drittwirkung aufgrund Gesamtbetrachtung

Darüber hinaus muss die Drittwirkung der Gerichtsstandsvereinbarung aufgrund einer Gesamtbetrachtung der materiellen Rechte und/oder Pflichten oder gesamter Rechtspositionen und der Wirkung der Gerichtsstandsvereinbarung geboten sein.

aa) Fortbestand der Identität der materiellen Rechte und/oder Pflichten oder gesamter Rechtspositionen

Die Schutzbedürftigkeit des Dritten tritt zurück, soweit der Fortbestand der Identität der materiellen Rechte und/oder Pflichten oder gesamter Rechtspositionen im Vordergrund steht[876]. Der Grundsatz vom Fortbestand der Identität kommt vor allem bei dem Übergang der materiellen Rechtsstellung auf den Dritten zum Tragen. In diesen Fällen gebietet die Gesamtbetrachtung, dass der Dritte nicht nur die materiellen Rechte und/oder Pflichten oder gesamte Rechtspositionen erhält. Er muss auch die Wirkung der Gerichtsstandsvereinbarung, die eine Gestaltung hinsichtlich der Rechte und/oder Pflichten oder gesamter Rechtspositionen darstellt, gegen sich gelten lassen. Zu beachten ist, dass in eng begrenzten Einzelfällen, in denen die Schutzbedürftigkeit des Dritten nicht hinter den schutzbedürftigen Interessen des Gegners zurücktritt, ein gutgläubiger „lastenfreier“ Erwerb möglich ist. Dies gilt im Wertpapierrecht[877].

bb) Kein Erwerb einer reinen Belastung

Zudem ist die Wirkung der Gerichtsstandsvereinbarung zu Lasten des Dritten geboten, soweit eine Gesamtbetrachtung von materieller Rechtsstellung sowie der Wirkung der Gerichtsstandsvereinbarung ergibt, dass der Dritte keine reine Belastung erwirbt. Dies wird vor allem bei Neubegründung eines Rechts für den Dritten aufgrund einer vertraglichen Abrede der Parteien relevant[878]. Bei der durch die Gerichtsstandsvereinbarung vorgenommenen Modifikation im Hinblick auf das Recht, das der Dritte erwirbt, handelt es sich nicht um eine reine Belastung. Vielmehr erhält der Dritte ein Recht, das durch die Gerichtsstandsvereinbarung eine Einschränkung erfahren hat, so dass eine Schutzbedürftigkeit seinerseits entfällt. Auch in diesen Fällen besteht jedoch in den Ausnahmefällen des Wertpapierrechts die Möglichkeit des gutgläubigen „lastenfreien“ Erwerbs[879].

3. Voraussetzung im Hinblick auf den Dritten: Zustimmung des Dritten entsprechend Art. 17 Abs. 1 EuGVÜ/LugÜ bzw. Art. 23 Abs. 1, 2 EuGVO

Eine Wirkung der Gerichtsstandsvereinbarung zu Lasten des Dritten kommt darüber hinaus aber auch in Betracht, soweit neben der Voraussetzung des wirksamen Zustandekommens der Gerichtsstandsvereinbarung im Sinne von Art. 17 EuGVÜ/LugÜ bzw.

---

875 Vgl. die Überlegungen unter: 2. Teil B. III., IV., V.
876 Näher dazu 2. Teil B. IV. 4. a) bb) (2).
877 Siehe 2. Teil B. IV. 4. a) bb) (2) (a).
878 Vgl. bereits 2. Teil B. IV. 4. a) bb) (3).
879 Siehe oben 2. Teil B. IV. 4. a) bb) (3) (a).

Art. 23 EuGVO eine Zustimmung des Dritten entsprechend Art. 17 Abs. 1 EuGVÜ/LugÜ bzw. Art. 23 Abs. 1, 2 EuGVO vorliegt[880].

4. Gerichtsstandsklausel in einem Rahmenvertrag als Sonderfall?

Problematisch ist, ob die soeben entwickelten Grundsätze auch für den Fall der Gerichtsstandsklausel in einem Rahmenvertrag zur Anwendung kommen sollen. Schließen die Parteien einen Rahmenvertrag, der eine Gerichtsstandsklausel enthält, und kommen im Folgenden ein oder mehrere Einzelverträge unter den in dem Rahmenvertrag festgelegten Bedingungen zustande, so ist zunächst zu ermitteln, ob damit überhaupt eine Gerichtsstandsvereinbarung bezüglich der aus den Einzelverträgen folgenden Rechtsstellung wirksam erfolgt ist. Dies ist jedoch eine Frage, die das wirksame Zustandekommen der Vereinbarung betrifft. Somit ist eine Untersuchung im Verhältnis der Parteien zueinander erforderlich, auch wenn aus den Einzelverträgen ein materielles Recht für einen Dritten geschaffen wird. Zu problematisieren ist dabei insbesondere die Bestimmtheit der Zuständigkeitsvereinbarung[881]. Ist das wirksame Zustandekommen der Gerichtsstandsvereinbarung im Hinblick auf die aus den Einzelverträgen folgende Rechtsstellung anzuerkennen, so gelten die bereits entwickelten Grundsätze: Kommt es zu einem Übergang der Rechtsstellung aus den Einzelverträgen auf den Dritten, so gilt der Grundsatz vom Fortbestand der Identität der Rechtsstellung. Erwirbt der Dritte materielle Rechte aufgrund der von den Parteien geschlossenen Einzelverträge, so handelt es sich nicht um den Erwerb einer reinen Last. Folglich ist eine Wirkung der Gerichtsstandsklausel aus dem Rahmenvertrag zu Lasten des Dritten in diesen Konstellationen anzunehmen, soweit den Parteien die Befugnis zur Gestaltung hinsichtlich der Rechtsstellung zukommt. Ferner muss eine Drittwirkung gelten, wenn die Zuständigkeitsvereinbarung wirksam zustande gekommen und eine Zustimmung des Dritten entsprechend Art. 17 Abs. 1 EuGVÜ/LugÜ bzw. Art. 23 Abs. 1, 2 EuGVO erfolgt ist.

5. Der Dritte als Beklagter

Die entwickelten Grundsätze finden auch Anwendung, soweit den Dritten als Beklagten belastende Wirkungen der Gerichtsstandsvereinbarung treffen[882]. Nach der Ansicht von *Geimer* und *Schütze* kann die Gerichtspflichtigkeit des Dritten nicht gegen seinen Willen ausgedehnt werden. Daher lehnen sie eine Wirkung gegenüber dem beklagten Dritten ab[883]. Stimmt der Dritte der wirksam zustande gekommen Gerichtsstandsvereinbarung entsprechend Art. 17 Abs. 1 EuGVÜ/LugÜ bzw. Art. 23 Abs. 1, 2 EuGVO zu, wirkt diese folglich auch ihm gegenüber[884].

Fraglich ist jedoch, welche Konsequenz es hat, wenn der Dritte nicht zustimmt. Auf die Erfüllung der Formanforderungen könnte verzichtet werden, wenn der Dritte eines

880 Dazu sowie zu den entsprechend anzuwendenden Voraussetzungen: 2. Teil B. IV. 4. b) bb).

881 Vgl. auch 2. Teil C. II. 1.

882 Vgl. 2. Teil B. I. 1. b).

883 *Geimer*, IZPR, Rn. 1731; *Geimer/Schütze*, Internationale Urteilsanerkennung I/1., 928 f.; *Geimer/Schütze*, Art. 23, Rn. 205.

884 Vgl. *Geimer*, NJW 1985, 533, 534, der eine „Mitwirkung“ des Dritten fordert, ohne zu spezifizieren, was darunter zu verstehen ist.

Schutzes nicht bedarf. Einigkeit besteht darüber, dass, soweit der Grundsatz vom Fortbestand der Identität der materiellen Rechte und/oder Pflichten bzw. gesamter Rechtspositionen zum Tragen kommt ein Schutzbedürfnis des Dritten abzulehnen ist. Auf die bereits dargestellte Argumentation[885] diesbezüglich kann demnach verwiesen werden[886].

Diskutiert wird hingegen, ob bei einem Rechtserwerb des Dritten kraft Abrede der Parteien, die eine Gerichtsstandsvereinbarung treffen, diese hinsichtlich der Beklagtenposition des Dritten Wirkung zu seinen Lasten entfaltet[887]. Es kann hier jedoch nichts anderes gelten als im Hinblick auf die Gerichtsstandsvereinbarung mit Wirkung zu Lasten des Dritten, soweit dieser als Kläger im Prozess auftritt. Die entwickelten Thesen müssen unabhängig von der Parteirolle Anwendung finden: Es handelt sich nicht um eine reine Belastung des Dritten. Vielmehr erwirbt der Dritte ein eingeschränktes Recht. Nach einer Gesamtbetrachtung von materiellem Recht und den Wirkungen der Gerichtsstandsvereinbarung wird ihm nichts von dem genommen, was ihm vorher zustand. Des Weiteren kann nichts anderes gelten als hinsichtlich des Übergangs von materiellen Rechten und/oder Pflichten oder gesamter Rechtspositionen. Wer den Vermögenswert haben will, muss ihn so akzeptieren, wie er besteht. Der Dritte kann auch auf ihn verzichten. Tut er dies jedoch nicht, so darf er sich nicht lediglich das für ihn Vorteilhafte, also das materielle Recht ohne die Wirkung der Gerichtsstandsvereinbarung, heraussuchen[888]. Demnach müssen die für die Gerichtsstandsvereinbarung mit Wirkung zu Lasten des Dritten entwickelten Grundsätzen[889] uneingeschränkt gelten.

---

885 Vgl. 2. Teil B. IV. 4. a) bb) (2).

886 So auch *Geimer*, NJW 1985, 533, 534; vgl. ebenfalls *Mankowski*, IPRax 1996, 427, 431 f., die allerdings grundsätzlich von einer Anwendung nationalen Rechts bei der Beantwortung der Frage nach der Wirkung einer Gerichtsstandsvereinbarung zu Lasten des Dritten ausgehen.

887 Ablehnend *Geimer*, NJW 1985, 533, 534; so auch *Killias*, Die Gerichtsstandsvereinbarungen nach dem Lugano-Übereinkommen, 248.

888 In diesem Sinne auch *Mankowski*, IPRax 1996, 427, 431 f.

889 Siehe bereits 2. Teil B. III., IV., V.

C. Sonderprobleme bei Gerichtsstandsvereinbarungen mit Drittwirkung

Im Hinblick auf Gerichtsstandsvereinbarungen mit Drittwirkung bestehen weitere Besonderheiten, die sowohl die Vereinbarungen mit Wirkung zu Gunsten Dritter als auch zu Lasten Dritter betreffen. Zum einen ist zu klären, ob die Parteien der Gerichtsstandsvereinbarung oder/und die Parteien des Rechtsstreits die Anwendungsvoraussetzungen zu erfüllen haben[890]. Darüber hinaus ist zu erörtern, werden Zulässigkeitsvoraussetzungen zu genügen hat[891].

I. Anwendungsvoraussetzungen gemäß Art. 17 EuGVÜ/LugÜ bzw. Art. 23 EuGVO

Nachdem bereits festgestellt wurde, dass auch der Dritte den Formerfordernissen grundsätzlich nachkommen muss[892], stellt sich die Frage, ob es hinsichtlich der Anwendungsvoraussetzungen gemäß Art. 17 EuGVÜ/LugÜ bzw. Art. 23 EuGVO auf die Person des Dritten ankommt.

Nach dem Wortlaut von Art. 17 EuGVÜ/LugÜ bzw. Art. 23 EuGVO ist erforderlich, dass mindestens eine der Parteien ihren Wohnsitz in dem Hoheitsgebiet eines Vertrags-/Mitgliedsstaats hat und die Zuständigkeit eines Gerichts oder der Gerichte eines Vertrags-/Mitgliedsstaats vereinbart wird. Weitgehende Einigkeit besteht darüber, dass ein bloßer Inlandssachverhalt[893] nicht dazu führt, dass Art. 17 EuGVÜ/LugÜ bzw. Art. 23 EuGVO zur Anwendung gelangt[894]. Das Erfordernis des internationalen Bezugs folgt dabei aus der Präambel des EuGVÜ[895]/des LugÜ bzw. dem Erwägungsgrund (3) der EuGVO i.V.m. Art. 65 EG. Besteht hingegen ein Bezug zu zwei Vertrags-/Mitgliedsstaaten[896], so ist der Anwendungsbereich eröffnet.

Fraglich ist, ob es hinsichtlich des Sitzerfordernisses in dem Hoheitsgebiet eines Vertrags-/Mitgliedsstaates auf die Parteien der Gerichtsstandsvereinbarung oder die Parteien des Rechtsstreits ankommt[897]. Darüber hinaus könnte bei der Feststellung des „internationalen Bezugs" der Gerichtsstandsvereinbarung ausschlaggebend sein, dass diese gegenüber einem Dritten Wirkung entfalten soll[898].

---

890 Dazu 2. Teil C. I.

891 Dazu 2. Teil C. II.

892 Vgl. oben 2. Teil B. IV. 4.

893 Beispiel: Die Parteien haben ihren Sitz in Hamburg bzw. München und vereinbaren die Zuständigkeit eines deutschen Gerichts.

894 *Benecke*, Der räumlich-persönliche Anwendungsbereich, 54 ff.; vgl. auch *Aull*, Der Geltungsanspruch des EuGVÜ, 106 ff.; *Kropholler*, Art. 23, Rn. 2; *Kröll*, ZZP (113) 2000, 135, 151. Anders hingegen *Geimer/Schütze*, Art. 23, Rn. 36, 39. Ihrer Ansicht nach richtet sich nur die örtliche Zuständigkeit nach nationalem Recht.

895 Vgl. auch *Jenard*-Bericht, ABl.EG 1979 Nr. C 59/1, zu Art. 17.

896 Beispiele: Eine Partei hat ihren Sitz in Deutschland, eine andere in Frankreich und es wird die Zuständigkeit französischer Gerichte vereinbart; Beide Parteien haben ihren Sitz in Österreich und sie haben die Zuständigkeit deutscher Gerichte vereinbart; Eine Partei ist wohnhaft in Deutschland, die andere in Frankreich. Beide vereinbaren die Zuständigkeit belgischer Gerichte.

897 Dazu im Folgenden (vgl. 2. Teil C. I. 1.).

898 Siehe 2. Teil C. I. 2.

1. Sitz in einem Vertrags-/Mitgliedsstaat

Es bedarf demnach zunächst der Klärung, ob es bezüglich der Anwendungsvoraussetzungen gemäß Art. 17 EuGVÜ/LugÜ bzw. Art. 23 EuGVO auf das Verhältnis der Parteien der Gerichtsstandsvereinbarung[899] oder der Parteien des Rechtsstreits[900] ankommt[901]. Dabei bietet der Wortlaut von Art. 17 Abs. 1 EuGVÜ/LugÜ bzw. Art. 23 EuGVO auch hier keine Lösung, da diese Vorschrift von dem Grundfall ausgeht, dass die Parteien des Rechtsstreits mit den Parteien der Gerichtsstandsvereinbarung identisch sind[902].

a) Erfüllung durch Parteien der Gerichtsstandsvereinbarung oder Parteien des Rechtsstreits

Für eine Beurteilung der Anwendungsvoraussetzungen im Hinblick auf die Parteien des Rechtsstreits tritt *Samtleben*[903] ein. Ausgangspunkt seiner Überlegungen ist der maßgebliche Zeitpunkt für das Vorliegen der Voraussetzungen. Seiner Meinung nach kommt es auf den Zeitpunkt der Klageerhebung und damit auf die Parteien des Rechtsstreits, und nicht die Parteien der Gerichtsstandsvereinbarung an. Fraglich ist, ob für das Vorliegen der Voraussetzungen auf den Zeitpunkt der Klageerhebung abzustellen ist[904] und daraus die Schlussfolgerung gezogen werden kann, dass es auf die Parteien des Rechtsstreits hinsichtlich der Anwendungsvoraussetzungen ankommt[905].

aa) Maßgeblicher Zeitpunkt für das Vorliegen der Voraussetzungen

Der maßgebliche Zeitpunkt des Vorliegens der Voraussetzungen spielt eine Rolle, wenn diese nach dem Zustandekommen der Gerichtsstandsvereinbarung entfallen oder aber erfüllt werden[906]. Überwiegend wird auf den Zeitpunkt der Klageerhebung abge-

---

899 *EuGH* Urteil vom 9. November 2000, Rs. C-387/98, Slg. 2000, I-9337, Rn. 20 *(Coreck)*; *Generalanwalt Slynn*, Schlussanträge vom 21. März 1984, Rs. 71/83, Slg. 1984, 2437, 2439 f. *(Tilly Russ)*; vgl. aber auch die Auffassung der *niederländische Regierung* dargestellt in den Schlussanträgen des Generalanwalts Alber vom 23. März 2000, Rs. C-387/98, Slg. 2000, I-9340, Rn. 39 *(Coreck)*; *Killias*, Die Gerichtsstandsvereinbarungen nach dem Lugano-Übereinkommen, 242 f.; so wohl auch *Basedow*, IPRax 1985, 133 f.; *Bischoff*, J.D.I. 2001, 701, 702 f.; *Ekelmans*, Cahier de droit européen 1985, 426, 445; wohl auch *Geimer*, NJW 1985, 533 f.; *Morse*, African Journal of Int. and Comp. Law 1989, 551, 564 f.

900 So *BayObLG*, NJW-RR 2002, 359. So wohl auch *Prüßmann/Rabe*, vor § 556, Rn. 137.

901 Zweifelnd hinsichtlich des Vorliegens der Anwendungsvoraussetzungen in Bezug auf die Entscheidung *„Tilly Russ"*: *Basedow*, IPRax 1985, 133, 135; *Samtleben*, RabelsZ 59 (1995), 670, 681. *North*, Lloyd's MCLQ 1985, 177, 179 hält die Problematik für nicht sehr bedeutend, da gemäß Art. 17 Abs. 1 S. 3 EuGVÜ (eingeführt durch das zweite Beitrittsübereinkommen von 1982)/LugÜ bzw. Art. 23 Abs. 3 EuGVO, auch wenn die Parteien einer solchen Vereinbarung ihren Sitz nicht im Hoheitsgebiet eines Vertrags-/Mitgliedsstaats haben, die Gerichte der anderen Vertrags-/Mitgliedsstaaten nicht entscheiden können, es sei denn, das vereinbarte Gericht hat sich rechtskräftig für unzuständig erklärt. Ebenso *Droz*, Internationale Zuständigkeit und Urteilsanerkennung, 242, 243.

902 Vgl. 2. Teil A. III. 2. a) aa).

903 *Samtleben*, RabelsZ 59 (1995), 670, 702 ff.

904 Dazu 2. Teil C. I. 1. a) aa).

905 Siehe 2. Teil C. I. 1. a) bb).

906 Diese Diskussion hat allerdings im Hinblick auf Art. 17 Abs. 1 S. 3 EuGVÜ/LugÜ bzw. Art. 23 Abs. 1 EuGVO an Bedeutung verloren, soweit zum Zeitpunkt der Klageerhebung beide Parteien ihren

stellt[907]. Andere Stimmen in der Literatur sehen hingegen den Zeitpunkt der Vereinbarung als ausschlaggebend an[908]. Darüber hinaus wird vertreten, dass es – um eine möglichst weitreichende Anwendung der Übereinkommen bzw. der Verordnung zu garantieren – für die Voraussetzungen entweder auf den Zeitpunkt der Vereinbarung oder auf den der Klageerhebung ankommen könne[909]. Der Wortlaut von Art. 17 Abs. 1 EuGVÜ/LugÜ bzw. Art. 23 Abs. 1 EuGVO bietet hier keinerlei Antwort[910]. Möglicherweise kann jedoch die Ermittlung von Sinn und Zweck der Anwendungsvoraussetzungen weiterhelfen.

Für eine Beurteilung zum Zeitpunkt der Vereinbarung könnte sprechen, dass die Anwendungserfordernisse dazu dienen, den Parteien klare Kriterien an die Hand zu geben, damit diese wissen, nach welchem Recht sich ihre Vereinbarung beurteilt. Aus Gründen der Rechtssicherheit und Vorhersehbarkeit des anwendbaren Rechts für die Parteien könnte daher auf den Zeitpunkt der Vereinbarung abzustellen sein. Dass die Parteien mit Hilfe der Anwendungsvoraussetzungen leicht feststellen können sollen, ob die Übereinkommen bzw. die Verordnung für die Beurteilung der Gerichtsstandsvereinbarung maßgebend sind, ist zwar richtig, jedoch geht der Zweck der Anwendungsvoraussetzungen im Sinne von Art. 17 Abs. 1 EuGVÜ/LugÜ bzw. Art. 23 Abs. 1 EuGVO weit darüber hinaus. So soll grundsätzlich eine einfache und klare Entscheidung darüber möglich sein, ob Art. 17 EuGVÜ/LugÜ bzw. Art. 23 EuGVO zur Anwendung gelangt. Dies gilt primär für den Richter, der im Prozess über die Wirksamkeit der Gerichtsstandsvereinbarung urteilen muss. Dabei soll ihm keine komplizierte Prüfung bereits bei der Frage aufgebürdet werden, nach welchem Recht die Gerichtsstandsvereinbarung zu beurteilen ist. Erst mittelbar dient die Festlegung des Anwendungsbereichs der Orientierung der Parteien beim Abschluss der Gerichtsstandsvereinbarung. Dies spricht dafür, auf den Zeitpunkt der Klageerhebung abzustellen. Zudem wird darauf verwiesen, dass es sich um ein Verfahrensproblem handele, welches folglich im Zeitpunkt der Klageerhebung zu lösen sei[911]. Das Abstellen auf den Zeitpunkt der Klageerhebung findet auch Unterstützung in Art. 54 EuGVÜ/LugÜ bzw. Art. 66 EuGVO, wonach es für die Anwendung der Übereinkommen bzw. der Verord-

---

Wohnsitz nicht im Hoheitsgebiet eines Vertrags-/Mitgliedsstaats haben, aber das Gericht oder die Gerichte eines Vertrags-/Mitgliedsstaats vereinbart wurde.

907 *OLG Koblenz*, RIW 1987, 144, 146; *OLG Köln*, IPRspr. 1988, Nr. 157; *Diamond*, Internationale Zuständigkeit und Urteilsanerkennung, 129 ff.; *Reithmann/Martiny/Hausmann*, Internationales Vertragsrecht, Rn. 2978; *Schack*, Internationales Zivilverfahrensrecht, Rn. 465; *Geimer/Schütze/Auer*, 540.382, Art. 23, Rn. 33; *Cernich/Tiefenthaler*, Art. 17, Rn. 16; *Kropholler*, Art. 23, Rn. 11; *Schlosser*, Art. 23, Rn. 8 ff.; *Wieczorek/Schütze/Hausmann*, Art. 17, Rn. 11; *Samtleben*, RabelsZ 59 (1995), 670, 702 f.

908 *Gaudemet-Tallon*, Internationale Zuständigkeit und Urteilsanerkennung, 107, 118 f.; *Gothot/Holleaux*, La Convention de Bruxelles, Rn. 163; *Kaye*, Civil Jurisdiction and Enforcement, 1082 f.; *Killias*, Die Gerichtsstandsvereinbarungen nach dem Lugano-Übereinkommen, 79 ff.; *Schlosser*, Art. 23, Rn. 5.

909 *Droz*, Internationale Zuständigkeit und Urteilsanerkennung, 242, 243 f.; *Philip*, Internationale Zuständigkeit und Urteilsanerkennung, 141 f.

910 Anders *Gaudemet-Tallon*, Internationale Zuständigkeit und Urteilsanerkennung, 117, 118.

911 Vgl. *Diamond*, Internationale Zuständigkeit und Urteilsanerkennung, 129.

nung grundsätzlich auf diesen Zeitpunkt ankommen soll. Auf diese Norm nahm auch der EuGH in der Entscheidung *„Sanicentral"* Bezug, in der er darlegte, dass es sich bei der Gerichtsstandsvereinbarung lediglich um eine Zuständigkeitsoption handele, die ohne rechtliche Folgen bleibe, solange kein gerichtliches Verfahren eingeleitet sei. Sie entfalte erst dann Wirkung, wenn es zur Erhebung der Klage komme[912]. Auch wenn der EuGH zu einem speziellen Fall Stellung bezog, indem eine Gerichtsstandsvereinbarung nach dem vor Inkrafttreten maßgebenden nationalen Recht unwirksam war, ist die Aussage, dass es sich bei einer Gerichtsstandsvereinbarung um eine Zuständigkeitsoption handele, die erst Wirkung entfalte, wenn Klage erhoben wird, doch allgemein gültig.

Gegen den Zeitpunkt der Klageerhebung kann nun auch nicht mehr eingewandt werden, dass dieser sich nach nationalem Recht bestimme und daher möglicherweise schwierig zu ermitteln sei und divergieren könne. Die EuGVO enthält in Art. 30 eine Regelung im Hinblick auf die Klageerhebung, die – auch wenn der Wortlaut eine andere Situation erfasst – vorliegend angewendet werden muss, da in den Mitgliedsstaaten ein Interesse an gleichmäßiger Rechtsanwendung besteht[913].

Grundsätzlich widerspricht dieses Ergebnis auch nicht den Interessen der Parteien. Diese wollen bei Abschluss der Gerichtsstandsvereinbarung eine Zuständigkeit begründen. Entspricht sie jedoch erst im Zeitpunkt der Klageerhebung den Voraussetzungen gemäß Art. 17 EuGVÜ/LugÜ bzw. Art. 23 EuGVO, so soll ihr die von den Parteien gewollte Wirksamkeit nicht mit der Begründung genommen werden, dass die Voraussetzungen objektiv zum Zeitpunkt der Vereinbarung nicht vorlagen. Problematisch bleibt folglich im Hinblick auf eine Schutzbedürftigkeit der Parteien nur der Fall, dass die Gerichtsstandsvereinbarung zum Zeitpunkt des Zustandekommens der Vereinbarung den Voraussetzungen genügt hat, aber diese nachträglich bis zum Zeitpunkt der Klageerhebung entfallen sind. Ein Schutz der Parteien wird vereinzelt mit der Begründung abgelehnt, dass ein Vertrauen in den Fortbestand einer nur potentiellen Zuständigkeit nicht schutzbedürftig sei[914]. Grundsätzlich erscheint es billig, bei von den Parteien veranlassten Änderungen – zum Beispiel der Sitzverlegung einer Partei – weiterhin auf den Zeitpunkt der Klageerhebung abzustellen. Eine besondere Schutzbedürftigkeit der Parteien ist in diesen Fällen nicht erkennbar. Anders gestaltet sich die Situation jedoch, wenn eine der Parteien ihren Sitz verlegt, um der Anwendung des Art. 17 EuGVÜ/LugÜ bzw. Art. 23 EuGVO zu entkommen. Bei einem solch treuwidrigen Verhalten muss die andere Partei in ihrem Vertrauen auf das Bestehen der Gerichtsstandsvereinbarung gemäß Art. 17 EuGVÜ/LugÜ bzw. Art. 23 EuGVO geschützt werden[915]. Damit ist als Grundsatz festzuhalten, dass es – wie auch von *Samtleben* ver-

---

912 *EuGH* im Urteil vom 13. November 1979, Rs. 25/79, Slg. 1979, 3423, Rn. 6 *(Sanicentral)*.

913 Vgl. *Kropholler*, Art. 66, Rn. 2; *Schlosser*, Art. 66, Rn. 1.

914 *Schack*, Internationales Zivilverfahrensrecht, Rn. 465. In diesem Sinn auch *LG München I*, IPRax 1996, 266, 267. Dazu ebenfalls *Trunk*, IPRax 1996, 249, 250 ff.

915 Dies meint wohl auch *Samtleben*, RabelsZ 59 (1995), 670, 703, Fn. 164 mit der *„missbräuchlichen Verschiebung der Zuständigkeit"*. Darüber hinaus wollen einen grundsätzlichen Schutz des Vertrauens auf den Fortbestand der Gerichtsstandsvereinbarung gemäß Art. 17 EuGVÜ/LugÜ bzw. Art. 23 EuGVO gewähren: vgl. *Geimer/Schütze/Auer*, 540.382, Art. 23, Rn. 33; *Schlosser*, Art. 23, Rn. 9.

treten wird[916] – auf den Zeitpunkt der Klageerhebung ankommen muss. Lediglich in dem Fall der treuwidrigen Sitzverlegung, um der Anwendung der Übereinkommen bzw. der Verordnung zu entkommen, ist nicht auf den Zeitpunkt der Klageerhebung abgezustellen, sondern es bleibt bei der Anwendung von Art. 17 EuGVÜ/LugÜ bzw. Art. 23 EuGVO.

bb) Konsequenzen

Fraglich ist allerdings, ob daraus gefolgert werden kann, dass es für die Erfüllung der Anwendungsvoraussetzungen auf die Parteien des Rechtsstreits und nicht die Parteien der Gerichtsstandsvereinbarung ankommt. Für ersteres könnte sprechen, dass die Zuständigkeitsvereinbarung gegenüber den Parteien des Rechtsstreits Wirkung entfalten soll, so dass auch im Hinblick auf sie zu prüfen ist, ob Art. 17 EuGVÜ/LugÜ bzw. Art. 23 EuGVO überhaupt zur Anwendung gelangt. Dass von der subjektiven Wirkung aber nicht unbedingt darauf geschlossen werden kann, bei wem die Voraussetzungen vorliegen müssen, wurde bereits im Zusammenhang mit der Diskussion bezüglich der Formvoraussetzungen herausgestellt. Um die Frage der Drittwirkung einer Gerichtsstandsvereinbarung beantworten zu können, bedarf es zunächst der Feststellung, dass die Gerichtsstandsvereinbarung überhaupt wirksam zustande gekommen ist, an die der Dritte möglicherweise gebunden wird. Die Voraussetzungen, nach denen sich das wirksame Zustandekommen der Gerichtsstandsvereinbarung beurteilt, ergeben sich aus Art. 17 EuGVÜ/LugÜ bzw. Art. 23 EuGVO nur dann, wenn die Anwendungsvoraussetzungen erfüllt sind. Folglich ist zunächst im Verhältnis der Parteien der Gerichtsstandsvereinbarung zu prüfen, ob die Anwendungsvoraussetzungen vorliegen und damit eine wirksame Gerichtsstandsvereinbarung im Sinne von Art. 17 EuGVÜ/LugÜ bzw. Art. 23 EuGVO zustande gekommen ist. Im Anschluss daran ist zu ermitteln, ob diese Vereinbarung auch gegenüber einem Dritten Wirkung entfaltet. Daher kann daraus, dass bezüglich der Beurteilung der Anwendungsvoraussetzungen auf den Zeitpunkt der Klageerhebung abzustellen ist, nicht – wie Samtleben dies vertritt[917] – geschlossen werden, dass es auf die Parteien des Rechtsstreits und nicht auf die Parteien der Gerichtsstandsvereinbarung ankommt. Die Anwendungsvoraussetzungen müssen vielmehr durch die Parteien der Gerichtsstandsvereinbarung erfüllt werden, wobei prinzipiell auf den Zeitpunkt der Klageerhebung abzustellen ist[918].

b) Zusätzliche Erfüllung durch Parteien des Rechtsstreits

Damit die zu Art. 17 EuGVÜ/LugÜ bzw. Art. 23 EuGVO entwickelten Grundsätze im Hinblick auf die Wirkung einer Gerichtsstandsvereinbarung im Sinne von Art. 17 EuGVÜ/LugÜ bzw. Art. 23 EuGVO gegenüber Dritten zum Tragen kommen, könnte erforderlich sein, dass die Anwendungsvoraussetzungen zusätzlich hinsichtlich der Parteien des Rechtsstreits erfüllt sein müssen.

Anders als bei den Formerfordernissen, die hauptsächlich den Schutz der Parteien vor einer aufgedrängten oder untergeschobenen Gerichtsstandsvereinbarung bezwe-

---

Der Fall der arglistigen Sitzverlegung wird jedoch eher selten praktisch relevant werden.

916 *Samtleben*, RabelsZ 59 (1995), 670, 702 f.

917 *Samtleben*, RabelsZ 59 (1995), 670, 702 ff.

918 Vgl. 2. Teil C. I. 1. a) aa).

cken[919], liegt Sinn und Zweck der Anwendungsvoraussetzungen primär darin, dem Richter eine einfache und klare Feststellung zu ermöglichen, ob Art. 17 EuGVÜ/LugÜ bzw. Art. 23 EuGVO bei der Beurteilung der Gerichtsstandsvereinbarung anzuwenden ist[920]. Dies gilt nicht nur im Hinblick auf das Zustandekommen der Gerichtsstandsvereinbarung und ihrer Wirkungen im Verhältnis der Parteien der Vereinbarung zueinander. Auch bei der Beantwortung der Frage, ob sich die Drittwirkung dieser Gerichtsstandsvereinbarung nach den Übereinkommen bzw. der Verordnung zu beurteilen hat, steht dieser Gedanke im Vordergrund. Der Zweck der Anwendungsvoraussetzungen spricht folglich dafür, dass der Richter, wenn er zur Anwendung des Art. 17 EuGVÜ/LugÜ bzw. Art. 23 EuGVO im Verhältnis der Parteien der Gerichtsstandsvereinbarung gelangt, dieses Recht auch im Hinblick auf die Lösung der Drittwirkungs-Problematik anwenden soll. Er muss sodann keine erneute Prüfung des anwendbaren Rechts bezüglich des Dritten anstellen, sondern kann ohne weiteres die Grundsätze der Übereinkommen bzw. der Verordnung heranziehen. Dafür spricht auch, dass es sich bei dem national-autonomen und ebenso dem übereinkommens- bzw. gemeinschaftsautonomen Recht um aufeinander abgestimmte Rechtssysteme handelt. Dementsprechend sollte eine Gerichtsstandsvereinbarung sowohl hinsichtlich ihres Zustandekommens und ihrer Wirkung gegenüber den Parteien der Vereinbarung, als auch in Bezug auf die Wirkung dieser Vereinbarung gegenüber Dritten nach ein und demselben Recht bewertet werden.

Infolgedessen ist bei der Frage nach dem Vorliegen der Anwendungserfordernisse ausschließlich auf die Parteien der Gerichtsstandsvereinbarung abzustellen, so dass die Voraussetzungen erfüllt sind, wenn eine der Parteien der Vereinbarung[921] im Zeitpunkt der Klageerhebung einen Sitz in einem Vertrags-/Mitgliedsstaat hat und die Zuständigkeit eines Gerichts oder mehrerer Gerichte eines Vertrags-/Mitgliedsstaats vereinbart wurde[922].

2. Internationaler Bezug

Darüber hinaus könnte bei der Feststellung des „internationalen Bezugs" der Gerichtsstandsvereinbarung ausschlaggebend sein, dass diese gegenüber einem Dritten Wirkung entfalten soll.

Es ist umstritten, was für einen internationalen Bezug erforderlich sein soll. Vereinzelt wird darauf abgestellt, dass die Gerichtsstandsvereinbarung einen Auslandsbezug

---

919 Siehe 2. Teil B. IV. 4.

920 Dazu bereits 2. Teil C. I. 1. a).

921 Soweit es um die Feststellung der Zustimmung gemäß lit. c geht, ist zu beachten, dass es hinsichtlich des Erfordernisses des „internationalen Handels" in Bezug auf das Verhältnis zwischen dem Dritten und der Partei auf den Sitz des Dritten ankommt, vgl. oben 2. Teil B. IV. 4. b) bb) (3) (b). Dies hat jedoch keinerlei Auswirkungen im Hinblick auf die Anwendungsvoraussetzungen.

922 Es ist kein Grund ersichtlich, warum hinsichtlich des „trust" ein weiterer Anwendungsbereich eröffnet sein soll. Allerdings bedarf es ebenso wie gemäß Abs. 1 nur des Sitzes einer der Parteien in einem Vertrags-/Mitgliedsstaat, so dass Art. 17 Abs. 2 EuGVÜ/LugÜ bzw. Art. 23 Abs. 4 EuGVO auch dann zur Anwendung gelangt, wenn der Dritte im Gegensatz zum Begründer des „trust" keinen Sitz in einem Vertrags-/Mitgliedsstaat hat. Vgl. *Conrad*, Qualifikationsfragen des trust, 310; *Kropholler*, Art. 23, Rn. 29; anders: *O'Malley/Layton*, European Civil Practice, Rn. 21.74.

aufweist, wobei als ausreichend bereits eine im Ausland abgeschlossene Vereinbarung oder aber die Erfüllung einer Pflicht im Ausland angesehen wird[923]. Andere wollen nur dann einen internationalen Bezug anerkennen, soweit Sitz- und Gerichtsstaat auseinanderfallen, also aufgrund der Gerichtsstandsvereinbarung die Möglichkeit besteht, dass eine Partei vor die Gerichte eines anderen Vertrags-/Mitgliedsstaats gezogen wird, der nicht mit ihrem Sitzstaat identisch ist[924]. Überwiegend wird ein internationaler Bezug bejaht, soweit durch die Gerichtsstandsvereinbarung zugleich die gegebene Zuständigkeit eines ausländischen Gerichts derogiert wird[925]. Letzterer Ansicht ist zuzustimmen: Art. 17 EuGVÜ/LugÜ bzw. Art. 23 EuGVO erfasst nicht nur die Prorogation, sondern auch die Derogation, wie aus Art. 17 Abs. 3 EuGVÜ/LugÜ bzw. Art. 23 Abs. 5 EuGVO hervorgeht, der die Derogationswirkung begrenzt. Daher kann nicht nur eine Prorogation, durch die die Zuständigkeit eines anderen Vertrags-/Mitgliedsstaats begründet wird, dazu führen, dass die Übereinkommen bzw. die Verordnung zur Anwendung gelangen, sondern auch eine Derogation, die die Zuständigkeit eines anderen Vertrags-/Mitgliedsstaats ausschließt. Demnach liegt ein internationaler Bezug vor, wenn durch die Gerichtsstandsvereinbarung zugleich die gegebene Zuständigkeit eines ausländischen Gerichts derogiert wird. Der Sitz des Dritten im Ausland kann demnach ausschlaggebend sein, falls die Leistung an den Dritten erfolgen soll, da infolgedessen der Erfüllungsort im Ausland liegt, so dass eine Zuständigkeit an diesem Ort derogiert wird.

Bezüglich der Problematik, dass kein Bezug zu einem anderen Vertrags-/Mitgliedsstaat besteht[926], bedarf es keiner Klärung, ob der Sitz des Dritten hierauf Auswirkungen haben könnte, da es auf einen Bezug zu einem anderen Vertrags-/Mitgliedsstaat nicht ankommt. Dafür spricht zunächst der Wortlaut, nach dem nicht erforderlich ist, dass die Zuständigkeit eines „anderen" Vertrags-/Mitgliedsstaats vereinbart werden muss[927]. Vor allem ist jedoch auf die Ziele der Übereinkommen bzw. der Verordnung hinzuweisen. Da möglichst einheitliche Rechte und Pflichten für die Rechtssubjekte in den Vertrags-/Mitgliedsstaaten geschaffen werden sollen, muss den Übereinkommen bzw. der Verordnung ein möglichst weiter Regelungsbereich zukommen[928]. Demgemäß sind diese auch anwendbar, wenn ein Bezug nur zu einem Vertrags-/Mitgliedsstaat und einem Drittstaat besteht[929].

---

923 *Geimer/Schütze/Auer*, 540.376, Art. 23, Rn. 13.

924 Zum LugÜ *OGH*, JBl. 1998, 726 ff. mit ablehnender Anm. von *Burgstaller*, S. 691, 693 ff.

925 *Droz*, Compétence judiciaire, 119 ff.; *Jung*, Vereinbarungen, 64 ff.; *Kim*, Internationale Gerichtsstandsvereinbarungen, 150 f.

926 Beispiel: Eine Partei hat ihren Sitz in Deutschland, die andere in den U.S.A. Vereinbart wird die Zuständigkeit deutscher Gerichte. Vgl. zu dieser Problematik: *Benecke*, Der räumlich-persönliche Anwendungsbereich, insb. 92 ff.; *Heß*, IPRax 1992, 358 f.; *Samtleben*, RabelsZ 59 (1995), 670 ff.

927 *Staudinger/Hausmann*, Anhang II zu Art. 27-37 EGBGB, Rn. 169; *Franzen*, RIW 2000, 81, 83.

928 Vgl. dazu auch 1. Teil A. II. 1. b).

929 So auch *Kim*, Internationale Gerichtsstandsvereinbarungen, 152 ff.; *Kropholler*, FS Ferid (1988), 239, 242 f., 247 f.; *ders.*, Art. 23, Rn. 9 f.; *Basedow*, IPRax 1985, 133, 135; wohl auch *Dörner/Staudinger*, IPRax 1999, 338, 339; *Oberhammer*, ecolex 1998, 694; *Staudinger*, IPRax 2000, 483, 484 f. Vgl. zu dieser häufig diskutierten Problematik: *Benecke*, Der räumlich-persönliche Anwendungsbereich, insb. 92 ff.; *Samtleben*, RabelsZ 59 (1995), 670 ff.; Seeberg, ZIP 1992, 600, 606 f. Dies

3. Ergebnis

Bei der Beurteilung der Anwendungsvoraussetzungen ist infolgedessen grundsätzlich auf die Parteien der Gerichtsstandsvereinbarung abzustellen, wobei in Einzelfällen auch der Sitz des Dritten im Hinblick auf das Erfordernis eines „internationalen Bezugs" eine Rolle spielen kann.

II. Zulässigkeitsvoraussetzungen

Darüber hinaus könnte es erforderlich sein, dass die Zulässigkeitsvoraussetzungen im Hinblick auf den Dritten erfüllt sind.

1. Bestimmtheitsgrundsatz

Aus Art. 17 Abs. 1 EuGVÜ/LugÜ bzw. Art. 23 Abs. 1 EuGVO folgt der Bestimmtheitsgrundsatz in zweierlei Hinsicht: Zum einen ist erforderlich, dass die Zuständigkeit bezüglich eines bestimmten Rechtsverhältnisses vereinbart wird. Zum anderen muss ein bestimmtes Gericht für zuständig erklärt werden.

Gemäß Art. 17 Abs. 1 S. 1 EuGVÜ/LugÜ bzw. Art. 23 Abs. 1 S. 1 EuGVO ist es erforderlich, dass sich die Vereinbarung auf eine „bereits entstandene Rechtsstreitigkeit oder über eine künftige aus einem bestimmten Rechtsverhältnis entspringende Rechtsstreitigkeit" beziehen muss. Durch diese Voraussetzung soll der Gefahr, dass eine Klausel für sämtliche künftigen und nicht vorhersehbaren Streitigkeiten gilt und somit ihre Folgen nicht absehbar sind, Einhalt geboten werden. Ob das Bestimmtheitserfordernis eingehalten wurde, haben die nationalen Gerichte durch Auslegung der Gerichtsstandsvereinbarung zu entscheiden[930]. Hinreichend bestimmt sind durch einen Rahmenvertrag beispielsweise Einzelgeschäfte, die dessen Bedingungen unterliegen sollen. Somit bezieht sich eine in einem Rahmenvertrag enthaltene Gerichtsstandsvereinbarung auf eine künftige aus einem bestimmten Rechtsverhältnis entspringende Rechtsstreitigkeit[931].

Zudem bedarf es der Zuständigkeitsvereinbarung eines bestimmten Gerichts, da andernfalls die Gefahr bestünde, dass die Parteien aufgrund der mangelnden Bestimmtheit des Gerichts ein solches nicht mit der Begründung, deren Zuständigkeit sei vereinbart, anrufen könnten. Allerdings hat der EuGH betont, dass eine explizite Benen-

---

scheint nun auch der EuGH zu vertreten: *EuGH* Urteil vom 13. Juli 2000, Rs. C-412/98, Slg. 2000, I-5925, insb. Rn. 41 f. *(Group Josi)*. Anderer Ansicht: *OLG Saarbrücken*, NJW 2000, 670; *Hilty/Peukert*, GRURInt 2002, 643, 661; *Kohler*, IPRax 1983, 265, 266; *Samtleben*, NJW 1974, 1590, 1593 f.

930 *EuGH* Urteil vom 9. November 2000, Rs. C-387/98, Slg. 2000, I-9337, Rn. 15 *(Coreck)*. Die französischen Gerichte legen die Gerichtsstandsvereinbarung eher restriktiv aus, vgl. *Kropholler*, Art. 23, Rn. 70, Fn. 178; *Schlosser*, Art. 23, Rn. 43a.

931 *Geimer/Schütze/Auer*, 540.392, Art. 23, Rn. 68; vgl. auch *OLG Oldenburg*, IPRax 1999, 458, 459; *Staudinger/Hausmann*, Anhang II zu Art. 27-37 EGBGB, Rn. 210; *Kindler/Haneke*, IPRax 1999, 435, 436. Zur Frage, ob die zur Drittwirkung entwickelten Grundsätze auch hinsichtlich Gerichtsstandsklauseln in Rahmenverträgen zur Anwendung gelangen vgl. oben 2. Teil B. II. 2. d). Auch für sonstige Dauerschuldverhältnisse können Zuständigkeitsvereinbarungen im Vorhinein getroffen werden, vgl. *OLG München*, ZZP 103 (1990), 84, 87 f.; *Staudinger/Hausmann*, Anhang II zu Art. 27-37 EGBGB, Rn. 210.

nung des Gerichts nicht erforderlich sei. Dafür spricht die Anerkennung der Parteiautonomie, die in Art. 17 EuGVÜ/LugÜ bzw. Art. 23 EuGVO verankert ist. Das Gericht muss jedoch aufgrund der objektiven Kriterien in der Klausel selbst auch für Dritte – insbesondere das angerufene Gericht – erkennbar sein[932]. Dies folgt aus dem Erfordernis der Rechtssicherheit. Das Erfordernis ist zum einen daraus abzuleiten, dass die Parteien durch ihre Vereinbarung des Gerichtsstandes Rechtssicherheit anstreben[933], die jedoch lediglich dann entstehen kann, wenn das Gericht bestimmbar ist. Zum anderen muss das vereinbarte Gericht auch für den Rechtsverkehr, also nicht mit den Parteien der Gerichtsstandsvereinbarung identischen Personen, erkennbar sein. Dies gilt insbesondere im Hinblick auf das angerufene Gericht, das über seine Zuständigkeit entscheidet.

Im Verhältnis der Parteien zueinander gilt, dass die Auslegung der Vereinbarung durch die nationalen Gerichte zu erfolgen hat[934], wobei einerseits die Parteiautonomie, andererseits aber auch das Erfordernis der Rechtssicherheit beachtet werden muss. Folglich ist eine ausdrückliche Bestimmung durch die Parteien in der Gerichtsstandsvereinbarung nicht erforderlich. Ausreichend ist vielmehr eine Erkennbarkeit für Dritte und das Gericht aufgrund der objektiven Kriterien der Vereinbarung[935]. Aufgrund dieses Erfordernisses werden auch die Belange des Dritten hinreichend geschützt. Dies gilt nicht nur bezüglich der Bestimmtheit des Gerichts, sondern muss auch im Hinblick auf die Bestimmtheit des Rechtsverhältnises gelten. Nur dadurch kann ein hinreichender Ausgleich zwischen Parteiautonomie und Rechtssicherheit geschaffen werden.

2. Sonderregelung gemäß Art. 17 Abs. 3 EuGVÜ/LugÜ bzw. Art. 23 Abs. 5 EuGVO

Gemäß Art. 17 Abs. 3 EuGVÜ/LugÜ bzw. Art. 23 Abs. 5 EuGVO gelten Besonderheiten hinsichtlich Gerichtsstandsvereinbarungen gegenüber im Wirtschaftsverkehr besonders schützenswerter Teilnehmer, so dem Versicherungsnehmer, Versicherten oder Begünstigten, dem Verbraucher und auch dem Arbeitnehmer. Darüber hinaus kann die Zuständigkeit von Gerichten nicht abbedungen werden, die gemäß Art. 16 EuGVÜ/LugÜ bzw. Art. 22 EuGVO ausschließlich zuständig sind. Diese Sonderregelung könnte auch in Bezug auf den Dritten Anwendung finden.

---

932 Vgl. *EuGH* Urteil vom 9. November 2000, Rs. C-387/98, Slg. 2000, I-9337, Rn. 15 *(Coreck)*, der zwar nicht explizit die Erkennbarkeit auch für den Dritten betont, jedoch diese für das Gericht nennt. Deutlicher ist *Generalanwalt Alber* in seinen Schlussanträgen vom 23. März 2000, Rs. C-387/98, Slg. 2000, I-9340, Rn. 31, 76 *(Coreck)*: *„Es genügt vielmehr, dass es [das Gericht] aufgrund objektiver Kriterien, die sich aus der Gerichtsstandskausel ergeben, bestimmt werden kann, und zwar nicht nur von den Parteien selbst, sondern auch von Dritten und vom mit der Sache befassten Gericht.“*.

933 Siehe 2. Teil unter B.

934 Vgl. auch Schlussanträge des *Generalanwalts Alber* vom 23. März 2000, Rs. C-387/98, Slg. 2000, I-9340, Rn. 33 f. *(Coreck)*.

935 So für die Bestimmtheit des Gerichts: EuGH Urteil vom 9. November 2000, Rs. C-387/98, Slg. 2000, I-9337, Rn. 15 *(Coreck)*; Schlussanträge des *Generalanwalts Alber* vom 23. März 2000, Rs. C-387/98, Slg. 2000, I-9340, Rn. 76 *(Coreck)*.

a) Versicherter/Geschädigter

Nach dem dritten Abschnitt der Übereinkommen bzw. der Verordnung wird der zukünftigen Prozesspartei, deren Prozessgegner der Versicherer ist, eine besondere Schutzbedürftigkeit zugesprochen. Bei der zukünftigen Prozesspartei kann es sich um einen Versicherten, Versicherungsnehmer, Begünstigten oder auch einen Geschädigten handeln. Diese werden gegenüber dem Versicherer für wirtschaftlich schwächer und unerfahrener befunden. Sie können sich nicht hinreichend gegen prozessuale Vorteile, die der Prozessgegner kraft seiner wirtschaftlichen und rechtlichen Überlegenheit durchsetzen würde, zur Wehr setzen[936]. Daher werden ihnen gemäß Art. 7 ff. EuGVÜ/LugÜ bzw. Art. 8 ff. EuGVO Gerichtsstände eingeräumt, die sie vor dieser Überlegenheit des Versicherers schützen sollen[937]. Abbedungen werden können diese Gerichtsstände nur in dem gemäß Art. 17 Abs. 3 i.V.m. Art. 12 EuGVÜ/LugÜ bzw. Art. 23 Abs. 5 i.V.m. Art. 13 EuGVO gewährten Rahmen. Regelmäßig wird die Gerichtsstandsvereinbarung zwischen dem Versicherer und dem Versicherungsnehmer getroffen. Demnach handelt es sich bei dem Versicherten, Begünstigten und Geschädigten um Dritte[938], so dass sich die Frage stellt, ob die Gerichtsstandsvereinbarung auch diesen gegenüber wirkt.

Die Regelungen gemäß Art. 17 Abs. 3 i.V.m. Art. 12 EuGVÜ/LugÜ bzw. Art. 23 Abs. 5 i.V.m. Art. 13 EuGVO sind zunächst im Verhältnis der Parteien der Gerichtsstandsvereinbarung zu beachten. Nur soweit die Vereinbarung diesen Voraussetzungen entspricht, kann sie überhaupt Wirkungen entfalten. Eine Zuständigkeitsvereinbarung gemäß Art. 12 EuGVÜ/LugÜ bzw. Art. 13 EuGVO könnte auch den Versicherten, Begünstigten oder Geschädigten binden.

aa) Versicherter

In Betracht kommt eine Wirkung einer zwischen dem Versicherungsnehmer und dem Versicherer getroffenen Gerichtsstandsvereinbarung zu Gunsten oder zu Lasten des Versicherten.

(1) Wirkung zu Gunsten des Versicherten

Soll die Zuständigkeitsvereinbarung zu Gunsten des Versicherten wirken, so bedarf es keines besonderen Schutzes, da lediglich seine Klagemöglichkeiten erweitert werden[939].

---

936 Vgl. *Geimer/Schütze/Auer*, 540.266 f., Art. 13, Rn. 1; *Kaye*, J.Bus.L. 1990, 517, 518 zur besonderen Schutzbedürftigkeit des Versicherten.

937 Zwar steht dem Geschädigten gemäß Art. 8 EuGVÜ/LugÜ bzw. Art. 9 EuGVO nach herrschender Ansicht kein Gerichtsstand an seinem Wohnsitz zu (vgl. dazu: *Kropholler*, Art. 11, Rn. 4; *Schlosser*, Art. 11, Rn. 2; *Looschelders*, NZV 1999, 57, 58; anders: *Rauscher/Staudinger*, Art. 11 Brüssel I-VO, Rn. 6; zum EuGVÜ: *LG Saarbrücken*, IPRspr. 1976, Nr. 148; anders *Fricke*, VersR 1997, 399, 403 f.), er wird jedoch gemäß Art. 10 Abs. 2, 3 EuGVÜ/LugÜ bzw. Art. 11 Abs. 2, 3 EuGVO geschützt.

938 Vgl. zum Begünstigten und Versicherten 2. Teil A. III. 2. c) bb).

939 Siehe 2. Teil A. III. 2. c) bb).

(2) Wirkung zu Lasten des Versicherten

Möglicherweise muss der Dritte jedoch davor bewahrt werden, dass die Zuständigkeitsvereinbarung nach dem Willen der Parteien zu seinen Lasten wirken soll. Der Versicherte soll durch die normierten Gerichtsstände vor der rechtlichen und wirtschaftlichen Überlegenheit seines Prozessgegners geschützt werden. Indem der Versicherer und der Versicherungsnehmer diese abbedingen, nehmen sie dem Dritten den ihm zugebilligten Schutz[940].

(a) „Société financière et industrielle du Peloux"[941]

Die Frage, ob eine Gerichtsstandsklausel zu Lasten des Versicherten Wirkung entfaltet, hat der Cour d'appel Grenoble dem EuGH innerhalb eines Vorabentscheidungsersuchens vorgelegt[942]. Das Gericht wollte wissen, ob eine im Einklang mit Art. 12 Nr. 3 EuGVÜ getroffene Gerichtsstandsvereinbarung gegenüber dem Versicherten oder dem Begünstigten eines Versicherungsvertrages wirksam ist, wenn dieser nicht mit dem Versicherungsnehmer identisch ist und seinen gewöhnlichen Aufenthalt (oder Sitz) in einem anderen Mitgliedstaat hat als der Versicherungsnehmer (und der Versicherer). Der EuGH verneinte dies mit Blick auf die Schutzbedürftigkeit des Versicherten[943].

Er beließ es jedoch nicht bei einer Erörterung des EuGVÜ. Vielmehr wies er auch auf Art. 9 Abs. 1 lit. b der EuGVO hin, wonach nun nicht nur der Versicherungsnehmer, sondern auch der Versicherte oder der Begünstigte vor dem Gericht des Ortes, an dem er seinen Wohnsitz hat, gegen den Versicherer Klage erheben kann. Diesverstärke den bereits nach dem EuGVÜ bestehenden Schutz des Versicherten bzw. Begünstigten[944].

(b) Eigene Bewertung

Dass die Regelungen in Art. 7 ff. EuGVÜ/LugÜ bzw. Art. 8 ff. EuGVO die schwächeren Parteien schützen wollen, steht außer Frage. Der Schutzzweck folgt bereits aus der Präambel bzw. den Erwägungsgründen[945]. Problematisch ist jedoch, wieweit der Schutz reicht.

Art. 12 Nr. 2 EuGVÜ/LugÜ bzw. Art. 13 Nr. 2 EuGVO erwähnt den Versicherten ausdrücklich. In den Nrn. 1, 3, 4 und 5 hingegen wird der Versicherte nach dem Wortlaut nicht berücksichtigt. Fraglich ist, welche Folge damit verbunden ist. Die Erwähnung des Versicherten lediglich in Art. 12 Nr. 2 EuGVÜ/LugÜ bzw. Art. 13 Nr. 2 EuGVO könnte dafür sprechen, dass die Vertragsstaaten bzw. der Gemeinschaftsgesetzgeber eine Wirkung der Gerichtsstandsvereinbarung gegenüber dem Dritten grundsätzlich ausschließen wollten. Somit wäre eine Wirkung zu Lasten des Versicherten – im Gegensatz zu einer ihn begünstigenden Wirkung im Sinne von Art. 12 Nr. 2 EuGVÜ/LugÜ bzw. Art. 13 Nr. 2 EuGVO – nicht möglich.

---

[940] Vgl. bereits 2. Teil A. III. 2. c).

[941] *EuGH*, Rs. C-112/03, Slg. 2005, I-3707 *(Société financière et industrielle du Peloux)*; vgl. dazu bereits 1. Teil B. I. 4.

[942] *EuGH*, Rs. C-112/03, Slg. 2005, I-3707 *(Société financière et industrielle du Peloux)*.

[943] Vgl. dazu bereits 1. Teil B. I. 4.

[944] *EuGH*, Rs. C-112/03, Slg. 2005, I-3707, Rn. 41 *(Société financière et industrielle du Peloux)*.

[945] Vgl. bereits 2. Teil A. III. 2. c).

Die fehlende Nennung des Versicherten in den Nrn. 1, 3, 4 und 5 könnte aber auch zur Folge haben, dass die Gerichtsstandsvereinbarung, soweit sie den Voraussetzungen der aufgeführten Nummern entspricht, immer zu Lasten des Versicherten wirkt. Dafür spricht, dass zwischen den einzelnen Nummern in Art. 12 EuGVÜ/LugÜ bzw. Art. 13 EuGVO das Verhältnis der Alternativität besteht. Dies wird durch die Verwendung des Wortes *„oder"* zwischen Nr. 4 und Nr. 5 deutlich. Daraus kann man folgern, dass eine Zuständigkeitsvereinbarung in jeder dieser Alternativen Wirkungen hinsichtlich aller Personen eines Versicherungsverhältnisses entfaltet. Zudem wird bei Betrachtung des Art. 12 Nr. 2 EuGVÜ/LugÜ bzw. Art. 13 Nr. 2 EuGVO deutlich, dass die Vertragsstaaten bzw. der Gemeinschaftsgesetzgeber die Person des Versicherten kannten und auch in ihre Überlegungen hinsichtlich der Regelungen einbezogen haben. In Nrn. 1, 3, 4 und 5 wird der Versicherte nicht ausdrücklich erwähnt. Da den Vertragsstaaten bzw. dem Gemeinschaftsgesetzgeber jedoch bewusst war, dass der Versicherte vom Versicherungsnehmer verschieden sein kann, kann dies dafür sprechen, dass in diesen Fällen der Rechtssicherheit vor einem Schutz des Versicherten absichtlich ein Vorrang eingeräumt werden sollte.

Schließlich ist zu überlegen, ob die Nrn. 1, 3, 4 und 5 entsprechend ihrem Schutzgedanken auch auf den Versicherten zu übertragen sind, da es möglicherweise nicht interessengerecht ist, einer Zuständigkeitsvereinbarung immer eine Wirkung zu Lasten des Versicherten zu versagen bzw. eine solche immer zuzulassen. Denkbar sind beispielsweise Fälle, in denen der Versicherte nach der Entstehung der Streitigkeit zwischen dem Versicherer und dem Versicherten entsprechend Art. 17 EuGVÜ/LugÜ bzw. Art. 23 EuGVO[946] der Gerichtsstandsvereinbarung zustimmt. Dies entspricht der Wertung von Art. 12 Nr. 1 EuGVÜ/LugÜ bzw. Art. 13 Nr. 2 EuGVO.

Bei Betrachtung des Sinns und Zwecks des Art. 12 EuGVÜ/LugÜ bzw. Art. 13 EuGVO wird deutlich, dass eine Gerichtsstandsklausel in einem Versicherungsvertrag auch zu Lasten eines Versicherten wirken kann. Sinn und Zweck dieser Regelungen ist es, Gerichtsstandsvereinbarungen, durch die die normierten Zuständigkeiten abbedungen werden, zu beschränken. Die normierten Gerichtsstände, die die gegenüber dem Versicherer schwächeren Parteien schützen, sollen nur begrenzt durch vereinbarte Gerichtsstände ersetzt werden können. Der Schutz des Versicherten vor einer ihn belastenden Wirkung einer Gerichtsstandsvereinbarung ist jedoch nicht als so wesentlich anzusehen, dass eine Vereinbarung gemäß Art. 12 Nrn. 1, 3, 4 und 5 EuGVÜ/LugÜ bzw. Art. 13 Nr. 1, 3, 4, 5 EuGVO ihm gegenüber wirkungslos bleibt. Auch wenn der Versicherungsnehmer nicht als Vertreter des Versicherten auftritt[947], nimmt er – neben seinen eigenen – Interessen des Versicherten wahr. Versicherungsnehmer und Versicherter stehen einander mithin tatsächlich und rechtlich sehr nahe; der Versicherer bildet sozusagen die *„gemeinsame Gegenpartei"*[948]. Der Versicherungsnehmer schließt

---

[946] Da auch eine Vereinbarung gemäß Art. 12 Nr. 1 EuGVÜ/LugÜ bzw. Art. 13 Nr. 1 EuGVO den Anforderungen von Art. 17 EuGVÜ/LugÜ bzw. Art. 23 EuGVO entsprechen müsste, ist nicht ersichtlich, warum von diesen Voraussetzungen bei einer Zustimmung eines Dritten abgesehen werden sollte. Insoweit sei auf 2. Teil B. IV. 2. b) verwiesen.

[947] 2. Teil A. III. 2. c) aa) (3).

[948] *Wiede* in der Diskussion, Versicherungsrecht in Europa, 169, 174.

mit dem Versicherer einen Vertrag, aus dem der Versicherte sein Recht unmittelbar herleitet[949]. Versicherungsnehmer und Versicherer gestalten das Recht durch ihre vertragliche Vereinbarung. Dieses Recht muss der Dritte in der Gestaltung annehmen, die durch die Parteien getroffen wurde. Eine besondere Schutzbedürftigkeit des Versicherten ist insoweit nicht mehr erkennbar, so dass eine Gerichtsstandsvereinbarung, die der Versicherer und der Versicherungsnehmer getroffen haben, zu Lasten des Versicherten wirkt[950].

Die rechtliche und tatsächliche Nähe zwischen dem Versicherungsnehmer und dem Versicherten sowie die Ableitung des gestalteten Rechts wird auch in dem vom EuGH zu entscheidenden Fall *„Société financière et industrielle du Peloux"*[951] deutlich. Bei der Versicherten handelte es sich um eine Tochtergesellschaft der Versicherungsnehmerin. Die Muttergesellschaft schloss mit dem Versicherer einen Versicherungsvertrag, der ein Recht für die Tochtergesellschaft begründete. Dieses Recht erfuhr durch die Zuständigkeitsvereinbarung im Hinblick auf künftige Streitigkeiten bezüglich dieses Rechts eine Gestaltung. Es ist nicht ersichtlich, warum die Versicherte eines besonderen Schutzes bedürfte. Sie kann das Recht nur in der vereinbarten Gestalt erlangen, muss sich demnach die Gerichtsstandsklausel entgegen halten lassen. Nur dies erscheint interessengerecht.

Dies gilt auch im Hinblick auf die Gestaltung der Zuständigkeit für Versicherungssachen nach der EuGVO. Im Gegensatz zu Art. 8 EuGVÜ hat der Versicherte in Art. 9 Abs. 1 lit. b EuGVO einen eigenen Gerichtsstand an seinem Wohnsitz bei Klagen gegen den Versicherer erhalten. Er leitet also seinen allgemeinen Gerichtsstand nicht

---

949 Dies gilt jedenfalls, soweit deutsches Recht auf den Erwerb des Rechts angewendet wird, vgl. 3. Teil C. I. 2. a) aa). Sollte ein solch abgeleiteter Erwerb nach dem anwendbaren nationalen Recht nicht in Betracht kommen, so ist die Schutzbedürftigkeit des Versicherten zu berücksichtigen. Da jedoch aufgrund des Rechtssicherheitsinteresses nicht in jeder Konstellation von der Wirkung einer Gerichtsstandsvereinbarung abgesehen werden soll, ist zu ermitteln, in welchen Fällen die Schutzbedürftigkeit hinter der Rechtssicherheit zurücktritt. Es erscheint insoweit sachgerecht, den Schutzgedanken des Art. 12 EuGVÜ/LugÜ bzw. Art. 13 EuGVO auf den Dritten zu übertragen und entsprechend anzuwenden. Somit käme eine Wirkung zu Lasten des Versicherten beispielsweise bei einer Zustimmung entsprechend Art. 17 EuGVÜ/LugÜ bzw. Art. 23 EuGVO nach der Entstehung der Streitigkeit in Betracht (vgl. Art. 12 Nr. 1 EuGVÜ/LugÜ bzw. Art. 13 Nr. 1 EuGVO). Siehe dazu auch die entwickelten Grundsätze bezüglich des Geschädigten: 2. Teil C. II. 2. a) aa) (2) (b).

950 In diesem Sinne auch *Heiss*, Versicherungsrecht in Europa, 105, 139 ff.; *Mankowski*, IPRax 1996, 427, 431 im Fall der Gerichtsstandsvereinbarung gemäß Art. 12 Nr. 5 i.V.m. Art. 12a EuGVÜ; *Trib.gr.inst.Paris*, Rev.crit.dr.internat.privé, (76) 1987, 415 ff. zu Art. 12 Nr. 3 EuGVÜ, dem zustimmend: *Bigot*, Rev.crit.dr.internat.privé, (76) 1987, 418, 419 f. Vgl. auch nähere Ausführungen 3. Teil C. Gleiches muss für einen Dritten gelten, auf den Rechte und/oder Pflichten oder gesamte Rechtspositionen aus dem Versicherungsvertrag übergehen. Hier gilt der Grundsatz des Fortbestandes der Identität der materiellen Rechtsposition. Der Dritte kann sich von der Wirkung der Gerichtsstandsvereinbarung daher nicht befreien, auch nicht mit der Begründung, er sei als Versicherter, Begünstigter oder Geschädigter besonders schutzbedürftig. Ist keine Gerichtsstandsvereinbarung getroffen worden, so ist die Rechtsprechung des *EuGH* im Urteil vom 19. Januar 1993, Rs. C-89/91, Slg. 1993, I-139 *(Shearson)* sowie im Urteil vom 15. Januar 2004, Rs. C-433/01, Slg. 2004, I-981 *(Blijdenstein)* zu beachten; vgl. auch oben 2. Teil B. IV. 4. a) bb) (1).

951 *EuGH*, Rs. C-112/03, Slg. 2005, I-3707 *(Société financière et industrielle du Peloux)*.

mehr unmittelbar vom Versicherungsnehmer ab. Dies könnte gegen eine den Versicherten belastenden Wirkung einer Gerichtsstandsklausel in einem zwischen Versicherungsnehmer und Versicherer geschlossenen Versicherungsvertrag sprechen[952].

Einer Wirkung zu Lasten des Versicherten steht aber nicht entgegen, dass der Versicherte nun in Art. 9 Abs. 1 lit. b EuGVO einen eigenen Gerichtsstand an seinem Wohnsitz bei Klagen gegen den Versicherer erhalten hat. Die Ableitung des Gerichtsstandes vom Versicherungsnehmer ist auch im Hinblick auf das EuGVÜ nicht das entscheidende Argument dafür, eine Wirkung zu Lasten des Versicherten zu bejahen. Für eine solche Wirkung spricht vor allem die bestehende tatsächliche und rechtliche Nähe zwischen dem Versicherten und dem Versicherungsnehmer, die im vom EuGH zu entscheidenden Fall besonders deutlich zu Tage trat, da es sich bei der Versicherten um die Tochtergesellschaft der Versicherungsnehmerin handelte. Darüber hinaus leitet der Versicherte seine Rechte aus dem Vertrag zwischen dem Versicherer und dem Versicherungsnehmer her. Schließlich sprechen auch die bereits dargelegten systematischen Argumente für eine solche Drittwirkung. Die einzelnen Nummern in Art. 12 EuGVÜ/LugÜ bzw. Art. 13 EuGVO stehen in einem Alternativverhältnis. Obwohl die Vertragsstaaten bzw. der Gesetzgeber den Versicherten wahrgenommen haben, was in Nr. 2 deutlich zum Ausdruck kommt, haben sie ihn in den anderen Nummern des Artikels nicht berücksichtigt. Es ist demnach auch noch nach der EuGVO interessengerecht eine Wirkung zu Lasten des Versicherten anzunehmen.

bb) Geschädigter

Weiterhin könnte eine zwischen dem Versicherten und dem Versicherungsnehmer vereinbarte Gerichtsstandsklausel zu Gunsten oder auch zu Lasten des Geschädigten Wirkung entfalten.

(1) Wirkung zu Gunsten des Geschädigten

Möglicherweise tritt in der Vereinbarung der Wille des Versicherers sowie des Versicherungsnehmers hervor, dem Geschädigten einen zusätzlichen konkurrierenden Gerichtsstand zuzubilligen. Diese Vereinbarung könnte Wirkung zu Gunsten des Geschädigten entfalten. Zu beachten ist dabei, dass der Geschädigte in Art. 12 Nr. 2 EuGVÜ/LugÜ bzw. Art. 13 Nr. 2 EuGVO nicht explizit genannt wird. Innerhalb des dritten Abschnitts wird aber sehr sorgfältig zwischen den Personen –(Versicherer, Versicherungsnehmer, Begünstigter, Versicherter, Geschädigter), die in irgendeiner – auch nicht-vertraglichen – Beziehung zu dem Versicherungsvertrag stehen, unterschieden. Es liegt somit der Gedanke nahe, dass der Normgeber den Geschädigten gerade nicht in Art. 12 Nr. 2 EuGVÜ/LugÜ bzw. Art. 13 Nr. 2 EuGVO erfassen wollte[953]. Andererseits ist fraglich, ob mehr als dieses Wortlautargument gegen eine Wirkung zu Gunsten des Geschädigten spricht. Ein Schutz der Parteien der Gerichtsstandsvereinbarung oder des Geschädigten erscheint in diesen Fällen nicht notwendig. So erhält der Dritte lediglich eine „Option“, die er nutzen kann, wenn er möchte. Dies entspricht dem Wil-

---

952 So Heiss, IPRax 2005, 497, 498 f., der hierin einen Systemwechsel sieht.

953 Zweifelhaft erscheinen auch Ansätze, den Geschädigten als *„Begünstigten“* anzusehen. Zur Diskussion hinsichtlich der Frage, ob der Geschädigte als Begünstigter im Sinne von Art. 9 Abs. 1 lit. b EuGVO gilt: *Lemor*, NJW 2002, 3666, 3668.

len der Parteien, so dass auch sie keines Schutzes bedürfen. Daher ist eine Gerichtsstandsvereinbarung mit Wirkung zu Gunsten des Geschädigten, auch wenn Art. 12 Nr. 2 EuGVÜ/LugÜ bzw. Art. 13 Nr. 2 EuGVO nicht unmittelbar zur Anwendung kommen kann, möglich.

(2) Wirkung zu Lasten des Geschädigten

Eine Wirkung zu Lasten des Dritten kommt hingegen nicht in Betracht. Der dritte Abschnitt des Titels II des EuGVÜ/LugÜ bzw. der EuGVO bezweckt auch den Schutz des Geschädigten. So erhält er gemäß Art. 10 Abs. 2 EuGVÜ/LugÜ bzw. Art. 11 Abs. 2 EuGVO zu seinem besonderen Schutz die Gerichtsstände gemäß Art. 8, 9 EuGVÜ/LugÜ bzw. Art. 9, 10 EuGVO. Im Hinblick auf eine direkte Klage des Geschädigten gegen den Versicherer sehen die Übereinkommen bzw. die Verordnung einen solchen Schutz vor, weil er sich gegenüber der rechtlichen und wirtschaftlichen Überlegenheit des Versicherers als Prozessgegner nicht hinreichend erwehren kann. Der Geschädigte soll einen erleichterten Zugang zu den Gerichten erhalten. Einer Vereinbarung, die die Zuständigkeit insoweit abbedingt, kann keine den Geschädigten belastende Wirkung zukommen.

Ebenso wie der Versicherte wird der Geschädigte in Art. 12 Nrn. 1, 3, 4, 5 EuGVÜ/LugÜ bzw. Art. 13 Nrn. 1, 3, 4, 5 EuGVO nicht genannt. Dies kann jedoch nicht dazu führen, dass eine Gerichtsstandsvereinbarung, die diesen Nummern entspricht und zwischen dem Versicherungsnehmer und dem Versicherer geschlossen wurde, zu Lasten des Geschädigten wirkt. Der Wortlaut ist insoweit nicht eindeutig. Dies zeigt zum einen die Analyse, die bereits bezüglich des Versicherten vorgenommen wurde[954], zum anderen wird der Geschädigte auch in Art. 12 Nr. 2 EuGVÜ/LugÜ bzw. Art. 13 Nr. 2 EuGVO nicht ausdrücklich genannt, eine Gerichtsstandsvereinbarung wirkt jedoch nach dem Sinn und Zweck dieser Regelung auch zu Gunsten des Geschädigten[955]. Es wird vielmehr deutlich, dass nur eine Analyse von Sinn und Zweck darüber Aufschluss geben kann, ob eine Wirkung zu Lasten des Geschädigten möglich ist.

Wie bereits gesehen[956], bezweckt Art. 12 EuGVÜ/LugÜ bzw. Art. 13 EuGVO die Beschränkung von Gerichtsstandsvereinbarungen, die die normierten Gerichtsstände, die für die gegenüber dem Versicherer schwächeren Parteien geschaffen sind. Es ist somit zu ermitteln, ob eine besondere Schutzbedürftigkeit des Geschädigten besteht. Anders als der Versicherte leitet der Geschädigte sein Recht nicht aus dem zwischen dem Versicherer und dem Versicherungsnehmer geschlossenen Versicherungsvertrag her; für ihn entsteht vielmehr ein eigenes Recht in seiner Person[957]. Folglich ist die besondere Schutzbedürftigkeit des Geschädigten zu würdigen. Eine grundsätzlich Wirkung zu seinen Lasten muss folglich ausscheiden.

Dieses Ergebnis ist jedoch nicht in jeder Konstellation interessengerecht, denn die Schutzbedürftigkeit kann in besonderen Fällen entfallen. Insoweit ist auf die Regelun-

---

954 2. Teil C. II. 2. a) aa) (1) (b).

955 2. Teil C. II. 2. a) bb) (1).

956 Vgl. bereits 2. Teil A. III. 2. c).

957 Dies gilt nach der überwiegenden Auffassung im deutschen Recht auch hinsichtlich eines Direktanspruchs, vgl. dazu 3. Teil C. II. 2. a) bb).

gen in Art. 12 EuGVÜ/LugÜ bzw. Art. 13 EuGVO zurückzugreifen und diese dem Sinn und Zweck entsprechend auf den Geschädigten anzuwenden.

Stimmt der Geschädigte der zwischen dem Versicherer und dem Versicherungsnehmer geschlossenen Gerichtsstandsvereinbarung nach der Entstehung der Streitigkeit[958] zwischen dem Geschädigten und dem Versicherer entsprechend Art. 17 EuGVÜ/LugÜ bzw. Art. 23 EuGVO[959] zu, so besteht kein Anlaß, dieser Zuständigkeitsvereinbarung die Wirkung zu Lasten des Geschädigten zu versagen. Zu diesem Zeitpunkt übersieht der Geschädigte die Tragweite einer Zustimmung zu einer solchen Gerichtsstandsvereinbarung und kann in seine Überlegungen eine Auseinandersetzung vor Gericht miteinbeziehen[960].

Auch dann, wenn eine Zuständigkeitsvereinbarung gemäß Art. 12 Nr. 3 EuGVÜ/LugÜ bzw. Art. 13 Nr. 3 EuGVO getroffen wurde und der Geschädigte zu dem Zeitpunkt, zu dem er seine Zustimmung zu der Gerichtsstandsvereinbarung entsprechend Art. 17 EuGVÜ/LugÜ bzw. Art. 23 EuGVO erklärt, seinen Wohnsitz in demselben Vertrags-/Mitgliedsstaat hat wie der Versicherungsnehmer und der Versicherer, erscheint die Ablehnung einer Wirkung zu Lasten des Geschädigten nicht angemessen. Allerdings muss eine Zustimmung des Geschädigten nach dem Recht dieses Vertrags-/Mitgliedsstaates als zulässig angesehen werden. In diesen Fällen ist ausnahmsweise eine Wirkung zu Lasten des Geschädigten möglich[961].

b) Verbraucher und Arbeitnehmer

Sonderregeln existieren auch für den Verbraucher gemäß Art. 15 EuGVÜ/LugÜ bzw. Art. 17 EuGVO und den Arbeitnehmer gemäß Art. 17 Abs. 5 EuGVÜ/LugÜ[962] bzw. Art. 21 EuGVO, nach denen eine Gerichtsstandsvereinbarung nur unter bestimmten Voraussetzungen möglich ist. Wiederum gilt, dass vorab festgestellt werden muss, dass eine Gerichtsstandsvereinbarung wirksam zustande gekommen ist. Dabei sind

---

958 Es ist umstritten, ob ein gerichtliches Verfahren unmittelbar bevorstehen muss. Dagegen: *Geimer/Schütze*, Art. 13, Rn. 5; dafür: *Jenard*-Bericht, ABl.EG 1979 Nr. C 59/1, zu Art. 12; *Kropholler*, Art. 13, Rn. 2; MünchKomm/*Gottwald*, Art. 12, Rn. 2; *Schlosser*, Art. 13, Rn. 1.

959 Da auch eine Vereinbarung gemäß Art. 12 Nr. 1 EuGVÜ/LugÜ bzw. Art. 13 Nr. 1 EuGVO den Anforderungen von Art. 17 EuGVÜ/LugÜ bzw. Art. 23 EuGVO entsprechen müsste, ist nicht ersichtlich, warum von diesen Voraussetzungen bei einer Zustimmung eines Dritten abgesehen werden sollte. Zudem sind auch hier die allgemeinen Voraussetzungen für eine Drittwirkung einzuhalten. Nur soweit diese vorliegen, stellt sich die Frage, ob auch im Hinblick auf grundsätzlich besonders schutzwürdigen Personen eine Wirkung der Gerichtsstandsvereinbarung möglich ist. Zur Zustimmung: 2. Teil B. IV. 2. b).

960 Zu diesem Gedanken *Jenard*-Bericht, ABl.EG 1979 Nr. C 59/1, zu Art. 12; *Geimer/Schütze/Auer*, 540.266, Art. 13, Rn. 1; *Rauscher/Staudinger*, Art. 13 Brüssel I-VO, Rn. 4.

961 Die Nummern 4 und 5 sind nicht auf den Geschädigten übertragbar. Sie enthalten spezifische Regelungen hinsichtlich des Versicherungsnehmers.

962 Das LugÜ ist dabei noch restriktiver als das EuGVÜ; LugÜ: „*Bei individuellen Arbeitsverträgen haben Gerichtsstandsvereinbarungen nur dann rechtliche Wirkung, wenn sie nach der Entstehung der Streitigkeit getroffen werden.*"; EuGVÜ seit 1989: „*Bei individuellen Arbeitsverträgen haben Gerichtsstandsvereinbarungen nur dann rechtliche Wirkung, wenn sie nach der Entstehung der Streitigkeit getroffen werden oder wenn der Arbeitnehmer sie geltend macht, um ein anderes Gericht als das am Wohnsitz des Beklagten oder das in Artikel 5 Nummer 1 bezeichnete anzurufen.*".

auch Art. 15 EuGVÜ/LugÜ bzw. Art. 17 EuGVO und Art. 17 Abs. 5 EuGVÜ/LugÜ bzw. Art. 21 EuGVO zu beachten. Ist eine der Parteien Verbraucher oder Arbeitnehmer im Sinne der Übereinkommen bzw. der Verordnung, so darf diese Vereinbarung nicht den genannten Vorschriften zuwiderlaufen. Entspricht die Zuständigkeitsvereinbarung diesen jedoch nicht, so entfaltet sie gemäß Art. 17 Abs. 3, 5 EuGVÜ/LugÜ bzw. Art. 23 Abs. 5 EuGVO keinerlei rechtliche Wirkung, auch nicht gegenüber einem Dritten[963].

Fraglich ist, ob es zusätzlich für die Wirkung gegenüber dem Dritten eine Rolle spielt, ob dieser als Verbraucher oder Arbeitnehmer im Sinne des EuGVÜ/LugÜ bzw. der EuGVO anzusehen ist.

Voraussetzung für die Anwendung der Zuständigkeitsvorschriften des vierten Abschnitts ist gemäß Art. 13 Abs. 1 EuGVÜ/LugÜ bzw. Art. 15 Abs. 1 EuGVO jedenfalls, dass den Gegenstand des Verfahrens ein Vertrag oder Ansprüche aus einem Vertrag bilden, den eine Person zu einem Zweck geschlossen hat, der nicht der beruflichen oder gewerblichen Tätigkeit dieser Person zugerechnet werden kann. Es wird bereits regelmäßig an einem Vertragsschluss mit dem Dritten fehlen. Doch selbst wenn ein solcher vorliegt, muss gerade dieser Vertrag oder Ansprüche daraus den Gegenstand des Verfahrens bilden. Folglich scheiden all die Fälle aus, in denen der Dritte einen auf ihn übergegangenen Anspruch geltend macht, oder in denen der Dritte kraft Abrede der Parteien ein Recht erwirbt. Die Frage, ob die Verbrauchereigenschaft des Dritten eine Wirkung zu seinen Lasten beschränkt, stellt sich daher grundsätzlich nur, soweit er mit einer Person einen Vertrag im Sinne von Art. 13 Abs. 1 EuGVÜ/LugÜ bzw. Art. 15 Abs. 1 EuGVO abschließt, und der Gerichtsstandsvereinbarung, die nach dem Willen der Parteien zu Lasten des Dritten wirken soll, entsprechend Art. 17 Abs. 1 EuGVÜ/LugÜ bzw. Art. 23 Abs. 1, 2 EuGVO zustimmt.

Vergleichbares gilt im Hinblick auf die Zuständigkeit für individuelle Arbeitsverträge. Art. 5 Nr. 1, Art. 17 Abs. 5 EuGVÜ/LugÜ bzw. der fünfte Abschnitt der EuGVO verlangen, dass ein individueller Arbeitsvertrag oder Ansprüche daraus den Gegenstand des Verfahrens bilden. Auch diese Erfordernisse können im Hinblick auf den Dritten nur vorliegen, falls der Dritte einen individuellen Arbeitsvertrag mit einem Arbeitgeber abschließt, und einer Gerichtsstandsvereinbarung, die nach dem Willen der Parteien zu Lasten des Dritten wirken soll, entsprechend Art. 17 Abs. 1 EuGVÜ/LugÜ bzw. Art. 23 Abs. 1, 2 EuGVO zustimmt. Mithin kann es sowohl bezüglich des Verbrauchers als auch im Hinblick auf den Arbeitnehmer nicht zu der Fallkonstellati-

---

963 Ist eine Gerichtsstandsvereinbarung nicht wirksam zustande gekommen, so gelten die normierten Gerichtsstände; siehe Art. 13 ff. EuGVÜ/LugÜ bzw. Art. 15 ff. EuGVO oder Art. 18 ff. EuGVO (neu durch die Verordnung eingeführt, vgl. dazu: *Schack*, Internationales Zivilverfahrensrecht, Rn. 287a; vorher galt Art. 2 und 5 Nr. 1 2. sowie 3. Hs. EuGVÜ/LugÜ, wobei letztere durch die Neufassung des EuGVÜ von 1989 in dieses Übereinkommen eingebracht wurde; vgl. auch die Entscheidungen des *EuGH* Urteil vom 26. Mai 1982, Rs. 133/81, Slg. 1982, 1891 *(Ivenel)*, Urteil vom 15. Februar 1989, Rs. 32/88, Slg. 1989, 341 *(Six Constructions)*. Der Dritte, der diese Eigenschaften jedoch nicht erfüllt, kann sich auf die Gerichtsstände nicht berufen, da er nicht als besonders schutzbedürftig anzusehen ist. Vgl. *EuGH* Urteil vom 19. Januar 1993, Rs. C-89/91, Slg. 1993, I-139 *(Shearson)*. Dazu auch 2. Teil B. IV. 4. a) bb) (1).

on kommen, dass dieser sein Recht – wie dies hinsichtlich des Versicherten der Fall ist – ableitet.

In den übrigen Fallkonstellationen ist an eine Beschränkung der belastenden Wirkung der Gerichtsstandsvereinbarung aufgrund der Verbraucher- bzw. Arbeitnehmereigenschaft des Dritten zu denken. Sinn und Zweck der besonderen Bestimmungen für individuelle Arbeitsverträge bzw. bei Verbrauchersachen ist es, eine zukünftige Prozesspartei, die sich aufgrund ihrer wirtschaftlichen Schwäche und Unerfahrenheit gegen prozessuale Vorteile, welche der Prozessgegner kraft der wirtschaftlichen und rechtlichen Überlegenheit durchsetzen würde, nur unzureichend zur Wehr setzen kann, zu schützen[964]. Daher existieren für diese schutzbedürftigen Personen spezielle Zuständigkeitsregelungen. Allerdings wären diese sinnlos, wenn eine Derogation ohne weiteres möglich wäre. Eine Gerichtsstandsvereinbarung wird folglich nur in den normierten Ausnahmefällen zugelassen. Auch einem Dritten sollen nicht ohne weiteres Gerichtsstände genommen werden, die ihm aufgrund seiner Eigenschaft als Arbeitnehmer oder Verbraucher zustehen. Daher ist der Schutzgedanke übertragbar, so dass die besonderen Vorschriften zum Tragen kommen, und eine zwischen den Parteien wirksam zustande gekommene Gerichtsstandsvereinbarung nur unter bestimmten Voraussetzungen gegenüber dem Dritten wirkt. Eine Ableitung der Rechte aus dem Verhältnis der Parteien der Zuständigkeitsvereinbarung – wie dies hinsichtlich des Versicherten regelmäßig der Fall sein wird[965] – kommt gerade nicht in Betracht. Somit ist die besondere Schutzbedürftigkeit des Dritten als Arbeitnehmer oder Verbraucher hinreichend zu würdigen. Es sind mithin die den Art. 15 und Art. 17 Abs. 5 EuGVÜ/LugÜ bzw. Art. 17 und Art. 21 EuGVO zugrunde liegenden Schutzgedanken heranzuziehen. Nur eine solche Vorgehensweise trägt den Interessen der Parteien und dem Dritten als Arbeitnehmer bzw. Verbraucher hinreichend Rechnung.

Stimmt der Dritte der Gerichtsstandsvereinbarung nach Entstehung der Streitigkeit entsprechend Art. 17 Abs. 1 EuGVÜ/LugÜ bzw. Art. 23 Abs. 1, 2 EuGVO zu, ist ein besonderer Schutz vor der prozessualen Überlegenheit des späteren Prozessgegners nicht mehr erforderlich, da er zu diesem Zeitpunkt absehen kann, welche Auswirkungen seine Zustimmung haben wird[966].

Ist der Dritte Verbraucher, so muss die besondere Schutzbedürftigkeit auch dann entfallen, wenn eine Zustimmung entsprechend Art. 17 Abs. 1 EuGVÜ/LugÜ bzw. Art. 23 Abs. 1, 2 EuGVO durch den Dritten erfolgt, und dieser sowie sein Vertragspartner zum Zeitpunkt des Vertragsschlusses ihren Wohnsitz oder gewöhnlichen Aufenthalt in demselben Vertrags-/Mitgliedsstaat haben und die Zuständigkeit der Gerich-

---

964 Vgl. *Geimer/Schütze/Auer*, 540.266, Art. 13, Rn. 1; 540.310, Art. 17, Rn. 1. Freilich sind auch hier die Formerfordernisse gemäß Art. 17 Abs. 1 EuGVÜ/LugÜ bzw. Art. 23 Abs. 1, 2 EuGVO einzuhalten; vgl. *Schlosser*-Bericht, ABl.EG 1979 Nr. C 59/71, Rn. 161a; *Geimer/Schütze/Auer*, 540.310, Art. 17, Rn. 2; *Rauscher/Mankowski*, Art. 17 Brüssel I-VO, Rn. 5; Art. 21, Rn. 6.

965 Siehe 3. Teil C. II. 2. c); 2. Teil C. II. 2. a) aa) (2).

966 So auch der Gedanke, der Art. 15 Nr. 1 EuGVÜ/LugÜ bzw. Art. 17 Nr. 1, Art. 21 Nr. 1 (der diese Möglichkeit nun im Hinblick auf individuelle Arbeitsverträge eröffnet) EuGVO zugrunde liegt. Demnach wird bei einer Vereinbarung nach Entstehung der Streitigkeit der schutzbedürftigen Person die Tragweite der Gerichtsstandsvereinbarung vor Augen geführt, vgl. *Geimer/Schütze/Auer*, 540.311, Arr. 17, Rn. 3; *Kropholler*, Art. 13, Rn. 2; Art. 17, Rn. 1; Art. 21, Rn. 1.

te dieses Vertrags-/Mitgliedsstaats begründet ist. Allerdings muss eine solche Zustimmung des Dritten nach dem Recht dieses Vertrags-/Mitgliedsstaats als zulässig angesehen werden. Sinn und Zweck der Regelung gemäß Art. 15 Nr. 3 EuGVÜ/LugÜ bzw. Art. 17 Nr. 3 EuGVO ist es, den Kontrahenten des Verbrauchers vor übermäßigen Belastungen bei der Rechtsverfolgung zu bewahren, die sich daraus ergeben, dass der Verbraucher nach Vertragsschluss seinen Wohnsitz ins Ausland verlegt, er jedoch gemäß Art. 14 Abs. 2 EuGVÜ/LugÜ bzw. Art. 16 Abs. 2 EuGVO nur am Gerichtsstand seines Wohnsitzes verklagt werden kann[967]. Nichts anderes kann gelten, wenn dem Dritten die Eigenschaft eines Verbrauchers zukommt. Auch dann ist aus Billigkeitserwägungen eine Wirkung zu Lasten des Dritten unter diesen Umständen möglich.

Infolgedessen ist in den Fällen, in denen eine Drittwirkung kraft Zustimmung entsprechend Art. 17 Abs. 1 EuGVÜ/LugÜ bzw. Art. 23 Abs. 1, 2 EuGVO denkbar ist, und der Dritte als Arbeitnehmer oder Verbraucher auftritt, dessen besondere Schutzbedürftigkeit durch Heranziehung der in Art. 15 und Art. 17 Abs. 5 EuGVÜ/LugÜ bzw. Art. 17 EuGVÜ/LugÜ bzw. Art. 21 EuGVO getroffenen Erwägungen zu würdigen. Solche Fallkonstellationen dürften jedoch eher selten vorkommen.

c) Art. 16 EuGVÜ/LugÜ bzw. Art. 22 EuGVO

Des Weiteren könnte eine Wirkung der Gerichtsstandsvereinbarung gegenüber dem Dritten abzulehnen sein, soweit durch sie eine ausschließliche Zuständigkeit im Sinne von Art. 16 EuGVÜ/LugÜ bzw. Art. 22 EuGVO im Verhältnis zu dem Dritten abbedungen wird.

Bei Art. 17 Abs. 3 EuGVÜ/LugÜ bzw. Art. 23 Abs. 5 EuGVO in Verbindung mit Art. 16 EuGVÜ/LugÜ bzw. Art. 22 EuGVO handelt es sich um eine absolute und nicht durch die Parteiautonomie zu überwindende Schranke. Sinn und Zweck dieser Regelung ist der Schutz unmittelbar staatlicher Jurisdiktionsinteressen. Ist eine besondere Beziehung zu einem Vertrags-/Mitgliedsstaat gegeben, beispielsweise die Belegenheit einer unbeweglichen Sache, so sollen auch die Gerichte dieses Staates zuständig sein. Diese staatlichen Jurisdiktionsinteressen sind so stark, dass abweichende Zuständigkeitsvereinbarungen ausgeschlossen sind[968]. Um sie hinreichend zu würdigen, muss diese Schranke im Hinblick auf die Parteiautonomie nicht nur im Verhältnis der Parteien der Gerichtsstandsvereinbarung zueinander gelten, sondern auch, soweit in Bezug auf den Dritten eine ausschließliche Zuständigkeit im Sinne von Art. 16 EuGVÜ/LugÜ bzw. Art. 22 EuGVO gegeben ist, die durch die Gerichtsstandsvereinbarung abbedungen werden soll.

Folglich ist zunächst im Verhältnis der Parteien zu prüfen, ob eine wirksame Gerichtsstandsvereinbarung getroffen wurde. Dabei ist auch die Schranke gemäß Art. 17 Abs. 3 EuGVÜ/LugÜ bzw. Art. 23 Abs. 5 EuGVO zu beachten. Liegt eine wirksame Gerichtsstandsvereinbarung vor, so ist zu ermitteln, ob den Dritten die Wirkungen treffen. Ist jedoch im Verhältnis der Parteien des Rechtsstreits grundsätzlich eine ausschließliche Zuständigkeit gemäß Art. 16 EuGVÜ/LugÜ bzw. Art. 23 EuGVO gege-

---

[967] *Jenard*-Bericht, ABl.EG 1979 Nr. C 59/1, zu Art. 15; *Kropholler*, Art. 17, Rn. 2; *Schlosser*, Art. 17, Rn. 1.

[968] *Geimer/Schütze*, Internationale Urteilsanerkennung I/1., 910; *Geimer/Schütze*, Art. 23, Rn. 159.

ben, so kann diese durch eine Wirkung der Gerichtsstandsvereinbarung gegenüber dem Dritten nicht unterlaufen werden, da die staatlichen Jurisdiktionsinteressen, die in der Vorschrift zum Ausdruck kommen, zu beachten sind. Dies gilt nicht nur für eine Vereinbarung, die zu Lasten, sondern auch für eine solche, die zu Gunsten eines Dritten wirken soll[969].

3. Missbrauch

Darüber hinaus könnte der Dritte durch eine Missbrauchskontrolle hinsichtlich der Gerichtsstandsvereinbarung zu schützen sein, die eine Wirkung gegenüber dem Dritten in bestimmten Fällen ausschließt.

Ob und welche Missbrauchskontrollen im Hinblick auf die Wirkung von Gerichtsstandsvereinbarungen existieren, ist nicht abschließend geklärt. Ein Rückgriff auf nationales Recht – nach deutschem Recht beispielsweise § 138, §§ 305 ff. BGB, §§ 29c, 38 Abs. 2, Abs. 3 ZPO – bzw. eine „ordre-public-Kontrolle“[970] ist abzulehnen[971]. Das übereinkommens- bzw. gemeinschaftsautonome Recht verdrängt das nationale Recht völlig. Auch über einen ungeschriebenen Missbrauchsvorbehalt lassen sich solche nationalen Verbote nicht durchsetzen. Dafür spricht die im Rahmen des EuGVÜ/LugÜ bzw. der EuGVO angestrebte Vereinheitlichung des Rechtszustandes im Hinblick auf die Zuständigkeit, Anerkennung und Vollstreckung von Urteilen. Der EuGH hat in seiner Entscheidung *„Benincasa“* darüber hinaus das Interesse an Rechtssicherheit betont. Das nationale Gericht und die Parteien sollten in der Lage sein, nur anhand des Art. 17 EuGVÜ/LugÜ bzw. Art. 23 EuGVO die Zuständigkeit des Gerichts zu erkennen[972]. Daher muss sich eine Missbrauchskontrolle grundsätzlich aus den Übereinkommen bzw. der Verordnung selbst ergeben[973].

International zwingend anwendbare materiellrechtliche Vorschriften können kein Derogationsverbot darstellen[974]. Als missbräuchlich gilt es nach den Übereinkommen bzw. der Verordnung nicht, wenn kein besonderer Bezug zu dem forum prorogatum besteht[975]. Somit kann auch die Wirkung der Zuständigkeitsvereinbarung nicht mit der

---

969 Vgl. *Geimer/Schütze*, Art. 23, Rn. 159.

970 Dazu *EuGH* Urteil vom 16. März 1999, Rs. C-159/97, Slg. 1999, I-1597, Rn. 32 ff. *(Castelletti)*, *Schack*, Internationales Zivilverfahrensrecht, Rn. 475; *Soergel/Kronke*, Art. 38 EGBGB, Anh IV, Rn. 87; *Staudinger/Hausmann*, Anhang II zu Art. 27-37 EGBGB, Rn. 174.

971 *EuGH* Urteil vom 16. März 1999, Rs. C-159/97, Slg. 1999, I-1597, Rn. 51 *(Castelletti)*; *OLG Hamburg*, NJW 2004, 3126, 3128; *BayObLG*, NJW-RR 2002, 359; *BayObLG*, NJW-RR 2001, 699, 670; *OLG Hamm*, RIW 2000, 382; *LG Karlsruhe*, NJW 1996, 1417, 1418; *LG Darmstadt*, NJW-RR 1994, 686.

972 *EuGH* Urteil vom 3. Juli 1997, Rs. C-269/95, Slg. 1997, I-3767, Rn. 48 *(Benincasa)*.

973 *Schack*, Internationales Zivilverfahrensrecht, Rn. 475; *Schlosser*, Art. 23, Rn. 31; *Schack*, IPRax 1991, 270, 273. Vgl. auch *Roth*, IPRax 1992, 67, 68 f., der zwar nicht unbesehen die Maßstäbe der nationalen Missbrauchsschranken anwenden will, wohl aber eine Zuständigkeitsvereinbarung, *„deren Abschluss durch den Einsatz missbräuchlicher wirtschaftlicher Mittel oder sonst durch unlautere Mittel erreicht wurde“* als unwirksam ansieht, da es sich seiner Ansicht nach um einen international verallgemeinerungsfähigen Grundsatz handelt; in diesem Sinne auch Kröll, ZZP 113 (2000), 135, 150 f.

974 *OLG Stuttgart*, RIW 1991, 333, 334 f.; *Schlosser*, Art. 23, Rn. 32.

975 *EuGH* Urteil vom 17. Januar 1980, Rs. 56/79, Slg. 1980, Rn. 4 *(Zelger)*; *Geimer/Schütze/Auer*, Art. 23, Rn. 81; *Kropholler*, Art. 23, Rn. 86.

Begründung verneint werden, dass die Rechtsverfolgung durch diese unzumutbar beschwert würde, weil ein weit entferntes Forum, zu dem der Rechtsstreit keinerlei sinnvolle Verbindung besitzt, zuständig sein soll. Eine solche Missbrauchskontrolle ist Art. 17 EuGVÜ/LugÜ bzw. Art. 23 EuGVO nicht zu entnehmen[976].

Europarechtliche Verbote sind gemäß Art. 57 Abs. 3 EuGVÜ bzw. Art. 67 EuGVO zu beachten[977]. Besondere Vorschriften, die ein Verbot der Wirkung einer Gerichtsstandsvereinbarung gegenüber dem Dritten aussprechen, sind jedoch nicht ersichtlich, im Regelfall aber auch nicht notwendig, da der Dritte nach den hier entwickelten Grundsätzen hinreichend geschützt ist.

---

976 *Mankowski*, Seerechtliche Vertragsverhältnisse, 241 ff. gegen *Basedow*, IPRax 1985, 133, 137. Vgl. auch *EuGH* Urteil vom 16. März 1999, Rs. C-159/97, Slg. 1999, 1597, Rn. 51 *(Castelletti)*, der die Wirksamkeit der Gerichtsstandsvereinbarung nicht davon abhängig machen will, dass das am gewählten Gerichtsstand geltende materielle Recht praktisch zu einer Haftungsbefreiung führt.

977 Dazu: *Volz*, Harmonisierung des Rechts, 105 ff. Möglicherweise kann demnach auch die EG-Klauselrichtlinie vom 5.4.1993, ABl.EG 1993 Nr. L 95/29 als Missbrauchsgrenze dienen, vgl. dazu auch *Leible*, RIW 2001, 422, 429 bezüglich des EuGVÜ und 430 f. im Hinblick auf die EuGVO. Vgl. auch oben Fn. 260.

D. Ergebnis

Der Wille der Parteien kann darauf gerichtet sein, dass eine zwischen ihnen wirksam zustande gekommene Gerichtsstandsvereinbarung zu Gunsten oder zu Lasten eines Dritten wirken soll. Im Falle der Gerichtsstandsvereinbarung zu Gunsten des Dritten, erhält dieser einen weiteren konkurrierenden Gerichtsstand und somit eine zusätzliche „Option", die er nutzen kann, wenn er möchte. Eine Gefahr, dass ihm die Wirkung der Vereinbarung ohne seinen Willen aufgedrängt wird, besteht jedoch nicht. Daher entfaltet eine solche Zuständigkeitsvereinbarung gegenüber dem Dritten Wirkung[978].

Schwieriger gestaltet sich die Situation, soweit die Gerichtsstandsvereinbarung nach dem Willen der Parteien zu Lasten des Dritten wirken soll, weil dieser demnach nur noch vor dem vereinbarten Gericht klagen könnte. Seine Möglichkeiten werden folglich – ohne dass er Partei dieser Vereinbarung ist – beschnitten. Vor der aufgedrängten Wirkung einer ihn belastenden Vereinbarung, die von anderen Personen getroffen wird, muss er jedoch – dies folgt auch aus den nationalen Rechtsordnungen – geschützt werden. Der Gedanke des Schutzes vor einer aufgedrängten oder untergeschobenen Gerichtsstandsvereinbarung, der den Formvorschriften gemäß Art. 17 Abs. 1 EuGVÜ/LugÜ bzw. Art. 23 Abs. 1, 2 EuGVO zugrunde liegt, kann demnach übertragen werden, so dass der Dritte grundsätzlich den Formerfordernissen zu genügen hat. Erfüllt er diese nicht, kann er lediglich in Sonderfällen, soweit seine Schutzbedürftigkeit zurücktritt, an die Gerichtsstandsvereinbarung gebunden werden. Die Schutzbedürftigkeit tritt zurück, wenn es zu einem Erwerb von materiellen Rechten und/oder Pflichten oder gesamter Rechtspositionen durch Übergang kraft Gesetzes oder Vereinbarung oder aber aufgrund einer Abrede zwischen den Parteien kommt. Dabei muss die Gerichtsstandsvereinbarung eine Gestaltung im Hinblick auf diese darstellen und eine Drittwirkung aufgrund der Gesamtbetrachtung von materiellem Recht und der Wirkung der Gerichtsstandsvereinbarung geboten sein. Geboten ist eine Drittwirkung, soweit der Fortbestand der Identität der materiellen Rechte und/oder Pflichten oder gesamter Rechtspositionen im Vordergrund steht, oder aber bei Gesamtbetrachtung kein Erwerb einer reinen Belastung erfolgt. Da der Dritte die Formvoraussetzungen gemäß Art. 17 Abs. 1 EuGVÜ/LugÜ bzw. Art. 23 Abs. 1, 2 EuGVO nicht als Partei erfüllt, müssen diese entsprechend angewandt werden. Eine Drittwirkung kommt somit in Betracht, soweit der Dritte zu der wirksam zwischen den Parteien zustande gekommen Gerichtsstandsvereinbarung seine Zustimmung entsprechend Art. 17 Abs. 1 EuGVÜ/LugÜ bzw. Art. 23 Abs. 1, 2 EuGVO erklärt[979]. Diese entwickelten Grundsätze gelten auch, wenn der Dritte in dem Rechtsstreit als Beklagter auftritt und durch die Zuständigkeitsvereinbarung seine Gerichtspflichtigkeit erweitert wird. In einem solchen Fall wirkt die Vereinbarung zu Lasten des Dritten[980].

Hinsichtlich der Anwendungsvoraussetzungen gilt, dass eine Prüfung in Bezug auf die Parteien der Gerichtsstandsvereinbarung erfolgen muss. Dies folgt aus der Überlegung, dass zunächst im Verhältnis der Parteien das wirksame Zustandekommen der

---

978 Siehe 2. Teil A.

979 Vgl. 2. Teil B.

980 Vgl. 2. Teil B. VI. 5.

Gerichtsstandsvereinbarung zu prüfen ist. Die Voraussetzungen ergeben sich aus Art. 17 EuGVÜ/LugÜ bzw. Art. 23 EuGVO jedoch nur, falls die Anwendungsvoraussetzungen erfüllt sind. Es bedarf auch keiner zusätzlichen Prüfung der Anwendungsvoraussetzungen im Verhältnis der Parteien des Rechtsstreits, da dies dem primären Sinn der Anwendungserfordernisse, dem Richter eine einfache und klare Ermittlung zu ermöglichen, ob Art. 17 EuGVÜ/LugÜ bzw. Art. 23 EuGVO bei der Beurteilung der Gerichtsstandsvereinbarung anzuwenden ist, entgegenliefe[981].

Bezüglich der Zulässigkeitsvoraussetzungen gilt: Dem Bestimmtheitsgrundsatz gemäß Art. 17 Abs. 1 S. 1 EuGVÜ/LugÜ bzw. Art. 23 Abs. 1 S. 1 EuGVO ist genüge getan, soweit eine Erkennbarkeit für Dritte und das Gericht aufgrund der objektiven Kriterien der Vereinbarung vorliegt. Zu ermitteln ist dies im Verhältnis der Parteien der Gerichtsstandsvereinbarung zueinander[982]. Tritt der Dritte als Versicherter, Begünstigter, Geschädigter, Arbeitnehmer oder Verbraucher auf, so ist eine Drittwirkung zu seinen Lasten – aufgrund der besonderen Schutzbedürftigkeit, die diesen Personen zukommt – möglich, falls der Dritte sein durch die Gerichtsstandsvereinbarung gestaltetes Recht von den Parteien der Gerichtsstandsvereinbarung ableitet. Ist letzteres nicht der Fall – es wird daran regelmäßig fehlen, wenn dem Dritten die Eigenschaft eines Arbeitnehmers oder Verbrauchers zukommt – muss den Erwägungen gemäß Art. 12, Art. 15, Art. 17 Abs. 5 EuGVÜ/LugÜ bzw. Art. 13, Art. 17, Art. 21 EuGVO entsprochen werden, die die besondere Schutzbedürftigkeit würdigen[983]. Ist im Verhältnis der Parteien des Rechtsstreits prinzipiell eine ausschließliche Zuständigkeit gemäß Art. 16 EuGVÜ/LugÜ bzw. Art. 23 EuGVO gegeben, so kann diese durch eine Wirkung der Gerichtsstandsvereinbarung gegenüber dem Dritten nicht unterlaufen werden, da die staatlichen Jurisdiktionsinteressen, die in der Vorschrift zum Ausdruck kommen, zu beachten sind[984]. Eine besondere Missbrauchskontrolle existiert nicht. Sie ist auch nicht erforderlich, da der Dritte nach den entwickelten Grundsätzen hinreichend geschützt ist[985].

---

981 Vgl. 2. Teil C. I.

982 Siehe 2. Teil C. II. 1.

983 Vgl. 2. Teil C. II. 2. a), b).

984 Vgl. 2. Teil C. II. 2. c)

985 Siehe 2. Teil C. II. 3.

3. Teil: Überprüfung der Ergebnisse

Die aus den ersten beiden Teilen der Arbeit gewonnenen Ergebnisse sind anhand von einzelnen Fallkonstellationen zu überprüfen. Eine abschließende Betrachtung ist aufgrund der Vielzahl von in Betracht kommenden Fallkonstellationen nicht möglich. Die Ergebnisse der Arbeit sollen daher exemplarisch dargestellt werden.

Soweit im Folgenden die Anwendung nationalen Rechts erforderlich ist, also vor allem für den Erwerb der materiellen Rechte und/oder Pflichten, soll deutsches Recht zugrunde gelegt werden.

A. Wirkung einer Gerichtsstandsvereinbarung gegenüber dem Zessionar

Eine Gerichtsstandsvereinbarung gemäß Art. 17 EuGVÜ/LugÜ bzw. Art. 23 EuGVO kann gegenüber dem Zessionar einer Forderung wirken. Die Problematik der Drittwirkung kommt lediglich zum Tragen, soweit eine Bindung nicht bereits aufgrund der Stellung als Partei der Gerichtsstandsvereinbarung vorliegt. Zu diskutieren ist hier demnach die Konstellation, in der zwischen zwei Personen, in deren Verhältnis eine Forderung der einen gegenüber der anderen besteht, die Vereinbarung der Zuständigkeit einer oder mehrerer Gerichte erfolgt und die Partei der Gerichtsstandsvereinbarung, der die Forderung zusteht, diese daraufhin an den Dritten abtritt. In diesem Fall ist der Zessionar weder am wirksamen Zustandekommen der Gerichtsstandsvereinbarung im Sinne von Art. 17 EuGVÜ/LugÜ bzw. Art. 23 EuGVO beteiligt, noch wird er vertreten, so dass die Vereinbarung ihm gegenüber nicht als Partei Wirkung entfaltet.

Obwohl der Zessionar als Dritter und nicht als Partei im Hinblick auf die Gerichtsstandsvereinbarung anzusehen ist, kann die Zuständigkeitsvereinbarung ihm gegenüber nach den entwickelten Thesen Wirkung entfalten.

I. Wirkung zu Gunsten des Dritten

Soll die Zuständigkeitsvereinbarung – was in der Praxis wohl kaum vorkommen wird – nach dem Willen der Parteien zu Gunsten des Dritten wirken, so erhält dieser einen weiteren konkurrierenden Gerichtsstand, vor dem er klagen kann. Ihm steht folglich eine zusätzliche „Option“ zu, so dass die Vereinbarung keinerlei belastende Wirkung entfaltet. Infolgedessen wirkt eine Gerichtsstandsvereinbarung zu Gunsten des Zessionars[986].

II. Wirkung zu Lasten des Dritten

Praktisch relevanter ist der Fall, indem die Gerichtsstandsvereinbarung nach dem Willen der Parteien zu Lasten des Dritten wirken soll. Grundsätzliche Voraussetzung hierfür ist, dass die Vereinbarung wirksam im Sinne von Art. 17 EuGVÜ/LugÜ bzw. Art. 23 EuGVO zustande gekommen ist, da nur eine wirksam zustande gekommene Gerichtsstandsvereinbarung Wirkungen entfalten kann[987].

[986] Dazu allgemein 2. Teil A.

[987] Vgl. 2. Teil B. VI. 1.

1. Voraussetzungen hinsichtlich des Dritten

Zudem bedarf es eines Erwerbs materieller Rechte, hinsichtlich der durch die Gerichtsstandsvereinbarung eine Gestaltung erfolgt ist. Darüber hinaus muss die Drittwirkung aufgrund der Gesamtbetrachtung von materiellem Recht und der Wirkung der Gerichtsstandsvereinbarung geboten sein[988].

a) Erwerb eines materiellen Rechts nach nationalem Recht

Der Erwerb eines materiellen Rechts beurteilt sich nach nationalem Recht[989]. In Betracht kommt vorliegend der Erwerb der Forderung durch den Dritten. Ist deutsches Recht[990] zur Anwendung berufen, so gilt § 398 BGB. Gemäß § 398 S. 1 BGB kann die Forderung durch Vertrag mit einem anderen auf diesen übertragen werden. Der Zessionar erwirbt somit ein materielles Recht.

b) Gerichtsstandsvereinbarung als Gestaltung hinsichtlich des materiellen Rechts

Darüber hinaus muss die Gerichtsstandsvereinbarung eine Gestaltung hinsichtlich der Forderung darstellen. Gemäß Art. 17 Abs. 1 S. 1 EuGVÜ bzw. Art. 23 Abs. 1 S. 1 EuGVO hat die Vereinbarung im Hinblick auf *„eine bereits entstandene Rechtsstreitigkeit oder über eine künftige aus einem bestimmten Rechtsverhältnis entspringende Rechtsstreitigkeit"* zu erfolgen. Dem genügt eine Vereinbarung, nach der ein oder mehrere Gerichte für bereits entstandene oder künftige Rechtsstreitigkeiten bezüglich der Forderung ausschließlich zuständig sein sollen. Darüber hinaus ist nach dem nationalen Recht die Möglichkeit der Gestaltung zu untersuchen[991]. Nach deutschem Recht gilt der Grundsatz der Vertragsfreiheit, dem wichtigsten Ausfluss der Privatautonomie, der insbesondere die Abschluss- sowie die Gestaltungsfreiheit umfasst[992]. Innerhalb der durch die deutsche Rechtsordnung gesetzten Grenzen[993] ist die Gestaltung im Hinblick auf die im Verhältnis der Parteien zueinander bestehenden Rechte somit unproblematisch möglich.

c) Gebotenheit der Drittwirkung aufgrund Gesamtbetrachtung

Schließlich muss die Drittwirkung aufgrund einer Gesamtbetrachtung von materiellem Recht und der Wirkung der Gerichtsstandsvereinbarung geboten sein. Geboten ist diese zum einen, wenn der Fortbestand der Identität der materiellen Rechte und/oder Pflichten oder gesamter Rechtspositionen im Vordergrund steht, oder aber keine reine Belastung erworben wurde[994]. Ob dies der Fall ist, muss immer unter übereinkommens- bzw. gemeinschaftsautonomen Gesichtspunkten erörtert werden, da auch diese Grund-

---

988 Vgl. 2. Teil B. VI. 2.

989 Vgl. auch oben 2. Teil B. VI. 2. a).

990 Siehe zur Ermittlung des anwendbaren Rechts Art. 33 EGBGB. Dazu *Kropholler*, Internationales Privatrecht, 485 f.

991 Vgl. oben 2. Teil B. VI. 2. b).

992 MünchKomm/*Kramer*, vor §§ 145 ff., Rn. 8; *Palandt/Heinrichs*, Einf. v. § 145, Rn. 7. Gestaltet werden können sowohl vertragliche als auch gesetzliche Schuldverhältnisse, vgl. dazu MünchKomm/*Emmerich*, § 311, Rn. 3.

993 Vgl. MünchKomm/*Kramer*, vor §§ 145 ff., Rn. 19 ff.

994 Siehe 2. Teil II. B. VI. 2. c).

sätze aus dem übereinkommens- bzw. gemeinschaftsautonomen Recht entwickelt worden sind, und nur so ein möglichst einheitlicher Rechtszustand für alle von den Übereinkommen bzw. der Verordnung betroffenen Personen, wie Sinn und Zweck dies verlangt[995], erreicht werden kann.

Der Schuldner, dem gegenüber der Anspruch geltend gemacht wird, und der Partei der Gerichtsstandsvereinbarung ist, soll vor einer Erweiterung hinsichtlich des Anspruchs geschützt werden. Zudem ist zu beachten, dass eine Gerichtsstandsvereinbarung Rechtssicherheit und Rechtsfrieden schaffen soll. Daher muss der Zessionar das Recht in der Art und Weise, wie es bei dem Zedenten bestand, erwerben. Der Schutz des Dritten vor einer aufgedrängten Wirkung der Gerichtsstandsvereinbarung muss folglich prinzipiell zurücktreten[996]. Es steht daher bei Betrachtung der Interessenlage der Fortbestand der Forderungsidentität, so dass eine Drittwirkung geboten ist. Demnach kann bei der Abtretung einer Forderung, hinsichtlich der durch die Gerichtsstandsvereinbarung eine Gestaltung erfolgt ist, davon ausgegangen werden, dass eine Drittwirkung dieser Vereinbarung gegenüber dem Zessionar geboten ist[997].

2. Zustimmung des Dritten entsprechend Art. 17 Abs. 1 EuGVÜ/LugÜ bzw. Art. 23 Abs. 1, 2 EuGVO

Es kommt infolgedessen auch nicht mehr darauf an, ob eine Zustimmung des Dritten entsprechend Art. 17 Abs. 1 EuGVÜ/LugÜ bzw. Art. 23 Abs. 1, 2 EuGVO vorliegt.

III. Ergebnis

Demgemäß ist eine Wirkung der Gerichtsstandsvereinbarung zu Gunsten wie zu Lasten des Zessionars zuzulassen.

---

995 Vgl. *Koch*, IPRax 1993, 19, 20; dazu auch oben 1. Teil A. II. 1. b).

996 Vgl. oben 2. Teil B. IV. 4. a) bb) (2) (b).

997 Im Ergebnis ebenso für eine Wirkung gegenüber dem Dritten *BayObLG*, NJW-RR 2002, 359, allerdings wohl mit Begründung der Drittwirkung der Gerichtsstandsvereinbarung nach nationalem Recht. Wie das BayObLG: *Geimer/Schütze*, Internationale Urteilsanerkennung I/1., 927; *Schlosser*, Art. 23, Rn. 43; *Gebauer*, IPRax 2001, 471.

B. Drittwirkung einer Gerichtsstandsvereinbarung bei rechtsgeschäftlicher Schuldübernahme durch den Dritten

Auch im Falle der rechtsgeschäftlichen Schuldübernahme durch den Dritten kann eine Gerichtsstandsvereinbarung gemäß Art. 17 EuGVÜ/LugÜ bzw. Art. 23 EuGVO ihm gegenüber Wirkung entfalten.

I. Kumulative Schuldübernahme

Dabei ist zunächst die kumulative Schuldübernahme zu betrachten. Diese wird auch als Schuldbeitritt oder Schuldmitübernahme bezeichnet[998]. Die Frage der Drittwirkung stellt sich nicht, soweit der Beitretende Partei der Gerichtsstandsvereinbarung ist. Es ist demnach nur die Konstellation zu erörtern, in der eine Schuld einer Person gegenüber einer anderen besteht, die diesbezüglich eine Gerichtsstandsvereinbarung treffen. Der Dritte übernimmt die Schuld im Anschluss daran kraft kumulativer Schuldübernahme. Dieser ist nicht am wirksamen Zustandekommen der Zuständigkeitsvereinbarung im Sinne von Art. 17 EuGVÜ/LugÜ bzw. Art. 23 EuGVO beteiligt. Weiterhin wird er auch nicht vertreten, so dass die Gerichtsstandsvereinbarung ihm gegenüber keinerlei Wirkung als Partei dieser Vereinbarung entfaltet.

Der Dritte kann jedoch nach den ermittelten Grundsätzen an die Zuständigkeitsvereinbarung gebunden sein. Hierbei ist zu beachten, dass der Dritte vor allem als Beklagter in einem Prozess auftreten wird, da er durch die Schuldübernahme Schuldner geworden ist und von dem Gläubiger in Anspruch genommen wird. Die Klägerposition ist lediglich bei einer negativen Feststellungsklage oder einer Vollstreckungsabwehrklage denkbar.

1. Wirkung zu Gunsten des Dritten

Vereinbaren die Parteien, dass die Gerichtsstandsvereinbarung zu Gunsten des Dritten wirken, ihm also ein weiterer konkurrierender Gerichtsstand zustehen soll, so bedarf dieser keines besonderen Schutzes, da ihm lediglich eine zusätzliche Möglichkeit an die Hand gegeben wird[999].

2. Wirkung zu Lasten des Dritten

Problematisch ist, ob die Gerichtsstandsvereinbarung zu Lasten des Dritten wirken kann, falls der Wille der Parteien darauf gerichtet ist. Grundsätzliche Voraussetzung ist wiederum das wirksame Zustandekommen der Gerichtsstandsvereinbarung gemäß Art. 17 EuGVÜ/LugÜ bzw. Art. 23 EuGVO[1000].

a) Voraussetzungen hinsichtlich des Dritten

Es müssen jedoch weitere Erfordernisse im Hinblick auf den Dritten vorliegen. Notwendig ist, dass der Dritte materielle Pflichten erworben hat, hinsichtlich derer auf-

---

998 MünchKomm/*Möschel*, vor § 414, Rn. 10.

999 Vgl. dazu allgemein 2. Teil A.

1000 Dazu 2. Teil B. VI. 1.

grund der Gerichtsstandsvereinbarung eine Gestaltung erfolgt ist. Weiterhin muss die Drittwirkung aufgrund einer Gesamtbetrachtung geboten sein[1001].

aa) Übernahme einer materiellen Verpflichtung nach nationalem Recht

Die kumulative Schuldübernahme im deutschen Recht[1002] ist gesetzlich nicht normiert, jedoch mittlerweile gestützt auf § 311 Abs. 1 BGB anerkannt[1003]. Sie führt zur Übernahme der Schuld in der Weise, dass neben der Schuld des bisherigen Schuldners eine weitere für den Übernehmer begründet wird. Dies soll der Sicherheit des Gläubigers dienen[1004]. In § 546 Abs. 2 BGB oder auch §§ 25, 28, 130 HGB finden sich gesetzlich angeordnete Wirkungen einer kumulativen Schuldübernahme[1005]. Für die rechtsgeschäftliche kumulative Schuldübernahme ist ein Vertrag zwischen dem Dritten und dem Gläubiger oder zwischen dem Erstschuldner und dem Dritten erforderlich[1006]. Folge einer kumulativen Schuldübernahme ist das Entstehen einer Gesamtschuldnerschaft im Sinne von §§ 421 ff. BGB[1007]. Es bestehen zwei Verpflichtungen: eine Verpflichtung des Erstschuldner und eine weitere des Dritten.

bb) Gerichtsstandsvereinbarung als Gestaltung hinsichtlich der materiellen Pflicht

Durch die zwischen dem Erstschuldner und dem Gläubiger getroffene Gerichtsstandsvereinbarung muss zudem eine Gestaltung hinsichtlich der materiellen Verpflichtung vorgenommen worden sein. Art. 17 EuGVÜ/LugÜ bzw. Art. 23 EuGVO verlangt lediglich, dass die Vereinbarung im Hinblick auf *„eine bereits entstandene Rechtsstreitigkeit oder über eine künftige aus einem bestimmten Rechtsverhältnis entspringende Rechtsstreitigkeit"* erfolgt. Für welche Rechtsstreitigkeit die vereinbarte Zuständigkeit gelten soll, ist durch Auslegung der Gerichtsstandsvereinbarung zu ermitteln[1008]. Die Möglichkeit der Gestaltung der materiellen Pflicht beurteilt sich darüber hinaus nach nationalem Recht[1009], welches vorliegend deutsches Recht sein soll. Ergibt die Auslegung, dass die vereinbarte Zuständigkeit sowohl bei Streitigkeiten in Bezug auf die Schuld, die einer Partei gegenüber der anderen obliegt, als auch bei Streitigkeiten hinsichtlich der Schuld, die zwischen dem Dritten und dem Gläubiger besteht, gelten soll, ist zu ermitteln, ob eine Gestaltung im Hinblick auf diese zwei Verpflichtungen nach deutschem Recht, möglich ist. Der Grundsatz der Vertragsfreiheit, der insbesondere die Abschluss- sowie die Gestaltungsfreiheit umfasst, ist auch bei der Beurteilung der

---

1001 Siehe 2. Teil B. VI. 2.

1002 Zur Ermittlung des maßgebenden Rechts: *Kegel*, Internationales Privatrecht, 761; *Staudinger/Hausmann*, Art. 33, Rn. 95 f.

1003 *RGZ* 59, 232 f.; 64, 318, 319; *BGH*, DB 1975, 2081; vgl. auch *BGH*, WM 1976, 111, 112; *BGH*, WM 1977, 1451, 1452. Vgl. auch MünchKomm/*Möschel*, vor § 414, Rn. 10; *Soergel/Zeiss*, vor § 414, Rn. 6.

1004 MünchKomm/*Möschel*, vor § 414, Rn. 10.

1005 Dazu und zu weiteren gesetzlichen Regelungen *Erman/Westermann*, vor § 414, Rn. 6; MünchKomm/*Möschel*, vor § 414, Rn. 11.

1006 *BGH*, WM 1965, 361 f.; *Palandt/Heinrichs*, Überbl. v. § 414, Rn. 2.

1007 MünchKomm/*Möschel*, vor § 414, Rn. 17.

1008 Vgl. *Kropholler*, Art. 23, Rn. 69

1009 Siehe 2. Teil B. VI. 2. b).

Gestaltungsmöglichkeit der Verpflichtung des Erstschuldners gegenüber dem Gläubiger heranzuziehen. Eine Gestaltung von im Verhältnis der Parteien der Gerichtsstandsvereinbarung zueinander bestehenden Verpflichtungen ist somit unproblematisch möglich[1010].

Zweifelhaft erscheint hingegen, ob die Möglichkeit besteht, dass die Parteien eine Gestaltung hinsichtlich einer Verpflichtung vornehmen können, die nicht aus ihrer vertraglichen Beziehung folgt. Um die Autonomie zum Abschluss und zur Gestaltung eines Schuldverhältnisses zu schützen, gilt das Vertragsprinzip. Es bedarf somit eines Vertrages, der eine Willenseinigung voraussetzt[1011]. Dieses Vertragsprinzip gewährleistet, dass eine Gestaltung prinzipiell nur zwischen den Beteiligten des Vertrages erfolgen kann[1012]. Bei einem Vertrag zu Gunsten eines Dritten erhält dieser lediglich ein Recht, dessen Ausübung von seiner autonomen Entscheidung abhängt. Zudem besteht nach deutschem Recht die Möglichkeit der Zurückweisung gemäß § 333 BGB[1013]. Anders gestaltet sich die Situation jedoch bei einem Vertrag zu Lasten eines Dritten. Mit der Auferlegung einer solchen Belastung wird der Dritte in der Regel nicht einverstanden sein. Seine Autonomie würde dabei nicht hinreichend gewahrt[1014]. Auch eine entsprechende Anwendung von § 333 BGB lässt keinen anderen Schluss zu, da bereits der Zwang zur Zurückweisung, um sich von der Verpflichtung zu befreien, der Privatautonomie widerspräche[1015]. Die Schuld des Dritten wird nicht durch einen Vertrag zwischen dem Erstschuldner und dem Gläubiger begründet, sondern beruht entweder auf einer Vereinbarung zwischen dem Dritten und dem Gläubiger oder dem Dritten sowie dem Erstschuldner[1016]. Wäre diesbezüglich eine Gestaltung der Verpflichtung des Dritten durch eine Vereinbarung zwischen Erstschuldner und Gläubiger möglich, so würde dies die Autonomie des Dritten in nicht hinnehmbarer Weise beeinträchtigen.

cc) Gebotenheit der Drittwirkung aufgrund Gesamtbetrachtung

Soweit eine Gestaltung hinsichtlich der Verpflichtung des Erstschuldners gegenüber dem Gläubiger durch die Vereinbarung der Zuständigkeit einer oder mehrerer Gerichte erfolgt ist, könnte eine Drittwirkung aufgrund einer Gesamtbetrachtung von materiellem Recht und der Wirkung der Gerichtsstandsvereinbarung geboten sein. Aus übereinkommens- bzw. gemeinschaftsautonomen Grundsätzen folgt die Gebotenheit der Drittwirkung. Geboten ist diese, soweit der Fortbestand der Identität im Vordergrund

---

1010 Vgl. auch zur Zession: 3. Teil A. II. 1. b).

1011 Palandt/Heinrichs, Einf. v. § 145, Rn. 3.

1012 MünchKomm/*Gottwald*, § 311, Rn. 5.

1013 Zum Zurückweisungsrecht: MünchKomm/*Gottwald*, § 328, Rn. 1, 3; § 333, Rn. 1.

1014 *BGHZ* 61, 359, 361; 78, 369, 374 f.; *Flume*, Allgemeiner Teil II, 9; *Schirmer*, FS Schmidt (1976), 821, 830; MünchKomm/*Gottwald*, § 328, Rn. 97; *Palandt/Heinrichs*, Einf v § 328, Rn. 10; *Soergel/Hadding*, § 328, Rn. 118 ff.; *Staudinger/Jagmann*, Vorbem. Zu §§ 328 ff., Rn. 25, 42; *Martens*, AcP 177 (1977), 113, 139. Vgl. auch unten zur Gestaltung eines Rechts, das aus einem echten Vertrag zu Gunsten eines Dritten folgt, 3. Teil C. I. 2. a) bb).

1015 *Schirmer*, FS Schmidt (1976), 821, 830 f.; MünchKomm/*Gottwald*, § 328, Rn. 172; *Staudinger/Jagmann*, Vorbem. zu §§ 328 ff., Rn. 42.

1016 Vgl. 3. Teil B. I. 2. a) aa).

steht, oder es nicht lediglich zu dem Erwerb einer reinen Belastung kommt[1017]. Demnach ist auch aus übereinkommens- bzw. gemeinschaftsautonomer Sicht zu beurteilen, ob diese Erfordernisse vorliegen[1018]. Der Dritte übernimmt aber nicht die Schuld, die dem Erstschuldner obliegt. Vielmehr entsteht für ihn eine neue Schuld, die neben der des Erstschuldners existiert[1019]. Somit tritt der Fortbestand der Identität der materiellen Pflicht nicht in den Vordergrund.

Dieses Ergebnis ist auch nicht unbillig. Ausgangspunkt der Überlegungen ist zunächst die Schutzbedürftigkeit des Dritten. Der Dritte soll vor der aufgedrängten Wirkung einer Gerichtsstandsvereinbarung, die zwischen zwei von ihm verschiedenen Personen wirksam zustande gekommen ist, bewahrt werden. Nur soweit seine Schutzbedürftigkeit entfällt, kann von der Einhaltung der Formerfordernisse gemäß Art. 17 Abs. 1 EuGVÜ/LugÜ bzw. Art. 23 Abs. 1, 2 EuGVO abgesehen werden[1020]. Beim Erwerb der materiellen Pflicht des Vorgängers hat insbesondere derjenige, dem gegenüber die Pflicht existiert, ein Interesse daran, dass sie unverändert fortbesteht. Dieses besondere Interesse an dem Fortbestand der Identität der Pflicht lässt die Schutzbedürftigkeit des Dritten in den Hintergrund treten. Er muss die Pflicht so hinnehmen, wie sie bestand und kann sich nicht einer ihn belastenden Gerichtsstandsvereinbarung entledigen[1021]. Anders gestaltet sich die Situation in der vorliegenden Konstellation. Das Rechtsinstitut der kumulativen Schuldübernahme ist gerade nicht vom Grundsatz des Fortbestandes der Identität der Verpflichtung gekennzeichnet, so dass auch kein besonderes schutzwürdiges Interesse desjenigen, gegenüber dem die Verpflichtung besteht, vorliegt. Eine Abhängigkeit der neuen von der alten Schuld im Zeitpunkt der kumulativen Schuldübernahme kommt lediglich aufgrund einer Verweisung auf die erste Verpflichtung in Betracht[1022]. Der Dritte muss jedoch die Formerfordernisse gemäß Art. 17 Abs. 1 EuGVÜ/LugÜ bzw. Art. 23 Abs. 1, 2 EuGVO erfüllen, da er vor der aufgedrängten Wirkung einer Gerichtsstandsvereinbarung zu schützen ist. Er steht nicht anders als bei jeder anderen rechtsgeschäftlichen Begründung einer Schuld dar. Derjenige, gegenüber dem die Schuld besteht, hat lediglich ein allgemeines Interesse daran, dass die Gerichtsstandsvereinbarung gegenüber dem Dritten Wirkung entfaltet. Ein besonderes Interesse am Fortbestand der Identität der Pflicht besteht nicht. Bei der kumulativen Schuldübernahme ist zudem beachtlich, dass der Gläubiger die Erstschuld nicht verliert. Er erhält – anders als beim Erwerb der Verpflichtung von seinem Vorgänger[1023] – lediglich eine zusätzliche Sicherheit[1024], wodurch seine Rechtsstellung verbessert wird. Daher ist auch kein Bedürfnis erkennbar, den Gläubiger dahingehend zu schützen, dass die Gerichtsstandsvereinbarung zu Lasten des Dritten wirken soll, ohne dass dieser die Formerfordernisse gemäß Art. 17 Abs. 1 EuGVÜ/LugÜ bzw. Art. 23

1017 Vgl. auch 2. Teil B. VI. 2. c).
1018 Siehe oben bei Abtretung: 3. Teil A. II. 1. c).
1019 Vgl. 3. Teil B. I. 2. a) aa).
1020 Dazu 2. Teil B. IV. 4.
1021 Vgl. auch 2. Teil B. IV. 4. a) bb) (2) (b).
1022 Vgl. nach deutschem Recht: *Nörr/Scheyhing/Pöggeler/Scheyhing/Nörr*, Sukzessionen, 263.
1023 Siehe zur privativen Schuldübernahme: 3. Teil B. II. 2. a) aa).
1024 MünchKomm/*Möschel*, vor § 414, Rn. 10.

Abs. 1, 2 EuGVO einhält. Infolgedessen ist die Ablehnung der Drittwirkung in dem Fall der kumulativen Schuldübernahme ohne Beachtung der Formvoraussetzungen mangels Anwendung des Grundsatzes des Fortbestandes der Identität der Verpflichtung ein billigenswertes Ergebnis.

b) Zustimmung des Dritten entsprechend Art. 17 Abs. 1 EuGVÜ/LugÜ bzw. Art. 23 Abs. 1, 2 EuGVO

Anders gestaltet sich die Situation jedoch, soweit der Dritte den Formerfordernissen gemäß Art. 17 Abs. 1 EuGVÜ/LugÜ bzw. Art. 23 Abs. 1, 2 EuGVO nachkommt. Folglich wirkt die zwischen dem Erstschuldner und dem Gläubiger vereinbarte Zuständigkeit gegenüber dem Dritten, falls dieser der Vereinbarung entsprechend Art. 17 Abs. 1 EuGVÜ/LugÜ bzw. Art. 23 Abs. 1, 2 EuGVO zugestimmt hat. In der Verweisung in dem Vertrag über die kumulative Schuldübernahme auf die alte Schuld, kann eine solche Zustimmung zu erblicken sein. Während entsprechend lit. a eine klar und deutlich zum Ausdruck gekommene Zustimmung erforderlich ist, kann eine Zustimmung des Dritten entsprechend lit. b, c sogar vermutet werden[1025]. Demzufolge wird in der Verweisung auf die alte Schuld häufig eine Zustimmung entsprechend lit. b oder c zu sehen sein. Eine Gerichtsstandsvereinbarung zwischen Erstschuldner und Gläubiger wirkt somit nur zu Lasten des Dritten, soweit eine Zustimmung entsprechend Art. 17 Abs. 1 EuGVÜ/LugÜ bzw. Art. 23 Abs. 1, 2 EuGVO zu der Vereinbarung erfolgt.

II. Privative Schuldübernahme

Des Weiteren besteht die Möglichkeit der privativen bzw. befreienden Schuldübernahme. Auch diesbezüglich kann eine Zuständigkeitsvereinbarung gegenüber einem Dritten wirken. Wiederum kommt eine Drittwirkung nur in Betracht, wenn eine Wirkung nicht schon gegenüber dem Schuldübernehmer als Partei der Gerichtsstandsvereinbarung erfolgt. Es ist die Konstellation zu betrachten, in der eine Zuständigkeitsvereinbarung zwischen Altschuldner und Gläubiger hinsichtlich einer Verpflichtung getroffen wird, die dem Altschuldner gegenüber dem Gläubiger obliegt. Kommt es zur Übernahme der Schuld, so kann der Übernehmer als Dritter an die Gerichtsstandsvereinbarung gebunden sein.

1. Wirkung zu Gunsten des Dritten

Eine Gerichtsstandsvereinbarung wirkt zu Gunsten des Übernehmers, wenn der Wille der Parteien auf eine solche Wirkung gerichtet ist[1026]. Zu begründen ist dies mit der zusätzlichen Klagemöglichkeit, die der Dritte erhält, und die er nach seinem Willen wahrnehmen kann, falls er dies möchte.

2. Wirkung zu Lasten des Dritten

Fraglich ist, ob eine Gerichtsstandsvereinbarung, die nach dem Willen der Parteien zu Lasten des Dritten wirken soll, diesen bindet. Grundsätzliche Voraussetzung ist, dass eine Gerichtsstandsvereinbarung wirksam im Sinne von Art. 17 EuGVÜ/LugÜ bzw.

[1025] Siehe 2. Teil B. IV. 4. b) bb) (3) (e) (aa).

[1026] Vgl. oben 2. Teil A.

Art. 23 EuGVO zustande gekommen ist, da nur eine solche überhaupt Wirkungen entfalten kann[1027].

a) Voraussetzungen hinsichtlich des Dritten

Darüber hinaus muss nach den in dieser Arbeit entwickelten Thesen der Dritte materielle Pflichten erworben haben, hinsichtlich derer durch die Gerichtsstandsvereinbarung eine Gestaltung erfolgt ist. Weiterhin muss eine Drittwirkung bei Gesamtbetrachtung von materiellem Recht und der Wirkung der Gerichtsstandsvereinbarung geboten sein[1028].

aa) Übernahme einer materiellen Verpflichtung nach nationalem Recht

Geregelt ist die privative Schuldübernahme in §§ 414 ff. BGB[1029]. Gemäß § 414 BGB kann diese aufgrund eines Vertrages zwischen dem Gläubiger und dem Übernehmer erfolgen. § 415 BGB sieht die Möglichkeit vor, dass die privative Schuldübernahme zwischen dem Altschuldner und dem Übernehmer vereinbart wird, wobei es zusätzlich der Genehmigung des Gläubigers bedarf. Folge der privativen Schuldübernahme ist der vollständige Übergang der Schuld vom Erstschuldner auf den Übernehmer[1030].

bb) Gerichtsstandsvereinbarung als Gestaltung hinsichtlich der materiellen Pflicht

Weiterhin muss die Gerichtsstandsvereinbarung als Gestaltung hinsichtlich der materiellen Pflicht anzusehen sein. Gemäß Art. 17 Abs. 1 S. 1 EuGVÜ/LugÜ bzw. Art. 23 Abs. 1 S. 1 EuGVO hat die Gerichtsstandsvereinbarung im Hinblick auf *„eine bereits entstandene Rechtsstreitigkeit oder über eine künftige aus einem bestimmten Rechtsverhältnis entspringende Rechtsstreitigkeit"* zu erfolgen. Eine Vereinbarung zwischen Altschuldner und Gläubiger, nach der ein oder mehrere Gerichte für bereits entstandene oder künftige Rechtsstreitigkeiten im Hinblick auf die Verpflichtung ausschließlich zuständig sein sollen, genügt dem. Ob die Möglichkeit der Gestaltung hinsichtlich der Verpflichtung besteht, beurteilt sich darüber hinaus nach nationalem Recht[1031]. Ist das anwendbare nationale Recht deutsches Recht, ist wiederum die Abschluss- sowie die Gestaltungsfreiheit[1032], die sich aus der Vertragsfreiheit ergibt, zu beachten. Die Parteien können hinsichtlich der zwischen ihnen bestehenden Verpflichtungen eine Gestaltung vornehmen.

cc) Gebotenheit der Drittwirkung aufgrund Gesamtbetrachtung

Die Drittwirkung ist aufgrund einer Gesamtbetrachtung von materiellem Recht und der Wirkung der Gerichtsstandsvereinbarung geboten, soweit der Fortbestand der Identität der materiellen Rechte und/oder Pflichten oder gesamter Rechtspositionen im Vorder-

---

1027 Dazu 2. Teil B. VI. 1.

1028 Vgl. 2. Teil B. VI. 2.

1029 Zur Ermittlung des materiellen Rechts: *Kropholler*, Internationales Privatrecht, 485 f.; *Staudinger/Hausmann*, Art. 33, Rn. 98 ff.; *von Bar*, IPRax 1991, 197 ff.

1030 Dazu auch oben 2. Teil B. III. 1. a) bb).

1031 Vgl. oben 2. Teil B. VI. 2. b).

1032 Siehe MünchKomm/*Kramer*, vor §§ 145 ff., Rn. 8; Palandt/Heinrichs, Einf. v. § 145, Rn. 7.

grund steht, oder der Dritte keine reine Belastung erwirbt[1033]. Da sich dies aus übereinkommens- bzw. gemeinschaftsautonomen Grundsätzen ergibt, ist auch aus übereinkommens- bzw. gemeinschaftsautonomer Sicht zu beurteilen, ob diese Voraussetzungen vorliegen[1034]. Im Gegensatz zur kumulativen Schuldübernahme wird aus Sicht des Gläubigers nicht ein neuer Schuldner gewonnen, sondern lediglich das Rechtssubjekt, dem die Verpflichtung obliegt ausgetauscht, indem die Schuld vollständig auf den Übernehmer übergeht. Der Gläubiger hat ein besonderes Interesse daran, dass sich die Verpflichtung, die dem Schuldner ihm gegenüber obliegt, nicht verringert oder anderweitig verändert. Somit muss die Schutzbedürftigkeit des Dritten vor einer aufgedrängten Wirkung der Gerichtsstandsvereinbarung dahinter zurücktreten[1035]. Spiegelbildlich zur Abtretung einer Forderung erfolgt die Schuldübernahme somit unter der Wahrung der Identität der Verpflichtung. Da der Forbestand der Identität der Verpflichtung in den Vordergrund tritt, ist die Drittwirkung bei Gesamtbetrachtung geboten.

b) Zustimmung des Dritten entsprechend Art. 17 Abs. 1 EuGVÜ/LugÜ bzw. Art. 23 Abs. 1, 2 EuGVO

Es bedarf folglich keiner Zustimmung des Dritten entsprechend Art. 17 Abs. 1 EuGVÜ/LugÜ bzw. Art. 23 Abs. 1, 2 EuGVO.

III. Ergebnis

Anders als bei der kumulativen steht bei der privativen Schuldübernahme der Fortbestand der Identität der Verpflichtung im Vordergrund. Die Drittwirkung der Zuständigkeitsvereinbarung ist bei Gesamtbetrachtung von materiellem Recht und der Wirkung der Gerichtsstandsvereinbarung daher geboten. Bei der kumulativen Schuldübernahme ist zwar eine Wirkung zu Lasten des Dritten ohne Einhaltung der Formerfordernisse im Sinne von Art. 17 Abs. 1 EuGVÜ/LugÜ bzw. Art. 23 Abs. 1, 2 EuGVO nicht möglich. Jedoch kann in der Verweisung auf die erste Schuld eine Zustimmung des Beitretenden entsprechend Art. 17 Abs. 1 EuGVÜ/LugÜ bzw. Art. 23 Abs. 1, 2 EuGVO zu sehen sein, so dass auch in den Fällen der kumulativen Schuldübernahme eine Drittwirkung nicht ausgeschlossen ist.

1033 Vgl. oben 2. Teil B. VI. 2. c).

1034 Dazu schon bei der Abtretung: 3. Teil A. II. 1. c).

1035 Vgl. ebenfalls die Überlegungen unter: 2. Teil B. IV. 4. a) bb) (2) (c).

C. Drittwirkung einer Gerichtsstandsklausel in einem Versicherungsvertrag

Auch eine Gerichtsstandsklausel in einem Versicherungsvertrag kann Wirkung gegenüber einem Dritten entfalten, wobei zwischen einer Bindung des Versicherten und einer solchen des Geschädigten zu unterscheiden ist.

I. Bindung des Versicherten

Der Versicherte kann an eine Gerichtsstandsklausel in einem Versicherungsvertrag gebunden sein. Die Problematik der Drittwirkung wird nur relevant, soweit der Versicherte nicht bereits als Partei der Gerichtsstandsvereinbarung an diese gebunden ist. Der Versicherte ist aber an einer in einem zwischen Versicherer und Versicherungsnehmer geschlossenen Versicherungsvertrag enthaltenen Gerichtsstandsklausel im Sinne von Art. 17 EuGVÜ/LugÜ bzw. Art. 23 EuGVO nicht beteiligt. Auch wird der Versicherungsnehmer grundsätzlich nicht als Vertreter des Versicherten handeln[1036].

Vielmehr kann der Versicherte als Dritter an die zwischen dem Versicherungsnehmer und Versicherer getroffene Gerichtsstandsvereinbarung gebunden sein.

1. Wirkung zu Gunsten des Dritten

In dem vom EuGH entschiedenen Fall *„Gerling"*[1037] hatten der Versicherer und der Versicherungsnehmer einen Versicherungsvertrag geschlossen, der auch eine Gerichtsstandsklausel enthielt. Dem Versicherten räumten sie durch diese einen zusätzlichen konkurrierenden Gerichtsstand an seinem Wohnsitz ein. Es handelte sich folglich um eine Gerichtsstandsklausel, die zu Gunsten eines Dritten Wirkung entfalten sollte. Der EuGH hat die Wirkung der Gerichtsstandsklausel zu Gunsten des Versicherten bejaht. Dem ist zuzustimmen. Es wird dem Versicherten dadurch die Befugnis eingeräumt, andere als die im dritten Abschnitt angeführten Gerichte anzurufen, was gemäß Art. 12 Nr. 2 EuGVÜ/LugÜ bzw. Art. 13 Nr. 2 EuGVO möglich ist. Somit erhält er eine „Option", die er nutzen kann, wenn er möchte. Er muss daher nicht gesondert geschützt werden, so dass eine Drittwirkung auch dann anzunehmen ist, wenn der Versicherte die Formerfordernisse im Sinne von Art. 17 Abs. 1 EuGVÜ/LugÜ bzw. Art. 23 Abs. 1, 2 EuGVO nicht erfüllt[1038].

Die Problematik der Wirkung einer Gerichtsstandsklausel in einem Versicherungsvertrag zu Gunsten des Versicherten ist auch heute noch relevant. Zwar wurde nun gemäß Art. 9 Abs. 1 lit. b EuGVO geregelt, dass in Versicherungssachen ein Gerichtsstand am Wohnsitz des Versicherten begründet ist. Zu beachten ist jedoch, dass das LugÜ immer noch hinsichtlich der Mitgliedsstaaten und das EuGVÜ weiterhin im Hinblick auf Dänemark gelten[1039]. Zum anderen ist die Frage ferner bei Vereinbarungen relevant, die zwar nicht den Wohnsitz des Versicherten als Gerichtsstand bestim-

---

[1036] Ob eine Person als Vertreter handelt, ist durch Auslegung der Gerichtsstandsvereinbarung zu ermitteln, vgl. 3. Teil D. I. , II.

[1037] *EuGH* Urteil vom 14. Juli 1983, Rs. 201/82, Slg. 1983, 2503, Rn. 15 *(Gerling)*; vgl. dazu auch oben 1. Teil B. I. 1. sowie 2. Teil A. III. 2. c) bb).

[1038] Dazu auch 2. Teil A. III. 2. c) bb).

[1039] Siehe 1. Teil A. I. 1.

men, aber in anderer Weise diesem die Befugnis einräumen, andere als die in dem dritten Abschnitt angeführten Gerichte anzurufen.

2. Wirkung zu Lasten des Dritten

Weiterhin ist zu überlegen, ob eine zwischen dem Versicherer und dem Versicherungsnehmer getroffene Gerichtsstandsvereinbarung zu Lasten des Versicherten wirkt, soweit der Wille der Parteien darauf gerichtet ist. Grundsätzliche Voraussetzung ist wiederum, dass die Gerichtsstandsvereinbarung wirksam zwischen dem Versicherer und dem Versicherungsnehmer im Sinne von Art. 17 EuGVÜ/LugÜ bzw. Art. 23 EuGVO zustande gekommen ist[1040].

a) Voraussetzungen hinsichtlich des Dritten

Zudem müsste der Dritte materielle Rechte erworben haben, hinsichtlich derer durch die Gerichtsstandsvereinbarung eine Gestaltung erfolgt ist. Weiterhin muss eine Gesamtbetrachtung von materiellem Recht und der Wirkung der Gerichtsstandsvereinbarung die Drittwirkung gebieten[1041].

aa) Erwerb eines materiellen Rechts nach nationalem Recht

Kommt deutsches Recht als nationales Recht zur Anwendung[1042], so gilt insbesondere das VVG. Das Gesetz geht gemäß § 80 Abs. 1 VVG davon aus, dass die Versicherung grundsätzlich für eigene Rechnung genommen wird. Allerdings folgt aus § 80 Abs. 2 VVG, dass ein fremdes Interesse versichert werden kann. Zu beachten ist, dass eigenes Interesse des Versicherungsnehmers und fremdes Interesse an ein und derselben eigenen und fremden Sache nebeneinander gedeckt sein können[1043]. § 80 Abs. 2 VVG verweist diesbezüglich auf §§ 74 ff. VVG, die die Versicherung für fremde Rechnung regeln. Vermutet wird gemäß § 74 Abs. 2 VVG, dass bei einer Versicherung für einen anderen der Versicherungsnehmer nicht als Vertreter, sondern im eigenen Namen für fremde Rechnung handelt. Ein Vertrag über eine Versicherung für fremde Rechnung ist eine besondere Form des Vertrages zu Gunsten Dritter[1044]. Der Versicherte ist gemäß § 75 Abs. 1 VVG Inhaber der Ansprüche, der Versicherungsnehmer ist Vertragspartner des Versicherers und zudem gemäß § 76 VVG hinsichtlich der Forderung verfügungsberechtigt. Aus § 75 Abs. 2 VVG folgt, dass der Versicherte die Rechte mit Zustimmung des Versicherungsnehmers gerichtlich geltend machen kann. Besitzt der Versicherte jedoch den Versicherungsschein, so kann er die Rechte auch ohne dessen Zustimmung geltend machen. Darüber hinaus ist eine gerichtliche Geltendmachung möglich, wenn der Versicherungsnehmer den Anspruch erkennbar nicht weiter verfol-

---

1040 Vgl. oben 2. Teil B. VI. 1.

1041 Vgl. 2. Teil B. VI. 2.

1042 Zur Anknüpfung des Versicherungsvertrages ausführlich: *Roth*, Internationales Versicherungsvertragsrecht; MünchKommEGBGB/*Martiny*, Art. 37, Rn. 55 ff.; vgl. auch *Mankowski*, IPRax 1996, 427, 427 f.

1043 *Prölss/Martin/Prölss*, § 80, Rn. 1; vgl. *OLG Köln*, VersR 1997, 613, 614.

1044 *Heiss*, Versicherungsrecht in Europa, 105, 139; *Prölss/Martin/Prölss*, § 75, Rn. 1. Vgl. zum Vertrag zu Gunsten Dritter im Versicherungsrecht auch *Koenig*, FS Prölss (1967), 221, 228 ff.; *Weyers*, Versicherungsvertragsrecht, Rn. 39; MünchKomm/*Gottwald*, § 328, Rn. 73 ff., insb. Rn. 73.

gen will[1045]. Der Dritte erwirbt demnach kraft der Vereinbarung zwischen Versicherer und Versicherungsnehmer einen Anspruch.

bb) Gerichtsstandsvereinbarung als Gestaltung hinsichtlich des materiellen Rechts

Weiterhin muss die Gerichtsstandsvereinbarung als Gestaltung des Rechts des Versicherten anzusehen sein. Der Regelung gemäß Art. 17 Abs. 1 S. 1 EuGVÜ/LugÜ bzw. Art. 23 Abs. 1 S. 1 EuGVO, die fordert, dass die Gerichtsstandsvereinbarung im Hinblick auf *„eine bereits entstandene Rechtsstreitigkeit oder über eine künftige aus einem bestimmten Rechtsverhältnis entspringende Rechtsstreitigkeit"* getroffen werden muss, wird entsprochen, indem der Versicherer und der Versicherungsnehmer die Zuständigkeit eines oder mehrerer Gerichte bei Streitigkeiten in Bezug auf das Recht vereinbaren. Darüber hinaus beurteilt sich die Möglichkeit der Gestaltung hinsichtlich des materiellen Rechts nach nationalem Recht[1046], wobei vorliegend als nationales Recht das deutsche Recht anzusehen ist. Bei einem Vertrag zu Gunsten Dritter beruht das Recht, das dieser erwirbt, auf der Vereinbarung der Parteien des Vertrages. Daher können sie diesbezüglich auch eine Gestaltung vornehmen[1047]. Die Gerichtsstandsvereinbarung der Parteien regelt die Durchsetzung des Rechts für den Dritten, und stellt demnach eine Gestaltung hinsichtlich dieses Rechts dar[1048].

cc) Gebotenheit der Drittwirkung aufgrund Gesamtbetrachtung

Schließlich muss die Drittwirkung aufgrund einer Gesamtbetrachtung von materiellem Recht und der Wirkung der Gerichtsstandsvereinbarung geboten sein. Dies beurteilt sich nach übereinkommens- bzw. gemeinschaftsautonomen Gesichtspunkten[1049]. Der Dritte erhält lediglich ein Recht, das durch die Zuständigkeitsvereinbarung gestaltet wurde. Will er das Recht haben, so muss er dies mit allen Einschränkungen hinnehmen und darf sich nicht nur das heraussuchen, was ihm günstig erscheint[1050]. Es handelt sich somit nicht um den Erwerb einer reinen Belastung, so dass eine Drittwirkung zuzulassen ist.

b) Zustimmung des Dritten entsprechend Art. 17 Abs. 1 EuGVÜ/LugÜ bzw. Art. 23 Abs. 1, 2 EuGVO

Es bedarf folglich keiner Zustimmung des Versicherten entsprechend Art. 17 Abs. 1 EuGVÜ/LugÜ bzw. Art. 23 Abs. 1, 2 EuGVO zu der wirksam zwischen Versicherer und Versicherungsnehmer zustande gekommenen Gerichtsstandsvereinbarung.

1045 Siehe auch zu den streitigen Fällen *Prölss/Martin/Prölss*, § 75, Rn. 8 ff.

1046 Vgl. oben 2. Teil B. VI. 2. b).

1047 *Heiss*, Versicherungsrecht in Europa, 105, 139 f.; *Mankowski*, IPRax 1996, 427,

1048 *Heiss*, Versicherungsrecht in Europa, 105, 139 ff., auch zum Zeitraum der Gestaltungsbefugnis, die davon abhängt, wann der Versicherte die vollständige Verfügungsbefugnis erlangt. Nur wer die formelle Verfügungsbefugnis besitzt, ist auch berechtigt über das Recht zu verfügen sowie diesbezüglich eine Modifikation durch eine Vereinbarung vorzunehmen.

1049 Vgl. 3. Teil A. II. 1. c).

1050 Vgl. oben 2. Teil B. IV. 4. a) bb) (3) (a).

c) Besonderheit: Dritter als Versicherter

Eine Wirkung zu Lasten des Dritten ist auch nicht aufgrund seiner besonderen Eigenschaft als Versicherter ausgeschlossen. Zwar billigt der dritte Abschnitt der Übereinkommen bzw. der Verordnung dem Versicherten eine besondere Schutzbedürftigkeit grundsätzlich zu. Allerdings ist zu beachten, dass der Versicherte sein Recht aus einem Vertrag zwischen dem Versicherer und dem Versicherungsnehmer her. Letzterer steht dem Versicherten faktisch und rechtlich sehr nahe, auch wenn der Versicherte nach Art. 9 Abs. 1 lit. b EuGVO nun seinen Gerichtsstand nicht mehr von dem Versicherungsnehmer herleitet. Der Versicherte muss das Recht daher so hinnehmen, wie es die Parteien vereinbart haben. Infolgedessen bedarf er keines besonderen Schutzes, so dass die Gerichtsstandsvereinbarung, die zwischen dem Versicherungsnehmer und dem Versicherer getroffen wurde, zu Lasten des Versicherten wirkt[1051].

II. Bindung des Geschädigten

Auch der Geschädigte[1052] kann an eine Gerichtsstandsvereinbarung gebunden sein. Den Fall der Drittwirkung ist nur gegeben, soweit der Geschädigte nicht bereits als Partei der Gerichtsstandsvereinbarung an diese gebunden ist. Vereinbaren Versicherungsnehmer und Versicherer die Zuständigkeit eines oder mehrerer Gerichte, so ist der Geschädigte regelmäßig nicht an dem wirksamen Zustandekommen der Gerichtsstandsvereinbarung beteiligt gewesen oder hierbei vertreten worden. Ist der Geschädigte Dritter hinsichtlich der Gerichtsstandsvereinbarung zwischen Versicherungsnehmer und Versicherer, bedarf es der Klärung, ob er an diese gebunden ist.

1. Wirkung zu Gunsten des Geschädigten

Soweit die Parteien eine Gerichtsstandsvereinbarung zu Gunsten des Geschädigten treffen, bedarf es keines besonderen Schutzes vor der Überlegenheit des Versicherers. Die Zuständigkeitsvereinbarung entfaltet mithin Wirkung zu Gunsten des Geschädigten[1053].

1051 Im Ergebnis auch *Trib.gr.inst.Paris*, Rev.crit.dr.internat.privé, (76) 1987, 415 ff. zu Art. 12 Nr. 3 EuGVÜ, dem zustimmend: *Bigot*, Rev.crit.dr.internat.privé, (76) 1987, 418, 419 f.; *Cour d'appel Aix-en-Provence*, VersRAI 1995, 57 f. bezüglich einer Gerichtsstandsvereinbarung gemäß Art. 12 Nr. 5 i.V.m. Art. 12 a EuGVÜ/LugÜ bzw. Art. 13 Nr. 5 i.V.m. Art. 14 EuGVO; dazu *Mankowski*, IPRax 1996, 427 ff. Siehe ebenfalls *Basedow* in der Diskussion, Versicherungsrecht in Europa, 169, 173; *Heiss*, Versicherungsrecht in Europa, 105, 139 ff.; *Mari*, Il diritto processuale civile, 678; *O'Malley/Layton*, Rn. 18.60 zu Art. 12 Nr. 4 EuGVÜ; *Kropholler*, Art. 23, Rn. 65. Grundsätzlich gegen eine Wirkung der Gerichtsstandsvereinbarung zu Lasten eines Dritten *Kim*, Internationale Gerichtsstandsvereinbarungen, 183; *Geimer/Schütze*, Art. 23, Rn. 205; vgl. auch *Hartley*, E.L.Rev. (8) 1983, 262, 265; *Fricke*, VersR 1999, 1055, 1060 zu Art. 12 Nr. 5 i.V.m. Art. 12a EuGVÜ. Dazu auch 2. Teil C. II. 2. a) aa) (2).

1052 Während das EuGVÜ/LugÜ noch in Art. 10 Abs. 1 vom *„Geschädigten"*, in Abs. 2 hingegen vom *„Verletzen"* sprach, findet sich in Art. 11 EuGVO nun eine einheitliche Terminologie.

1053 Dazu 3. Teil C. II. 2. a) aa).

2. Wirkung zu Lasten des Geschädigten

Problematischer erscheint demgegenüber eine Zuständigkeitsvereinbarung, die zu Lasten des Geschädigten Wirkung entfalten und diesem damit die gemäß Art. 10 Abs. 2 EuGVÜ/LugÜ bzw. Art. 11 Abs. 2 EuGVO gewährten Gerichtsstände nehmen soll. Grundsätzliche Voraussetzung ist das Zustandekommen einer wirksamen Gerichtsstandsvereinbarung im Sinne von Art. 17 EuGVÜ/LugÜ bzw. Art. 23 EuGVO, da nur eine solche überhaupt Wirkungen entfalten kann[1054].

a) Voraussetzungen hinsichtlich des Dritten

Als weitere Voraussetzung bedarf es des Erwerbs von materiellen Rechten, soweit durch die Gerichtsstandsvereinbarung eine Gestaltung dieser erfolgt ist, und eine Gesamtbetrachtung von materiellem Recht sowie der Wirkung der Gerichtsstandsvereinbarung die Drittwirkung gebietet[1055].

aa) Erwerb eines materiellen Rechts nach nationalem Recht

Der Geschädigte kann zum einen ein materielles Recht nach nationalem Recht erwerben, das er dem Versicherungsnehmer gegenüber geltend machen kann. Ist das anwendbare nationale Recht deutsches Recht, kommen Ansprüche beispielsweise gemäß § 823 BGB oder § 7 StVG in Betracht. Denkbar ist darüber hinaus ein direkter Anspruch des Geschädigten gegen den Versicherer. Art. 10 Abs. 2 EuGVÜ/LugÜ bzw. Art. 11 Abs. 2 EuGVO begründet einen solchen Anspruch selbstverständlich nicht[1056]. Das deutsche Recht gibt dem Geschädigten einen Direktanspruch[1057] gemäß § 6 Abs. 1 AuslPflVG und § 3 Nr. 1 PflVG gegen den Versicherer an die Hand[1058].

bb) Gerichtsstandsvereinbarung als Gestaltung hinsichtlich des materiellen Rechts

Die Gerichtsstandsvereinbarung müsste als Gestaltung hinsichtlich des materiellen Rechts anzusehen sein. Vereinbaren Versicherer und Versicherungsnehmer die ausschließliche Zuständigkeit eines oder mehrerer Gerichte bei Streitigkeiten in Bezug auf den Anspruch des Versicherungsnehmers gegenüber dem Versicherer, so haben sie damit eine Zuständigkeitsvereinbarung im Hinblick auf *„eine bereits entstandene Rechtsstreitigkeit oder über eine künftige aus einem bestimmten Rechtsverhältnis entspringende Rechtsstreitigkeit"* gemäß Art. 17 Abs. 1 S. 1 EuGVÜ/LugÜ bzw. Art. 23

1054 Vgl. 2. Teil B. VI. 1.

1055 Dazu 2. Teil B. VI. 2.

1056 Vgl. auch die Gründe, weshalb sich der Erwerb von materiellen Rechten und/oder Pflichten oder gesamter Rechts- und Pflichtenpositionen nach nationalem Recht richtet, oben 2. Teil B. VI. 2. a).

1057 Möglich ist auch, dem Geschädigten einen Anspruch, den der Versicherungsnehmer aus dem Versicherungsvertrag gegenüber dem Versicherer hat, abzutreten. In einem solchen Fall gilt der Grundsatz vom Fortbestand der Identität des Rechts. Wurde der Anspruch durch eine Gerichtsstandsvereinbarung zwischen Versicherungsnehmer und Versicherer gestaltet, so muss der Geschädigte das Recht mit der Gerichtsstandsvereinbarung gegen sich gelten lassen; vgl. 2. Teil C. II. 2. a) sowie 3. Teil A.

1058 Bei Haftpflichtversicherungen von Kraftfahrzeugen müssen gemäß Art. 3 der Vierten Kraftfahrzeughaftpflicht-Richtlinie vom 16.5.2000 (2000/26/EG), ABl.EG 2000 Nr. L 181/65 alle Mitgliedsstaaten einen Direktanspruch des Geschädigten gegen den Versicherer gewähren.

Abs. 1 S. 1 EuGVO getroffen. Weiterhin entscheidet über die Möglichkeit der Gestaltung hinsichtlich der materiellen Rechte das anwendbare nationale Recht[1059]. Der im deutschen Recht geltende Grundsatz der Vertragsfreiheit, der vor allem die Abschluss- sowie die Gestaltungsfreiheit umfasst, ermöglicht es den Parteien, zwischen denen Rechte bestehen, eine Gestaltung hinsichtlich dieser vorzunehmen[1060].

Andererseits könnte auch eine Gestaltung in Bezug auf das materielle Recht des Geschädigten durch die zwischen Versicherer und Versicherungsnehmer getroffene Gerichtsstandsvereinbarung erfolgt sein. Zu denken ist dabei zunächst an die Fälle, in denen der Geschädigte einen Anspruch gegenüber dem Versicherungsnehmer hat. Es handelt sich zwar, soweit die Parteien die Zuständigkeit bei Rechtsstreitigkeiten in Bezug auf diesen Anspruch bestimmen wollen, um eine Gerichtsstandsvereinbarung im Hinblick auf *„eine bereits entstandene Rechtsstreitigkeit oder über eine künftige aus einem bestimmten Rechtsverhältnis entspringende Rechtsstreitigkeit"*, die Möglichkeit einer solchen Gestaltung erscheint jedoch nach deutschem Recht fraglich. Das die Autonomie zum Abschluss sowie zur Gestaltung gewährleistende Vertragsprinzip sieht eine Gestaltung prinzipiell nur zwischen den Beteiligten des Vertrages vor. Auch wenn ein Recht eines Dritten aus der Vereinbarung der Parteien hervorgeht, fällt diesen die Möglichkeit der Gestaltung zu[1061]. Der Anspruch, den der Geschädigte dem Versicherungsnehmer gegenüber geltend macht, geht jedoch nicht aus der Vereinbarung der Parteien hervor. Daher kann ihnen auch nicht die Möglichkeit der Gestaltung zukommen, da dies die Autonomie des Geschädigten in nicht zulässiger Weise beschneiden würde.

Schließlich kann eine Gerichtsstandsvereinbarung als Gestaltung hinsichtlich eines Direktanspruchs des Geschädigten gegenüber dem Versicherer anzusehen sein. Fraglich ist, ob es sich hierbei um einen Anspruch handelt, der aus einer Vereinbarung zwischen Versicherungsnehmer und Versicherer hervorgeht. Der Geschädigte könnte seine Position – vergleichbar zum Begünstigten oder Versicherten – aus dem zwischen Versicherungsnehmer und Versicherer geschlossenen Versicherungsvertrag herleitet. Grundsätzlich ist für die Klage unmittelbar gegen den Versicherer erforderlich, dass der Geschädigte einen vollstreckbaren Titel gegen den Versicherungsnehmer sowie eine Pfändung und Überweisung der Ansprüche des Versicherungsnehmers aus dem Versicherungsvertrag gegenüber dem Versicherer erlangt. Der normierte Direktanspruch des Geschädigten könnte als eine Verkürzung dieses mühsamen Weges anzusehen sein, der ein Vorgehen unmittelbar gegen den Versicherer ermöglicht. Daraus wäre zu folgern, dass der Geschädigte praktisch in die Position des Versicherungsnehmers käme, dessen Stellung aus dem Versicherungsvertrag resultiert[1062]. Eine solche Sichtweise übersähe jedoch, dass es sich bei dem Anspruch des Geschädigten gegen den Versicherer um einen eigenen unmittelbaren Anspruch diesem gegenüber handelt, nicht aber einen aus dem Versicherungsvertrag abgeleiteten Anspruch. Trotz seiner Anknüpfung an das Versicherungsverhältnis dem Grunde sowie der Höhe nach

---

1059 Vgl. 2. Teil B. VI. 2. b).

1060 Bereits oben zur Abtretung: 3. Teil A. II. 1. b).

1061 Vgl. bereits zur kumulativen Schuldübernahme: 3. Teil B. I. 2. a) bb).

1062 Dazu auch die Gedanken von *Heiss*, Versicherungsrecht in Europa, 105, 143 f.

ist er ein gesetzlicher Anspruch überwiegend deliktsrechtlicher Natur[1063]. Nach vorherrschender Ansicht entsteht der Anspruch kraft gesetzlichen Schuldbeitritts[1064]. Demnach geht der Anspruch des Dritten nicht aus einer Abrede zwischen Versicherungsnehmer und Versicherer hervor, so dass diesen auch nicht die Möglichkeit der Gestaltung hinsichtlich des Rechts zukommt[1065].

Infolgedessen kommt eine Gestaltung lediglich hinsichtlich eines Rechts in Betracht, das dem Versicherungsnehmer gegenüber dem Versicherer zusteht.

cc) Gebotenheit der Drittwirkung aufgrund Gesamtbetrachtung

Aber auch, soweit die Gestaltung im Hinblick auf das materielle Recht möglich ist, kommt eine Drittwirkung nicht in Betracht. Bei einer Gesamtbetrachtung zeigt sich, dass der Geschädigte diesen Anspruch, hinsichtlich dessen die Gestaltung vorgenommen wurde, nicht erwirbt. Damit greifen auch die Gründe für eine Gebotenheit der Drittwirkung nicht ein[1066].

[1063] *BGHZ* 57, 265, 269 f.; *BGH*, NJW 1981, 925; *Prölss/Martin/Knappmann*, § 3 Nrn. 1, 2 PflVG, Rn. 4; *Römer/Langheid*, § 3 PflVG, Rn. 6.

[1064] *BGH*, NJW 1981, 925, 926; *Bruck/Möller/Johannsen*, Anm. B6 ff.

[1065] In diesem Sinne auch *Wiede* in der Diskussion, Versicherungsrecht in Europa, 169, 174 f.; MünchKomm/*Gottwald*, § 328, Rn. 91; so wohl auch *Fricke*, VersR 1997, 399, 404. Eine ähnliche Diskussion findet man hinsichtlich der haftungsrechtlichen Durchgriffsansprüche („actions directes en responsabilité") innerhalb einer internationalen Vertragskette im französischen Recht. Bezüglich dieser hat die *Cour de cassation*, Rev.crit.dr.internat.privé (84) 1995, 721 ff. entschieden, dass einer Gerichtsstandsvereinbarung keinerlei Wirkung gegenüber dem Endabnehmer zukomme. Begründet wurde dies mit der Qualifikation als deliktischer Anspruch. Diese Ansicht stützt sich auf eine Entscheidung des *EuGH*, Urteil vom 17. Juni 1992, Rs. C-26/91, Slg. 1992, I-3967 *(Jakob Handte)*, in der dieser den Anspruch des Endabnehmers nicht als vertraglichen Anspruch im Sinne von Art. 5 Nr. 1 EuGVÜ qualifizierte; zustimmend: *Martiny*, FS Geimer (2002), 641, 662. Daraus hatte die Cour de cassation gefolgert, dass keine Wirkung der Gerichtsstandsvereinbarung zu Lasten des Endabnehmers möglich sei. Die Cour de cassation nahm somit eine übereinkommens- bzw. gemeinschaftsautonome Qualifikation des Anspruchs des Endabnehmers gegenüber dem Hersteller vor; zu dieser Entscheidung: 1. Teil B. II. 4. In diesem Sinne auch *Bauerreis*, Internationale Vertragsketten, 238 ff.; *Schley*, Grenzüberschreitende Vertragsketten, 212. *Gebauer*, IPRax 2001, 471, 475 f. geht davon aus, dass sich die Frage, ob ein vertraglicher Anspruch vorliegt, aus der Rechweite des Vertragsstatuts und demnach den Normen des Internationalen Privatrechts des Forumstaates ergibt. Für eine übereinkommens- bzw. gemeinschaftsautonome Qualifikation spricht grundsätzlich, dass eine Rechtsstellung innerhalb des Anwendungsbereichs der Übereinkommen bzw. der Verordnung eine gleiche Bedeutung zukommen soll. Dies gebietet wiederum das Ziel der Übereinkommen bzw. der Verordnung, einen einheitlichen Rechtszustand für alle Vertrags-/Mitgliedsstaaten und damit für alle von den Übereinkommen bzw. der Verordnung betroffenen Personen zu schaffen (vgl. *Koch*, IPRax 1993, 19, 20; dazu auch 1. Teil A. II. 1. b)). Die Frage, ob es sich um eine Rechtsstellung des Dritten handelt, die aus einer Vereinbarung der Parteien hervorgeht, stellt sich jedoch innerhalb der Anwendung nationalen Rechts. Dieses beurteilt die Gestaltungsmöglichkeit hinsichtlich der materiellen Rechtsposition. Das deutsche Recht lässt die Gestaltung diesbezüglich zu, soweit das Recht des Dritten aus einem Vertrag zwischen den Parteien hervorgeht; ein Vertrag zu Lasten des Dritten ist jedoch nicht zulässig, vgl. 2. Teil B. III. 1. a) ee). Konsequenterweise kann die Frage, ob es sich um ein solches Recht des Dritten handelt, nur von dem zur Anwendung berufenen nationalen Recht – hier dem deutschen Recht – beantwortet werden.

[1066] Im Ergebnis auch *Trib.gr.inst.Paris*, Rev.crit.dr.internat.privé (76) 1987, 415 ff., insb. 417;

Zu überlegen ist, ob es sich dabei um ein angemessenes Ergebnis für die Konstellationen handelt, in denen der Geschädigte einen Anspruch unmittelbar gegen den Versicherer geltend machen kann. Lediglich darauf zu verweisen, dass der Geschädigte gerade nicht Partei der Gerichtsstandsvereinbarung ist[1067], reicht prinzipiell nicht aus, um eine Wirkung dieser Vereinbarung abzulehnen, da auch eine Drittwirkung möglich sein kann. Allerdings ist zu beachten, dass eine Wirkung gegenüber einem Dritten ohne Einhaltung der Formerfordernisse nur in sehr eingeschränktem Maße möglich ist. *Heiss*, der eine Wirkung der Zuständigkeitsvereinbarung zwischen Versicherer und Versicherungsnehmer zu Lasten des Geschädigten zulassen will, weist zur Begründung darauf hin, dass dem Geschädigten gemäß Art. 10 Abs. 2 EuGVÜ/LugÜ bzw. Art. 11 Abs. 2 EuGVO keine eigenen, sondern lediglich abgeleitete Gerichtsstände zustünden. Demzufolge könne er nur an jenen Gerichtsständen klagen, die auch dem Versicherungsnehmer offengestanden hätten. Daher müsse er auch eine Gerichtsstandsvereinbarung gegen sich gelten lassen, die der Versicherungsnehmer mit dem Versicherer vereinbart hat[1068].

Es muss jedoch hinsichtlich der Wirkung der Zuständigkeitsvereinbarung zwischen Geschädigten und Versicherungsnehmer differenziert werden. Während letzterer als Partei seinen Willen zu der Abbedingung der gegebenen Gerichtsstände wirksam bekundet hat, steht der Geschädigte als Dritter außerhalb der Vereinbarung. Die Schutzbedürftigkeit eines Dritten vor der aufgedrängten Wirkung einer Gerichtsstandsvereinbarung ist zu beachten. Sie entfällt lediglich unter besonderen Voraussetzungen[1069], die jedoch vorliegend nicht gegeben sind. Auch kann kein Vergleich zur Rechtsstellung des Begünstigten oder Versicherten angestellt werden. Die „Begünstigungswirkung" des Geschädigten ergibt sich aus der gesetzlichen Regelung, nicht aber unmittelbar aus dem Versicherungsvertrag, wie dies bei dem Begünstigten oder Versicherten der Fall ist[1070]. Darüber hinaus handelt es sich bei dem vom nationalen Recht gewährten Direktanspruch lediglich dann um ein effektives Instrument, wenn dieser auch im Unfallstaat klageweise geltend gemacht werden kann[1071]. Dieser Gerichtsstand soll ihm jedoch nicht durch eine Vereinbarung zwischen Versicherer und Versicherungsnehmer genommen werden. Somit ist das aufgrund der entwickelten Thesen gewonnene Ergebnis, eine Wirkung zu Lasten des Geschädigten ohne Einhaltung der Erfordernisse gemäß Art. 17 Abs. 1 EuGVÜ/LugÜ bzw. Art. 23 Abs. 1, 2 EuGVO abzulehnen, angemessen.

Schlosser-Bericht, ABl.EG 1979 Nr. C 59/71, Rn. 148; *Geimer/Schütze*, Art. 13, Rn. 7; *Kropholler*, Art. 13, Rn. 4; MünchKomm/*Gottwald*, § 328, Rn. 91; *Fricke*, VersR 1997, 399, 404 zu Art. 12 Nr. 3; anders: *Heiss*, Versicherungsrecht in Europa, 105, 142 ff. Diese wollen jedoch wohl auf nationales Recht zur Lösung der Drittwirkungsproblematik zurückgreifen.

1067 *Geimer/Schütze/Auer*, 540.270, Art. 13, Rn. 24.

1068 *Heiss*, Versicherungsrecht in Europa, 105, 142 f.; *ders.* in der Diskussion, Versicherungsrecht in Europa, 169, 175.

1069 Vgl. oben 2. Teil B. IV. 4.

1070 *Wiede* in der Diskussion, Versicherungsrecht in Europa, 169, 174 f.; dazu auch bereits 3. Teil C. I. 2. a) aa).

1071 Vgl. *Wandt* in der Diskussion, Versicherungsrecht in Europa, 169, 176 f.

b) Zustimmung des Dritten entsprechend Art. 17 Abs. 1 EuGVÜ/LugÜ bzw. Art. 23 Abs. 1, 2 EuGVO zu der wirksam zustande gekommenen Gerichtsstandsvereinbarung

Möglich ist jedoch die Zustimmung eines Dritten entsprechend Art. 17 Abs. 1 EuGVÜ/LugÜ bzw. Art. 23 Abs. 1, 2 EuGVO zu einer wirksam zustande gekommenen Gerichtsstandsvereinbarung im Sinne von Art. 17 EuGVÜ/LugÜ bzw. Art. 23 EuGVO[1072]. Stimmt der Geschädigte einer solchen Gerichtsstandsvereinbarung zwischen Versicherungsnehmer und Versicherer in dieser Weise zu, so kommt eine Wirkung der Zuständigkeitsvereinbarung zu seinen Lasten in Betracht.

c) Besonderheit: Dritter als Geschädigter

Eine Besonderheit besteht darin, dass dem Dritten die Eigenschaft eines Geschädigten zukommt. Soweit eine Wirkung zu seinen Lasten nach den allgemeinen Grundsätzen möglich ist, stellt sich die Frage, ob diese für den Geschädigten belastende Wirkung auf besondere Konstellationen zu beschränken ist.

Anders als der Begünstigte oder Versicherte leitet der Geschädigte sein Recht nicht aus dem zwischen Versicherer und Versicherungsnehmer geschlossenen Versicherungsvertrag her. Somit ist die besondere Schutzbedürftigkeit des Geschädigten zu würdigen, indem Sinn und Zweck von Art. 12 EuGVÜ/LugÜ bzw. Art. 13 EuGVO heranzuziehen sind[1073].

Stimmt der Geschädigte der zwischen dem Versicherer und dem Versicherungsnehmer geschlossenen Gerichtsstandsvereinbarung nach der Entstehung der Streitigkeit zwischen dem Geschädigten und dem Versicherer entsprechend Art. 17 EuGVÜ/LugÜ bzw. Art. 23 EuGVO zu, so ist ein Schutzbedürfnis des Geschädigten nicht mehr erkennbar. Der Geschädigte übersieht die Tragweite einer Zustimmung zu einer solchen Gerichtsstandsvereinbarung und kann in seine Überlegungen eine Auseinandersetzung vor Gericht miteinbeziehen.

Weiterhin ist eine Wirkung zu Lasten des Geschädigten anzunehmen, wenn eine Zuständigkeitsvereinbarung gemäß Art. 12 Nr. 3 EuGVÜ/LugÜ bzw. Art. 13 Nr. 3 EuGVO getroffen wurde und der Geschädigte zu dem Zeitpunkt, zu dem er seine Zustimmung zu der Gerichtsstandsvereinbarung entsprechend Art. 17 EuGVÜ/LugÜ bzw. Art. 23 EuGVO erklärt, seinen Wohnsitz in demselben Vertrags-/Mitgliedstaat hat wie der Versicherungsnehmer und der Versicherer, besteht eine Schutzbedürftigkeit des Geschädigten nicht. Allerdings muss eine Zustimmung des Geschädigten nach dem Recht dieses Vertrags-/Mitgliedsstaates als zulässig angesehen werden.

III. Ergebnis

Eine Gerichtsstandsvereinbarung kann zu Gunsten eines Versicherten, aber auch eines Geschädigten wirken[1074] Zudem kann eine Zuständigkeitsvereinbarung zu Lasten des Versicherten Wirkung entfalten, da er einen Anspruch aus dem Versicherungsvertrag zwischen Versicherer und Versichertem herleitet, der durch die Vereinbarung der Zu-

---

1072 Siehe 2. Teil B. IV. 2. b) bb).

1073 Zu all diesen Überlegungen 2. Teil C. II. 2. a) bb) (2).

1074 Vgl. oben 3. Teil C. I. 1. sowie II. 1.

ständigkeit beschränkt wird. Problematisch ist die belastende Wirkung einer Gerichtsstandsvereinbarung jedoch hinsichtlich des Geschädigten. Eine solche ist lediglich möglich, soweit der Geschädigte der Vereinbarung entsprechend Art. 17 Abs. 1 EuGVÜ/LugÜ bzw. Art. 23 Abs. 1, 2 EuGVO zugestimmt hat und diese Zustimmung nach Entstehung der Streitigkeit bezüglich des Direktanspruchs des Dritten erfolgt ist, oder aber der Geschädigte einer Gerichtsstandsvereinbarung gemäß Art. 12 Nr. 3 EuGVÜ/LugÜ bzw. Art. 13 Nr. 3 EuGVO zustimmt, wobei er zum Zeitpunkt der Zustimmung seinen Sitz in demselben Vertrags-/Mitgliedsstaat hat wie der Versicherungsnehmer und der Versicherer und eine Zustimmung des Geschädigten nach dem Recht dieses Vertrags-/Mitgliedstaates als zulässig angesehen wird.

D. Wirkung einer Gerichtsstandsvereinbarung gegenüber dem Vertreter ohne Vertretungsmacht

Eine Gerichtsstandsvereinbarung könnte auch gegenüber einem Vertreter Wirkungen entfalten. Zu diskutieren ist die Konstellation, dass der Vertreter hinsichtlich des materiellen Vertrages ohne Vertretungsmacht gehandelt hat, und nun von der gegnerischen Vertragspartei des Rechtsgeschäfts entweder auf Erfüllung oder Schadensersatz wegen Nichterfüllung gemäß § 179 Abs. 1 BGB oder aber Ersatz des Vertrauensschadens gemäß § 179 Abs. 2 BGB in Anspruch genommen wird. Hinsichtlich der Gerichtsstandsvereinbarung ist denkbar, dass eine wirksame Vertretung erfolgt ist. Andererseits kann es jedoch auch an einer solchen mangeln. Darüber hinaus besteht die Möglichkeit, dass die Gerichtsstandsvereinbarung ohne Einschaltung eines Vertreters zustande gekommen ist.

I. Keine Wirkung als Partei der Gerichtsstandsvereinbarung

Zu betrachten ist die Konstellation, dass der Handelnde nicht selber Partei der Gerichtsstandsvereinbarung wird. Ausschlaggebend ist hierbei, ob sich aufgrund einer Auslegung der Vereinbarung ergibt, dass deren Wirkungen den Handelnden oder den Hintermann treffen sollen. Diese Auslegung folgt übereinkommens- bzw. gemeinschaftsautonomen Grundsätzen. Die Voraussetzungen der Stellvertretung bestimmen sich demgegenüber nach nationalem Recht[1075].

Sollen lediglich den Hintermann die Wirkungen der Vereinbarung treffen, nicht jedoch den Handelnden, so kommt eine Wirkung ihm gegenüber nur in seiner Rolle als Dritter in Betracht, wobei erforderlich ist, dass aus der Zuständigkeitsvereinbarung der Wille hervorgeht, dass diese ihm gegenüber Wirkung entfalten soll.

Entfaltet die Zuständigkeitsvereinbarung keine Wirkung gegenüber dem Vertretenen, so könnte der Vertreter in diesem Fall als Partei der Vereinbarung an diese gebunden sein[1076]. Für die Annahme einer solchen Bindung wird angeführt, dass es arg-

---

1075 Vgl. 1. Teil A. II. 2.

1076 Ablehnend hinsichtlich einer Wirkung gegenüber dem Vertreter als Dritten in den Fällen, in denen dieser ohne Vertretungsmacht sowohl bezüglich des materiellen Vertrages als auch der Gerichtsstandsvereinbarung handelt: *Ahrens*, Subjektive Wirkung, 67, Fn. 314; anders *Geimer*, IZPR, Rn. 1731a; *Rauscher*, IPRax 1992, 143, 146. Vgl. auch gegen eine Drittwirkung einer Schiedsvereinbalistig wäre, wenn sich der als Vertreter Handelnde darauf berufen wollte, dass die Gerichtsstandsvereinbarung nicht geschlossen worden sei[1077]. Es ist allerdings fraglich, ob dieses Verhalten immer als arglistig zu bewerten ist. Man denke nur an die nachträgliche Anfechtung der Vollmacht. Daher könnte zu überlegen sein, ob nicht eine Differenzierung in dem Sinne erforderlich ist, dass eine Bindung des Vertreters an die Gerichtsstandsvereinbarung als Partei nur abzulehnen ist, wenn er den Mangel der Vertretungsmacht nicht kannte. Gegen eine solche Differenzierung spricht jedoch die damit verbundene Rechtsunsicherheit. Sie würde zu Unklarheiten über die Zuständigkeit führen, die vermieden werden sollen[1078]. Darüberhinaus ist zweifelhaft, ob die Gerichtsstandsvereinbarung gegenüber dem Vertreter Wirkung als Partei entfalten soll, da er gerade nicht Partei der Vereinbarung werden sollte. Sowohl die Pflicht zum Ersatz des Vertrauensschadens im Sinne von § 179 Abs. 2 BGB als auch die Verpflichtung zur Erfüllung bzw. zum Ersatz des Nichterfüllungsschadens im Sinne von § 179 Abs. 1 sind bei Anwendung deutschen Rechts als gesetzliche Garantenhaftung anzusehen[1079]. Nach den in § 179 BGB zugrunde gelegten Gedanken soll der Vertreter somit nicht die Rechtsstellung des Vertretenen erlangen. Der BGH betonte zudem, dass der Vertreter nicht einmal wirtschaftlich annähernd die Rechtsposition des Vertretenen erlange[1080]. Daher kann auch aus den Überlegungen zu § 179 BGB nicht gefolgert werden, dass der Vertreter als Partei hinsichtlich der Gerichtsstandsvereinbarung zu behandeln ist. Infolgedessen ist eine Wirkung der Zuständigkeitsvereinbarung gegenüber dem Vertreter als Partei dieser Vereinbarung abzulehnen.

II. Bindung des Dritten an die Gerichtsstandsvereinbarung

Der Vertreter könnte jedoch als Dritter an die Gerichtsstandsvereinbarung gebunden sein. In Betracht kommt die bereits geschilderte Konstellation, in der der Vertreter im Hinblick auf den materiellen Vertrag ohne Vertretungsmacht gehandelt hat und nun gemäß § 179 BGB von der Vertragsgegenseite in Anspruch genommen wird. Erfolgt eine Stellvertretung darüber hinaus auch bezüglich der Gerichtsstandsvereinbarung, kommt eine Drittwirkung nicht in Betracht. Grund dafür ist, dass regelmäßig der Wille von Vertreter[1081] und Vertragspartner zu Tage treten wird, den Vertretenen an die Vereinbarung zu binden. Eine Wirkung gegenüber dem Vertreter wird nicht gewollt sein, so dass es bereits an dem Willen für eine Drittwirkung fehlt. Will der Vertreter sich

---

rung: *Lachmann*, Hdb. für die Schiedsgerichtspraxis, Rn. 365.

1077 *Geimer*, IZPR, Rn. 1731a.

1078 Siehe zu Schiedsvereinbarungen: *Ahrens*, Subjektive Reichweite, 67; *Lachmann*, Hdb. für die Schiedsgerichtspraxis, Rn. 365.

1079 *RGZ* 120, 126, 129; *BGHZ* 68, 356, 360 f.; MünchKomm/*Schramm*, § 179, Rn. 1, 32; *Palandt/Heinrichs*, § 179, Rn. 5; a.A. *Lobinger*, Rechtsgeschäftliche Verpflichtungen und autonome Bindung, 273 ff., 281 ff., der den Grund für die Haftung gemäß § 179 Abs. 1 BGB in der Nichterfüllung einer eigenen rechtsgeschäftlichen Leistungspflicht des Vertretenen sieht; hierzu auch: Staudinger/*Schilken*, § 179, Rn. 2.

1080 Zu Schiedsvereinbarungen: *BGHZ* 68, 356, 361.

1081 Wie gesehen kommt es bei Zugrundelegung deutschen Rechts als nationalen Rechts grundsätzlich auf den Willen des Vertreters und nicht auf den Willen des Vertretenen an, 3. Teil D. I.

(auch) selber binden, so kommt lediglich eine Wirkung als Partei in Betracht. Folglich verbleiben für eine Diskussion die Fälle, in denen sich die Parteien bezüglich der Zuständigkeitsvereinbarung – anders als hinsichtlich des materiellen Vertrages – keines Vertreters bedient haben. Praktisch relevant kann dies werden, wenn der Vertretene und sein Vertragspartner eine Gerichtsstandsvereinbarung nach Abschluss des materiellen Vertrages treffen.

1. Wirkung zu Gunsten des Dritten

Es kommt eine Wirkung zu Gunsten des Vertreters, der hinsichtlich des materiellen Vertrages ohne Vertretungsmacht gehandelt hat, in Betracht. Ist der Wille ersichtlich, dass der Dritte im Falle der Verpflichtung gemäß § 179 BGB einen zusätzlichen konkurrierenden Gerichtsstand erhalten soll[1082], so entfaltet die Zuständigkeitsvereinbarung nach den aufgestellten Thesen[1083] Wirkung zu Gunsten des Vertreters als Dritten.

2. Wirkung zu Lasten des Dritten

Fraglich ist, ob eine zwischen dem Vertretenen und seinem Vertragspartner getroffene Gerichtsstandsvereinbarung auch zu Lasten des Vertreters Wirkung entfalten kann. Grundsätzliche Voraussetzung ist, dass eine Gerichtsstandsvereinbarung wirksam im Sinne von Art. 17 EuGVÜ/LugÜ bzw. Art. 23 EuGVO zustande gekommen ist[1084]. Nur eine zwischen den Parteien zustande gekommene Gerichtsstandsvereinbarung kann eine Wirkung gegenüber dem Vertreter ohne Vertretungsmacht als Dritten entfalten[1085].

a) Weitere Voraussetzungen hinsichtlich des Dritten

Darüber hinaus ergibt sich aus den angestellten Überlegungen, dass eine Drittwirkung bei Erwerb von materiellen Rechten und/oder Pflichten oder gesamter Rechtspositionen anzunehmen ist, soweit durch die Gerichtsstandsvereinbarung eine Gestaltung hinsichtlich der materiellen Rechte und/oder Pflichten oder gesamter Rechtspositionen erfolgt ist, und eine Gesamtbetrachtung von materiellem Recht und der Wirkung der Gerichtsstandsvereinbarung die Drittwirkung gebietet[1086].

aa) Auferlegung einer materiellen Pflicht nach nationalem Recht

Handelt der Vertreter ohne Vertretungsmacht, so wird ihm nach deutschem Recht[1087] die Pflicht auferlegt, Erfüllung oder Schadensersatz wegen nicht Nichterfüllung gemäß § 179 Abs. 1 BGB, oder aber bei Nichtkenntnis des Mangels der Vertretungsmacht Ersatz des Vertrauensschadens gemäß § 179 Abs. 2 BGB zu leisten.

1082 Dies muss klar und deutlich zum Ausdruck kommen, vgl. oben 2. Teil unter A.
1083 Vgl. 2. Teil A. IV.
1084 Dazu 2. Teil B. VI. 1.
1085 Vgl. oben 3. Teil D. unter I. sowie II.
1086 Vgl. oben 2. Teil B. VI. 2.
1087 Zur Ermittlung des anwendbaren Rechts: Staudinger/Magnus, Einl. zu Art. 27-37 EGBGB, Rn. A 10 ff.

bb) Gerichtsstandsvereinbarung als Gestaltung hinsichtlich der materiellen Pflicht

Weiterhin müsste die Gerichtsstandsvereinbarung als Gestaltung hinsichtlich der materiellen Pflicht anzusehen sein. Dass eine solche Vereinbarung sich auf *„eine bereits entstandene Rechtsstreitigkeit oder (...) eine künftige aus einem bestimmten Rechtsverhältnis entspringende Rechtsstreitigkeit"* gemäß Art. 17 Abs. 1 S. 1 EuGVÜ/LugÜ bzw. Art. 23 Abs. 1 S. 1 EuGVO bezieht, wird regelmäßig der Fall sein. Darüber hinaus beurteilt sich die Möglichkeit der Gestaltung im Hinblick auf die materielle Rechtsstellung nach nationalem Recht[1088]. Soweit der Vertretene und der Vertragsgegner eine Gestaltung hinsichtlich eigener Rechte und/oder Pflichten oder gesamter Rechtspositionen vornehmen wollen, steht dem grundsätzlich nichts im Wege. Ihnen kommt die Abschluss- und Gestaltungsfreiheit zu[1089]. Zu beachten ist jedoch, dass es mangels Vertretungsmacht an Rechten und/oder Pflichten oder gesamter Rechtspositionen aus dem Vertrag fehlt.

Fraglich ist, ob die Parteien auch eine Gestaltung hinsichtlich der Pflicht des Vertretenen gemäß § 179 BGB vornehmen können. Es handelt sich bei dieser Verpflichtung nicht um eine solche, die aus einer Abrede zwischen den Parteien folgt. Der materielle Vertrag, der ohne Vertretungsmacht geschlossen wurde, kann eine solche Pflicht nicht begründen. Folglich ist sowohl die Pflicht zum Ersatz des Vertrauensschadens im Sinne von § 179 Abs. 2 BGB als auch die Verpflichtung zur Erfüllung bzw. zum Ersatz des Nichterfüllungsschadens gemäß § 179 Abs. 1 BGB als gesetzliche Garantenhaftung anzusehen[1090]. Im Hinblick auf eine Pflicht, die kraft Gesetzes unmittelbar in der Person des Dritten entsteht, ist eine Gestaltung durch die Parteien nicht möglich[1091]. Demnach liegt keine Gestaltung hinsichtlich der materiellen Pflicht des Vertreters gemäß § 179 BGB durch die Zuständigkeitsvereinbarung vor.

cc) Gebotenheit der Drittwirkung aufgrund Gesamtbetrachtung

Lediglich im Fall der Vereinbarung in Bezug auf Pflichten zwischen den Parteien ist eine Gestaltung möglich, wobei allerdings zu beachten ist, dass ein Vertrag aufgrund der fehlenden Vertretungsmacht keine rechtliche Wirkung für den Vertretenen entfaltet. Der Vertreter konnte demnach keine Pflicht im Sinne von § 179 BGB von dem Vertretenen übernehmen. Seine Verpflichtung entsteht vielmehr aufgrund Gesetzes[1092]. Damit greifen auch die Gründe für eine Gebotenheit der Drittwirkung nicht ein.

[1088] Vgl. oben 2. Teil B. VI. 2. b).

[1089] Siehe bereits 3. Teil A. II. 1. b).

[1090] *RGZ* 120, 126, 129; *BGH*, NJW 1970, 240, 241; MünchKomm/*Schramm*, § 179, Rn. 1, 32; *Palandt/Heinrichs*, § 179, Rn. 5; a.A. *Lobinger*, 273 ff., 281 ff., der den Grund für die Haftung gemäß § 179 Abs. 1 BGB in der Nichterfüllung einer eigenen rechtsgeschäftlichen Leistungspflicht des Vertretenen sieht; hierzu auch: Staudinger/*Schilken*, § 179, Rn. 2.

[1091] Dazu auch oben bei der Schuldmitübernahme 3. Teil B. I. 2. a) bb).

[1092] *RGZ* 120, 126, 129; *BGH*, NJW 1970, 240, 241; MünchKomm/*Schramm*, § 179, Rn. 1, 32.

b) Zustimmung des Dritten entsprechend Art. 17 Abs. 1 EuGVÜ/LugÜ bzw. Art. 23 Abs. 1, 2 EuGVO

Möglich ist aber eine Wirkung der Gerichtsstandsvereinbarung gegenüber dem Vertreter, soweit er einer solchen Wirkung entsprechend Art. 17 Abs. 1 EuGVÜ/LugÜ bzw. Art. 23 Abs. 1, 2 EuGVO zustimmt.

III. Ergebnis

Es bleibt festzuhalten, dass eine Bindung des Vertreters als Dritter lediglich in Betracht kommt, wenn dieser zwar als Vertreter ohne Vertretungsmacht hinsichtlich des materiellen Vertrages, jedoch nicht in Bezug auf die Gerichtsstandsvereinbarung als solcher auftritt. Hat der Vertretene mit dem Vertragspartner eine Zuständigkeitsvereinbarung getroffen, die nach ihrem Willen zu Gunsten des Vertreters wirken soll, entfaltet sie diese Wirkung. Soll die Vereinbarung zu Lasten des Vertreters wirken, so bedarf es dessen Zustimmung entsprechend Art. 17 Abs. 1 EuGVÜ/LugÜ bzw. Art. 23 Abs. 1, 2 EuGVO.

IV. Sonderprobleme bei der Vertretung im Hinblick auf die Gerichtsstandsvereinbarung

Trifft der Vertreter mit der Vertragspartei eine Gerichtsstandsvereinbarung, so ergeben sich besondere Probleme: Fraglich ist, ob es hinsichtlich der Anwendungs- sowie der Zulässigkeitsvoraussetzungen auf die Parteien der Gerichtsstandsvereinbarung ,oder ob es (auch) auf den Vertreter ankommt.

1. Anwendungsvoraussetzungen

Gemäß Art. 17 Abs. 1 S. 1 EuGVÜ/LugÜ bzw. Art. 23 Abs. 1 S. 1 EuGVO müssen „die Parteien, von denen mindestens eine ihren Wohnsitz in dem Hoheitsgebiet eines Vertrags-/Mitgliedsstaats hat, vereinbart [haben], dass ein Gericht oder die Gerichte eines Vertrags-/Hoheitsstaats (...) entscheiden sollen". Zwar nennt der Wortlaut ausdrücklich „die Parteien", jedoch bietet er keine Lösung der Problematik, da diese Vorschrift von dem Grundfall ausgeht, dass die Parteien des Rechtsstreits mit den Parteien der Gerichtsstandsvereinbarung identisch sind[1093]. Grundsätzlich kommt es auf die Parteien der Zuständigkeitsvereinbarung an. Dies gebieten Sinn und Zweck der Anwendungsvoraussetzungen[1094]. Problematisch ist, ob das auch gilt, wenn eine Vertretung im Hinblick auf die Gerichtsstandsvereinbarung stattfindet.

Für die Prüfung der Anwendungsvoraussetzungen im Verhältnis der Parteien der Vereinbarung zueinander spricht, dass gerade sie die Wirkungen der Zuständigkeitsvereinbarung treffen sollen, nicht hingegen den Vertreter. Zudem soll sich eine Partei der Anwendung des EuGVÜ/LugÜ bzw. der EuGVO nicht dadurch entziehen können, dass sie sich eines Vertreters bedient, bezüglich dessen die Anwendungsvoraussetzungen nicht erfüllt sind. Daher sollte grundsätzlich im Verhältnis dieser Personen zueinander das Vorliegen der Anwendungsvoraussetzungen geprüft werden.

1093 Dazu bereits 2. Teil A. III. 2. a) aa).

1094 Vgl. oben 2. Teil C. I.

Es sind somit die Grundsätze, die hinsichtlich der Parteien der Gerichtsstandsvereinbarung entwickelt wurden anzuwenden. Dafür sprechen auch Sinn und Zweck der Anwendungsvoraussetzungen: Dem Richter soll eine einfache Ermittlung des Rechts möglich sein[1095].

2. Zulässigkeitsvoraussetzungen

Ein weiteres Sonderproblem stellen die Zulässigkeitsvoraussetzungen dar. Auch diesbezüglich ist die Problematik zu lösen, ob auf das Verhältnis zwischen dem Vertreter und dem Vertragspartner oder aber der Parteien abzustellen ist.

Die Vereinbarung muss dem Bestimmtheitserfordernis genügen. Da die Erkennbarkeit für Dritte und das Gericht aufgrund objektiver Kriterien für ausreichend erachtet wird[1096], wird auch keine Person schutzlos gelassen[1097].

Soweit es auf die besonders schutzwürdigen Positionen in Versicherungssachen, bei Verbrauchersachen sowie in individuellen Arbeitsverträgen ankommt, ist auf die Parteien der Vereinbarung abzustellen. Die Regelungen, die in diesen besonderen Sachen gelten, bezwecken den Schutz desjenigen, der von der Wirkung der Gerichtsstandsvereinbarung getroffen werden soll[1098]. Vereinbart der Vertreter für den Vertretenen mit einer dritten Person die Zuständigkeit eines oder mehrerer Gerichte, so treffen den Vertretenen die Rechte und Pflichten hieraus. Daher kommt es hinsichtlich der schutzwürdigen Eigenschaften auf die Parteien der Gerichtsstandsvereinbarung an.

Art. 16 EuGVÜ/LugÜ bzw. Art. 22 EuGVO bezweckt den Schutz unmittelbar staatlicher Jurisdiktionsinteressen. Soweit eine Zuständigkeit nach dieser Regelung abbedungen werden soll, muss daher diese Schranke Anwendung finden. Da eine Zuständigkeit des Vertretenen abbedungen wird, ist Art. 17 Abs. 3 EuGVÜ/LugÜ bzw. Art. 23 Abs. 5 EuGVO in Verbindung mit Art. 16 EuGVÜ/LugÜ bzw. Art. 22 EuGVO hinsichtlich des Vertretenen zu beachten[1099].

1095 Vgl. 2. Teil C. I. 1. a).

1096 So für die Bestimmtheit des Gerichts: *EuGH* Urteil vom 9. November 2000, Rs. C-387/98, Slg. 2000, I-9337, Rn. 15 *(Coreck)*; Schlussanträge des *Generalanwalts Alber* vom 23. März 2000, Rs. C-387/98, Slg. 2000, I-9340, Rn. 76 *(Coreck)*; näher dazu auch 2. Teil C. II. 1.

1097 Dazu vgl. oben 2. Teil C. II. 1.

1098 Siehe 2. Teil C. II. 2 a), b).

1099 Vgl. zu Art. 17 Abs. 3 EuGVÜ/LugÜ bzw. Art. 23 Abs. 5 EuGVO in Verbindung mit Art. 16 EuGVÜ/LugÜ bzw. Art. 22 EuGVO; oben: 2. Teil C. II. 2. c).

E. Drittwirkung einer Gerichtsstandsklausel in einem Konnossement

Weiterhin ist zu überlegen, ob eine in einem Konnossement enthaltene Gerichtsstandsklausel Wirkung gegenüber dem Empfänger, der die Auslieferung verlangt, entfalten kann. War der Empfänger an dem wirksamen Zustandekommen der Gerichtsstandsvereinbarung beteiligt oder wurde er diesbezüglich vertreten, so wird er bereits als Partei der Vereinbarung an diese gebunden[1100]. Ist dies jedoch – wie zumeist – nicht der Fall, stellt sich die Frage der Drittwirkung. Der Empfänger kann als Dritter an die Zuständigkeitsvereinbarung gebunden sein.

I. Anwendbarkeit des EuGVÜ/LugÜ bzw. der EuGVO

Fraglich ist, ob das EuGVÜ/LugÜ bzw. die EuGVO im Hinblick auf die Problematik der Drittwirkung in Konnossementsfällen überhaupt zur Anwendung kommt. Gemäß Art. 57 Abs. 1 EuGVÜ/LugÜ bzw. Art. 71 Abs. 1 EuGVO werden Übereinkommen von dem EuGVÜ/LugÜ bzw. der EuGVO unberührt gelassen, denen die Vertrags-/Mitgliedsstaaten angehören, und die für besondere Rechtsgebiete die gerichtliche Zuständigkeit, die Anerkennung oder die Vollstreckung von Entscheidungen regeln. Gemäß Art. 21 Abs. 1 der sogenannten „Hamburger Regeln"[1101] werden dem Kläger mehrere konkurrierende Gerichtsstände an die Hand gegeben. Diese können prinzipiell nicht abbedungen werden. Möglich ist gemäß Art. 21 Abs. 1 lit. d lediglich eine Gerichtsstandsvereinbarung, die einen zusätzlichen konkurrierenden Gerichtsstand mit sich bringt. So soll ein Schutz vor der Überlegenheit des „carriers" geschaffen werden[1102]. Die Vereinbarung einer ausschließlichen Zuständigkeit ist gemäß Art. 21 Abs. 5 erst nach Anspruchsentstehung möglich. Dies könnte zur Folge haben, dass der Dritte der wirksam zustande gekommenen Gerichtsstandsvereinbarung nach Entstehen der Streitigkeit zustimmen muss[1103]. Das UN-Übereinkommen über den Warentransport auf See ist gemäß Art. 2 anwendbar, wenn der Lade-, Lösch- oder Ausweichhafen in einem Vertragsstaat liegt oder dort das Konnossement ausgestellt ist bzw. im Konnossement auf die „Hamburger Regeln" oder das Recht eines Staates verwiesen wird, das die Regeln für anwendbar erklärt. Auch wenn das Übereinkommen seit dem 1. November 1992 in Kraft getreten ist, fand es bisher in den Staaten Europas keine große Beachtung und wurde daher von diesen auch nicht ratifiziert[1104]. Folglich kann die Betrachtung der „Hamburger Regeln" an dieser Stelle zurücktreten.

Weiterhin besteht das Internationale Abkommen zur Vereinheitlichung von Regeln über Konnossemente in der Fassung des Änderungsprotokolls vom 23. Februar 1968,

---

1100 Siehe 1. Teil A. III.

1101 Vgl. Anhang V zu dem UN-Übereinkommen über den Warentransport auf See vom 30.3.1978 (United Nations Convention of the Carriage of Goods by Sea, sog. „Hamburger Regeln").

1102 *Mankowski*, TranspR 1992, 301, 306. Wird eine ausschließliche Gerichtsstandsvereinbarung getroffen, so geht *Mankowski*, TranspR 1992, 301, 308 von der Nichtigkeit des Derogationselements aus.

1103 Ähnliche Überlegungen stellt auch *Killias*, Die Gerichtsstandsvereinbarungen nach dem Lugano-Übereinkommen, 242, Fn. 65 an.

1104 Vgl. *Prüßmann/Rabe*, vor § 556, Rn. 7; *Staehelin*, Gerichtsstandsvereinbarungen, 171; siehe auch *Stöve*, Gerichtsstandsvereinbarungen nach Handelsbrauch, 166 f.; *Contaldi*, Riv.dir.int.priv.proc. (35) 1999, 889, 909.

die sogenannten „Haager-Visby-Regeln". Diese sind gemäß Art. 10[1105] anwendbar auf jedes Konnossement, das sich auf die Güterbeförderung zwischen Häfen in zwei verschiedenen Staaten bezieht, wenn das Konnossement in einem Vertragsstaat ausgestellt ist, die Beförderung von einem Hafen in einem Vertragsstaat ausgeht oder das Konnossement die Haager Regeln einbezieht. Da die „Haager-Regeln" in ihrer ursprünglichen Fassung von 1924[1106] oder in ihrer in Visby geänderten Fassung von 1968 von sehr vielen europäischen Staaten ratifiziert wurden, könnte diesem Übereinkommen gegenüber dem EuGVÜ/LugÜ bzw. der EuGVO Vorrang zukommen. Ein solcher besteht jedoch nur, soweit es sich um ein Übereinkommen im Sinne von Art. 57 Abs. 1 EuGVÜ/LugÜ bzw. Art. 71 Abs. 1 EuGVO handelt. Die „Haager-Visby-Regeln" enthalten jedoch keine explizite Regelung im Hinblick auf *„die gerichtliche Zuständigkeit, die Anerkennung oder die Vollstreckung von Entscheidungen"*. Daher kommt ihnen gegenüber dem EuGVÜ/LugÜ bzw. der EuGVO keinerlei Vorrang zu[1107].

II. Orderkonnossement

Zunächst ist eine in einem Orderkonnossement enthaltene Gerichtsstandsklausel zu untersuchen. Sie kann gegenüber dem Empfänger als Dritten wirken.

1. Keine Benennung des Empfängers im Konnossement

Möglich ist, dass das Konnossement lediglich „an Order" ausgestellt wurde und der Empfänger in diesem nicht benannt ist.

a) Wirkung zu Gunsten des Dritten

Soll die Gerichtsstandsklausel nach dem Willen der Parteien zu Gunsten des Empfängers wirken[1108], so ist die gewollte Wirkung zuzulassen, da der Empfänger lediglich eine „Option" erhält, die er nutzen kann, falls er dies möchte[1109].

1105 Vgl. Anhang VI.

1106 Siehe bei *Prüßmann/Rabe*, Anhang I § 663b, S. 811 ff.

1107 *Stöve*, Gerichtsstandsvereinbarungen nach Handelsbrauch, 166; *Kropholler* (6. Auflage), Art. 17, Rn. 95. *Girsberger*, IPRax 2000, 87, 91 misst der Entscheidung des *EuGH* vom 16. März 1999, Rs. C-159/97, Slg. 1999, I-1597 *(Castelletti)* die Bedeutung zu, dass der EuGH weder den „Haager Regeln" noch den „Hamburger Regeln" als Prorogationsbeschränkungen gegenüber dem Brüsseler- und dem Lugano-Übereinkommen einen Vorrang zukommen lassen will. Zumindest hinsichtlich der „Hamburger Regeln" scheint dies der Fall zu sein, da der EuGH diese nicht mehr ansprach, obwohl *Generalanwalt Lèger* in seinen Schlussanträgen vom 22. September 1998, Rs. C-159/97, Slg. 1999, I-1597, Rn. 111 *(Castelletti)* die „Hamburger Regeln" erwähnte. Vgl. ebenfalls *Otte*, IPRax 2002, 132, 133; zweifelnd *Mankowski*, Seerechtliche Vertragsverhältnisse, 288 f.

1108 Im Regelfall wird eine Wirkung zu Lasten des Dritten gewollt sein, vgl. auch *Wieczorek/Schütze/Hausmann*, Anh I § 40, Rn. 58.

1109 Dazu oben 2. Teil A.

b) Wirkung zu Lasten des Dritten

Eine Gerichtsstandsklausel kann jedoch auch zu Lasten des Empfängers wirken, soweit die Parteien eine solche Wirkung gewollt haben. Wiederum ist grundsätzliche Voraussetzung, dass eine wirksame Gerichtsstandsvereinbarung im Sinne von Art. 17 EuGVÜ/LugÜ bzw. Art. 23 EuGVO zustande gekommen ist[1110].

Die erste Entscheidung des EuGH, die zu der Problematik der Vereinbarung eines Gerichtsstandes durch Abdruck einer Klausel auf einem Konnossement erging, war *„Tilly Russ"*[1111]. Sie befasste sich noch mit der Ursprungsfassung des Art. 17 Abs. 1 EuGVÜ, nach der die Parteien *„durch eine schriftliche oder durch eine mündliche, schriftlich bestätigte Vereinbarung"* bestimmen konnten, welches Gericht zuständig sein sollte. Der EuGH urteilte, dass eine Gerichtsstandsklausel, die in den in einem Konnossement abgedruckten Geschäftsbedingungen enthalten ist, Art. 17 Abs. 1 EuGVÜ genüge, wenn sich beide Parteien über die Konnossementsbedingungen, die diese Klausel enthalten, schriftlich geeinigt haben – woran es wohl in der Praxis zumeist fehlen wird[1112] –, oder wenn die Gerichtsstandsklausel Gegenstand einer früheren, ausdrücklich auf diese Klausel bezogenen mündlichen Vereinbarung zwischen den Parteien gewesen und das vom Verfrachter unterzeichnete Konnossement als schriftliche Bestätigung dieser Vereinbarung anzusehen ist, oder wenn das Konnossement im Rahmen laufender Geschäftsbeziehungen zwischen den Parteien ausgestellt ist und sich daraus ergibt, dass diesen Geschäftsbeziehungen allgemeine Geschäftsbedingungen zugrunde liegen, die diese Klausel enthalten[1113]. Letzterem kam die größte Bedeutung zu. Hier führte der EuGH die in der Entscheidung *„Segoura"*[1114] entwickelten Gedanken fort. Es verstoße gegen Treu und Glauben, wenn man das Bestehen einer Gerichtsstandsvereinbarung leugne[1115]. Somit versucht der EuGH einen Ausgleich zwischen den Bedürfnissen des Handelsverkehrs und der erforderlichen Einhaltung der Formvoraussetzungen zu finden[1116].

Es folgten zwei weitere Urteile des EuGH: *„Castelletti"*[1117] sowie *„Coreck"*[1118]. Diese nahmen Bezug auf das EuGVÜ in der Fassung des ersten Beitrittsübereinkommens von 1978. Nach diesem kann eine Gerichtsstandsvereinbarung zusätzlich *„im internationalen Handelsverkehr in einer Form geschlossen werden, die den internationalen Handelsbräuchen entspricht, die den Parteien bekannt sind oder die als ihnen bekannt angesehen werden müssen"*. Dementsprechend liegt eine wirksame Gerichtsstandsvereinbarung – auch wenn sie einseitig vom Verfrachter ausgestellt ist – jeden-

---

1110 Siehe 2. Teil B. VI. 1.

1111 *EuGH* Urteil vom 19. Juni 1984, Rs. 71/83, Slg. 1984, S. 2417 *(Tilly Russ)*. Vgl. dazu auch oben 1. Teil B. I. 2. a).

1112 Vgl. *Focsaneanu*, Rev.MarchéCommun 1984, 550, 558; *Mankowski*, Seerechtliche Vertragsverhältnisse, 250; *Stöve*, Gerichtsstandsvereinbarungen nach Handelsbrauch, 163.

1113 *EuGH* Urteil vom 19. Juni 1984, Rs. 71/83, Slg. 1984, S. 2417, Rn. 19 *(Tilly Russ)*.

1114 *EuGH* Urteil vom 14. Dezember 1976, Rs. 25/76, Slg. 1976, 1851 *(Segoura)*.

1115 *EuGH* Urteil vom 19. Juni 1984, Rs. 71/83, Slg. 1984, S. 2417, Rn. 18 *(Tilly Russ)*.

1116 So auch *Mankowski*, Seerechtliche Vertragsverhältnisse, 252 f.

1117 *EuGH* Urteil vom 16. März 1999, Rs. C-159/97, Slg. 1999, I-1597 *(Castelletti)*.

1118 *EuGH* Urteil vom 9. November 2000, Rs. C-387/98, Slg. 2000, I-9337 *(Coreck)*.

falls vor[1119]. Die Entscheidungen des EuGH helfen bei der Konkretisierung dieser Alternative.

aa) Voraussetzungen hinsichtlich des Dritten

Neben dem Vorliegen einer wirksam zustande gekommenen Gerichtsstandsvereinbarung bedarf es weiterer Voraussetzungen im Hinblick auf den Dritten. So muss der Dritte materielle Rechte erworben haben, hinsichtlich der durch die Zuständigkeitsvereinbarung eine Gestaltung erfolgt ist. Weiterhin muss eine Gesamtbetrachtung von materieller Rechtsposition und der Wirkung der Gerichtsstandsvereinbarung eine Drittwirkung gebieten[1120].

(1) Erwerb eines materiellen Rechts nach nationalem Recht

Als nach nationalem Recht[1121] erworbenes Recht kommt der Anspruch auf Auslieferung der verschifften Waren in Betracht. Hilfreich ist es bei den Überlegungen diesbezüglich den gesamten Sachverhalt rechtlich zu erfassen: Der Befrachter schließt mit dem Verfrachter einen Seefrachtvertrag. Der Ablader, der vom Befrachter verschieden sein kann, übergibt die Waren dem Verfrachter. Er schließt mit dem Verfrachter einen (Konnossement-)Begebungsvertrag ab. Inhalt dieses Vertrages ist die Bestätigung des Empfangs der zum Transport übernommenen Güter über See durch den Verfrachter und die Verpflichtung, diese an den legitimierten Inhaber des Konnossements[1122] auszuliefern. Es handelt sich nach überwiegender Ansicht im deutschen Recht um einen Vertrag zu Gunsten des jeweils berechtigten Konnossementsinhabers[1123]. Der Verfrachter stellt ein Konnossement aus, das zumeist nur einseitig durch diesen unterschrieben wird. In der gedachten Konstellation wird das Konnossement „an Order“ ausgestellt. Somit kann derjenige den Auslieferungsanspruch als Empfänger geltend machen, der sein Recht durch eine vom Ablader oder von dem im Konnossement genannten Empfänger ausgehende ununterbrochene Reihe von Indossamenten nachweist (§ 365 Abs.

1119 *The „Sidney Express“* [1988] 2 Lloyd's Rep. 257, 259 (Q.B. Sheen J.); *Trib.Genova* Riv.dir.int.priv.proc. (26) 1990, 120, 124; *Basedow*, Rechtswahl und Gerichtsstandsvereinbarungen, 15 f.; *Bonell*, Riv.dir.civ. 1992 I, 261, 267; *Kropholler/Pfeiffer*, FS Nagel (1987), 157, 164; *Mankowski*, Seerechtliche Vertragsverhältnisse, 274 f.; *Sonnenberger*, FS Firsching (1985), 295, 296 f.; *Stöve*, Gerichtsstandsvereinbarungen nach Handelsbrauch, 165 ff.; *Kropholler*, Art. 23, Rn. 62; *Deli*, Riv.int.priv.proc. (25) 1989, 27, 52; *Girsberger*, IPRax 2000, 89; *Kropholler*, RIW 1986, 929, 931; *Verheul*, NILR 1987, 99, 104 f. Siehe auch die rechtsvergleichende Analyse zu der Gerichtsstandsklausel in einem Konnossement bei *Hoffmeyer*, Die Gerichtswahlklausel im Konnossement; *Schaps/Abraham*, vor § 556, Rn. 45.

1120 Vgl. oben 2. Teil B. VI. 2.

1121 Vgl. zur Ermittlung des anwendbaren nationalen Rechts im Hinblick auf ein „an Order“ ausgestelltes Konnossement und die daraus folgenden Ansprüche *Mankowski*, Seerechtliche Vertragsverhältnisse, 124 ff., 128 ff., 149 ff.

1122 Nach der Konstruktion im deutschen Recht handelt es sich bei einem Konnossement um ein konstitutives Wertpapier, das einen selbständigen aus dem Wertpapier folgenden Anspruch des Inhabers schafft und verbrieft, der neben den Anspruch aus dem Frachtvertrag tritt; so *BGHZ* 73, 4, 6 f.; *Herber*, Seehandelsrecht, 283.

1123 *BGHZ* 33, 364, 367; *Herber*, Seehandelsrecht, 290; *Prüßmann/Rabe*, vor § 556, Rn. 14; § 656, Rn. 38; *Rabe*, TranspR 2000, 389, 392; anders: *Stöve*, Gerichtsstandsvereinbarungen nach Handelsbrauch, 155.

1 HGB, Art. 16 Abs. 1 S. 1 WechselG)[1124]. Der Käufer der Waren erhält als Empfänger den Anspruch auf Auslieferung somit aufgrund Indossierung des Konnossements gemäß § 364 Abs. 1 HGB[1125].

(2) Gerichtsstandsvereinbarung als Gestaltung hinsichtlich des materiellen Rechts

Die Gerichtsstandsvereinbarung muss darüber hinaus als Gestaltung hinsichtlich des materiellen Rechts – also des Auslieferungsanspruchs – anzusehen sein. Die in dem Konnossement enthaltene Zuständigkeitsklausel bezieht sich auf *„eine bereits entstandene Rechtsstreitigkeit oder über eine künftige aus einem bestimmten Rechtsverhältnis entspringende Rechtsstreitigkeit"* im Sinne von Art. 17 Abs. 1 S. 1 EuGVÜ/LugÜ bzw. Art. 23 Abs. 1 S. 1 EuGVO. Weiterhin beurteilt sich die Möglichkeit der Gestaltung nach nationalem Recht[1126]. Das zur Anwendung berufene Recht soll zum Zwecke dieser Untersuchung deutsches Recht sein. Das Konnossement ist „an Order" – dies ist gemäß § 647 Abs. 1 HGB bei einer solchen Formulierung die Order des Abladers, der das Konnossement zuerst erhält – und ohne Benennung des Empfängers ausgestellt. Der Befrachter bzw. der Ablader – soweit diese nicht identisch sind – erhält einen Anspruch auf Auslieferung der Waren. Das deutsche Recht gewährt den Parteien, zwischen denen Rechte und/oder Pflichten oder gesamte Rechtspositionen bestehen, die Freiheit zu deren Gestaltung[1127]. Die in dem Konnossement enthaltene Gerichtsstandsklausel ist folglich als Gestaltung hinsichtlich des Auslieferungsanspruchs des Befrachters bzw. des Abladers anzusehen.

(3) Gebotenheit der Drittwirkung aufgrund Gesamtbetrachtung

Schließlich muss sich aufgrund der Gesamtbetrachtung von materiellem Recht und der Wirkung der Gerichtsstandsvereinbarung die Gebotenheit der Drittwirkung ergeben. Geboten ist die Drittwirkung, falls der Fortbestand der Identität des Rechts im Vordergrund steht, oder aber der Dritte keine reine Belastung erwirbt[1128]. Da sich dies aus übereinkommens- bzw. gemeinschaftsautonomen Grundsätzen ergibt, ist auch aus übereinkommens- bzw. gemeinschaftsautonomer Sicht zu beurteilen, ob diese Erfordernisse vorliegen[1129].

Der Empfänger erhält den Auslieferungsanspruch aufgrund Indossierung des Konnossements gemäß § 364 Abs. 1 HGB. Dies bedeutet, dass ein abgeleiteter Rechtserwerb stattfindet[1130], so dass der Empfänger den Anspruch von dem Befrachter bzw. Ablader ableitet. Betrachtet man nun die Interessen derjenigen, in deren Verhältnis der Anspruch besteht, so wird deutlich, dass dieses Recht grundsätzlich nicht erweitert, aber auch nicht gemindert werden soll. Demnach besteht prinzipiell ein Bedürfnis des

---

1124 Vgl. *LG Hamburg*, TranspR 1993, 65; *Rabe*, TranspR 2000, 389, 393.

1125 Zu all dem *Prüßmann/Rabe*, vor § 556, Rn. 9 ff., 138. Siehe auch zum Konnossement *Puttfarken*, Seehandelsrecht, Rn. 75 ff.

1126 Siehe oben 2. Teil B. VI. 2. b).

1127 Dazu bereits 3. Teil A. II. 1. b).

1128 Vgl. oben 2. Teil B. VI. 2. c).

1129 Vgl. oben 3. Teil A. II. 1. c).

1130 Heymann/*Horn*, § 364, Rn. 2; *Schlegelberger/Hefermehl*, § 364, Rn. 4; *Rabe*, TranspR 2000, 389, 393.

Fortbestandes der Identität des Rechts. Zu beachten ist allerdings, dass innerhalb des Wertpapierrechts die Schutzbedürftigkeit desjenigen, der ein Wertpapier ausstellt, aber eine Gerichtsstandsklausel nicht vermerkt hat, gegenüber der Schutzbedürftigkeit des bezüglich dieser Klausel gutgläubigen Dritten, auf den das Recht übergeht, deutlich zurücktritt. Aus diesem Grund sowie angesichts der Umlauffähigkeit der Wertpapiere im Handelsverkehr ist ein gutgläubiger „lastenfreier" Erwerb möglich[1131].

bb) Zustimmung des Dritten entsprechend Art. 17 Abs. 1 EuGVÜ/LugÜ bzw. Art. 23 Abs. 1, 2 EuGVO zu der wirksam zustande gekommenen Gerichtsstandsvereinbarung

Zwar ist bei Zugrundelegung materiellen deutschen Rechts eine Drittwirkung bereits ohne Einhaltung der Formvoraussetzungen durch den Dritten gegeben. Allerdings besteht die Möglichkeit, dass es, legt man das materielle Recht anderer Rechtsordnungen für den Rechtserwerb zugrunde, nicht zu einer Drittwirkung kommt[1132]. In diesen Fällen kann eine Gerichtsstandsklausel in einem Konnossement dennoch zu Lasten des Dritten wirken, wenn eine solche wirksam zustande gekommen ist und der Empfänger dieser entsprechend Art. 17 Abs. 1 EuGVÜ/LugÜ bzw. Art. 23 Abs. 1, 2 EuGVO zugestimmt hat. Nimmt der Empfänger das Konnossement an und legt es ohne Widerspruch dem Verfrachter vor, um die Waren zu erhalten, so ist darin eine Zustimmung entsprechend Art. 17 Abs. 1 lit. c EuGVÜ/LugÜ bzw. Art. 23 Abs. 1 lit. c EuGVO zu sehen, falls diese im internationalen Handel in einer Form erfolgt, die einem Handelsbrauch entspricht, den der Dritte kannte oder kennen musste und den Dritte in dem betreffenden Geschäftszweig allgemein kennen und regelmäßig beachten[1133]. Die Zustimmung kann dabei vermutet werden[1134]. Hierdurch wird ein angemessener Ausgleich zwischen den Bedürfnissen des internationalen Handelsverkehrs und dem notwendigen Schutz vor den aufgedrängten Wirkungen einer Gerichtsstandsklausel geschaffen.

2. Benennung des Empfängers im Konnossement

Des Weiteren soll diskutiert werden, ob sich die rechtliche Beurteilung ändert, wenn der Empfänger im Konnossement benannt ist.

a) Wirkung zu Gunsten des Dritten

Eine in dem Konnossement enthaltene Gerichtsstandsklausel wirkt zu Gunsten des Dritten, auch wenn der Empfänger im Konnossement benannt ist. Dies gilt, da der Empfänger lediglich eine „Option" erhält[1135].

[1131] Vgl. dazu oben 2. Teil B. II. 1. b) ee) (1) (b) (bb) (α). Siehe auch *Reiser*, Gerichtsstandsvereinbarungen 1995, 87.

[1132] Siehe zu den anderen Rechtsordnungen Fn. 678.

[1133] Ähnlich auch *Stöve*, Gerichtsstandsvereinbarungen nach Handelsbrauch, 171; *ablehnend* wohl *Hartley*, E.L.Rev. (25) 2000, 178, 179. Vgl. zu der entsprechenden Anwendung von lit. c: 2. Teil B. IV. 4. b) bb) (3) (d).

[1134] Zur Vermutung der Zustimmung 2. Teil B. VI. 4. b) bb) (3) (e).

[1135] Vgl. zur Wirkung zu Gunsten Dritter 2. Teil A.

b) Wirkung zu Lasten des Dritten

Fraglich ist, ob eine Gerichtsstandsklausel in einem Konnossement, in dem der Empfänger benannt ist, Wirkung zu Lasten des Dritten entfaltet. Grundsätzliche Voraussetzung ist, dass zwischen Verfrachter und Befrachter bzw. Ablader eine Gerichtsstandsvereinbarung gemäß Art. 17 EuGVÜ/LugÜ bzw. Art. 23 EuGVO wirksam zustande gekommen ist[1136].

aa) Voraussetzungen hinsichtlich des Dritten

Zudem bedarf es eines Erwerbs materieller Rechte, hinsichtlich derer durch die Gerichtsstandsvereinbarung eine Gestaltung erfolgt ist. Darüber hinaus muss die Drittwirkung aufgrund der Gesamtbetrachtung von materiellem Recht und der Wirkung der Gerichtsstandsvereinbarung geboten sein[1137].

(1) Erwerb eines materiellen Rechts nach nationalem Recht

Der Empfänger erhält sein Recht aufgrund der Vereinbarung zwischen Verfrachter und Befrachter bzw. Ablader, da es sich bei dem (Konnossement-)Begebungsvertrag um einen Vertrag zu Gunsten des Empfängers handelt[1138], welcher bereits als Berechtigter im Konnossement vermerkt ist.

(2) Gerichtsstandsvereinbarung als Gestaltung hinsichtlich des materiellen Rechts

Die Gerichtsstandsvereinbarung muss als Gestaltung hinsichtlich des Auslieferungsanspruchs, der aus dem Begebungsvertrag folgt, anzusehen sein. Der Regelung gemäß Art. 17 Abs. 1 S. 1 EuGVÜ/LugÜ bzw. Art. 23 Abs. 1 S. 1 EuGVO, die fordert, dass die Gerichtsstandsvereinbarung im Hinblick auf *„eine bereits entstandene Rechtsstreitigkeit oder über eine künftige aus einem bestimmten Rechtsverhältnis entspringende Rechtsstreitigkeit"* getroffen werden muss, wird entsprochen, indem der Verfrachter und der Befrachter bzw. der Ablader die Zuständigkeit eines oder mehrerer Gerichte bei Streitigkeiten in Bezug auf das Recht vereinbaren. Darüber hinaus beurteilt sich die Möglichkeit der Gestaltung des materiellen Rechts nach nationalem Recht[1139]. Das Recht beruht auf dem Vertrag, den die Parteien geschlossen haben. Daher können sie eine Gestaltung diesbezüglich vornehmen[1140]. Die Gerichtsstandsvereinbarung der Parteien regelt die Durchsetzung des Rechts für den Dritten und stellt demnach eine Gestaltung hinsichtlich des Anspruchs dar.

(3) Gebotenheit der Drittwirkung aufgrund Gesamtbetrachtung

Geboten ist die Drittwirkung zum einen, wenn bei Gesamtbetrachtung der Fortbestand der Identität der materiellen Rechte und/oder Pflichten oder gesamter Rechtspositionen im Vordergrund steht, zum anderen, wenn keine reine Belastung erworben wurde[1141].

1136 Vgl. oben 2. Teil B. VI. 1.

1137 Vgl. dazu 2. Teil B. VI. 2., sowie die Ausführungen zu dem „an Order" ausgestellten Konnossement, in dem der Empfänger nicht benannt ist: 3. Teil E. II. 2.

1138 *Prüßmann/Rabe*, vor § 556, Rn. 14; § 656, Rn. 38; *Rabe*, TranspR 2000, 389, 392.

1139 Siehe 2. Teil B. VI. 2. b).

1140 Ähnlich bereits unter: 3. Teil C. I. 2. a) bb).

1141 Vgl. oben 2. Teil B. VI. 2. c).

Ob dies der Fall ist, muss immer unter übereinkommens- bzw. gemeinschaftsautonomen Gesichtspunkten erörtert werden[1142]. Der Empfänger erhält bei Gesamtbetrachtung keine reine Belastung, sondern einen beschränkten Anspruch. Er kann sich nicht von den Beschränkungen lösen und lediglich das aus der Vereinbarung folgende Recht verlangen. Dies wäre unbillig. Vielmehr muss er den Anspruch so hinnehmen, wie ihn die Parteien geschaffen haben[1143]. Folglich ist eine Drittwirkung geboten, ohne dass der Dritte die Voraussetzungen im Sinne von Art. 17 Abs. 1 EuGVÜ/LugÜ bzw. Art. 23 Abs. 1, 2 EuGVO einzuhalten hat. Zu beachten ist allerdings, dass eine besondere Schutzbedürftigkeit des Empfängers im Vordergrund stehen kann, die einen gutgläubigen „lastenfreien" Erwerb ermöglichen muss. Dies ist der Fall, wenn der Verfrachter, der das Wertpapier ausstellt, die Gerichtsstandsklausel nicht vermerkt hat. Der gutgläubige Empfänger, der darauf vertraut, dass der Auslieferungsanspruch so, wie ihn das Konnossement ausweist, besteht, ist besonders schutzbedürftig, und daher nicht anders zu behandeln als derjenige, der den Auslieferungsanspruch aufgrund Indossierung des Konnossements erhält[1144]. Folglich ist die Möglichkeit eines gutgläubigen „lastenfreien" Erwerbs zu bedenken, wofür auch die Umlauffähigkeit des Konnossements spricht[1145].

bb) Zustimmung des Dritten entsprechend Art. 17 Abs. 1 EuGVÜ/LugÜ bzw. Art. 23 Abs. 1, 2 EuGVO zu der wirksam zustande gekommenen Gerichtsstandsvereinbarung

Ebenso wie in dem Fall des Orderkonnossements, das den Empfänger nicht benennt, kann die Gerichtsstandsklausel hier zu seinen Lasten wirken, wenn dieser entsprechend Art. 17 Abs. 1 EuGVÜ/LugÜ bzw. Art. 23 Abs. 1, 2 EuGVO der wirksam zustande gekommenen Gerichtsstandsvereinbarung zustimmt[1146].

III. Rektakonnossement

Darüber hinaus kann eine Drittwirkung auch anzunehmen sein, falls die Gerichtsstandsklausel in einem Rektakonnossement enthalten ist.

1. Keine Benennung des Dritten als Empfänger im Konnossement

Zunächst ist von dem Fall auszugehen, dass der Empfänger, der den Auslieferungsanspruch geltend machen will, nicht in dem Konnossement benannt ist.

a) Wirkung zu Gunsten des Dritten

Auch eine in einem Rektakonnossement enthaltene Gerichtsstandsklausel wirkt zu Gunsten des Dritten aufgrund der „Option", die mit ihr verbunden ist[1147].

1142 Vgl. oben 3. Teil A. II. 1. b).
1143 Dazu 2. Teil B. IV. 4. a) bb) (3) (a).
1144 Vgl. zu diesem Fall 3. Teil E. II. 1. b) aa) (3).
1145 Vgl. dazu auch 2. Teil B. IV. 4. a) bb) (3) (a).
1146 Siehe ebenfalls 2. Teil B. VI. 1.
1147 Zu all dem 2. Teil A.

b) Wirkung zu Lasten des Dritten

Fraglich ist hingegen, ob sie auch zu Lasten des Dritten Wirkung entfalten kann. Grundsätzliche Voraussetzung ist das wirksame Zustandekommen der Gerichtsstandsvereinbarung zwischen Verfrachter und Befrachter bzw. Ablader gemäß Art. 17 EuGVÜ/LugÜ bzw. Art. 23 EuGVO[1148].

aa) Voraussetzungen im Hinblick auf den Dritten

Darüber hinaus ist erforderlich, dass durch die Gerichtsstandsvereinbarung eine Gestaltung hinsichtlich der materiellen Rechte und/oder Pflichten oder gesamter Rechtspositionen, die erworben werden, erfolgt ist, und eine Gesamtbetrachtung von materiellem Recht und der Wirkung der Gerichtsstandsvereinbarung die Drittwirkung gebietet[1149].

Bei einem Rektakonnossement erfolgt ein Erwerb des Auslieferungsanspruchs nach deutschem Recht durch Abtretung[1150]. Da der Dritte vorliegend nicht als Empfänger im Konnossement benannt war, konnte er den Auslieferungsanspruch somit lediglich gemäß § 398 S. 1 BGB erwerben.

Zudem ist die Zuständigkeitsvereinbarung als Gestaltung hinsichtlich des Auslieferunganspruchs anzusehen. Unproblematisch bezieht sich die in dem Konnossement enthaltene Gerichtsstandsklausel auf *„eine bereits entstandene Rechtsstreitigkeit oder über eine künftige aus einem bestimmten Rechtsverhältnis entspringende Rechtsstreitigkeit"* im Sinne von Art. 17 Abs. 1 S. 1 EuGVÜ/LugÜ bzw. Art. 23 Abs. 1 S. 1 EuGVO. Darüber hinaus beurteilt sich die Möglichkeit der Gestaltung nach nationalem Recht[1151], wobei hier deutsches Recht als das zur Anwendung berufene nationale Recht gelten soll. Nimmt man an, dass eine von Befrachter bzw. Ablader verschiedene Person als Empfänger in dem Konnossement benannt ist, stellt sich die Frage, ob Verfrachter und Befrachter bzw. Ablader eine Gerichtsstandsvereinbarung hinsichtlich des Auslieferungsanspruchs dieser Person treffen konnten. Die Vereinbarung zwischen Verfrachter und Befrachter bzw. Ablader, aus der der Auslieferungsanspruch des benannten Empfängers folgt, ist ein Vertrag zu Gunsten Dritter[1152]. Die Parteien dieses Vertrages, die den Anspruch für den benannten Empfänger schaffen, können eine Gestaltung diesbezüglich in ihrem Sinne vornehmen[1153]. Daher ist eine Gestaltung hinsichtlich des Auslieferungsanspruchs nach deutschem Recht möglich.

Schließlich ist die Drittwirkung auch geboten. Geboten ist diese bei Gesamtbetrachtung von materiellem Recht und der Wirkung der Gerichtsstandsvereinbarung, wenn der Fortbestand der Identität der materiellen Rechte und/oder Pflichten oder gesamter Rechtspositionen im Vordergrund steht, oder aber keine reine Belastung erworben

---

1148 Vgl. dazu 2. Teil B. VI. 1. sowie 3. Teil E. II. 1. b).

1149 Siehe oben 2. Teil B. VI. 2.

1150 *Herber*, Seehandelsrecht, 302; *Puttfarken*, Seehandelsrecht, Rn. 124.

1151 Vgl. oben 2. Teil B. VI. 2. b).

1152 *BGHZ* 33, 364, 367; *Herber*, Seehandelsrecht, 290; *Prüßmann/Rabe*, vor § 556, Rn. 14; § 656, Rn. 38; *Rabe*, TranspR 2000, 389, 392; anders: *Stöve*, Gerichtsstandsvereinbarungen nach Handelsbrauch, 155.

1153 Siehe zum Orderkonnossement: 3. Teil E. II. 1. b) aa) (2).

wurde[1154]. Dies ist unter übereinkommens- bzw. gemeinschaftsautonomen Gesichtspunkten zu erörtern[1155].

Den Auslieferungsanspruch, der durch die Gerichtsstandsvereinbarung zwischen Verfrachter und Befrachter bzw. Ablader ausgestaltet wurde, erwirbt der nicht in dem Konnossement benannte Empfänger in der Art und Weise, wie er bei seinem Vorgänger bestand. Im Hinblick auf die Interessenlage gilt nichts anderes als bei der Zession einer Forderung[1156]. Somit steht der Fortbestand der Identität des Auslieferungsanspruchs im Vordergrund. Dementsprechend ist eine Drittwirkung geboten. Allerdings muss auch hier die Möglichkeit des gutgläubigen „lastenfreien" Erwerbs beachtet werden[1157].

bb) Zustimmung des Dritten entsprechend Art. 17 Abs. 1 EuGVÜ/LugÜ bzw. Art. 23 Abs. 1, 2 EuGVO zu der wirksam zustande gekommenen Gerichtsstandsvereinbarung

Eine Drittwirkung ist darüber hinaus durch Zustimmung des Empfängers entsprechend Art. 17 Abs. 1 EuGVÜ/LugÜ bzw. Art. 23 Abs. 1, 2 EuGVO zu der wirksam zustande gekommenen Gerichtsstandsvereinbarung möglich[1158].

2. Benennung des Dritten als Empfänger im Konnossement

Der Dritte kann jedoch auch in dem Rektakonnossement als Empfänger benannt sein.

a) Wirkung zu Gunsten des Dritten

Eine Wirkung zu Gunsten des Dritten ist aus den dargestellten Erwägungen möglich[1159].

b) Wirkung zu Lasten des Dritten

Problematisch ist vielmehr die Wirkung zu Lasten des in dem Rektakonnossement benannten Empfängers. Es bedarf einer wirksam zustande gekommenen Gerichtsstandsvereinbarung im Sinne von Art. 17 EuGVÜ/LugÜ bzw. Art. 23 EuGVO[1160].

aa) Voraussetzungen hinsichtlich des Dritten

Erforderlich ist darüber hinaus der Erwerb von materiellen Rechten und/oder Pflichten oder gesamter Rechts- und Pflichtenpositionen, soweit durch die Gerichtsstandsvereinbarung eine Gestaltung dieser erfolgt ist, und eine Gesamtbetrachtung die Drittwirkung gebietet[1161].

Der (Konnossement-)Begebungsvertrag, der zwischen Verfrachter und Befrachter bzw. Ablader geschlossen wird, ist ein Vertrag zu Gunsten des in dem Konnossement

---

1154 Vgl. oben 2. Teil B. VI. 2. c).
1155 Vgl. 3. Teil A. II. 1. c).
1156 Dazu 3. Teil A. II. 1. c).
1157 Vgl. oben 2. Teil B. IV. 4. a) bb) (2) (a) sowie 3. Teil A. II. 1. c).
1158 Siehe oben 2. Teil B. IV. 4. b) bb) (3).
1159 Siehe 2. Teil A.
1160 Siehe 2. Teil B. VI. 1.
1161 Vgl. oben 2. Teil B. VI. 2.

genannten Empfängers[1162]. Somit erwirbt der Empfänger den Auslieferungsanspruch nach dem anwendbaren nationalen Recht – hier deutschem Recht – aufgrund des Vertrages im Sinne von § 328 Abs. 1 BGB, der zwischen Verfrachter und Befrachter bzw. Ablader zustande kommt.

Verfrachter und Befrachter bzw. Ablader treffen die Gerichtsstandsvereinbarung jedenfalls für Rechtsstreitigkeiten hinsichtlich des Auslieferunganspruchs und damit für *„eine bereits entstandene Rechtsstreitigkeiten oder (...) eine künftige aus einem bestimmten Rechtsverhältnis entspringende Rechtsstreitigkeit“*. Weiterhin sieht auch das deutsche Recht als zur Anwendung berufenes nationales Recht die Möglichkeit der Gestaltung hinsichtlich des Auslieferungsanspruchs vor, da es sich um ein Recht handelt, das auf der Vereinbarung zwischen Verfrachter und Befrachter bzw. Ablader beruht[1163].

Da der in dem Konnossement benannte Empfänger bei Gesamtbetrachtung des Auslieferungsanspruchs sowie der belastenden Wirkung der Gerichtsstandsklausel keine reine Belastung erwirbt, ist eine Wirkung zu Lasten des Dritten auch geboten[1164].

bb) Zustimmung des Dritten entsprechend Art. 17 Abs. 1 EuGVÜ/LugÜ bzw. Art. 23 Abs. 1, 2 EuGVO zu der wirksam zustande gekommenen Gerichtsstandsvereinbarung

Möglich ist allerdings auch eine Drittwirkung aufgrund der Zustimmung des in dem Konnossement benannten Empfängers entsprechend Art. 17 Abs. 1 EuGVÜ/LugÜ bzw. Art. 23 Abs. 1, 2 EuGVO zu der wirksam zwischen Verfrachter und Befrachter bzw. Ablader zustande gekommenen Gerichtsstandsvereinbarung[1165].

IV. Ergebnis

Eine Wirkung zu Gunsten des Empfängers, der den Auslieferungsanspruch geltend macht, ist möglich. Problematisch ist vielmehr eine den Empfänger belastende Wirkung. Wird der Dritte jedoch als Empfänger in dem Konnossement benannt, so ist er – unabhängig davon, ob es sich um ein Order- oder ein Rektakonnossement handelt – an die Gerichtsstandsklausel gebunden, da er keine reine Belastung, sondern vielmehr ein durch die Parteien beschränktes Recht, den Auslieferungsanspruch, erhält. Erwirbt der Dritte den Auslieferungsanspruch durch Indossierung bei einem Orderkonnossement oder aufgrund Abtretung bei einem Rektakonnossement, so tritt der Grundsatz vom Fortbestand der Identität des Rechts in den Vordergrund. Der Dritte muss das Recht folglich so, wie es bestand, gegen sich gelten lassen. Folglich wirkt die Gerichtsstandsklausel, die eine Gestaltung hinsichtlich des Auslieferungsanspruchs darstellt, zu Lasten des Dritten[1166]. Möglich ist darüber hinaus eine Wirkung zu Lasten des Dritten

---

1162 *Prüßmann/Rabe*, vor § 556, Rn. 14; § 656, Rn. 38; *Rabe*, TranspR 2000, 389, 392.

1163 Dazu ebenfalls bei 3. Teil E. II. 2. b) aa) (2).

1164 Zum Parallelfall beim Orderkonnossement: 3. Teil E. II. 2. b) aa) (3).

1165 Vgl. dazu zum 2. Teil B. IV. 4. b) bb) sowie zum Orderkonnossement bereits: 3. Teil E. II. 1. b) bb).

1166 Im Ergebnis auch *EuGH* Urteil vom 19. Juni 1984, Rs. 71/83, Slg. 1984, 2417 *(Tilly Russ)*; *EuGH* Urteil vom 16. März 1999, Rs. C-159/97, Slg. 1999, I-1597 *(Castelletti)*; *EuGH* Urteil vom 9. November 2000, Rs. C-387/98, Slg. 2000, I-9337 *(Coreck)*; siehe ebenfalls *Generalanwalt Slynn*,

aufgrund seiner Zustimmung entsprechend Art. 17 Abs. 1 EuGVÜ/LugÜ bzw. Art. 23 Abs. 1, 2 EuGVO.

Schlussanträge vom 21. März 1984, Rs. 71/83, Slg. 1984, 2437, 2443 f. *(Tilly Russ)*; *Gaudemet-Tallon*, Les Conventions, Rn. 161; *Lasok/Stone*, Conflict of Laws, 260; *Mankowski*, Seerechtliche Vertragsverhältnisse, 253 f.; *Reithmann/Hausmann/Martiny*, Internationales Vertragsrecht, Rn. 2164; *Vischer/Huber/Ose*, Internationales Vertragsrecht, Rn. 1328; MünchKommZPO/*Gottwald*, Art. 17, Rn. 44; *Staudinger/Hausmann*, Anhang II zu Art. 27-37 EGBGB, Rn. 225; *Wieczorek/Schütze/Hausmann*, Anh I § 40, Rn. 56; *Anton/Beaumont*, The Scots Law Times 1986, A2; *Ekelmanns*, Cahiers de droit européen 1985, 426, 443; *Gaudemet-Tallon*, Rev.crit.dr.int.privé (74) 1985, 391, 396; *Girsberger*, IPRax 2000, 87, 91; *Nagel*, RabelsZ 55 (1991), 779, 780 f.; *Schlosser*, RIW 1984, 911, 914; kritisch demgegenüber *Adolphsen*, ZZPInt. 4 (1999), 243, 251 f.; *Basedow*, IPRax 1985, 133, 136 f. Siehe auch Geimer/Schütze, Internationale Urteilsanerkennung I/1., 926, Fn. 211); die allerdings alle nationales Recht über die Frage der Drittwirkung der Gerichtsstandklausel entscheiden lassen wollen, oder aber eine Bindung „kraft Handelsbrauchs“ annehmen.

F. Drittwirkung einer Gerichtsstandsklausel in einer Satzung einer Gesellschaft

Abschließend ist die Drittwirkung einer Gerichtsstandsklausel in einer Satzung zu betrachten. Hierbei soll zwischen der Bindung eines „hinzukommenden" Gesellschafters und eines „nicht-zustimmenden" Gesellschafters unterschieden werden.

I. Bindung des „hinzukommenden" Gesellschafters

Zunächst gilt es zu untersuchen, ob der nach Beschluss der Satzung „hinzukommende" Gesellschafter an die in dieser enthaltene Gerichtsstandsklausel gebunden ist. War der Gesellschafter nicht selber an dem wirksamen Zustandekommen der Gerichtsstandsvereinbarung im Sinne von Art. 17 EuGVÜ/LugÜ bzw. Art. 23 EuGVO beteiligt oder ist er diesbezüglich nicht vertreten worden[1167], so entfaltet die Zuständigkeitsvereinbarung gegenüber dem Gesellschafter keine Wirkung als Partei. Allerdings kann der Gesellschafter möglicherweise als Dritter an die in der Satzung enthaltene Zuständigkeitsklausel gebunden sein, wobei zwischen dem Erwerb der Mitgliedschaft durch Rechtsnachfolge und demjenigen durch nachträglichen Beitritt zu unterscheiden ist.

1. Erwerb der Mitgliedschaft durch Rechtsnachfolge

Denkbar ist, dass der Gesellschafter seine Mitgliedschaft durch Rechtsnachfolge erwirbt.

a) Wirkung zu Gunsten des Dritten

Liegt eine Gerichtsstandsvereinbarung vor, die zu Gunsten des „hinzukommenden" Gesellschafters als Drittem wirken soll, was eher selten sein dürfte, so entfaltet sie diese Wirkung, da dem Dritten lediglich ein zusätzlicher konkurrierender Gerichtsstand zugebilligt wird[1168].

b) Wirkung zu Lasten des Dritten

Die Zuständigkeitsvereinbarung könnte aber auch zu Lasten des „hinzukommenden" Gesellschafters wirken, der seinen Anteil durch Rechtsnachfolge erwirbt. Grundsätzliche Voraussetzung ist das wirksame Zustandekommen einer Gerichtsstandsvereinbarung gemäß Art. 17 EuGVÜ/LugÜ bzw. Art. 23 EuGVO[1169]. Eine in einer Satzung enthaltene Gerichtsstandsvereinbarung[1170] kommt zumeist zwischen mehr als zwei Gesell-

---

1167 Vgl. oben 1. Teil A. II., II.

1168 Dazu auch allgemein oben 2. Teil A.

1169 Vgl. oben 2. Teil B. VI. 1. Fragen, die den wirksamen Satzungsbeschluss betreffen, beurteilen sich nach nationalem Recht; vgl. auch *Kropholler*, Art. 23, Rn. 23; *Dietze/Schnichels*, EuZW 1994, 366, 370; *Bork*, ZHR 157 (1993), 48, 51; *Koch*, IPRax 1993, 19, 21.

1170 Hinsichtlich des anwendbaren Rechts ist zwischen den Anforderungen, die an das Zustandekommen einer Satzung zu stellen sind, und den Voraussetzungen, die für das Zustandekommen einer Gerichtsstandsvereinbarung erforderlich sind, zu unterscheiden; vgl. hierzu bereits 1. Teil A. II. 1. b) sowie 2. Teil B. III. 2. a) zu *EuGH* Urteil vom 10. März 1992, Rs. C-214/89, Slg. 1992, I-1745 *(Powell Duffryn)*.

schaftern zustande. Es handelt sich damit um eine sogenannte „multipolare Vereinbarung“, die für zulässig befunden wird[1171].

aa) Voraussetzungen hinsichtlich des Dritten

Ferner ist erforderlich, dass durch die Gerichtsstandsvereinbarung eine Gestaltung der materiellen Rechte und/oder Pflichten oder gesamter Rechtspositionen erfolgt ist, die der Dritte erworben hat. Weiterhin muss eine Drittwirkung auch aufgrund einer Gesamtbetrachtung von materiellem Recht und der Wirkung der Gerichtsstandsvereinbarung geboten sein[1172].

(1) Erwerb von materiellen Rechten und/oder Pflichten oder gesamter Rechtspositionen nach nationalem Recht

Die Mitgliedschaft ist zugleich subjektives Recht und Rechtsverhältnis. Als Rechtsverhältnis begründet sie für die Gesellschafter Rechte und Pflichten. Als subjektives Recht stellt sie ein Herrschaftsrecht und ein absolutes Recht dar, und ist als solches Gegenstand von Verfügungen[1173]. Bei Kapitalgesellschaften ist die Rechtsnachfolge die gesetzestypische Erwerbsform. So existieren Regelungen im Gesellschaftsrecht wie § 15 GmbHG und § 67 AktG[1174]. Bei Personengesellschaften kann die Rechtsnachfolge im Gesellschaftsvertrag zugelassen werden. Sie findet gemäß §§ 398, 413 BGB statt[1175]. In diesen Fällen kommt es somit zu einer Rechtsnachfolge des „hinzukommenden“ Gesellschafters.

(2) Gerichtsstandsvereinbarung als Gestaltung hinsichtlich der materiellen Rechte und/oder Pflichten oder gesamter Rechtspositionen

Die zwischen den Gesellschaftern zustande gekommene Gerichtsstandsvereinbarung soll sich auf Streitigkeiten hinsichtlich der Mitgliedschaft der Gesellschafter im Innenverhältnis der Gesellschaft beziehen. Somit handelt es sich um eine Gerichtsstandsvereinbarung gemäß Art. 17 EuGVÜ/LugÜ bzw. Art. 23 EuGVO im Hinblick auf *„eine bereits entstandene Rechtsstreitigkeit oder über eine künftige aus einem bestimmten Rechtsverhältnis entspringende Rechtsstreitigkeit“*. Weiterhin bestimmt das nationale Recht, ob eine Gestaltung der Mitgliedschaft möglich ist[1176]. Kommt deutsches Recht zur Anwendung, so muss die Abschluss- und Gestaltungsfreiheit, die aus der Vertragsfreiheit folgt, Beachtung finden[1177]. Die Gesellschafter[1178] haben demzufolge hinsichtlich ihrer eigenen Mitgliedschaftsrechte unproblematisch die Möglichkeit, eine Gestaltung vorzunehmen.

1171 *Geimer*, IZPR, Rn. 1723, Fn. 1065.

1172 Vgl. 2. Teil B. VI. 2.

1173 *Schmidt*, Gesellschaftsrecht, 549; *Erman/Westerman*, § 38, Rn. 1; MünchKomm/*Reuter*, § 38, Rn. 10 f.; *Lutter*, AcP 180 (1980), 84 ff., insb. 97 ff.

1174 Zur Ermittlung des anwendbaren Rechts: Staudinger/Großfeld, IntGesR, Rn. 341 f.

1175 *Schmidt*, Gesellschaftsrecht, 1320 ff., insb. 1324; MünchKomm/*Reuter*, § 38, Rn. 11.

1176 Vgl. oben 2. Teil B. VI. 2. b).

1177 Zu der Vertragsfreiheit: MünchKomm/*Kramer*, vor §§ 145 ff., Rn. 8; siehe auch die Ausführungen unter: 3. Teil A. II. 1. b).

1178 Zur Wirkung der Gerichtsstandsklausel gegenüber dem „nicht-zustimmenden“ Gesellschafter, vgl. 3. Teil F. II.

(3) Gebotenheit der Drittwirkung aufgrund Gesamtbetrachtung

Des Weiteren muss die Drittwirkung aufgrund einer Gesamtbetrachtung von materiellem Recht und der Wirkung der Gerichtsstandsvereinbarung geboten sein[1179]. Ob dies der Fall ist, bedarf einer Erörterung unter übereinkommens- bzw. gemeinschaftsautonomen Gesichtspunkten[1180]. Aufgrund der Nachfolge in das Mitgliedschaftsrecht entsteht ein besonderes Interesse der anderen Gesellschafter daran, dass das Mitgliedschaftsrecht so auf den „hinzukommenden" Gesellschafter übergeht, wie sie bei dem Vorgänger bestand. Dieses besondere Interesse lässt die Schutzbedürftigkeit des Dritten vor der aufgedrängten Wirkung einer Gerichtsstandsvereinbarung zurücktreten. Es hat infolgedessen der Grundsatz des Fortbestandes der Identität des materiellen Rechts zu gelten, so dass eine Drittwirkung aufgrund der Gesamtbetrachtung geboten ist.

bb) Zustimmung des Dritten entsprechend Art. 17 Abs. 1 EuGVÜ/LugÜ bzw. Art. 23 Abs. 1, 2 EuGVO zu der wirksam zustande gekommenen Gerichtsstandsvereinbarung

Daher bedarf die Problematik der Drittwirkung aufgrund einer Zustimmung des „hinzukommenden" Gesellschafters entsprechend Art. 17 Abs. 1 EuGVÜ/LugÜ bzw. Art. 23 Abs. 1, 2 EuGVO zu der wirksam zwischen den Gesellschaftern zustande gekommenen Gerichtsstandsvereinbarung keiner Erörterung[1181].

2. Erwerb der Mitgliedschaft durch nachträglichen Beitritt

Der Erwerb der Mitgliedschaft kann jedoch auch durch einen nachträglichen Beitritt erfolgt sein, ohne dass es zu einer Rechtsnachfolge gekommen ist.

a) Wirkung zu Gunsten des Dritten

Eine Wirkung zu Gunsten des Dritten ist bei entsprechendem Willen der Parteien möglich, da dieser lediglich einen zusätzlichen konkurrierenden Gerichtsstand erhält[1182].

b) Wirkung zu Lasten des Dritten

Fraglich ist vielmehr, ob eine Gerichtsstandsvereinbarung auch zu Lasten des Gesellschafters Wirkung entfalten kann, soweit dieser nach dem Willen der Parteien eine solche Wirkung zukommen sollte. Wiederum bedarf es hierfür einer wirksam zustande gekommenen Gerichtsstandsvereinbarung gemäß Art. 17 EuGVÜ/LugÜ bzw. Art. 23 EuGVO. Diese ist zwischen den Gesellschaftern als sogenannte „multipolare Vereinbarung" erfolgt[1183].

aa) Weitere Voraussetzungen hinsichtlich des Dritten

Darüber hinaus ist Voraussetzung für eine Drittwirkung, dass durch die Gerichtsstandsvereinbarung eine Gestaltung hinsichtlich der materiellen Rechte und/oder Pflichten oder gesamter Rechtspositionen erfolgt, und eine Gesamtbetrachtung von

---

1179 Vgl. oben 2. Teil B. VI. 2. c).

1180 Siehe 3. Teil A. II. 1. c).

1181 Zu den Kriterien im Einzelnen 2. Teil B. IV. 4. b) bb).

1182 Vgl. oben 2. Teil A.

1183 Dazu bereits 3. Teil F. I. 2. a) bb) (1).

materiellem Recht und der Wirkung der Gerichtsstandsvereinbarung die Drittwirkung gebietet[1184].

(1) Erwerb von materiellen Rechten und/oder Pflichten oder gesamter Rechtspositionen nach nationalem Recht

Möglich ist nach deutschem Recht der Beitritt zu einer Gesellschaft. In diesen Fällen erwirbt der „hinzukommende" Gesellschafter seine Mitgliedschaft aufgrund eines mit allen Gesellschaftern geschlossenen Vertrages. Bei Vereinen, Genossenschaften und Personengesellschaften stellt der Beitritt die gesetzestypische Form der Mitgliedschaftsänderung dar. Bei Kapitalgesellschaften kommt es zum Beitritt gemäß § 185 AktG durch Zeichnung neuer Aktien und gemäß § 55 GmbHG durch Übernahme neuer GmbH-Stammeinlagen[1185].

(2) Gerichtsstandsvereinbarung als Gestaltung hinsichtlich der materiellen Rechte und/oder Pflichten oder gesamter Rechtspositionen

Die Gerichtsstandsvereinbarung, die zwischen den Gesellschaftern getroffen wurde, soll sich auf Streitigkeiten in Bezug auf die Mitgliedschaftsrechte der Gesellschafter erstrecken. Folglich liegt eine Zuständigkeitsvereinbarung gemäß Art. 17 EuGVÜ/LugÜ bzw. Art. 23 EuGVO im Hinblick auf *„eine bereits entstandene Rechtsstreitigkeit oder über eine künftige aus einem bestimmten Rechtsverhältnis entspringende Rechtsstreitigkeit"* vor. Darüber hinaus beurteilt sich die Möglichkeit der Gestaltung der Mitgliedschaft nach dem anwendbaren nationalen Recht[1186]. Für welche Rechtsstreitigkeit die vereinbarte Zuständigkeit gelten soll, ist durch Auslegung der Gerichtsstandsvereinbarung zu ermitteln[1187]. Die Auslegung kann einerseits ergeben, dass die Gesellschafter nur ihre Mitgliedschaften gestalten wollten, andererseits jedoch auch, dass ihr Wille hervortritt, nicht nur ihre, sondern darüber hinaus die Mitgliedschaft des „hinzukommenden" Gesellschafters zu gestalten. Wiederum ist bei Anwendung deutschen Rechts die Abschluss- und Gestaltungsfreiheit von Bedeutung[1188]. Die Gesellschafter haben daher die Möglichkeit jedenfalls ihre eigenen Mitgliedschaftsrechte zu gestalten. Eine Gestaltung ist zudem in Bezug auf Rechte Dritter möglich, soweit diese auf einer durch sie getroffenen Abrede beruhen[1189]. Der Dritte erwirbt seine Mitgliedschaft jedoch durch einen Vertrag, den er in seiner Person mit den Gesellschaftern schließt. Möglich ist demnach lediglich eine Gestaltung hinsichtlich der eigenen Mitgliedschaftsrechte durch die Gesellschafter.

(3) Gebotenheit der Drittwirkung aufgrund Gesamtbetrachtung

Eine Drittwirkung ist geboten, falls bei Gesamtbetrachtung der Fortbestand der Identität der materiellen Rechte und/oder Pflichten oder gesamter Rechtspositionen im Vordergrund steht oder keine reine Belastung erworben wird[1190]. Ob dies der Fall ist, muss

---

1184 Vgl. 2. Teil B. VI. 2.

1185 Dazu auch *Schmidt*, Gesellschaftsrecht, 551.

1186 Vgl. oben 2. Teil B. VI. 2. b).

1187 Zur Auslegung: *Kropholler*, Art. 23, Rn. 69

1188 Vgl. dazu oben 3. Teil A. II. 1. b).

1189 Dazu bereits die Ausführungen zur Schuldmitübernahme 3. Teil B. I. 2. a) bb).

1190 Vgl. oben 2. Teil B. VI. 2. c).

immer unter übereinkommens- bzw. gemeinschaftsautonomen Gesichtspunkten erörtert werden[1191]. Der „hinzukommende“ Gesellschafter erwirbt kein Mitgliedschaftsrecht der Gesellschafter. Für ihn entsteht vielmehr ein neues Mitgliedschaftsrecht, das aus dem Vertrag zwischen ihm und den Gesellschaftern folgt, und das im Hinblick auf eine Gestaltung der Befugnis der Gesellschafter entzogen ist. Daher können die Gründe für eine Gebotenheit der Drittwirkung nicht eingreifen.

bb) Zustimmung des Dritten entsprechend Art. 17 Abs. 1 EuGVÜ/LugÜ bzw. Art. 23 Abs. 1, 2 EuGVO zu der wirksam zustande gekommenen Gerichtsstandsvereinbarung

Eine Wirkung zu Lasten des Dritten ist jedoch anzunehmen, soweit der „hinzukommende“ Gesellschafter entsprechend Art. 17 Abs. 1 EuGVÜ/LugÜ bzw. Art. 23 Abs. 1, 2 EuGVO der wirksam zwischen den Gesellschaftern zustande gekommenen Gerichtsstandsvereinbarung zustimmt[1192].

Der Dritte erklärt in dem mit den Gesellschaftern geschlossenen Vertrag, er wolle die Mitgliedschaft erwerben. Darin kann eine Zustimmung zu der in der Satzung enthaltenen Gerichtsstandsklausel zu erblicken sein, da die Mitgliedschaft eines „hinzukommenden“ Gesellschafters regelmäßig den in der Satzung aufgestellten Bedingungen unterliegen soll[1193]. Entsprechend Art. 17 Abs. 1 S. 2 lit. c EuGVÜ/LugÜ bzw. Art. 23 Abs. 1 S. 3 lit. c EuGVO ist den Formanforderungen genüge getan, wenn die Zustimmung im internationalen Handel in einer Form erfolgt, die einem Handelsbrauch entspricht, den der Dritte kannte oder kennen musste und den Dritte in dem betreffenden Geschäftszweig allgemein kennen und regelmäßig beachten[1194]. Die Zustimmung des Dritten kann dabei vermutet werden[1195].

Zumeist wird jedoch bereits das Formerfordernis entsprechend Art. 17 Abs. 1 S. 2 lit. a EuGVÜ/LugÜ bzw. Art. 23 Abs. 1 S. 3 lit. c EuGVO erfüllt sein, da der Dritte, der Gesellschafter werden will, in der Regel schriftlich seine Zustimmung erklärt. Somit ist eine Wirkung der Gerichtsstandsklausel zu Lasten des „hinzukommenden“ Gesellschafters möglich.

II. Bindung des „nicht-zustimmenden“ Gesellschafters

Auch über eine Bindung des „nicht-zustimmenden“ Gesellschafters ist nachzudenken. An einer Zustimmung zu der Gerichtsstandsklausel fehlt es, wenn die Gerichtsstandsklausel in die Satzung aufgenommen wird und der Gesellschafter bei der Beschlussfassung nicht teilgenommen, gegen die Satzungsänderung gestimmt oder sich der Stimme enthalten hat.

Fraglich ist, ob der Gesellschafter als Partei der Gerichtsstandsvereinbarung an diese gebunden ist. Nach den aufgestellten Thesen bedarf es der Beteiligung an der Ge-

---

[1191] Vgl. 3. Teil A. II. 1. c).

[1192] Dazu allgemein auch oben 2. Teil B. IV. 4. b) bb) (3).

[1193] Siehe *EuGH* Urteil vom 10. März 1992, Rs. C-214/89, Slg. 1992, I-1745 *(Powell Duffryn)*; zu dieser Entscheidung: 1. Teil B. I. 3.

[1194] Vgl. dazu 2. Teil B. IV. 4. b) bb) (3) (d).

[1195] Vgl. oben 2. Teil B. IV. 4. b) bb) (3) (e).

richtsstandsvereinbarung im Sinne von Art. 17 EuGVÜ/LugÜ bzw. Art. 23 EuGVO, oder aber einer nach dem anwendbaren nationalen Recht wirksamen Vertretung[1196]. Eine Beteiligung an der Zuständigkeitsvereinbarung wird bei einem sich enthaltenden, einem dem Satzungsbeschluss widersprechenden oder bei der Beschlussfassung nicht anwesenden Gesellschafter nicht vorliegen. Auch eine Vertretung dürfte – außer möglicherweise in den Fällen der Abwesenheit – eher selten sein. Mithin ist davon auszugehen, dass der „nicht-zustimmende“ Gesellschafter nicht als Partei an die Zuständigkeitsvereinbarung gebunden ist. Allerdings könnte die Gerichtsstandsvereinbarung gegenüber dem „nicht-zustimmenden“ Gesellschafter als Drittem Wirkung entfalten.

1. Wirkung zu Gunsten des Dritten

Eine Wirkung zu Gunsten des „nicht-zustimmenden“ Gesellschafters ist möglich. Hier gilt nichts anderes als bezüglich des „hinzukommenden“ Gesellschafters. Schließlich muss er die ihm eingeräumte Möglichkeit, an einem anderen Gerichtsstand zu klagen, nicht wahrnehmen, wenn er dies nicht möchte.

2. Wirkung zu Lasten des Dritten

Wollen die Gesellschafter, dass die in der Satzung enthaltene Gerichtsstandsklausel auch zu Lasten des „nicht-zustimmenden“ Gesellschafters wirkt, so stellt sich die Frage, ob ihn diese Wirkungen auch tatsächlich treffen. Um überhaupt Wirkung entfalten zu können, muss die Gerichtsstandsvereinbarung wirksam zwischen den Gesellschaftern gemäß Art. 17 EuGVÜ/LugÜ bzw. Art. 23 EuGVO zustande gekommen sein. Es handelt sich dabei um eine sogenannte „multipolare Vereinbarung“[1197].

a) Voraussetzungen hinsichtlich des Dritten

Zudem muss der Dritte materielle Rechte und/oder Pflichten oder gesamte Rechtspositionen erworben haben, hinsichtlich derer eine Gestaltung durch die Gerichtsstandsvereinbarung erfolgt ist. Ferner bedarf es der Gebotenheit der Drittwirkung[1198].

aa) Erwerb von materiellen Rechte und/oder Pflichten oder gesamter Rechtspositionen nach nationalem Recht

Der „nicht-zustimmende“ Gesellschafter muss seine Mitgliedschaft erworben haben, wobei er der Gerichtsstandsklausel in der Satzung nicht zugestimmt hat[1199].

bb) Gerichtsstandsvereinbarung als Gestaltung hinsichtlich der materiellen Rechte und/oder Pflichten oder gesamter Rechtspositionen

Es handelt sich bei der durch die Gesellschafter getroffenen Gerichtsstandsvereinbarungen um eine Vereinbarung im Hinblick auf „eine bereits entstandene Rechtsstreitigkeit oder über eine künftige aus einem bestimmten Rechtsverhältnis entspringende Rechtsstreitigkeit“. Die Möglichkeit der Gestaltung hinsichtlich der Mitgliedschaft ergibt sich aus dem anwendbaren nationalen Recht. Das deutsche Recht kennt die Ab-

---

1196 Dazu oben 1. Teil A. II., III.

1197 Vgl. dazu bereits die Ausführungen oben 3. Teil F. I. 2. b).

1198 Vgl. oben 2. Teil B. VI. 2.

1199 Zum Erwerb der Mitgliedschaft: *Schmidt*, Gesellschaftsrecht, 551.

schluss- und Gestaltungsfreiheit[1200]. Daraus folgt, dass die Gesellschafter hinsichtlich der eigenen Rechte eine Gestaltung vornehmen können. Eine Gestaltung bezüglich der Rechte Dritter ist hingegen nur möglich, wenn diese materiellen Rechte, also die Mitgliedschaften, auf einer durch die Gesellschafter getroffenen Vereinbarung beruhen. Letzteres wird wohl kaum der Fall sein[1201], so dass lediglich eine Gestaltung der eigenen Rechte in Betracht kommt.

cc) Gebotenheit der Drittwirkung

Geboten ist eine Drittwirkung, soweit bei Gesamtbetrachtung der materiellen Rechtsposition und der Wirkung der Gerichtsstandsvereinbarung entweder der Fortbestand der Identität im Vordergrund steht, oder aber von dem Dritten keine reine Belastung erworben wird[1202], wobei eine Beurteilung unter übereinkommens- bzw. gemeinschaftsautonomen Gesichtspunkten vorzunehmen ist[1203]. Eine Wirkung gegenüber dem „nicht-zustimmenden" Gesellschafter käme damit nur in Betracht, soweit er die Mitgliedschaft kraft Rechtsnachfolge erwirbt[1204]. Ist dies nicht der Fall, so ist eine Wirkung zu seinen Lasten abzulehnen.

b) Zustimmung des Dritten entsprechend Art. 17 Abs. 1 EuGVÜ/LugÜ bzw. Art. 23 Abs. 1, 2 EuGVO zu der wirksam zustande gekommenen Gerichtsstandsvereinbarung

Eine Zustimmung entsprechend Art. 17 Abs. 1 EuGVÜ/LugÜ bzw. Art. 23 Abs. 1, 2 EuGVO kommt bei einem „nicht-zustimmenden" Gesellschafter gerade nicht in Betracht. Diesbezüglich ist auch eine Vermutung einer Zustimmung entsprechend lit. c nicht möglich, da diese aufgrund des Widerspruchs des Dritten widerlegt wird.

III. Sonderproblematik: Bedürfnis für einen einheitlichen Gerichtsstand

Dies führt zu dem Ergebnis, dass der Gesellschafter, der die Mitgliedschaft durch Rechtsnachfolge erwirbt, an die Gerichtsstandsvereinbarung gebunden ist, wohingegen diese Vereinbarung gegenüber demjenigen, der das Recht aufgrund Beitritts erlangt, sowie dem „nicht-zustimmende" Gesellschafter, grundsätzlich keine belastende Wirkung entfaltet. Die beiden letzteren können lediglich durch eine Zustimmung zu der

---

1200 Vgl. dazu oben 3. Teil A. II. 1. b).

1201 Dass die Mitgliedschaft auf einer Abrede der Gesellschafter beruht, kommt lediglich in den Fällen der Nachfolge bei Tod eines Gesellschafters in Personengesellschaften in Betracht. Möglich ist eine Eintrittsklausel. Die Vereinbarung einer Eintrittsklausel ist ein berechtigender Vertrag zu Gunsten Dritter im Sinne von § 328 Abs. 1 BGB. Allerdings erwirbt der Dritte lediglich das Recht zum Beitritt zu der Gesellschaft, nicht jedoch die Mitgliedschaft. Umstritten ist die Möglichkeit einer rein gesellschaftsrechtlichen Nachfolgeklausel, durch die der Nichterbe Gesellschafter werden soll. Hinsichtlich der Mitgliedschaftsrechte wäre ein Vertrag zu Gunsten Dritter, in Bezug auf die Mitgliedschaftspflichten ein Vertrag zu Lasten Dritter anzunehmen. Aus diesem Grunde wird die Klausel von der herrschenden Meinung für unwirksam befunden (Zu dieser Problematik *BGHZ* 68, 225, 232; *Säcker*, Gesellschaftsvertragliche und erbrechtliche Nachfolge in Gesamthandsmitgliedschaften, 43 ff.). Siehe *Schmidt*, Gesellschaftsrecht, 1348 f.; MünchKomm/*Gottwald*, § 328, Rn. 44.

1202 Siehe oben 2. Teil B. VI. 2. c).

1203 Vgl. 3. Teil A. II. 1. c).

1204 Vgl. 3. Teil F. I.

Gerichtsstandsvereinbarung entsprechend Art. 17 Abs. 1 EuGVÜ/LugÜ bzw. Art. 23 Abs. 1, 2 EuGVO an diese gebunden sein. Folge ist, dass für Streitigkeiten hinsichtlich der Mitgliedschaft der Gesellschafter die Zuständigkeit immer vor einem anderen Forum begründet ist.

Die Gründe für die Vereinbarung einer Gerichtsstandsklausel, durch die die Zuständigkeit eines Gerichts – zumeist am Sitz der Gesellschaft – bestimmt wird, sind verständlich. So enthält Art. 16 Nr. 2 EuGVÜ/LugÜ bzw. Art. 22 Nr. 2 EuGVO nur eine Regelung *„für Klagen, welche die Gültigkeit, die Nichtigkeit oder die Auflösung einer Gesellschaft oder juristischen Personen oder der Beschlüsse ihrer Organe zum Gegenstand haben"*. Weitere spezielle Zuständigkeitsregelungen bestehen nicht, so dass insbesondere Art. 2, 5 EuGVÜ/LugÜ/EuGVO zur Anwendung kommen. Dies kann dazu führen, dass eine Zuständigkeit unterschiedlicher Foren besteht, obwohl die Rechtsbeziehung, auf die sich der Rechtsstreit bezieht, vergleichbar ist. Daher ist verständlich, dass durch die Vereinbarung des Gerichtsstandes, eine einheitliche Zuständigkeit für diese Streitigkeiten geschaffen werden soll. Problematisch ist jedoch, dass es nach den entwickelten Thesen in einigen Fällen zu einer Bindung des Gesellschafters an die Gerichtsstandsvereinbarung kommt, in anderen jedoch nicht. Folge davon ist wiederum die Eröffnung verschiedener Foren, was durch die Vereinbarung gerade vermieden werden sollte. Ein solches Ergebnis erscheint unbillig. Es verhindert die Vorhersehbarkeit der gerichtlichen Entscheidung zur internationalen Zuständigkeit und führt somit zu Rechtsunsicherheit. Des Weiteren ist eine Differenzierung der Zuständigkeiten nach Gesellschaftern als unpraktikabel zu beurteilen. Es kann nicht sein, dass für Rechtsstreitigkeiten, die die Mitgliedschaft betreffen, je nach Gesellschafter unterschiedliche Zuständigkeiten bestehen. Dies wird vor allem bei der Klage am Wohnsitz des Gesellschafters deutlich. Vielmehr bedarf es einer Konzentration der Verfahren in gesellschaftsrechtlichen Streitigkeiten, unabhängig davon, ob es sich um einen „hinzukommenden", „nicht-zustimmenden" oder auch „zustimmenden" Gesellschafter handelt, der die Mitgliedschaft erworben hat. Es muss statt dessen eine einheitliche Behandlung erfolgen, um die Aspekte der Rechtssicherheit und Praktikabilität hinreichend zu würdigen[1205]. Fraglich ist jedoch, wie ein solches Ergebnis zu erreichen ist, ohne eine Schutzbedürftigkeit des Gesellschafters zu untergraben[1206].

Der EuGH nahm in *„Powell Duffryn"*[1207] zu einer ähnlichen Problematik Stellung. Seiner Ansicht nach handelt es sich bei einer in der Satzung enthaltenen Gerichtsstandsklausel um eine „Vereinbarung" im Sinne des Art. 17 Abs. 1 EuGVÜ/LugÜ, die sämtliche Gesellschafter binde. Dabei sei unerheblich, ob der Gesellschafter gegen die Annahme dieser Klausel gestimmt habe, oder erst nach Annahme der Klausel Gesellschafter geworden sei. Wer eine Mitgliedschaft erwerbe oder behalte, erkläre sich mit

---

1205 In diesem Sinne auch *Reithmann/Martiny/Hausmann*, Internationales Vertragsrecht, Rn. 2989; *Wieczorek/Schütze/Hausmann*, Anh I § 40, Art. 17, Rn. 28; *Dietze/Schnichels*, EuZW 1994, 366, 370; *Polak*, C.M.L.Rev. (28) 1993, 406, 412 f. Zustimmend wohl auch *Happ/Pühler*, 1.01, Rn. 100; ebenfalls *Geimer*, EWiR 1989, 885.

1206 Zu dieser Problematik auch *Thode*, WuB 1989 VII B1. Art. 17, 2.89, 1594 f.

1207 *EuGH* Urteil vom 10. März 1992, Rs. C-214/89, Slg. 1992, I-1745 *(Powell Duffryn)*; vgl. dazu auch bereits oben 1. Teil B. I. 3.

der Klausel einverstanden[1208]. Diese Rechtsprechung erscheint jedoch fragwürdig. Soweit eine Bindung des Gesellschafters in Rede steht, der die Mitgliedschaft durch Rechtsnachfolge erworben hat, ist dem Urteil im Ergebnis zuzustimmen. Begründet werden muss die Bindung an die in der Satzung enthaltenen Gerichtsstandsklausel jedoch vielmehr damit, dass er die Mitgliedschaft gerade so erhält, wie sie bei dem Vorgänger bestand, also der Grundsatz des Fortbestandes der Identität des Rechts Anwendung findet. Probleme treten allerdings auf, soweit der Vorgänger der Klausel nicht zugestimmt hatte[1209]. Auch im Hinblick auf den Gesellschafter, der die Mitgliedschaft durch Beitritt erwirbt, sollte eine Bindung bejaht werden. Eine solche ist möglich, soweit eine Zustimmung entsprechend Art. 17 Abs. 1 EuGVÜ/LugÜ bzw. Art. 23 Abs. 1, 2 EuGVO angenommen werden kann, wobei die Erfordernisse aufgrund der möglichen vermuteten Zustimmung bei lit. c erheblich erleichtert sind[1210].

Die Begründung des EuGH ist aber bezüglich der Konstellation, dass der Gesellschafter der in der Satzung enthaltenen Gerichtsstandsklausel widerspricht, in Frage zu stellen. Dessen Zustimmung gegenüber den anderen Gesellschaftern würde demnach fingiert. Eine solche Fiktion ist jedoch mit dem Begriff der „Vereinbarung" gemäß Art. 17 Abs. 1 EuGVÜ/LugÜ bzw. Art. 23 Abs. 1 EuGVO nicht zu vereinbaren. Derjenige Gesellschafter, der der in der Satzung enthaltenen Gerichtsstandsklausel widerspricht, erklärt sich gerade nicht mit dieser einverstanden, auch wenn er weiterhin Gesellschafter bleibt oder die Mitgliedschaft später erwirbt. Eine „Vereinbarung" im Sinne von Art. 17 Abs. 1 EuGVÜ/LugÜ bzw. Art. 23 Abs. 1 EuGVO kann nicht vermutet werden, da eine Vermutung der Zustimmung jedenfalls aufgrund eines Widerspruchs gegen die Klausel widerlegt wäre[1211].

Neben der Problematik der „Vereinbarung" behandelt der EuGH auch die Frage der Form. Hierzu stellt er fest, dass es ausreiche, wenn die Satzung an einem dem Gesellschafter zugänglichen Ort, etwa dem Sitz der Gesellschaft, hinterlegt oder in einem öffentlichen Register enthalten sei[1212]. Der EuGH benennt jedoch keine der in Art. 17 Abs. 1 S. 2 EuGVÜ/LugÜ aufgeführten Varianten[1213]. Da er wohl Bezug auf die Ausführungen des Generalanwalts nimmt, sind die Schlussanträge zur Interpretation des Urteils heranzuziehen. Diese nehmen ebenfalls nicht eindeutig Stellung, weisen aber auf die internationalen Handelsbräuche hin[1214], so dass es scheint, als wolle er auf die Variante lit. c abstellen. Eine Subsumtion unter die dort aufgeführten Merkmale wird

---

1208 *EuGH* Urteil vom 10. März 1992, Rs. C-214/89, Slg. 1992, I-1745, Rn. 16 ff. *(Powell Duffryn)*.

1209 Auch *Generalanwalt Tesauro* möchte eine Gleichbehandlung der Gesellschafter erreichen und sieht daher in diesem Fall eine besondere Problematik, soweit man die „Tilly Russ"-Rechtsprechung (vgl. dazu oben 1. Teil B. I. 2. a)) ohne weiteres überträgt: Schlussanträge des Generalanwalts Tesauro vom 20. November 1991, Rs. C-214/89, Slg. 1992, I-1756, Rn. 9 *(Powell Duffryn)*.

1210 Dazu bereits oben 2. Teil B. IV. 4. b) bb) (3) (d), (e).

1211 Kritisch auch *Gaudement-Tallon*, Rev.crit.dr.internat.privé (81) 1992, 535, 537 ff. Siehe auch oben 2. Teil B. IV. 4. b) bb) (3) (e).

1212 *EuGH* Urteil vom 10. März 1992, Rs. C-214/89, Slg. 1992, I-1745, Rn. 28 *(Powell Duffryn)*.

1213 *Couwenberg/Leuven*, Rev.dr.comm.belge (25) 1992, 878, 881; *Dietze/Schnichels*, EuZW 1994, 366, 370.

1214 Schlussanträge des *Generalanwalts Tesauro* vom 20. November 1991, Rs. C-214/89, Slg. 1992, I-1756, Rn. 12 *(Powell Duffryn)*.

jedoch nicht vorgenommen. Der EuGH weist lediglich darauf hin, dass jeder, der Gesellschafter wird, unabhängig von der Art und Weise des Erwerbs der Aktien wisse oder wissen müsse, dass er an die Satzung und deren Änderungen gebunden ist[1215].

Indem eine Gerichtsstandsvereinbarung im Sinne von Art. 17 Abs. 1 EuGVÜ/LugÜ bzw. Art. 23 Abs. 1, 2 EuGVO für den Fall bejaht wird, dass ein Gesellschafter der in der Satzung enthaltenen Klausel widerspricht, wird Art. 17 Abs. 1 EuGVÜ/LugÜ bzw. Art. 23 Abs. 1, 2 EuGVO überstrapaziert. Die unpräzise Begründung des EuGH ist folglich abzulehnen. Sie ist wohl lediglich damit zu erklären, dass er versucht hat, ein vernünftiges Ergebnis zu erreichen. Dass eine Konzentration der Verfahren in gesellschaftsrechtlichen Streitigkeiten, sowie die Vorhersehbarkeit der gerichtlichen Entscheidung zur internationalen Zuständigkeit wünschenswert ist, steht außer Frage. Diese können jedoch nur verwirklicht werden, soweit eine Begründung gemäß Art. 17 EuGVÜ/LugÜ bzw. Art. 23 EuGVO möglich ist. Art. 17 Abs. 1 EuGVÜ/LugÜ bzw. Art. 23 Abs. 1, 2 EuGVO bietet keinen gangbaren Weg.

Unter Umständen kann jedoch die Regelung in Art. 17 Abs. 2 EuGVÜ/LugÜ bzw. Art. 23 Abs. 4 EuGVO weiterhelfen. Gemäß Art. 17 Abs. 2 EuGVÜ/LugÜ bzw. Art. 23 Abs. 4 EuGVO ist das in „trust"-Bedingungen bestimmte Gericht oder die Gerichte ausschließlich zuständig, wenn es sich um Beziehungen zwischen dem Begründer, „trustee" oder Begünstigten eines trust oder ihre Rechte oder Pflichten im Rahmen des „trust" handelt. Diese Regelung ist notwendig, da eine einseitige Begründung eines „trust", dessen Bedingungen auch eine Gerichtsstandsklausel enthalten können, möglich ist, diese aber nicht den Voraussetzungen gemäß Art. 17 Abs. 1 EuGVÜ/LugÜ bzw. Art. 23 Abs. 1, 2 EuGVO entspricht[1216]. Bei dem Rechtsinstitut des „trust" überträgt der „settlor" einen Vermögensgegenstand auf den „trustee", damit er diesen zu Gunsten des „beneficiary" verwaltet[1217]. Dem „trust" liegt im Innenverhältnis ein gemeinsamer Zweck der Beteiligten zugrunde, der Zweck der Vermögensverwaltung[1218]. Obwohl die Begründung des „trust" nicht die Einigung aller erfordert, wollte der Normgeber eine Unwirksamkeit von in den Bedingungen eines solchen „trust" enthaltenen Gerichtsstandsklauseln verhindern, um insbesondere eine Vorhersehbarkeit der gerichtlichen Entscheidung zu der internationalen Zuständigkeit zu ermöglichen. Ohne eine solche Vereinbarung käme eine Zuständigkeit der Gerichte des Vertrags-/Mitgliedsstaats, in dessen Hoheitsgebiet der „trust" seinen Sitz hat, gemäß Art. 5 Nr. 6 EuGVÜ/LugÜ/EuGVO in Betracht, oder aber gemäß Art. 2 Abs. 1 EuGVÜ/LugÜ/EuGVO am Sitz des Beklagten[1219]. Zudem spricht für einen einheitlichen

---

1215 *EuGH* Urteil vom 10. März 1992, Rs. C-214/89, Slg. 1992, I-1745, Rn. 27 *(Powell Duffryn)*.

1216 *Schlosser*, ABl.EG 1979 Nr. C 59/71, Rn. 178; vgl. dazu bereits oben 2. Teil A. III. 2. a) cc).

1217 Allgemein zum „trust" vgl. Hinweise in Fn. 234.

1218 Vgl. *Schlosser*-Bericht, ABl.EG 1979 Nr. C 59/71, Rn. 109; *Rauscher/Leible*, Art. 5 Brüssel I-VO, Rn. 111; siehe auch *Wittuhn*, Das internationale Privatrecht des trust, 5, der die Funktionen des „trust" in die Verwaltung des Vermögens einerseits und dem Genuss der Ergebnisse der Verwaltung andererseits unterteilt.

1219 Zu Problemen hinsichtlich des Gerichtsstandes am Wohnsitz des Beklagten: *Geimer/Schütze/Auer*, 540.177, Art. 5, Rn. 198; *Kropholler*, Art. 5, Rn. 114.

Gerichtsstand die besondere Intensität der rechtlichen Beziehungen der innerhalb des „trust" beteiligten Personen zueinander[1220].

Vergleicht man diese Interessenlage mit derjenigen innerhalb einer Gesellschaft, so wird deutlich, dass der Grundgedanke auch hier die Verfolgung eines gemeinsamen Zwecks ist[1221]. Darüber hinaus erfordert ein Satzungsbeschluss nicht die Einigung aller[1222], so dass auch die Bedingungen der Satzung, die eine Gerichtsstandsklausel enthalten können, nicht auf einer Einigung aller Gesellschafter beruhen. Zudem sprechen ebenso wie in Bezug auf den „trust" Praktikabilität und Rechtssicherheit für die Wirksamkeit einer solchen Gerichtsstandsklausel. Es besteht somit eine vergleichbare Interessenlage zwischen der in „trust"-Bedingungen und der in Satzungsbedingungen enthaltenen Gerichtsstandsklausel. Somit sollten beide Konstellationen auch einheitlich behandelt werden. Daher ist eine entsprechende Anwendung von Art. 17 Abs. 2 EuGVÜ/LugÜ bzw. Art. 23 Abs. 4 EuGVO sachgerecht. Dem widerspricht auch nicht der Wille des Normgebers. Es ist nicht ersichtlich, dass er die Problematik vor dem Vorabentscheidungsverfahren *„Powell Duffryn"* gesehen hat. Nach dem Urteil des EuGH, das ohne Frage im Ergebnis als vernünftig einzustufen ist, empfand der Normgeber aufgrund der faktischen Bindungswirkung für die Gerichte[1223] wohl kein Bedürfnis mehr für eine speziell normierte Regelung. Auch wenn das Resultat, das der EuGH erzielte, richtig erscheint, darf dies nicht darüber hinweg täuschen, dass der Weg, den der EuGH zur Lösung wählt, nicht gangbar[1224], und vielmehr eine entsprechende Anwendung des Art. 17 Abs. 2 EuGVÜ/LugÜ bzw. Art. 23 Abs. 4 EuGVO zu wählen ist[1225]. Infolgedessen gelten die in schriftlich niedergelegten Satzungsbedingungen ent-

---

1220 Vgl. *Geimer/Schütze/Auer*, 540.177, Art. 5, Rn. 198 zu Art. 5 EuGVÜ.

1221 So auch *EuGH* Urteil vom 10. März 1992, Rs. C-214/89, Slg. 1992, I-1745, Rn. 25 *(Powell Duffryn)*; Schlussanträge des *Generalanwalts Tesauro* vom 20. November 1991, Rs. C-214/89, Slg. 1992, I-1756, Rn. 10 *(Powell Duffryn)*.

1222 Siehe § 33 BGB; § 179 AktG; § 53 GmbHG. Dies gilt unabhängig von der Bevorzugung der Normen- oder der Vertragstheorie. Fraglich ist nach diesen Theorien lediglich, ob sie auch gegenüber den Gesellschaftern wirkt, die nicht tatsächlich und ausdrücklich zugestimmt haben; vgl. die Ausführungen des *Generalanwalts Tesauro* in seinen Schlussanträgen vom 20. November 1991, Rs. C-214/89, Slg. 1992, I-1756, Rn. 4 *(Powell Duffryn)*. Zu beachten ist bei der Gesellschaft bürgerlichen Rechts, dass der Gesellschaftsvertrag grundsätzlich nur durch Beteiligung aller Gesellschafter geändert werden kann, es sei denn es besteht eine sogenannte Mehrheitsklausel, vgl. dazu MünchKomm/*Ulmer*, § 705, Rn. 55.

1223 Siehe zu der faktischen Bindungswirkung, die entsteht, da ein Gericht, das von der Rechtsprechung des EuGH abweichen will, die Frage erneut vorlegen muss: *Schack*, Internationales Zivilverfahrensrecht, Rn. 87. Eine formelle Bindungswirkung besteht lediglich für das mit dem Ausgangsverfahren befasste Gericht; vgl. *Nagel*, Internationales Zivilprozessrecht, § 1, Rn. 71; *Kropholler*, Einl., Rn. 38; *Rauscher/Staudinger*, Einl. Brüssel I-VO, Rn. 62.

1224 Kritisch hinsichtlich der Begründung des Urteils „Powell Duffryn" auch *Bork*, ZHR 157 (1993), 48, 52.

1225 Ebenso, allerdings ohne Ausführungen zu der Vergleichbarkeit der Interessenlagen *Dietze/Schnichels*, EuZW 1994, 366, 370. Ähnliche Überlegungen stellt auch *Samtleben*, RabelsZ 59 (1995), 670, 706 f., der allerdings darüber hinaus eine eigenständige Regelung fordert. Vgl. auch *Geimer*, FS Schippel (1996), 869, 872.

haltenen Gerichtsstandsklauseln für alle Streitigkeiten im Innenverhältnis, also zwischen der Gesellschaft und den Gesellschaftern sowie diesen untereinander.

Ergebnis

Die Komplexität der Problematik der Drittwirkung internationaler Gerichtsstandsvereinbarungen, die Anlass zum Verfassen dieser Arbeit gegeben hat, ist deutlich zum Vorschein getreten. Die entwickelten Grundsätze sollen helfen, diese problematischen Fälle sachgerecht zu lösen. Sie basieren auf den in Art. 17 EuGVÜ/LugÜ bzw. Art. 23 EuGVO[1226] niedergelegten Grundgedanken.

1. „Dritte" sind in Abgrenzung zu den „Parteien der Gerichtsstandsvereinbarung" zu charakterisieren. Wer „Partei der Gerichtsstandsvereinbarung" ist, kann somit nicht „Dritter" sein. Grundsätzlich beurteilt sich die Frage, wer „Partei der Gerichtsstandsvereinbarung" ist, nach dem übereinkommens- bzw. gemeinschaftsautonomen Recht. Die „Partei" muss prinzipiell an dem Zustandekommen der Vereinbarung beteiligt gewesen sein. Im Hinblick auf die Fälle der Stellvertretung ist derjenige Partei, den die Wirkungen der Gerichtsstandsvereinbarung treffen sollen. Dies ist aufgrund einer Auslegung der Vereinbarung zu ermitteln, die übereinkommens- bzw. gemeinschaftsautonomen Grundsätzen folgt. Die Vertretungsvoraussetzungen beurteilen sich nach nationalem Recht, weil das übereinkommens- bzw. gemeinschaftsautonome Recht hierfür keinerlei Regelung vorsieht[1227].

2. Die Wirkung der Gerichtsstandsvereinbarung ist abhängig vom Willen der Parteien. Eine wirksame Gerichtsstandsvereinbarung im Sinne von Art. 17 EuGVÜ/LugÜ bzw. Art. 23 EuGVO wirkt prinzipiell gegenüber den Parteien der Gerichtsstandsvereinbarung. Fraglich ist hingegen die Wirkung gegenüber einem Dritten, die bereits in Entscheidungen des EuGH, aber auch nationaler Gerichte, diskutiert wurde. Dabei ist immer der Grundsatz der Relativität der Vertragsverhältnisse zu beachten, der auch den nationalen Rechtsordnungen innewohnt[1228].

3. Möglich ist eine Wirkung zu Gunsten des Dritten, soweit die Parteien eine solche Wirkung entweder ausdrücklich vereinbart haben oder wenn dies aus ihrem Willen in anderer Weise klar und deutlich hervorgeht. Der Dritte erfüllt die Erfordernisse gemäß Art. 17 Abs. 1 EuGVÜ/LugÜ bzw. Art. 23 Abs. 1, 2 EuGVO nicht als Partei der Gerichtsstandsvereinbarung. Er muss sie jedoch auch nicht als Dritter erfüllen. Dafür spricht der Sinn und Zweck der Formerfordernisse. Diesen kommt insbesondere Beweis- und Schutzfunktion zu. Während ersterer durch die wirksam zustande gekommene Zuständigkeitsvereinbarung zwischen den Parteien nachgekommen wurde, bleibt lediglich die Schutzfunktion fraglich. Zu schützen ist vor einer aufgedrängten Gerichtsstandsvereinbarung und deren Wirkungen. Dieser Schutzgedanke kann auf den Dritten übertragen werden. Er muss vor den aufgedrängten Wirkungen einer solchen Vereinbarung, die zwischen Personen, die von ihm verschieden sind, zustande gekommen ist, geschützt werden. Eine Gerichtsstandsvereinbarung, die zu Gunsten des Dritten wirken soll, ist darauf gerichtet, einen zusätzlichen konkurrierenden Gerichtsstand für den Dritten zu schaffen. Er erhält somit lediglich eine weitere „Option", die

[1226] Zu den Regelungen bezüglich internationaler Gerichtsstandsvereinbarungen vgl. 1. Teil A. I.

[1227] Siehe 1. Teil A. II.

[1228] Vgl. oben 1. Teil A. III.

er nutzen kann, wenn er möchte. Somit bedarf es keines besonderen Schutzes. Die Gerichtsstandsvereinbarung wirkt folglich zu Gunsten des Dritten, auch wenn er die Voraussetzungen gemäß Art. 17 Abs. 1 EuGVÜ/LugÜ bzw. Art. 23 Abs. 1, 2 EuGVO nicht erfüllt hat[1229].

4. Schwieriger gestaltet sich die Situation bei einer Zuständigkeitsvereinbarung, die zu Lasten des Dritten wirken soll. In diesen Fällen stehen dem Dritten lediglich die vereinbarten Gerichtsstände zur Verfügung. Eine Vereinbarung, die eine Wirkung zu Lasten eines Dritten entfalten soll, liegt vor, wenn der Wille der Parteien besteht, eine Vereinbarung mit Wirkung zu Lasten eines Dritten festzulegen. Dabei ist die Vereinbarung einer ausschließlichen Zuständigkeit zu vermuten[1230].

5. Eine rechtsvergleichende Betrachtung zeigt, dass eine Drittwirkung von Gerichtsstandsvereinbarung in bestimmten materiellrechtlichen Konstellationen angenommen wird. Ausgangspunkt für die Durchbrechung des Grundsatzes der Relativität der Vertragsverhältnisse ist grundsätzlich eine Gesamtbetrachtung von materiellen Rechten und/oder Pflichten oder gesamter Rechtspositionen sowie der Wirkung der Gerichtsstandsvereinbarung. In den Fällen des Übergangs wird die Wirkung der Vereinbarung zu Lasten des Dritten mit dem Interesse am Fortbestand der Identität der materiellen Rechtsposition begründet. Die Wirkung der Gerichtsstandsvereinbarung wird dabei als Modifikation hinsichtlich dieser Rechtsposition gesehen. Erwirbt der Dritte aufgrund einer Abrede zu seinen Gunsten ein Recht, so muss er dies mit den Einschränkungen, die die Parteien der Abrede dem Recht gegeben haben, hinnehmen[1231].

6. Die Frage, ob eine Zuständigkeitsvereinbarung zu Lasten des Dritten Wirkung entfalten kann, ist nach übereinkommens- bzw. gemeinschaftsautonomem Recht und nicht nach nationalem Recht zu beantworten. Somit ist durch Auslegung des Art. 17 Abs. 1 EuGVÜ/LugÜ bzw. Art. 23 Abs. 1, 2 EuGVO zu ermitteln, ob eine Wirkung zu Lasten des Dritten zuzulassen ist. Zu beachten sind dabei die Wertungen, die sich aus den nationalen Rechtsordnungen ergeben[1232].

7. Bei der Auslegung des Art. 17 Abs. 1 EuGVÜ/LugÜ bzw. Art. 23 Abs. 1, 2 EuGVO steht insbesondere der Telos der Regelung im Vordergrund. Der Sinn und Zweck der Formvorschriften erschöpft sich nicht in der Beweisfunktion, sondern erstreckt sich vor allem auf einen Schutz vor einer aufgedrängten Gerichtsstandsvereinbarung und deren Wirkungen. Erfüllt der Dritte nicht die Voraussetzungen gemäß Art. 17 Abs. 1 EuGVÜ/LugÜ bzw. Art. 23 Abs. 1, 2 EuGVO, so kann dennoch eine ihn belastende Wirkung zuzulassen sein. Ausgangspunkt der Überlegungen diesbezüglich ist eine Gesamtbetrachtung von materiellen Rechten und/oder Pflichten oder gesamter Rechtspositionen aus dem Hauptvertrag sowie der Wirkung der Gerichtsstandsvereinbarung, die keinen Verstoß gegen den geltenden Grundsatz der Trennung von Gerichtsstandsvereinbarung und Hauptvertrag darstellt. Eine Wirkung zu Lasten des Dritten erfolgt bei einem Übergang der materiellen Rechtsposition, hinsichtlich der durch die Vereinbarung der Zuständigkeit bei Streitigkeiten diesbezüglich eine Gestaltung

---

1229 Vgl. 2. Teil A.

1230 Siehe 2. Teil unter B.

1231 Siehe oben 2. Teil B. III. 1.

1232 Vgl. 2. Teil B. III., insb. 2., 3.

vorgenommen wurde. Die bestehende Interessenlage gebietet den Fortbestand der Identität dieser Rechtsposition. Handelt es sich um ein materielles Recht, das für den Dritten kraft Abrede der Parteien begründet wird, so hat der Dritte dieses so, wie die Parteien es gestaltet haben, also auch mit allen Einschränkungen, die die Parteien vorngenommen haben, hinzunehmen. Demzufolge muss die Gerichtsstandsvereinbarung zu Lasten des Dritten Wirkung entfalten, da eine Schutzbedürftigkeit des Dritten nicht besteht. Lediglich in Sonderfällen, in denen eine veränderte Interessenlage gegeben ist, kommt ein gutgläubiger „lastenfreier“ Erwerb in Betracht[1233].

8. In allen übrigen Fällen besteht eine Schutzbedürftigkeit des Dritten vor der aufgedrängten Wirkung einer Gerichtsstandsvereinbarung, die die Einhaltung der Voraussetzungen im Sinne von Art. 17 Abs. 1 EuGVÜ/LugÜ bzw. Art. 23 Abs. 1, 2 EuGVO erforderlich macht. Eine Wirkung zu Lasten des Dritten unmittelbar „kraft Handelsbrauchs“ ist nicht möglich. Der Dritte erfüllt die Erfordernisse nicht als Partei der Vereinbarung. Seine Stellung als Dritter muss Beachtung finden. Daher ist eine Wirkung zu Lasten des Dritten möglich, soweit er einer wirksam zustande gekommenen Gerichtsstandsvereinbarung entsprechend Art. 17 Abs. 1 EuGVÜ/LugÜ bzw. Art. 23 Abs. 1, 2 EuGVO zugestimmt hat. Betont sei hier insbesondere die Bedeutung der Varianten lit. b und c, bei deren Vorliegen die Zustimmung des Dritten widerleglich vermutet werden kann[1234].

9. Die gewonnenen Ergebnisse finden Unterstützung durch eine vergleichbare Betrachtung der Drittwirkung von Schiedsvereinbarung in den verschiedenen materiellrechtlichen Konstellationen[1235].

10. Die Analyse der Wertungen führt zur Entwicklung folgender Thesen bezüglich der Wirkung der Gerichtsstandsvereinbarung zu Lasten des Dritten: Grundsätzliche Voraussetzung ist das Zustandekommen einer wirksamen Gerichtsstandsvereinbarung im Sinne von Art. 17 EuGVÜ/LugÜ bzw. Art. 23 EuGVO. Zudem bedarf es eines Erwerbs materieller Rechte und/oder Pflichten oder gesamter Rechtspositionen, hinsichtlich derer durch die Zuständigkeitsvereinbarung eine Gestaltung erfolgt ist. Weiterhin muss die Drittwirkung aufgrund der Gesamtbetrachtung von materiellem Recht und der Wirkung der Gerichtsstandsvereinbarung geboten sein. Die Gestaltung hinsichtlich der materiellen Rechte und/oder Pflichten oder gesamter Rechtspositionen beurteilt sich dabei grundsätzlich nach nationalem Recht. Ferner ist unter übereinkommens- bzw. gemeinschaftsautonomen Gesichtspunkten zu erörtern, ob eine Gebotenheit der Drittwirkung gegeben ist. Die bestehende Interessenlage spielt diesbezüglich eine entscheidende Rolle. Spricht die Interessenlage für den Fortbestand der Identität der materiellen Rechtsposition oder auch dafür, dass kein Erwerb einer reinen Belastung erfolgt, so ist von der Gebotenheit der Drittwirkung auszugehen. Liegen diese Voraussetzungen nicht vor, so kommt eine Wirkung zu Lasten des Dritten nur in Betracht,

---

1233 Vgl. 2. Teil B. IV. 4. a). Beachte auch die seltene Situation der Drittwirkung, soweit eine gesamte Rechts- und Pflichtenposition kraft Vereinbarung der Parteien begründet wird, und der Wille der Parteien deutlich wird, dass die Vereinbarung auch nur in Bezug auf die Rechte der gesamten Rechts- und Pflichtenposition Wirkung zu Lasten des Dritten entfalten soll.

1234 Dazu 2. Teil B. IV. 4. b).

1235 Vgl. oben 2. Teil B. V.

wenn dieser der wirksam zustande gekommenen Gerichtsstandsvereinbarung entsprechend Art. 17 Abs. 1 EuGVÜ/LugÜ bzw. Art. 23 Abs. 1, 2 EuGVO zustimmt. Diese Grundsätze gelten auch für die in einem Rahmenvertrag enthaltene Gerichtsstandsklausel[1236].

11. Darüber hinaus ergeben sich sowohl hinsichtlich der Wirkung zu Gunsten, als auch in Bezug auf die Wirkung zu Lasten des Dritten besondere Probleme:

a. Bei der Beurteilung der Anwendungsvoraussetzungen ist grundsätzlich auf die Parteien der Gerichtsstandsvereinbarung abzustellen. In Einzelfällen kann auch der Sitz des Dritten bei dem Erfordernis des „internationalen Bezugs“ eine Rolle spielen, soweit es um die Abgrenzung von reinen Inlandsfällen geht. Dies gebietet insbesondere der Sinn und Zweck der Anwendungsvoraussetzungen, nach dem der berufene Richter das auf die Gerichtsstandsvereinbarung anwendbare Recht schnell und unproblematisch ermitteln können muss[1237].

b. Bezüglich der Zulässigkeitsvoraussetzungen ist festzuhalten, dass dem Bestimmtheitsgrundsatz im Sinne von Art. 17 Abs. 1 S. 1 EuGVÜ/LugÜ bzw. Art. 23 Abs. 1 S. 1 EuGVO genüge geten ist, wenn eine Erkennbarkeit für Dritte und das Gericht aufgrund der objektiven Kriterien der Vereinbarung vorliegen[1238].

c. Auf die Eigenschaft des Dritten als Versicherter, Begünstigter, Geschädigter, Arbeitnehmer oder Verbraucher kommt es im Hinblick auf Art. 17 Abs. 5 EuGVÜ/LugÜ bzw. Art. 23 Abs. 5 EuGVO nicht an, soweit der Dritte sein durch die Gerichtsstandsvereinbarung gestaltetes Recht von den Parteien der Vereinbarung ableitet. Ist dies nicht der Fall, muss die besondere Schutzbedürftigkeit gewürdigt werden[1239].

d. Wird eine bestehende ausschließliche Zuständigkeit für den Dritten gemäß Art. 16 EuGVÜ/LugÜ bzw. Art. 22 EuGVO abbedungen, so gebieten die staatlichen Jurisdiktionsinteressen, dass einer solchen Vereinbarung keine rechtliche Wirkung zukommt[1240].

12. Überprüft man die ermittelten Thesen anhand von exemplarischen Einzelfällen, so zeigen sich folgende Ergebnisse:

a. Der Zessionar ist an eine Gerichtsstandsvereinbarung, die der Zedent mit dem Schuldner getroffen hat, gebunden[1241].

b. Bezüglich der Drittwirkung einer Gerichtsstandsvereinbarung bei der rechtsgeschäftlichen Schuldübernahme durch den Dritten ist zwischen der kumulativen und der privativen Schuldübernahme zu differenzieren. Bei der kumulativen Schuldübernahme erwirbt der Dritte nicht die Pflicht, hinsichtlich der eine Gestaltung durch die Gerichtsstandsvereinbarung vorgenommen wurde. Er kann jedoch aufgrund einer Zustimmung entsprechend Art. 17 Abs. 1 EuGVÜ/LugÜ bzw. Art. 23 Abs. 1, 2 EuGVO an die Vereinbarung gebunden sein. Bei der privativen Schuldübernahme ergibt eine Analyse der Interessenlage, dass der Fortbestand der Identität der Verpflichtung im Vordergrund

---

1236 Siehe 2. Teil B. VI.

1237 Vgl. 2. Teil C. I.

1238 Vgl. 2. Teil C. II.

1239 Siehe oben 2. Teil C. II. 2. a), b).

1240 Dazu 2. Teil C. II. 2. c).

1241 Vgl. oben 3. Teil A.

steht, so dass der Übernehmer die Gerichtsstandsvereinbarung, die eine Gestaltung hinsichtlich der Verpflichtung darstellt, gegen sich gelten lassen muss[1242].

c. Der Versicherte ist an eine Gerichtsstandklausel in einem Versicherungsvertrag, der zwischen Versicherer und Versicherungsnehmer geschlossen wurde, gebunden. Er erhält seinen Anspruch aufgrund der Abrede der Parteien und muss daher auch eine Beschränkung durch die Bestimmung der Zuständigkeit eines Gerichts oder mehrerer Gerichte hinnehmen. Der Versicherte erwirbt nicht nur eine Belastung, sondern ein beschränktes Recht, so dass die Gerichtsstandsklausel ihm gegenüber Wirkung entfaltet. Der Geschädigte hingegen erwirbt sein Recht aufgrund Gesetzes. Die Gestaltung hinsichtlich dieses Rechts ist nach deutschem Recht nicht möglich, so dass eine Wirkung zu seinen Lasten abzulehnen ist. Zu bedenken ist jedoch, dass der Geschädigte der Vereinbarung zustimmen kann[1243].

d. Der Vertreter, der ohne Vertretungsmacht hinsichtlich des materiellen Vertrages gehandelt hat, ist ebenfalls nicht an eine Gerichtsstandsvereinbarung gebunden. Eine Wirkung ihm gegenüber als Partei ist abzulehnen. Ebenso muss eine Wirkung zu Lasten des Vertreters als Drittem ausscheiden. Der Grund dafür liegt darin, dass es sich bei der Verpflichtung gemäß § 179 BGB um eine gesetzlich begründete Pflicht handelt, bezüglich der eine Gestaltung durch die Parteien nicht möglich ist. Folglich kommt eine Drittwirkung lediglich aufgrund einer Zustimmung des Dritten zu der Gerichtsstandsvereinbarung entsprechend Art. 17 Abs. 1 EuGVÜ/LugÜ bzw. Art. 23 Abs. 1, 2 EuGVO in Betracht, was jedoch selten der Fall sein wird[1244].

e. Problematisch erscheint auch die Wirkung zu Lasten des Empfängers eines Konnossements, das eine Gerichtsstandsklausel enthält. Handelt es sich um ein Orderkonnossement, das den Empfänger nicht im Konnossement benennt, so entfaltet die Gerichtsstandsklausel Wirkung zu Lasten des Empfängers, da – betrachtet man die Interessenlage – aufgrund der Indossierung nach deutschem Recht, der Anspruch auf Auslieferung der Waren auf den Empfänger als Dritten grundsätzlich so übergeht, wie er bei dem Vorgänger bestand. Auch wenn der Dritte als Empfänger in dem Konnossement benannt wird, entfaltet die in diesem enthaltene Gerichtsstandsklausel Wirkung zu seinen Lasten. Dies geht jedoch auf die Überlegung zurück, dass der Begebungsvertrag einen Vertrag zu Gunsten des berechtigten Empfängers darstellt. Der Auslieferungsanspruch beruht somit auf der Vereinbarung der Parteien, die diesen nach dem anwendbaren deutschen Recht beschränken können. Der in dem Konnossement benannte Empfänger erwirbt folglich keine reine Belastung, sondern ein beschränktes Recht. Gleiches gilt, soweit der Dritte als Empfänger in einem Rektakonnossement benannt ist. Aber auch wenn der Dritte nicht als Empfänger in einem Rektakonnossement benannt ist, muss die in diesem enthaltene Gerichtsstandsklausel zu seinen Lasten wirken. Den Auslieferungsanspruch erwirbt der Dritte in diesen Fällen nach dem zur Anwendung berufenen deutschen Recht durch Abtretung. Die Interessenlage gestaltet sich so, dass der Fortbestand der Identität der Forderung in den Vordergrund tritt und daher die die Forderung gestaltende Gerichtsstandsklausel den Dritten bindet.

1242 Vgl. 3. Teil B.

1243 Vgl. oben 3. Teil C.

1244 Zu all dem 3. Teil D.

Möglich ist jedoch in all diesen Konstellationen ein gutgläubiger „lastenfreier" Erwerb, soweit die Gerichtsstandsklausel nicht in dem Konnossement vermerkt ist. Darüber hinaus ist darauf hinzuweisen, dass die Drittwirkung einer in einem Konnossement enthaltenen Gerichtsstandsklausel auch aufgrund einer Zustimmung des Dritten zu dieser entsprechend Art. 17 Abs. 1 EuGVÜ/LugÜ bzw. Art. 23 Abs. 1, 2 EuGVO möglich ist. Dabei fällt insbesondere eine Anwendung der Variante lit. c ins Auge[1245].

e. Abschließend wurde in dieser Arbeit auch die Drittwirkung einer Gerichtsstandsklausel in einer Satzung einer Gesellschaft untersucht. Der „hinzukommende" Gesellschafter, der die Mitgliedschaft nach dem anwendbaren deutschen Recht durch Rechtsnachfolge erwirbt, ist an die Gerichtsstandsklausel gebunden ist, da bei Betrachtung der Interessen der Grundsatz vom Fortbestand der Identität des Rechts Anwendung findet. Erwirbt der „hinzukommende" Gesellschafter die Mitgliedschaft durch nachträglichen Beitritt oder handelt es sich um einen „nicht-zustimmenden" Gesellschafter, so ist die Beantwortung der Frage nach der Drittwirkung komplizierter. In den letzten beiden Fällen ist eine solche nicht geboten. Möglich ist zwar die Zustimmung des Dritten zu der Gerichtsstandsklausel entsprechend Art. 17 Abs. 1 EuGVÜ/LugÜ bzw. Art. 23 Abs. 1, 2 EuGVO. Allerdings erscheint eine solche lediglich im Hinblick auf den beitretenden Gesellschafter als wahrscheinlich, jedoch insbesondere nicht bezüglich des Gesellschafters, der der Klausel widersprochen hat. Während die Gerichtsstandsklausel somit gegenüber einem Teil der Gesellschafter Wirkung entfaltet, bleibt sie anderen gegenüber wirkungslos. Dies widerspricht der Praktikabilität sowie der Vorhersehbarkeit der Zuständigkeit und kann als Ergebnis nicht hingenommen werden. Die Lösung dieser Problematik ergibt sich aus einer entsprechenden Anwendung des Art. 17 Abs. 2 EuGVÜ/LugÜ bzw. Art. 23 Abs. 4 EuGVO, so dass sich alle Rechtsstreitigkeiten im Innenverhältnis nach der in der Satzung bestimmten Zuständigkeit richten[1246].

Der Dritte ist nicht Partei der Gerichtsstandsvereinbarung. Dennoch sollen ihn nach dem Willen der Parteien die Wirkungen treffen. Dass dies nicht unbegrenzt der Fall sein darf, erscheint augenfällig. Er muss vor aufgedrängten Wirkungen einer solchen Vereinbarung geschützt werden. Wieweit der Schutz des Dritten reicht, hängt von der Bewertung der Interessenlage ab. Es bleibt zu hoffen, dass der EuGH zukünftig die grundsätzliche Bedeutung des übereinkommens- bzw. gemeinschaftsautonomen Rechts im Hinblick auf die Frage der Drittwirkung betont.

1245 Dazu oben 3. Teil E.

1246 Vgl. 3. Teil F.

Anhang I

Zollabkommen über den internationalen Warentransport mit Carnets TIR (TIR-Abkommen)
Abgeschlossen in Genf am 15. Januar 1959

Art. 1 Im Sinne dieses Abkommens bedeutet der Begriff

a. „Eingangs- und Ausgangsabgaben“ nicht nur die Zölle, sondern auch alle anderen aus Anlass der Ein- oder Ausfuhr zu erhebenden Abgaben;
b. „Straßenfahrzeuge“ nicht nur alle Straßenmotorfahrzeuge, sondern auch alle Anhänger und Sattelanhänger, die dazu bestimmt sind, von derartigen Fahrzeugen gezogen zu werden;
c. „Behälter“ ein Beförderungsmittel (Möbeltransportbehälter, abnehmbarer Tank oder ein anderes ähnliches Gerät), das
(i) von dauerhafter Beschaffenheit und daher genügend widerstandsfähig ist, um wiederholt verwendet werden zu können,
(ii) besonders dafür gebaut ist, um die Beförderung von Waren durch ein oder mehrere Verkehrsmittel ohne Umladung des Inhalts zu erleichtern,
(iii) mit Vorrichtungen versehen ist, die seine leichte Handhabung ermöglichen, insbesondere bei Umladung von einem Verkehrsmittel auf ein anderes,
(iv) so beschaffen ist, dass es leicht beladen und entladen werden kann, und
(v) einen Rauminhalt von mindestens einem Kubikmeter hat;
der Begriff „Behälter“ schließt weder gewöhnliche Umschließungen noch Fahrzeuge ein;
d. „Abgangszollamt“ dasjenige Binnen- oder Grenzzollamt einer Vertragspartei, bei dem der internationale Transport mit Straßenfahrzeugen nach dem in diesem Abkommen vorgesehenen Verfahren für die Gesamtladung oder eine Teilladung beginnt;
e. „Bestimmungszollamt“ dasjenige Binnen- oder Grenzzollamt einer Vertragspartei, bei dem der internationale Transport mit Straßenfahrzeugen nach dem in diesem Abkommen vorgesehenen Verfahren für die Gesamtladung oder eine Teilladung endet;
f. „Durchgangszollamt“ dasjenige Grenzzollamt einer Vertragspartei, das von einem Straßenfahrzeug während eines nach diesem Abkommen vorgesehenen internationalen Transportes nur auf der Durchfahrt berührt wird;
g. „Personen“ sowohl natürliche als auch juristische Personen;
h. „außergewöhnlich schwere oder sperrige Waren“ alle Gegenstände, die nach Ansicht des Abgangszollamtes nicht ohne weiteres für den Transport auseinander genommen werden können und
(i)deren Gewicht 7000 kg übersteigt oder
(ii)bei denen eine Dimension 5 m übersteigt oder
(iii)bei denen zwei Dimensionen 2 m übersteigen oder
(iv)die so verladen werden müssen, dass ihre Höhe 2 m übersteigt.

Art. 2 Dieses Abkommen gilt für Warentransporte, bei denen die Waren ohne Umladung über eine oder mehrere Grenzen von einem Abgangszollamt einer Vertragspartei bis zu einem Bestimmungszollamt einer anderen oder derselben Vertragspartei in Straßenfahrzeugen oder in Behältern, die auf solche Fahrzeuge verladen sind, befördert werden, auch wenn diese Fahrzeuge auf einem Teil der Strecke zwischen Abgangs- und Bestimmungszollamt auf einem anderen Verkehrsmittel befördert werden.

Art. 3 Voraussetzung für die Anwendung dieses Abkommens ist,

a. dass der Warentransport nach den in Kapitel III festgelegten Bedingungen mit Straßenfahrzeugen oder Behältern durchgeführt wird, die vorher dafür zugelassen worden sind; macht eine Vertragspartei den in Artikel 45 Absatz 1 vorgesehenen Vorbehalt nicht, so kann der Warentransport auch mit anderen Straßenfahrzeugen auf ihrem Gebiet nach den in Kapitel IV festgelegten Bedingungen durchgeführt werden, soweit es sich nicht um Fälle des Artikels 45 Absatz 2 handelt,

b. dass für den Warentransport eine Bürgschaft von Verbänden geleistet wird, die nach Artikel 5 zugelassen worden sind, und der Transport mit einem als Carnet TIR bezeichneten Zollpapier durchgeführt wird.

Art. 4 Für Waren, die unter Zollverschluss in Straßenfahrzeugen oder Behältern auf Straßenfahrzeugen befördert werden, wird, sofern die Vorschriften dieses Kapitels sowie des Kapitels V beachtet werden,

a. Entrichtung oder Hinterlegung von Eingangs- oder Ausgangsabgaben bei den Durchgangszollämtern nicht gefordert;

b. eine Revision bei diesen Zollämtern grundsätzlich nicht vorgenommen.

Um Missbräuche zu verhindern, können die Zollbehörden jedoch in Ausnahmefällen und insbesondere, wenn der Verdacht einer Unregelmäßigkeit besteht, bei den Durchgangszollämtern eine summarische oder eingehende Revision der Waren vornehmen.

Art. 5 [1]Jede Vertragspartei kann gegen Sicherheit und unter Bedingungen, die sie festsetzt, Verbänden die Bewilligung erteilen, entweder selbst oder durch die mit ihnen in Verbindung stehenden Verbände Carnets TIR auszugeben und als Zollbürgen aufzutreten.

[2]Ein Verband wird in einem Land nur zugelassen, wenn seine Bürgschaft sich auch auf die in diesem Lande entstehenden Verbindlichkeiten aus Warentransporten mit Carnets TIR erstreckt, die von ausländischen Verbänden ausgegeben worden sind, die derselben internationalen Organisation wie der bürgende Verband angehören.

Art. 6 [1]Der bürgende Verband hat sich zu verpflichten, die fälligen Eingangs- oder Ausgangsabgaben zuzüglich etwaiger Verzugszinsen und anderer Belastungen sowie die Geldstrafen zu entrichten, die der Carnet-TIR-Inhaber und die an der Durchführung des Transportes beteiligten Personen nach den Zollgesetzen und anderen Zollvorschriften des Landes schulden, in dem eine Zuwiderhandlung begangen worden ist. Der bürgende Verband haftet mit den Personen, die die vorgenannten Beträge schulden, solidarisch für die Entrichtung dieser Beträge.

²Die Haftung des bürgenden Verbandes wird dadurch nicht ausgeschlossen, dass die Zollbehörden die Revision der Waren außerhalb des Amtsplatzes der Abgangs- oder Bestimmungszollämter zulassen.
³Die Haftung des bürgenden Verbandes gegenüber den Behörden eines Landes beginnt erst, wenn das Carnet TIR von den Zollbehörden dieses Landes angenommen worden ist.
⁴Die Haftung des bürgenden Verbandes erstreckt sich nicht nur auf die im Carnet TIR angeführten Waren, sondern auch auf Waren, die zwar im Carnet TIR nicht angeführt sind, sich aber unter Zollverschluss in einem Teil des Fahrzeuges oder in einem Behälter befinden; sie erstreckt sich nicht auf andere Waren.
⁵Die im Carnet TIR über die Waren enthaltenen Angaben gelten für die Festsetzung der im Absatz 1 genannten Abgaben und etwaiger Geldstrafen bis zum Beweise des Gegenteils als richtig.
⁶Haben die Zollbehörden eines Landes ein Carnet TIR ohne Vorbehalt erledigt, so können sie vom bürgenden Verband die Entrichtung der in Absatz 1 genannten Beträge nicht mehr verlangen, es sei denn, dass die Erledigungsbescheinigung missbräuchlich oder betrügerisch erwirkt worden ist.
⁷Ist ein Carnet TIR nicht oder unter Vorbehalt erledigt worden, so können die zuständigen Behörden vom bürgenden Verband die Entrichtung der in Absatz 1 genannten Beträge nur verlangen, wenn sie dem bürgenden Verband innerhalb eines Jahres nach der Annahme des Carnet TIR die Nichterledigung oder die Erledigung unter Vorbehalt mitgeteilt haben. Die gleiche gilt, wenn die Erledigungsbescheinigung missbräuchlich oder betrügerisch erwirkt worden ist, jedoch beträgt in diesen Fällen die Frist zwei Jahre.
⁸Die Aufforderung zur Entrichtung der in Absatz 1 genannten Beträge ist an den bürgenden Verband innerhalb von drei Jahren zu richten, und zwar gerechnet vom Tage der Mitteilung an den Verband, dass das Carnet nicht oder nur unter Vorbehalt erledigt oder die Erledigungsbescheinigung missbräuchlich oder betrügerisch erwirkt worden ist. Ist jedoch innerhalb der genannten Frist von drei Jahren die Sache zum Gegenstand eines gerichtlichen Verfahrens gemacht worden, so muss die Zahlungsaufforderung binnen einem Jahr nach dem Tag ergehen, an dem die gerichtliche Entscheidung rechtskräftig geworden ist.
⁹Der bürgende Verband hat die geforderten Beträge binnen drei Monaten nach dem Tage der Zahlungsaufforderung zu entrichten. Die entrichteten Beträge werden dem bürgenden Verband erstattet, wenn innerhalb von zwölf Monaten nach dem Tage der Zahlungsaufforderung ein die Zollbehörden zufrieden stellender Nachweis erbracht worden ist, dass bei dem betreffenden Transport eine Unregelmäßigkeit nicht begangen wurde.

Art. 30 Carnet-TIR-Formulare, die den bürgenden Verbänden von den mit ihnen in Verbindung stehenden ausländischen Verbänden oder von internationalen Organisationen zugesandt werden, sind von Eingangsabgaben sowie von Einfuhrverboten und Einfuhrbeschränkungen befreit.

Art. 36 Wer gegen die Bestimmungen dieses Abkommen verstößt, kann nach den

Strafbestimmungen des Landes, in dem die Zuwiderhandlung begangen wurde, zur Verantwortung gezogen werden.

Anhang II

Insolvency Act 1986

234. Getting in the company's property

(1) This section applies on the case of a where -

(a) an administration order is made in relation to the company, or

(b) an administrative receiver is appointed, or

(c) the company goes into liquidation, or

(d) a provisional liquidator is appointed;

and "the office-holder" means the administrator, the administrative receiver, the liquidator or the provisional liquidator, as the case may be.

(2) Where any person has in his possession or control any property, books, papers or records to which the company appears to be entitled, the court may require that person forthwith (or within such period as the court may direct) to pay, deliver, convey, surrender or transfer the property, books, papers or records to the office-holder.

(3) Where the office-holder -

(a) seizes or disposes of any property which is not property of the company, and

(b) at the time of seizure or disposal believes, and has reasonable grounds for believing, that he is entitled (whether in pursuance of an order of the court or otherwise) to seize or dispose of that property,

the next subsection has effect.

(4) In that case the office-holder -

(a) is not liable to any person in respect of any loss or damage resulting from the seizure or disposal except in so far as that loss or damage is caused by the office-holder's own negligence, and

(b) has a lien on the property, or the proceeds of its sale, for such expenses as were incurred in connection with the seizure or disposal.

Law of Property Act 1925

136. (1) Any absolute assignment by writhing under the hand of the assignor (not purporting to be by way of charge only) of any debt or other legal thing of action, of which express notice in writing has been given to the debtor, trustee or other person from whom the assignor would have been entitled to claim such debt or thing in action, is effectual in law (subject to equities having priority over the right of the assignee) to pass and transfer from the date of such notice -

(a) the legal right to such debt or thing in action;

(b) all legal and other remedies for the same; and

(c) the power to give a good discharge for the same without the concurrence of the assignor:

Provided that, if the debtor, trustee or other person liable in respect of such debt or thing in action has notice –

(a) that the assignment is disputed by the assignor or any person claiming under him; or
(b) of any other opposing or conflicting claims to such debt or thing in action;
he may, if he thinks fit, either call upon the persons making claim thereto to interplead concerning the same, or pay the debt or other thing in action into court under the provisions of the Trustee Act 1925.
(2) This section does not affect the provisions of the Policies of Assurance Act 1867.

Contracts (Rights of Third Parties) Act 1999
An Act to make provision for the enforcement of contractual terms by third parties.
Be enacted by the Queen's most Excellent Majesty, by and with the advice and consent of the Lords Spiritual and Temporal, and Commons, in this present Parliament assembled, and by the authority of the same, as follows:
1. (1) Subject to the provisions of this Act, a person who is not a party to a contract (a "third party") may in his own right enforce a term of the contract if-
(a) the contract expressly provides that he may, or
(b) subject to subsection (2), the term purports to confer a benefit on him.
(2) Subsection (1)(b) does not apply if on a proper construction of the contract it appears that the parties did not intend the term to be enforceable by the third party.
(3) The third party must be expressly identified in the contract by name, as a member of a class or as answering a particular description but need not be in existence when the contract is entered into.
(4) This section does not confer a right on a third party to enforce a term of a contract otherwise than subject to and in accordance with any other relevant terms of the contract.
(5) For the purpose of exercising his right to enforce a term of the contract, there shall be available to the third party any remedy that would have been available to him in an action for breach of contract if he had been a party to the contract (and the rules relating to damages, injunctions, specific performance and other relief shall apply accordingly).
(6) Where a term of a contract excludes or limits liability in relation to any matter references in this Act to the third party enforcing the term shall be construed as references to his availing himself of the exclusion or limitation.
(7) In this Act, in relation to a term of a contract which is enforceable by a third party-
"the promisor" means the party to the contract against whom the term is enforceable by the third party, and
"the promisee" means the party to the contract by whom the term is enforceable against the promisor.

2. (1) Subject to the provisions of this section, where a third party has a right under section 1 to enforce a term of the contract, the parties to the contract may not, by agreement, rescind the contract, or vary it in such a way as to extinguish or alter his entitlement under that right, without his consent if-
(a) the third party has communicated his assent to the term to the promisor,
(b) the promisor is aware that the third party has relied on the term, or
(c) the promisor can reasonably be expected to have foreseen that the third party would rely on the term and the third party has in fact relied on it.
(2) The assent referred to in subsection (1)(a)-
(a) may be by words or conduct, and
(b) if sent to the promisor by post or other means, shall not be regarded as communicated to the promisor until received by him.
(3) Subsection (1) is subject to any express term of the contract under which-
(a) the parties to the contract may by agreement rescind or vary the contract without the consent of the third party, or
(b) the consent of the third party is required in circumstances specified in the contract instead of those set out in subsection (1)(a) to (c).
(4) Where the consent of a third party is required under subsection (1) or (3), the court or arbitral tribunal may, on the application of the parties to the contract, dispense with his consent if satisfied-
(a) that his consent cannot be obtained because his whereabouts cannot reasonably be ascertained, or
(b) that he is mentally incapable of giving his consent.
(5) The court or arbitral tribunal may, on the application of the parties to a contract, dispense with any consent that may be required under subsection (1)(c) if satisfied that it cannot reasonably be ascertained whether or not the third party has in fact relied on the term.
(6) If the court or arbitral tribunal dispenses with a third party's consent, it may impose such conditions as it thinks fit, including a condition requiring the payment of compensation to the third party.
(7) The jurisdiction conferred on the court by subsections (4) to (6) is exercisable by both the High Court and a county court.

3. (1) Subsections (2) to (5) apply where, in reliance on section 1, proceedings for the enforcement of a term of a contract are brought by a third party.
(2) The promisor shall have available to him by way of defence or set-off any matter that-
(a) arises from or in connection with the contract and is relevant to the term, and
(b) would have been available to him by way of defence or set-off if the proceedings had been brought by the promisee.
(3) The promisor shall also have available to him by way of defence or set-off any matter if-
(a) an express term of the contract provides for it to be available to him in proceedings brought by the third party, and

(b) it would have been available to him by way of defence or set-off if the proceedings had been brought by the promisee.
(4) The promisor shall also have available to him-
(a) by way of defence or set-off any matter, and
(b) by way of counterclaim any matter not arising from the contract,
that would have been available to him by way of defence or set-off or, as the case may be, by way of counterclaim against the third party if the third party had been a party to the contract.
(5) Subsections (2) and (4) are subject to any express term of the contract as to the matters that are not to be available to the promisor by way of defence, set-off or counterclaim.
(6) Where in any proceedings brought against him a third party seeks in reliance on section 1 to enforce a term of a contract (including, in particular, a term purporting to exclude or limit liability), he may not do so if he could not have done so (whether by reason of any particular circumstances relating to him or otherwise) had he been a party to the contract.

8. (1) Where-
(a) a right under section 1 to enforce a term ("the substantive term") is subject to a term providing for the submission of disputes to arbitration ("the arbitration agreement"), and
(b) the arbitration agreement is an agreement in writing for the purposes of Part I of the Arbitration Act 1996,
the third party shall be treated for the purposes of that Act as a party to the arbitration agreement as regards disputes between himself and the promisor relating to the enforcement of the substantive term by the third party.
(2) Where-
(a) a third party has a right under section 1 to enforce a term providing for one or more descriptions of dispute between the third party and the promisor to be submitted to arbitration ("the arbitration agreement"),
(b) the arbitration agreement is an agreement in writing for the purposes of Part I of the Arbitration Act 1996, and
(c) the third party does not fall to be treated under subsection (1) as a party to the arbitration agreement,
the third party shall, if he exercises the right, be treated for the purposes of that Act as a party to the arbitration agreement in relation to the matter with respect to which the right is exercised, and be treated as having been so immediately before the exercise of the right.

Arbitration Act

8. (1) Unless otherwise agreed by the parties, an arbitration agreement is not discharged by the death of a party and may be enforced by or against the personal representatives of that party.
(2) Subsection (1) does not affect the operation of any enactment or rule of law by virtue of which a substantive right or obligation is extinguished by death.

82. (1) In this Part-
"arbitrator", unless the context otherwise requires, includes an umpire;
"available arbitral process", in relation to any matter, includes any process of appeal to or review by an arbitral or other institution or person vested by the parties with powers in relation to that matter;
"claimant", unless the context otherwise requires, includes a counterclaimant, and related expressions shall be construed accordingly;
"dispute" includes any difference;
"enactment" includes an enactment contained in Northern Ireland legislation;
"legal proceedings" means civil proceedings in the High Court or a county court;
"peremptory order" means an order made under section 41(5) or made in exercise of any corresponding power conferred by the parties;
"premises" includes land, buildings, moveable structures, vehicles, vessels, aircraft and hovercraft;
"question of law" means-
(a) for a court in England and Wales, a question of the law of England and Wales, and
(b) for a court in Northern Ireland, a question of the law of Northern Ireland;
"substantive jurisdiction", in relation to an arbitral tribunal, refers to the matters specified in section 30(1)(a) to (c), and references to the tribunal exceeding its substantive jurisdiction shall be construed accordingly.
(2) References in this Part to a party to an arbitration agreement include any person claiming under or through a party to the agreement.

Anhang III

Civil Jurisdiction an Judgments Act 1982

2. (1) The Conventions shall have the force of law in the United Kingdom, and judicial notice shall be taken of them.

(2) For convenience of reference there are set out in Schedules 1, 2 and 3 respectively the English texts of –

(a) The 1968 Convention as amended by Titles II and III of the Accession Convention;

(b) the 1971 Protocol as amended by Title IV of the Accession Convention; and

(c) Titles V and VI of the Accession Convention (transitional and final provisions),

being texts prepared from the authentic English texts referred to in Articles 37 and 41 of the Accession Convention.

The application of the force of law to the Convention is to be read in conjunction with section 3 (below).

Use of the word "convenience" in sub-section (2) serves to point out that the texts of the Conventions are equally authentic in all languages (see Article 68 of the Convention, Article 14 of the 1971 Protocol (Schedule 2 to the Act) and Article 37 of the Accession Convention (Schedule 3 to the Act)).

Anhang IV

Nouveau Code de Procédure Civil

Art. 42 La juridiction territorialement compétente est, sauf disposition contraire, celle du lieu où demeure le défendeur.
S'il y a plusieurs défendeurs, le demandeur saisit, à son choix, la juridiction du lieu où demeure l'un d'eux.
Si le défendeur n'a ni domicile ni résidence connus, le demandeur peut saisir la juridiction du lieu où il demeure ou celle de son choix s'il demeure à l'étranger.

Art. 48 Toute clause qui, directement ou indirectement, déroge aux règles de compétence territoriale est réputée non écrit à moins qu`elle n´ait été convenue entre des personnes ayant toutes contracté en qualité de commerçant et qu´elle n´ait été spécifiée de façon très apparente dans l´engagement de la partie à qui elle est opposée.

Code Civil

Art. 14 L´étranger, même non résidant en France, pourra être cité devant les tribunaux français, pour l´exécution des obligations par lui contractées en France avec un Français; il pourra être traduit devant les tribunaux de France, pour les obligations par lui contractées en pays étranger envers des Français.

Art. 724 Les héritiers légitimes, les héritiers naturels et le conjoint survivant sont saisis de plein droit des biens, droit et actions du défunt, sous l´obligation d´acquitter toutes les charges de la succession. L´État doit se faire envoyer en possession.

Art. 732 La loi ne considère ni la nature ni l´origine des biens pour en régler la succession.

Art. 1119 On ne peut, en général, s´engager, ni stipuler en son propre nom, que pour soi-même.

Art. 1120 Néanmoins on peut se porter fort pour un tiers, en promettant le fait de celui-ci; sauf l´indemnité contre celui qui sést porté fort ou qui a promis de faire ratifier, si le tiers refuse de tenir l´engagement.

Art. 1121 On peut pareillement stipuler au profit d´un tiers, lorsque telle est la condition d´une stipulation que l´on fait pour soi-même ou d´une donation que l´on fait à un autre. Celui qui a fait cette stipulation ne peut plus la révoquer, si le tiers a déclaré vouloir en profiter.

Art. 1122 On est censé avoir stipulé pour soi et pour ses héritiers et ayants cause à moins que le contraire ne soit exprimé ou ne résulte de la nature de la convention.

Art. 1134 Les conventions légalement formées tiennent lieu de loi à ceux qui les ont faites. Elles ne peuvent être révoquées que de leur consentement mutuel, ou pour les causes que la loi autorise. Elles doivent être exécutées de bonne foi.

Art. 1165 Les conventions n´ont d´effet qu´entre les parties contractantes; elles ne nuisent point au tiers, et elles ne lui profitent que dans le cas prévu par l´article 1121.

Art. 1249 La subrogation dans les droits du créancier au profit d´une tierce personne qui le paye, est ou conventionnelle ou légale.

Art. 1250 Cette subrogation est conventionnelle: 1 Lorsque le créancier recevant son payement d´une tierce personne le subroge dans ses droits, actions, privilèges ou hypothèques contre le débiteur: cette subrogation doit être expresse et faite en même temps que le payement; 2 Lorsque le débiteur emprunte une somme à l´effet de payer sa dette, et de subroger le prêteur dans les droits du créancier. Il faut, pour que cette subrogation soit valable, que l´acte d´emprunt et la quittance soient passés devant notaires; que dans l´acte d´emprunt il soit déclaré que la comme a été empruntée pour faire le payement, et que dans la quittance il soit déclaré que le payement a été fait des deniers fournis à cet effet par le nouveau créancier. Cette subrogation s´opère sans le concours de la volonté du créancier.

Art. 1251 La subrogation a lieu de plein droit: 1 Au profit de celui qui étant lui-même créancier, paye un autre créancier qui lui est préférable à raison de ses privilèges ou hypothèques; 2 Au profit de l´acquéreur d´un immeuble, qui emploie le prix de son acquisition au payement des créanciers auxquels cet héritage était hypothéqué; 3 Au profit de celui qui, étant tenu avec d´autres ou pour d´autres au payement de la dette, avait intérêt de l´acquitter; 4 Au profit de l´héritier bénéficiaire qui a payé de ses deniers les dettes de la succession.

Art. 1252 La subrogation établie par les articles précédents a lieu tant contre les cautions que contre les débiteurs: elle ne peut nuire au créancier lorsqu´il n´a été payé qu´en partie; en ce cas, il peut exercer ses droits, pour ce qui lui reste dû, par préférence à celui dont il n´a reçu qu´un payement partiel.

Art. 1271 La novation s´opère de trois manières: 1 Lorsque le débiteur contracte envers son créancier une nouvelle dette qui est substituée à l´ancienne, laquelle est éteinte; 2 Lorsqu´un nouveau débiteur est substitué à l´ancien qui est déchargé par le créancier; 3 Lorsque, par l´effet d´un nouvel engagement, un nouveau créancier est substitué à l´ancien, envers lequel le débiteur se trouve déchargé.

Art. 1272 La novation ne peut s´opérer qu´entre personnes capables de contracter.

Art. 1273 La novation ne se présume point; il faut que la volonté de l´opérer résulte clairement de l´acte.

Art. 1274 La novation par la substitution d´un nouveau débiteur peut s´opérer sans le concours du premier débiteur.

Art. 1275 La délégation par laquelle un débiteur donne au créancier un autre débiteur qui s´oblige envers le créancier, n´opère point de novation, si le créancier n´a expressément déclaré qu´il entendait décharger son débiteur qui a fait la délégation.

Art. 1276 Le créancier qui a déchargé le débiteur par qui a été faite la délégation, n´a point de recours contre ce débiteur, si le délégué devient insolvable, à moins que l´acte n´en contienne une réserve expresse, ou que le délégué ne fût déjà en faillite ouverte, ou tombé en déconfiture au moment de la délégation.

Art. 1277 La simple indication faite, par le débiteur, d´une personne qui doit payer à sa place, n´opère point novation. Il en est de même de la simple indication faite, par le créancier, d´une personne qui doit recevoir pour lui.

Art. 1278 Les privilèges et hypothèques de l´ancienne créance ne passent point à celle qui lui est substituée, à moins que le créancier ne les ait expressément réservés.

Art. 1279 Lorsque la novation s´opère par la substitution d´un nouveau débiteur, les privilèges et hypothèques primitifs de la créance ne peuvent point passer sur les biens du nouveau débiteur.

Art. 1280 Lorsque la novation s´opère entre le créancier et l´un des débiteurs solidaires, les privilèges et hypothèques de l´ancienne créance ne peuvent être réservés que sur les biens de celui qui contracte la nouvelle dette.

Art. 1281 Par la novation faite entre le créancier et l´un des débiteurs solidaires, les codébiteurs sont libérés. La novation opérée à l´égard du débiteur principal libère les cautions. Néanmoins, si le créancier a exigé, dans le premier cas, l´accession des codébiteurs, ou, dans le second, celle des cautions, l´ancienne créance subsiste, si les codébiteurs ou les cautions refusent d´accéder au nouvel arrangement.

Art. 1689 Dans le transport d´une créance, d´un droit ou d´une action sur un tiers, la délivrance s´opère entre le cédant et le cessionnaire par la remise du titre.

Art. 1690 Le cessionnaire n´est saisi à l´égard des tiers que par la signification du transport faite au débiteur. Néanmoins le cessionnaire peut être également saisi par l´acceptation du transport faite par le débiteur dans un acte authentique.

Art. 1691 Si, avant que le cédant ou le cessionnaire eût signifié le transport au débiteur, celui-ci avait payé le cédant, il sera valablement libéré.

Art. 1692 La vente ou cession d´une créance comprend les accessoires de la créance, tels que caution, privilège et hypothèque.

Art. 1693 Celui qui vend une créance ou autre droit incorporel, doit en garantir l´existence au temps du transport, quoiqu´il soit fait sans garantie.

Art. 1694 Il ne répond de la solvabilité du débiteur que lorsqu´il s´y est engagé, et jusqu´à concurrence seulement du prix qu´il a retiré de la créance.

Art. 1695 Lorsqu´il a promis la garantie de la solvabilité du débiteur, cette promesse ne s´entend que de la solvabilité actuelle, et ne s´étend pas au temps à venir, si le cédant ne l´a expressément stipulé.

Anhang V

Gesetz vom 1. August 1895 über die Ausübung der Gerichtsbarkeit und die Zuständigkeit der ordentlichen Gerichte in bürgerlichen Rechtssachen (Jurisdiktionsnorm)

104 JN (1) Die Parteien können sich durch ausdrückliche Vereinbarung unterwerfen: 1. der inländischen Gerichtsbarkeit; 2. einem oder mehreren Gerichten erster Instanz namentlich angeführter Orte.
Die Vereinbarung muss urkundlich nachgewiesen werden; eine sonstige Voraussetzung muss nicht erfüllt sein.
(2) Die Vereinbarung hat nur dann rechtliche Wirkung, wenn sie sich auf einen bestimmten Rechtsstreit oder auf die aus einem bestimmten Rechtsverhältnisse entspringenden Rechtsstreitigkeiten bezieht. Jedoch können Angelegenheiten, welche dem Wirkungskreise der ordentlichen Gerichte überhaupt entzogen sind, durch solche Vereinbarungen nicht vor diese Gerichte, Rechtssachen, welche vor ein Bezirksgericht gehören, nicht vor einen Gerichtshof erster Instanz und ausschließlich den Gerichtshöfen erster Instanz zugewiesene Streitigkeiten nicht vor ein Bezirksgericht gebracht werden.
(3) Ein an sich auf Grund des Fehlens der inländischen Gerichtsbarkeit oder der sachlichen oder örtlichen Zuständigkeit unzuständiges Gericht wird auch dadurch zuständig, dass der Beklagte zur Sache vorbringt (§ 74 ZPO) oder mündlich verhandelt, ohne die Einrede des Fehlens der inländischen Gerichtsbarkeit oder der sachlichen oder örtlichen Zuständigkeit zu erheben, sofern er dabei durch einen Rechtsanwalt oder einen Notar vertreten ist oder sofern er vorher durch den Richter über die Möglichkeit einer derartigen Einrede und deren Wirkung belehrt und diese Belehrung im Verhandlungsprotokoll beurkundet worden ist.
(4) In Rechtssachen nach den §§ 81, 83, 83 b und 92 b kann die inländische Gerichtsbarkeit nach den Abs. 1 oder 3 nicht begründet werden.
(5) Die Abs. 1 bis 4 sind insoweit zur Gänze oder zum Teil nicht anzuwenden, als nach dem Völkerrecht oder besonderen gesetzlichen Anordnungen ausdrücklich anderes bestimmt ist.

Allgemeines Bürgerliches Gesetzbuch

§ 531 Der Inbegriff der Rechte und Verbindlichkeiten eines Verstorbenen, insofern sie nicht in bloß persönlichen Verhältnissen gegründet sind, heißt desselben Verlassenschaft oder Nachlass.

§ 532 Das ausschließliche Recht, die ganze Verlassenschaft, oder einen in Beziehung auf das Ganze bestimmten Teil (derselben (z.B. die Hälfte, ein Dritteil) in Besitz zu nehmen, heißt Erbrecht. Es ist ein dingliches Recht, welches gegen einen jeden, der sich der Verlassenschaft anmaßen will, wirksam ist. Derjenige, dem das Erbrecht gebührt, wird Erbe, und die Verlassenschaft, in Beziehung auf den Erben, Erbschaft genannt.

§ 533 Das Erbrecht gründet sich auf den nach gesetzlicher Vorschrift erklärten Willen des Erblassers; auf einen nach dem Gesetze zulässigen Erbvertrag (§ 602), oder auf das Gesetz.

§ 547 Der Erbe stellt, sobald er die Erbschaft angenommen hat, in Rücksicht auf dieselbe den Erblasser vor. Beide werden in Beziehung auf einen Dritten für eine Person gehalten. Vor der Annahme des Erben wird die Verlassenschaft so betrachtet, als wenn sie noch von dem Verstorbenen besessen würde.

§ 548 Verbindlichkeiten, die der Erblasser aus seinem Vermögen zu leisten gehabt hätte, übernimmt sein Erbe. Die von dem Gesetz verhängten Geldstrafen, wozu der Verstorbene noch nicht verurteilt war, gehen nicht auf den Erben über.

§ 797 Niemand darf eine Erbschaft eigenmächtig in Besitz nehmen. Das Erbrecht muss vor Gericht verhandelt und von demselben die Einantwortung des Nachlasses, das ist, die Übergabe in den rechtlichen Besitz, bewirkt werden.

§ 881 (1) Hat sich jemand eine Leistung an einen Dritten versprechen lassen, so kann er fordern, dass an den Dritten geleistet werde.

(2) Ob und in welchem Zeitpunkt auch der Dritte unmittelbar das Recht erwirbt, vom Versprechenden Erfüllung zu fordern, ist aus der Vereinbarung und der Natur und dem Zwecke des Vertrages zu beurteilen. Im Zweifel erwirbt der Dritte dieses Recht, wenn die Leistung hauptsächlich ihm zum Vorteile gereichen soll.

(3) Das Recht auf die bei einer Gutsabtretung vom Übernehmer zugunsten eines Dritten versprochenen Leistungen gilt mangels anderer Vereinbarung dem Dritten als mit der Übergabe des Gutes erworben.

§ 882	(1) Weist der Dritte das aus dem Vertrag erworbene Recht zurück, so gilt das Recht als nicht erworben. (2) Einwendungen aus dem Vertrage stehen dem Versprechenden auch gegen den Dritten zu.
§ 1392	Wenn eine Forderung von einer Person an die anderer übertragen, und von dieser angenommen wird; so entsteht die Umänderung des Rechtes mit Hinzukunft eines neuen Gläubigers. Eine solche Handlung heißt Abtretung (Zession), und kann mit oder ohne Entgelt geschlossen werden.
§ 1393	Alle veräußerlichen Rechte sind ein Gegenstand der Abtretung. Rechte, die der Person ankleben, folglich mit ihr erlöschen, können nicht abgetreten werden. Schuldscheine, die auf den Überbringer lauten, werden schon durch die Übergabe abgetreten, und bedürfen nebst dem Besitze keines anderen Beweises der Abtretung.
§ 1394	Die Rechte des Übernehmers sind mit den Rechten des Überträgers in Rücksicht auf die überlassene Forderung eben dieselben.
§ 1395	Durch den Abtretungsvertrag entsteht nur zwischen dem Überträger (Zedent) und dem Übernehmer der Forderung (Zessionar); nicht aber zwischen de letzten und dem übernommenen Schuldner (Zessus) eine neue Verbindlichkeit. Daher ist der Schuldner, solange ihm der Übernehmer nicht bekannt wird, berechtigt, den ersten Gläubiger zu bezahlen, oder sich sonst mit ihm abzufinden.
§ 1396	Dieses kann der Schuldner nicht mehr, sobald ihm der Übernehmer bekannt gemacht worden ist; allein es bleibt ihm das Recht, seine Einwendungen gegen die Forderung anzubringen. Hat er die Forderung gegen den rechtlichen Übernehmer für richtig erkannt; so ist er verbunden, denselben als seinen Gläubiger zu befriedigen.
§ 1397	Wer eine Forderung ohne Entgelt abtritt, also verschenkt, haftet nicht weiter für dieselbe. Kommt aber die Abtretung auf eine entgeltliche Art zustande; so haftetet der Überträger dem Übernehmer sowohl für die Richtigkeit, als für die Einbringlichkeit der Forderung, jedoch nie für mehr, als er von dem Übernehmer erhalten hat.
§ 1404	Wer einem Schuldner verspricht, die Leistung an dessen Gläubiger zu bewirken (Erfüllungsübernahme), haftet dem Schuldner dafür, dass der Gläubiger ihn nicht in Anspruch nehme. Dem Gläubiger erwächst daraus unmittelbar kein Recht.
§ 1405	Wer einem Schuldner erklärt, seine Schuld zu übernehmen (Schuldübernahme), tritt als Schuldner an dessen

Stelle, wenn der Gläubiger einwilligt. Bis diese Einwilligung erfolgt oder falls sie verweigert wird, haftet er wie bei Erfüllungsübernahme (§ 1404). Die Einwilligung des Gläubigers kann entweder dem Schuldner oder dem Übernehmer erklärt werden.

§ 1406 (1) Auch ohne Vereinbarung mit dem Schuldner kann ein Dritter durch Vertrag mit dem Gläubiger die Schuld übernehmen.

(2) Im Zweifel ist aber die dem Gläubiger erklärte Übernahme als Haftung neben dem bisherigen Schuldner, nicht an dessen Stelle zu verstehen.

§ 1407 (1) Die Verbindlichkeit des Übernehmers sind mit den Verbindlichkeiten des bisherigen Schuldners in Rücksicht auf die übernommene Schuld ebendieselben. Der Übernehmer kann dem Gläubiger die aus dem Rechtsverhältnis zwischen diesem und dem bisherigen Schuldner entspringenden Einwendungen entgegensetzen.

(2) Die Nebenrechte der Forderung werden durch den Schuldnerwechsel nicht berührt. Bürgen und von dritten Personen bestellte Pfänder haften jedoch nur dann fort, wenn der Bürge oder Verpfänder dem Schuldnerwechsel zugestimmt hat.

§ 1408 Übernimmt bei Veräußerung einer Liegenschaft der Erwerber ein auf ihr haftendes Pfandrecht, so ist dies im Zweifel als Schuldübernahme zu verstehen. Der Veräußerer kann, nach vollzogener Übertragung des Eigentums, den Gläubiger zur Annahme des neuen Schuldners an seiner Stelle schriftlich mit der Wirkung auffordern, dass die Einwilligung als erteilt gilt, wenn sie nicht binnen sechs Monaten versagt wird. Auf diese Wirkung muss in der Aufforderung ausdrücklich hingewiesen werden.

§ 1409 (1) Übernimmt jemand ein Vermögen oder ein Unternehmen, so ist er unbeschadet der fortdauernden Haftung des Veräußerers den Gläubigern aus den zum Vermögen oder Unternehmen gehörigen Schulden, die er bei der Übergabe kannte oder er an solchen Schulden schon so viel berichtigt hat, wie der Wert des übernommenen Vermögens oder Unternehmens beträgt.

(2) Ist jedoch ein naher Angehöriger des Veräußerers (§ 32 KO) der Übernehmer, so trifft ihn diese Verpflichtung, soweit er nicht beweiset, dass ihm die Schulden bei der Übergabe weder bekannt waren noch bekannt sein mussten.

(3) Entgegenstehende Vereinbarungen zwischen Veräußerer und Übernehmer zum Nachteile der Gläubiger sind diesen gegenüber unwirksam.

Anhang VI

UN-Übereinkommen über den Warentransport auf See vom 30.03.1978

2. 1. The provisions of this Convention are applicable to all contracts of carriage by sea between two different States, if:
the port of loading as provided for in the contract of carriage by sea is located in a Contracting State, or
the port of discharge as provided for in the contract of carriage by sea is located in a Contracting State, or
one of the optional ports of discharge provided for in the contract of carriage by sea is the actual port of discharge and such port is located in a Contracting State, or
the bill of lading or other document evidencing the contract of carriage by sea is issued in a Contracting State, or
the bill of lading or other document evidencing the contract of carriage by sea provides that the provisions of this Convention or the legislation of any State giving effect to them are to govern the contract.
2. The provisions of this Convention are applicable without regard to the nationality of the ship, the carrier, the actual carrier, the shipper, the consignee or any other interested person.
3. The provisions of this Convention are not applicable to charter-parties. However, where a bill of lading is issued pursuant to a charter-party, the provisions of the Convention apply to such a bill of lading if it governs the relation between the carrier and the holder of the bill of lading, not being the chartered.
4. If a contract provides for future carriage of goods in a series of shipments during an agreed period, the provisions of this Convention apply to each shipment. However, where a shipment is made under a charter-party, the provisions of paragraph 3 of this article apply.

21. 1. In judicial proceedings relating to carriage of goods under this Convention the plaintiff, at his option, may institute an action in a court which, according to the law of the State where the court is situated, is competent and within the jurisdiction of which is situated one of the following places:
the principal place of business or, in the absence thereof, the habitual residence of the defendant; or
the place where the contract was made provided that the defendant has there a place of business, branch or agency through which the contract was made; or
the port of loading or the port of discharge; or
any additional place designated for that purpose in the contract of carriage by sea.
2. (a) Notwithstanding the preceding provisions of this article, an action may be instituted in the courts of any port place in a Contracting State at which the carrying vessel or any other vessel of the same ownership may have been

arrested in accordance with applicable rules of the law of that State and of international law. However, in such a case, at the petition of the defendant, the claimant must remove the action, at this choice, to one of the jurisdiction referred to in paragraph 1 of this article for the determination of the claim, but before such removal the defendant must furnish security sufficient to ensure payment of any judgement that may subsequently be awarded to the claimant in the action.

(b) All questions relating to the sufficiency or otherwise of the security shall be determined by the court of the port or place of the arrest.

3. No judicial proceedings relating to carriage of goods under this Convention may be instituted in a place not specified in paragraph 1 or 2 of this article. The provisions of this paragraph do not constitute an obstacle to the jurisdiction of the Contracting States for provisional or protective measures.

4. (a) Where an action has been instituted in a court competent under paragraph 1 or 2 of this article or where judgement has been delivered by such a court, no new action may be started between the same parties on the same grounds unless the judgements of the court before which the first action was instituted;

(b) for the purpose of this article the institution of measures with a view. to obtaining enforcement of a judgement is not be considered as the starting of a new action;

(c) for the purpose of this article, the removal of an action to a different court within the same country, or to a court in an other country, in accordance with paragraph 2 (a) of this article, is not be considered as the starting of a new action.

5. Notwithstanding the provisions of the preceding paragraphs an agreement made by the parties, after a claim under the contract of carriage by sea has arisen, which designates the place where the claimant may institute an action, is effective.

Haager-Visby-Regeln von 1968

10. Dieses Übereinkommen gilt für jedes Konnossement, das sich auf die Beförderung von Gütern zwischen Häfen in zwei verschiedenen Staaten bezieht, wenn

a) das Konnossement in einem Vertragsstaat ausgestellt ist oder

b) die Beförderung von einem Hafen in einem Vertragsstaat ausgeht oder

c) das Konnossement vorsieht, dass der Vertrag den Bestimmungen dieses Übereinkommens oder dem Recht eines Staates unterliegt, aufgrund dessen sie anzuwenden sind, gleich welche Staatsangehörigkeit das Schiff hat oder welche Staatsangehörigkeit der Unternehmer, der Befrachter, der Empfänger oder andere Beteiligte haben.

Jeder Vertragsstaat wendet dieses Übereinkommen auf die bezeichneten Konnossemente an.

Dieser Artikel lässt das Recht eines Vertragsstaats unberührt, dieses Übereinkommen auf Konnossemente anzuwenden, die nicht unter die vorstehenden Absätze fallen.

Literaturverzeichnis

Ackmann, Hans-Peter — Anmerkung zu: LG Trier, Beschl. v. 22.10.1981 – 6 O 95/8; Zeitschrift für Wirtschaftsrecht und Insolvenzpraxis 1982, S. 462 ff.

Adams, John N.; Beyleveld, Deryck; Brownsword, Roger — Privity of Contract – the Benefits and the Burdens of Law Reform; The Modern Law Review (60. Jahrgang) 1997, S. 238 ff.

Adolphsen, Jens — Anmerkung zu: EuGH, Urteil vom 16. März 1999, Rs. C-159/97, Trasporti Castelletti Spedizioni Internazionali SpA ./. Hugo Trumpy SpA; Zeitschrift für Zivilprozess International 4. Band (1999), S. 243 ff.

Ahrens, Jan-Michael — Die subjektive Reichweite internationaler Schiedsvereinbarungen und ihre Erstreckung in der Unternehmensgruppe; Peter Lang Europäischer Verlag der Wissenschaften; Frankfurt am Main – Berlin – Bern – Brüssel – New York – Oxford – Wien 2001

Ambrose, Clare — When Can a Third Party Enforce an Arbitration Clause?; Journal of Business Law 2001, S. 415 ff.

Ancel, Bertrand — La Clause attributive de juridiction selon l'article 17 de la Convention de Bruxelles; Rivista di diritto internazionale privato e processuale (27. Jahrgang) 1991, S. 263 ff.

Andrews, Neil — Strangers to Justice no longer: The Reversal of the Privity Rule under the Contracts (Rights of Third Parties) Act 1999; The Cambridge Law Journal 2001, S. 353 ff.

Anton, Alexander E. — Civil Jurisdiction in Scotland; W. Green & Son Ltd.; Edinburgh 1984

Anton, Alexander E.; Beaumont, Paul R. — Appendix: Case Notes on European Court decisions relating to the Judgments Convention; The Scots Law Times 1986, A2; (Anton/Beaumont, S.L.T. 1986)

dies. — Anton & Beaumont's Civil Jurisdiction in Scotland; 2. Auflage; W. Green/Sweet & Maxwell; Edinburgh 1995; (Anton/Beaumont, Civil Jurisdiction in Scotland)

Apathy, Peter — Die Forderungsabtretung, insbesondere zur Kreditsicherung, im österreichischen Recht; In: Die Forderungsabtretung, insbesondere zur Kreditsicherung, in ausländischen Rechtsordnungen, S. 509 ff.; Hrsg.: Hadding, Walther; Scheider, Uwe H.; Duncker & Humblot; Berlin 1999

Atiyah, Patrick S. — An Introduction to the Law of Contract; 5. Auflage; Clarendon Press; Oxford 1995

Aull, Jacques M. Der Geltungsanspruch des EuGVÜ: „Binnensachverhalte" und Internationales Zivilverfahrensrecht in der Europäischen Union; Peter Lang Europäischer Verlag der Wissenschaften; Frankfurt am Main – Berlin – Bern – New York – Paris – Wien 1995

Bar, Christian von Kollisionsrechtliches zum Schuldbeitritt und zum Schuldnerwechsel; Praxis des Internationalen Privat- und Verfahrensrechts 1991, S. 197 ff.

Basedow, Jürgen Das forum conveniens der Reeder im EuGVÜ; Praxis des Internationalen Privat- und Verfahrensrechts 1985, S. 133 ff.; (Basedow, IPRax 1985)

ders. Rechtswahl und Gerichtsstandsvereinbarungen nach neuem Recht; Zum Einfluss von IPR-Reform und GVÜ-Novelle auf Vertragsverhältnisse des Seerechts; (Vortrag gehalten vor dem Deutschen Verein für Internationales Seerecht am 29. Oktober 1987); Schriften des Deutschen Vereins für internationales Seerecht, Reihe A: Berichte und Vorträge; Hamburg 1987; (Basedow, Rechtswahl und Gerichtsstandsvereinbarungen)

ders. The Communitarization of the Conflict of Laws under the Treaty of Amsterdam; Common Market Law Review (36. Jahrgang) 2000, S. 687 ff.; (Basedow, C.M.L.Rev. (36) 2000)

Basedow, Jürgen; Herrmann, Hans Joachim; Kropholler, Jan Handbuch des Internationalen Zivilverfahrensrechts; Band I; J.C.B. Mohr (Paul Siebeck); Tübingen 1982; (Bearbeiter, Hdb. IZVR I)

Bauerreis, Jochen Das französische Rechtsinstitut der action directe und seine Bedeutung in internationalen Vertragsketten; Duncker & Humblot; Berlin 2001

Baumbach, Adolf; Lauterbach, Wolfgang; Albers, Jan; Hartmann, Peter Zivilprozessordnung mit Gerichtsverfassungsgesetz und anderen Nebengesetzen; 64 Auflage; C.H. Beck´sche Verlagsbuchhandlung; München 2006

Baumgärtl, Gottfried Die Vereinbarung der internationalen Zuständigkeit nach dem EWG-Übereinkommen vom 27. September 1968 und nach § 38 Abs. 2 ZPO; In: Festschrift für Gerhard Kegel, S. 285 ff.; Alfred Metzner Verlag GmbH; Frankfurt am Main 1977

Baur, Fritz Rechtshängig – Schiedshängig; In: Festschrift für Hans W. Fasching, S. 81 ff.; Manzsche Verlags- und Universitätsbuchhandlung; Wien 1988

Bayer, Walter Der Vertrag zugunsten Dritter; Neuere Dogmengeschichte – Anwendungsbereich – Dogmatische Strukturen ; J.C.B. Mohr (Paul Siebeck); Tübingen 1995

Beatson, Jack — Reforming the Law of Contracts fort he Benefit of Third Parties; A Second Bite at the Cherry; Current Legal Problems 1992, Part 2: Collected Papers, S. 1 ff.

Beaumart, Markus — Haftung in Absatzketten im französischen Recht und im europäischen Zuständigkeitsrecht; Duncker & Humblot; Berlin 1999

Bénabent, Alain — Droit civil: Les obligations; 5. Auflage; Montchrestien; Paris 1995

Benecke, Lars — Die teleologische Reduktion des räumlich-persönlichen Anwendungsbereichs von Art. 2 ff. und Art. 17 EuGVÜ; Dissertation zur Erlangung des akademischen Grades eines Doktors der Rechtswissenschaft der Universität Bielefeld 1993

Berger, Peter — International Economic Arbitration; Kluwer Law and Taxation Publishers; Deventer – Boston 1993

Bernard-Fertier, Florence — Anmerkung zu: Urteil vom 9. November 2000, Rs. C-387/98, Coreck Maritime GmbH ./. Handelsveem BV u.a.; Revue critique de droit international privé (90. Jahrgang) 2001, S. 367 ff.

Bernstorff, Christoph Graf von — Abtretung von Forderungen nach anglo-amerikanischem Recht; Recht der Internationalen Wirtschaft 1984, S. 508 ff.; (von Bernstorff, RIW 1984)

ders. — Großbritannien: Neues Gesetz zum Vertrag zu Gunsten Dritter; Recht der Internationalen Wirtschaft 2000, S. 435 ff.; (von Bernstorff, RIW 2000)

Bettermann, Karl August — Die Schuldenhaftung bei der Mietnachfolge des § 19 MSchG; Juristenzeitung 1963, S. 10 ff.

Bieber, Roland — Das neue französische Seefrachtrecht; Inaugural-Dissertation zur Erlangung des Doktorgrades des Fachbereichs Rechtswissenschaft der Johann Wolfgang Goethe-Universität Frankfurt/Main 1972

Bigot, Jean — Anmerkung zu: Tribunal de grande instance de Paris (5e Ch., 2e sect.). 10. Mai 1985; Revue critique de droit international privé (76. Jahrgang) 1987, S. 418 ff.

Bischoff, Jean-Marc — Chronique de jurisprudence de la Cour de Justice des Communautés européennes; Urteil vom 19. Juni 1984, Rs. 71/83, Partenreederei ms. Tilly Russ und Ernest Russ ./. N.V. Haven en Vervoerbedrijf Nova und N.V. Goeminne Hout; Journal du droit international 1985, S. 159 ff.; (Bischoff, J.D.I. 1985)

ders. — Chronique de jurisprudence de la Cour de Justice des Comunautés européennes ; Urteil vom 9. November 2000, Rs. C-387/98, Coreck Maritime GmbH ./. Handelsveem BV u.a; Journal du droit international 2001, S. 701 ff. ; (Bischoff, J.D.I. 2001)

Blaise, Jean-Bernard ; Desgorces, Richard — Die Forderungsabtretung, insbesondere zu Sicherungszwecken, im französischen Recht; In: Die Forderungsabtretung, insbesondere zur Kreditsicherung, in ausländischen Rechtsordnungen, S. 245 ff.; Hrsg.: Hadding, Walther; Schneider, Uwe H.; Duncker & Humblot Berlin 1999

Böhmer, Emil Verträge zum Nachteil Dritter?; Juristische Rundschau 1956, S. 219 ff.

Boisséson, Matthieu de Le droit français de l'arbitrage; interne et international; GLN JOLY 1990

Bonell, Michael Joachim L'impatto del diritto uniforme sui diritti nazionale: Il caso emblematico delle Convenzione di Bruxelles sulla competenza giurisdizionale di Roma sul diritto applicabile; Rivista di diritto civile 1992 I, S. 261 ff.

Bonassies, Pierre Anmerkung zu: Urteil vom 19. Juni 1984, Rs. 71/83, Partenreederei ms. Tilly Russ und Ernest Russ ./. N.V. Haven en Vervoerbedrijf Nova und N.V. Goeminne Hout; Le Droit Maritime français (37. Jahrgang) 1985, S. 89 ff.; (Bonassies, D.M.F. (37) 1985)

ders. Le droit positif français en 1992; Le Droit Maritime français (45. Jahrgang) 1993, S. 139 ff.; (Bonassies, D.M.F. (45) 1993)

ders. Anmerkung zu: Cour de Cassation (Ch.com.) – 29. November 1994; Le Droit maritime français (47. Jahrgang) 1995, S. 209 ff.; (Bonassies, D.M.F. (47) 1995)

Borges, Georg Die europäische Klauselrichtlinie und der deutsche Zivilprozess; Recht der Internationalen Wirtschaft 2000, S. 933 ff.

Bork, Reinhard Gerichtsstandsklauseln in Satzungen von Kapitalgesellschaften; Zeitschrift für das gesamte Handelsrecht und Wirtschaftsrecht Band 157 (1993), S. 48 ff.

Born, H.; Fallon, Marc Droit judiciaire international (1986-1990); Journal des tribunaux (111. Jahrgang) 1992, S. 401 ff.

Briggs, Adrian Get your writs out? – The Duke of Yare; Lloyd's Maritime and Commercial Law Quarterly 1992, S. 150 ff.

Briggs, Adrian; Rees, Peter Civil Jurisdiction and Judgments; 3. Auflage; LLP; London – Hongkong 2002

Bruck, Ernst; Möller, Hans Kommentar zum Versicherungsvertragsgesetz und zu den Allgemeinen Versicherungsbedingungen unter Einschluss des Versicherungsvermittlerrechtes; 8. Auflage; Walter de Gruyter; Berlin – New York 1994

Burgstaller, Alfred Probleme der Prorogation nach dem Lugano-Übereinkommen; Juristische Blätter 1998, S. 691 ff.

Burrows, Andrew Reforming privity of contract: Law Commission Report No. 242; Lloyd's Maritime and Commercial Law Quarterly 1996, S. 467 ff.; (Burrows, Lloyd's MCLQ 1996)

ders. The Contracts (Rights of Third Parties) Act 1999 and its implications for commercial contracts; Lloyd's Martime and Commercial Law Quarterly 2000, S. 540 ff.; (Burrows, Lloyd's MCLQ 2000)

Bülow, Arthur Vereinheitlichtes internationales Zivilprozessrecht in der Europäischen Wirtschaftsgemeinschaft; Rabels Zeitschrift für ausländisches und internationales Privatrecht 29. Band (1965), S. 473 ff.

Bülow, Arthur; Böckstiegel, Karl-Heinz — Der internationale Rechtsverkehr in Zivil- und Handelssachen; Band II; C.H. Beck´sche Verlagsbuchhandlung; München, Stand: November (teilw. Januar) 2003

Carbone, Sergio M. — La nuova disciplina comunitaria relativa all´esercizio della Giurisdizione e il trasporto marittimo; Rivista di diritto internazionale privato e processuale (24. Jahrgang) 1988, S. 633 ff.; (Carbone, Riv.dir. int.priv.proc. (24) 1988)

ders. — Contratto di trasporto marittimo di cose; Dott. A. Giuffrè Editore Mailand 1988; (Carbone, Contratto di trasporto)

ders. — Disciplina comunitaria della giurisdizione e trasporto marittimo; In: Giurisdizione e legge applicabile ai contratti nella CEE, S. 29 ff.; Hrsg.: Jayme, E.; Picchio Forlati, L.; Cedam – Casa Editrice ; Padova 1990; (Carbone, Giurisdizione e legge applicabile)

Carl, Michael H. — Die Forderungsabtretung, insbesondere zur Kreditsicherung, in England; In: Die Forderungsabtretung, insbesondere zur Kreditsicherung, in ausländischen Rechtsordnungen, S. 509 ff.; Hrsg.: Hadding, Walther; Scheider, Uwe H.; Duncker & Humblot; Berlin 1999

Coipel-Cordonnier, Nathalie — Anmerkung zu: Entscheidung des Cour de Cassation vom 8. Februar 2000; Revue critique de droit international privé 2000, S. 764 ff.

Collins, Lawrence — Dicey and Morris on The Conflict of Laws; Volume 1; 13. Auflage; Sweet & Maxwell; London 2000

Conrad, Albrecht — Qualifikationsfragen des Trust im Europäischen Zivilprozessrecht; Peter Lang Europäischer Verlag der Wissenschaften; Frankfurt am Main 2001

Contaldi, Gianluca — L´Art. 17 della Convenzione di Bruxelles del 1968 e l´opponibilità al terzo portatore delle clausole di proroga della giurisdizione contenute in polizze di carico; Rivista di diritto internazionale privato e processuale (35. Jahrgang) 1999, S. 889 ff.

Corbin, Arthur L. — Contracts for the benefit of third persons; Law Quarterly Review (46. Jahrgang) 1930, S. 12 ff.

Courbe, Patrick — Privilège de juridiction et transmission de la clause de compétence; In: Mélanges offerts à André Colomer, S. 143 ff.; Litec; Paris 1993

Couwenberg, Ilse; Leuven, K.U. — De statutaire bevoegheidsclausule getoetst aan de vereisten van artikel 17 E.E.X.; Revue de droit commerciale belge (25. Jahrgang) 1992, S. 878 ff.

Czernich, Dietmar; Tiefenthaler, Stefan — Die Übereinkommen von Lugano und Brüssel; Europäisches Gerichtsstands- und Vollstreckungsrecht; Kurzkommentar; Verlag Orac; Wien 1997

Dauses, Manfred A. — Handbuch des EU-Wirtschaftsrechts; Band 2; C.H. Beck´sche Verlagsbuchhandlung; Stand: Dezember 2004

Davis, Christine J. — The Principle of Benefit and Burden; Cambridge Law Journal 1998, 522 ff.

Delebecque, Philippe — La Transmission de la Clause Compromissoire; (à propos de l'arrêt Cass.civ. 1re, 6 novembre 1990); Revue de l'Arbitrage 1991, S. 19 ff.; (Delebecque, Rev.arb. 1991)

ders. — Anmerkung zu: EuGH, Urteil 16. März 1999, Rs. C-159/97, Trasporti Castelletti Spedizioni Internazionali SpA ./. Hugo Trumpy SpA; Le Droit Maritime français (52. Jahrgang) 2000, S. 12 ff.; (Delebecque, D.M.F. (52) 2000)

ders. — Anmerkung zu: Urteil vom 9. November 2000, Rs. C-387/98, Coreck Maritime GmbH ./. Handelsveem BV u.a.; Le Droit Maritime français (53. Jahrgang) 2001, S. 191 ff.; (Delebecque, D.M.F. (53) 2001)

Deli, Maria Beatrice — Gli usi del commercio internazionale nel nuovo testo dell'art. 17 della Convenzione di Bruxelles del 1968; Rivista di diritto internazionale privato e processuale (25. Jahrgang) 1989, S. 27 ff.

Diamond, Aubrey L. — Gerichtsstandsvereinbarungen im Brüsseler Übereinkommen; In: Internationale Zuständigkeit und Urteilsanerkennung in Europa, Berichte und Dokumente des Kolloquiums „Die Auslegung des Brüsseler Übereinkommens durch den Europäischen Gerichtshof und der Rechtsschutz im europäischen Raum". Luxemburg, 11. und 12. März 1991, S. 129 ff.; Hrsg.: Gerichtshof der Europäischen Gemeinschaften; Carl Heymanns Verlag KG; Köln – Berlin – Bonn – München 1993

Dietze, Jan; Schnichels, Dominik — Die aktuelle Rechtsprechung des EuGH zum EuGVÜ; Übersicht über die Jahre 1992 und 1993; Europäische Zeitschrift für Wirtschaftsrecht 1994, S. 366 ff.; (Dietze/Schnichels, EuZW 1994)

dies. — Die aktuelle Rechtsprechung des EuGH zum EuGVÜ; Übersicht über das Jahr 2000; Europäische Zeitschrift für Wirtschaftsrecht 2001, S. 581 ff.; (Dietze/Schnichels, EuZW 2001)

Dörner, Heinrich — Anmerkung zu: Urteil des BGH v. 9.3.1994 – VIII ZR 185/92; Juristische Rundschau 1995, S. 459 f.

Dörner, Heinrich; Staudinger, Ansgar — Internationale Zuständigkeit – Vertragsstaatenbezug, rügelose Einlassung und Gerichtsstandsklausel; (zu BGH, 21.11.1996 – IX ZR 264/95); Praxis des Internationalen Privat- und Verfahrensrechts 1999, S. 338 ff.

Donzallaz, Yves — La Convention de Lugano du 16 Septembre 1988 concernant la compétence judiciare et l'exécution des décisions en matière civile et commerciale; Volume III: Paragraphes 4239-7164; Staempfli Editions SA; Berne 1998

Dorandeu, Nicolas — La transmission des clauses attributives de compétence en droit international privé; Journal du droit international 2002, S. 1001 ff.

Dowrick, F.E. — A Jus Quaesitum Tertio by way of contract in English law; Modern Law Review (19. Jahrgang) 1956, S. 347 ff.

Droz, Georges A. L. — Compétence judiciaire et effets des jugements dans le marché commun; (Etude de la Convention de Bruxelles du 27 septembre 1968); Librairie Dalloz; Paris 1972; (Droz, Compétence judiciaire)

ders.	Schlussbericht; In: Internationale Zuständigkeit und Urteilsanerkennung in Europa, Berichte und Dokumente des Kolloquiums „Die Auslegung des Brüsseler Übereinkommens durch den Europäischen Gerichtshof und der Rechtsschutz im europäischen Raum". Luxemburg, 11. und 12. März 1991, S. 242 ff. Hrsg.: Gerichtshof der Europäischen Gemeinschaften; Carl Heymanns Verlag KG; Köln – Berlin – Bonn – München 1993; (Droz, Internationale Zuständigkeit und Urteilsanerkennung)
Dullinger, Silvia	Bürgerliches Recht II: Schuldrecht Allgemeiner Teil; 2. Auflage; Springer-Verlag; Wien – New York 2002
Ebert-Weidenfeller, Andreas	Anmerkung zu: High Court of Justice (Chancery Division) in Sachen Kurz ./. Stella Musical Veranstaltungs GmbH vom 26.7.1991; Recht der Internationalen Wirtschaft 1992, S. 141 f.
Ekelmans, Marc	Anmerkung zu: Urteil vom 19. Juni 1984, Rs. 71/83, Partenreederei ms. Tilly Russ und Ernest Russ ./. N.V. Haven en Vervoerbedrijf Nova und N.V. Goeminne Hout; Cahier de droit européen 1985, S. 426 ff.
Emmerich, Volker; Hermann, Harald; Honsell, Thomas; Horn, Norbert; Jung, Willi; Niehus, Rudolf J.; Otto, Harro; Sonnenschein, Jürgen	Heymann Handelsgesetzbuch (ohne Seerecht); Band 4: Viertes Buch §§ 343-460; Anhang; Walter de Gruyter; Berlin – New York 1990; (Heymann/Bearbeiter)
Epping, Manja	Die Schiedsvereinbarung im internationalen privaten Rechtsverkehr nach der Reform des deutschen Schiedsverfahrensrechts; C.H. Beck´sche Verlagsbuchhandlung; München 1999
Erman, Walter	Handkommentar zum Bürgerlichen Recht; 1. Band: §§ 1-853; MHG; ProdHaftG; VerbrKrG; HausTWG; AGBG; 2. Band: §§ 854-2385; EGBGB; ErbbauRVO; WEG; SchiffsRG; EheG;, HausratsVO; BeurkG; 11. Auflage; Aschendorff; Münster 2004
Fasching, Hans W.	Kommentar zu den Zivilprozessgesetzen; 1. Band: EGJN, JN samt EuGVÜ/LGVÜ; 2. Auflage; Manzsche Verlags- und Universitätsbuchhandlung; Wien 2000

Ferid, Murad Das Französische Zivilrecht; - Erster Band: Allgemeine Lehren – Recht der Schuldverhältnisse; Alfred Metzner Verlag; Frankfurt am Main – Berlin 1971; (Ferid, Das französische Zivilrecht 1); - Dritter Band: Familienrecht – Erbrecht; 2. Auflage; Verlag Recht und Wirtschaft GmbH; Heidelberg 1987; (Ferid, Das französische Zivilrecht 3)

Feyl, Peter Anmerkung zu OGH 13.6.1995, 4 Ob 533/95; ecolex 1995, S. 713

Fischer, Gerfried Verkehrsschutz im internationalen Vertragsrecht; Carl Heymanns Verlag KG; Köln – Berlin – Bonn – München 1990

Flume, Werner Die Nachfolge in die Mitgliedschaft in einer Personengesellschaft beim Tode eines Gesellschafters; In: Festschrift für Wolfgang Schilling, S. 23 ff.; Walter de Gruyter; Berlin – New York 1973 (Flume, FS Schilling (1973))

ders. Allgemeiner Teil des Bürgerlichen Rechts; Zweiter Band: Das Rechtsgeschäft; 2. Auflage; Springer-Verlag; Berlin – Heidelberg – New York 1975; (Flume, Allgemeiner Teil II)

Focsaneanu, Lazar Convention de Bruxelles du 27 septembre 1968 concernant la compétence judicaire et l´exécution des décisions en matière civile et commerciale (II); Revue du marché Commun 1984, S. 550 ff.

Franzen, Martin Internationale Gerichtsstandsvereinbarungen in Arbeitsverträgen zwischen EuGVÜ und autonomem internationalen Zivilprozessrecht; Recht der Internationalen Wirtschaft 2000, S. 81 ff.

Fricke, Martin Internationale Zuständigkeit und Anerkennungszuständigkeit in Versicherungssachen nach europäischem und deutschem Recht; Versicherungsrecht 1997, S. 399 ff.; (Fricke, VersR 1997)

ders. Europäisches Gerichtsstands- und Vollstreckungsübereinkommen revidiert; Was bringt die Neufassung der Versicherungswirtschaft?; Versicherungsrecht 1999, S. 1055 ff.; (Fricke, VersR 1999)

Furmston, Michael Return to Dunlop v. Selfridge?; Modern Law Review (23. Jahrgang) 1960, S. 373 ff.; (Furmston, Mod.L.Rev. (23) 1960)

ders. The Law of Contract; Butterworths; London, Dublin, Edinburgh 1999; (Furmston, The Law of Contract)

Gaudemet-Tallon, Hélène Anmerkung zu: Urteil vom 14. Juli 1983, Rs. 201/82, Gerling Konzern Speziale Kreditversicherungs-AG und andere ./. Amministrazione del tesoro dello stato; Revue critique de droit international privé (73. Jahrgang) 1984, S. 146 f.; (Gaudemet-Tallon, Rev. crit.dr.internat.privé (73) 1984)

dies. Anmerkung zu: Urteil vom 19. Juni 1984, Rs. 71/83, Partenreederei ms. Tilly Russ und Ernest Russ ./. N.V. Haven en Vervoerbedrijf Nova und N.V. Goeminne Hout; Revue critique de droit international privé (74. Jahrgang) 1985, S. 391 ff.; (Gaudemet-Tallon, Rev. crit.dr.internat.privé (74) 1985)

dies. Anmerkung zu: Cour de cassation (Ch. Com.). – 26. Mai 1992; Revue critique de droit international privé (81. Jahrgang) 1992, S. 705 ff.; (Gaudemet-Tallon, Rev.crit.dr.internat.privé (81) 1992)

dies. Gerichtsstandsvereinbarungen im Brüsseler Übereinkommen; In: Internationale Zuständigkeit und Urteilsanerkennung in Europa, Berichte und Dokumente des Kolloquiums „Die Auslegung des Brüsseler Übereinkommens durch den Europäischen Gerichtshof und der Rechtsschutz im europäischen Raum". Luxemburg, 11. und 12. März 1991, S. 117 ff.; Hrsg.: Gerichtshof der Europäischen Gemeinschaften; Carl Heymanns Verlag KG; Köln – Berlin – Bonn – München 1993; (Gaudemet-Tallon, Internationale Zuständigkeit und Urteilsanerkennung)

dies. Anmerkung zu: Cour de cassation (Ch. com.). – 10. Januar und 4. April 1995; Revue critique de droit international privé (83. Jahrgang) 1995, S. 612 ff.; (Gaudemet-Tallon, Rev.crit.dr.internat.privé (83) 1995)

dies. Anmerkung zu: EuGH, Urteil 16. März 1999, Rs. C-159/97, Trasporti Castelletti Spedizioni Internazionali SpA ./. Hugo Trumpy SpA; Revue critique de droit international privé (87. Jahrgang) 1999, S. 573 ff.; (Gaudemet-Tallon, Rev.crit.dr.internat.privé (87) 1999)

dies. Compétence et exécution des jugements en Europe; Règlement n° 44/2001, Convention de Bruxelles et de Lugano; 3. Auflage; L.S.D.J.; Paris; (Gaudemet-Tallon, Les Conventions)

Gebauer, Martin Zur Drittwirkung von Gerichtsstandsvereinbarungen bei Vertragsketten; Praxis des Internationalen Privat- und Verfahrensrechts 2001, S. 471 ff.

Geimer, Reinhold Nachprüfung der internationalen Zuständigkeit des Urteilsstaates in Versicherungs- und Verbrauchersachen; Recht der Internationalen Wirtschaft 1980, S. 305 ff.; (Geimer, RIW 1980)

ders. Zuständigkeitsvereinbarungen zugunsten und zu Lasten Dritter; Neue Juristische Wochenschrift 1985, S. 533 f.; (Geimer, NJW 1985)

ders. Kurzkommentar zu: BGH, Beschl. V. 20.12.1984 – IX ZR 32/84 (OLG Saarbrücken); Entscheidungen zum Wirtschaftsrecht 1985, S. 167 f.; (Geimer, EWiR 1985)

ders. Kurzkommentar zu: EuGH Urteil vom 11. November 1986, Rs. 313/85, SpA Iveco Fiat ./. Van Hool NV; Entscheidungen zum Wirtschaftsrecht 1988, S. 471 ff.; (Geimer, EWiR 1988)

ders. Kurzkommentar zu: OLG Koblenz, Vorlagebeschl. v. 1.6.1989 – 6 U 1946/87 (LG Mainz); Entscheidungen zum Wirtschaftsrecht 1989, S. 885 f.; (Geimer, EWiR 1989)

ders. Ungeschriebene Anwendungsgrenzen des EuGVÜ: Müssen Berührungspunkte zu mehreren Vertragsstaaten bestehen?; Praxis des Internationalen Privat- und Verfahrensrechts 1991, S. 31 ff.; (Geimer, IPRax 1991)

ders. Anmerkung zu: BGH, Beschl. V. 26.3.1992 – VII ZR 258/91 (Hamm); Europäische Zeitschrift für Wirtschaftsrecht 1992, S. 518; (Geimer, EuZW 1992)

ders. Das Fehlen eines Gerichtsstandes der Mitgliedschaft als gravierender Mangel im Kompetenzsystem der Brüsseler und der Luganer Konvention; Kritische Bemerkungen zu Art. 16 Nr. 2 GVÜ; In: Festschrift für Helmut Schippel, S. 869 ff.; C.H. Beck'sche Verlagsbuchhandlung; München 1996; (Geimer, FS Schippel (1996))

ders. Internationales Zivilprozessrecht; 5. Auflage; OVS Verlag Dr. Otto Schmidt; Köln 2005; (Geimer, IZPR)

Geimer, Reinhold; Schütze, Rolf A. Internationale Urteilsanerkennung; Band I 1. Halbband: Das EWG-Übereinkommen über die gerichtliche Zuständigkeit und die Vollstreckung gerichtlicher Entscheidungen in Zivil- und Handelssachen; Systematischer Kommentar; C.H. Beck'sche Verlagsbuchhandlung; München 1983; (Geimer/Schütze, Internationale Urteilsanerkennung I/1.)

dies. Europäisches Zivilverfahrensrecht; Kommentar zum EuGVÜ und zum Lugano-Übereinkommen; 2. Auflage; C.H. Beck'sche Verlagsbuchhandlung; München 2004; (Geimer/Schütze)

Geßler, Ernst; Hefermehl, Wolfgang; Hildebrandt, Wolfgang; Schröder, Georg Schlegelberger Handelsgesetzbuch; Band IV: §§ 343-372; 5. Auflage; Verlag Franz Vahlen; München 1976; (Schlegelberger/Bearbeiter)

Girsberger, Daniel Gerichtsstandsklausel im Konnossement: Der EuGH und der internationale Handelsbrauch; Praxis des Internationalen Privat- und Verfahrensrechts 2000, S. 87 ff.

Girsberger, Daniel; Hausmaninger, Christian Assignment of Rights and Agreement to Arbitrate; Arbitration International 1992, S. 121 ff.

Glossner, Ottoarndt; Bredow, Jens; Bühler, Michael Das Schiedsgericht in der Praxis; 3. Auflage; Verlag Recht und Wirtschaft GmbH; Heidelberg 1990

Gothot, Pierre; Holleaux, Dominique La Convention de Bruxelles du 27 Septembre 1968; Compétence judiciaire et effets des jugements dans la CEE; Jupiter; Paris 1985

Gottwald, Peter Die einseitig bindende Prorogation nach Art. 17 Abs. 3 EuGVÜ; Praxis des Internationalen Privat- und Verfahrensrechts 1987, S. 81 ff.; (Gottwald, IPRax 1987)

ders. Internationale Gerichtsstandsvereinbarungen; Verträge zwischen Prozessrecht und materiellem Recht; In: Festschrift für Wolfram Henckel, S. 295 ff.; Walter de Gruyter; Berlin – New York 1995; (Gottwald, FS Henckel (1995))

ders. Internationale Schiedsgerichtsbarkeit – Arbitrage International – International Arbitration; Gieseking – Verlag; Bielefeld 1997; (Gottwald, Internationale Schiedsgerichtsbarkeit)

Goutal, Jean-Louis L´Arbitrage et les tiers; Revue de l´Arbitrage 1988, S. 439 ff.; (Goutal, Rev.arb. 1988); - dazu: Débats, Revue de l´Arbitrage 1988, S. 456 ff.; (… in Débats, Rev.arb. 1988)

ders. Anmerkung zu: Cour de casation (Ch.com.) 20. Juni 1995, Société Mediterranean shipping Co. ./. GAF L assurance et autres; Revue de l´Arbitrage 1995, S. 623 ff.; (Goutal, Rev.arb. 1995)

Grüter, Karl Gerichtsstandsvereinbarung durch Korrespondenz im EWG-Handel; Der Betrieb 1978, S. 381 ff.

Grunsky, Wolfgang EWG-Übereinkommen über die gerichtliche Zuständigkeit und die Vollstreckung gerichtlicher Entscheidungen in Zivil- und Handelssachen im deutsch-italienischen Rechtsverkehr; Recht der Internationalen Wirtschaft 1977, S. 1 ff.

Hagenguth, Rolf Die Anknüpfung der Kaufmannseigenschaft im internationalen Privatrecht; Inaugural-Dissertation zur Erlangung der Doktorwürde einer Hohen Juristischen Fakultät der Ludwig-Maximiliams-Universität zu München 1981

Halsbury, Rt Hon the Earl of Halsbury´s Laws of England; Volume 2: Allotments to Bailment; 4. Auflage; Butterworths; London 1991; Volume 48: Trade Marks and Trade Names, Trusts; 4. Auflage; Butterworths; London 2000

Halson, Roger Contract Law; Longman Law Sieries; Harlow, England – London 2001

Hanotiau, Bernard Problems raised by complex arbitrations involving multiple contracts – parties – issues; Journal of International Arbitration (18. Jahrgang) 2001, 251 ff.

Happ, Wilhelm Aktienrecht; Handbuch – Mustertexte – Kommentar; 2. Auflage; Carl Heymanns Verlag KG; Köln – Berlin – Bonn – München 2003

Harris, Bruce; Planterose, Rowan; Tecks, Jonathan The Arbitration Act 1996 – Commentary –; Blackwell Science; London 1996

Hartley, Trevor C. Conventions under article 220 EEC; Convention on Jurisdiction and the Enforcement of Judgments in Civil and Commercial Matters; European Law Review (9. Jahrgang) 1983, S. 262 ff.; (Hartley, E.L.Rev. (9) 1983)

ders. Jurisdiction Agreements under the Brussels Jurisdiction and Judgments Convention; European Law Review (25. Jahrgang) 2000, S. 178 ff.; (Hartley, E.L.Rev. (25) 2000)

Hartwieg, Oskar — Kollisionsrechtliches zur internationalen Abtretung – eine reale Reminiszenz (zu BGH, ZIP 1997, 890); Zeitschrift für Wirtschaftsrecht und Insolvenzpraxis 1998, S. 2137 ff.

Haß, Detlef — Anmerkung zu EuGH, Urt. v. 16.3.1999 – Rs. C-159/97 (Trasporti Castelletti Spedizioni Internazionali SpA/Hugo Tumpy SpA); Europäische Zeitschrift für Wirtschaftsrecht 1999, S. 444 f.; (Haß, EuZW 1999)

ders. — Zur internationalen Gerichtsstandsvereinbarung in einer Patronatserklärung; Praxis des Internationalen Privat- und Verfahrensrechts 2000, S. 494 ff.; (Haß, IPRax 2000)

Hau, Wolfgang — Zur schriftlichen Bestätigung mündlicher Gerichtsstandsvereinbarungen; Praxis des Internationalen Privat- und Verfahrensrechts 1999, S. 24 ff.

Haymann, Michel — Contract Drafting Problems in the Light of the Lugano Convention; In: The Lugano and San Sebastian Conventions, S. 33 ff.; Hrsg.: Carpenter, Michael; Haymann, Michel; Hunter-Tilney, Tony; Volken, Paul; Butterworths; London – Dublin – Edinburgh – München 1990

Hayton, David — The Developing European Dimension of Trust Law; The King's College Law Journal 1998, S. 48 ff.

Heiss, Helmut — - Gerichtsstandsfragen in Versicherungssachen nach europäischem Recht; In: Versicherungsrecht in Europa – Kernperspektiven am Ende des 20. Jahrhunderts; Referate und Diskussionsbeiträge eines in Basel am 24./25. September 1998 durchgeführten internationalen Symposiums, S. 105 ff.; (Heiss, Versicherungsrecht in Europa); - dazu: Diskussion am Donnerstagnachmittag 24. September 1998, S. 169 ff.; (... in der Diskussion, Versicherungsrecht in Europa); Hrsg.: Reichert-Facilides, Fritz; Schnyder, Anton K.; Helbing & Lichtenhahn; Basel – Genf – München 2000

ders. — Die Form internationaler Gerichtsstandsvereinbarungen; Zeitschrift für Rechtsvergleichung 2000, S. 202 ff.; (Heiss, ZfRV 2000)

ders. — Gerichtsstandsvereinbarungen zulasten Dritter, insbesondere in Versicherungsverträgen zu ihren Gunsten; Praxis des Internationalen Privat- und Verfahrensrechts 2005, S. 497 ff.; (Heiss, IPRax 2005)

Hellwig, Hans-Jürgen — Zur Systematik des zivilprozessrechtlichen Vertrages; Ludwig Röhrscheid Verlag; Bonn 1968

Herber, Rolf — Seehandelsrecht; Systematische Darstellung; Walter de Gruyter; Berlin – New York 1999

Herber, Rolf; Czerwenka, Beate — Internationales Kaufrecht; Kommentar zu dem Übereinkommen der Vereinten Nationen vom 11. April 1980 über Verträge über den internationalen Warenkauf; C.H. Beck'sche Verlagsbuchhandlung; München 1991

Herbst, Robert; Readett, Alan G. — Dictionnaire des termes; Commerciaux, Financiers et Juridiques; Tome III: Français – Anglais – Allemand; 2. Auflage; Translegal A.G.; Thun, Schweiz 1982

Heß, Burkhard Gerichtsstandsvereinbarungen zwischen EuGVÜ und ZPO; Praxis des Internationalen Privat- und Verfahrensrechts 1992, 358 ff.

Hill, Jonathan The law relating to International Commercial disputes in English Courts; 3. Auflage; Hart Publishing; Oxford and Portland, Oregon 2005

Hilty, Reto M.; Peukert, Alexander Das neue deutsche Urhebervertragsrecht im internationalen Kontext; Gewerblicher Rechtsschutz und Urheberrecht Internationaler Teil 2002, S. 643 ff.

Hoffmann, Bernd Das EWG-Übereinkommen über die gerichtliche Zuständigkeit und die Vollstreckung gerichtlicher Entscheidungen in zivil- und Handelssachen; Betriebs-Berater 1973, S. 57 ff.

Hoffmeyer, Volkert Die Gerichtswahlklausel im Konnossement; Eine rechtsvergleichende Studie; Verlag C.F. Müller; Karlsruhe 1962

Hofmann, Edgar Privatversicherungsrecht; 4. Auflage; C.H.Beck'sche Verlagsbuchhandlung; München 1998

Holl, Volker H. Anmerkung zu: EuGH, Urteil vom 20.2.1997, Rs. C-106/95, Mainschifffahrts-Genossenschaft ./. Les Gravières Rhénanes SARL; Recht der Internationalen Wirtschaft 1997, S. 418 f.

Horchani, Ferhat Anmerkung zu: Sentence ad hoc redue à Amman (Jordanie) 17. November 1994; Revue de l'arbitrage 1998, S. 222 ff.

Huber, Peter Anmerkung zu: EuGH, Urteil vom 20.2.1997, Rs. C-106/95, Mainschifffahrts-Genossenschaft ./. Les Gravières Rhénanes SARL; Zeitschrift für Zivilprozess International 2. Band (1997), S. 168 ff.

Hübner, Ulrich Der Umfang des Schriftformerfordernisses des Art. 17 EGVÜ bei (Versicherungs-) Verträgen zugunsten Dritter und die Folgen der hilfsweisen Einlassung nach Rüge der Zuständigkeit im Hinblick auf Art. 18 EGVÜ; Praxis des Internationalen Privat- und Verfahrensrechts 1984, S. 237 ff.

Huet, André Chronique de jurisprudence de la Cour de justice des Communautés européennes; Journal du droit international 1983, S. 843 ff.; (Huet, J.D.I. 1983)

ders. Chronique de jurisprudence française; Journal du droit international 1995, S. 143 ff.; (Huet, J.D.I. 1995)

Jackson, David C. Enforcement of Maritime Claims; 2. Auflage; LLP; London – New York – Hong Kong 1996

Jakobs, Arnold Vorprozessuale Vereinbarungen über die deutsche internationale Zuständigkeit; Inaugural-Dissertation zur Erlangung des akademischen Grades eines Doktors der Rechte der Universität Mannheim (Wirtschaftshochschule) 1974

Jamin, Christophe Cession de contrat et consentement du cédé; Recueil Le Dalloz 1995, S. 131 f.

Jarrosson, Charles Anmerkung zu: Cour de Cassation (1re Ch. Civ.) 10. Mai 1988; Revue de l'Arbitrage 1988, S. 640 ff.

Jayme, Erik — Gerichtsstand und abgelaufener Hauptvertrag in Art. 17 EuGVÜ; Praxis des Internationalen Privat- und Verfahrensrechts 1989, S. 361 f.; (Jayme, IPRax 1989)

ders. — Narrative Normen im Internationalen Privat- und Verfahrensrecht; Eberhard-Karls-Universität; Tübingen 1993; (Jayme, Narrative Normen)

ders. — Der Gerechtigkeitsgehalt des Europäischen Gerichtsstands- und Vollstreckungsübereinkommens (EuGVÜ), In: Europäisches Kollisionsrecht; Die Konventionen von Brüssel, Lugano und Rom; Ausländische Erfahrungen und österreichische Perspektiven, S. 33 ff.; Hrsg.: Reichelt, Gerte; Peter Lang Europäischer Verlag der Wissenschaften; Frankfurt am Main – Berlin – Bern – New York – Paris – Wien 1993; (Jayme, Europäisches Kollisionsrecht)

Jayme, Erik; Haack, Hansjörg — Reziproke Gerichtsstandsklauseln – EuGVÜ und Drittstaaten; Praxis des Internationalen Privat- und Verfahrensrechts 1985, S. 323; (Jayme/Haak, IPRax 1985)

Jayme, Erik; Kohler, Christian — Europäisches Kollisionsrecht 1997 – Vergemeinschaftung durch „Säulenwechsel"; Praxis des Internationalen Privat- und Verfahrensrechts 1997, S. 385 ff.; (Jayme/Kohler, IPRax 1997)

dies. — Europäisches Kollisionsrecht 1999 – Die Abendstunde der Staatsverträge; Praxis des Internationalen Privat- und Verfahrensrechts 1999, S. 401 ff.; (Jayme/Kohler, IPRax 1999)

dies. — Europäisches Kollisionsrecht 2001: Annerkennungsprinzip statt IPR?; Praxis des Internationalen Privat- und Verfahrensrechts 2001, S. 501 ff.; (Jayme/Kohler, IPRax 2001)

Jewell, Michael — An Introduction to English Contract Law; 2. Auflage; Nomos Verlagsgesellschaft; Baden-Baden 2002

Jiménez Blanco, Pilar — El contrato international a favour de tercero; Universidade de Santiago de Compostela 2002

Jung, Harald — Vereinbarungen über die Internationale Zuständigkeit nach dem EWG-Gerichtsstands- und Vollstreckungsübereinkommen und nach § 38 Abs. 2 ZPO; Studienverlag Dr. N. Brockmeyer; Bochum 1980

Karré-Abermann, Doris — Anmerkung zu: EuGH, Urteil vom 10. März 1993, Rs. C-214/89, Powell Duffryn plc ./. Wolfgang Petereit; Zeitschrift für Europäisches Privatrecht 1994, S. 142 ff.

Kaye, Peter — Civil Jurisdiction and Enforcement of Foreign Judgments; Professional Books Limited; Milton Trading Estate, Abingdon, Oxon 1987; (Kaye, Civil Jurisdiction and Enforcement)

ders. — Business insurance and reinsurance under the European Judgments Convention: application of protective provisions; Journal of business law 1990, S. 517 ff.; (Kaye, J.Bus.L. 1990)

Kegel, Gerhard; Schurig, Klaus — Internationales Privatrecht; 9. Auflage; C.H. Beck´sche Verlagsbuchhandlung; München 2004

Kettler, Gerd Der Vertrag zugunsten Dritter im englischen Recht; Inaugural-Dissertation zur Erlangung des Grades eines Doktors der Rechte durch die Rechts- und Staatswissenschaftliche Fakultät der Rheinischen Friedrich-Wilhelms-Universität Bonn 1970

Killias, Laurent Die Gerichtsstandsvereinbarungen nach dem Lugano-Übereinkommen; Schulthess Polygraphischer Verlag AG; Zürich 1993

Kim, Yong Jin Internationale Gerichtsstandsvereinbarungen; Peter Lang Europäischer Verlag der Wissenschaft; Frankfurt am Main – Berlin – Bern – New York – Paris – Wien 1995

Kindler, Peter; Haneke, Katharina Gerichtsstandsvereinbarungen in Rahmenverträgen; (zu OLG Oldenburg, 28.7.1997 – 15 U 59/97); Praxis des Internationalen Privat- und Verfahrensrechts 1999, S. 435 ff.

Kisch, Wilhelm Anmerkung zu RG v. 30.10.1924; Juristische Wochenschrift 1925, S. 2608

Klang, Heinrich Kommentar zum Allgemeinen bürgerlichen Gesetzbuch; - Vierter Band, erster Halbband: §§ 859-1044; 2. Auflage; Verlag der Österreichischen Staatsdruckerei; Wien 1968; - Sechster Band: §§ 1293-1502; 2. Auflage; Verlag der Österreichischen Staatsdruckerei; Wien 1951

Klein, Peter Die Abtretung von Forderungen nach englischem Recht; Wertpapiermitteilung 1978, S. 390 ff.

Klinke, Ulrich Europäisches Unternehmensrecht und EuGH – Die Rechtsprechung in den Jahren 1991-1992; Zeitschrift für Unternehmens- und Gesellschaftsrecht (22. Jahrgang) 1993, S. 1 ff.

Klötzel, Thomas Interzessionsformen in England und ihre kollisionsrechtliche Behandlung; Inaugural-Dissertation zur Erlangung der Doktorwürde der Juristischen Fakultät der Eberhard-Karls-Universität zu Tübingen; Stuttgart 1987

Koch, Harald Internationale Prorogation im Statut einer Aktiengesellschaft?; Praxis des Internationalen Privat- und Verfahrensrechts 1993, S. 19 ff.; (Koch, IPRax 1993)

ders. Verbrauchergerichtsstand nach dem EuGVÜ und Vermögensgerichtsstand nach der ZPO für Termingeschäfte?; Praxis des Internationalen Privat- und Verfahrensrechts 1995, S. 71 f.; (Koch, IPRax 1995)

ders. AGB-Klauseln über Gerichtsstand und Erfüllungsort im europäischen Zivilrechtsverkehr: Größere Gerechtigkeit ohne Parteivereinbarung?; Praxis des Internationalen Privat- und Verfahrensrechts 1997, S. 405 ff.; (Koch, IPRax 1997)

Koenig, Willy Die Anspruchsberechtigung in der Versicherung für fremde Rechnung; In: Festschrift für Erich R. Prölss, S. 221 ff.; C.H. Beck´sche Verlagsbuchhandlung; München 1967

Kohl, Alphonse Anmerkung zu Cour d´appel de Bruxelles – 4e ch. – 26. März 1991 J.L.M.B. 91/685; Revue de Jurisprudence de Liège, Mons et Bruxelles 1992, 1391 ff.

Kohler, Christian — Internationale Gerichtsstandsvereinbarungen: Liberalität und Rigorismus im EuGVÜ; Praxis des Internationalen Privat- und Verfahrensrechts 1983, S. 265 ff.; (Kohler, IPRax 1983)

ders. — Pathologisches im EuGVÜ: Hinkende Gerichtsstandsvereinbarungen nach Art. 17 Abs. 3; Praxis des Internationalen Privat- und Verfahrensrechts 1986, S. 340 ff.; (Kohler, IPRax 1986)

ders. — Rigueur et Souplesse en droit international privé: Les formes prescrites pour une Convention attributive de juridiction «Dans le Commerce international» par l'article 17 de la Convention de Bruxelles dans sa nouvelle rédaction; Diritto del Commercio Internazionale 1990, S. 611 ff.; (Kohler, Dir.Comm.Int. 1990)

ders. — Gerichtsstandsklauseln in fremdsprachigen AGB: Das Clair-obscur des Art. 17 EuGVÜ; Praxis des Internationalen Privat- und Verfahrensrechts 1991, S. 299 ff.; (Kohler, IPRax 1991)

ders. — Integration und Auslegung – Zur Doppelfunktion des Europäischen Gerichtshofes; In: Ein internationales Zivilverfahrensrecht für Gesamteuropa, EuGVÜ, Lugano-Übereinkommen und die Rechtsentwicklungen in Mittel- und Osteuropa, Länderberichte – Modellvergleich – Erfahrungen. Beiträge und Diskussionen des Symposiums 1991 in Heidelberg mit einschlägigen Materialien im Anhang, S. 11 ff.; Hrsg.: Jayme, Erik; C.F. Müller Juristischer Verlag; Heidelberg 1992; (Kohler, Ein internationales Zivilverfahrensrecht für Gesamteuropa)

Koizol, Helmut; Welser, Rudolf — Grundriss des bürgerlichen Rechts; Band II: Schuldrecht Allgemeiner Teil, Schuldrecht Besonderer Teil, Erbrecht; Bearbeitet von: Welser, Rudolf; 12. Auflage; Manzsche Verlags- und Universitätsbuchhandlung; Wien 2001

Kortmann, Bas; Faber, Dennis — Contract and Third Parties; In: Towards a European Civil Code, S. 237 ff.; Hrsg.: Hartkamp, A.S.; Hesselink, M.W.; Hondius, E.H.; du Perron, C.E.; Vranken, J.B.M.; Martinus Nijhoff Publishers; Dordrecht/Boston/London 1998

Kröll, Stefan — Kurzkommentar zu: EuGH, Urt. v. 16.3.1999 – Rs. C-159/97; Entscheidungen zum Wirtschaftsrecht 1999, S. 645 f.; (Kröll, EWiR 1999)

ders. — Gerichtsstandsvereinbarungen aufgrund Handelsbrauchs im Rahmen des GVÜ; Zeitschrift für Zivilprozess 113. Band (2000), S. 135 ff.; (Kröll, ZZP 113 (2000))

ders. — Das Formerfordernis bei Gerichtsstandsvereinbarungen nach Art. 17 LugÜ – Unwirksamkeit trotz materieller Einigung?; Praxis des Internationalen Privat- und Verfahrensrechts 2002, S. 113 ff.; (Kröll, IPRax 2002)

Kropholler, Jan — Neues europäisches Zivilprozessrecht; Recht der Internationalen Wirtschaft 1986, S. 929 ff.; (Kropholler, RIW 1986)

ders. Problematische Schranken der europäischen Zuständigkeitsordnung gegenüber Drittstaaten; In: Festschrift für Murad Ferid, S. 239 ff.; Verlag für Standesamtswesen; Frankfurt am Main 1988; (Kropholler, FS Ferid (1988))

ders. Internationales Privatrecht; 5. Auflage; J.C.B. Mohr (Paul Siebeck); Tübingen 2004; (Kropholler, Internationales Privatrecht)

ders. Europäisches Zivilprozessrecht; Kommentar zu EuGVO und Lugano-Übereinkommen; 6. Auflage; Verlag Recht und Wirtschaft; Heidelberg 1998; (Kropholler (6. Auflage))

ders. Europäisches Zivilprozessrecht; Kommentar zu EuGVO und Lugano-Übereinkommen; 8. Auflage; Verlag Recht und Wirtschaft GmbH; Frankfurt am Main 2005; (Kropholler)

ders. Die Auslegung von EG-Verordnungen zum Internationalen Privat- und Verfahrensrecht; In: Aufbruch nach Europa, S. 583 ff.; Hrsg.: Basedow, Jürgen; Drobnig, Ulrich; Ellger, Reinhard; Hopt, Klaus J.; Kötz, Hein; Kulms, Rainer; Mestmäcker, Ernst-Joachim; Tübingen 2001; (Kropholler, Aufbruch nach Europa)

Kropholler, Jan; Pfeifer, Axel Das neue europäische Recht der Zuständigkeitsvereinbarung; In: Festschrift für Heinrich Nagel, S. 157 ff.; Beiträge zum Internationalen Verfahrensrecht und zur Schiedsgerichtsbarkeit; Aschendorff; Münster 1987

Kubis, Sebastian Gerichtspflicht durch Schweigen? – Prorogation, Erfüllungsortsvereinbarung und internationale Handelsbräuche; Praxis des Internationalen Privat- und Verfahrensrechts 1999, S. 10 ff.

Lachmann, Jens-Peter Handbuch für die Schiedsgerichtspraxis; 2. Auflage; OVS Verlag Dr. Otto Schmidt; Köln 2002

Larenz, Karl; Wolf, Manfred Allgemeiner Teil des Bürgerlichen Rechts; 9 Auflage; C.H. Beck´sche Verlagsbuchhandlung; München 2004

Lasok, D.; Stone, P. A. Conflict of Laws in the European Community; Professional Books Limited; Abingdon, Oxon 1987

Leible, Stefan Gerichtsstandsklauseln und EG-Klauselrichtlinie; Recht der Internationalen Wirtschaft 2001, S. 422 ff.

Lemor, Ulf D. Vierte Kraftfahrzeughaftpflicht-Richtlinie – Inhalt, Umsetzung und offene Fragen; Neue Juristische Wochenschrift 2002, S. 3666 ff.

Libouton, Jacques Anmerkung zu: Urteil vom 19. Juni 1984, Rs. 71/83, Partenreederei ms. Tilly Russ und Ernest Russ ./. N.V. Haven en Vervoerbedrijf Nova und N.V.; Revue de droit commercial belge (18. Jahrgang) 1985, S. 105; (Libouton, Rev.dr.comm.belge (18) 1985)

ders. Anmerkung zu: Hof van Cassatie – 18 septembre 1987; Revue de droit commercial belge (21. Jahrgang) 1988, S. 378 f.; (Libouton, Rev.dr.comm.belge (21) 1988)

Linke, Hartmut EG-Gerichtsstands- und Vollstreckungsübereinkommen; Die Rechtsprechung des EuGH bis zum 31.7.1984; Recht der Internationalen Wirtschaft 1985, S. 1 ff.; (Linke, RIW 1985)

ders. Internationales Zivilprozessrecht; Leitfaden für Verfahren mit Auslandsbezug; 3. Auflage; Verlag Dr. Otto Schmidt; Köln 2001; (Linke, Internationales Zivilprozessrecht)

Lobinger, Thomas Rechtsgeschäftliche Verpflichtungen und autonome Bindung; J.C.B. Mohr (Paul Siebeck); Tübingen 1999

Looschelders, Dirk Der Vorschlag der Europäischen Kommission für eine Vierte Kfz-Haftpflicht-Richtlinie – Ein überzeugendes Konzept zum Schutz des Geschädigten bei Verkehrsunfällen im Ausland?; Neue Zeitschrift für Verkehrsrecht 1999, S. 57 ff.

Loquin, Eric Anmerkung zu: Cour d'appel de Versailles 7. März 1990, OIAETI et Sofidif ./. COGEMA, SERU, Eurodif, CEA; Revue de l'Arbitrage 1991, S. 338 ff.

Lüke, Gerhard; Walchshöfer, Alfred Münchener Kommentar zur Zivilprozessordnung mit Gerichtsverfassungsgesetz und Nebengesetzen; - Band 1: §§ 1-354; 2. Auflage; C.H. Beck'sche Verlagsbuchhandlung; München 2000; - Band 3: §§ 803-1048 EGZPO-GVG-EGGVG Internationales Zivilprozessrecht; 2. Auflage; C.H. Beck'sche Verlagsbuchhandlung; München 2001; (MünchKommZPO/Bearbeiter)

Lutter, Marcus Theorie der Mitgliedschaft – Prolegomena zu einem Allgemeinen Teil des Korporationsrechts –; Archiv für die civilistische Praxis 180. Band (1980), S. 84 ff.

MacFarlanes Giving Third Parties Enforceable Rights; http://www.macfarlanes.co.uk/pdf/enfrcable.pdf

MacMillan, Catharine A Birthday Present for Lord Denning: The Contracts (Rights of Third Parties) Act 1999; The Modern Law Review (63. Jahrgang) 2000, S. 721 ff.

Maier, Hans Jakob Handbuch der Schiedsgerichtsbarkeit; Verlag Neue Wirtschafts-Briefe; Herne/Berlin 1979

Mankowski, Peter Zur Analogie im internationalen Schuldvertragsrecht; Praxis des Internationalen Privat- und Verfahrensrecht 1991, S. 305 ff.; (Mankowski, IPRax 1991)

ders. Internationalprivatrechtliche Aspekte der IoC-Problematik; Transportrecht 1991, S. 253 ff.; (Mankowski, TranspR 1991)

ders. Jurisdiction Clauses und Paramount Clauses nach dem Inkrafttreten der Hamburg Rules; Transportrecht 1992, S. 301 ff.; (Mankowski, TranspR 1992)

ders. Besprechung zu: Prüßmann, Heinz/Rabe, Dieter: Seehandelsrecht; Rabels Zeitschrift für ausländisches und internationales Privatrecht 58. Jahrgang (1994), S. 772 ff.; (Mankowski, RabelsZ 58 (1994))

ders. Besprechung zu: Laurent Killias: Die Gerichtsstandsvereinbarungen nach dem Lugano-Übereinkommen; Zeitschrift für Zivilprozess 108. Band (1995), S. 272 ff.; (Mankowski, ZZP 108 (1995))

ders. Seerechtliche Vertragsverhältnisse im Internationalen Privatrecht; J. C. B. Mohr (Paul Siebeck); Tübingen 1995; (Mankowski, Seerechtliche Vertragsverhältnisse)

ders. Versicherungsverträge zu Gunsten Dritter, Internationales Privatrecht und Art. 17 EuGVÜ; Praxis des Internationalen Privat- und Verfahrensrecht 1996, 427 ff.; (Mankowski, IPRax 1996)

Margrave-Jonas, Clive V. Mellows: The Law of Succession; 5. Auflage; Butterworths; London – Dublin – Edinburgh 1993

Mari, Luigi Il diritto processuale civile della convenzione di Bruxelles; I: Il sistema della competenza; CEDAM; Padova 1999

Martens, Klaus-Peter Rechtsgeschäft und Drittinteressen; Archiv für civilistische Praxis 177. Band (1977), S. 113 ff.

Martiny, Dieter Autonome und einheitliche Auslegung im Europäischen Internationalen Zivilprozessrecht; Rabels Zeitschrift für ausländisches und internationales Privatrecht 45. Jahrgang (1981), S. 427 ff.; (Martiny, RabelsZ 45 (1981))

ders. Internationale Zuständigkeit für „vertragliche Streitigkeiten"; In: Festschrift für Reinhard Geimer, S. 641 ff.; C.H. Beck´sche Verlagsbuchhandlung; München 2002; (Martiny, FS Geimer (2002))

Marty, Gabriel; Raynaud, Pierre Droit Civil: Les Obligations; Band 1: Les sources; 2. Auflage; Sirey; Paris 1988

Massuras, Kostadinos Dogmatische Strukturen der Mehrparteienschiedsgerichtsbarkeit; Peter Lang Europäischer Verlag der Wissenschaften; Frankfurt am Main 1998

Matscher, Franz Zuständigkeitsvereinbarungen im österreichischen und im internationalen Zivilprozessrecht; Springer-Verlag; Wien – New York 1967

Mayer, Pierre Anmerkung zu: Cour d´appel de Paris, 28. November 1989, Compagnie tunisienne de navigation (Cotunav) ./. Société Comptoir commercial André; Cour d´appel de Paris, 8. März 1990, Coumet ès qual. Et Ducler ./. Société Polar – Rakennusos a Kaythio; Revue de l´Arbitrage 1990, S. 681 ff.

Mayss, Abla; Reed, Alan European Business Litigation; Ashgate Dartmouth; Aldershot – Brookfield USA – Singapore – Sydney 1998

Mazeaud, Henri ; Mazeaud, Léon; Mazeaud, Jean Leçons de Droit Civil; Band 4, 2. Halbband: Successions; Libéralités; Éditions Montchrestien; Paris 1972

Meilicke, Wienand Anmerkung zu: EuGH, Urteil vom 10. März 1993, Rs. C-214/89, Powell Duffryn plc ./. Wolfgang Petereit; Deutsche Zeitschrift für Wirtschaftsrecht 1992, S. 206 ff.

Merkin, Robert Privity of Contract: The Impact of the Contract (Rights of Third Parties) Act 1999; LLP; London 2000

Mestre, Jacques Obligations et contrats spéciaux; I. Obligations en général; Revue trimestrielle de droit civil 1986, S. 589 ff.

Meyer-Lindemann, Hans-Jürgen — Gesamtrechtsnachfolge bei Gerichtsstandsvereinbarungen gemäß § 38 Abs. 1 ZPO; Juristenzeitung 1982, S. 592 ff.

Micklitz, Hans-W.; Rott, Peter — Vergemeinschaftung des EuGVÜ in der Verordnung (EG) Nr. 44/2001; Europäische Zeitschrift für Wirtschaftsrecht 2001, S. 325 ff.

Miller, Gareth — The Machinery of Succession; 2. Auflage; Dartmouth; Aldershot – Brookfield USA – Singapore – Sydney 1996

Moloney, Gerald — Choice of Jurisdiction; In: The Brussels Convention on Jurisdiction and Enforcement of Foreign Judgments (Papers and Precedents from the Joint Conference with the Union des Advocats Européens held in Cork, September 1989), S. 35 ff.; Hrsg.: Moloney, Gerald; Robinson, K.; Irish Centre for European Trinity College; Dublin 1989

Morse, C. G. J. — Forum – selection clauses – EEC Style; African Journal of International and Comparative Law 1989, S. 551 ff.

Müller, Gerd — Anmerkung zu: Urteil des EuGH vom 14. Dezember 1976, Rs. 24/76, Estasis Salotti di Colzani Aimo und Gianmario Colzani s.n.c. ./. RÜWA Polstereimaschinen GmbH; Recht der Internationalen Wirtschaft 1977, S. 163 ff.

Müller, Hans-Friedrich — Die Einführung des Vertrages zugunsten Dritter in das englische Recht; Rabels Zeitschrift für ausländisches und internationales Privatrecht 67. Jahrgang (2003), S. 140 ff.

Mustill, Michael J.; Boyd, Stewart C. — The Law and Practice of Commercial Arbitration in England; 2. Auflage; Butterworths; London – Edinburgh 1989

Nagel, Heinrich — Besprechung zu: Kropholler, Jan: Europäisches Zivilprozessrecht; Rabels Zeitschrift für ausländisches und internationales Privatrecht 55. Jahrgang (1991), S. 778 ff.

Nagel, Heinrich; Gottwald, Peter — Internationales Zivilprozessrecht; 5. Auflage; Aschendorff Rechtsverlag / Verlag Dr. Otto Schmidt; Münster / Köln 2002

Nörr, Knut Wolfgang; Scheyhing, Robert; Pöggeler, Wolfgang — Sukzessionen; Zession, Vertragsübernahme, Schuldübernahme, Schuldbeitritt; 2. Auflage; J.C.B. Mohr (Paul Siebeck); Tübingen 1999

North, Peter Machin — Jurisdiction Clauses in Bills of Lading and the European Judgments Convention; The Tilly Russ; Lloyd's Maritime and Commercial Law Quarterly 1985, S. 177 ff.

North, Peter Machin; Fawcett, J. J. — Cheshire and North's Private International Law; 13. Auflage; Butterworths; London – Dublin – Edinburgh 1999

Oberhammer, Paul — Anwendungsbereich von Art. 17, 18 LGVÜ; ecolex 1998, S. 694 f.

O`Malley, Stephen; Layton, Alexander — European Civil Practice; Sweet & Maxwell; London 1989

Oppermann, Thomas — Europarecht; 3. Auflage; C.H. Beck´sche Verlagsbuchhandlung; München 2005

Orr, Patrick — Third Parties Contractual Rights – A Millennium Revolution in English Contract Law; http://www.rosscraig.com/3rd%20Party%20contractual%20Rights%20Article.htm

Otte, Karsten — Vertragspflichten nach Seefrachtrecht (Haager-Visby-Regeln) – gerichtsstandsweisende Kraft für Art. 5 Nr. 1 EuGVÜ?; (zu High Court, Queen´s Bench Division (Admiralty Court) 27.5., 10.6.1999, RPS Prodotti Siderurgici SRL and others v. Owners and/or demise charterers of The Sea Maas (The Sea Maas), [2000] 1 All ER 536); Praxis des Internationalen Privat- und Verfahrensrechts 2002, S. 132 ff.

Palandt, Otto — Kommentar zum Bürgerlichen Gesetzbuch; 65. Auflage; C.H. Beck´sche Verlagsbuchhandlung; München 2006

Park, William D.; Cromie, Stephen J.H. — International Commercial Litigation; 2. Auflage; Butterworths; London – Dublin – Edinburgh 1997

Parker, David B. — Oakley: The Modern Law of Trusts; 8. Auflage; Sweet & Maxwell; London 2003

Pataut, Etienne — Anmerkung zu: Cour de Cassation (Ch.com.). – 8. Dezember 1998. Cour de Cassation (1re Ch.civ.) – 5. Januar 1999; Revue critique de droit international privé 1999, S. 538 ff.

Pecher, Sigrid — Die internationale Erbschaftsverwaltung bei deutsch-englischen Erbfällen; Nomos Verlagsgesellschaft; Baden-Baden 1995

Pellis, Lesley Th.L.G. — Anmerkung zu: EuGH, Urteil 16. März 1999, Rs. C-159/97, Trasporti Castelletti Spedizioni Internazionali SpA ./. Hugo Trumpy SpA; Ondernemingsrecht 2001, S. 246 ff.

Penner, James E. — The Law of trust; Butterworths; London – Edinburgh – Dublin 1998

Peter, Martin F. — Verträge zugunsten Dritter im englischen und deutschen Recht unter Berücksichtigung des Contracts (Rights of Third Parties) Act 1999; Cuvillier Verlag; Göttingen 2001

Pfeiffer, Thomas — Gerichtsstandsklauseln und EG-Klauselrichtlinie; In: Festschrift für Rolf A. Schütze, S. 677 ff.; C.H. Beck´sche Verlagsbuchhandlung; München 1999

Philip, Allan — Der Geltungsbereich des Artikels 17; In: Internationale Zuständigkeit und Urteilsanerkennung in Europa, Berichte und Dokumente des Kolloquiums „Die Auslegung des Brüsseler Übereinkommens durch den Europäischen Gerichtshof und der Rechtsschutz im europäischen Raum“. Luxemburg, 11. und 12. März 1991, S. 139 ff.; Hrsg.: Gerichtshof der Europäischen Gemeinschaften; Carl Heymanns Verlag KG; Köln – Berlin – Bonn – München 1993

Pieri, S. — The 1968 Brussels Convention on Jurisdiction and the Enforcement of Judgments in civil and commercial matters: Four years´Case law of the European Court of Justice; Common Market Law Review (24. Jahrgang) 1987, S. 537 ff.

Polak, Maurice V. — Anmerkung zu: EuGH, Urteil vom 10. März 1993, Rs. C-214/89, Powell Duffryn plc ./. Wolfgang Petereit; Common Market Law Review (28. Jahrgang)1993, S. 406 ff.

Pradel, Xavier — Cession de créance et transfert de la clause compromissoire; (à propos de l´arrêt de la deuxième chambre civile de la Cour de cassation du 20 décembre 2001); Recueil Le Dalloz 2003, S. 569 ff.

Prinzing, Gertrud — Internationale Gerichtsstandsvereinbarungen nach § 38 ZPO; Praxis des Internationalen Privat- und Verfahrensrechts 1990, S. 83 ff.

Prölss, Jürgen; Martin, Anton — Versicherungsvertragsgesetz; Kommentar zu VVG und EGVVG sowie Kommentierung wichtiger Versicherungsbedingungen – unter Berücksichtigung des ÖVVG und österreichischer Rechtsprechung; 27. Auflage; C.H. Beck´sche Verlagsbuchhandlung; München 2004

Prüßmann, Heinz; Rabe, Dieter — Seehandelsrecht; 4. Auflage; C.H. Beck´sche Verlagsbuchhandlung; München 2000

Puttfarken, Hans-Jürgen — Seehandelsrecht; Verlag Recht und Wirtschaft GmbH; Heidelberg 1997

Putzeys, Jaques — Droit des transports et droit maritime; Bruylant; Bruxelles 1993

Queirolo, Ilaria — Gli accordi sulla competenza Giurisdizionale (Tra diritto comunitario e diritto interno); Cedam; Padova 2000

Rabe, Dieter — Drittwirkung von Gerichtsstandsklauseln nach Art. 17 EuGVÜ; Transportrecht 2000, S. 389 ff.

Raeschke-Kessler, Hilmar — The New German Arbitration Act v. Old German Case Law: Which Case Law of the Bundesgerichtshof (German Federal Supreme Court) is to be Applied to the New Act?; Arbitration International (14. Jahrgang) 1998, S. 47 ff.

Rauscher, Thomas — Gerichtsstandsbeeinflussende AGB im Geltungsbereich des EuGVÜ; Zeitschrift für Zivilprozess 104. Band (1991), S. 271 ff.; (Rauscher, ZZP 104 (1991))

ders. — Prorogation und Vertragsgerichtsstand gegen Rechtsscheinhaftende; Praxis des Internationalen Privat- und Verfahrensrechts 1992, S. 143 ff.; (Rauscher, IPRax 1992)

ders. — Europäisches Zivilprozessrecht; Kommentar; Sellier. European Law Publisher; München 2004; (Rauscher/Bearbeiter)

Rebmann, Kurt; Säcker, Franz Jürgen; Rixecker, Roland	Münchener Kommentar zum Bürgerlichen Gesetzbuch; - Band 1: Allgemeiner Teil; §§ 1-240, AGB-Gesetz; 4. Auflage; München 2001; - Band 2a: Schuldrecht Allgemeiner Teil; §§ 241-432; 4. Auflage; C.H. Beck´sche Verlagsbuchhandlung; München 2003; - Band 5: Schuldrecht Besonderer Teil III; §§ 705-853; Partnerschaftsgesellschaftsgesetz; Produkthaftungsgesetz; 4. Auflage; C.H. Beck´sche Verlagsbuchhandlung; München 2004; (MünchKomm/Bearbeiter); - Band 10: Einführungsgesetz zum Bürgerlichen Gesetzbuche (Art. 1-38) Internationales Privatrecht; 4. Auflage; C.H. Beck`sche Verlagsbuchhandlung; München 2006; (MünchKommEGBGB/Bearbeiter)
Reinken, Anja-Maria	Der heutige Stand der privity of contract im englischen Common Law; Inaugural-Dissertation zur Erlangung des akademischen Grades eines Doktors der Rechte durch die Rechtswissenschaftliche Fakultät der Westfälischen Wilhelms-Universität zu Münster 1998
Reiser, Hans	Gerichtsstandsvereinbarungen nach dem IPR-Gesetz; (Zugleich ein Beitrag zur Schiedsabrede); Schulthess Polygraphischer Verlag; Zürich 1989; (Reiser, Gerichtsstandsvereinbarungen 1989)
ders.	Gerichtsstandsvereinbarungen nach IPR-Gesetz und Lugano-Übereinkommen; Schulthess Polygraphischer Verlag; Zürich 1995; (Reiser, Gerichtsstandsvereinbarungen 1995)
Reithmann, Christoph; Martiny, Dieter	Das internationale Privatrecht der Schuldverträge; 6. Auflage; OVS Verlag Dr. Otto Schmidt; Köln 2004
Richards, Paul H.	Law of Contract; 5. Auflage; Longman; Harlow, England – London 2002
Rigaux, François; Fallon, Marc	Droit International Privé; Tome II; 2. Auflage; Maison Larcier, S.A. Brüssel 1993
Rinoldi, Dino	Autonomia della volontà e foro elettivo nella Convenzione Comunitaria sulla Giurisdizione e il riconoscimento delle sentenze; Diritto del Commercio Internazionale 1989, S. 407 ff.
Robert, Jean	L`arbitrage; Droit interne – Droit international privé; 6. Auflage; Dalloz; Paris 1993
Römer, Wolfgang; Langheid, Theo	Versicherungsvertragsgesetz: VVG; mit Pflichtversicherungsgesetz (PflVG) und Kraftfahrzeug-Pflichtversicherungsverordnung (Kfz-PflVV); Kommentar; 2. Auflage; Beck Verlag; München 2003
Roland, Roger	Le connaissement et le droit européen; Jurisprudence du Port d´Anvers (123. Jahrgang) 1983-1984, S. 403 ff.
Rosenberg, Leo; Schwab, Karl Heinz	Zivilprozessrecht; 16. Auflage; C.H. Beck´sche Verlagsbuchhandlung; München 2004

Roth, Günter Internationalrechtliche Probleme bei Prorogation und Derogation; Zeitschrift für Zivilprozess 93. Band (1980), S. 156 ff.; (Roth, ZZP 93 (1980))

ders. Zur Derogation der deutschen Gerichtszuständigkeit; Praxis des Internationalen Privat- und Verfahrensrechts 1987, S. 141 ff.; (Roth, IPRax 1987)

ders. Grundriss des österreichischen Wertpapierrechts; Manzsche Verlags- und Universitätsbuchhandlung; Wien 1988; (Roth, Grundriss des österreichischen Wertpapierrechts)

Roth, Herbert Gerichtsstandsvereinbarung nach Art. 17 EuGVÜ und kartellrechtliches Derogationsverbot; Praxis des Internationalen Privat- und Verfahrensrechts 1992, S. 67 ff.

Roth, Wulf-Henning Internationales Versicherungsvertragsrecht: das Versicherungsverhältnis im internationalen Vertragsrecht; zugleich ein Beitrag zum Schutz des schwächeren Vertragspartners im IPR und zur Dienstleistungsfreiheit in der Europäischen Gemeinschaft; Mohr; Tübingen 1985

Rummel, Peter Kommentar zum Allgemeinen bürgerlichen Gesetzbuch mit IPRG, EVÜ, EheG, MRG, WGG, WEG, BTVG, HeizKG, KSchG; - 1. Band: §§ 1-1174 ABGB; 3. Auflage; Manzsche Verlags- und Universitätsbuchhandlung; Wien 2000; - 2. Band, 3. Teil: §§ 1342-1502 ABGB; 3. Auflage; Manzsche Verlags- und Universitätsbuchhandlung; Wien 2002

Ryn, Jean van; Heenen, Jacque Principes de droit commercial; Band IV; Deuxième Édition; Établissements Èmile Bruylant; Bruxelles 1988

Säcker, Franz-Jürgen Gesellschaftsvertragliche und erbrechtliche Nachfolge in Gesamthandsgesellschaften; Verlag Gehlen; Bad Homburg v.d.H. – Berlin – Zürich 1970

Saenger, Ingo Internationale Gerichtsstandsvereinbarungen nach EuGVÜ und LugÜ; Zeitschrift für Zivilprozess 110. Band (1997), S. 477 ff.; (Saenger, ZZP 110 (1997))

ders. Gerichtsstandsvereinbarung nach EuGVÜ in international handelsgebräuchlicher Form; (Anmerkung zum Urteil des EuGH vom 16. März 1999); Zeitschrift für Europäisches Privatrecht 2000, S. 656 ff.; (Saenger, ZEuP 2000)

ders. Wirksamkeit internationaler Gerichtsstandsvereinbarungen; In: Festschrift für Otto Sandrock, S. 807 ff.; Verlag Recht und Wirtschaft GmbH; Heidelberg 2000; (Saenger, FS Sandrock (2000))

Samtleben, Jürgen Internationale Gerichtsstandsvereinbarungen nach dem EWG-Übereinkommen und nach der Gerichtsstandsnovelle; Neue Juristische Wochenschrift 1974, S. 1590 ff.; (Samtleben, NJW 1974)

ders. Europäische Gerichtsstandsvereinbarungen und Drittstaaten – viel Lärm um nichts?; Zum räumlichen Anwendungsbereich des Art. 17 I EuGVÜ/LugÜ; Rabels Zeitschrift für ausländisches und internationales Privatrecht 59. Jahrgang (1995), S. 670 ff.; (Samtleben, RabelsZ 59 (1995))

Sandrock, Otto Handbuch der Internationalen Vertragsgestaltung; Ein Leitfaden für den Abschluss von Verträgen im internationalen Wirtschaftsverkehr; Band 2; Verlagsgesellschaft Recht und Wirtschaft mbH; Heidelberg 1980; (Sandrock/Bearbeiter)

ders. Die Bedeutung des Gesetzes zur Neuregelung des Internationalen Privatrechts für die Unternehmenspraxis; Recht der Internationalen Wirtschaft 1986, S. 841 ff.; (Sandrock, RIW 1986)

Schack, Haimo Derogation des Vermögensgerichtsstandes zwischen deutscher lex fori und ausländischem Prorogationsstatut; Praxis des Internationalen Privat- und Verfahrensrechts 1990, S. 19 ff.; (Schack, IPRax 1990)

ders. Rechtshängigkeit in England und Art. 21 EuGVÜ; (zu Klöckner & Co. A.G. ./. Gatoil Overseas Inc. [1990] 1 Lloyd´s Rep. 977 (Q.B., per J. Hirst); Praxis des Internationalen Privat- und Verfahrensrechts 1991, S. 270 ff.; (Schack, IPRax 1991)

ders. Die EG-Kommission auf dem Holzweg von Amsterdam; Zeitschrift für Europäisches Privatrecht 1999, S. 805 ff.; (Schack, ZEuP 1999)

ders. Internationales Zivilverfahrensrecht; 3. Auflage; C.H. Beck´sche Verlagsbuchhandlung; München 2002; (Schack, Internationales Zivilverfahrensrecht)

Schaps, Georg; Abraham, Hans Jürgen Das Seerecht in der Bundesrepublik Deutschland; Kommentar und Materialsammlung; Seehandelsrecht Erster Teil; 4. Auflage; Walter de Gruyter; Berlin – New York 1978

Schermers, Henry G.; O´Keeffe, David; Roth, Wulf-Henning; Slot, Piet Jan; Timmermans, C.W.A.; Winter, Jan A. (Hrsg. der C.M.L.Rev.) Editorial Comments: EC-EFTA Court?; Common Market Law Review (26. Jahrgang) 1989, S. 341 ff.; (Editorial Comments, C.M.L. Rev. 1989)

Schiedermair, Gerhard Vereinbarungen im Zivilprozess; Ludwig Röhrscheid/Verlag; Bonn 1935

Schilken, Eberhard — Zur Zulässigkeit von Zuständigkeitsvereinbarungen bei Beteiligung von Nichtkaufleuten (§§ 38 Abs. 3, 40 ZPO); In: Festschrift für Hans-Joachim Musielak, S. 435 ff.; Verlag C.H. Beck; München 2004

Schirmer, Helmut — Zur Vereinbarung von Obliegenheiten zu Lasten Dritter insbesondere in Verträgen zu ihren Gunsten; In: Festschrift für Reimer Schmidt, S. 821 ff.; Verlag Versicherungswirtschaft E.V.; Karlsruhe 1976

Schlechtriem, Peter; Schwenzer, Ingeborg — Kommentar zum einheitlichen UN-Kaufrecht; 4. Auflage; C.H. Beck´sche Verlagsbuchhandlung; München 2004

Schley, Michael — Das französische Produkthaftungsrecht und die bei grenzüberschreitenden Vertragsketten im deutsch-französischen Rechtsverkehr auftretenden Probleme; Duncker & Humblot; Berlin 2001

Schlosser, Peter — Gerichtsstandsklausel in einem Konnossement; Anmerkung zu: Gerichtshof der Europäischen Gemeinschaften, Urteil vom 19.6.1984 – Rechtssache 71/83; Recht der Internationalen Wirtschaft 1984, S. 911 ff.; (Schlosser, RIW 1984)

ders. — Das Recht der internationalen privaten Schiedsgerichtsbarkeit; 2. Auflage; J.C.B.Mohr (Paul Siebeck); Tübingen 1989; (Schlosser, Schiedsgerichtsbarkeit)

ders. — Buchbesprechung: Wolfgang Bosch: Rechtskraft und Rechtshängigkeit im Schiedsverfahren; Zeitschrift für Zivilprozess 105. Band (1992), S. 513 ff.; (Schlosser, ZZP 105 (1992))

ders. — EU-Zivilprozessrecht; Kommentar; 2. Auflage; C.H. Beck München 2003; (Schlosser)

Schmalzbauer, Wolfgang — Die Drittwirkung verpflichtender Verträge; Dissertation zur Erlangung des Doktorgrades der Juristischen Fakultät der Universität Regensburg 1982

Schmidt, Karsten — Gesellschaftsrecht; 4. Auflage; Carl Heymanns Verlag KG; Köln – Berlin – Bonn – München 2002

Schmidt, Michael J. — Kann Schweigen auf eine Gerichtsstandsklausel in AGB einen Gerichtsstand nach Art. 17 EuGVÜ/LuganoÜ begründen?; Das Urteil des LG Essen vom 12.12.1990 – Eine Tendenzwende in der europäischen Rechtsprechung?; Recht der Internationalen Wirtschaft 1992, S. 173 ff.

Schmidt-Parzefall, Tillmann — Die Auslegung des Parallelübereinkommens von Lugano; J.C.B. Mohr (Paul Siebeck); Tübingen 1995

Schockweiler, Fernand — Gerichtsstandsvereinbarungen im Brüsseler Übereinkommen; In: Internationale Zuständigkeit und Urteilsanerkennung in Europa, Berichte und Dokumente des Kolloquiums „Die Auslegung des Brüsseler Übereinkommens durch den Europäischen Gerichtshof und der Rechtsschutz im europäischen Raum". Luxemburg, 11. und 12. März 1991, S. 107 ff.; Hrsg.: Gerichtshof der Europäischen Gemeinschaften; Carl Heymanns Verlag KG; Köln – Berlin – Bonn – München 1993

Schoibl, Norbert A. — Vom Brüsseler Übereinkommen zur Brüssel-I-Verordnung: Neuerungen im europäischen Zivilprozessrecht; Juristische Blätter 2003, S. 149 ff.

Scholz, Ingo — Das Problem der autonomen Auslegung des EuGVÜ; J.C.B. Mohr (Paul Siebeck); Tübingen 1998

Schricker, Gerhard — Zur Geltung von Schiedsverträgen bei Anspruchsabtretung; In: Festschrift für Karlheinz Quack, S. 99 ff.; Walter de Gruyter; Berlin – New York 1991

Schüler, Christian — Anmerkung zu: LG Bremen, Urteil vom 25.1.2001 (6 O 1420/00); Versicherungsrecht 2001, S. 783

Schulze, Götz — Der pathologische Fall – die Gerichtsstandsvereinbarung nach Art. 17 Abs. 4 LugÜ/EuGVÜ; Praxis des Internationalen Privat- und Verfahrensrechts 1999, S. 229 ff.

Schultsz, J.C. — Anmerkung zu: Arr.-Rechtsbank Maastricht, 31. Januar 1980; Nederlandse Jurisprudentie 1981, S. 2040; (Schultsz, N.J. 1981)

ders. — Anmerkung zu: Urteil vom 14. Juli 1983, Rs. 201/82, Gerling Konzern Speziale Kreditversicherungs-AG und andere ./. Amministrazione del tesoro dello stato; Nederlandse Jurisprudentie 1984, S. 2505 ff.; (Schultsz, N.J. 1984)

ders. — Anmerkung zu: Urteil vom 19. Juni 1984, Rs. 71/83, Partenreederei ms. Tilly Russ und Ernest Russ ./. N.V. Haven en Vervoerbedrijf Nova und N.V. Goeminne Hout; Nederlandse Jurisprudentie 1984, S. 2623 ff.; (Schultsz, N.J. 1984)

Schumann, Ekkehard — Die Änderungen des Zivilprozessrechts und des Gerichtsverfassungsrechts in den Jahren 1973 und 1974; Juristische Arbeitsblätter 1975, S. 423 ff.

Schütze, Rolf A.; Tscherning, Dieter; Wais, Walter — Handbuch des Schiedsverfahrens; Praxis der deutschen und internationalen Schiedsgerichtsbarkeit; 2. Auflage; Walter de Gruyter; Berlin – New York 1990

Schwab, Karl Heinz; Walter, Gerhard — Schiedsgerichtsbarkeit; 7. Auflage; C.H. Beck´sche Verlagsbuchhandlung; München 2005

Schwartz, Ivo E. — Übereinkommen zwischen den EG-Staaten: Völkerrecht oder Gemeinschaftsrecht; In: Festschrift für Wilhelm G. Grewe, S. 551 ff.; Nomos Verlagsgesellschaft; Baden-Baden 1981

Schwarz, Eckhard — Die neuere Rechtsprechung zu Art. 17 Abs. 4 EuGVÜ; Praxis des Internationalen Privat- und Verfahrensrechts 1987, S. 291 ff.

Schwimann, Michael — Praxiskommentar zum ABGB samt Nebengesetzen; - Band 3: §§ 531-858 ABGB; - Band 5: §§ 859-1089 ABGB; - Band 7: §§ 1293-1502 ABGB; 2. Auflage; Verlag Orac; Wien 1997

Seeberg, Oliver — Der Termin- und Differenzeinwand und die internationale Zuständigkeit bei Geschäften mit ausländischen Banken nach der Börsengesetznovelle 1989; Zeitschrift für Wirtschaftsrecht und Insolvenzpraxis 1992, S. 600 ff.

Siedel, Beate — Kollisionsrechtliche Anknüpfung vertraglicher und gesetzlicher Schuldübernahme; Verlag Shaker; Aachen 1995

Sinay-Cytermann, Anne — Anmerkung zu : Cour de cassation (Ch. com.). – 18 octobre 1994 ; Revue critique de droit international privé (84) 1995, S. 725 ff.

Soehring, Kay — Die Nachfolge in Rechtslagen aus Prozessverträgen; Carl Heymanns Verlag KG; Köln – Berlin – Bonn – München 1968; (Soehring, Die Nachfolge in Rechtslagen)

ders. — Die Rechtsnachfolge in Rechtslagen aus Prozessverträgen; Neue Juristische Wochenschrift 1969, S. 1093 ff.; (Soehring, NJW 1969)

Soergel, Hans Theordor — Bürgerliches Gesetzbuch mit Einführungsgesetz und Nebengesetzen; - Band 2: Schuldrecht I (§§ 241-432); 12. Auflage; Verlag W. Kohlhammer GmbH; Stuttgart – Berlin – Köln 1990; - Band 10: Einführungsgesetz; 12. Auflage; Verlag W. Kohlhammer; Stuttgart – Berlin – Köln 1996

Sonnenberger, Hans J. — Rechtsfragen beim Seetransport von Stückgut durch englische Verfrachter; In: Festschrift für Karl Firsching, S. 295 ff.; C.H. Beck´sche Verlagsbuchhandlung; München 1985

Spielbüchler, Karl — Der Dritte im Schuldverhältnis; Springer-Verlag; Wien – New York 1973

Staehelin, Matthias — Gerichtsstandsvereinbarungen im internationalen Handelsverkehr Europas: Form und Willenseinigung nach Art. 17 EuGVÜ/LugÜ; Helbing & Lichtenhahn; Basel und Frankfurt am Main 1994

Starck, Boris; Roland, Henri; Boyer, Laurent — Obligations; 3. Band: Régime général; 4. Auflage; Litec; Paris 1992

Staub, Hermann — Handelsgesetzbuch; Großkommentar; Dritter Band, 2. Halbband: §§ 352-372; Walter de Gruyter; Berlin – New York 1978; (Großkommentar zum HGB/Bearbeiter)

Staudinger, Ansgar — Vertragsstaatenbezug und Rückversicherungsverträge im EuGVÜ (zu EuGH, Urteil vom 13. Juli 2000, Rs. C-412/98, Group Josi Reinsurance Company S.A. ./. Universal General Insurance Company (UGIC); Praxis des Internationalen Privat- und Verfahrensrechts 2000, S. 483 ff.

Staudinger, Julius von — Kommentar zum Bürgerlichen Gesetzbuch mit Einführungsgesetz und Nebengesetzen EGBGB/IPR; - Allgemeiner Teil: §§ 164-240; 15. Auflage; Sellier – de Gruyter; Berlin 2004; - Recht der Schuldverhältnisse: §§ 328-361 b; 14. Auflage; Sellier – de Gruyter; Berlin 2001; - Recht der Schuldverhältnisse: §§ 397-423; 13. Auflage; Sellier – de Gruyter; Berlin 1999; - EGBGB/IPR: Art. 27-37; Anhang zu Art. 33; Anhang zu Art. 34; Anhang I zu Art. 37; Anhang II zu Art. 27-37; 13. Auflage; Sellier – de Gruyter; Berlin 2002; - Internationales Gesellschaftsrecht; 14. Auflage; Sellier – de Gruyter; Berlin 1998; - Wiener UN-Kaufrecht (CISG); 14. Auflage; Sellier – de Gruyter; Berlin 2005

Stein, Friedrich; Jonas, Martin — Kommentar zur Zivilprozessordnung; - Band 1: Einleitung §§ 1-40 22. Auflage; Mohr Siebeck; Tübingen 2003; - Band 9: §§ 916-1068; 22. Auflage; Mohr Siebeck; Tübingen 2002

Stöve, Elisabeth — Gerichtsstandsvereinbarungen nach Handelsbrauch, Art. 17 EuGVÜ und § 38 ZPO; Unter besonderer Berücksichtigung des kaufmännischen Bestätigungsschreibens des Konnossements und der Faktura; R. V. Decker's Verlag, G. Schenck; Heidelberg 1993

Struyck, Jules — Anmerkung zu: Urteil vom 27. Juni 2000, Rs. C-240/98, Océano Grupo Editorial S.A. ./. Rocio Murciano Quintero und Salvat Editore S.A. ./. José M. Sànchez Alcón Prades; Common Market Law Review (37. Jahrgang) 2001, S. 719 ff.

Tagaras, H. — Cronique de Jurisprudence de la Cour de Justice relative a la Convention de Bruxelles: Années judiciares 1990–1991 et 1991–1992; Cahiers de droit européen 1992, S. 653 ff.

Takahashi, Koij — Jurisdiction over direct action against sub-carrier under the Brussels Convention; Lloyd's Maritime and Commercial Law Quarterly 2001, S. 107 ff.

Tassel, Yves — L'autonomie de la clause de juridiction; Le Droit maritime français (47. Jahrgang) 1995, S. 259 ff.

Tebbens, Harry D. — L'Interprétation dynamique, par la Cour de Justice Européenne, de la Compétence en matière contractuelle (L'Art. 5, 1 de la Convention de Bruxelles de 1968); In: Festschrift für Jean Georges Sauveplanne, S. 65 ff.; Kluwer Law and Taxation Publishers; Deventer/Netherlands1984; (Tebbens, FS Sauveplanne (1984))

ders. — Internationale Kaufverträge und EuGVÜ: Gerichtsstandsklausel in AGB und Erfüllungsort nach EKG; (Zu OLG Celle, 2.3.1984, 15 U 78/83); Praxis des Internationalen Privat- und Verfahrensrechts 1985, S. 262 ff.; (Tebbens, IPRax 1985)

ders. — Jurisdiction and Enforcement in International Contract Law (Selected Aspects of the Brussels Convention of 1968/1978); In: International Contracts and Conflicts of Laws – A Collection of Essays, S. 124 ff.; Hrsg.: Šarčević, Petar; Graham & Trotman/Martinus Nijhoff; London – Dordrecht – Boston 1990; (Tebbens, International Contracts and Conflicts of Laws)

Terré, François; Simler, Philippe; Lequette, Yves — Droit civil: Les obligations; 8. Auflage; Dalloz; Paris 2002

Tetley, William — Marine Cargo Claims; 3. Auflage; International Shipping Publications; Blais; Montreal, Canada 1988; (Tetley, Marine Cargo Claims)

Teubner, Ernst; Künzel, Thomas — Prozessverträge – Zulässigkeit, Abschluss und Wirkungen; Monatsschrift für deutsches Recht 1988, S. 720 ff.

Thode, Reinhold — Wirksamkeit einer Gerichtsstandsklausel in der Satzung einer AG Entscheidungssammlung zum Wirtschafts- und Bankrecht Band 14, S. 1594 f.; (Thode, WuB VII B 1. Art. 17 EuGVÜ 2.89)

Thomas, Heinz; Putzo, Hans; Reichold, Klaus; Hüßtege, Rainer — Zivilprozessordnung mit Gerichtsverfassungsgesetz, den Einführungsgesetzen und europarechtlichen Vorschriften (EuGVÜ, LuGVÜ, EheVO, ZustellungsVO, AVAG); 27. Auflage; C.H. Beck; München 2005

Tosi, Ugo; Hesse, Christine — Anmerkung zu: OLG Saarbrücken, Urteil vom 26.1.1984 – 8 U 79/82); Recht der Internationalen Wirtschaft 1984, S. 480 f.

Treitel, Guenter — The Law of Contract; 11. Auflage; Sweet & Maxwell; London 2003

Trunk, Alexander — Die Erweiterung des EuGVÜ-Systems am Vorabend des Europäischen Binnenmarktes; C.H. Beck'sche Verlagsbuchhandlung; München 1991; (Trunk, Die Erweiterung des EuGVÜ-Systems)

ders. — Erste deutsche Rechtsprechung zum Lugano-Übereinkommen. Gerichtsstandsvereinbarungen, Gerichtsstand des Erfüllungsorts und intertemporale Fragen; (zu LG München I, 29.5.1995 – 21 O 23363/94); Praxis des Internationalen Privat- und Verfahrensrechts 1996, S. 249 ff.; (Trunk, IPRax 1996)

Ulmer, Peter; Brandner, Hans E.; Hensen, Horst-Diether; Schmidt, Harry — AGB-Gesetz; Kommentar zum Gesetz zur Regelung des Rechts der Allgemeinen Geschäftsbedingungen; 9. Auflage; OVS Verlag Dr. Otto Schmidt; Köln 2001

Vachek, Marcel — Fallstudie zur Anwendung des EuGVÜ im Unternehmensbereich – Teil 3: Die ausschließlichen Zuständigkeiten nach Art. 16 Nr. 1 und 17 EuGVÜ; Wirtschaftsrechtliche Beratung 1997, S. 157 f.

Vékás, Lajos — Die Reform des internationalen Zivilverfahrensrechts; Praxis des Internationalen Privat- und Verfahrensrechts 2003, S. 142 ff.

Verheul, Hans — The EEC Convention on Jurisdiction and Judgments of 27 September 1986 in Dutch legal practice; Netherlands International Law Review 1987, S. 99 ff.

Verschuur, R. Ch. — Forum Choice and Jurisdiction of Dutch Courts in International Matters. Some recent Developments; In: Festschrift für Jean Georges Sauveplanne, S. 263 ff.; Kluwer Law and Taxation Publishers; Deventer/Netherlands 1984

Vischer, Frank; Huber, Lucius; Ose, David — Internationales Vertragsrecht; 2. Auflage; Stämpfli Verlag AG; Bern 2000

Vlas, P. — The Protocol on Interpretation of the EEC Convention on Jurisdiction and Enforcement of Judgements: over ten years in legal practice (1975-1985); Netherlands International Law Review 1986, S. 84 ff.

Vogt, Annette — Verträge zu Rechten Dritter, insbesondere auf den Todesfall, mit einem englischen Versprechensempfänger; Ducker & Humblot; Berlin 1999

Volz, Gerhard — Harmonisierung des Rechts der Individuellen Rechtswahl, der Gerichtsstandsvereinbarung und der Schiedsvereinbarung im Europäischen Wirtschaftsraum (EWR); Hartung-Gorre Verlag; Konstanz 1993

Wagner, Gerhard — Prozessverträge; Privatautonomie im Verfahrensrecht; J.C.B. Mohr (Paul Siebeck); Tübingen 1998

Watté, Nadine — Anmerkung zu: Tribunal de Commerce de Bruxelles – 23 janvier 1986; Revue de droit commercial belge (21. Jahrgang) 1988, S. 781 ff.

Weerdt, Ivo de — Bevoegdheidsbeding in Cognossementen voor de Belgische Richter (Artikel 91 van de Belgische zeewet en artikelen 17 & 18 EEG Executieverdrag); European Transport Law (22. Jahrgang) 1987, S. 317 ff.

Weyers, Hans Leo; Wandt, Manfred — Versicherungsvertragsrecht; 3. Auflage; Luchterhand; München 2003

Wieczorek, Bernhard; Schütze, Rolf A. — Zivilprozessordnung und Nebengesetze; Erster Band/1. Teilband: Einleitung; §§ 1 bis 49; 3. Auflage; Walter de Gruyter; Berlin – New York 1994

Wiederkehr, Georges; Henry, Xavier; Tisserand, Alice; Venandet, Guy; Jacob, François — Code Civil; 103. Auflage; Dalloz; Paris 2004

Wilderspin, M. Article 17 and bills of lading; Case 71/83, Partenreederei Ms Tilly Russ & Ernest Russ v. Haven & Vervoerbedrijf Nova & Goeminne Hout (The Tilly Russ); European Law Review (18. Jahrgang) 1984, S. 456 ff.

Wirth, Hans-Rainer Gerichtsstandsvereinbarungen im internationalen Handelsverkehr; Neue Juristische Wochenschrift 1978, S. 460 ff.

Wittuhn, Georg Das internationale Privatrecht des trust; Peter Lang Europäischer Verlag der Wissenschaften; Frankfurt am Main – Bern – New York – Paris 1987

Witz, Wolfgang; Salger Hanns-Christian; Lorenz, Manuel Internationales Einheitliches Kaufrecht; Verlag Recht und Wirtschaft GmbH; Heidelberg 2000

Zöller, Reinhard Zivilprozessordnung mit Gerichtsverfassungsgesetz und den Einführungsgesetzen, mit Internationalem Zivilprozessrecht, Kostenanmerkungen; 25. Auflage; OVS Verlag Dr. Otto Schmidt; Köln 2005

Zweigert, Konrad Das Statut der Vertragsübernahme; Rabels Zeitschrift für ausländisches und internationales Privatrecht 23. Jahrgang (1958), S. 643 ff.

Zweigert, Konrad; Kötz, Hein Einführung in die Rechtsvergleichung; 3. Auflage; J.C.B. Mohr (Paul Siebeck); Tübingen 1996

Urteils- und Entscheidungsübersicht

Entscheidungen der Landgerichte

- LG Nürnberg-Fürth, IPRspr. 1975, Nr. 140
- LG Saarbrücken, IPRspr. 1976, Nr. 148
- LG Trier, NJW 1982, 286 f.
- LG Bonn, IPRax 1983, 243
- LG Gießen, IPRax 1984, 160
- LG Essen, RIW 1992, 227
- LG Hamburg, TranspR 1993, 65
- LG Darmstadt, NJW-RR 1994, 689
- LG Karlsruhe, NJW 1996, 1417
- LG München I, IPRax 1996, 266
- LG Berlin, IPRax 2000, 526
- LG Bremen, VersR 2001, 782

Entscheidungen der Oberlandesgerichte

- HansOLG Hamburg, MDR 1975, 227
- OLG Stuttgart, IPRspr. 1979, Nr. 165
- OLG Düsseldorf, IPRspr. 1979, Nr. 156a
- OLG München, RIW 1981, 848
- OLG München, IPRspr. 1981, Nr. 155
- OLG Karlsruhe, IPRspr. 1981, Nr. 171
- OLG Saarbrücken, RIW 1984, 478
- OLG Bremen, RIW 1985, 894
- OLG Bremen, VersR 1985, 987
- OLG Celle, IPRax 1985, 284
- OLG Nürnberg, NJW 1985, 1296
- OLG Köln, VersR 1986, 229
- OLG Koblenz, RIW 1987, 144, 146
- OLG Koblenz, IPRax 1987, 308
- OLG Köln, IPRspr. 1988, Nr. 157
- OLG Köln, RIW 1988, 555
- HansOLG, RIW 1989, 574
- OLG Bamberg, IPRax 1990, 105
- OLG Düsseldorf, RIW 1990, 577
- OLG München, ZZP 103 (1990), 84
- OLG München, IPRax 1991, 46
- OLG Stuttgart, RIW 1991, 333
- OLG Köln, NJW-RR 1992, 571
- OLG Saarbrücken, NJW 1992, 987
- OLG Düsseldorf, RIW 1996, 239

- OLG Celle, IPRax 1997, 417
- HansOLG, IPRax 1997, 419
- OLG Köln, VersR 1997, 613
- OLG Köln, NJW-RR 1998, 1350
- OLG München, RIW 1999, 621
- OLG Düsseldorf, IPRax 1999, 38
- OLG Oldenburg, IPRax 1999, 458, 459
- OLG Hamm, RIW 2000, 382
- OLG Saarbrücken, NJW 2000, 670
- BayObLG, NJW-RR 2001, 669
- BayObLG, BB 2001, 1498
- BayObLG, NJW-RR 2002, 359

Entscheidungen des Reichsgerichts

- RGZ 56, 182
- RGZ 59, 232
- RGZ 64, 318
- RGZ 74, 416
- RGZ 120, 126
- RGZ 146, 52
- RG, WarnRspr. 1908, Nr. 361

Entscheidungen des Bundesgerichtshofs

- BGHZ 29, 123
- BGHZ 33, 364
- BGHZ 48, 35
- BGHZ 49, 384
- BGHZ 57, 72
- BGHZ 57, 265
- BGHZ 59, 23
- BGHZ 61, 359
- BGHZ 68, 225
- BGHZ 68, 356
- BGHZ 71, 162
- BGHZ 77, 32
- BGHZ 78, 369
- BGHZ 82, 110
- BGHZ 94, 156
- BGHZ 98, 284
- BGHZ 115, 90
- BGHZ 129, 371
- BGH, WM 1965, 361
- BGH, ZZP 75 (1962), 261

- BGH, NJW 1971, 325 f.
- BGH, WM 1974, 908
- BGH, DB 1975, 2081
- BGH, WM 1976, 111
- BGH, WM 1976, 331
- BGH, WM 1977, 1451
- BGH, NJW 1978, 1585
- BGH, WM 1978, 909
- BGH, IPRspr. 1979, Nr. 198
- BGH, NJW 1979, 1104
- BGH, NJW 1980, 22
- BGH, NJW 1980, 2022
- BGH, NJW 1981, 2644
- BGH, IPRax 1987, 107
- BGH, IPRax 1987, 168
- BGH, NJW 1989, 1431
- BGH, RIW 1989, 136
- BGH, IPRax 1990, 41
- BGH, RIW 1994, 878
- BGH, NJW 1994, 2700
- BGH, JR 1995, 456
- BGH, NJW 1996, 1819
- BGH, IPRax 1997, 434
- BGH, ZIP 1997, 2082
- BGH, IPRax 1999, 246
- BGH, NJW 1999, 282
- BGH, NJW 2000, 2346
- BGH, NJW 2001, 1731
- BGH Beschluss vom 26. September 2001, Aktenzeichen: XII ZR 89/99

Entscheidungen englischer Gerichte

- Tweedle ./. Atkinson [1861] 1B. & S. 393
- Dunloq Pneumatic Tyre Co. Ltd. ./. Selfridge & Co.Ltd. [1915] A.C. 847
- Tito and others ./. Waddell and others (No. 2) Tito and others Attorney General [1977] 3 All E.R. 129
- The "Sidney Express" [1988] 2 Lloyd's Rep. 257 (Q.B.)
- Court of Appeal "The Rewia" [1991] 2 Lloyd's Rep. 325 (C.A.)
- Kurz ./. Stella MusicalveranstaltungsGmbH [1992] 1 All ER 630 (Ch. D.)
- Dresser U.K. Ltd. and Others ./. Falcongate Freight Management Ltd. and Others [1992] Q.B. 502 (C.A.)
- Société commerciale de Réassurance ./. Eras International Ltd. and others [1992] 1 Lloyd's Rep. 570 (C.A.)
- Re Leyland DAF Ltd. [1994] 1 B.C.L.C. 264 (Ch. D.)

- Gamlestaden Plc ./. Case de Suecia S.A. and Hans Thulin [1994] 1 Lloyd's Rep. 433 (Q.B. (Com. Ct.))
- Darlington Borough Council ./. Wiltshier Northern Ltd. and another [1995] W.L.R. 68 (C.A.)
- The Mahkutai [1996] A.C. (P.C.) 650
- Firswood Ltd. /. Petra Bank [1996] C.L.C. 608 (C.A. (C. D.))
- DVA ./. Voest Alpine [1997] 2 Lloyd's Rep. 279 (C.A.)
- Glencore International A.G. ./. Metro Trading International Inc. and Singapore Petroleum Co. and Banque Trad-Crédit Lyonnais (France) S.A. (Third Party); Metro Trading International Inc. ./. Itochu Petroleum Co. Pte. Ltd. and Banque Trad-Crédit Lyonnais (France) S.A. (Third Party) [2000] 2 Lloyd's Rep. 631 (Q.B. (Com. Ct)).

Entscheidungen französischer Gerichte

- Trib.gr.inst.Paris, Rev.crit.dr.internat.privé (76) 1987, 415
- Cour d'appel de Paris, Rev.arb. 1988, 565
- Cour d'appel de Paris, Rev.crit.dr.internat.privé (80) 1991, 605
- Cour d'appel de Paris, Rev.arb. 1993, 632
- Cour d'appel de Paris [2000] I.L.Pr. 799
- Cour d'appel de Paris, Rev.arb. 2001, 165
- Cour d'appel Aix-en-Provence, VersRAI 1995, 57
- Cour d'appel de Rouen, Rev.arb. 1987, 339
- Cour de cassation, D. 1983, 416
- Cour de cassation, Rev.crit.dr.internat.privé (73) 1984, 721
- Cour de cassation, Bulletin 1984 I, n° 131
- Cour de cassation, Bulletin 1985 IV, n° 178
- Cour de cassation, Rev.crit.dr.internat.privé (76) 1987, 396
- Cour de cassation, Bulletin 1987 I, n° 343
- Cour de cassation, Rev.crit.dr.internat.privé (77) 1988, 364
- Cour de cassation, Rev.arb. 1988, 639
- Cour de cassation, Bulletin 1989 IV, n° 205
- Cour de cassation, D. 1991, Inf. Pap. 272
- Cour de cassation, Rev.crit.dr.internat.privé (81) 1992, 703
- Cour de cassation, Bulletin 1993 IV, n° 285
- Cour de cassation, Bulletin 1994 I, n° 353
- Cour de cassation, Rev.crit.dr.internat.privé (83) 1994, 663
- Cour de cassation, Rev.arb. 1995, 622
- Cour de cassation, Rev.crit.dr.internat.privé (84) 1995, 610
- Cour de cassation, Rev.crit.dr.internat.privé (84) 1995, 611
- Cour de cassation, Journal du droit international 1996, 141
- Cour de cassation, Bulletin 1997 IV, n° 160
- Cour de cassation, Bulletin 1997 IV, n° 310
- Cour de cassation, Rev.crit.dr.internat.privé (88) 1999, 536
- Cour de cassation, Bulletin 1999 I, n° 1

- Cour de cassation, Bulletin 2000 I, n° 333
- Cour de cassation, Rev.crit.dr.internat.privé (89) 2000, 224
- Cour de cassation, Rev.crit.dr.internat.privé (89) 2000, 763
- Cour de cassation, D. 2001, 1135
- Cour de cassation, D. 2001, 1345
- Cour de cassation, D. 2001, 3246
- Cour de cassation, Bulletin 2001 IV, n° 131
- Cour de cassation, D. 2002, 251

Entscheidungen italienischer Gerichte

- Tribunale di Genova, Rivista di Diritto internazionale private e processuale 1980, 120

Entscheidungen österreichischer Gerichte

- OGH SZ 2/62
- OGH SZ 15/43
- OGH SZ 18/12
- OGH SZ 36/138
- OGH SZ 41/60
- OGH SZ 50/1
- OGH SZ 50/150
- OGH SZ 51/82
- OGH, JBl 1975, 429
- OGH, GesRZ 1977, 26
- OGH, JBl 1980, 43
- OGH, JBl 1990, 717
- OGH, ecolex 1994, 226
- OGH, JBl 1995, 251
- OGH, ecolex 1995, 712
- OGH, JBl 1998, 726
- OGH, ZfRV 2000, 31
- OGH 3 Ob 524/77
- OGH 3 Ob 2325/96z
- OGH 1 Ob 1633/94
- OGH 3 Ob 249/02t
- OGH 7 Ob 67/01f
- OGH 9 Ob 1509/96
- OGH 1 Ob 79/99w

Entscheidungen belgischer Gerichte

- Hof van beroep Antwerpen, Rechtsprechungsübersicht (1979) Folge 3, Nr. 107
- Hof van Cassatie, Rev.dr.comm.belge (21) 1988, 376

- Trib.comm.Bruxelles, Rev.dr.comm.belge (21) 1988, 779
- Cour d'appel de Mons, Rev.dr.comm.belge (23) 1990, 783
- Rechtsbank van Koophandel te Brugge, Europ.Transp.L. (27) 1992, 103

Entscheidungen schweizerischer Gerichte

- BGE 117 II, 94
- BGE, Yb.Com.Arb. IX (1986), 532

Entscheidungen des Europäischen Gerichtshofs

- Urteil vom 15. Juli 1964, Rs. 6/64, Flaminio Costa ./. E.N.E.L., Slg. 1964, 1253
- Urteil vom 6. Oktober 1976, Rs. 12/76, Industrie Tessili Italiana Como ./. Dunlop AG, Slg. 1976, 1473
- Urteil vom 6. Oktober 1976, Rs. 14/76, ETS. A. de Bloos Sprl. ./. Société en commandite par actions Blouyer, Slg. 1976, 1497
- Urteil vom 14. Oktober 1976, Rs. 29/76, LTU Lufttransportunternehmen GmbH & Co.KG ./. Eurocontrol, Slg. 1976, 1541
- Urteil vom 14. Dezember 1976, Rs. 24/76, Estasis Salotti di Colzani Aimo und Gianmario Colzani s.n.c. ./. RÜWA Polstereimaschinen GmbH, Slg. 1976, 1831
- Urteil vom 14. Dezember 1976, Rs. 25/76, Galeries Segoura SPRL ./. Firma Rahim Bonakdarian, Slg. 1976, 1851
- Urteil vom 21. Juli 1978, Rs. 150/77, Société Bertrand ./. Paul Ott KG, Slg. 1978, 1431
- Urteil vom 9. November 1978, Rs. 23/78, Nikolaus Meeth ./. Firma Glacetal, Slg. 1978, 2133
- Urteil vom 22. November 1978, Rs. 33/78, Somafer S.A. ./. Saar-Ferngas A.G., Slg. 1978, 2183
- Urteil vom 22. Februar 1979, Rs. 133/78, Henri Gourdain ./. Franz Nadler, Slg. 1979, 733
- Urteil vom 13. November 1979, Rs. 25/79, Sanicentral GmbH ./. René Collin, Slg. 1979, 3423 (mit Schlussanträgen des Generalanwalts Caporti vom 24. Oktober 1979, 3431)
- Urteil vom 17. Januar 1980, Rs. 56/79, Siegfried Zelger ./. Sebastiano Salinitri, Slg. 1980, 89
- Urteil vom 6. Mai 1980, Rs. 784/79, Porta-Leasing GmbH ./. Prestige International S.A., Slg. 1980, 1517
- Urteil vom 16. Dezember 1980, Niederländischer Staat ./. Reinhold Rüffer, Slg. 1980, 3807
- Urteil vom 24. Juni 1981, Rs. 150/80, Elefanten Schuh GmbH ./. Pierre Jacqmain, Slg. 1981, 1671 (mit Schlussanträgen des Generalanwalts Slynn vom 20. Mai 1981, Rs. 150/80, 1690)
- Urteil vom 26. Mai 1982, Rs. 133/81, Roger Ivenel ./. Helmut Schwab, Slg. 1982, 1891

- Urteil vom 14. Juli 1983, Rs. 201/82, Gerling Konzern Speziale Kreditversicherungs-AG und andere ./. Amministrazione del tesoro dello stato, Slg. 1983, 2503 ff. (mit Schlussanträgen des Generalanwalts Mancini vom 8. Juni 1983, 2519)
- Urteil vom 22. März 1983, Rs. 34/82, Martin Peters Bauunternehmung GmbH ./. Zuid Nederlandse Aannemers Vereniging, Slg. 1983, 987
- Urteil vom 15. November 1983, Rs. 288/82, Ferdinand M.J.J. Duijnstee, als Konkursverwalter der B.V. Schroufboutenfabriek ./. Lodewijk Goderbauer, Slg. 1983, 3663
- Urteil vom 19. Juni 1984, Rs. 71/83, Partenreederei ms. Tilly Russ und Ernest Russ ./. N.V. Haven en Vervoerbedrijf Nova und N.V. Goeminne Hout, Slg. 1984, 2417 (mit Schlussanträgen des Generalanwalts Slynn vom 21. März 1984, 2437)
- Urteil vom 11. Juli 1985, Rs. 221/84, Berghoefer GmbH & Co. KG ./. ASA SA, Slg. 1985, 2699
- Urteil vom 11. November 1986, Rs. 313/85, SpA Iveco Fiat ./. Van Hool NV, Slg. 1986, 3337
- Urteil vom 8. Dezember 1987, Rs. 144/86, Gubisch Maschinenfabrik A.G. ./. Giulio Palumbo, Slg. 1987, 4861
- Urteil vom 27. September 1988, Rs. 189/87, Athanasios Kalfelis ./. Bankhaus Schröder, Münchmeyer, Hengst & Co. und andere, Slg. 1988, 5565
- Urteil vom 15. Februar 1989, Rs. 32/88, Firma Six Constructions Ltd. ./. Paul Humbert, Slg. 1989, 341
- Urteil vom 10. März 1992, Rs. C-214/89, Powell Duffryn plc ./. Wolfgang Petereit, Slg. 1992, I-1745 ff. (mit Schlussanträgen des Generalanwalts Tesauro vom 20. November 1991, I-1756)
- Urteil vom 17. Juni 1992, Rs. C-26/91, Jacob Handte & Co. GmbH ./. Traitements Mecano-Chimiques des Surfaces S.A., Slg. 1992, I-3967
- Urteil vom 19. Januar 1993, Rs. C-98/91, Shearson Lehmann Hutton Inc. ./. TVB Treuhandgesellschaft für Vermögensverwaltung und Beteiligungen mbH, Slg. 1993, I-139
- Urteil vom 21. April 1993, Rs. C-172/91, Volker Sonntag ./. Hans Waidmann, Elisabeth Waidmann und Stefan Waidmann, Slg. 1993, I-1963
- Urteil vom 13. Juli 1993, Rs. C-125/92, Mulox IBC Ltd. ./. Hendrick Geels, I-4075
- Urteil vom 29. Juni 1994, Rs. C-288/92, Custom Made Commercial Ltd ./. Stawa Metallbau GmbH, Slg. 1994, I-2949 (mit Schlussanträgen des Generalanwalts Lenz vom 8. März 1994, I-2915)
- Urteil vom 20. Februar 1997, Rs. C-106/95, Mainschifffahrts-Genossenschaft eG ./. Les Gravières Rhénanes SARL, Slg. 1997, I-911 (mit Schlussanträgen des Generalanwalts Tesauro vom 20. Februar 1997, I-913)
- Urteil vom 20. März 1997, Rs. C-295/95, Jackie Farell ./. James Long, Slg. 1997, I-1683
- Urteil vom 3. Juli 1997, Rs. C-269/95, Francesco Benincasa ./. Dentalkit Srl., Slg. 1997, I-3767

- Urteil vom 19. Mai 1998, Rs. C-351/96, Drouot assurances S.A. ./. Consolidated metallurigical industries (CMI industrial sites), Protea assurace, Groupement d'intérêt économique (GIE) Réunion européene, Slg. 1998, I-3075
- Urteil vom 27. Oktober 1998, Rs. C-51/97, Réunion européenne S.A. u.a. ./. Spliethoff's Bevrachtingskantoor (Kapitän des Schiffes „Ablasgracht V002"), Slg. 1998, I-6511
- Urteil vom 16. März 1999, Rs. C-159/97, Trasporti Castelletti Spedizioni Internazionale SpA ./. Hugo Trumpy SpA, Slg. 1999, I-1597 (mit Schlussanträgen des Generalanwalts Lèger vom 22. September 1998, I-1600)
- Urteil vom 27. Juni 2000, Rs. C-240/98 bis C-244/98, Océano Grupo Editorial S.A. ./. Rociò Marciano Quinterno und Salvat Editores S.A. ./. José M. Sánchez Alcón Prades, José Luis Copano Bacillo, Mohammed Berroane und Emilio Vinas Feliú, Slg. 2000, I-4941
- Urteil vom 9. November 2000, Rs. C-387/98, Coreck Maritime GmbH ./. Handelsveem BV u.a., Slg. 2000, I-9337 (mit Schlussanträgen des Generalanwalts Alber vom 23. März 2000, I-9340)
- Urteil vom 11. Juli 2002, Rs. C-96/00, Rudolf Gabriel, Slg. 2002, I-6367
- Urteil vom 17. September 2002, Rs. C-334/00, Fonderie Officine Meccaniche Tacconi Spa ./. Heinrich Wagner, Slg. 2002, I-7357
- Urteil vom 1. Oktober 2002, Rs. C-167/00, Verein für Konsumenteninformation ./. Karl Heinz Henkel, Slg. 2002, I-8111
- Urteil vom 14. November 2002, Rs. C-271/00, Gemeente Steenbergen ./. Luc Baten, Slg. 2002, I-10489
- Urteil vom 15. Mai 2003, Rs. C-266/01, Préservatrice foncière TIARD S.A. ./. Staat der Nederlanden, Slg. 2003, I-4867
- Urteil vom 15. Januar 2004, Rs. C-433/01, Freistaat Bayern ./. Jan Blijdenstein, Slg. 2004, I-981 (mit Schlussanträgen des Generalanwalts Tizzano vom 10. April 2003)
- Urteil vom 5. Februar 2004, Rs. C-265/02, Frahuil S.A. ./. Assitalia Spa, Slg. 2004, I-1543
- Urteil vom 20. Januar 2005, Rs. C-27/02, Peter Engler ./. Janus Versand GmbH, Slg. 2005, I-481
- Urteil vom 12. Mai 2005, Rs. C-112/03, Société financière et industrielle du Peloux ./. Axa Belgium u.a., Slg. 2005, I-3707 (mit Schlussanträgen des Generalanwalts Tizzano vom 16. Dezember 2004)

Entscheidungen U.S.-amerikanischer Gerichte

- Guardian Royal Exchange Assur. Ltd. ./. English China Clays Plc. 815 S.W.2d 223 (Tex. 1991)

Verzeichnis sonstiger Materialien

Jenard, Paul	Bericht zu dem Übereinkommen über die gerichtliche Zuständigkeit und die Vollstreckung gerichtlicher Entscheidungen in Zivil- und Handelssachen ABl.EG 1979 Nr. C 59/1
Schlosser, Peter	Bericht zu dem Übereinkommen über den Beitritt des Königreichs Dänemark, Irlands und des Vereinigten Königreichs Großbritannien und Nordirland zum Übereinkommen über die gerichtliche Zuständigkeit und die Vollstreckung gerichtlicher Entscheidungen in Zivil- und Handelssachen sowie zum Protokoll betreffend die Auslegung dieses Übereinkommens durch den Gerichtshof, unterzeichnet in Luxemburg am 9. Oktober 1978 ABl.EG 1979 Nr. C 59/71
Jenard, Paul; Möller, Gustaf	Bericht zu dem Übereinkommen über die gerichtliche Zuständigkeit und die Vollstreckung gerichtlicher Entscheidungen in Zivil- und Handelssachen, geschlossen in Lugano am 16. September 1988 ABl.EG 1990 Nr. C 189/57
Kerameus, Konstantinos D.; Evrigenis, Dimitrios I.	Bericht über den Beitritt der Republik Griechenland zum EG-Übereinkommen über die gerichtliche Zuständigkeit und die Vollstreckung gerichtlicher Entscheidungen in Zivil- und Handelssachen In: Bülow/Böckstiegel, 601.213 ff.
Almeida Cruz, Martinho de; Desantes Real, Manuel; Jenard, Paul	Bericht zu dem Übereinkommen über den Beitritt des Königreichs Spanien und der Portugiesischen Republik zum Übereinkommen über die gerichtliche Zuständigkeit und die Vollstreckung gerichtlicher Entscheidungen in Zivil- und Handelssachen sowie zum Protokoll betreffend die Auslegung dieses Übereinkommens durch den Gerichtshof in der Fassung des Übereinkommens über den Beitritt des Königreichs Dänemark, Irlands und des Vereinigten Königreichs Großbritannien und Nordirland und des Übereinkommens über den Beitritt der Republik Griechenland, unterzeichnet am 26. Mai 1989 in Donostia/San Sebastián ABl.EG 1990 Nr. C 189/35
Europäische Kommission	Vorschlag für eine Verordnung (EG) des Rates über die gerichtliche Zuständigkeit und die Anerkennung und Vollstreckung von Entscheidungen in Zivil- und Handelssachen, KOM (1999) 348 endg.; Brüssel den 14.7.1999 (KOM (1999) 348 endg.)

Europäische Kommission	Grünbuch über die Umwandlung des Übereinkommens von Rom aus dem Jahr 1980 über das auf vertragliche Schuldverhältnisse anzuwendende Recht in ein Gemeinschaftsinstrument sowie über seine Aktualisierung, KOM (2002) 654; Brüssel den 14.1.2003 (Grünbuch KOM (2002) 654)
The Law Commission	Privity of Contract: Contracts fort he Benefit of Third Parties Report No. 242 http://www.lawcom.gov.uk/files/lc242.pdf
Parliament des Vereinigten Königreichs	Diskussion am 11. Januar 1999 http://www.parliament.the-stationery-office.co.uk/pa/ld199899/ldhansrd/vo990111-04.htm
Deutscher Bundestag	BT-Drs. 7/1384 BT-Drs. 13/5274

Thomas Lynker

Der besondere Gerichtsstand am Erfüllungsort in der Brüssel I-Verordnung (Art. 5 Nr. 1 EuGVVO)

Frankfurt am Main, Berlin, Bern, Bruxelles, New York, Oxford, Wien, 2006. 194 S.
Europäische Hochschulschriften: Reihe 2, Rechtswissenschaft. Bd. 4336
ISBN 3-631-54651-3 · br. € 39.–*

Durch die Brüsseler Verordnung über die gerichtliche Zuständigkeit und die Anerkennung und Vollstreckung von Entscheidungen in Zivil- und Handelssachen ist die Vorschrift zum Gerichtsstand am Erfüllungsort gegenüber der Vorgängervorschrift im EuGVÜ neu gefasst worden. Die Arbeit analysiert diese neue Vorschrift und nimmt gleichzeitig eine rechtspolitische Bewertung vor.

Aus dem Inhalt: Die internationale Zuständigkeit nach der EuGVVO-Grundlagen · Internationale Zuständigkeit nach Art. 5 Nr. 1 EuGVVO-Bestimmung des Gerichtsstands und Besonderheit der Vorschrift · Rechtspolitische Angreifbarkeit der Regelung des Art. 5 Nr. 1 EuGVVO

FSC
www.fsc.org
MIX
Papier | Fördert
gute Waldnutzung
FSC® C083411

Kolibri 360 GmbH
Ferdinand-Jühlke-Straße 7
99095 Erfurt, Deutschland
produktsicherheit@kolibri360.de

Druck:
CPI Druckdienstleistungen GmbH
im Auftrag der
Kolibri 360 GmbH
Ferdinand-Jühlke-Str. 7
99095 Erfurt